KB120529

언어발달

2판

| 배희숙 저 |

Language Development

학지사

2판 머리말

지난 2016년에 출판한 『언어발달』을 꾸준히 읽어 주시는 독자 여러분께 깊은 감사를 드린다. 어느덧 5년이 지나 이 책이 2판으로 재탄생하게 되어 저자로서 잔잔한 기쁨의 파동을 느낀다.

사람이 태어나 세월이 지나면 자연스럽게 모국어를 습득하고 모국어로 소통할수 있는 것 같지만, 주변을 둘러보면 언어 습득과 학습에 어려움을 겪는 경우가 참많다. 언어발달이 잘 이루어지려면 언어뿐 아니라 신경, 심리, 사회, 정서, 운동 등다양한 영역과 매끄럽게 연동되어야 하고, 우리가 생각하는 것보다 훨씬 복잡한 과정을 거쳐야 한다. 그래서인지 언어발달에 대해 논하다 보면 늘 양육자의 노고에 대해 생각하게 되고, 그동안 나를 위해 희생을 아끼지 않은 부모님과 가족 그리고 주변의 모든 사람에게 감사한 마음이 든다. 이 땅에서 서로 소통하며 존재할 수 있다는 것은 얼마나 많은 지지와 도움을 바탕으로 하는 것인지 되새기게 된다.

『언어발달』 1판을 준비하는 과정에서 학령기와 청소년기 언어발달에 대한 자료가 부족하다는 것을 실감하였기에 책이 출간된 후 제일 먼저 학령기 언어발달 연구에 매진하였다. 이렇게 쌓인 학령기 언어발달 연구 결과물을 2판에 포함하여 정리할 것인지 숙고하였으나, 학령기 언어발달 특성으로 간주되는 담화, 문어, 상위언어등의 하위 영역을 고루 담아내지 못하여 하위 영역 간 균형을 이루지 못할 것으로판단되었다. 이에 학령기 언어발달 부분을 보완하는 것은 다음으로 미루고, 이번 판에서는 최소한의 수정 및 보완에 만족하기로 하였다.

이 책의 제1부는 언어학적 지식을 기반으로 언어의 정의와 기능, 언어의 구조, 언어학적 이론을 비교적 심도 있게 다루어 미래의 언어치료 전문가들이 언어 단위와 언어 영역에 대한 언어학적 지식을 갖추는 데에 도움이 되고자 하였다. 또한 제1부에서 다룬 언어발달을 위한 생물학적 조건에서는 실제 언어치료 전공자들이 하나의 전공과목으로 배우는 말기관과 언어기관의 해부생리학을 미리 쉽게 스케치할 수 있도록 정리하였다.

이 책의 핵심이 되는 제2부에서는 태아기, 영아기, 아장이기, 학령전기, 학령기, 청소년기의 언어발달을 언어의 하위 영역(음운론, 형태론, 의미론, 통사론, 화용론)에 따라 기술하였다. 시기별 언어발달 특성을 기술함에 있어 이 책은 영어를 비롯한 인구어 발달 특성과 함께 국내외에 소개된 연구 자료를 토대로 한국 아동 및 청소년의 언어발달을 기술하였다. 이는 국내에서 교재로 사용되는 번역본과 가장 차별화되는 장점이 될 것이다.

제3부는 세 개의 장으로 구성하였다. 먼저, 다문화 가정 아동 및 청소년의 언어발달 특성을 다루면서 이중언어 및 언어차이에 대해 기술하였다. 또한 이어지는 장에서는 언어발달장애가 무엇인지, 어떻게 평가하고 중재하는지에 대해 다루었다. 아울러 단순언어장애, 지적장애, 자폐스펙트럼장애, 청각장애와 같은 관련 장애에 대해서도 소개하였다. 마지막으로, 이 책은 미래 언어치료 전문가의 부모 상담 및 교육을 위해 아기들이 태어나 자랄 때 어떠한 요인이 언어발달에 영향을 미치는지, 어떻게 하면 언어발달을 촉진할 수 있는지 다루었다. 이 부분은 자녀를 양육하는 부모님이 직접 읽어도 도움이 될 것으로 사료된다.

전대미문의 COVID-19 팬데믹 상황에서 출판계도 큰 어려움을 겪고 있는데, 『언어발달』(2판)을 출간하도록 제안해 주신 학지사 김진환 사장님과 이를 추진해 주신 진형한 선생님 그리고 1판에 이어 2판도 정성을 담아 매우 섬세하게 읽어 봐 주시고 편집해 주신 황미나 선생님께 깊은 감사를 드린다.

2021년 3월

배희숙

1판 머리말

눈을 뜨고 하루를 살고 다시 눈을 감을 때까지 매 순간이 언어에 노출되어 있다. 길을 걸을 때 보이는 간판도 언어이고, 음악을 틀었을 때 들리는 가사도 언어다. 시, 소설 등도 그러하고 심지어 생각도 언어다. 언어에 관심을 갖게 되면서부터 줄곧 언어를 배우고 가르쳐 왔지만 여전히 언어에 대한 나의 지식은 미천하다. 그럼에도 이 책을 출판할 용기를 내 보는 것은, '언어발달'을 가르치면서 학생들이 참고할 수 있는 관련 문헌이 번역서뿐이어서 한국 아동의 언어발달 정보와 연계해서 학습하기에 어려움이 있고, 이로 인해 학생들은 '언어발달'이 어려운 분야라는 비합리적인 믿음을 갖게 된다고 판단했기 때문이다.

언어발달은 언어장애 평가와 중재의 기초가 된다. 미래의 언어치료사들은 언어치료사로서의 전문적 자질을 갖추기 위해 언어 단위를 이해하고, 언어 하위 영역에 대한 지식을 갖추고, 정상적 언어발달 과정을 숙지해야 한다. 언어발달의 이정표와 궤도를 파악해야 대상자가 정상적 궤도를 가고 있는지, 아니면 궤도에서 벗어나 있는지를 판단할 수 있으며, 언어 단위와 언어의 하위 영역을 이해해야 대상자의 언어 특성을 체계적으로 분석하고 중재의 근거로 삼을 수 있기 때문이다. 따라서 이 책은 미래의 언어치료사들에게 언어에 대한 기초적 지식과 함께 인간이 출생부터 성인에 이르기까지 어떠한 단계를 거쳐 언어를 습득하고 학습하는지를 알려 주는 길잡이가 될 것이다. 좀 더 넓게 보면 언어치료뿐 아니라 언어발달에 관심을 갖는 관련 분야에서도 이 책을 통하여 언어발달에 대한 정보를 얻을 수 있을 것이다. 이 책에서 (연령별 언어발달을 다루면서) 보편적 언어 특성들은 기존의 연구들을 정리하였고, 언어 의존적인 부분은 한국어에 대한 최신 논문들을 참고하면서 정리하였다.

이 책을 준비하면서 숙고하고 결정해야 했던 몇 가지 문제가 있었다. 첫째, 성인기와 노년기를 연령별 발달 과정에서 다루어야 할지에 대한 것이었다. 인간은 수정되는 순간부터 유전자와 환경의 영향을 받으며, 배아, 태아, 신생아, 영아, 아장이, 학령전기와 학령기 아동, 청소년, 성인, 노인, 죽음에 이르는 생애주기를 거친다. 생존 본능에 의해 추진되는 한 개체로서 인간이 이 생애주기를 거치면서 성장하고 성숙되어 가는 과정이 발달이라면, 수정부터 죽음까지의 모든 과정이 포함되어야 한다. 사실, 노화가 어찌 퇴행이라고만 할 수 있겠는가? 그러나 성인기와 노년기의 언어 특성을 따로 다루기에는 아직 발달적 차원에서 이 시기에 대한 연구 자료가 너무 제한적이다. 둘째, 언어발달에서 언어학적 이론을 어디까지 다루는 것이 적절한가에 대한 고민이었다. 이에 대해 숙고하면서 언어치료학에서 꼭 필요하다고 판단한 이론만을 선별하여 제2장 '언어의 구조'에 몇 가지 언어학적 이론만 포함시켰다. 따라서 언어치료사가 되기 위해 공부하는 학생들은 이 부분을 심도 있게 읽어 볼 필요가 있다. 그러나 갓 대학에 입학한 학생들에게는 언어학적 구조가 다소 어려울 수 있으므로 제2장은 경우에 따라 차후에 독서해도 좋을 것이다.

이 책을 출판하면서 존경하는 은사이신 Charles Muller 교수님의 말씀이 떠오른다. "연구란 모험이다. 오직 열정과 호기심만이 어려운 문제들과 과감히 맞서게 할 수 있다." 이 책은 참으로 부족하지만 여기서 다루지 못한 언어발달의 많은 영역에 대해 선배, 동료, 후학의 연구들이 채워 주길 바라면서 과감히 용기를 내 본다. 학문의 장을 언어학에서 언어병리학으로 넓히는 모험의 길에서 만나 처음부터 끝까지 필자를 믿고 정신적 지지를 해 주신 박성희 교수님께 마음 깊은 곳에서 우러나오는 감사와 존경의 마음을 전한다. 프랑스 스트라스부르 대학교에서 만난 인연으로 언어치료사의 길로 들어설 수 있도록 지도해 주신 김현기 교수님, 좀 더 넓은 시야로 경계 허물기를 깨닫게 해 주시고 늘 용기를 북돋워 주신 김화수 교수님 그리고 우송대학교 동료 교수님들께도 깊은 감사의 마음을 전하고 싶다. 아울러 이 책이 출판되도록 아낌없는 지원을 해 주신 학지사 김진환 사장님과 유명원 부장님, 정성껏 편집을 해 주신 황미나 선생님께도 깊이 감사드린다. 끝으로, 항상 지지하는 마음으로 끊임없이 학자로서의 길을 가도록 응원해 주는 큰언니와 나의 가족, 남편 그리고 재현, 재윤과 함께 탈고의 기쁨을 나누고 싶다.

2016년 1월

배희숙

| Language Development |

차례

제1부
언어

제2부
언어발달

제3부
언어차이와 언어장애

제1부

언어

제1장

언어란 무엇인가

학습목표

- 언어의 정의를 다양한 관점에서 이해한다.

- 언어학적 기호가 지표나 기호학적 신호와 어떻게 다른지 이해한다.

- 언어가 어떠한 기능을 하는지에 대해 이해한다.

- 인간의 자연 언어가 갖는 특성에 대해 이해한다.

이 책은 인간이 수정 후 태내기를 거쳐 출생부터 성인에 이르기까지 어떻게 언어를 습득하고 발달시켜 나가는지를 다룬다. 그 첫 번째 여정을 '언어란 무엇인가'로 시작하는 것은 언어의 발달적 측면을 다루기 위해서 먼저 언어에 대한 기초적 이해가 필요하기 때문이다. 이 장을 통해 언어란 무엇이며, 그 역할은 무엇인지 알아보도록 하자.

1. 언어의 정의

언어란 무엇인가? 수업 시간에 학생들에게 우리가 매일 사용하는 '언어'가 무엇인지 질문하면 가장 먼저, 가장 자주 나오는 반응은 '언어란 생각을 전달하는 도구' 혹은 '사람들끼리 소통을 하기 위해 사용하는 도구'라는 대답이다. '언어란 말이나 글이다.'와 같은 대답도 제법 자주 나온다. 매우 드물지만 언어에 대한 강의나 서적을 통해 선지식을 쌓은 경우 '언어란 기호' '언어는 문법'이라는 대답이 나오기도 한다. 이 정도면 학생들의 대답에서 이미 언어를 정의할 수 있는 핵심어가 대부분 나왔다고 해도 과언이 아니다. '언어란 생각을 전달하는 도구' '사람들끼리 소통을 하기 위해 사용하는 도구'와 같은 정의는 '도구'라는 단어가 이미 암시하듯 언어의 기능적 측면에 초점을 맞춘 정의라고 할 수 있다. '언어란 말이나 글이다.'와 같은 정의는 언어가 말과 글로 이루어졌다는 것으로, 언어의 구성요소에 초점을 맞춘 설명이라고 할 수 있다. '언어란 기호다.'와 같은 정의는 언어 자체의 구조에 초점을 맞추었다고 볼 수 있고, '언어란 문법이다.'라는 정의는 언어에 내재한 규칙체계에 초점을 맞춘 정의라 할 수 있다. 이와 같이 동일한 하나의 대상을 정의하더라도 관점에 따라 정의 방식과 기술 내용이 달라질 수 있다. 이 장에서는 언어에 대한 구조주의적 정의와 생성문법적 정의에 대해 학습할 것이다.

1) 구조주의적 관점

(1) 언어는 기호체계다

언어에 대한 학문적 접근은 이미 고대부터 있어 왔다. Platon, Aristoteles 등의 고대 철학자들이 이미 언어에 대해 연구하고 기록한 흔적들이 있다. 그러나 고대 언어 연구는 수사학에 집중되어 있었고, 중세와 근세를 거쳐 19세기 말까지도 언어에 대한 연구는 주로 문법학, 사전학, 비교언어학 등의 연구에 제한되어 있었다. 20세기 이후의 현대 언어학이 고대, 중세, 근대 언어학과 구분되는 것은 언어 자체의 구조에 관심을 갖고 분석하기 시작했다는 점이다. 이러한 현대 언어학의 문을 연 사람은 현대 언어학의 아버지로 불리는 Ferdinand de Saussure다.

Saussure는 1857년에 스위스에서 태어났고, 1880년에 라이프치히에서 「산스크리트어의 절대 속격 사용에 대한 연구(De l'emploi du génitif absolu en Sanscrit)」라는 논문으로 박사학위를 취득하였으며, 학위 취득 후 파리 고등실용학교에서 언어학을 가르쳤다. 1891년에는 제네바에서 교수직을 제안받고 스위스로 돌아가 1907년부터 3학기 동안 그 유명한 '일반언어학' 강의를 하였는데, 그 자신이 강의록을 출판하지는 않았으나 1916년에 그의 후학들이 강의 자료를 모아 『일반언어학강의(Cours de linguistique générale)』라는 제목으로 출판하였다. Saussure의 언어 이론이 우리와 어떤 관계가 있으며, 무엇이 그토록 중요한 요소였기에 알아야 하는가? 그의 언어에 대한 정의와 이론은 언어학뿐만 아니라 철학, 심리학, 인류학, 사회학 등 주변 학문에 그야말로 지대한 영향을 미치게 되고, 오늘날까지도 그 영향력을 발휘하고 있다. 그러나 이 장에서 그의 언어에 대한 정의를 소개하는 것은 언어 평가 시 그리고 언어 중재를 위한 계획 과정에서 언어를 단위에 따라 분석하는 데 기초를 제공하기 때문이다.

Saussure는 언어를 '기호체계'라고 정의한다. 그렇다면 기호(Sign)란 무엇인가?

언어 기호란 **기표**(記標)와 **기의**(記意)의 결합체다. Saussure의 용어로 표현하면 음성적·음운적 표현체인 '시니피앙(Signifiant)'과 그 안에 담긴 내용인 '시니피에(Signifié)'의 결합체다. Saussure의 용어 '시니피앙'과 '시니피에'의 영어 대역어는 'Signifier'와 'Signified'이나, 언어학에서는 언어에 상관없이 Saussure의 용어 그대

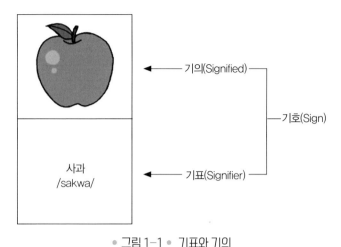

● 그림 1-1 ● 기표와 기의

로, 즉 '시니피앙'과 '시니피에'로 소개하는 경향이 있다.

Saussure에 따르면 언어적 기호체계 안에서 기표와 기의는 분리될 수 없다. '사과(/sakwa/)'라는 기표 없이 사과의 의미인 기의('사과'라는 말이 담고 있는 내용물)가 존재할 수 없고, 반대로 기의 없이 기표가 존재할 수 없다. 기호의 두 면은 분리될 수 없는 동전의 양면과 같다. 그러나 사과라는 개념을 표현하기 위해 반드시 한국어처럼 /사과/를 사용할 이유는 없다. 언어 기호는 자의적·임의적이어서 영어를 사용하는 지역에서는 '사과'라는 개념을 표현하기 위해 'apple(/æpl/)'이라는 기표를 사용한다. 프랑스어를 사용하는 지역에서는 'pomme(/pɔm/)'라는 기표로 사과를 표현한다. 이러한 기호가 모인 덩어리, 어떤 질서와 규칙으로 만들어진 기호의 체계가 언어인 것이다.

심화학습

기호

그렇다면 신호등의 빨간불은 멈춤을 의미하고, 빨간불(표현)과 멈춤(의미)은 쌍을 이루니까 언어적 기호인가? 신호등이나 깃발과 같이 의미를 내포한 틀이 모두 언어적 기호인가? 이러한 것들은 넓은 의미에서 기호이지만 언어적 기호는 아니다. 그렇다면 신호등이나 깃발과 같은 기호는 Saussure가 말한 언어적 기호와 어떻게 다르며, 그 경계는 무엇인지 살펴보자.

산 너머에 연기가 피어오른다. 우리는 산 너머의 불을 직접 볼 수 없으나 연기를 보고 불이 났음을 감지할 수 있다. 연기는 불이 났음을 '가리키는(indicate)' 지표다. 즉, 집게손가락

(index finger)으로 가리키듯 연기를 보면 불이 났음을 알게 되는 것이다. 기호학에서는 이것을 '지표(index)'라고 한다. 그런데 조난을 당하여 자신이 어디에 있는지 알리기 위해, 혹은 적이 나타났음을 멀리서 알리기 위해 의도적으로 연기를 피우기도 한다. 적이 나타나면 불을 피우기로 서로 약속이 되어 있거나, 지나가는 비행기의 눈길을 끌어 자신이 어디에 있는지 알릴 의도로 불을 피우는 것은 신호(signal)다. 직접적으로 볼 수 없는 적이나 자기 자신을, 멀리서 누군가가 직접적으로 지각할 수 있는 것을 통하여 알게 해 주는 것이라는 점에서 지표와 정확하게 일치한다. 그러나 지표와 신호 간에는 중요한 차이가 있다. 바로 '의도성'이다. 발신자의 의도가 개입되지 않으면 지표일 뿐이지만, 의도가 개입되면 신호가 된다. Prieto(1968: 5)는 신호란 인위적으로 의도를 가지고 사용하는 지표라고 정의하였다.

　신호에는 상징(symbol)과 기호(sign)가 있다. 상징이란 추상적인 개념이나 사물을 구체적인 사물이나 그림으로 나타내는 것으로 한 문화권 안에서 의미가 있어야 하고, 신호와 구체적인 요소 간에는 유사성의 관계가 있다. 예를 들면, 알파벳 'Z'를 비스듬히 표시한 것은 길이 꺾어진다는 것을 나타내는 자연적 관계가 있기 때문에 상징이 된다. 이와 달리 표식과 의미 사이의 관계가 자연적 관계가 아니라 임의적 관계라면 기호다. Baylon과 Fabre(1992: 5)는 Prieto가 제시한 기호학적 기호나 상징과 같은 신호와 언어학적 기호가 어떻게 구분되는지를 [그림 1-2]와 같이 제시한다. 요컨대, 의사 전달의 의도가 없는 연기는 불의 지표이고, 조난을 알리기 위해 일부러 피운 연기나 항복을 표현하기 위한 흰색 깃발은 의사 전달의 의도가 있기 때문에 신호로 간주한다. 신호 중에는 표현과 내용 사이에 문화적·자연적 관계성을 갖는 상징이 있고, 항복을 알리는 깃발처럼 항복과 깃발 사이의 관계가 임의적인 기호가 있다. 항복의 깃발이 기호학적 기호라면, 조류의 일종을 가리키는 '오리'는 분절성, 창조성, 생산성, 역사성 등의 언어적 특성을 갖고 있는 언어학적 기호다. 그러나 최근에는 Prieto의 주장과 달리 '상징'이 '기호'와 동의어처럼 혼용되는 경향이 있다.

의도 없음	의사소통 의도 있음		
지표	신호		
	A, B: 자연적 관계	A, B: 임의적 관계	
		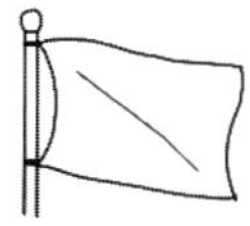	'오리'
	상징	기호	기호
자연관측	기호학적		언어학적

● 그림 1-2 ● Prieto의 기호와 상징 분류

(2) 언어는 의사소통의 도구다

André Martinet는 1908년에 태어나 1999년에 세상을 떠날 때까지 그야말로 20세기를 관통하여 Saussure와 현재의 언어학을 이어 준 언어학자다. **구조주의 혹은 기능주의 학자인** "Martinet는 Chomsky와 더불어 20세기 후반 언어학의 양대산맥"(Dosse, 1997)이라는 평가를 받는다. 『일반언어학의 요소(Eléments de linguistique générale)』(1960), 『언어에 대한 기능주의적 관점(A functional view of language)』(1962)과 같은 저서를 남겼고, 생을 마감하기 불과 수년 전에 『언어와 살아온 언어학자의 기억(Mémoires d'un linguiste, vivre les langues)』(1993)을 저술하였다. 그의 언어학에 대한 공헌은 무엇보다 1938년부터 1946년까지 프라하학파를 이끌면서 Troubetzkoy, Sapir, Bloomfield를 이어 구조주의 언어학, 음운론의 발전에 지대한 기여를 한 것이며 그 과정에서 '이중분절(double articulation)' **관여성(pertinence)' '어휘소(lexème)' '형태소(morphème)'**라는 개념을 기능적 관점에서 발전시켰다(Mounin, 1988).

Martinet의 기능주의적 관점에 따르면 인간의 자연 언어(natural language)는 의사소통의 도구다(Fabre, 1990). 의사소통에 기여하는 것만이 언어적 단위로 고려된다. 그렇다면 의사소통은 무엇인가? **의사소통(communication)**이라는 용어의 어원은 '나누다(to share)'의 의미를 가진 라틴어 'commūnicāre'에서 유래했다. 의사소통은 두

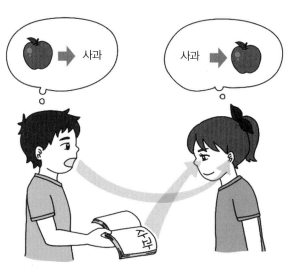

• 그림 1-3 • 의사소통

명 이상의 사람이 생각이나 느낌 등을 나누는, 즉 주고받는 활동을 말한다. 어떻게 생각과 느낌을 나누는가? 바로 그 도구가 언어인 것이다.

물론 몸짓, 자세, 표정, 시선과 같은 비언어적 요소(nonlinguistic code)나 억양, 강세, 속도와 같은 준언어적 요소(paralinguistic code)를 통해서도 메시지를 주고받을 수 있다. 그러나 비언어적 · 준언어적 방법을 통해 생각과 느낌을 나누는 것은 한계가 있다. 복잡한 생각이나 복합적 메시지를 교환하기 위해서는 말이나 글 같은 언어가 필요하다(Pottier, 1974).

[그림 1-3]에서 화자와 청자가 나누는 일련의 암호화 및 해독 과정은 두 개의 층위에서 제시되고 있다. 언어를 사용하여 의사소통을 하려면, 먼저 메시지 내용을 어떤 표현 방식으로 전달할 것인지 프로그래밍해야 한다. 구어를 통해 메시지를 전달하려면 화자의 뇌에서 암호화한 언어 기호를 말기관을 통하여 발화하고, 공기를 매체로 화자의 발화가 청자의 귀에 도달하면 청자는 먼저 음성 신호를 지각하고, 다시 뇌에서 말지각 과정을 거쳐 메시지를 이해한다. 문어의 경우 발신자는 뇌에서 암호화한 언어 기호를 문자를 이용하여 문장으로 기록해야 한다. 이를 수신자가 눈을 통하여 시각적으로 지각하고 뇌에서 해석함으로써 발신자의 메시지를 이해하는 일련의 과정을 거치게 된다.

기능주의적 관점에서 보면 언어란 이와 같은 일련의 의사소통 과정에서 어떠한 역할을 하는지에 따라 그 가치가 정해진다(Martinet, 1986). 한국어에 적용해 이를 구체적으로 설명하면, /ㅂ(p)/와 /ㅍ(p^h)/의 차이는 언어학적으로 의미를 지니는데, 이유는 /pal/과 /p^hal/에서 초성인 평음과 격음의 차이가 서로 다른 의미의 낱말 '발'과 '팔'을 구분시키기 때문이다. 즉, 평음 /p/와 격음 /p^h/의 차이를 만드는 기식음(aspiration) 성질이 의미에 관여성(pertinence)을 갖기 때문이다. 이와 같이 언어의 어떠한 층위에서든 기능을 가져야 그 가치가 인정된다.

Martinet의 이론에 따르면, 언어는 의사소통에서의 기능이 핵심이고 기준이다. 그러나 언어가 사회 집단이 소통하고 협동하기 위해 사용되는 도구라는 기능주의적 관점의 정의는 언어의 구조나 실체보다 사회적 기능과 의사소통으로서의 기능에 초점을 둔 정의이기 때문에, 언어의 분절적 특성과 기능은 잘 설명할 수 있지만 언어의 창조성을 잘 반영하지 못하는 정의라는 지적을 받기도 한다.

심화학습   이중분절

Martinet는 **이중분절**(double articulation)이라는 개념으로 언어의 특성을 설명하기도 하였다. 그는 표현언어의 음성적 실행, 즉 발화는 의미와 결합된 형태소 층위와 음성적 요소인 음소 층위에 의해 이중적으로 분절된다고 하였다. 예를 들어, '바람이 몹시 차다.'라는 문장은 '바람이' '몹시' '차다'와 같이 분절되고, 좀 더 미세하게 형태소 단위까지 분절하면 '바람' '이' '몹시' '차' '다'로 분절될 수 있다. 이와 같이 의미적 요소가 포함된 층위에서 분절하는 것이 1차 분절이다. 이 발화의 소리 연쇄는 /ㅂ/ /ㅏ/ /ㄹ/ /ㅏ/ /ㅁ/ /ㅣ/ /ㅁ/ /ㅗ/ /ㅂ/ /ㅆ/ /ㅣ/ /ㅊ/ /ㅏ/ /ㄷ/ /ㅏ/와 같이 음소로 분절되는데, 이와 같이 소리의 층위에서 분절하는 것이 2차 분절이다.

2) 생성문법적 관점

(1) 언어는 규칙체계다

Noam Chomsky는 북미 경험주의적 구조주의 언어학의 대가이며 구조주의와 행동주의를 결합하여 분포주의를 탄생시킨 Leonard Bloomfield의 제자로, 스승의 관점이 지나치게 경험주의적임을 비판하면서 **생득주의** 언어 이론을 제안하였다. 그의 학문적 여정은 1957년에 『통사구조(Syntactic Structures)』라는 책을 출판하면서 시작된다고 할 수 있다. 당시까지 구조주의에만 젖어 있던 학계에 큰 반향을 일으킨 이 책에서 Chomsky는 인간이 모국어를 외부의 자극으로부터 습득하는 것이 아니라 이미 태어날 때 언어습득을 위한 기제를 갖고 태어난다고 주장하였다. 즉, 인간 아기가 백지 상태로 태어나 학습하고 강화받으며 언어를 습득하기보다 타고난 언어습득기제에 의해 일정한 규칙체계에 입각해서 무한히 언어 표현을 생성하게 된다는 것이다(제3장 120쪽 참조). 그는 1957년에 MIT(Massachusetts Institute of Technology)에 임용된 후 언어학을 강의하고 생성문법에 기반을 둔 언어 메커니즘 관련 프로젝트를 수행하였다. 그의 이론은 20세기 후반부터 21세기인 지금까지 인간의 언어와 컴퓨터 언어를 연결해 주는 HCI(Human Computer Interface) 영역에서 지대한 공헌을 하였다. 또한 Chomsky의 학문적 관심은 언어학과 철학을 넘어 인지과학, 사회학, 정치학 등으로 영역이 점차 넓어졌고, 2013년에 한국의 방송 매체에

서는 한국과 미국의 자유무역 협정 이슈를 다루면서 자유무역에 대한 Chomsky와의 인터뷰를 다루기도 하였다. 그는 현재도 MIT의 명예교수로 여전히 다양한 분야의 이슈에 대해 활발하게 글을 쓰고 있다.

Chomsky는 세상의 모든 언어는 일정한 규칙으로 이루어진 체계라고 정의하였다. 그에 따르면 모든 언어는 말하고자 하는 바, 즉 의미의 층위가 있고, 그 말하고자 하는 바를 어떻게 표현할 것인지에 해당하는 형식의 층위가 있다. **의미의 층위가 심층구조**라면, 형식의 층위는 **표층구조**다. 예를 들어, 표층구조에서 보면 '철수는 영희에게 사과를 주었다.'와 '영희는 철수에게 사과를 받았다.'는 형식적으로 다른 문장이다. 그러나 그 내용 면에서 보면 사과를 준 사람은 철수고, 사과를 받은 사람은 영희다. 그리고 이들이 주고받은 것은 사과다. 이와 같이 심층구조상으로는 동일하지만 표층구조상에서 다른 형식으로 표현된다는 것이다. 영어 외의 언어에도 이 논리는 적용된다.

그는 모든 언어는 일정한 규칙으로 이루어졌고, 모든 언어를 관통하는 보편적 규칙이 있다고 주장하였다. 여기서 규칙은 곧 문장 생성의 법칙, 즉 문법이기 때문에 언어학의 하위 분야인 음운론은 소리체계의 규칙이고 문법이며, 형태론은 단어 구조를 지배하는 규칙체계다. 통사론은 문장 구조를 지배하는 규칙체계이고, 의미론은 의미와 관련된 규칙체계가 된다. 그래서 그의 이론을 규칙에 입각하여 문장을 생성해 내는 규칙체계인 **'생성문법'**이라고 한다.

심화학습

생성문법

한 걸음 더 나아가 통사 규칙의 한 예를 살펴보는 것으로써 Chomsky의 생성문법을 이해하도록 하자.

1-a) 건강한 사랑이는 포도를 잘 먹는다.

'1-a)' 문장은 크게 주부와 술부로 나뉘며, 주부는 명사구로 이루어지고 술부는 동사구로 이루어진다. 명사구는 다시 관형어와 명사구로 이루어지고, 동사구는 다시 명사구와 동사구로 세분화된다. 그리고 동사구는 부사와 동사로 다시 세분화된다. 이와 같이 기술된 구조는 '1-b)'의 구절구조규칙과 '1-c)'의 나무 구조로 표시할 수 있다.

1-b) S → NP1 + VP1 ([건강한 사랑이는] + [포도를 잘 먹는다])

　　　NP1 → DP + NP2 ([건강한] + [사랑이는])

　　　VP1 → NP1 + VP2 ([포도를] + [잘 먹는다])

　　　VP2 → ADV + VP3 ([잘] + [먹는다])

1-c)

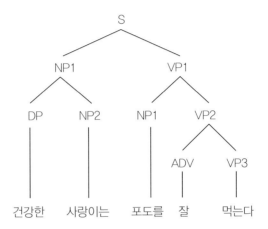

'1-b)'의 구절구조규칙에서 화살표를 기준으로 좌변을 우변으로 다시 쓸 수 있다. 그래서 구절구조규칙을 '다시 쓰기 규칙'이라고도 한다. 이와 같은 규칙체계는 통사적 층위뿐 아니라 어휘부와 음운부 층위까지 모두 적용될 수 있다.

1-d) NP2: [+Animate NP] (선택제약)

1-e) 먹다: V[NP] (어휘삽입규칙)

1-f) /k/ → [ŋ] / X_Y (음소대치규칙)

'1-d)'의 규칙에 의해 '먹다'의 주어 자리에는 유생명사(+생물)만 올 수 있으며, '1-e)'의 규칙으로 타동사 '먹다'는 또 다른 명사구인 목적어를 필요로 한다. 그리고 '1-f)'의 규칙에 의해 '먹는다'의 /먹/의 종성 /ㄱ/는 이어지는 초성 /ㄴ/ 앞 환경에서 비음 자질을 갖게 된다. 이와 같이 언어는 규칙의 체계이며, 이러한 Chomsky의 규칙적 언어 기술이 바로 인간의 자연 언어를 컴퓨터 언어로 코딩하는 데에 큰 기여를 하게 된다. 언어학자는 이러한 개별 언어의 규칙과 함께 모든 언어를 관통하는 보편적 규칙을 밝히는 임무를 갖는다.

2. 언어의 기능

Fabre(1999: 60)에 따르면 언어의 근본적 기능은 역사적으로, 첫째, 화자와 청자의 관계 설정 기능, 둘째, 다양한 경험을 통해 발전된 사고를 통합하여 전달하는 기능, 셋째, 화자와 청자 간의 상호 메시지 교환을 위한 도구로서의 기능으로 정리된다. 첫 번째 기능은 화자가 지식의 요소를 전달하거나, 정보를 획득하거나, 명령을 하거나, 원하는 것을 확인하는 등의 문장 유형에 근거한 기능을 말한다. 두 번째 기능은 다양한 경험을 통해 발전된 사고를 통합하고 전달하는 기능이다. 마지막으로 세 번째 기능은 메시지의 상호 교환을 위한 도구로서의 기능이다. 그러나 이러한 세 가지 분류 사이의 경계는 모호한 면이 있으며, 세 가지 기능 모두 의사소통이라는 범주로 묶일 수 있다.

언어의 가치는 언어가 어떤 기능을 하는지에 따라 결정되며, 언어라는 도구의 가치를 이해하기 위해서는 그 단위가 무슨 기능을 하는지를 알아야 한다. 오늘날 언어학, 아동교육학, 특수교육학, 언어병리학 등 언어와 관련된 분야에서 언어의 기능을 기술할 때 공통적으로 언급되는 학자는 Jakobson과 Halliday다. Jakobson이 연령을 제한하지 않고 일반적인 언어의 기능을 모형화했다면, Halliday는 어린 아동의 초기 언어 기능에 관심을 가졌다. 이 책에서는 Jakobson, Halliday의 언어 기능에 더하여 아동교육의 측면에서 주로 다루어지는 Staab의 교실 환경에서의 언어 기능을 함께 다루고자 한다.

1) Halliday의 언어 기능

Michael Halliday는 언어의 사회성을 강조한 사회언어학자다. Halliday는 언어학에서는 체계기능문법(systemic functional grammar)으로 언급되지만 아동 언어발달에서는 언어 기능을 제시한 것으로 더 잘 알려져 있다. Halliday(1973)는 어린 아동의 언어발달을 위한 동기는 언어가 그들에게 어떤 기능을 하기 때문에 생기는 것이라고 주장한다. 먼저 언어는 아동의 신체적 · 정서적 · 사회적 욕구를 만족시키는 기능을 하는데, 이러한 언어 기능에 대한 이해와 분석을 통해 어린 아동의 언어지도를 효과적으로 해야 한다고 제안하였다. Halliday가 분류한 일곱 가지 언어 기능은 다음과 같다.

(1) 도구적 기능

어린 아동은 그들에게 필요한 욕구를 충족하기 위해 언어를 사용한다. 즉, 무엇인가를 요구하는 기능으로 언어를 사용한다. 예를 들어, 배가 고파서 무엇인가를 먹고 싶을 때 "맘마." "맘마 줘." 혹은 "맘마 먹고 싶어."라고 말하는데, 이러한 기능을 도구적 기능(instrumental function)이라 하였다.

(2) 조정적 기능

아동은 다른 사람의 행동을 통제하거나 지시하기 위해 언어를 사용한다. 친구가 놀러 왔을 때 아동이 "내 방에 들어가면 안 돼." "장난감은 통에 넣어야 돼."와 같이 친구의 행동을 통제하고자 할 때 하는 말이 조정적 기능(regulatory function)에 해당한다.

(3) 상호작용적 기능

다른 사람과 사회적인 방식으로 상호작용하거나 대화를 하기 위해 사용하는 기능을 말한다. 예를 들어, "엄마, 사랑해."라고 말함으로써 관심을 보이거나 "나랑 놀아요."라고 말하는 것 등이 이 기능에 해당한다. 상호작용적 기능(interactional function)을 통해 아동은 자신의 환경에서 다른 사람과 관계를 맺거나 유지한다.

(4) 개인적 기능

아동은 자신의 감정이나 의견을 표현하는 수단으로 언어를 사용한다. 예를 들어, "하루는 착한 아이야."와 같이 언어의 개인적 기능(personal function)을 통하여 자신의 고유한 특성을 표현하기도 하고, "나는 이거 싫어해."와 같이 자신의 의견을 표현하는 것이 이 기능에 해당한다.

(5) 발견적 기능

아동은 주변 환경을 탐색하고 이해하기 위해 언어를 사용하기도 한다. 환경으로 부터 정보를 얻기 위해 사용하는 것이 언어의 **발견적 기능**(heuristic function)이다. 예를 들어, "이거 뭐 하는 거예요?"와 같은 질문을 통해 원하는 정보를 획득하는 것이 이에 속한다.

(6) 상상적 기능

상상적 환경을 만들어 내거나 창의성을 표현하기 위해 사용하는 언어적 기능을 **상상적 기능**(imaginative function)이라 한다. 예를 들어, "우와, 공주 같아." 혹은 "별 처럼 반짝반짝해요."와 같이 비유하는 표현을 하거나 "네가 개구리가 되는 거야."와 같이 상상하는 기능이 이에 해당한다.

(7) 정보적 기능

정보적 기능(informative function)이란 누군가에게 경험을 말하거나 어떤 사실이나 정보를 전달하기 위한 기능을 말한다. "이건 아빠 차야." "아빠 차는 빨간색이야."와 같이 어떤 정보를 제공하거나 설명하는 기능이 이에 해당한다. 이 기능은 다른 기능 보다 좀 더 늦게 발달한다.

Halliday(1975)에 따르면, 초기의 조정적 기능은 상호작용적 기능과 함께 결합한 다. 기본적으로 어린 아동의 상호작용은 자신의 욕구 및 필요를 충족하기 위해 사용 되는 장치다. 이들의 탐구적 기능은 주변의 환경에 대해 배우고 언급하기 위한 것으로 청자의 반응을 요구하지 않으나, 정보적 기능은 청자에게 정보를 전달한다. 이러한 초기 의사소통 기능이 어느 정도 수준에 이르면 아동은 언어가 한 가지 기능만 하는 것이 아니라 동시에 여러 기능을 할 수 있음을 알게 된다. 한 번의 발화로 여러 의도를 전달할 수 있음을 알고 사용하게 된다. 특히 Halliday는 앞서 언급한 일곱 가지 언어 기능 중에서 정보의 기능을 제외한 나머지 여섯 가지 기능을 10~18개월 정도에 언표내적 혹은 **언표적 양상**으로 나타나는 **초기 의사소통 기능**이라 주장하였다 (김영태, 2014에서 재인용).

2) Staab의 언어 기능

Halliday가 아동의 초기 언어 시기의 언어 기능을 분류하였다면, Claire Staab (1992)는 교실 환경에서 언어 교육을 위하여 구어를 중심으로 언어의 기능을 분류하였다(한유미, 김혜선, 권희경, 양연숙, 박수진, 2006에서 재인용). 이를 통하여 Staab는 교사가 교실 환경에서 언어의 다양한 기능을 아동이 이해하고 잘 발달시킬 수 있도록 적절한 기회를 제공하고 자극하는 데에 활용할 것을 제안한다.

(1) 사회적 욕구 주장 기능

"물 마시고 싶어."와 같은 자신의 권리나 욕구, 사회적 욕구, 개인적 권리, 욕구 주장을 하기 위해 언어를 사용하게 된다. 또한 "너는 바보야!"와 같이 상대방에 대한 부정적 표현이나 "정말 맛있어."와 같은 긍정적 표현, "너, 이거 좋아해?"와 같이 상대방의 의견을 요청하는 표현, "음, 세상에……."와 같은 우발적 표현 등을 하게 되는데, 이러한 기능들이 모두 사회적 욕구 주장 기능(function of asserting and maintaining social needs)에 해당한다. 부모는 "우리 뭐 먹을까?"와 같이 아동의 욕구에 대한 질문을 함으로써 이러한 사회적 필요를 요구하거나 유지하는 기능을 강화할 수 있다.

(2) 통제 기능

아동은 자신과 타인의 행동을 통제하는 기능으로 언어를 사용한다. 예를 들어, "신발을 신어야지."와 같이 자신과 타인의 행동을 통제하거나, "이거 먹어도 돼요?"와 같은 질문을 통해 상대방의 지시를 요청하는 것 또는 "이것 좀 보세요!"와 같이 타인의 주목을 요청하는 기능이 통제 기능(function of controlling)에 해당한다. 아동은 자기 자신을 통제하기 위해서도 언어의 통제 기능을 사용한다. 예를 들면, 그림을 그릴 때 "노란색을 칠해야지!"라고 말하면서 색을 칠하거나, "밥 다 먹고 과자 먹어야 돼."라고 말하면서 밥을 먹는 것 같은 행위다.

(3) 정보 기능

"이건 사과야."와 같이 사물에 이름을 붙이거나, "이건 노란색이고, 이건 파란색

이야." "내가 더 커."와 같이 비교하거나, 관찰을 통해 정보를 알려 주거나 요청하는 기능을 말한다. "이건 뭐예요?" "무슨 색이에요?"와 같이 특정 사건이나 세부사항에 대한 정보를 요청하는 것도 정보 기능(function of informing)에 해당한다. 아동에게 이러한 언어 기능을 강화하기 위해서는 "그림에서 이상한 게 뭔지 찾아보자." "이거 랑 이거랑 뭐가 다를까?"와 같은 질문을 하는 것이 도움이 된다.

(4) 예측 및 추론 기능

언어적 기능에는 발견, 집중, 탐문, 질문, 사색 등을 추구하는 기능도 있다. 예를 들어, "비가 많이 와서 엄마 개구리는 집이 떠내려갈까 봐 걱정했어."와 같이 인과관계를 찾아내거나, "또 비가 올 것 같아."와 같이 미래 사건에 대해 추측을 하는 기능이 이에 해당한다. 이러한 예측 및 추론 기능(function of forecasting/reasoning)을 강화하기 위해 양육자나 교사는 "왜 개구리들이 슬피 울었을까?" 같은 질문을 하거나, 그림책을 읽어 주고 "다음에 무슨 일이 일어날까?" 등의 질문을 하여 아동이 생각하고 말할 수 있도록 자극하는 것이 도움이 된다.

(5) 투사 기능

자신의 감정을 다른 사람에게 그대로 투사하는 기능을 말한다. 예를 들어, 할머니 댁에 머물며 엄마를 보고 싶어 하는 아동이 낑낑대는 강아지에게 "엄마 보고 싶어?"라고 말하며 자신의 감정을 투사하는 것이 이에 해당한다. 아동은 다른 사람의 생각을 알기 위해 상상력을 발휘하는 것으로 투사 기능(function of projecting)을 확장할 수 있다. 이러한 기능을 발달시키기 위해 교사나 부모는 책 읽기나 역할 놀이를 할 수 있다. 책을 읽은 후 "네가 미운 아기 오리라면 어떨까?" "친구들이 놀리면 어떤 느낌일까?" 등의 질문으로 투사 기능을 강화할 수 있다.

3) Jakobson의 언어 기능

Roman Jakobson(1963)은 언어행위가 어떤 기능을 하는지에 의거해서 언어를 기술해야 한다고 주장하면서 여섯 가지 언어 기능 모델을 제시하였다. 표현적 기

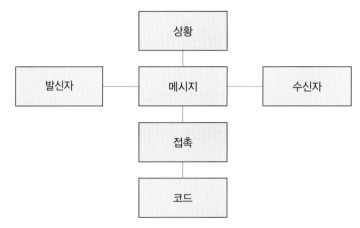

• 그림 1-4 • Jakobson의 언어 기능 도식

능, 능동적 기능, 친교적 기능, 상위언어적 기능, 참조적 기능, 시적 기능과 같은 Jakobson의 여섯 가지 기능 모델은 일찍이 Bühler(1918)가 제안했던 표현적 기능(expressive function), 자극적 기능(stimulative function), 기술적 기능(descriptive function)과 같은 세 가지 언어 기능을 출발점으로 하여 발전시킨 것이다. Bühler의 표현적 기능은 Jakobson의 표현적 기능으로 그대로 발전되고, 자극적 기능은 능동적 기능으로, 기술적 기능은 참조적 기능으로 발전된다.

Jakobson의 언어 기능은 [그림 1-4]의 도식으로 표현된다. 도식은 여섯 가지 요소인 발신자, 수신자, 메시지, 상황 혹은 문맥, 접촉과 상위언어적 코드로 구성되어 있다. Jakobson은 이 요소들 중 어느 요소를 강조하느냐에 따라 언어의 기능이 달라진다고 했다. 즉, 발신자(화자)가 강조되면 표현적 기능이 되고, 수신자(청자)가 강조되면 발화는 어떤 행위를 부추기는 능동적 기능을 갖게 된다. 경로나 분위기가 강조되면 친교적 기능이 된다. 메시지 자체가 강조되면 미학적(시적) 기능이 되고, 문맥 상황이 강조되면 참조적 기능, 즉 표현이나 전달의 기능이 된다. 이 각각의 언어 기능을 좀 더 구체적으로 살펴보면 다음과 같다.

(1) 표현적 기능

언어적 의사소통이 발신자(화자)에게 초점이 맞추어지면, 수신자(청자)에게 발신자의 생각이나 개인적 측면에 대한 정보를 전달하는 정서적 · 표현적 기능을 하게 된다. 이때 발신자는 전달하고자 하는 발신자의 감정이 진실이건 거짓이건 수신자에게 직접적으로 표현하려는 의도를 갖는다. 효과적인 표현을 위해 발신자는 시적 표현을 사용하기도 하고 비유언어를 사용하기도 한다. 구어의 경우 운율적 변화를 활용하기도 한다.

(2) 능동적 기능(명령적 기능)

메시지가 수신자에게 초점이 맞춰지는 경우 언어는 능동적 기능을 하게 된다. 메시지는 수신자를 자극하여 수신자가 어떤 반응을 하도록 유발한다. 발신자는 수신자가 메시지에 의해 어떤 영향을 받도록 명령하거나 부추긴다. '조용히 해.'처럼 명령적 기능을 할 수도 있고, 광고의 경우 무엇인가를 구입하도록 유도할 수도 있다. 이때 명령이나 유도를 위해 발신자는 '부탁하다' '제안하다' 등의 동사를 사용하기도 한다. 수신자는 일기나 독백처럼 자기 자신이 되기도 하고, 때로는 명확하게 드러나지 않는 경우도 있다.

(3) 친교적 기능

메시지가 발신자나 수신자가 아니라 메시지 전달 경로에 초점이 맞춰질 때 언어는 친교적 기능을 한다. 물리적 · 심리적으로 수신자와 관계를 새롭게 맺거나, 원래의 관계를 유지하거나 혹은 단절하기 위해 이 기능이 사용된다. 이웃과 인사말을 주고받을 때, 지나가다 우연히 만난 사람과 관례적인 인사를 나눌 때, 혹은 전화를 걸거나 받을 때 '어디 가세요?' '식사하셨어요?' '여보세요'와 같은 표현들은 메시지의 의미 전달보다는 친교적 기능이 중요하다.

(4) 참조적 기능

메시지의 초점이 문맥이나 지시대상에 맞춰질 때 언어의 기능은 참조적이다. 그래서 이 기능은 실제적 대상, 인간, 현상 등을 기술하게 되는데, 의사소통을 하는 발신자나 수신자가 속한 문화나 상황에 놓인 상태에서의 지시대상(referent)이 중요하다. 어떤 대상이 이름을 갖게 되면 그 대상의 개념이 형성되는데, 대상이 지닌 의미는 그 대상에 대한 인식이지 대상 자체는 아니다. 대상과 이름의 관계는 실제로 대상과 대상의 실체적 의미가 갖는 관계는 아니다. 언어는 이렇게 대상과 이름의 관계를 맺어 주고 기술하는 참조적 기능을 한다.

(5) 상위언어적 기능

언어적 기호에 초점이 맞춰지면 언어는 상위언어적 기능을 하게 된다. 메시지를 교환하기 전에 메시지를 어떤 코드로 전달할 것인지를 결정해야 한다. 먼저 의사소통에 참여하는 발신자와 수신자가 같은 기호를 사용한다는 것을 확인해야 한다. 한국어인지, 일본어인지, 중국어인지, 발신자와 수신자 간 사용하는 언어가 같아야 메시지 교환에 문제가 발생하지 않는다. 물론 같은 언어의 단어를 사용하더라도 항상 서로 같은 의미로 사용하는 것이 아닐 수도 있고, 다른 단어를 사용하면서도 그 의미는 동일할 수도 있다. 또한 '소금'은 일상 언어이지만 '염화나트륨'은 과학적 언어다. 일상생활에서 "염화나트륨 좀 건네줘요."와 같이 과학 분야의 전문용어를 사용하면 코드의 층위가 달라 부자연스럽지만, 경우에 따라 의사소통의 목적에 따라 의도적으로 사용할 수도 있다.

(6) 미학적 기능

화자의 의도가 메시지 자체일 경우 초점은 메시지가 된다. 이때 언어는 미학적 기능을 하게 된다. 언어의 미학적 기능은 주로 문학과 같은 예술적 메시지에서 나타나지만, 반드시 그런 것은 아니다. 일상의 언어에서도 메시지 의도가 내용의 전달이 주가 아니고 부차적일 경우가 있다. 이때 언어는 미학적 기능을 하게 되는데, Jakobson은 단어의 순서 바꾸기나 반복 같은 것을 그 예로 제시한다.

3. 언어의 특성

인간의 언어는 다른 동물이나 곤충의 의사소통 방법과 다른가? 다르다면 어떻게 다른가? 인간의 언어가 갖는 특성은 무엇인가? 고양이는 다른 존재에게 겁을 주려고 할 때 등을 세운다. 이러한 행동은 특정 고양이 한 마리에게서 나타나는 것이 아나라 고양이들의 일반적인 행동이다. 꿀벌은 춤추는 몸짓으로 다른 벌들과 의사소통을 한다. 침팬지나 다른 동물들은 울음소리를 통해 위험을 알린다. 하지만 이러한 동물의 의사소통 행위는 눈으로 춤추는 몸짓을 볼 수 있는 환경에서만 가능하다. 즉, 지금 여기에 제한되며 몸짓 자체가 하나의 덩어리로 기능한다. 그러나 인간의 언어는 상호적이고 장소나 시간의 제약을 받지 않는다. 과거, 현재, 미래를 모두 표현할 수 있고, 분절이 가능하여 무한한 조합을 할 수 있다. 언어의 특성이 한두 가지가 아니겠지만, 일반적으로 다루어지는 몇 가지 특성을 살펴보자.

1) 언어의 기호성

언어는 기호로 이루어졌으며, 이러한 성질을 기호성이라고 한다. 한국어에서는 '강, 호수, 바다 따위의 형태로 널리 분포하는 액체'를 '물'이라고 한다. '물(/mul/)'이라는 단어는 '강이나 바다를 이루는 액체'라는 내용을 가졌고, 그 내용을 '물'이라는 형식으로 지칭한다. 이와 같이 내용과 형식의 결합으로 이루어진 것이 기호인데, 언어는 이러한 기호로 이루어진다. Saussure는 언어적 기호를 의미 내용인 기의와 표현 형식인 기표로 이분화하여 기술하였고, Charles Ogden과 Ivor Richard(1923: Baylon & Fabre, 1992에서 재인용)는 형식, 지시대상(참조물), 개념이라는 삼각구도로 기호의 의미를 기술한 바 있다(제2장 참조). 그 모형이 어떠하건, 언어는 형식과 내용의 결합체인 기호성을 지닌다. 이는 동물의 언어와 구분되는 인간 언어의 특징이다.

2) 언어의 자의성

언어 기호가 내용과 형식, 즉 기의와 기표로 이루어졌다면, 기의와 기표의 관계는 필연적이고 절대적일까? 예를 들어, '바람'이라는 개념은 왜 꼭 /바람/이라는 소리 형식과 '바람'이라는 문자 형식으로 표현되어야 하는가? 이 두 측면 간의 관계는 절대적이고 필연적인 것이 아니어서 한국어에서 '바람'은 영어에서는 'wind'로, 프랑스어에서는 'vent'으로 나타난다. 이와 같이 내용과 형식이 언어에 따라 다른 관계를 맺는 성질을 언어의 임의성 혹은 자의성이라고 한다. 즉, 언어가 임의적이기 때문에 한국에서는 '산'이라 부르는 것을 미국이나 영국에서는 'mountain'이라 하고, 프랑스에서는 'montagne'라 하는 것이다.

3) 언어의 분절성

분절성이란 일정한 단위로 나뉠 수 있는 성질을 말한다. Martinet에 따르면, 언어의 1차 분절은 의미를 담은 언어 요소로의 분절을 말한다. 예를 들어, '밖에 눈이 온다.'라는 문장은 '밖에' '눈이' '온다'로 구성되어 있고, 다시 각각의 직접구성요소는 그 하위 요소로 분절된다. 예를 들어, '밖에'는 '밖'과 '에'로, '눈이'는 '눈'과 '이'로, '온다'는 '오' 'ㄴ' '다'로 분절된다. 이와 같이 의미와 형식을 담은 단위로 분할되는 것이 1차 분절이라면, 2차 분절은 음소로의 분절을 가리킨다. 예를 들어, 마지막 어절 '온다'는 /ㅗ, ㄴ, ㄷ, ㅏ/로 2차 분절된다. 인간의 언어는 동물의 언어가 덩어리로 표현되는 것과 달리 이러한 분절성을 지닌다.

4) 언어의 창조성

동물에게도 의사소통 수단이 있으나 그 언어의 수가 한정되어 있는 데 반하여, 인간은 유한한 기호체계로 전혀 들어 보지 않은 새로운 문장을 무한히 만들어 낼 수 있을 뿐만 아니라 새로운 사물이나 사상이 생기면 그에 지금까지 없던 이름을 붙여 주기도 한다. 이와 같이 유한한 기호로 무한한 언어 표현이 가능한 특성을 언어의 창조성이라 한다.

5) 언어의 사회성

언어는 사회적 약속이기 때문에 한 개인이 마음대로 바꿀 수 없다. 스위스 작가 Peter Bichsel은 『책상은 책상이다(Ein tisch ist ein tisch)』라는 책에서 어떤 할아버지가 책상을 '요도코'라고 부르더니 점차 더 많은 단어를 '요도코'라고 부르고, 나중에는 모든 단어를 '요도코'로 대체하면서 사람들도 할아버지를 이해하지 못하게 되고 할아버지도 다른 사람들을 이해하지 못하게 된다는 이야기를 한다. 사회적으로 얼굴에 있는 코를 '코'로 부르기로 하면, 같은 사회에 사는 사람은 누구나 '코'라고 해야 의사소통이 가능하다. 언어가 자의적이기는 하지만 사회적 약속이므로 개인의 마음대로 정할 수는 없다. 이러한 성질을 언어의 사회성이라 한다.

6) 언어의 규칙성

Chomsky가 언어는 규칙체계라고 정의하기도 하였듯이 모든 언어에는 일정한 규칙이 있다. '엄마랑 산에 가요.'와 같은 문장은 부사어, 부사어, 서술어와 같은 문장 성분으로 구성되었는데, 어순이 비교적 자유로운 한국어라 해도 '가요 산에 엄마랑'이라고 하지 않는다. 그렇게 말해도 문장의 의미는 추정하여 알 수 있으나, 문장이 길어지면 그나마 의미 추정도 어려워진다. 또한 엄마가 어린 아동에게 "이거 언제 먹을 거야?"라고 물으면 시간 개념을 아직 습득하지 못한 어린 아동은 종종 "어제 먹을 거야!"와 같은 대답을 한다. 어린 아동이 그러면 귀엽지만, 어른이 이와 같이 대답하면 귀엽게 느껴지지는 않을 것이다. 문장의 시제에 적절한 시간 부사를 사용해야 하는 규칙을 지키지 않았기 때문이다. 이와 같은 특성을 언어의 규칙성이라고 한다.

7) 언어의 가변성

언어는 유기체와 같아서 새로 생성되고 성장하고 사라지기도 한다. 음운체계 자체가 변하기도 하고, 문법적 요소와 문법체계도 변화한다. 중세 한국어에서 '뫼'라고 불렸던 '평지보다 높게 솟은 땅의 부분'은 현대 한국어에서 '산'으로 변했다. 중세의 '즈믄'은 오늘날 사라져 더 이상 사용하지 않는다. 중세의 '녀름'은 두음법칙에 의해 지금 '여름'으로 변화했다. 심지어는 단어의 품사도 변하고 문법도 변한다. 언어가 시간의 흐름에 따라 끊임없이 변하는 이러한 특성을 언어의 가변성 혹은 역사성이라고 한다.

요약

이 장에서 우리는 언어의 정의, 기능, 특성에 대해 살펴보았다. 의사소통이란 두 사람 이상이 모여 서로의 의견이나 생각, 감정 등에 대한 메시지 정보를 주고받는 행위다. 언어는 의사소통을 위해 사용하는 도구다(Martinet). 그런데 이 언어는 본질적으로 기표와 기의가 조합된 기호의 체계로 구성되어 있다(Saussure). 전달하고자 하는 생각이 있어도 표현할 수 없거나, 표현할 수 있는데 그 안에 담긴 의미가 없으면 언어적 기호가 아니다. 여기서 우리는 언어적 기호가 지표, 상징과 어떻게 다른지도 함께 학습하였다. 생성문법적 관점에서 Chomsky는 언어가 일련의 규칙체계라고 주장하면서, 여러 층위에서 언어 규칙을 공식으로 제안하였다. 이 장의 두 번째 절에서는 언어의 기능을 다루었다. 사회언어학자 Halliday가 주장한 언어습득 초기에 나타나는 언어 기능, Staab의 교실 환경에서의 언어 기능에 대해서 살펴보았다. 또한 Jakobson이 어느 요소에 초점을 맞추는지에 따라 여섯 가지로 분류한 언어 기능 모형이 무엇인지 살펴보았다. 마지막 절에서는 인간의 언어가 어떠한 특성을 갖고 있는지에 대해 살펴보았다.

학습 확인 문제

1. 언어에 대한 정의를 서로 비교하시오.
2. 언어학적 기호를 설명하시오.
3. Halliday의 언어 기능을 설명하시오.
4. Jakobson의 언어 기능을 설명하시오.
5. 언어의 특성을 기술하시오.

제2장

언어의 구조

학습목표

- 음소, 형태소, 어휘소, 구, 문장, 담화와 같은 언어 단위를 이해한다.
- 언어의 형식, 내용, 사용 영역에 대해 이해한다.
- 음운론, 형태론, 통사론적 영역의 경계와 각 영역별 주요 작업을 이해한다.
- 언어 단위와 언어의 구성요소 간 관계에 대해 이해한다.
- 각 언어 영역별 발달을 이해한다.

언어 단위는 그 하위 단위의 결합으로 구성되어 있다. **문장**은 **단어**의 결합으로 만들어지고, 단어는 **형태소**의 결합으로 구성된다. 또한 언어의 하위 영역은 여러 언어 단위 중에서 어떤 언어 단위를 핵심적으로 다루는지에 따라 분류된다. 예를 들어, 언어의 내용을 주로 다루면 **의미론**이고, 사용을 주로 다루면 **화용론**이며, 형식을 주로 다루면 어떤 형식을 다루는지에 따라 다시 **음운론, 형태론, 통사론**으로 분류된다. 이와 같이 언어의 단위와 하위 영역은 밀접한 관계를 갖고 있다. 이 장에서는 먼저 언어를 구성하고 있는 언어 단위로는 어떤 것들이 있는지, 각 언어 단위가 무엇을 의미하는지에 대해 다룰 것이다. 이어서 언어학적 하위 영역에는 어떤 것이 있고, 각 영역은 어떤 작업을 하는지에 대해 알아볼 것이다. 이 장을 통해 독자는 언어의 단위와 하위 영역의 개념을 이해할 수 있을 것이다.

1. 언어의 단위

말을 하거나 들을 때, 글을 쓰거나 읽을 때, 화자와 청자 그리고 저자와 독자는 기호의 연속체로 표현하고 이해한다. 화자의 말이 처음에는 연속되는 소리로 청자의 귀에 들리지만, 청자는 소리를 해당 언어의 기호로 분절하여(segment) 이해한다. 청자가 화자의 말을 들으면서 목표언어의 언어 단위로 분절(segmentation)이 안 된다면, 그저 연속되는 소리 신호를 듣기만 할 뿐 그 의미를 이해하지는 못한다. 전혀 알지 못하는 외국어를 들을 때 말소리를 듣기는 듣는데 도대체 무슨 말을 하는지 이해하지 못하는 것과 같다.

화자의 말을 이해하기 위해서는 말을 구성하고 있는 기호의 경계를 알아야 한다. 예를 들어, /nega-galk*e/와 같은 소리 연쇄는 '내가+갈게'와 같이 주어와 서술어로 분절하여 들을 수 있어야 그 의미를 이해할 수 있다. 주어는 다시 '나+가'와 같은 대명사와 주격조사로 구성되어 있고, 서술어는 '가+ㄹ+게'와 같이 동사 '가다'의 어간과 어미 'ㄹ'과 '게'가 결합한 것을 알아야 메시지의 의미를 이해하게 된다. 어린 아기가 모국어를 습득할 때도 마찬가지다. 주변에서 반복적으로 들리는 소리 연쇄에서 단어가 어디서 시작해서 어디서 끝나는지 알아야 '엄마'나 '맘마'와 같은 언어 단위를 학습할 수 있는 것이다. 이 장에서는 언어치료사로서 대상자의 언어 수준을 정확히 평가하고 치료하기 위해 필요한 기본적 단위에 대해 다룬다.

1) 음소

음소(phoneme)는 한 언어의 기표(signifier)를 이루는 소리 단위로 해당 언어에서 의미에 관여하는 최소의 단위다. 물리적 · 지각적으로 구분되는 속성을 가진 각각의 소리가 음(phone)이라면, 이 음들이 모여 의미에 관여성을 가질 때, 그 소리의 집합을 음소라고 한다. 음소를 그 이상 분할하면 의미에 대한 관여성을 잃게 되는데, 음성학은 바로 이러한 각각의 음에 관심을 갖고 물리적 · 해부생리학적 · 지각적 속성을 다룬다. 음운론은 그러한 하나하나의 소리보다는 의미에 관여성이 있는지에 따라 관여성이 있는 집합으로서의 음소만을 다룬다. 일반적으로 음성학과 음운론에서 음소는 / /로 표시하고, 음성학에서 음은 [ ]로 표시한다.

의미에 관여한다는 것이 무슨 말인지 좀 더 구체적으로 살펴보자. 우리말에서 '달'은 의미에 관여하는 세 개의 소리 단위인 /ㄷ/ /ㅏ/ /ㄹ/로 구성되어 있다. 이 세 개의 소리 단위를 음소라 한다. '달'은 밤하늘에 떠 있는 달(moon)로, '탈(mask)'이나 '딸(daughter)'과 구분된다. 서로 다른 이 세 낱말을 구분되게 하는 것은 초성 /ㄷ/ /ㅌ/ /ㄸ/이다.

(1a) 달 → /t al/

(1b) 탈 → /tʰ al/

(1c) 딸 → /t'al/

국제음성기호로 바꾸어 설명하면 '달' '탈' '딸'은 (1a), (1b), (1c)와 같이 음성전사(phonetic transcription)를 할 수 있다. 이 세 개의 단어에서 초성을 제외한 나머지 밑줄 친 부분은 /al/로 모두 동일하기 때문에, 결국 세 단어를 구분하는 핵심은 초성 /t/ /tʰ/ /t'/(혹은 /t*/)이다. 따라서 초성 /t/ /tʰ/ /t*/는 모두 한국어에서 의미에 관여하는 음소다. 왜냐하면 이 세 개의 소리 단위에 의해 단어의 의미가 달라지기 때문이다. 만약 '달'의 초성 /t/를 좀 더 부드럽게 /d/로 발음하면 다른 단어가 되는가? 느끼하게 들리기는 하겠지만, 다른 단어가 되거나 의미가 달라지지는 않는다. 따라서 우리말에서 /d/는 관여적이지 않고, /t/와 /d/는 서로 다른 음소가 아니라 하나의 음소에 대한 두 개의 다른 음으로 간주된다. 한국어에서 /t/와 /d/가 하나의 음소 그룹으로 묶이는 것과 달리, 영어의 경우 'try(/trai/)'를 'dry(/drai/)'로 발음하면 완전히 다른 단어가 된다. 영어에서 /t/와 /d/는 단어를 구분하는 데 관여하는 각각의 음소인 것이다.

영어의 경우를 좀 더 살펴보자. (2a)와 (2b)는 단어의 뒷부분인 /æp/이 동일하다.

(2a) gap → /gæp/

(2b) cap → /kæp/

다만, 두 낱말을 구분하는 유일한 요소는 초성 /g/와 /k/다. 이는 영어에서 /g/와 /k/가 서로 다른 의미를 만들어 내는 데 관여하는 음소라는 것을 말해 준다. 그러나 한국어와 달리 영어는 /k/를 좀 더 긴장된 소리인 /k'/로 발음한다고 해서 의미가 달라지지 않는다. 한국어가 /k/ /k'/ /kʰ/를 서로 다른 음소로 인식하는 것과 달리, 영어는 /k/와 /k'/를 하나의 음소의 이음으로 인식한다.

또 다른 예를 살펴보자. 한국어에서 '말(horse)'의 종성 /ㄹ/([l])와 '라면(noodle)'의 초성 /ㄹ/([r])는 서로 다른 음소일까? 한국어에서 [l]은 항상 종성에만 나타나고 [r]은 초성에만 나타날 수 있다. 이와 같이 초성에 나타날 때는 항상 [r]로 실현되고, 종성에 나타날 때는 [l]로 실현되므로, 같은 위치에서 함께 사용되지 않을 경우 [l]과 [r]이 상보적 분포를 보인다고 하여 소리가 각각 달라도 하나의 음소로 간주하지 않고 하나의 음소가 위치에 따라 달리 발음된 변이음(variant) 혹은 이음(allophone)으로 간주한다. 그런데 영어에서 'light'의 /l/과 'right'의 /r/은 엄밀히 다른 음소다. 둘 다 같은 위치인 초성에 나타날 수 있으며, 두 소리에 따라 light와 right 같이 영어 단어가 달라지므로 /l/과 /r/은 의미에 관여하는(pertinent) 각각의 음소가 된다.

앞의 예에서 알 수 있었던 것처럼 음들의 대푯값인 음소는 언어에 따라 다르다.

따라서 음소 목록도 언어에 따라 달라진다. 음운론은 개별 언어의 말소리가 의미에 관여하는지, 각 음소의 음운자질(phonological features)은 어떠한지 분석하면서 음소 목록을 결정하고, 체계화하며, 기술한다. 또한 음소가 조합할 때의 음운규칙을 다루기도 한다. 나아가 여러 언어를 관통하는 공통적 음운현상에 대해서도 연구한다.

2) 음절

음절이란 "하나의 종합된 음의 느낌을 주는 말소리의 단위"(표준국어대사전), 즉 소리마디다. 한국어에서 음절은 모음을 중심으로 이루어지고 앞뒤에 자음과 활음이 나타나기도 하고 안 나타나기도 하면서 이루어진다. 이것을 전문적으로 표현하면 (C)(G)V(C) 구조를 보인다고 한다. 여기서 C(consonant)는 자음을 말하고, G(glide)는 활음을 말하며, V(vowel)는 모음을 가리킨다. 그리고 괄호 안에 표시한 것은 나타날 수도 있고 나타나지 않을 수도 있는 선택적 요소라는 의미다.

표 2-1 음절구조의 예

단어	발음	음절	음절구조
컵	/컵/	1음절	CVC
사과	/사과/	2음절	CV+CGV
국어	/구거/	2음절	CV+CV

한국어의 경우 낱자와 음절이 일치하여 비교적 음절 구분이 용이하다. 하나의 음절은 전형적으로 하나 이상의 음소로 구성되는데, 음절핵이 되는 모음을 반드시 필요로 하고 음절핵을 중심으로 앞뒤에 자음이나 활음이 필요하다. 예를 들면, '컵'은 /컵/으로 발음되는 1음절 단어이고 '사과'는 그대로 /사/와 /과/로 이루어진 2음절 단어다. 이중모음 /ㅘ/는 활음과 단모음으로 구성되어 있어서(신지영, 2000), /과/ (/k+w+a/)의 음절구조는 CGV가 되는 것이다. 이와 같이 음소문자인 한국어의 경우 쓰기의 낱자와 음절이 대체로 일치하지만 항상 그런 것은 아니다. 대표적인 예가 음가 없는 /ㅇ/이나 종성이 후행하는 모음에 연음되는 경우다. '국어'는 문자로 표기할

경우 '국'+'어'이지만 음절로 표기할 경우 /구/+/거/가 된다. 한편, 이러한 음절구조는 낱말의 운율과 시의 운(rime)에도 영향을 준다.

3) 형태소

형태소(morpheme)란 의미를 가진 최소 단위 혹은 최소의 의미 단위다. 형태소는 의미와 형태가 조합된 최소의 언어 단위이기 때문에 더 이상 분리하면 그 의미를 잃어버리게 된다.

> (3a) 영수가 사과를 먹었다.
>
> (3b) 이거 주세요.
>
> (3c) 아빠가 회사에 가셨어요.

문장 (3a)는 '영수-가-사과-를-먹-었-다'와 같이 7개 형태소로 분절할 수 있다. 첫 번째 형태소는 고유명사 '영수'이고, 두 번째 형태소는 주격조사 '가'이며, 세 번째 형태소는 일반명사 '사과'이고, 네 번째 형태소는 목적격조사 '를'이며, 다섯 번째 형태소는 동사 '먹다'의 어간 '먹'이고, 여섯 번째 형태소는 과거 시제를 나타내는 선어말어미 '-었-'이며, 일곱 번째 형태소는 문장의 종결을 나타내는 종결어미 '-다'다. 여기서 '사과'를 '사'와 '과'로 분할하면 더 이상 의미를 가진 단위가 아니기 때문에 한국어에서 '사과'는 더 이상 분할할 수 없으며, 최소의 의미 단위인 형태소다.

과거를 나타내는 선어말어미 '-었-'은 '막았다'의 '-았-'과 서로 다른 형태소인가? 한마디로 그렇지 않다. '-었-'과 '-았-'은 선행하는 음절의 모음에 따라 둘 중 하나로 실현된다. 이처럼 하나의 형태소가 음절 환경에 따라 변이된 형태로 나타나는 것을 이형태라고 한다. 이형태는 형태소가 특정의 환경에서 모양이 달라지면서 생긴다. 예를 들면, 주격조사 '이'와 '가', 선어말어미 '-았-'과 '-었-', 목적격조사 '을'과 '를', 보조사 '은'과 '는'은 모두 상보적 분포를 보이는 이형태이고, 이들 이형태의 대표가 형태소가 된다. 여기서 중요한 것은 음소의 이음처럼 이형태 간에는 상보적 분포를 보이기 때문에 동일한 환경에서 겹칠 수 없다.

문장 (3b)는 '이-거-주-시-어요'와 같이 5개의 형태소로 분석할 수도 있고, '이-거-주-시-어-요'와 같이 6개의 형태소로 분석할 수도 있다. 문장 (3c) 역시 '아빠-가-회사-에-가-시-었-어요'와 같이 8개의 형태소로 분석할 수도 있고, '아빠-가-회사-에-가-시-었-어-요'와 같이 9개의 형태소로 분석할 수도 있다. 왜냐하면 '어요'는 '어'라는 종결어미와 '요'라는 보조사가 결합한 결합형태소인데, 이러한 결합형태소 분석의 경우 관점에 따라 어디까지 분석할 것인지 적절한 정도를 정함에 있어 모두가 동의할 수 있는 정도를 찾기 어렵기 때문이다. 아동의 언어 분석에서 김영태(2002)는 '어요'를 하나의 형태소로 처리하고 있다. 사실, 형태소 분석에서 어디까지 분할할 것인지는 분석 이전에 규칙을 정하여 일관성 있게 적용하는 것이 가장 중요하다.

4) 낱말/단어

낱말(word)이란 무엇인가? 자립적으로 쓸 수 있는 최소 단위로 단어와 동의어다. 예를 들어, "사슴이 달려요."와 같은 문장에서 '사슴'이나 '달려요'와 같이 자립적인 단위들이 낱말이다. 그러면 '사슴' 뒤에 연결된 '이'는 단어인가? 자립성이 미흡하여 단어로 보지 않는다는 견해도 있으나 학교 문법에서는 조사가 앞말과 비교적 쉽게 분리된다는 근거를 들어 낱말로 간주한다(이봉원, 2015). 따라서 '사슴' '이' '달려요'는 모두 각각의 단어다. 그렇다면 '달려요'의 '어요'는 어떠한가? 어미 '어'는 자립적이지 않을 뿐 아니라 어간과 분리하기도 어려워 학교 문법에서는 어미를 낱말로 간주하지 않는다. 반면, 북한에서는 조사와 어미 모두 낱말로 간주하지 않는다. 따라서 북한 문법에 따르면 어절이 낱말의 개념에 해당된다.

앞서 살펴본 바와 같이 조사와 어미를 자립적인 낱말로 처리할 것인지에 대해 모두가 하나의 견해를 갖는 것은 아니다. 북한에서처럼 조사와 어미 모두 자립적인 낱말로 보지 않는 입장을 종합적 관점이라고 하고, 이와 반대로 조사와 어미 모두를 자립적인 낱말로 간주하는 입장을 분석적 관점이라고 한다. 또한 한국 학교 문법에서처럼 조사는 낱말로 간주하고, 어미는 낱말로 간주하지 않는 방식을 절충적 관점이라고 한다(이봉원, 2015).

(4a) 영희는 철수와 그네를 탔어요.

(4b) 토끼는 빨리 달려요.

문장 (4a)는 '영희' '는' '철수' '와' '그네' '를' '탔어요'와 같이 일곱 개의 낱말로 구성되어 있다. 문장 (4b)는 '토끼' '는' '빨리' '달려요'와 같은 네 개의 단어로 구성되어 있다. 여기서 중요한 것은 조사는 단어로 구분하고 어미는 단어로 처리하지 않는다는 것이다. 이와 같은 단어 분석에서 가장 난해한 문제는 복합어와 동음이의어를 어떻게 처리할 것인지에 대한 것이다. 아동이나 청소년의 평균발화길이를 단어 단위로 측정할 때 적지 않은 어려움이 있다. 이런 경우 분석 작업 이전에 이에 대한 규칙을 정하여 일관성 있게 적용하는 것이 중요하다.

5) 어절

『표준국어대사전』에 따르면 어절은 문장을 구성하고 있는 각각의 마디로 문장성분의 최소 단위이며, 띄어쓰기 공백이나 문장부호에 의해 구분되는 철자의 덩어리다. 영어 같은 인구어(Indo-European language)에서의 단어 개념과 유사하다. 인구어에서 단어란 '공백이나 문장부호에 의해 분리되는 문자의 덩어리'로 정의된다. 한국어에서 어절은 어휘적 요소와 문법적 요소의 결합으로 나타나며, 곡용(조사변화)과 활용(어미변화)이라는 형태론적 과정을 거쳐 만들어지는 단위다.

(5a) 밭에서 감자와 고구마를 캤어요.

(5b) 오늘은 학교에 가서 친구들과 놀았어요.

문장 (5a)는 네 개의 어절로 구성되어 있고, 문장 (5b)는 모두 다섯 개의 어절로 구성되어 있다. 배희숙, 이주호, 시정곤, 최기선(2002)에 따르면, 7,000만 어절로 구성된 텍스트 덩어리에 대한 한국과학기술원(KAIST)의 기계적 형태소 분석에서 한국어 어절 하나는 평균 1.96개의 형태소로 구성되어 있음을 보고한 바 있다.

6) 구

구(句)란 "둘 이상의 단어가 모여 절이나 문장의 일부분을 이루는 토막"(표준국어대사전)이다. 즉, 두 개 이상의 단어가 모여 하나의 단어와 동등한 기능을 하면서 문장의 일부분을 이루는 문법 단위다. 단어처럼 문장에서의 종류에 따라 명사구, 동사구, 관형사구 등으로 구분하는데, 구는 절과 달리 주어와 서술어 관계가 나타나지 않는다.

(6a) 우리 언니는 그림을 잘 그려요.

(6b) 해바라기가 피었어요.

문장 (6a)는 '우리 언니는'이나 '그림을'과 같은 명사구와 '잘 그려요'와 같은 동사구로 구성되어 있다. 문장 (6b)는 '해바라기가'와 같은 명사구와 '피었어요'와 같은 동사를 포함하고 있다.

7) 절

절(節)은 "주어와 서술어를 갖추었으나 독립하여 쓰이지 못하고 다른 문장의 한 성분으로 쓰이는 단위"(표준국어대사전)다. 둘 이상의 단어나 어절이 모여 하나의 의미 단위를 이루면서 그 내부에 주어와 서술어를 갖추었지만 문장처럼 완결되지 않은 상태의 단위인 것이다.

(7a) 나는 오래 달렸으나 힘이 들지 않았다.

(7b) 엄마는 내가 사 드린 장갑을 매우 아끼셨다.

문장 (7a)는 '나는 오래 달렸으나'와 '힘이 들지 않았다'라는 두 개의 절로 이루어졌다. 여기서 각각의 절은 주어와 서술어 관계를 갖고 있다. 또한 문장 (7b)는 문장 내부에 '내가 사 드린'이라는 관형절을 내포하고 있다.

8) 문장

문장(sentence)이란 문법적으로 연결된 단어들이 하나 이상 모여 구성한 언어 단위다. 문법 단위 중 가장 큰 단위이며, 원칙적으로 화자의 완결된 생각을 표현하는데, 그 문장이 문맥과 동떨어진 것일 수도 있다. 형식 면에서 문장은 보통 주어와 서술어 관계를 하나 이상 지니고 있으며, 문장부호에 의해 종결되고, 그 내부는 단어, 어절, 구, 절의 계층화된 구조로 구성되어 있다. 문장 유형에 따라 평서문, 의문문, 감탄문 등으로 구분되기도 하는데, 문장의 끝부분의 음도가 낮아지기도 하고 높아지기도 하는 운율적 특성을 보인다(Mounin, 1988: 125).

9) 발화

발화(utterance)는 구어로 이루어지는 말(speech) 단위로, 문어에는 존재하지 않는다. 발화는 분명한 쉼에 의해 시작하고 끝나지만, 그 쉼이 반드시 침묵일 필요는 없다.

(8a) 늑대가 나타났어요. …… 늑대가 나타났어요.

(8a)는 동일한 문장으로 구성된 두 번의 발화다. 문장이 문법적 단위라면, 발화는 행동적 특성을 갖는다(Bakhtin, 1986).

10) 담화

영어 단어 'discourse'를 사전에서 찾으면 한국어 대역어로 '담화' 혹은 '담론'이 제시된다. Michel Foucault는 사회적, 정치적, 자연적 이슈를 다룰 때의 'discourse'를 거대담론이라 하였는데, 이러한 거대담론의 경우 국내에서 일관되게 '담론'이라는 용어를 사용한다. 하지만 그 외의 경우 '담론'과 '담화'가 혼용된다. 언어치료 영역에서 주로 사용하는 '담화'는 거대담론이 아니기 때문에 '담화'라는 용어를 사용하면 자연스럽고 무리가 없다.

　담화(discourse)란 응집성을 지닌 말이나 글의 덩어리다(배희숙, 2017a). 담화를 특징짓는 핵심 요소는 응집성인데, 이 응집성은 주로 대치, 지시어, 반복, 생략, 접속, 어휘 등의 결속표지를 통해 이루어진다(임성규, 2005). 일반적으로 담화는 이야기담화, 묘사담화, 설명담화, 논쟁담화 등으로 분류되는데, 이 중에서도 이야기담화는 가장 빨리 발달하는 담화 유형이다.

　이야기담화는 종종 서사담화 혹은 내러티브담화로도 사용되는데, 이러한 이야기 담화는 아동이 가족이나 또래와 경험을 나누고 정서적으로 교감하는 수단이다. 나아가 이야기담화는 초등학령기를 관통하여 발달하면서 초등학교 고학년부터 중 · 고등학교 시기까지 꾸준히 발달하는 설명담화나 청소년기에 주로 발달하는 것으로 알려진 논쟁담화의 발달에도 영향을 줄 뿐 아니라 학업능력과도 밀접한 관련성을 보이는 것으로 보고된다(배희숙, 2017b).

2. 언어의 하위 영역

　말이건 글이건, 언어는 그 본질적 특성상 분절 가능한 단위로 구성되어 있다. 텍스트나 담화는 문장이나 발화로 구성되고, 문장은 절로, 절은 구로, 구는 어절로, 어절은 다시 낱말로, 낱말은 형태소로, 형태소는 음절로, 음절은 음소로 구성되어 있다. 이러한 언어학적 단위 중에서 어느 단위에 초점을 맞추는지에 따라 언어를 구성하는 하위 영역이 나뉜다. 즉, 음소를 조명하는 영역이 음운론이고, 형태소의 특성과 조어법을 다루면 형태론이다. 단어가 모여 구와 절을 이루고 문장을 이루는 문장 구성 규칙을 다루는 영역은 통사론이다. 어휘와 문장의 의미적 측면을 다루는 영역은 의미론이고, 이러한 의미에 문맥과 상황이 어떻게 영향을 주는지 그 사용적인 측면을 다루는 영역은 화용론이다. Bloom(1993)은 언어를 구성하는 요소를 형식, 내용, 사용으로 분류하였는데, 음운론, 형태론, 통사론은 형식 면에 해당하고, 의미론은 내용 면, 화용론은 사용 면에 해당한다고 하겠다.

　왜 우리는 언어의 하위 영역을 이해해야 하는가? 언어장애를 다룰 때 장애 유형이나 손상된 부위에 따라 언어 하위 영역별 손상 정도와 양상이 동일하지 않다. 특정 영역에서 더욱 두드러진 어려움을 보이는 경우가 많다. 그래서 언어장애를 다룰 때 치료 대상자의 각 언어 단위가 제대로 이해되고 표현되는지를 하위 영역별로 평가하고, 그 결과에 맞추어 손상된 영역과 양호한 상태의 영역을 고려하면서 언어중재를 하는 것이다. 이러한 맥락에서 이 절은 음운론, 형태론, 통사론, 의미론, 화용론의 순으로 각 영역의 주요 작업과 관점을 다룬다.

1) 음운론

음성학이 모든 말소리를 연구의 대상으로 삼아 물리적 · 해부생리학적 특성을 연구한다면, 음운론은 말소리 중에서 의미 관여성에 따라 분류된 음소를 연구의 주요 대상으로 삼는다. 말소리에 대한 실험적 · 정량적 · 생리학적 연구를 바탕으로 제공된 음성학적 데이터를 기반으로, 음운론은 관여성 기준에 따라 말소리를 나누고, 특성을 정리하고 분류하면서 그 체계를 연구한다.

제1장에서 이미 살펴보았듯이 음운론의 연구 대상이 되는 음소(phoneme)란 의미에 관여하는 최소 언어 단위이고, 운소(prosodeme)는 의미에 관여하는 강약, 장단, 고저 같은 운율적 요소다. 음소 목록과 마찬가지로 운소의 의미 관여성 여부나 양상은 언어에 따라 크게 다르다. 여기서는 음운론이 음소와 운소에 대해 어떻게 다루는지, 음운에 대한 인식과 음운발달은 어떻게 이루어지는지 알아본다.

표 2-2 음성학과 음운론

	음성학	음운론
연구 단위	모든 말소리(음)	대표 말소리(음소)와 운율(운소)
관심 대상	물리적 · 해부생리적 특성	변별적 자질
연구 방법	실험적, 정량적	이론적, 상징적

(1) 분절적 요소(음소)

음운론은 각 언어의 음소 목록을 세우고, 음소의 결합 규칙을 다룬다. 모든 한국어 음운학자가 의견의 일치를 보이고 있지는 않지만, 학교 문법이나 국립국어원 자료에 따르면, 한국어 음소는 자음이 19개이고 단모음이 10개, 이중모음이 11개다. 그러나 단모음 중에서 /ㅔ/와 /ㅐ/의 구분이 사라지고 있고, /ㅚ/와 /ㅟ/가 단모음으로 남아 있는 지역이나 연령층이 제한적이 되면서 한국어 단모음은 7개라는 주장도 있다(신지영, 2000). 이와 같이 음운론은 한 언어의 음소 목록을 결정하는 일을 하는데, 이를 위해 음소의 범주와 경계를 결정하고 각 음소의 음운자질(phonological features)을 분석하고 확인하며, 이에 따라 음소를 분류하는 단계를 거친다.

● 음소 분절(segmentation)

음운론은 언어의 음소 범주를 정하는 작업을 한다. 예를 들어, 한국어에서 '발'의 /ㅂ/와 '불'의 /ㅂ/는 동일한 음소다. 그러나 '발'의 /ㅂ/와 '팔'의 /ㅍ/는 각각 서로 다른 음소다. 이 두 개의 말소리가 /(ㅂ)(ㅍ)ㅏㄹ/과 같은 동일 환경에서 어느 음이 오는가에 따라 단어가 달라지기 때문이다. 그렇다면 '밥'의 초성 /ㅂ/([p])와 종성 /ㅂ˺/([p˺])도 서로 다른 음소인가? 초성의 /ㅂ/와 종성의 /ㅂ˺/는 소리가 다르다. 초성의 /ㅂ/는 기류를 멈추고, 어느 정도 유지하다가, 터뜨리는 세 단계의 국면을 필요로 한다. 그런데 종성 /ㅂ˺/는 세 번째 단계가 실행되지 않는 불파음이다. 초성에서는 반드시 세 단계가 실현되지만 종성에서는 반드시 불파음이 된다는 것은, 이 두 개의 서로 다른 음이 상보적 분포를 보인다는 것을 의미한다. 음성학적으로 서로 다른 소리가 같은 환경에서는 절대 안 나타난다면, 즉 상보적 분포를 보인다면, 음소로서 독립된 개체라고 볼 수 없다. 따라서 파열음 /ㅂ/와 불파음 /ㅂ˺/는 서로 다른 음소가 아니라 환경에 따라 달리 실현되는 하나의 음소다. 이런 경우, 종성 불파음 /ㅂ˺/는 하나의 변이음(variant)으로 간주된다. 이와 같이 음운론은 음소의 범주를 정하기 위해 최소 대립쌍(minimal pair)에 대한 치환(commutation test)을 통하여 두 음이 대립(opposition)되는지 확인하는 방식을 취한다.

● **음소 확인(identification)**

음운론은 각 음소의 음운자질을 분석하여 그 정체성을 확인하는 작업을 한다. 음운자질이란 음소를 구성하는 최소 단위이며, 각 음소를 결정하는 직접적인 요소다. 한국어의 음운자질[1]은 주요부류자질, 조음방법자질, 조음위치자질로 분류한다. 음운자질이 해당 음소를 다른 음소와 구분시키는 결정적 자질이면 변별적 자질(distinctive feature)이라 한다. 음운자질은 보통 [±음운자질]로 표시한다. 예를 들어, 한국어에서 '불'과 '풀'은 초성 /ㅂ/와 /ㅍ/에 의해 구분된다. /ㅂ/와 /ㅍ/는 둘 다 주요부류자질 중 [+자음성] [−성절성]을 지녔고, 조음위치자질 중 [+전방성]을 지녔으며, 조음방법자질 중 [−설측성] [−지연개방성] [−지속성]을 지녔다. 결정적으로 이 두 음소를 구분하는 것은 /ㅂ/가 [−긴장성] [−기식성]인 데 반해, /ㅍ/는 [−긴장성] [+기식성]이라는 점이다. 따라서 한국어에서 [±긴장성]이나 [±기식성]은 변별적 자질이다. 반면, '불'의 초성 /ㅂ/를 성대의 진동을 통해 아주 부드럽게 유성음 [b]로 발음했다 해도, 한국어 화자는 '불'로 인식할 것이다. 즉, 한국어에서 [±유성성(voiced)]은 영어에서와 달리 변별적 자질이 아니다. 한국어 음운자질에 대해서는 말과학이나 조음음운장애 시간에 상세히 배울 수 있기 때문에 여기서 자세히 다루지 않는다.

● **음소 분류(classification)**

음운론은 말소리 생성과정과 발성기관에 대해 다루면서 음소를 그 성질에 따라 분류한다. 말기관(organs of speech)은 크게 공기를 들이마시고 내쉬는 작용을 하는 발동기관, 호기를 이용하여 기류의 성질을 다르게 하는 발성기관, 혀, 입술, 인두 등과 같이 성도의 모양을 변형해 특정 음가로 만들어 내는 조음기관, 소리의 울림에 관여하는 공명기관이 있다. 조음기관의 조음자(articulator)는 윗입술, 윗니, 입천장, 인두벽처럼 위치가 고정된 수동부와 아랫입술, 아랫니, 혀처럼 자유롭게 움직일 수 있는 능동부가 있다. 이러한 기관들을 통틀어 말기관이라 한다.

---

1) 한국어 음운자질에 대해서는 이익섭과 임홍빈의 『국어문법론』(1997), 정연찬의 『한국어 음운론』(1997), 신지영의 『말소리의 이해: 음성학, 음운론 연구의 기초를 위하여』(2000) 등에 자세히 설명되어 있다. 한국어 음운론에 대해 좀 더 자세한 정보를 얻기 위해서는 앞의 참고문헌을 읽어 보기를 권한다.

말소리를 만들어 낼 때 기류가 성문을 통과하여 입 밖에 나올 때까지 조음기관의 어디에선가 방해를 받고 나오는 소리가 **자음**이고, 아무런 방해를 받지 않고 기류를 내보내며 만드는 소리가 **모음**이다. 자음 조음에서 방해를 받는다는 것은 조음점에서 조음자의 접촉이 일어난다는 것인데, 자음은 이와 같이 방해를 받는 자리, 즉 자음이 만들어지는 **조음위치**에 따라 분류할 수도 있고, 방해를 받는 방식, 즉 **조음방법**에 따라 분류할 수도 있다.

이기문(2006)은 한국어 단모음을 〈표 2-3〉과 같이 분류하고 있다.

표 2-3 이기문(2006)의 단모음 체계

	전설모음		후설모음	
	평순	원순	평순	원순
고모음	ㅣ	ㅟ	ㅡ	ㅜ
중모음	ㅔ	ㅚ	ㅓ	ㅗ
저모음	ㅐ		ㅏ	

그러나 신지영(2000)은 현대 한국인이 /ㅔ/와 /ㅐ/를 구분하지 못하고 /ㅟ/와 /ㅚ/를 이중모음으로 발음하는 경향이 크기 때문에 현실적으로 7개의 단모음이라고 주장한다. 국립국어원의 표준발음법이나 학교문법에서 모두 이기문의 10개 단모음을 유지하고 있으나, 필자 역시 현실적으로 구어에서 /ㅔ/와 /ㅐ/를 항상 구분하지는 못한다. 또한 단모음 /ㅟ(y)/와 /ㅚ(ø)/가 일부 지역이나 연령층에 남아 있지만 표준발음이라고 하기 어렵다는 견해를 갖고 있고, 시간이 흐르면 7개 단모음으로 자리 잡을 가능성이 크다고 판단한다.

한국어 자음은 기류가 완전히 막혔다가 나오는 파열음, 기류의 통로를 좁혀 기류가 빠져나가는 방법으로 실현되는 마찰음, 처음에는 파열음처럼 조음되다가 파열 과정에서 한꺼번에 터지지 않고 마찰을 일으키며 조금씩 기류를 내보내는 파찰음이 있다. /ㅂ, ㅍ, ㅃ, ㄷ, ㅌ, ㄸ, ㄱ, ㅋ, ㄲ/가 파열음이고, /ㅅ, ㅆ, ㅎ/가 마찰음이며, /ㅈ, ㅊ, ㅉ/[2]는 파찰음이다. 그 외에 유음이 있는데 한국어 유음은 두 가지 방법으로 조음된다. 첫째, '달' '활동' 등의 종성 /ㄹ/는 설측음(lateral)으로 실현되어 혀끝을 윗잇몸에 대어 가운데 쪽은 기류의 통로를 막고 양쪽으로 기류를 내보내는 소리다. 둘째, '라면' '다리'와 같이 어두 및 어중 초성에서 /ㄹ/는 혀끝이 윗잇몸에 닿는 시간이 지속적이지 않고 빨리 대었다 떨어뜨리는 방식으로 조음되는 탄설음(flap)으로 실현된다. 활음은 자음과 모음의 중간적 특성을 지닌다. 홀로 소리를 내기 어렵고 모음과 함께 결합하여 사용되는데 조음 시 처음과 끝 지점에서의 입모양이 달라진다는 특성이 있다. 활음은 처음 시작은 모음처럼 하지만 모음과는 달리 혼자 음절을 이루지 못하고 지속성도 없어 곧바로 다른 모음 자리로 옮겨 가는 성질을 지녀 스펙트로그램에서는 전이구간이 나타난다.

조음방법에 의한 분류에서 **삼중변별**은 한국어의 가장 큰 특성 중 하나다. 인구어가 대부분 성대의 떨림 유무에 따라 유성음과 무성음으로 분류되는 데 반해 우리말은 평음, 경음, 격음으로 구분된다. 이는 외국인이 한국어를 배울 때 어려움을 호소하는 부분이기도 하고, 언어치료 현장에서도 일부 청각장애인은 입모양이 같은데 소리가 다른 이러한 경우들을 변별하고 표현하는 데 많은 어려움을 보인다. 조음장애 아동도 마찬가지다.

조음위치에 따라 한국어 음소를 분류할 때, 모음은 전설, 중설, 후설, 고설, 저설과 같이 구강 내 위치에 따라 분류하고, 자음은 양순음, 치경음, 경구개음, 연구개음, 성문음으로 분류한다. 공명강은 울림을 만들어 내는데, 공명강의 크기와 모양에 따라 말소리가 결정된다. **공명강**으로는 순강, 구강, 인두강, 비강이 있어 후두를 통과한 기류는 공명강을 통하여 공기를 진동시켜 음량을 조절하며 소리를 낸다. 비강 통로가 열린 상태에서 나는 자음을 비음이라 하는데, 한국어 비강음으로는 /ㅁ, ㄴ, ㅇ/가 있으며 /ㅁ/의 경우 /ㅂ/와 같이 두 입술을 다물어 숨의 통과를 차단하기 때문에 비강폐쇄음이라고 한다. 프랑스어에는 /ã, ɛ̃, ɔ̃, œ̃/와 같이 네 개의 비모음이 있으나 한국어에는 없다.

---

2) 파찰음을 음성기호로 표기할 때 이기문(2006)은 [č]로 표기하고 신지영(2000)과 국제음성기호(IPA)는 [tɕ]로 표기한다.

(2) 초분절적 요소(운소)

음운론은 초분절적 자질(supra-segmental features)인 **운율**(prosody)적 요소에 대해서도 관심을 갖는다. 초분절적 요소로는 성조, 강세, 억양, 리듬, 장단이 있으며, 이들 요소 중 음의 고저는 성대의 진동 속도에 의해 결정되고, 크기는 강세를 중심으로 공명도, 높이, 길이 등의 요인들이 복합적으로 작용해서 결정되며, 길이는 조음의 지속 시간에 의해 결정된다. 이 요소들은 분절음의 음가에는 영향을 미치지 않지만 그 관여성은 언어에 따라 다르다. 언어에 따라 의미상의 차이를 가져올 수 있다. 중국어의 성조는 의미를 구분하는 관여성을 갖는다. 우리말의 경우 '밤(night)'과 '밤(chestnut)' '눈(snow)'과 '눈(eye)' 같은 단어는 장단으로 구분된다. 그러나 요즘은 이러한 단어들을 더 이상 장단으로 구분하기 어렵다.

운율적 요소가 의미에 관여하지 않더라도 **운율** 단위는 말을 이해하고 표현하는 데 있어서 평소 우리가 생각하는 것에 비해 매우 중요하다.

> (10a) hors-d'oeuvre(전채요리)
>
> (10b) hors-d'oeu~~~~~vre(전채요리)

필자는 프랑스 유학 시절 프랑스어의 운율을 고려하지 않고 (10a)처럼 발음했다가 그들이 알아듣지 못하여 당황한 경험이 있다. 이후 왜 못 알아들었는지 고민하다가 그들의 말을 유심히 들어 보니 (10b)와 같이 마지막 음절의 음절핵을 과장되게 길게 발음하는 것을 알 수 있었다. 이후 그들과 같이 /vr/로 끝나는 단어의 마지막 음절의 모음을 길게 발음하여 말함으로써 문제가 사라졌다. 이와 같이 소리의 길이가 의미 관여성이 없는 경우에도 단어를 지각하는 데 영향을 미치는데, 언어에 따라 길이가 의미 관여성이 있을 경우에는 의미 자체가 달라지므로 결정적인 요소가 된다.

우리말은 운율적 요소가 덜 중요한 것으로 인식되고 있다. 그래서인지 수업 중에 학생들에게 단어에 따라 강세가 다르다고 하면 매우 놀라곤 한다. 이때 필자는 종종 신지영(2000)의 몇 가지 강약패턴을 제시하곤 한다.

학교 (○.), 학생 (○.), 사람 (○.)

자동차 (.○.), 사랑방 (.○.), 다람쥐 (.○.)

무자격자 (.○..), 고속도로 (.○..), 아름다운 (.○..)

'학교' '학생' '사람'처럼 첫 음절 강세 단어를 두 번째 음절에 강세를 주어 말해 본다. '다람쥐'를 (.○.) 대신 (○..)로 강세를 주어 말해 본다. 그러면 많이들 웃는다. 어색하다는 의미다. 알게 모르게 우리 언어행위에 스며 있는 운율적 특성들이다. 또한 우리는 말의 초분절 요소를 통해 감정을 표현하기도 한다. 정상적 발달을 하는 아동들은 이러한 운율적 요소를 자연스럽게 습득하지만, 언어장애 아동들은 이것이 그리 쉽지만은 않다. 특히 자폐스펙트럼장애 아동의 경우 구어를 습득하더라도 모국어의 운율 특성과 다른 단조롭거나 특이한 운율 특성을 자주 보인다.

(3) 음운인식

상위음운론(meta-phonology)이란 음운론적 단위에 대한 인식과 조절 능력을 말한다. 음운 처리와 관련된 상위음운론적 요소 중에는 말소리를 분별하고 기억장치에 저장하는 등의 무의식적 수행과 **음운인식**(phonological awareness) 같은 의식적 수행이 있다. 음운인식이란 음절, 두운, 각운, 음소 등의 수준에서 단위를 찾아내고, 분리하고, 비교하거나 구별하고, 합성하는 등의 음운 요소에 대한 인식 및 조작 능력이다. 음절인식을 통해 '오리'는 2음절이고 '오징어'는 3음절이라는 것을 알 수 있다. 또한 '오리'와 '오징어'가 둘 다 /ㅗ/로 시작하는 것을 아는 능력이 두운인식이라면, '불'과 '뿔'이 모두 /ㄹ/로 끝난다는 것을 아는 것은 각운인식이다. 음소인식은 '오리'가 /ㅗ/ /ㄹ/ /ㅣ/로 구성된다는 것을 아는 것이다.

아동은 두 살 정도만 되어도 음운인식이 나타나기는 하는데, 이 시기의 수준에서는 음운인식 요소를 알아도 의식적으로 표현하지는 못한다. 점차 아동은 "'엄마'랑 '맘마'랑 똑같이 '마'가 있네."와 같이 자신이 인식한 것을 말로 표현하게 되고, 이러한 능력이 더 발달하면 음절을 자유롭게 분할하거나 합성하기도 하고, 음소를 인식하기도 한다. 주로 음절인식, 두운인식, 각운인식, 음소인식의 순서로 음운인식 능력이 발달하고(홍성인, 전세일, 배소영, 이익환, 2002), 학령전기에 가속화되며(Catts,

1993; Dodd & Gillon, 2001; Gillon & Schwarz, 1999; Jorm & Share, 1983), 학령기에도 지속적으로 발달한다. 이러한 음운인식 능력은 학령기의 읽기, 쓰기 능력과 밀접한 관련이 있다고 보고된다(Lonigan, Burgess, & Anthony, 2000).

(4) 음운론적 발달

음운론적 발달은 언제부터 시작될까? 생후 1개월 된 영아의 빨기 속도를 통한 말소리 구분 연구를 통해 이미 영아기 초반에 /b/와 /p/를 구분한다는 보고가 있다(Eimas, Siqueland, Jusczyk, & Vigorito, 1971). 아기는 높은 피치의 엄마말에 더 잘 반응하면서 초분절 요소에 주의를 기울이다가 5개월경이 되면 자신의 이름을 자주 들으면서 이름에 반응하게 된다. 6개월경에는 사람들이 /a/나 /i/ 같은 소리를 낸다는 것을 알게 되고, 8~9개월 정도에 이르면 아기는 "이리 와."와 같이 자주 듣는 말을 덩어리로 지각할 수 있게 된다. 10~12개월이면 모국어의 음소를 지각할 수 있게 되면서 다른 언어의 말소리 구분 능력은 감소하고(Pence & Justice, 2010) 친숙한 단어의 발음을 지각하기 시작하는데, 이 시기 아기의 단어 지각 능력은 개인차가 매우 크다. 12~24개월 아기는 단어를 지각하고 산출하는데, 이때의 어휘 이해 능력은 산출 능력보다 앞선다(Paul, 2001).

말산출 측면에서 음운발달을 살펴보자. Oller(1980)에 따르면, 아기는 첫 2개월 동안 울음, 하품, 재채기 등의 생리적 소리를 내며 자신의 음성기관에 적응한다. 2~4개월경에 아기는 잘 먹고 난 뒤에 기분이 좋을 때 주로 **목울림 소리**(쿠잉)를 산출하면서 미소 짓거나 웃는 듯한 소리를 낸다. 4~6개월에 아기는 점차 모음이나 자음과 유사한 소리들이 다양해지는데, 점차 이 소리들이 조합된 **음성놀이**(vocal play)가 나타난다. 아기는 기본 옹알이 시기인 6~10개월경에 반복성 **옹알이**와 비반복성 옹알이를 하다가, 10개월경부터는 비반복성 옹알이가 극에 달하면서 **패턴화된 옹알이**로 발달한다. 옹알이에서 단어의 시기로 전환되는 이 시기에 아동은 패턴화된 옹알이나 **원시단어**(protowords)를 산출한다. 원시단어란 특별한 의미를 표현하기 위해 일관성 있게 사용하는 것으로 아기가 만든 단어인데, 실제로 아기의 모국어 단어 목록에는 없는 것이다. 12개월을 전후하여 비로소 아기는 첫 단어를 산출한다.

운율적 측면에서 보면, 아기는 출생 직후부터 모국어의 운율을 지각한다(Mehler

Jusczyk, et al., 1988; Ramus & Mehler, 1999). 3~9개월 아기에게서는 상승 하강 곡선의 운율이 나타나고, 7~8개월이면 모국어의 강세 패턴을 지각하고 반응한다. 10~14개월경에는 다양한 강세와 억양 패턴을 산출하고, 12~14개월에는 발화의 끝을 올리는 상승 피치 곡선을 그릴 수 있다. 24~30개월 아동에게서는 상승 강세만이 아니라 리듬도 나타나고, 36~60개월 아동은 발음만큼이나 음운인식도 지속적으로 발달한다. 6~10세의 아동은 음절 강세 패턴을 마스터하여 유사한 단어와의 미세한 차이를 구분하게 된다(Pence & Justice, 2010).

연령별 음운인식 능력의 발달에 대한 Ball과 Blachman(1991)의 연구에서 3세 아동은 제한된 몇 개의 단어에서만 첫소리와 나머지 소리의 분절이 가능했고, 4~5세 아동은 말놀이를 통해 시작된 음운인식이 단어인식, 음절인식으로 발달되어 단어 재인에 영향을 준다고 하였다. 또한 5세 아동의 17%가 음소 분절이 가능하고, 50%는 첫소리와 나머지 소리의 분절에 성공하였으며, 6세 아동은 70%가 음소를 분석할 수 있었다고 보고하였다. 홍성인(2001)은 한국어에 대한 음운인식 발달 연구에서 4~6세 한국 아동에게 탈락, 합성, 변별에 대한 검사를 실시하였다. 연구 결과에 따르면 음절 및 음소 변별 능력은 4세 후반에서 5세 전반에 급격하게 발달하는데, 단어를 음절로 분절할 수 있는 능력은 4세경 50%가 정반응을 보였고, 5세 전반에 80% 정반응을 보였다. 단어를 음소로 분절할 수 있는 능력은 5세 후반에서야 50% 정도의 정반응을 보였다.

2) 형태론

형태론은 '형태'를 의미하는 그리스어 'morphē'에서 그 이름이 유래했으며, 형태론이 다루는 주요 과제는 형태소가 만나서 이루는 단어의 내적 구조와 원리를 기술하는 것이다. 좀 더 구체적으로 과제를 언급하면, 형태소 분류, 조어법, 굴절법, 품사 연구 등이다. 품사의 경우 단어 자체가 갖고 있는 성질과 더불어 문장에서의 기능도 중요하다. 따라서 품사는 형태론과 통사론이라는 두 분야에 걸친 형태·통사론적 영역이다. 그래서 때로는 통사론에서 다루어질 수도 있으나(Mounin, 1988), 이 장에서는 품사가 단어에 대한 문장에서의 기능 표지이므로 형태론에서 함께 다루기로 하겠다. 또한 언어치료 분야에서 형태론은 언어치료 대상 아동의 평균형태소 길이(MLU-m)를 분석하기 위해 자주 언급된다. 따라서 여기서는 형태소의 유형, 조어법, 굴절법과 함께 품사와 형태소 분석에 대해 다루도록 할 것이다.

(1) 형태소의 유형

형태론의 연구 대상인 형태소는 이미 언어의 단위에서 다루었다(제2장 제1절 참조). 아동의 언어장애를 평가하고 중재할 때, 아동에게 어느 정도 어휘력이 생기고 단어 조합을 통한 문장 구성 능력이 생기면, **문법형태소**에 대한 중재가 필요하다. 특히 학령기 아동의 언어 중재 시에는 다양한 문법형태소를 사용함으로써 의사소통 능력을 향상시키는 것이 치료 목표에 포함되곤 한다. 이때 언어치료 전공 학생들은 치료 계획서에 형태론과 그 단위들에 대한 지식이 부족하여 종종 실수를 하는 경향이 있다. 이 단락에서 형태소와 관련된 용어들을 학습하여 형태소에 대한 감각을 향상시킬 필요성이 있다.

형태소란 의미와 형태가 결합된 최소 단위이기 때문에 모양이 같다고 해서 무조건 하나의 형태소가 아니다.

(11a) 라면

(11b) 가

(11a)의 '라면'은 먼저 "국수를 증기로 익히고 기름에 튀겨서 말린 즉석식품"(표준국어대사전)인 명사 '라면'일 수도 있고 어떠한 사실을 가정하여 조건으로 삼는 '~라면'의 의미를 갖는 연결어미일 수도 있다. (11b)의 '가'는 먼저 "내가 갈게."에서처럼 주격조사로 사용된 '가'일 수도 있고, "철수는 어디 가?"에서처럼 동사 '가다'의 어간일 수도 있다. 이런 경우 '라면'은 두 개의 형태소가 인정되고, '가' 역시 두 개의 형태소가 인정된다. 그런데 명사 '라면'은 대상으로서의 실제적 내용을 갖춘 어휘형태소이고, 연결어미 '라면'은 문장의 요소들을 이어 주는 문법적 역할로서의 의미가 강한 문법형태소다. 이와 같이 형태소에는 여러 종류가 있다. 그 유형을 살펴보면 다음과 같다.

● 어휘형태소/문법형태소

어휘형태소(lexical morpheme)란 형태소 중에서 실제적 의미를 지닌 형태소를 말한다. 의미를 갖기 때문에 이를 내용형태소(content morpheme)라 부르기도 한다. 한국어에서 명사, 관형사, 동사, 형용사, 부사가 어휘형태소에 속한다. 반면에 실제적 의미보다는 문법적 관계에 기여하는 것을 주 역할로 하는 형태소들은 **문법형태소**(grammatical morpheme) 혹은 **기능형태소**(function morpheme)라고 한다. 한국어에서 대표적인 기능형태소가 조사와 어미다. 예를 들면, "집에 가면, 엄마가 간식 줄게."와 같은 문장에서 '집' '가(다)' '엄마' '간식' '주(다)'는 어휘형태소이고, '에' '-면' '가' 'ㄹ' '게'는 형태소 자체의 의미보다는 문장에서의 역할이나 시제 등을 나타내는 기능을 담당하므로 문법형태소에 해당한다.

● 자립형태소/의존형태소

자립형태소(free morpheme)란 자립적으로 사용될 수 있는 형태소를 말한다. 반면에 자립적으로 발화를 구성하지 못하고 항상 다른 형태소에 결합하여 사용되는 형태소는 의존형태소(bound morpheme)라고 한다. 우리말에서 명사, 대명사, 수사, 부사는 홀로 발화를 구성할 수 있기 때문에 자립형태소 혹은 자율형태소이고, 동사와 형용사의 어간과 어미, 조사, 접사 등은 홀로 발화를 구성하지 못하고 항상 다른 요소를 필요로 하기 때문에 의존형태소다. 예를 들어, "우리 어디 갈까?"라고 물었을 때, "놀이터."라고 대답할 수 있다. 이와 같이 자립적으로 사용할 수 있는 '놀이터'는 자립형태소다. 그러나 "오늘, 놀이터 갔다 왔어?"라고 물었을 때 "응, 갔."과 같이 대답할 수 없다. 이처럼 한국어에서 어미 없이 사용할 수 없는 동사나 형용사는 의존형태소다.

● 파생형태소/굴절형태소

다른 어근이나 단어에 붙어 사용되는 접사(affix)에는 파생접사와 굴절접사가 있다. 접사가 어근에 붙어서 새로운 단어를 만들면 파생접사다. 예를 들어, '시누이'의 '시'처럼 '누이'라는 어근과 결합하여 새로운 단어 '시누이'를 만들면 파생접사다. 그런데 '시누이'의 '시'처럼 어근의 앞에 오면 접두사이고, '울보'의 '보'처럼 어근의 뒤에 오면 접미사다. 접두사와 접미사는 또 다른 단어를 만들어 내기 때문에 **파생형태소**(derivational morpheme)라고 한다. 반면, 굴절접사는 한국어에서 동사와 형용사 같같은 용언의 어간 뒤에 붙어서 사용되는 활용 어미에 해당되며, 새로운 단어를 만드는 것이 아니라 주어진 단어를 활용시키는 데 사용된다. 이러한 형태소를 **굴절형태소**(inflectional morpheme)라고 한다.

심화학습　　　　　　　　　　　　　　　　　　　　　**어근과 어기**

　용어를 명확히 짚어 볼 필요가 있다. 이익섭(2011: 115)에 따르면, 어기(base)란 단어의 중심부를 형성하는 형태소로 접사와 구분된다. 어근(root)은 어기 중에서 어미와 직접 결합될 수 없고 자립형식도 아닌 것에 국한하여 사용된다. '관련되다'의 '관련'이나 '위급하다'의 '위급'이 이에 해당한다. 이와 대립적으로 어간(stem)은 어미를 직접 취하는 어기 '뛰-' '먹-' 등과 같이 용언의 활용되지 않은 부분을 말하는 것으로, 어미를 직접 취하지 못하는 어근과 구분된다.

---

(2) 조어법(단어형성법)

　형태소가 모여 단어를 구성하는데, 이러한 단어의 구성 방식과 구조에 대한 규칙을 다루는 것을 조어법 혹은 단어형성법이라고 한다. 단어는 구성요소의 수에 따라 단일어와 복합어로 분류된다. 단일어란 어근이 하나인 단어로 '책' '읽다' 등이 이에 해당한다. 복합어는 어근이 둘 이상이거나 하나의 어근과 하나 이상의 접사가 모여 만드는 단어를 말한다. 복합어가 '앞뒤' '집안' '눈물'처럼 둘 이상의 어근으로 구성되면 합성어이고, '군소리' '울보'처럼 하나의 어근과 접사가 모여 만들어지면 파생어라고 한다. 형태론은 '인터넷' '네티즌' 같은 신조어의 형성 원리와 구조에 대해서도 다룬다. 전문 분야의 용어(term)나 용어집(terminology)은 예전에는 형태론에서 다루었지만 최근에는 용어학(terminology)[3]이라는 분야에서 전문적으로 다룬다. 여

---

3) 용어학의 주요 학자는 Rita Temmerman(2000), Teressa Cabré(1999), Marie-Claude L'Homme(2003) 등이며, 이들의 저서와 함께 전문학술지 『용어학(Terminology)』을 참고하기 바란다. 영어의 terminology는 용어집과 용어학이라는 두 가지 의미를 지닌 다의어다.

기서 용어 혹은 전문용어란 전문 분야에서 분야 특정적 의미를 가진 단어를 말한다 (Bae, 2006).

(3) 굴절법(활용법)

일반적으로 굴절이란 단어가 굴절접사와 결합하여 모양이 달라지는 것을 말한다. 굴절은 주로 동사와 형용사의 어간에 어미가 결합하는 방식으로 나타나지만, 명사 역시 복수형을 나타낼 때 굴절한다. 한국어의 경우 동사, 형용사, 서술격 조사의 어간에 여러 가지 어미가 붙어 굴절하는 것을 활용이라 하고, 명사나 대명사 같은 체언에 조사가 붙어 굴절하는 것을 곡용이라 한다. 그런데 학교문법에서는 조사를 어미와 달리 개별 단어로 인정하기 때문에 곡용을 인정하지 않는다(이봉원, 2015). 한편, 활용을 다루면서 한 가지 덧붙여 알아 두어야 할 것이 있다. 활용을 할 때 어미는 어근이 아니라 어간에 붙는다는 점이다. 가끔 학생들은 어간과 어근이 어떻게 다른지 혼란스러워할 때가 있다. 어간은 서술어의 변하지 않는 부분을 가리키고, 어근은 꼭 서술어뿐 아니라 단어의 실질적 의미를 나타내는 중심 부분을 가리킨다(이익섭, 2011). 서술어의 경우 '덮다'의 '덮'처럼 어근과 어간이 겹치기도 한다. 반면, '근면하다'의 경우 어근은 '근면'이지만 어간은 '근면하'다. 명사의 경우 어간은 존재할 수 없다. '덮개'의 '덮'은 어근이고 '개'는 접미사다. 즉, 해당 단어가 명사이든 동사이든 접사를 제외한 핵심 부분이 어근이다.

(4) 품사

품사 분류의 역사를 살펴보면 Aristoteles로 거슬러 올라간다. 그는 품사를 논리학적 관점에서 오노마와 레마로 구분하였다. 이후 주어와 술어 쌍은 명사와 동사의 결합에 의해 혹은 명사와 형용사의 결합에 의해 제시하게 된다(송경안, 2008: 김건희, 2014에서 재인용). 스토아학파는 품사 구분을 진전시켜 격의 범주까지 수립하였고 점차 품사의 수를 늘리게 되었다. Thrace는 이러한 고대의 연구를 바탕으로 명사, 동사, 분사, 관사, 대명사, 전치사, 부사, 접속사와 같은 8품사를 정리하였다(김방한, 1992).

품사를 분류하는 기준에는 크게 기능, 의미, 형태가 있으나 가장 핵심이 되는 기준은 기능이라고 할 수 있다. 즉, 품사란 단어를 그 문법적 성질을 기준으로 하여 분류한 유형이라고 할 수 있다. 우리말의 학교 문법은 9품사를 인정하는데 체언으로 명사, 대명사, 수사가 있고, 용언으로 동사와 형용사가 있으며, 수식언으로 관형사와 부사가 있고, 관계언으로 조사가 있으며, 독립언으로 감탄사가 있다. 이와 같이 우리말에서 품사를 분류할 때 체언, 용언, 수식언, 관계언, 독립언과 같은 다섯 가지는 품사 유형이라 하고, 명사, 대명사, 수사, 동사, 형용사, 관형사, 부사, 조사, 감탄사와 같은 아홉 가지는 품사라 한다.

(5) 평균발화길이 측정을 위한 형태소 분석

언어치료 분야에서 **자발화**를 분석할 때, 대상자의 형태·통사론적 발달 정도를 파악하기 위해 **평균발화길이**를 구한다. 먼저 자발화를 분석하기 위한 샘플 수집이 필요한데, 자발화 샘플이 대상자 언어의 대표성을 갖기 위해서는 양적으로나 질적으로 적절해야 한다. 또래와 있을 때와 주 양육자인 엄마와 있을 때의 언어가 동일하지 않을 것이기 때문이다. 다양한 언어 환경에서의 발화를 수집해야 하고, 양적으로도 언어치료 분야에서 대상자의 자발화를 수집하여 문장 구성 능력에 대한 정보를 얻기 위하여 발화에 대한 형태소 분석을 실시한다.

　　(12a) 벌과 나비가 날아왔어요.
　　(12b) 하늘은 높아요.

예를 들어, 한 아동의 자발화 중에서 (12a) (12b)와 같은 발화를 수집했다면, 두 개의 발화에서의 평균형태소길이는 다음과 같이 구한다.

　　(12c) 벌+과+나비+가+날+아+오+았+어요
　　(12d) 하늘+은+높+아요

(12c)가 9개의 형태소로 이루어졌다면, (12d)는 4개의 형태소로 구성되었다. 따라서 13개의 형태소를 전체 발화 수인 2로 나누면 평균발화길이 MLU-m은 6.5가

된다. 그런데 여기서 '어요'는 엄밀하게 분석하면, 종결어미 '어'와 보조사 '요'의 결합이다. 이것을 결합형태소 '어요'로 처리하면 평균형태소길이는 6.5이지만, '어'와 '요'로 분리하면 MLU-m은 달라진다. 중요한 것은 자발화 분석에서 어떤 원칙을 적용할 것인지 원칙을 미리 정하여 밝히고, 이를 일관성 있게 적용하는 것이다.

심화학습

형태소 분석

자연언어처리에서 형태소 분석은 어절이나 단어를 각 형태소로 분리한 후, 그 각각의 형태소의 기본형을 복원하고 이에 품사 정보를 배당하는 것까지를 가리킨다. 언어치료 분야에서 자발화 분석 시 형태소 단위로 분할하는 작업은 자발화의 발화길이나 발화 구성 수준을 보기 위한 양적인 분석이므로 기본형을 복원하거나 품사를 배당하는 작업은 필요하지 않다. 그러나 이봉원(2008)에서 예로 제시된 어절 '가시고'가 '갈(다)'+'시'+'고'인지, '가시(다)'+'고'인지는 발화의 형태소 수에 영향을 주는데, 기본형에 대한 분석 없이 '가시고'와 같은 어절이 어느 형태소의 조합인지 알기 어렵다. 그런데 난점은 아동의 자발화에서 이러한 애매한 경우를 분석하기 위해 필요한 앞뒤 문맥이 항상 명확하게 주어지지는 않는다는 것이다.

---

(6) 형태론적 발달

아기가 태어나 12개월을 전후하여 첫 낱말을 산출하면, 이후 약 6개월 동안 단어 수를 늘려 나가면서 단단어 발화를 한다. 아동이 표현할 수 있는 어휘가 약 50개 정도 되면 두 낱말을 붙여서 사용하게 된다(Bates et al., 1994). 두 낱말을 조합하기 시작하면서 아동의 문장은 점점 길어지는데, 이 과정에서 당연히 문법형태소를 발달시키게 된다. 문법형태소 없이 내용형태소만 계속 길게 나열한다면 발화길이가 짧을 경우는 이해할 수 있지만 발화가 길어지면 무슨 의미인지 의미 파악이 어려워지기 때문이다.

한국 아동의 형태론적 발달에 대한 배소영(2006)의 연구에 따르면, 한국 아동이 두 낱말을 실제 대화에서 본격적으로 조합하여 사용하는 것은 거의 2세에 이르러서이고, 이후 기본문법탐색기 동안 아동은 두 낱말에서 세 낱말, 네 낱말 조합으로 문장 길이를 늘려 나간다. 이 시기 아동의 언어에서는 '이' '가'와 같은 주격조사나 '한테'

'랑' '하고'와 같은 부사격조사가 나타난다. 또한 과거 시제나 추측을 나타내는 선어
말어미('-었-' '-겠-')와 연결어미('-면' '-다고' '-는데' 등)를 사용하게 된다. 기본문
법세련기인 4세 아동의 자발화에는 목적격조사 '를'이나, 인용격조사 '-고'가 관찰되
며 시제가 적절하게 표시된다. 또한 몇 가지 조사와 연결어미를 간단한 이야기 속에
서 사용할 수 있게 된다. 그러나 종종 형태론적 실수가 나타나며 복합 문장인 경우에
는 어미 사용이 부적절한 것도 관찰되곤 한다(배소영, 2006; 배소영, 이승환, 1996).

3) 통사론

통사론(syntax)은 배열을 의미하는 고대 그리스어 'syn'과 순서화를 의미하는
'táxis'가 결합한 말에서 유래한다. 이 말에서 통사론이 단어가 **결합하여 문장을 만**
드는 규칙과 원리를 연구하는 분야임을 알 수 있다(Jakobson, 1986). 특히 생성문법
(Chomsky, 1957)은 주어진 문장을 분석하고 기술하는 데에서 더 나아가, 가능한 모
든 문장을 산출할 수 있는 보편적인 문법을 기술하려고 하였다. 과거에 산출한 문장
만이 아니라 앞으로도 산출되고 이해될 수 있는 모든 문장의 규칙이 문법이므로 일
정한 시점에 발화된 개인의 실제 말보다는 언어의 기저에 있는 체계에 관심을 갖는
다. 20세기 이후 통사론은 구조주의 통사론과 변형생성문법의 통사론이라는 두 줄
기로 흐르고 있지만 생성문법의 기초가 통사론이고, 생성문법의 흐름이 강세인 만
큼, 통사론의 큰 줄기는 생성문법이라고 해도 과언이 아니다.

(1) 문장 구성 규칙

통사론은 문장 구조를 지배하는 규칙과 원칙을 말한다. 구조주의 통사론과 변형
생성문법에서의 통사론은 구조를 분석하는데, 그 분석하는 방법이 서로 다르다. 구
조주의 통사론에서는 문장이 그보다 작은 문법 단위들이 모여 이루어지는데, 이 작
은 문법 단위들을 **구성성분**(construction)이라고 한다. 구성성분은 절(clause)과 구
(phrase)로 구성되는데, 구조주의 통사론에서는 문장을 구성하는 직접구성성분 분
석을 강조한다.

(13a) [노란 [새끼 [오리]]]

　이 구절의 층위적 구조를 살펴보면 형용사 '노란'은 '새끼 오리'를 수식하고, '새끼 오리'의 '오리'는 '새끼'에 의해 한정되는 구조로 이루어져 있다. 이와 같이 구를 둘로 분할할 때 그 두 개의 요소를 직접구성요소라고 한다. '노란 새끼 오리'의 직접구성요소는 '노란'과 '새끼 오리'이고, '새끼 오리'의 직접구성요소는 '새끼'와 '오리'다. 직접구성성분 분석은 항상 실제 발화를 분석하여 그 발화의 적절한 성분들을 기술하는 방식을 취하는데, 이러한 분석의 목적은 통사적 패턴을 찾아내는 것이었다(정규황, 1992). 여러 발화에 공통적으로 나타나는 패턴을 찾기 위해서 Fries(1952)는 계열관계를 이용하여 구조화하려고 시도하였다(정규황, 1992에서 재인용). 예를 들면, (13a)에서 '오리'의 자리에 올 수 있는 '병아리' '새'와 같은 계열사 목록이 있을 것이고 '새끼'나 '노란'의 위치에 올 수 있는 계열사들이 있을 것이다. 그런데 이러한 계열사들의 패턴이 문장이나 구절의 패턴별로 분류될 수 있을 것이어서, 이러한 패턴을 찾기 위해 가능한 한 많이 발화에 대한 직접구성성분 분석을 실시하였다.

　생성문법에서는 아무리 긴 문장이라도 그 문장을 이루는 구조는 명사구와 동사구가 기본이 된다. 또한 같은 명사구나 동사구라 해도 수형도의 어느 위치에 있느냐에 따라 문법적인 기능이 달라진다. Chomsky는 이러한 문장의 생성과 변형에 대해 설명하면서 여러 가지 규칙을 기술하였다. 가장 대표적인 것이 **구절구조규칙**이다. **구절구조규칙**은 '다시 쓰기 규칙'이라고도 불리는데, 이는 좌측의 요소를 우측의 요소로 다시 쓸 수 있기 때문이다.

(14a) 예쁜 해바라기가 피었습니다.
(14b) 오리가 해바라기 씨앗을 먹었습니다.

　(14a)는 명사구(Nominal Phrase: NP) '예쁜 해바라기가'와 동사구(Verbal Phrase: VP) '피었습니다'로 구성된다. 명사구는 다시 관형어(Modifier Phrase: MP) '예쁜'과 명사구(Nominal Phrase-2) '해바라기가'로 구성되고, 이는 다시 명사(Noun: N) '해바라기'와 조사(Particle-1) '가'로 구성된다. 이를 구절구조규칙으로 표현하면 다음과 같다.

S → NP + VP

NP1 → MP + NP2

NP2 → N + P1

VP → V

각 어휘가 고유하게 지니는 통사 범주 외에 그 어휘가 요구하는 더 자세한 통사적 정보나 의미적 속성에 대한 제약이 있다. 예를 들어, (14a)의 동사 '먹다'는 목적어를 동반해야 하는 동사로 '먹다: V[NP]'와 같이 규칙화할 수 있다. 또한 어휘 삽입 규칙에 의해 '먹다'와 같은 동사의 주어는 '먹는 행위'를 할 수 있는 생물이 와야 한다. 이는 '먹다: [+Animate NP]'와 같이 표시할 수 있다.

(2) 문장성분

통사론은 한 문장을 구성하는 요소가 무엇인지, 즉 문장성분에 대해 분석한다. 우리말에서 **문장성분**은 주어, 목적어, 보어, 서술어, 관형어, 부사어, 독립어로 총 일곱 가지다. 문장성분 중에서 주어, 목적어, 보어, 서술어는 주성분이라 하고 관형어와 부사어는 부속성분, 독립어는 독립성분으로 분류한다. 주어와 서술어 관계가 한 번 나타나는 단문의 경우 그대로 문장성분을 분석하지만, 주어와 서술어 관계가 두 번 이상 나타나는 복문은 일단 절의 조합을 분석하고 문장성분을 분석한다.

(15a) 영희는 새 학교에 간다.

(15b) 장난감을 정리했으니까 초콜릿 줄게.

(15a)는 주어와 서술어 관계가 한 번 나타나는 단문이다. 이 문장의 서술어는 '간다'이고 주어는 '영희는'이다. '학교에'는 부사어인데 이 부사어는 '새'라는 관형어를 포함하고 있다. (15b)는 복문이다. '초콜릿 줄게'가 주절이고, '장난감을 정리했으니까'는 이유를 나타내는 종속절이다. 주절의 서술어는 '줄게'이고, '초콜릿'은 목적어다. 종속절의 서술어는 '정리했으니까'이고, 목적어는 '장난감을'이다. 문장성분을 품사와 혼동하지 않도록 주의해야 한다.

(3) 통사론적 발달

통사론이 문장을 대상으로 하는 만큼, 두 단어를 조합하면서부터 통사론적 발달이 시작된다고 할 수 있다. 배소영(2006)의 한국 아동에 대한 문법형태소 연구에 따르면, 한국 아동이 실제 언어행위에서 두 단어를 조합하는 것은 2세 가까이부터라고 보고한다. 그 시기가 정확하게 일치하지 않더라도 두 단어 조합 문장부터 통사론적 구조가 나타난다고 할 수 있다. 이 시기 아동의 두 단어 문장 초기에는 문법형태소를 기대하기 어렵다. Brown(1973)에 따르면, 두 단어 조합 시기에 아동의 발화 중 75%가 '형용사+명사'(big house), '한정사+명사'(that ball), '명사+명사'(daddy chair, book table), '명사+동사'(daddy hit), '동사+명사'(hit ball) 등의 형태로 나타난다. 두 단어 조합을 지나 세 단어 조합기에 이르면, 한국 아동의 문형에는 '주어+목적어+서술어' '주어+서술어+서술어' '목적어+부사어+서술어' '서술어+목적어+서술어' 같은 문형이 종종 나타난다(배소영, 2006). 3~6세, 즉 학령전기 동안 아동은 계속해서 문장 길이를 확장하고 단문에서 나아가 복문까지 이해하고 사용할 수 있게 된다. 자연스럽게 문법형태소의 종류와 빈도가 증가하고 관형절을 중심으로 한 내포절 이해와 표현 능력도 향상된다. 담화 유형에 따라 인용절이나 명사절도 나타나지만, 관형절에 비해 그 빈도는 현저히 낮다. 이후 학령기에 들어가면 아동은 접속문과 내포문을 좀 더 자유롭게 사용할 수 있게 된다. 영어의 경우 학령기 아동의 복문에는 수동태 같은 좀 더 복잡한 문법 구조가 포함된다(Daviault, 2011).

4) 의미론

의미론(semantics)은 문자 그대로 기호의 의미를 연구하는 언어학의 하위 분야다. 의미론이라는 용어는 그리스어 'semantikos(의미 있는)'에서 유래했으며, 의미에 대한 논의는 이미 고대 Platon이나 Aristoteles 같은 철학자로부터 시작되었지만 Bréal(1883)이 『의미론에 대한 최초의 논설(The Beginnings of Semantics: Essays, Lectures and Reviews)』을 저술하면서 학문 용어로 사용되기 시작했다(Rey, 1976). 음운론, 형태론, 통사론이 기호의 기표를 다룬다면 의미론은 기의를 다루는데, 주로 단어, 문장과 같은 기호가 지시하는 것이 무엇인지 그 내용에 초점을 맞춘다. 의미론이 다루는 하위 분야는 좁게는 단어 수준에서 넓게는 담화 수준까지 매우 광범위하고 다양하다. 의미가 무엇인지에 대한 논의, 단어나 문장의 의미, 어휘관계, 의미역, 문장의 진리 조건 등을 다룬다. 그런데 의미론이 다루는 대상 자체가 인간이 바로 지각할 수 있는 차원을 넘어서는 추상적이고 개념적인 것이기 때문에 이로 인한 어려움이 있다.

여기서는 언어치료사로서의 전문가적 자질을 높이기 위해 의미론의 정의, 의미이론, 어휘의미론, 어휘관계, 의미장 등에 대한 이론을 다룬다. 이러한 의미론에 대해 학습하는 것은 언어의 의미 처리 감각을 익히게 하고 어휘관계에 대한 학습을 통하여 어휘의미 체계에 대한 감각을 익힐 뿐 아니라 이를 언어치료에 반영할 필요가 있기 때문이다. 특히 학령기 언어치료에서 어휘관계나 상위언어 능력 향상을 위한 치료 계획 시 도움이 된다.

(1) 의미의 의미(의미에 대한 이론들)

의미론은 의미를 연구하는 학문이라 정의되고 있으나, '의미'가 무엇인지 명확히 규정되지 않는다면 이러한 정의는 아무 소용이 없다. 한 단어를 정의하는 것은 가능할까? '의미'는 영어로 'sense' 'signification' 혹은 'signified'로 번역되는데, 이 단어들은 동의어일까?

Platon은 단어의 의미가 그 단어에 의해 외연적으로 지시된(denoted) 사물(thing)이라고 하였다(이익환, 1995). 즉, '책상'의 의미는 물리적 책상이다.

> 책상(/책쌍/) → 책상이라고 불리는 사물(thing)

이러한 의미 이론을 지시의미론이라 한다. 그러나 모든 단어가 지시대상을 가지고 있는 것이 아니다. '예쁘다'와 같은 형용사나 '걷다'와 같은 동사, 조사 등은 그 지시물이 나타나지 않는다. 더욱이 '자유' 같은 추상명사나 현실적인 실체가 없는 '요정' 같은 단어들의 의미는 어떻게 이해할까? 역으로 하나의 지시물에 대한 이름이 여러 개일 수도 있다. 예를 들어, 샛별이나 비너스(Venus)는 모두 금성을 가리키지만, '샛별' '비너스' '금성'이 모두 동일한 의미라 할 수는 없다. 또한 '따뜻한 것'과 '미지근한 것'의 의미적 경계는 어느 지점인가?

Saussure가 그의 『일반언어학강의(Cours de linguistique générale)』에서 의미론을 직접 언급하지는 않았지만 어휘론이나 구조적 의미론의 기초를 이루는 개념들을 발달시킨 것은 사실이다. Saussure에게 언어적 기호란 기의(개념)와 기표(음성적 심상)라는 이중적 양상을 가진 하나의 본질이다. 그의 표현을 빌리자면, 기호란 의미와 형식이라는 두 개의 얼굴을 가진 하나의 실체다. 그렇다면 기의는 무엇인가? 기표가 담고 있는 내용물일 것인데, 내용물은 무엇을 말하는가? 영국의 논리학자인 Charles K. Ogden과 Ivor A. Richards는 1923년에 『의미의 의미(The Meaning of Meaning)』에서 단어와 단어가 지시하는 **지시대상**(지시물), 이들에 대한 **심상, 개념**을 의미삼각형으로 표현하였다. 즉, 영어 단어 'table'의 의미는 그 말이 지시하는 실체들에 대한 심상, 개념이다.

개념을 매개로 하여 단어와 실체 사이의 관계를 설명하는데, '책상'의 의미(signification)는 참조물(referent)인 물리적 책상이 아니라 물리적 실체(reality)에 대한 이미지 혹은 개념(concept)이라는 것이다. 이와 같은 심리주의적 의미론은 개념설이라고도 하는데, 이 이론의 문제는 모든 사람이 가지고 있는 정신적 표상이 동일하지 않을 것이라는 점이다. 심리적·정신적 표상에 대한 객관적 검증이 어렵기 때문이다.

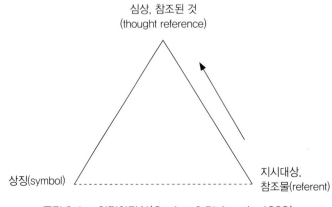

• 그림 2-1 • 의미삼각형(Ogden & Richards, 1923)

Eleanor Rosch(1975)는 그의 **원형이론**(prototype theory)에서 의미에 대한 정의의 어려움을 '원형'이라는 개념으로 해결하려 하였다. 인지심리학의 영향을 받은 Rosch는 '말'의 의미는 그 의미 범주 중에서 가장 중심적이고 전형적인 원소, 즉 원형에 의해 표상되며, 바로 그것이 '말'의 개념이라고 주장한다. 또 다른 예로, '새'의 개념은 '새'의 원형에 의해 표상된다. 참새와 제비는 새의 원형이지만 타조나 펠리컨은 새의 원형이라고 보지 않는다. 날지 않는 타조와 펠리컨을 새의 대표로 간주하기 어렵다는 것이다. 새의 개념은 새가 지시하는 것 중에서 가장 대표적이고 전형적인 원소인 원형인 것이다.

그 외에도 진리조건적 의미설이나 문맥설 등 다양한 의미 이론이 있다. 진리조건적 의미설이란 어느 한 문장이 논리적으로 참이나 거짓이 될 수 있는 상황적 조건을 밝히는 것이 해당 문장의 의미라고 본다. 이는 문장의 진리조건을 정의하는 작업이며, 문장 사이의 논리적 모순관계, 함의관계, 전제관계를 밝히는 작업을 한다. 문맥설은 단어의 의미는 문맥이나 발화 상황에 따라 동일하지 않기 때문에 화자와 청자의 발화 상황, 화자의 의도, 청자의 반응에 따라 달라진다고 주장한다.

지금까지 이 단원에서 논의한 바와 같이, 의미론은 의미론의 연구 대상인 의미가 무엇인지 다루면서 언어의 표현(expression)과 실제 세계에서 해당 표현의 대응물(object)과의 관계를 연구해 왔다. 의미론을 연구하는 언어학자들은 의미론이 의미를 다루는 학문이라는 데에 의견을 같이하지만 '의미'가 무엇인가에 대해서는 이와 같이 견해가 다르며, 의미에 대한 다양한 견해들은 각각 특색 있는 의미 이론으로 발전해 왔다. 기표와 참조물과의 관련성을 어떤 관점에서 보느냐에 따라 다양한 의미 이론이 제시되었고, 현재 가장 많이 인용되는 것은 의미삼각형과 개념설이지만 여전히 의미에 대한 의미가 무엇인가는 앞으로도 논의되어야 할 주제다.

(2) 어휘의미론

● 의미장 이론

의미장 이론은 독일의 J. Trier와 W. Porzig에 의해 제안되었는데, 의미장이란 특정 의미를 기준으로 할 때 그 의미와 관계를 갖는 의미들을 하나의 장(場, field)으로 체계화한 것이다. 다시 말하면, 언어마다 모든 단어의 의미는 그 언어 내의 다른 단어들의 의미에 의지하여 정의될 수 있다는 이론이다. 한 단어의 주위에는 이 단어와 개념적으로 연관되는 단어들이 있으며 이들을 개념적 가족이라 정의하였다. 개념적 가족의 내적 관계는 개념장이며, 이들의 외적인 구현이 어휘장이다. 큰 어휘장은 이보다 작은 장들의 집합으로 구성되며, 큰 장들의 집합은 결국 한 언어의 어휘를 총망라하게 된다. 이들은 어휘의 구성관계를 어휘장의 구조를 통하여 설명한다. 주어진 의미장의 내부에서 단어들 사이의 관계에 관심을 가지며 의미론 연구자들은 특정 단위들 사이의 의미적 관계를 연구한다. 예를 들어, 유의관계, 반의관계, 상하위관계, 계열관계와 결합관계에 관심을 갖는다.

영어의 형용사 'red'의 상위어로는 색깔(color)이 있고, 색깔의 하위어로는 빨강, 검정, 노랑 등이 분포한다. 그중에서 '빨강'이라는 영어 형용사 'red'는 진홍색(scarlet), 진주홍(crimson), 주황색(vermilion) 등의 하위어로 분류된다는 것이다. [그림 2-3]을 통해 제시된 예를 보면, 개체는 동물과 동물이 아닌 것으로 분류되고, 동물은 다시 말, 양, 새 등으로 구분되며, 말은 다시 수말과 암말로 구분되고, 양은 다

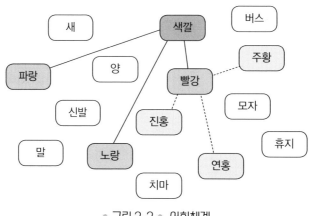

● 그림 2-2 ● 어휘체계

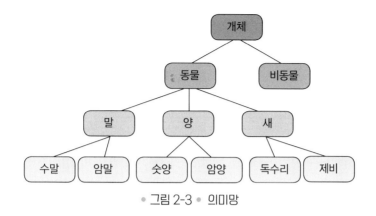

• 그림 2-3 • 의미망

시 숫양과 암양으로 구분되며, 새는 독수리과나 제비과로 분류된다. 단어들은 의미를 중심으로 의미망을 형성한다.

그런데 이러한 어휘의미들의 관계는 어떻게 찾을 것인가? 하나의 장을 이루는 어휘들 사이의 관계성은 우선 계열관계와 결합관계에 의해 분석된다. 여기서 Trier와 Porzig의 제안이 나뉜다. 결합관계에 의해 어휘의 의미관계를 기술한 Porzig와 달리, Trier는 어휘의 의미관계를 계열관계에 바탕을 두고 세우려고 시도하였다.

(16a) 뜨거운 물

(16b) 차가운 물

(16c) 따뜻한 차

(16d) 차가운 주스

계열관계란 (16a)와 (16b)의 '뜨거운'과 '차가운'의 관계나 (16c)와 (16d)의 '차'와 '주스'의 관계다. 동일한 위치에 올 수 있는 단어들은 계열관계에 있다고 할 수 있다. Lyons(1977)는 어휘구조 안에서 근본적인 어휘관계 중 하나로 상하위관계를 주장하였다. 포함관계(동의어, 반의어에서 유추하여 생긴 관계), 즉 **상위어**(상의어)는 포괄적 의미를 갖는 단어 의미에 해당하는데, 장미의 상위어는 꽃이고 꽃의 하위어는 장미다.

● 성분분석 이론

성분분석이란 단어의 의미를 그 단어의 의미 속성의 집합을 통해 분석하는 방법을 말한다. 단어의 의미는 그 단어의 의미를 구성하고 있는 **의미자질**들의 집합이라고 보고, 단어를 구성하고 있는 의미 특성들을 보다 작은 요소로 분해하여 기술하는 데 관심을 갖는다(Lyons, 1977). 성분분석의 목적은 단어 의미의 내적 구조를 파악하는 것으로 단어의 의미성분에 대해 연구한다. 단어의 내적 구성을 보기 때문에 의미자질 분석이라고도 한다.

Man   [+HUMAN, +MALE, +ADULT]

Woman   [+HUMAN, −MALE, +ADULT]

영어 단어 'Man'의 의미자질은 상위어인 성인 남성이고, 성인 남성의 상위어는 인간이다. 'Woman'은 인간 중에서 여성이고, 여성 중에서 성인 여성이다. '여성'의 의미자질은 남성과 똑같이 인간이고 성인이지만, 성별에서 남성과 구분된다는 것이다. 이러한 성분분석과 관련하여 몇 가지 주요 이론을 살펴보자.

단어의 특성들을 분석하여 변별적 의미자질을 결정하려는 시도를 한 Pottier(1974)는 프랑스어 의자(siège)의 체계를 통하여 의미자질을 분석한다. 한국은 의자문화가 아니어서 의자에 대한 다양한 명칭이 발달하지 않았지만 프랑스어에는 여러 종류의 의자에 대한 개념이 발달했다. 다리가 있고 등받이가 있는 일인용 의자를 'chaise'라 하고, 팔걸이가 있는 안락의자를 'fauteuil'이라고 하며, 등받이도 팔걸이

| 의자(chaise) | 안락의자(fauteuil) | 간이의자(tabouret) | 소파(canapé) | 쿠션의자(pouf) |

● 그림 2-4 ● 의자류(siège)

도 없이 다리만 있는 딱딱한 간이의자를 'tabouret'라 하고, 여러 명이 앉을 수 있는 긴 소파를 'canapé'라고 하며, 팔걸이나 등받이나 다리 모두 없이 푹신한 질감의 의자를 'pouf'라 한다.

Pottier는 이들의 상위어 '의자(siège)'의 하위어들을 의미자질에 따라 〈표 2-4〉와 같이 분석하였다.

| 표 2-4 | 의자류의 성분분석 |

	의자1	의자2	의자3	……	의자 n
q1=가죽으로 만든	+	+	−		+
q2=앉을 목적으로 만든	+	+	+		+
q3=면으로 만든	+	−	+		+
q4=나무로 만든	−	+	−		−
q5=금속으로 만든	+	−	+		+
q6=등받이가 있는	+	+	−		−
q7=팔걸이가 있는	−	+	−		−
……					
qn=……					

의자를 n번 관찰하여 n번 나타난 특성을 의자(chair)의 변별자질이라 간주한다. 즉, 모든 의자가 예외 없이 가지고 있는 특성만을 골라 의미자질로 삼은 것이다. 결과는 다음과 같다.

q2 = s1 = 앉을 목적으로 만든

q6 = s2 = 등받이가 있는

q7 = s3 = 팔걸이가 있는

q10 = s4 = 일인용

q13 = s5 = 딱딱한 질감

그리고 다섯 가지 종류의 단어에는 각각 공통적 의미자질과 변별적 의미자질이 있었다. 다섯 종류를 구분하는 의미자질은 앉기 위한 목적, 등받이 유무, 팔걸이 유무, 앉을 수 있는 인원수, 질감 등이었다.

이러한 성분분석 이론의 장점은 단어들의 의미성분을 체계적으로 제시하고 의미적 비문 설명에 용이하다는 것이다.

● 어휘관계

어휘관계에서 주로 다루는 것은 동의어, 반의어, 전체어, 부분어, 상위어, 하위어 등이다. 동의어(synonym)의 전통적 정의는 동일한 문장에서 대체 가능한 관계로, 기표가 다른 두 어휘가 동일한 의미를 갖는 것을 말한다. 만약 모든 문맥에서 대체 가능하다면 언어의 경제성 원칙에 의해 하나가 사라질 것이다. 따라서 일반적으로 동의어라 하면 문맥에 따라 대체 가능한 부분적 동의어를 말한다. 반의어(antonym)에는 이원반의어와 비이원반의어가 있다. 이원반의어(binary antonym)는 '삶'과 '죽음' 같이 '삶'이 아닌 것은 모두 '죽음'인 것처럼 두 가지 대립만 가능한 경우를 말한다. '어느 정도 산'이나 '어느 정도 죽은'은 가능하지 않다. 이와 달리 비이원반의어(nonbinary antonym)는 두 가지 경우만 가능한 것이 아니고 정도에 따라 등급화가 가능하다. 예를 들어, '차가운 물'과 '뜨거운 물'만 있는 것이 아니라 '따뜻한 물'도 있고, '미지근한 물'도 가능하다. 전체어(holonym)는 부분어(meronym)의 대립 개념인데, 문이 전체어라면 문의 손잡이는 부분어다. 비행기가 전체어라면 비행기 날개는 부분어다. 손이 전체어라면 손가락은 부분어다. 전체어와 부분어는 상위어(hypernym)와 하위어(hyponym) 관계와는 다르다. '장미'는 '꽃'의 하위어이고, '꽃'은 '장미'의 상위어이지만, '꽃'의 부분어는 '꽃잎'이나 '꽃받침'이 될 것이고, '꽃잎'이나 '꽃받침'의 전체어는 '꽃'이 된다.

● 다의어와 동음이의어

다의어(polysemy)는 한 어휘소가 둘 이상의 의미를 갖는 경우이고, 동음이의어(homynymy)는 서로 다른 단어가 발음이나 철자 면에서 같은 기표를 갖게 되는 경우다. 예를 들어, 우리말에서 '발(foot)'은 신체의 일부라는 의미 외에 가구의 '발'이나 '한 발만 더 와.'에서의 단위적 의미의 '발'이 있다. 여기서 신체의 일부로서의 발, 가구의 일부로서의 발, 단위의 발은 모두 한 단어 '발'의 여러 의미인 다의어에 해당한다. 이와 달리 무엇인가를 가리기 위해 만든 '발'과 신체의 일부 '발'은 서로 완전히 다른 단어이지만, 운율적 요소를 제외하면 발음과 철자가 동일한 동음이의어다. 이와 같이 다의어와 동음이의어는 정의적 측면에서 볼 때 엄밀히 구분된다. 그런데 한 단어가 여러 의미를 지니게 된 것인지, 서로 다른 단어가 같은 모양을 갖게 된 것인지 명확하지 않을 때도 많다. 이러한 경우 구분하는 방법은 의미들 간의 연관성이 있으면 다의어로 분류하고, 의미들 간의 의미적 연관성이 전혀 없으면 동음이의어로 보는 것이다.

● 비유언어

비유언어는 문자적 의미가 아닌 내포된 의미를 말한다. 비유언어에는 은유, 환유, 제유 등이 있다. 은유란 개념 유사성에 근거해 의미를 관련시키는데, '인생은 생방송이다.'와 같은 문장에서 '인생'을 '생방송'에 비유하는 것이 그 예다. '두 손을 들다'가 '항복하다'의 의미로 사용되는 것이나 '약속이 깨졌다'와 같이 '약속'이라는 추상적 개념이 '깨지다'와 같은 구체적인 사물의 움직임으로 표현되는 것도 은유다. 또한 은유는 방향적 은유를 만들기도 하는데, 공간 방향이 하나의 개념 구조를 이루기도 한다. 예를 들면, '가격이 오르다' '계급이 낮다'의 '오르다'나 '낮다'도 은유적 표현이라고 할 수 있다. 이처럼 너무 익숙해져서 은유인지도 모르는 경우를 사은유, 즉 죽은 은유라고도 한다.

환유는 어떤 대상과 관련된 명칭을 사용하여 인접한 다른 대상을 가리킨다, 즉, 환유는 한 영역 안에서 인접한 두 개념을 연결하는 것이다. 예를 들어, "방송에서 그러는데……."와 같은 표현에서 '방송'은 '아나운서'를 같은 영역의 표현으로 바꾸어 표현하는 것이다. '금배지를 달았다'라는 표현은 국회의원이 다는 금배지로 '국회의원이 되었음'을 표현한 것이다. 제유란 사물의 한 부분으로 전체를 표현하거나, 한 가지로 그와 관련된 모든 것을 표현하는 것이다. 예를 들면, "사람이 빵만으로 살 수 없다."의 '빵'이란 음식이나 양식을 의미한다. 즉, 음식의 한 부분으로 음식 전체를 나타내는 표현이 바로 제유인 것이다.

(3) 문장의미론

어휘의미론이 단어의 의미를 다룬다면, **문장의미론**은 문장의 의미를 다룬다. 어휘의미론이 기표가 지시하는 대상이 무엇인가에 집중한다면, 문장의미론은 참과 거짓으로 판별할 수 있는 문장, 즉 명제에 대하여 어떤 진술이 참이고 어떤 진술이 거짓인가를 판단할 수 있는 진리조건에 집중한다. 논리적인 측면의 강조로 인하여 철학적 의미 연구, 즉 논리학에서 주로 다루어지기도 했다. 얼핏, 문장이 단어의 조합으로 이루어지기 때문에 단어의 의미를 알면 그 조합으로 문장의 의미를 알 수 있을 것 같지만, 실제로 단어 의미만으로 문장 의미를 알 수 있는 것은 아니다. 문장 의미는 각 단어의 의미의 합이 아니다. 이러한 까닭에 의미론 전문가들은 문장의미론의 우위를 주장하면서 한 단어의 의미가 문장에 따라 변할 수 있기 때문에 의미 연구에 있어서 단어들을 따로 연구하는 것은 별 의미가 없다고 과장하며 문장 구성 요소의 관계에 집중한다. 가끔 단어 자체에 대해 관심을 갖기도 하지만, 이는 순전히 그 단어들이 문장을 구성하기 때문에 관심을 갖는 것일 뿐 의미론은 문장의 의미가 핵심이라고 주장한다.

● 문장의 함의와 전제

문장의미론은 문장의 **전제**와 **함의**를 다룬다. 전제는 주어진 문장에 내재된 정보이고 함의는 전제와 같이 주 문장에 내재된 정보다. 하지만 주 문장이 부정되면 내재된 정보 문장의 진리가 참인지 거짓인지 모호해진다는 점에서 전제와 구분될 수 있다. 함의는 두 문장 사이의 포함관계를 기술한다. 문장 A가 문장 B를 포함하고 있을 때, 문장 A는 문장 B를 함의한다. 이때 문장 A의 참이 문장 B의 참을 보증하고, 문장 B의 거짓은 문장 A의 거짓을 보증한다.

> A: 철수는 살해되었다.
> B: 철수는 죽었다.

A는 B를 함의한다. A의 참이 B의 참을 보증한다. 만일 철수가 살해되었다면 철수는 반드시 죽은 것이다. 따라서 이 경우 B의 거짓이 A의 거짓을 보증한다. 만일 철

수가 죽지 않았다면 그가 살해되었다는 것도 거짓이 된다. 또한 함의는 단일 방향적이어서 A가 B를 함의해도 B가 A를 함의하는 것은 아니다. 즉, 철수가 죽었다 해도 반드시 살해된 것은 아니다. A의 거짓이 B의 거짓을 보증하지도 않는다. 즉, 만일 철수가 살해되지 않았다 해도 그가 죽지 않은 것은 필연적이지 않다.

> A: 철수는 대학에서 언어치료학을 전공했다.
> B: 철수는 대학에서 어떤 분야를 전공했다.

A는 B를 전제한다. A의 전제는 B다. 전제는 명제 A가 참이면 B도 참인데, A를 부정해서 "철수는 대학에서 언어치료학을 전공하지 않았다."라고 해도 전제 명제인 B는 여전히 참이다.

> A: 철수는 옆집 아이를 만났어.
> B: 철수한테는 옆집 아이가 있어.

A는 B를 전제하는데, "철수에게는 옆집 아이가 있어."가 먼저 사실로 받아들여질 때만 "철수는 옆집 아이를 만났어."가 참일 수 있다. 이때 "철수는 옆집 아이를 만나지 않았어."와 같이 A를 부정해도 B는 부정되지 않는다. 때로 전제는 어휘 자체가 갖고 있을 때가 있다. 예를 들어, '총각'의 사전적 의미는 "결혼하지 않은 성년 남자"(표준국어대사전)다. 이를 의미자질로 분석하면, '총각'의 의미는 [+성인] [+남성] [−결혼한 사람]인데, "철수는 총각이 아니다."라는 문장에서 부정되는 것은 [−결혼한 사람]이라는 성분뿐이지 [+성인]과 [+남성]이라는 성분은 부정되지 않는다. 바로 이 부분 [+성인]과 [+남성]이 '총각'이라는 단어의 전제가 된다.

이러한 예들이 의미론적 전제를 설명한다면, 이와 달리 화용론적 전제는 발화문의 사용과 관계되는 경험적이며 심성적인 고려를 존재의 전제에 덧붙여야 한다. "문 좀 닫아 줘."는 발화 순간에 문이 닫혀 있지 않아야 하고 청자가 해당하는 문이 어느 것인지를 알도록 하는 상황에 있어야 한다. 또 다른 예로, 어떤 아이가 "넌 바보야."라고 했다면, 이는 화용론적으로 청자가 화자보다 사회적으로 하위에 있는

자 혹은 아주 친밀한 사이의 사람이라는 것을 전제한다.

● 중의성

문장의미론은 문장의 유의성, 반의성 등에 관심을 갖는다. 문장의 반의성은 '좋아하다' '싫어하다'와 같이 반의어를 통하여 나타나기도 하고, 문장에 부정부사 '안'이나 '못'이 추가됨으로써 나타나기도 한다. 혹은 보조사를 이용하여 문장의 의미상 대립(밥도 잘한다/밥만 잘한다)을 나타내기도 한다. 문장의 중의성이란 하나의 문장이 여러 의미를 나타낼 수 있다는 것을 말한다. 중의문은 '손이 크다'의 '손'과 같이 단어의 중의성 때문에 발생하기도 하고 '영희를 좋아한 철수와 영수'와 같이 문장의 구조적 중의성에 근거하여 발생하기도 하며, 물을 쏟은 아이에게 "잘했어."라고 하는 것과 같이 상황에 의해 발생하기도 한다.

● 의미역

문장의 서술어(동사와 형용사)가 동반하는 명사나 명사구의 의미적 역할을 **의미역**(thematic role)이라 하고, 서술어와 이들 논항(명사나 명사구)과의 의미적 관계를 의미관계(semantic relation)라 한다. 또한 이와 같이 문장을 서술어와 논항의 의미관계로 분석하는 것을 의미 분석(semantic analysis)이라 한다. 자연언어처리에서는 문장의 구문분석 과정을 통해 구문 트리(parsing tree)가 생성된 후 각 어휘의 의미 중의성을 해소해야 하는데, 의미의 애매성 해소를 위하여 격문법, 의존문법, 의미망, 통계기법 등을 이용하게 된다. 이때 의미관계에 의한 의미역의 제약이 중요한 역할을 할 수 있다.

(17a) 엄마가 영희에게 딸기를 주었어요.
(17b) 영희가 꽃에 물을 주었어요.

문장에서 서술어는 '주었어요'다. '주다'라는 동사는 세 개의 필수 논항인 주어, 부사어, 목적어를 필요로 한다. 이 논항들의 의미역은 순서대로 행위자, 수혜자, 대상이다. 즉, 주는 행위의 주체인 행위자는 주는 행위를 할 수 있는 생물체이어야 하고 수혜자 역시 생물체이어야 하나, 행위자가 움직일 수 있는 동물이어야 하는 제약을 갖는 것과 달리 수혜자는 받기 위해 꼭 움직일 필요는 없기 때문에 '꽃'과 같은 식물도 가능하다.

　언어치료에서는 이러한 의미관계를 자발화에 대한 의미적 분석을 통하여 문장의 의미적 성숙도를 확인하기 위해 사용한다. 중요한 것은 이러한 의미관계 분석을 위해 의미역 목록이 필요한데, 아직 의미역 세트가 공식적으로 정리된 것이 없다. 세계적으로 의미 분석에 사용하는 의미역 세트는 Fillmore의 목록이나 FrameNet,

표 2-5 의미역 세트의 예(Bae, 2006)

의미역	설명	통사적 실현	예
행위자 (Agent)	행위의 근원, 주체	주어	엄마가 요리를 한다. 엄마와 영희가 먹는다.
수동자 (Patient)	행위를 받거나 당하는 요소	주어	바이러스가 그 약에 잡혔다.
경험자 (Experiencer)	기쁨, 슬픔 등을 내적으로 체험하는 주체	주어	영희는 아팠다.
수혜자 (Benefactor)	행위로부터 수혜를 받는 개체	부사어	엄마가 영희에게 딸기를 많이 주었다.
대상 (Theme)	위치를 변경하는 행위의 대상이 되는 역할	목적어	요리사가 음식을 데운다.
도구 (Instrument)	행위가 이행되는 수단 또는 재료	부사어	종이로 비행기를 접었다.
장소 (Location)	어떠한 행위가 일어나거나 거치는 장소	부사어	문구점에서 비눗방울을 샀다.
목표지점 (Destination)	어떤 요소의 이동이 이르는 목표지점	목적어	제주도를 향해 비행기를 탔다.
출발지점 (Source)	이동되는 요소의 출발점	부사어	부산에서 거제도로 출발했다. 거제도행 배를 탄 곳은 부산이었다.
재료 (Material)	자라거나 만드는 과정에서 그 재료가 됨	부사어	우유로 요구르트를 만들었다.
결과물 (Product)	자라거나 만드는 결과	보어	우유가 요구르트가 되었다.

VerbNet 등에서 제시하는 목록을 번역하고 목표언어에 맞게 적용하여 활용하고 있는 것이다. 그런데 이러한 의미역 목록도 여전히 연구를 거듭하면서 수정 보완되고 있는 과정이라고 할 수 있다(Bae, 2006; 2008). 개념망이나 의미관계가 워낙 언어 독립적인 성질이 강한 편이어서 언어에 따라 크게 다르지 않으나 각 언어에서 의미 분석을 하면서 더욱 세분화되거나 언어에 맞게 정리될 필요가 있다. 주요 의미역을 정리하면 〈표 2-5〉와 같다. 국내외에서 사용하는 의미 분석 세트는 종결된 세트가 아니라 의미 분석 과정에서 계속적으로 수정 및 보완되어야 하는 세트다.

5) 화용론

화용론의 어원은 행위화(action)라는 의미의 그리스어 'pragma'다. 화용론은 언어 표현의 궁극적 의미가 언어 사용 상황 혹은 문맥에서 결정된다는 점에 주목하고 언어 사용 상황에서 전달되는 의미의 발생과 전달 메커니즘을 파악하고자 하는 연구 분야다. 지금은 언어의 하위 영역에서 당당히 소개되는 화용론이 처음부터 언어학의 한 영역으로 자리 잡았던 것은 아니다. 1980년대 언어학 관련 저서에서도 화용론은 그 자리가 불안정했다(Mounin, 1988). 19세기 말 미국에서는 사변적인 것에 회의를 갖고 인간의 영역에서 다룰 수 있는 실제적인 것에 관심을 갖던 흐름이 있었다. 그러한 흐름 속에서 William James가 '화용'이라는 표현을 사용하였고, 미국의 기호학자 Peirce가 기호의 사용 면을 강조하면서 이 용어를 차용한 데서 비롯된다. 그러나 화용론의 출발점은 Peirce의 제자인 Morris(1901~1979)로 인정된다. Morris는 1946년에 『기호, 언어, 그리고 행위(Signs, Language and Behavior)』에서 언어학적 기호를 연구하면서 통사론이 발화에서의 기호 간 관계를 연구하는 것이라면, 의미론은 기호와 실제 사이의 관계를 다루고 화용론은 기호와 그 사용자의 관계를 다룬다고 주장하였다(Morris, 1971: Moeschler & Reboul, 1998에서 재인용). 이러한 흐름에 더하여 John L. Austin 등의 언어철학도 중요한 변수였다. 완전한 언어를 전제로 언어의 불완전성에 대해 논하였던 이전의 철학자들과 달리 Austin 등의 언어철학자들은 겸손하게 언어의 일상적 사용에 대해 연구하기 시작했고, 이러한 철학적 흐름이 화용론의 입지를 높여 주었다고 할 수 있다. 이 시기 의미론과 화용론에 대한 많은 논쟁은 유럽에서도 활발히 일어났고, 이러한 논쟁의 시기 속에서 1970년대에는 언어발달 분야에서도 의사소통 기능에 대한 연구의 흐름이 있었다(Bates, 1975; Dore, 1974). 언어치료 분야에서 의사소통 기능 연구는 주로 이 시기에 태어났다고 할 수 있다. 이후 오늘날 **화용론**은 확실하게 언어의 하위 영역으로 자리매김했다.

먼저 이전까지 의미론의 한 범주에서 다뤄졌던 화용론이 어떻게 의미론과 다른지 살펴보면, 의미론은 주어진 언어의 기호적 의미를 연구하는 데 반해 화용론은 의미의 전달이 화자와 청자의 언어적 지식뿐만 아니라 발화의 문맥에 의존적이라 간주한다. 그래서 발화문맥, 관련된 기존 지식, 화자의 의도, 말하는 방법, 장소, 시간 등의 발화 상황이 중요하고 화자의 의도된 발화 의미 파악 능력인 화용 능력이 필요하다. 모든 것은 결국 관계의 문제이고, 맥락의 문제로 수렴되는 것이다. 화용론의 관심영역은 발화의 음성적 · 문법적 형식에 초점을 두지 않고 화자의 의도와 신념, 즉 화자가 말하고자 하는 의미다. 메시지가 놓인 문맥에서의 의미에 대해 연구하기 때문에 발화의 장소와 시간, 혹은 화자가 누구인지에 대한 지식을 요구하게 되고, 발화에 명확하게 표현되지는 않았어도 의사 전달되는 어떤 것들, 즉 함축(implicature)을 연구한다.

화용론은 의사소통 상황에서의 언어 사용 면에 대해 연구하는데, 주로 화자와 청자의 관계가 언어 사용에 미치는 영향이나 화자의 의도와 발화의 의미관계를 다룬다. 화용론의 연구방식은 사용 면에서의 언어 의미를 분석하고, 사용 면에서의 언어의 양상과 원리를 연구하며 언어가 사용되는 현상에 관심을 갖고 언어 자체가 아닌 언어행위를 연구한다. 따라서 여기서는 **화행, 대화함축, 대화격률, 상황지시** 등을 다루도록 하겠다.

(1) 화행

화행(speech act)이란 발화가 바로 행동이 된다는 의미다. 말하는 것이 바로 행동이 된다는 점에서 이러한 발화를 수행발화(performative utterance)라 하기도 한다. Austin(1962)은 누군가가 문장을 발화한다는 것은 그저 무엇인가를 말하기 위한 것이 아니라 일종의 행위를 수행하는 것이라고 주장했다. 이와 같이 발화될 때 행위가 수행되는 것을 수행적 발화라고 불렀고, 이를 진술적(explicit), 암시적(implicit),

원시적(primitive), 막연한 비진술적(inexplicit) 발화와 같이 네 가지 유형으로 제시하였다가 이후에 『How to Do things with Words』에서는 각 유형의 예문을 제시하면서 화행이라는 용어를 사용하였다(Austin, 1962). Austin에 따르면, 언어는 단순히 세상을 기술하는 데 사용되지 않고 발화 자체가 일련의 다른 행위를 수행하기 위해 사용된다(송경숙, 2002). 그는 약속, 명령, 인사, 경고, 초대, 축하 등의 행위를 담고 있는 화행을 **언표적 행위**(locutionary act), **언표내적 행위**(illocutionary act), **언향적 행위**(perlocutionary act)로 분류하였다.

표 2-6 Austin의 세 가지 화행 유형(Austin, 1962)

화행	설명
언표적 행위	의미 있는 문장의 발화행위로, 음성적이거나 의례적이거나 수사적인 구어적 행위를 통해 언어적으로 표현된 표면적인 발화의 수행
언표내적 행위	사회적으로 유의미한 의도된 언어행위
언향적 행위	의도되었건 의도되지 않았건 발화로 인하여 나타나는 설득, 계몽, 영향, 실현되는 어떤 것

언표적 행위란 수행되는 의미 있는 발화의 동사적 · 통사적 · 의미적 양상에 해당하는 음성적이거나 의례적이거나 수사적 행동을 포함한 표면적인 의미다. 언표내적(言表內的) 행위는 사회적으로 유의미한 의도된 언어행위이고, 언향적(言響的) 행위는 의도되었건 의도되지 않았건 발화로 인하여 나타나는 설득, 계몽, 영향, 실현되는 어떤 것이다. 이 세 가지 중에서 화행의 핵심은 언표내적 행위에 있다. Searle(1979)은 인간의 언어적 의사소통의 기본 단위는 언표내적 행위라고 주장하면서 의도를 가지고 행하는 언어가 의사소통의 기본 단위라고 주장하였다. Searle은 해당 발화의 언어적 수행뿐만 아니라 발화의 의도적 의미가 사회적으로 유효한 언어적 행위로 표현되고 상황에 따라 발화의 결과로 나타나는 발화효과행위, 즉 언향적 행위가 있다고 주장한다. 그는 언표내적 행위를 다시 참인 명제를 단언하거나, 요청 혹은 충고와 같은 방향 지시적인 말, 약속과 같이 미래 행위에 대한 발화, 축하, 감사 등의 표현적 발화나 선언하는 발화행위로 분류하였다.

표 2-7 Searle의 언표내적 행위의 다섯 가지 유형(Searle, 1979)

언표내적 행위	설명	예문
단정 (assertion)	명제가 참임을 단언하는 것	이것은 책상이다. 너는 학생이다.
지시 (directives)	질문, 요청 등과 같이 발화가 수신자에게 무엇인가를 하도록 유도함	이거 먹어도 돼? 껍질 까 주세요.
언질 (commissives)	약속이나 제안 등과 같이 미래 행동에 대한 언질을 함	이거 다 먹으면 놀이터 갈 거야.
감정표현 (expressives)	감사, 축하 등과 같이 심리적 상태를 표현	입학을 축하합니다. 감사합니다.
신언 (declaratives)	위협, 해고 등과 같이 발화가 상황에 즉각적인 변화를 가져옴	너랑 안 놀아. 이제 너는 내 친구야.

이러한 화용론적 흐름과 함께 언어습득 및 언어발달 이론에서도 화용론적 관점이 나타났고 Dore(1974)와 Bates(1975) 등은 영유아의 의사소통 기능에 대해 주목한다. 화용 능력을 위해 대화나 이야기 규칙 따르기, 대화 차례 지키기, 대화 주제 도입, 주제 유지, 이해 못 했을 때 다시 하기, 언어적·비언어적 신호를 사용하는 방법, 말할 때 가까이 가서 말하는 방법, 체면 지키기나 눈 맞춤 방식 등의 능력이 필요하다. 이러한 능력이 결여되어 있으면 화용적 어려움을 보이는데, 대화를 하는 동안 부적절하거나 관련 없는 말하기, 잘 정리되지 않은 방식으로 이야기 말하기, 언어 사용에 있어서 다양성 결여와 같은 문제가 발생한다. 이에 대한 좀 더 자세한 기술은 영아기, 아장이기 화용 능력의 발달에서 다루기로 하겠다.

(2) 대화함축

한 문장의 **전제**란 그 문장이 사용되기 위해 만족되어야 하는 조건이다(Fillmore, 1982). 화용론적 관점에서, **함축**이란 한 문장이 발화되었을 때 그 발화를 기본으로 하여 상황에 따라 전할 수 있는 여러 가지 간접적 의미(convoyed meaning)를 뜻한다(Levinson, 1983). 의미론에서 다루었던 함의(entailment)나 전제(presupposition)가 고정함축(conventional implicature)이라면, 화용론의 관심은 상황적 함의나 전제와 같은 포괄적 함축인 대화함축(conversational implicature)이다. 대화함축은 함축이 부정되어도 모순이 되지 않으며, 함축의미가 항상 고정적으로 정해져 있는 것은 아니다.

(18a) 너, 오늘 모임에 갈 거야?

(18b) 아니, 피곤해.

이 대화에서 (18b)는 "모임에 안 갈 거야."라는 대화함축을 제시한다. 문맥상 다른 의미를 나타내지 않는다.

(3) 대화격률

Grice는 대화상의 협력원칙(Grice, 1989: 26)을 제시하였다. 대화가 원만히 진행되어 의사소통이 잘 이루어지려면 네 가지 **대화격률**(maxims of conversation)로 구성된 협력원칙(cooperative principle)이 필요하다는 것이다(〈표 2-8〉 참조).

대화가 적절히 이루어지려면 이러한 격률들이 잘 지켜져야 한다. 그러나 때로 고의로 격률을 어김으로써 다른 의미를 유도하기도 한다. 예를 들면, 진실을 말해야 한다는 질의 격률을 깨고 시험을 굉장히 못 보았을 때 "넌 참 똑똑해."라고 격률을 깨는 말을 한다면, 이는 조롱의 의미를 담는 것이다. 친구가 계속 투덜거릴 때, 그만하고 싶은 다른 친구가 갑자기 그때까지의 주제와 관련성이 없는 주제에 대해 말함으로써 일부러 관련성의 격률을 깨면, 그것은 더 이상 그 이야기를 하고 싶지 않다는 것을 나타낸다.

표 2-8 Grice의 협력원칙(Grice, 1989)

대화격률	내용	
질(quality)의 격률	거짓으로 생각되는 것을 말하지 말라.	참(truth)
양(quantity)의 격률	필요한 만큼의 정보를 주라.	정보(information)
관련성(relevance)의 격률	주제와 관련된 말을 하라.	관련성(relevance)
양태(manner)의 격률	모호한 말을 피하고 조리 있게 말하라.	명확성(clarity)

(4) 상황지시

상황지시(deixis)라 함은 의미 해석을 위해 언어 사용의 맥락 고려가 필수적인 현상을 말한다. 의미 해석을 위해 화자와 청자가 처한 맥락이 절대적으로 필요한 표현이다. 단어의 의미는 정해져 있지만 그것이 외연적으로 지시하는 의미는 담화의 외적 요소인 시간과 장소에 따라 달라지는데, 이것이 상황지시어 혹은 직시소다. 전통적으로 상황지시어는 사람이나 장소, 시간에 관련된 것이다(〈표 2-9〉 참조).

표 2-9 직시소

범주	직시소
사람	나, 너
장소	앞, 뒤, 오른쪽, 왼쪽
시간	지금, 어제, 오늘, 내일

이와 반대로 **조응**(anaphora)은 상황이나 문맥에 따라 달라지는 직시와 달리, 단어나 문장이 다른 텍스트와 관련된 것을 참조한다. 지시대상은 텍스트 안에서 찾을 수 있다.

    (19a) 사랑이가 접시를 몽땅 떨어뜨렸어. 그래서 그게 전부 깨져 버렸어.

    (19b) 걔들 전부 혼났어. 영희, 철수, 순이 모두 다.

(19a)에서 '그게'가 가리키는 것은 앞 문장의 '접시'다. 이와 같이 문장의 앞뒤 내용에 지시하는 내용이 있는 것이 **조응**인데, (19a)와 같이 **지시대상**(참조물)이 앞에 나오는 것이 일반적이다. (19b)와 같이 '걔들'이 먼저 나오고 뒤에 지시대상 '영희, 철수, 순이'가 따라오면, **후방조응**(cataphora)이라 한다.

상황지시어나 언어문맥 지시어인 조응은 구체적이고 확실하게 의미가 정해져 있는 단어에 비해 습득하는 데에 오래 걸린다. 아동은 기표에 대한 기의, 즉 형식에 대한 내용물이 고정되어 있는 것을 먼저 습득하고, 기의가 상황이나 언어 문맥에 따라 변하는 지시어는 어렵기 때문에 이를 이해하는 데 더 오랜 시간이 필요하다.

요약

이 장을 통하여 음, 음소, 형태소, 단어, 어절, 구, 절, 문장, 발화, 담화와 같은 언어 단위에 대해 학습하였다. 또한 언어의 하위 영역으로 어떤 분야가 있는지, 각 하위 영역은 어떠한 언어 단위에 초점을 두는지, 그리고 각 영역이 어떻게 발달하는지에 대해서도 학습하였다. 이 과정을 통하여 음성학은 말소리의 해부생리학적·물리학적·음향학적 특성을 다루고, 음운론은 음소와 운소를 다루며, 형태론은 형태소를 다룬다는 것을 이해하였다. 또한 통사론은 구문론이라 불리기도 하는데, 주로 단어들이 어떤 규칙에 의해 문장을 구성하는지, 문장을 구성하는 단위들은 단어 외에 어떤 것들이 있는지를 이해할 수 있었다. 의미론은 어휘와 문장의 의미적 측면을 다루고, 화용론은 같은 문장이라도 문맥에 따라 의미가 달라질 수 있음에 주목하여 의사소통 기능, 담화 등을 다룬다는 것을 이해하였다.

학습 확인 문제

1. 형태소 분석 연습(김세실, 2006)

1) 할머니가 생강빵을 만들어요.

2) 생강빵은 화덕에서 나와 노래를 부르면서 달아났어요.

3) 생강빵은 집 밖으로 도망쳤어요.

4) 생강빵은 풀 뜯는 암소를 만났어요.

5) 생강빵은 수레를 끄는 말을 만났어요.

6) 할머니와 할아버지와 암소와 말은 생강빵을 쫓아갔어요.

7) 생강빵아, 어디 가니?

8) 생강빵은 강가에 다다랐어요.

9) 여우가 자기 등 위로 올라오라고 했어요.

10) 여우가 생강빵을 먹었어요.

2. 문장성분 분석 연습

1) 시계가 똑딱똑딱 소리를 냅니다.

2) 아빠가 사랑이에게 포도를 줍니다.

3) 사랑이는 포도를 아주 많이 먹었습니다.

제3장

발달이란
무엇인가

학습목표

• 발달의 개념과 시대에 따른 발달 개념의 변화를 알아본다.

• 애착이론, 성숙이론, 민감기이론에 대해 학습한다.

• 신체발달, 인지발달, 정서발달, 언어발달에 대해 이해한다.

• 언어습득이론을 학습한다.

이 장은 언어발달이 신체, 인지, 정서 등의 발달과 함께 맞물려 이루어진다는 점을 이해하기 위해 발달의 개념과 전반적 인간 발달에 관심을 갖는다. 발달이란 무엇인가? 발달이라는 개념은 시간이 흘러도 변하지 않는가? 아니면, 시대에 따라 발달의 개념과 이론이 달라져 왔을까? 결론부터 말하자면, 어떠한 개념이 시대적·사회적 흐름과 동떨어져 생기지 않는 만큼, '발달'이라는 개념 역시 시대적 흐름이나 철학적 흐름에 따라 달라져 왔다. 이 장의 첫 절은 Crain(2011)이 제시한 시대별 발달 개념 중에서 고대와 중세, 근세를 대표할 수 있는 핵심 이론을 하나씩 소개하고, 근대와 현대의 발달이론 중에서 언어치료와 연관성이 깊은 Bowlby의 애착이론, Gesell의 성숙이론, Montessori의 민감기이론을 간단히 소개할 것이다. 두 번째 절에서는 신체, 인지, 정서, 언어 등의 발달을 다룰 것이다. 세 번째 절에서는 언어습득이론을 살펴볼 것이다.

1. 발달의 개념

'발달'이란 무엇인가? 고대나 중세에는 발달이란 단순히 시간의 흐름에 따라 지식이 점차 누적되어 이루어지는 것이라고 믿었고, 근세에는 발달이 일정한 단계에 따라 이루어진다고 믿었다. 근현대에는 인간의 경험이 쌓여 학습하면서 발달이 이루어진다는 주장과 이미 태어날 때 일정한 발달을 하도록 구조화되어 태어난다는 주장이 병존하고 있다. 이와 같이 발달이 무엇인지에 대한 개념은 시대에 따라 변화해 왔고 발달의 어떤 요소에 초점을 맞추었는지에 따라 다양해져 왔다(Berk, 2012). 의학용어사전(KMLE)은 발달의 개념을 "신체적·정신적·기능적으로 상승적인 변화 과정"이라고 제시하면서 "구조나 재능이 분화–복잡화–정밀화–유능화–통합화되어 가는 것"이라고 정의한다. 최근에는 발달에 대한 개념이 더욱 포괄적으로 설명되고 있다. 성장뿐 아니라 성숙을 포괄하고 증가적 양상뿐 아니라 감소적 양상까지도 포괄한다. 그렇다면 발달을 하게 하는 요인은 무엇인가? 유전적 요인을 강조한 이론도 있고 환경적 요인을 강조한 이론도 있으나, Horowitz(1987)는 인간의 발달이 타고난 특성과 주어진 환경 사이의 역동적인 상호작용으로 이루어진다고 강조한다. 즉, 유전적 요인을 토대로 환경에 적응하면서 발달이 이루어진다고 할 수 있다. 한마디로, 발달은 인간의 수정부터 전 생애에 걸쳐 유전적 · 환경적 요소의 결합으로 일어나는 운동, 감각, 인지, 문제해결력, 사회정서, 도덕성, 언어습득, 지식 등의 변화로 성장과 성숙, 학습을 모두 아우르는 개념이다.

1) 고대부터 근세까지의 발달 개념

(1) 고대와 중세의 발달 개념

고대부터 중세까지 주를 이루었던 발달 개념은 **전성설**(preformation theory)이다. 전성설이란 이미 형성된 개체가 크기 면에서 성장하는 것이 발달이라는 이론이다. 이 시기에는 인간은 이미 수정될 때 성인의 모든 요소를 갖춘 축소판으로 수정되어 점점 크기가 커지는 것이라고 생각했다. 언제나 그렇듯 사상은 그 시대의 행동양식에 영향을 미치게 된다. 따라서 고대와 중세에는 신체적으로 크기가 작을 때는 어리다고 간주하여 보살피지만 신체적으로 커지면 성인처럼 노동을 시켰다. 그러다가 중세 말 과학기술과 상업이 발달하면서 신 부유층인 부르주아 계층이 생겨나게 되고, 이들이 자녀를 학교에 보내 교육하면서 자연스럽게 발달에 대한 개념도 바뀌게 된다.

(2) 17세기 발달의 개념

17세기 영국의 경험주의 철학자 John Locke(1632~1704)는 정치가로서 역동적 삶을 산 사람이었지만 교육에 대해서도 관심을 가졌던 사상가다. Locke는 모든 지식은 관념의 복합체이며, 관념은 **백지상태**(tabula rasa)에서 시작하여 전적으로 경험을 통해 형성된다고 주장했다. 즉, 인간 아기가 백지상태로 태어나 경험과 학습에 의해 정신적으로 발달한다는 것이다. 그는 아동이 어릴 때는 환경에 의해 영향을 받아 정신을 형성하기 때문에 교육을 통해 성인이 원하는 대로 아동의 정신을 만들 수 있다고 주장했다. '백지상태' 개념은 오랫동안 철학, 심리학, 교육학 등의 여러 분야에 영향을 주었고, 오늘날까지 영향을 미치고 있는 행동주의적 관점의 근거를 제공했다.

(3) 18세기 발달의 개념

18세기 발달의 개념은 Rousseau(1712~1778)에 의해 대변된다고 할 수 있다 (Crain, 2011). 아동이 백지상태로 태어난다는 Locke의 주장과 달리, Rousseau는 인간의 발달이 성인의 의도에 따라 만들어 낼 수 있는 것이 아니고 내적 촉발에 의해 자연적 단계에 따라 이루어진다고 주장했다. 그에 따르면, 인간은 처음에는 쾌적함과 불쾌함만 경험하다가 점차 감정이 분화하고 물질의 다양한 성질에 대해 학습하게 된다. 영아기는 인류 초기의 원시인과 유사하여 감각을 통해 직접적으로 세계를 경험하며 거의 혼자 힘으로 언어를 습득하기 시작한다. 아동기에는 스스로 먹고 뛰어다니는 능력을 발달시키고 말하는 것도 발달시키며, 감각과 직접적으로 연결된 직관적 추리력도 발달시킨다. 아동기 이후 청소년기에는 신체적으로 강해지고, 기하학이나 과학 같은 추상적 개념을 다룰 수 있게 되며, 윤리적 문제에도 관심을 갖게 된다. Rousseau는 이와 같이 아동이 내적 촉발과 자연의 고유한 스케줄에 따라 스스로 학습하며 성장할 수 있도록 해야 한다고 주장했다. 그의 주장은 오늘날 선행학습에 대한 논의와 관련하여 언급되곤 한다.

2) 근현대의 발달 개념

근현대는 이전의 세기들이 좀 더 분명하고 단일한 시대적 흐름을 대변할 수 있는 사상을 갖고 있었던 것과 달리 다양성과 혼합의 시대라고 할 수 있다. 사상과 이론이 매우 다양하게 나타나고 서로 섞이기도 한다.

(1) Bowlby의 애착이론

John Bowlby(1907~1990)는 영국의 심리학자이며 정신과 의사다. 그는 어머니와 아기의 정상적 애착이 발달에 결정적이라고 주장하였다. 애착이란 아기가 양육자와 떨어지지 않고 가까이 있으려는 마음이다. Bowlby는 아기와 엄마의 관계가 친밀해야 아기가 정서적으로 건강하게 자랄 수 있기 때문에 어머니와의 애착관계 형성이 적절히 이루어지지 못하면 아기의 인격 형성과 발달에 부정적 영향을 미치게 된다고 주장하였다(Crain, 2011). Bowlby는 애착을 기준으로 하여 아기의 발달을 네 단

| 표 3-1 | Bowlby의 애착 단계 |

단계	시기	특성
1단계	출생~3개월	반사적 반응에서 사회적 미소로 발달
2단계	3~6개월	사회적 반응 발달. 다만, 친숙한 사람에게만 선택적으로 나타남
3단계	6~8개월	낯가림이 생겨남
	8~12개월	탐색과 귀환 반복
	1~3세	애착대상의 접근 가능성과 반응에 대한 개념 형성
4단계	3세~아동기 말	부모가 잠깐 헤어지는 것을 허용

계로 제시하였다(〈표 3-1〉 참조).

〈표 3-1〉에서 제시되는 바와 같이 1단계는 출생부터 3개월까지의 시기로, 아기는 울음, 빨기 반사 등의 애착 패턴을 보인다. 처음 1개월 동안은 눈을 감은 채 배냇짓을 하게 되고, 2~3개월이 지나면서 얼굴을 정확히 보고 눈 맞춤을 동반한 사회적 미소를 짓게 된다. 이때 아기는 목소리나 쓰다듬기보다 시각적 자극에 더 잘 반응하고, 옆모습보다는 정면을 볼 때 더 잘 반응한다(Bowlby, 1982: Crain, 2011에서 재인용). 2단계는 3~6개월 시기로 반사행동이 사라지고 사회적 반응이 나타나지만 낯익은 사람에게만 선택적으로 나타난다. 3단계는 6개월부터 3세까지의 시기로 다시 세분화된다. 6~8개월에 낯가림이 생겨나다가 8개월경에 기기 시작하면서 애착대상을 향해 능동적으로 몸을 움직이게 되면, 외부세계를 탐색하기 위해 잠시 떠났다가 수시로 애착대상에게 되돌아오는 패턴을 보인다. 12개월이 되면 아기는 반복되는 일상을 통해 애착대상의 접근 가능성과 반응에 대한 일반적인 개념을 형성한다. 아기는 자신이 필요로 할 때 엄마가 언제나 그곳에 있다는 안심이 생기면 용기와 열정을 가지고 외부세계를 탐색하지만, 엄마의 존재에 대한 불안이 있으면 외부세계 탐색에서도 불안을 보인다. 4단계(3세~아동기 말)에는 부모가 잠깐 떠나는 것을 기꺼이 허용한다.

언어치료 분야에서 애착의 문제를 눈여겨보아야 하는 이유는 애착과 언어발달이 밀접한 관계를 보이기 때문이다. 애착장애로 진단받은 아동 중에는 그 외의 다른 질병이나 장애가 없어도 인지발달이나 언어발달이 늦어지는 경우들이 빈번한데, 이러한 아동에 대한 언어중재 관련 연구들이 이를 뒷받침한다(유은정, 2003; 이경숙 외, 1997; 하재연, 2005).

(2) Gesell의 성숙이론

Arnold Gesell은 **성숙이론**(maturation theory)에서 아동의 성장 또는 발달이 환경과 유전자라는 두 요인에 의해 성장한다고 주장하면서 이러한 과정을 성숙이라고 부른다. Gesell에 따르면, 태내기와 출생 후 아기는 유전적 이정표에 따라 **예정된 계획대로** 발달한다. 그러나 Gesell은 유전자 외에 신체적 · 사회문화적 환경이 내적인 **성숙의 원리**와 조화를 이룰 때 인간의 발달이 가장 잘 이루어진다고 설명한다. 따라서 성숙의 원리에 따라 아동에게 건전한 환경을 제공할 것을 주장했다. Gesell이 제시하는 성숙의 원리는 다음과 같다(〈표 3-2〉 참조).

그의 성숙이론에 따르면, 양육은 아동 내부의 성숙 요구에서 시작하므로 부모는 아동의 내적 요구에 대한 섬세한 판단력을 길러 화답해야 한다. 아동의 내적 성숙에 대한 스케줄보다 앞서서 아동을 교육하려고 하는 것은 부작용만 일으키는 별 가치 없는 일이다. 따라서 아동에 대한 양육과 교육은 성숙 법칙을 파악하는 데서 시작되어야 한다. 성숙이론은 Rousseau의 이론과 마찬가지로 최근의 선행학습이나 조기교육에 대한 시사점을 던지지만, 양육자의 환경적 역할의 범위가 어디까지인지에 대해서는 애매한 면이 있다.

표 3-2 │ Gesell의 성숙 원리

성숙 원리	특성	패턴
발달 방향의 원리	발달은 특정 방향으로 진행된다(두미발달, 근원발달).	방향패턴
상호적 교류의 원리	좌우 뇌와 신체는 상호교류를 통하여 체계화되는 과정으로 진행된다.	좌우패턴
기능적 비대칭의 원리	우세손, 우세발, 우세눈 등의 한쪽 우세성이 나타난다.	비대칭패턴
개별적 성숙의 원리	개인의 내적 유전기제가 다르므로 개인의 발달 속도도 다르다(느린 패턴, 빠른 패턴, 불규칙 패턴).	속도패턴
자기 규제의 원리	자신의 속도 패턴에 어긋나게 강요받을 때 내부에서 스스로 저항한다.	조절패턴

(3) Montessori의 민감기이론

Maria Montessori는 이탈리아의 내과 의사이면서 교육가다. Montessori의 교육 방법은 오늘날 유치원이나 학교에서 여전히 적용되고 있다. Montessori의 발달 이론 중 핵심은 아동의 발달이 **자연적 능력**에 따라 자기 스스로 이끌어 가는 것인데, 주로 놀이를 통해 이루어진다는 것이다. 아동은 고유의 **성숙촉발**(maturational promptings)로 스스로 자신의 페이스를 조절하면서 발달한다. 따라서 교육자는 아동의 이러한 발달에 대해 잘 이해하고 아동의 시기별로 필요에 맞는 환경을 조성해 줌으로써 아동의 발달에 도움을 줄 수 있어야 한다. Montessori는 아동의 발달 단계를 출생부터 6세까지, 6세부터 12세까지, 12세부터 18세까지, 18세부터 24세까지로 분류한다. Montessori는 네 단계 중에서 첫 번째 단계인 출생부터 6세까지의 시기를 기술하면서 **민감기**(sensitive periods), 흡수정신(absorbent mind), 정상화(normalization) 등의 개념을 사용한다. 이 시기 아동은 특히 초기 3년 동안 환경에서 오는 감각적 자극에 자연스럽게 동화되는데, 감각, 언어, 문화로부터 오는 정보를 흡수하는 경향이 있다. 또한 이 단계의 후반 3년인 3세부터 6세까지 아동은 사회적 관계 속에서 주변의 환경에 적응해 나가면서 사회적 욕구를 받아들이고 다른 사람과 조화를 이루려 하는 경향이 있는데, 이러한 심리적 상태를 정상화라고 불렀다.

민감기는 유전적으로 계획된 기간이며, 주어진 과제에 대해 숙달될 수 있도록 준비하는 시기다. 이 시기의 아동은 특정 자극에 민감하게 반응하면서 발달하기 때문에 아동을 교육하는 데 있어서 적절한 시기에 적절한 자극 환경을 제공해야 한다고 주장한다. Montessori는 이를 위해 각 민감기를 분류하고 제시한다(〈표 3-3〉 참조).

출생부터 4세까지는 감각을 세련화하는 데 민감한 시기이고, 출생부터 6세까지는 언어를 습득하는 시기로 언어에 대한 민감기다. 이러한 민감기는 아동 스스로 어떤 과제에 대한 관심이나 집중력 등의 변화를 통해 보여 주기 때문에 양육자는 상벌이나 훈련에 따른 교육보다는 아이들의 자발성과 자기활동을 중시하고 환경정비와 능력개발을 조성해 주는 역할을 해야 한다.

이 절을 마무리하면서 지금까지 앞서 소개한 발달이론 외에 게슈탈트 심리학자 Heinz Werner에 대해 간단히 언급하고자 한다. Werner는 발달이 시간 경과 이상의 것으로 분화와 위계적 통합을 통해 이루어진다고 생각한다. 전체가 각각 다른 형

표 3-3 Montessori 민감기 분류

발달 원리	시기	특성
질서에 대한 민감기	6~42개월	정향원리(principles of orientation)
세부에 대한 민감기	18~36개월	영아기로 빛과 색깔에 관심을 보이다가 점차 작은 곤충 같은 세부적인 것에 대한 관심을 보임
양손 사용에 대한 민감기	18~36개월	물건 움켜잡기, 뚜껑 여닫기, 그릇에 물건 담고 쏟기 반복
	36~60개월	동작과 촉감의 세련화, 눈을 감은 채 물건을 만져 확인하기를 즐김
걷기에 대한 민감기	아장이기 (18~30개월)	목표를 가지고 걷는 것이 아니라 걷기 자체가 목적인 시기. 반복해서 계단을 오르내리거나 어디론가 가려 함
언어에 대한 민감기	생후 3년	무의식적 언어 파악
	학령전기	의식적 언어 파악

태와 기능을 갖는 부분들로 나뉠 때 각 부분이 별개로 움직이면서 분화가 일어나는데, 이렇게 행동이 분화되면 분화된 행동보다 높은 위계의 통제를 받게 되고, 다시 위계적 통합을 이루게 되면서 발달한다는 것이다. 예를 들어, 감각적 단계의 아기는 어떤 사물을 쥐고 있다가 떨어뜨리면 분리된 장난감은 더 이상 의미가 없다. 그러나 지각적 수준에 도달하면 자신에게서 분리된 사물을 지각하여 이름을 묻고 말하게 된다. 이후 개념적 사고 수준에 이르면 객관적 세계관을 획득하여 세상을 기술하게 된다. 각 단계는 그전의 단계에 의해 자극받으며 이동하는데, 각 시기별 발달 영역이 있으므로 너무 이른 학업지도는 풍부한 경험을 방해한다고 주장했다. Werner는 특히 아동 발달에서 초기 원시적·전개념적 지각과 언어 사이에 있는 상징적 언어에 관심을 갖는다(Werner & Kaplan, 1984). 아동은 구어를 발달시키고, 구어발달 이후에 읽기와 쓰기 발달이 이루어지는데, 구어 이전에 먼저 언어의 리듬이나 상징적 특징에 대한 발달이 필요하다고 주장한다. Werner의 발달이론은 Piaget처럼 단계별로 명확히 제시하지 않아 애매하고 구체적이지 않지만, 그의 발달 개념을 이 절에서 간단하게라도 언급하는 것은 초기 원시 언어적 상징에 대한 그의 연구 『상징 형성(Symbol Formation)』이 아동의 초기 화행과 관련하여 향후의 연구로 가치 있다고 판단되기 때문이다.

2. 인간 발달

1) 뇌발달

뇌는 우리 몸을 조절하는 중추적 역할을 담당하는 기관이다. 인간 수정체가 배아기를 거쳐 태아기에 이르면 원시적 신경관에서 뉴런을 만들고, 이 뉴런들은 세포 연결망으로 이루어진 뉴런을 안내해 주는 끈을 따라 이동하여 뇌의 주요 부분을 형성한다. 뉴런의 이동은 임신 6개월경이면 거의 완성된다(Kolb & Fantie, 1989). 일단 뉴런들이 뇌에 자리를 잡으면 주변 세포들과 시냅스로 연결되기 시작한다. 이때 들어오는 뇌 자극에 따라 **시냅스** 연결은 더욱 활발하게 진행된다. 출생 시 아기의 뇌는 1,000억 개 이상의 **뉴런**을 갖추고 있으며, 뇌의 무게는 성인의 30%다. 신생아의 뇌파 연구에 의하면(Davidson, 1994; Fox & Davidson, 1986), 인간은 출생 시 이미 좌우반구의 전문화가 이루어져 있다는 것을 알 수 있다. 이들 연구는 신생아에게 언어음을 들려주거나 긍정적 각성 상태를 나타낼 때는 좌반구에서 더 큰 뇌파 반응이 보였고, 비언어음이나 부정적 반응 자극을 줄 때는 우반구 뇌파가 더 강한 반응을 보였다고 보고하고 있다.

출생 후 약 2년간 뇌의 발달은 급속히 진행된다. 생후 2년이 되면 뇌의 무게가 성인의 70%에 이른다. 가장 활발히 시냅스가 형성되는 생후 2년 동안 뇌의 크기와 부피에 영향을 주는 것은 수초화다. **수초**(myelin)란 축삭(axon)을 둘러싼 피복으로 교세포(glial cell)로 구성되어 있다. 인체 내 정보 전달은 이러한 수초화와 밀접한 관계가 있다. 교세포는 임신 말기부터 생후 2년까지 급격히 증가한다. 이후 이러한 증가 추세는 점차 감소하다가 청소년기에 다시 가속화된다. 뇌에 자극을 주고 교세포의 증식을 돕기 위해서는 적절한 영양과 환경이 중요하다. 뇌 발달기에 대한 고양이 실험(Crair, Gillespie, & Stryker, 1998)이나 동물연구(Creenough & Black, 1992)에 따르면, 환경이 뇌의 반구 전문화 발달 속도와 성공에 크게 영향을 준다고 보고되고 있다(Berk, 2012에서 재인용).

출생 시 1,000억 개 이상의 뉴런, 성인의 30%에 이르는 뇌의 크기, 엄청난 속도로 증식하는 교세포와 수초화 등은 출생 후 인간의 신체발달뿐 아니라 인지 · 정서 · 언어 발달의 기초가 되는 결정적 요소다. 뇌와 언어의 관계는 제4장에서 좀 더 구체적으로 다루기로 한다.

2) 신체 및 운동 발달

(1) 신체발달

소아청소년 표준 성장도표(질병관리청, 2017)에 따르면 한국 아동의 연령별 체중과 신장은 〈표 3-4〉와 같다. 한국 아동의 출생 시 체중은 남아의 경우 평균 3.3kg, 여아는 3.2kg이다. 출생 시 남아의 평균 신장은 49.9cm이고 여아의 평균 신장은 49.1cm인 것으로 나타났다. 2세, 3세로 연령이 증가하면서 출생 시의 신장과 체중은 급속도로 성장한다. 〈표 3-4〉는 질병관리청(2017)이 발표한 연령별 신체발달 지표에서 발췌한 것이다.

표 3-4 한국 소아청소년 표준 성장 도표(질병관리청, 2017)

나이	체중(kg)		신장(cm)	
	남아	여아	남아	여아
0개월	3.3	3.2	49.9	49.1
6개월	7.9	7.3	67.6	65.7
12개월	9.6	8.9	75.7	74.0
18개월	10.9	10.2	82.3	80.7
2세	12.2	11.5	87.1	85.7
3세	14.7	14.2	96.5	95.4
4세	16.8	16.3	103.1	101.9
5세	19.0	18.4	109.6	108.4
6세	21.3	20.7	115.9	114.7
7세	24.2	23.4	122.1	120.8
8세	27.5	26.6	127.9	126.7
9세	31.3	30.2	133.4	132.6

10세	35.5	34.4	138.8	139.1
11세	40.2	39.1	144.7	145.8
12세	45.4	43.7	151.4	151.7
13세	50.9	47.7	158.6	155.9
14세	56.0	50.5	165.0	158.3
15세	60.1	52.6	169.2	159.5
16세	63.1	53.7	171.4	160.0
17세	65.0	54.1	172.6	160.2
18세	66.7	54.0	173.6	160.6

〈표 3-4〉를 살펴보면 출생 시의 체중은 6개월 만에 두 배가 되고, 12개월 만에 세 배에 이르며, 24개월에는 거의 네 배가 된다는 것을 알 수 있다. 신장의 경우 영아는 생후 1년 만에 1.5배로 증가한다. 이후 성장 속도는 점차 줄어들지만 생후 3~4년까지 아동의 신체 성장은 놀라울 정도다. 성별에 따른 체중과 신장의 정도를 살펴보면 남아가 여아보다 체중과 신장 모두 앞선다. 이러한 집단 간 차이는 인종에 따라서도 나타난다. 미국의 아시아계는 미국의 백인이나 흑인보다 작지만, 미국의 흑인은 백인이나 아시아인보다 크다(Bogin, 2001: Berk, 2012에서 재인용).

(2) 운동발달

아기는 출생 후 4주, 즉 신생아기 동안 소리에 반응하고 얼굴을 빤히 쳐다볼 수 있다. 두 손은 주먹을 쥐고 있다. 물체를 쥘 수 있으며, 무엇이든 잡는다. 아기의 운동 중 가장 먼저 할 수 있는 것은 고개 가누기다. 엎어 놓으면 고개를 들 수 있다. 4개월경 아기는 큰 소리로 웃을 수 있다. 6~7개월이 되면 앞으로 기울이고 앉을 수 있고, 뒤집기도 한다. 발을 입에 가져가서 빨기도 하고, 낯선 사람을 알아차린다. 10개월경이 되면 아기는 혼자 앉을 수 있고 기어 다닐 수 있다. 또한 붙잡고 일어설 수 있다. 숨겨진 장난감을 찾기도 하고 엄지와 집게손가락을 사용한다. 까꿍놀이, 짝짜꿍놀이, 빠이빠이를 하기도 한다. 12개월이 되면 아기는 혼자 서고 손을 잡고 걷기 시작한다. 옷 입을 때 손을 끼우거나 발을 끼우는 등 협조를 할 수 있으며, 컵을 사용하여 마실 수 있다.

아장이기가 되면 아기는 혼자 걸음마를 뗄 수 있다. 15개월경 아기는 혼자 아장 아장 걸을 수 있고, 계단을 올라가고 공을 찰 수도 있다. 그리는 시늉을 하고 블록을 두 개 정도 쌓을 수 있다. 18개월경이 되면 아기는 한 손으로 난간을 잡고 층계를 올라갈 수 있으며 위태롭게 뒤뚱거리며 뛰려고 한다. 이 시기 아기는 블록을 3개 정도 쌓을 수 있다. 흘리면서 혼자 먹으려 하고, 그림도 그릴 수 있다. 2세가 되면 아기는 잘 뛸 수 있고, 계단을 오르내릴 수 있고, 블록을 6개 정도 쌓을 수 있다. 3세가 되면 세발자전거를 탈 수 있으며, 한쪽 발로 설 수 있고, 혼자서 손을 씻을 수 있으며, 신발을 신을 수 있다. 4세가 되면 가위질을 할 수 있고, 한쪽 발로 뛸 수 있으며, 다른 아이와 협조하여 놀 수 있다. 그리고 5세 정도가 되면 한 발을 번갈아 올리고 뛰거나 줄넘기를 할 수 있다. 다른 아이와 경쟁적 놀이도 할 수 있고 혼자 옷을 입거나 벗을 수 있다.

유전적·정서적·환경적 요인에 따라 개인차가 있으나, 전반적으로 신체발달이나 운동발달에는 원리가 있다. 예를 들어, 신체발달이나 운동발달에는 **방향성**의 원리가 있어 대근육 운동 통제력은 4~5세경이면 가능하지만, 소근육 운동 통제력은 학령기 초기에나 나타난다. 신체나 운동의 발달은 머리끝에서 발끝으로, 중심에서 바깥으로, 전체에서 미세 부분으로 발달한다. 이와 같이 신체발달이 일정한 원리를 보이는 것은 부모로부터 물려받은 유전적 요인이 작용하기 때문이지만, 유전적 조건 외에도 아동의 영양 상태나 정서적 안정과 같은 환경적 요인은 신체 및 운동 발달에 매우 중요한 요소가 된다.

3) 인지발달

인지란 유기체가 생활환경에 어떻게 반응할 것인가를 결정하는 이해의 틀(frame of understanding)을 말한다. 인지발달은 이러한 이해의 틀이 확장되고 성숙해 가는 과정이라고 할 수 있다. 이 절에서는 Piaget의 인지발달이론, Vygotsky의 인지발달이론, 정보처리이론을 살펴볼 것이다.

(1) Piaget의 인지발달

Piaget는 아동의 인지발달에 대한 이론적 기초를 세웠고, 수십 년이 지난 오늘날에도 인지발달의 기준이 되고 있다. Piaget는 언어의 발달에 있어서도 인지적 기초를 중시하였다. 그에 따르면, 아기는 외부 환경에 적응하면서 사고를 발달시키는데, 사고 발달에는 일정한 원리가 있다. Piaget의 발달 원리는 도식(schemes)의 확장 과정으로 설명된다. 인간은 출생 시 이미 기본적 도식을 가지고 태어나는데, 환경과 접촉하면서 이 기본 도식을 적용한다. 원래 갖고 있던 기본 도식이 환경에 의해 도전받으면 **동화**(assimilation)와 **조절**(accommodation)을 통해 새로운 환경에 적응(adaptation)한다. 적응이 안정화되어 동화와 조절 중 어느 하나가 두드러지게 우세하지 않는 평형 상태가 되면 기본 도식은 새로운 도식으로 변화되거나 확장되어 인지 구조에 조직화(organization)된다.

Piaget가 동화와 조절을 설명하기 위해 제시한 예를 보자(Myers, 2012). 강아지에 대해 단순한 도식을 가지고 있던 아이는 네 발 짐승을 모두 '멍멍이'라고 부를 수 있다(기본 도식 적용). 처음으로 소를 본 이 아이는 기존의 도식에 새로운 동물을 동화시키면서 "멍멍이"라고 한다. 엄마가 아이에게 "아니야. 이건 소야."라고 하면, 아이는 도식을 조절하여 기존에 보았던 강아지보다 크기가 큰 동물을 인지 구조에 '소'라는 동물로 도식화한다.

이해를 돕기 위해 또 다른 예를 들어 보자. 8개월 된 아기가 의자에 앉아서 이유식을 먹다가 우연히 숟가락을 떨어뜨린다(Berk, 2012). 숟가락은 먹을 때 사용하는 것이라는 도식을 가지고 있었던 아기는 우연히 떨어뜨린 숟가락이 바닥에 닿으면서 소리가 나는 것을 듣는다(자극환경). 엄마가 떨어진 숟가락을 주워 주면 다시 떨어뜨린다. 아기는 반복해서 떨어뜨리면서(조절) 숟가락이 떨어지면 소리가 난다는 것을 확인하게 된다. 이제 아기는 소리를 내기 위해 일부러 숟가락을 떨어뜨린다. 그리고 물건을 떨어뜨리면 소리가 난다는 것을 인지 구조에 결합해 **도식을 확장**하게 된다. 이 예에서 아기가 우연히 숟가락을 떨어뜨린 것은 새로운 자극환경이다. 우연히 일어난 이 사건을 아기가 다시 실행하면서 이 행동을 반복하는 것이 **조절**이다. 아이는 조절을 통해 숟가락을 떨어뜨리면 소리가 난다는 것을 알게 된다(평형화). 이제 아기는 숟가락을 떨어뜨리면 소리가 난다는 **새로운 도식**을 만들어 내어 인

| 표 3-5 | Piaget의 인지발달 단계(Myers, 2012) |

단계	시기	특성	발달현상
감각운동기	0~2세	보고, 만지고, 입에 넣는 등의 감각적 행위	대상 영속성
전조작기	2~6, 7세	단어와 이미지로 대상 표상	언어발달, 자아중심
구체적 조작기	7~11, 12세	구체적 사건에 대한 논리적 사고, 수리 연산 수행	보존개념, 수학
형식적 조작기	12세~성인기	추상적 추리	추상적 논리, 성숙한 도덕성

지 구조에 구조화하는데, 이것이 **조직화**다.

　Piaget는 출생부터 청소년에 이르는 인지발달 과정을 크게 감각운동기, 전조작기, 구체적 조작기, 형식적 조작기와 같은 네 개의 단계로 설명한다(〈표 3-5〉 참조).

● 감각운동기

　감각운동기는 단순한 반사반응만 나타내는 출생 직후부터 초기의 유아적 언어를 사용하면서 상징적 사고가 시작되는 만 2세까지를 말한다. 이 시기에 아동은 주로 감각적 경험과 신체적 활동을 통해 세상을 이해한다. 신생아의 인지 세계는 미래에 대한 설계나 과거의 기억이 없는 현재의 세계이며, 감각운동에 기초해서만 세상을 경험하게 된다(Berk, 2012). 유아는 주로 사물을 만져 보고, 조작해 보며 직접적 탐색을 통해 정보를 얻고 학습을 한다. 2년 동안의 이 시기는 아기에게 신경학적으로도 가장 많은 변화가 일어나는 시기인 만큼 기간에 비해 변화의 폭이 크다. Piaget는 감각운동기를 다시 여섯 단계로 하위 분류하였다(〈표 3-6〉 참조).

　이 시기의 주요 발달과업은 주변의 여러 대상물로부터 자신을 분리하기, 빛과 소리 자극에 반응하기, 흥미 있는 일을 계속하기, 조작을 통한 물체의 속성 알기, **대상 영속성**의 개념 획득하기 등으로 요약될 수 있다.

　대상 영속성 개념이 발달하는 시기에 아동은 '있다' '없다'와 같은 낱말을 습득하게 된다. 또한 감각운동기의 후반에 아동이 획득하게 되는 표상 능력은 상징적 기능을 사용하는 능력과 관련이 있는데, 상징적 기능은 내재적으로 형성된 표상을 여러

표 3-6 감각운동기의 하위 단계(Berk, 2012 참조)

단계	시기	적응행동
반사기	출생~1개월	• 신생아기에 해당 • 빨기, 울기, 딸꾹질 등의 반사활동
일차순환 반응기	1~4개월	• 우연히 새로운 경험을 한 후 동일한 행동 반복 • 분리 행동의 협응(빠는 행위와 손을 입으로 가져가는 행위의 협응으로 손 빨기 가능)
이차순환 반응기	4~8개월	• 자신이 아닌 외부 사물에 대한 순환반응 • 물체를 따라 눈을 움직이기 시작하고 반복함. 그러나 물체가 시야 밖으로 사라지면 더 이상 찾지 않음 • '지금 여기'의 사실에만 관심이 있음 • 의도적, 목표 지향적인 행동을 함
도식 협응기 (이차순환반응 조합기)	8~12개월	• 대상 영속성(object permanence) 개념 획득 시작 • 전 단계에는 물건이 안 보이면 더 이상 관심을 두지 않았으나 이 시기에는 물건을 찾기 시작함 • 자신이 아직 하지 못하던 행동을 모방하는 시기 • 사건을 바꾸기 위해 거짓 울음 같은 의도적 행동을 함
삼차순환 반응기	12~18개월	• 외부세계에 대해 실험적이며 탐색적인 접근을 하는 시기 • 다양한 행동을 반복하되 다른 방법으로 시도함(늘 가지고 놀던 인형, 공, 블록 등의 장난감을 여러 방법으로 사용하기 시작. 블록이 안 끼워지면 돌려 가며 맞추려고 함) • 종이에 낙서하기 • 지연된 모방 사용(성인 및 또래 모방)
정신적 표상기	18~24개월	• 사고가 시작되는 시기 • 대상, 사람, 공간에 대한 정신적 이미지 형성 • 유사한 대상들을 하나로 묶는 범주화 시작 • 자신을 다른 사람과 분리해 개인으로서의 자신을 알게 되고 과거에 대한 내적 표상 • 가장놀이(make-believe play) 시작

형태나 상징이나 기호로 표현하는 것(레고로 전화기 재현), 상징적 기호사용 능력, 언어사용 능력, 상징놀이, 그림 그리기 등을 가능하게 한다.

그러나 Piaget의 감각운동기에 대한 기술과 불일치하는 연구들이 나타나면서 논쟁이 일기도 한다. 예를 들어, 표상 능력의 시기에 대해 Piaget는 18개월 이전에는 정신적 표상이 안 된다고 주장했으나, 새로운 연구(McDonough, 1999; Moore & Meltzoff, 2004)는 표상적 사고가 이보다 이른 시기에도 존재함을 암시한다. 이러한 연구들은 초기 인지 능력들이 Piaget가 생각했던 것처럼 정돈된 단계적 방식으로 발달하지 않는다는 것을 보여 준다(Berk, 2012 참조).

● 전조작기

전조작기는 2세에서 6~7세에 이르는 시기를 가리킨다. 이 시기의 가장 특징적인 점은 표상적 활동과 상징적 활동이다. 정신적 표상으로 행동과 분리된 사고가 가능해지고 말로 생각할 수 있게 되면서 순간적 경험의 한계를 극복하게 된다. 도덕성 발달 면에서 이 시기 아동은 자아중심적 사고를 하고 타율적 도덕관을 보인다. 규범이나 규칙이 외부의 힘에 의해 주어지기 때문에, 즉 부모에게 혼나지 않기 위해 규칙을 지킨다. 아동은 행위의 의도보다는 결과에 중심을 두기 때문에 잘못의 결과가 클수록 더 나쁘다고 생각한다. 이 시기 동안 아동은 언어적으로도 급격한 진전을 이룬다. 이 단계의 초반에 두 개 이상의 단어를 조합하면서 점차 문장 틀을 갖추게 되고 문법 규칙도 습득한다. 이 시기 동안 아동은 반사적으로 익힌 단어나 구절 등을 그대로 되풀이하여 흉내 내거나, 상대가 없어도 자신의 생각을 말로 표현하는 독백, 여러 사람과 같이 있어도 자신에게 소리 내어 말하는 집단적 독백을 한다. 이것은 타인이 자신의 말에 귀 기울이거나 반응하기를 기대하지 않기 때문이다. Piaget는 이 시기 아동의 급속한 언어발달을 인정하면서도 인지발달이 우선되어야 언어발달이 가능하며, 인지적 성숙에 의해 언어발달이 이루어진다고 생각한다. 그는 아동이 자아중심적 사고를 벗어나는 7~8세 정도에 이르러야 진정한 의미의 언어 사용 능력을 갖추게 된다고 주장한다.

전조작기는 전개념기와 직관적 사고기로 분류되는데, 2세에서 4세에 이르는 전개념기 동안 아동은 표상적 활동이 증가하고 가장놀이가 가능해지며 친숙한 대상을 위계적으로 범주화할 수 있지만, 친숙한 맥락에서만 인과관계를 이해할 수 있다. 4세에서 7세에 이르는 직관적 사고기에 이르면 보다 안정된 합리적 이해를 추구하며 언어적 과제에 집중하게 된다.

● 구체적 조작기

구체적 조작기는 7세부터 11~12세까지의 시기다. 여기서 '구체적'이란 '조작의 대부분을 직접적 경험을 통해 획득함'을 의미한다(Berk, 2012). 구체적 조작기 동안 아동은 전조작기에 할 수 없었던 다양한 지적 과업을 수행하게 되는데, 이 시기 인지발달의 핵심은 보존개념 이해라고 할 수 있다. 이는 대상의 외적 형태가 변하여도 양적 속성이나 실체가 바뀌지 않는다는 사실을 이해하는 것을 의미한다. 예를 들어, 이 시기 아동은 둘레가 넓은 컵과 좁은 컵에 담긴 동일한 양의 물을 알아본다. 전조작기 아동은 보존개념이 형성되어 있지 않기 때문에 같은 수의 사탕을 뭉쳐 놓거나 펼쳐 놓으면 사탕의 수가 같은지 잘 모른다. 하지만 이 시기의 아동은 사물이나 대상을 크기, 무게, 밝기 등과 같은 특성에 따라 순서화할 수 있기 때문에 양의 보존을 이해한다. 대상과 대상 간의 공통점과 차이점, 관련성을 이해할 수 있는 능력이 발달하고, 사물이나 현상들을 특정 속성에 따라, 즉 상호관계에 따라 사물을 잘 어울리게 배열할 수 있게 된다. 이 시기의 아동은 전조작기에 이어 지속적으로 범주화 능력을 발달시키면서 전체와 부분 관계, 서열화 능력을 획득하게 되고, 실제적이고 구체적인 대상과 사상들에 대한 논리도 가능해진다. 도덕성 면에서 아동은 타인과의 상호작용을 통해 자아중심성에서 탈피하게 되고 자율적 도덕성을 획득한다.

● 형식적 조작기

형식적 조작기는 11~12세경부터 성인기까지의 시기를 말한다. 이 시기 동안 추상적 · 체계적 사고 능력이 발달한다. 구체적 조작기 아동이 구체적 현실에 대한 논리적 사고를 하는 것과 달리 형식적 조작기 청소년은 현재 일어나는 지각적 경험뿐 아니라 과거와 미래의 경험을 사용하여 사건이나 문제에 대해 미리 다양한 해결책을 추론할 수 있는 사고 능력을 발달시킨다. 또한 청소년들은 도덕적 · 정치적 · 철학적 생각과 가치 문제 등을 이해하기 시작하고, 타인의 사고과정을 이해하고, 다른 사람들은 문제를 어떻게 생각할까 등의 문제에도 관심을 갖는다.

(2) Vygotsky의 인지발달

Lev Semenovich Vygotsky의 사회문화적 이론에 따르면, 인간은 다른 사람과의 상호작용에 영향을 받으면서 발달하는 사회적 존재다. Vygotsky는 인지발달 면에서도 상호작용을 강조하면서 실제적 발달 수준(actual development level)에만 관심을 갖지 않고, **발달잠재영역**(Zone of Proximal Development: ZPD)이라는 개념을 제안한다. 발달잠재영역이란 상호작용을 통해 아동이 보일 수 있는 잠재적 발달 수준(potential development level)과 현재의 실제적 발달 수준 사이의 영역이다. 아동들이 현재는 혼자 해결할 수 없지만(실제적 발달 수준), 자신보다 성숙한 부모, 교사, 또래와의 상호작용을 통해 좀 더 높은 발달 수준(잠재적 발달 수준)으로 나아가 문제를 해결할 수 있는 영역이다.

〈표 3-7〉은 아동이 엄마와 퍼즐을 맞추면서 상호작용을 하는 장면이다. 아동은 혼자서 퍼즐을 맞추지 못하는데, 엄마가 아동의 발달잠재영역 내에서 수준을 유지하면서 아동을 지원하고 있다. 이러한 역할을 비계역할(scaffolding)이라고 한다. Vygotsky는 부모가 이와 같은 효율적인 비계역할을 해 준 아동들은 그렇지 않은 아동보다 더 많은 사적 언어를 사용했고, 스스로 어려운 과제를 시도할 때보다 성공적이었다고 주장하였다(Berk & Spuhl, 1995).

Vygotsky는 아동의 인지발달에 있어서 언어의 중요성을 인정하였다(Berk, 2012: 298). 그에 따르면, 아동은 원시적 언어단계(primitive speech stage), 외적 언어단계(external speech stage), 자아중심적 언어단계(egocentric speech stage), 내적 언어단계(inner speech stage)로 나아가면서 언어발달을 보인다. 아동은 자아중심적 언어단

표 3-7 │ 비계역할의 예시(Berk & Spuhl, 1995)

세미: (퍼즐 맞추기에서 한 조각을 잘못된 곳에 끼워 넣으려 하면서) 이거 맞출 수가 없어요.

엄마: 어떤 조각이 이 자리에 맞을까? (퍼즐 바닥을 가리키며)

세미: 신발. (광대의 신발과 비슷한 조각을 찾지만 틀린 조각으로 시도하면서)

엄마: 글쎄…… 어떤 조각이 이 모양처럼 보이지? (퍼즐의 바닥을 다시 가리키며)

세미: 갈색이요. (끼워 보니 맞다. 그러곤 다른 조각도 시도해 보고 엄마를 다시 쳐다본다.)

엄마: 약간만 돌려 볼까? (손짓으로 동작을 취한다.)

세미: 자~! (엄마가 보는 동안 몇 조각을 더 맞춘다.)

계에서 타인과의 대화보다 자신과 대화를 많이 하는데, 이러한 자아중심 언어, 즉 사적언어(private speech)는 아동이 점점 성숙해 나가면서 내적 언어로 내면화된다. 그는 아동의 사적언어가 사고와 행동 통제 능력을 강화한다고 주장한다. 예를 들어, 일상 활동에서 아동들이 자신에게 소리 내어 말하는 것을 자주 보는데, 이런 내적 언어가 아동을 인지적으로 성숙하게 한다는 것이다.

4) 정서발달

정서란 무엇인가? 사전적 의미로 정서는 "사람의 마음에 일어나는 여러 가지 감정이나 감정을 불러일으키는 기분이나 분위기"(표준국어대사전)다. 심리학에서 '정서(emotion)'는 "대개 특정 상황에 의해 유발되는 정적 혹은 부적 감정(feeling)"(실험심리학용어사전) 혹은 "지각, 사고, 행동을 유발하고 구성하고 안내하는 감정"(Izard, 1991)이라 정의한다. 때로 '느낌(feeling)'이나 '기분(moods)'의 동의어로 사용되기도 하지만, 기분이나 느낌이 일시적인 감정 상태인 데 반해 '정서'는 **지속되는 감정 상태**다(Hyson, 1994).

이러한 정서는 인간에게 어떤 기능을 하는 것일까? 왜 정서발달이 필요한가? 정서는 인간의 행동을 조직하는 기능도 하고 학업능력에도 영향을 미치지만, 가장 중요한 것은 정서의 사회적 기능이다(Hyson, 1994). 특히 영아기 아기의 정서는 양육자가 자신을 돌보게 하는 중요한 역할을 한다. 예를 들어, 아기의 울음은 양육자가 급히 아기의 상태를 보살피게 한다. 아기의 배냇짓이나 미소는 양육자를 행복하게 하여 양육 동기를 더욱 강화한다. 영아와 부모의 상호작용이 정서발달에 미치는 영향은 지대하며, 영아와 양육자 간의 정서적 유대감, 아동의 기질, 양육자 특성, 양육의 질이 애착 형성에 영향을 준다.

(1) 영유아의 정서발달

신체발달이나 인지발달과 마찬가지로 정서도 연령과 함께 발달한다. 발달심리학자 Carroll Izard는 인간의 정서가 생물학적으로 타고나는 것이며, 기초적 정서가 생후 약 2개월에서 7개월 사이에 나타난다고 주장한다(Izard et al., 1995). 그에 따르면,

출생 시 신생아는 막연한 흥분 상태에 있다가 가장 먼저 쾌감과 불쾌감의 정서로 분화된다. 배고프면 불쾌하고 배부르면 기분이 좋아진다. 신생아기를 거쳐 영아기를 지나면서 쾌감은 기쁨, 만족 등의 긍정적 정서로 분화되고, 불쾌감은 분노, 슬픔, 공포 등으로 분화된다. 생후 1.5∼3개월에 이미 사회적 미소가 나타나고, 2∼3개월경에는 놀람의 감정이 분화되며, 3∼5개월경에는 분노(화), 노여움과 같은 감정이 분화되고, 5∼7개월경이 되면 공포의 감정이 생긴다. 그리고 생후 1년이 지나야 2차정서가 나타나기 시작한다.

Bridges(1932)는 62명의 영아를 4개월 동안 매일 관찰하면서 실시한 연구에서 생애 초기에는 선천적인 정서가 나타나는데, 대개 초기 1년 동안은 분노, 기쁨, 즐거움 등의 1차정서가 나타나고, 1∼2세 사이에 복합적인 2차정서가 분화한다고 주장했으며, Sroufe(1996)는 3개월경 사회적 미소와 격노가 나타나고, 4개월경 웃음이 나타나며, 4.5개월경에 근심이 나타나고, 9개월에 공포가 나타난다고 보고하였다(Daviault, 2011에서 재인용). 이들에 따르면, 8∼12개월경 영아는 계획하고 기억하는 능력이 있어 예기치 않은 일이 발생했을 때 놀라는 반응을 보이고, 낯가림과 분리불안 현상은 정서발달에서 생물학적 성숙과 인지적 성장이 하는 역할을 보여 준다. 수치심은 18개월에 나타나고, 죄책감은 36개월에 나타난다. 한편, Malatesta(1981)는 정서발달에서 사회화의 역할을 강조한다. 정서의 사회화는 모방 과정을 통하여 이루어지는데, 긍정적인 정서인 행복이나 기쁨 같은 얼굴 표정을 보이는 어머니의 아기는 기쁜 표정을 모방하지만 우울증에 걸린 어머니는 주로 슬픈 표정을 해서 영아도 슬픈 표정을 모방한다고 주장한다.

아동의 정서발달에 대한 이론은 앞서 보았듯이 학자에 따라 다양하지만, 초기 정서가 기쁨, 분노, 공포와 같은 정서라는 데에는 대체로 일치된 의견을 보인다. 일반적으로 기쁨은 먼저 배냇짓으로 표현되는데, 초기 배냇짓은 반사적인 행위이고, 6∼10주경에야 비로소 사회적 미소를 보인다. 생후 3개월경에는 친숙한 사람과 낯선 사람에 대해 다르게 미소를 짓는다. 9∼12개월경에는 친숙한 사람이 사라졌다가 다시 나타나는 까꿍놀이에 미소를 짓는다. 분노의 정서는 먼저 배고픔이나 고통 같은 불쾌한 경험에 대한 울음으로 표현된다. 특히 빼앗기는 것에 대한 분노, 제지받을 때의 분노, 욕구의 좌절로 인한 분노는 심한 울음으로 표현된다. 이러한 고통스러운 울음과 성난 목소리로 소리 지르기(4~6개월)는 2세경에 최고조에 이른다. 공포의 정서는 신체적 · 심리적 위험에 대한 반응으로 나타난다. 공포는 출생 초기 심한 고통, 큰 소리, 어둠 등에 의해 유발되지만, 인지발달로 인해 새로운 공포감이 시작되는 것은 6개월경이다. 친숙하지 않은 대상에 대한 경계심, 애착이 형성된 사람과의 분리 등과 같은 상황에서 공포가 나타난다. 아기에게 기쁨이나 분노, 혹은 중성적 표정을 보여 주면 아기는 기쁜 표정을 가장 오래 주시한다.

1차정서의 발달은 점차 2차정서의 발달로 연결되는데, 그 경계선에 있는 것이 자아인식이다. 자아인식이 2차정서에 필수적인 것으로 당황, 수치, 죄책감, 질투, 자긍심 등으로 나타난다. 자아인식은 대략 15~18개월경 나타나는데, 이 시기 아동은 자신과 타인을 분명하게 구분하고 원하는 장난감을 빼앗기 위해 다른 아이를 때리기도 한다.

표 3-8 정서발달 이정표(Berk, 2012: 234)

연령	정서발달 이정표
출생	• 쾌와 불쾌, 두 개의 정서 각성 상태. 유쾌한 자극에 끌리고 불쾌한 자극 거부
2~3개월	• 사회적 미소를 짓고 성인의 얼굴 표정에 반응
3~5개월	• 움직이는 자극에 소리 내어 웃기 시작 • 영아는 얼굴 표정을 조직화된 패턴으로 인식하고 목소리의 정서와 얼굴을 조화시킬 수 있음
6~8개월	• 기본 정서 표현은 잘 조직화되고, 환경적 사건들에 따라 의미 있게 변화 • 영아는 다양한 상황에서 화를 내기 시작. 공포, 특히 분리불안이 일어나기 시작 • 친숙한 양육자와의 애착이 분명하게 나타나고 분리불안이 나타남 • 영아는 친숙한 양육자를 탐색을 위한 안전기지로 활용
8~12개월	• 다른 사람의 정서 표현의 의미를 이해하는 것이 향상 • 사회적 참조가 나타남 • 영아는 놀람의 미묘한 요소에 웃음
18~24개월	• 수치심, 당혹감, 죄책감, 자부심의 자의식적 정서 출현 • 느낌을 말하기 위해 필요한 어휘가 급속히 증가하고, 정서적 자기 통제가 향상됨 • 걸음마 유아는 다른 사람들의 정서적 반응이 자신의 것과 다를 수 있음을 이해 • 공감의 첫 번째 신호가 나타남

(1) 심리성적 발달 이론

Sigmund Freud에 따르면, 인간의 의식 구조는 대부분이 **의식**(the conscious)의 저변에 있어 기억하지 못하는 **무의식**(the unconscious)으로 되어 있으며, 의식과 무의식 사이에는 **전의식**(preconscious)이 있다. 이러한 의식 구조는 인간이 처음부터 타고나는 **원초아**(Id)와 생후 1년을 전후하여 발달하기 시작하는 **자아**(Ego), 그리고 성격의 도덕적 판단을 담당하는 **초자아**(Superego)에 의해 결정된다. 원초아가 억압되면서 생기는 갈등이 무의식의 차원으로 들어가 평소에는 전혀 인지하지 못하게 된다. 반면, 평소에 나 자신이라고 알고 있는 나의 모습은 의식 차원이고 평소에는 모르지만 깊이 생각하면 알게 되는 것들은 전의식 차원이다. 인간의 성격은 유아기의 억압된 갈등에서 비롯되고, 현재의 나를 움직이게 하는 것은 이성과 합리성이 아니라 리비도(성본능, 성충동)이며, 자신이 알지도 못하는 무의식적 동기와 갈등이다.

Freud는 인간의 발달이 연령에 따른 성에너지의 집중 부위에 따라 이루어지며, 이러한 성에너지에 따른 유아기의 경험에 의해 인간의 심리와 성격이 결정된다고 주장한다. 그에 따르면 인간의 발달 시기에 따라 쾌감을 추구하는 신체 부위와 방법이 달라지기 때문에 리비도의 초점에 따라 인간의 심리와 정서도 결정된다. 이러한 Freud의 심리성적 발달은 〈표 3-9〉와 같이 다섯 단계로 구성된다.

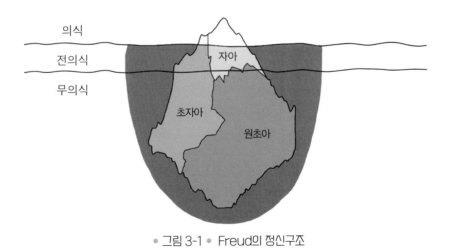

● 그림 3-1 ● Freud의 정신구조

표 3-9 Freud의 발달단계(Myers, 2012)

단계	시기	특성
구강기(oral stage)	0~2세	입을 통한 만족과 쾌감
항문기(anal stage)	2~4세	대소변을 통한 쾌감
남근기(phallic stage)	4~6세	성기를 통한 쾌감
잠복기(latency stage)	6~12세	성적 충동의 잠복기. 지적 탐색을 통한 쾌감
생식기(genital stage)	12세 이후	잠복되어 있던 성적 에너지가 다시 나오는 시기

구강기(0~2세) 아동의 리비도는 입, 혀, 입술 등 구강에 집중되어 있으므로 먹는 행동을 통해 만족과 쾌감을 얻는다. 이 시기에 만족을 못하면 항문기로 넘어가지 못하고 고착되어 빠는 것에 집착하게 된다. 이 시기에 고착화되면 손가락 빨기, 과음, 과식, 과도한 흡연, 수다, 손톱 깨물기 등의 현상이 나타날 수 있다.

항문기(2~4세) 동안 아동의 성적 관심은 항문 부위에 모이며, 대소변을 통해 쾌락을 느낀다. 배설물에 관심과 흥미를 갖게 되는 시기로, 조급하거나 억압적으로 배변 훈련을 시키면 성인이 되어서도 항문기 고착현상이 나타난다. 지나치게 깨끗한 것을 추구하는 결벽증과 무엇이나 아끼고 보유하려는 인색함이 나타난다.

남근기(4~6세)는 에너지를 성기에 집중시켜 성기를 가지고 놀며 쾌락을 느낀다. 이때 심리적 변화가 크게 일어난다. 남아는 오이디푸스 콤플렉스(Oedipus complex)를 경험하고, 여아는 엘렉트라 콤플렉스(Electra complex)를 겪는다. 남아는 거세불안(castration anxiety)이 나타날 수 있고, 여아는 남근을 선망(penis envy)하게 될 수 있다. 그러나 아동들은 이 시기를 통하여 부모와 동일시함으로써 적절한 성역할을 습득하여 양심이나 자아 이상을 발달시켜 나간다.

잠복기(6~12세)는 다른 단계에 비해 평온한 시기로, 성적 충동 등이 잠재되어 있는 시기다. 반면, 지적 탐색이 활발하게 이루어진다.

생식기(12세 이후)는 전 단계에 잠복되어 있던 성 에너지가 무의식에서 의식의 세계로 나오게 된다. 신체적·생리적 능력 역시 갖추고 있는 시기로, 이 시기를 순조롭게 넘긴 청소년은 이타적인 사람으로 성숙하게 된다.

이와 같은 Freud의 심리성적 발달 이론은 오랜 시간이 지난 지금까지도 그의 방어기제 이론과 함께 심리학의 각 영역에 막대한 영향을 미치고 있음을 부인할 수 없다. 그러나 Freud 이론이 인간의 욕망, 특히 성적 욕구를 지나치게 강조한 나머지 주변 사람들의 격려, 인정, 처벌이 양심의 발달에 영향을 미친다는 사실을 무시하고 인간을 성욕과 과거의 경험에 지배되는 수동적이고 소극적인 존재로 바라본다는 비판을 받기도 한다. 또한 Freud의 이론은 신경증 환자의 치료 과정에서 이루어진 것이기 때문에 정상인을 설명하는 데에는 적합하지 않다는 비판을 받기도 한다.

심화학습

Freud의 방어기제

Freud의 심리성적 발달과 함께 자기 **방어기제**에 대해서도 알아 둘 필요가 있다. 정신분석이론에서 방어기제는 의식 차원의 조절전략과 달리 무의식적 차원에서 일어나는 심리적 전략이다. 인간은 자기 도식을 유지하기 위해 받아들일 수 없는 충동이나 불안의 감정에 대한 방어를 하게 된다. 즉, 초자아가 원초아를 받아들일 수 없을 때 무의식 수준에서 방어기제를 작동시킨다. 요컨대, 방어기제란 정신적으로 충격을 받았을 때 스스로 피해를 모면하기 위해 현실을 왜곡하는 정신현상을 말한다. 원래 자아 방어기제는 개인이 불안을 극복하고 불안에 압도되지 않도록 자아를 보호하는 일을 돕는 정상적 행동이다. 따라서 방어기제에는 적응적 가치가 있다. 그러나 욕구가 지나치게 커져 자연스러운 발달 과정을 방해할 만큼 광범위하게 방어기제가 사용되면, 그 방어기제는 건강하지 못한 것이 되어 성장을 지체시킨다. 현실을 부정하거나 왜곡하며 병적인 상태로 이어질 때, 갈등이 해소되지 않고 억압될 때, 건강하지 않은 방어기제가 무의식 수준에서 일어난다. Freud의 방어기제는 그의 딸 Anna Freud에 의해 더욱 세밀하게 발전되며, 병적인 수준의 방어기제, 미숙한 수준의 방어기제, 신경증적 방어기제, 성숙한 수준의 방어기제로 분류된다. 병적인 수준에서의 방어기제가 망상적 투사, 전이, 부정, 분열, 왜곡, 극단적 투사 등이라면, 미성숙한 단계의 방어기제로는 행동화(acting out), 환상, 수동적 공격, 투사, 동일시 등이 있고, 신경증적 단계로는 고립, 퇴행, 취소, 반동형성 등의 방어기제가 있다. 성숙한 단계에서는 존중, 절제, 인내, 용기, 허용, 감사, 유머, 자기조절 등의 방어기제를 작동한다.

(2) 심리사회적 발달이론

Erik Erikson은 덴마크인으로 1902년에 독일에서 태어나 20세기를 관통하여 활동한 미국의 심리학자다. 25세 때 Freud의 딸인 Anna Freud를 만나게 되어 정신분석에 입문하지만 Freud의 정신분석에서 출발하여 자신만의 고유한 이론을 발전시

컸다. Erikson에게 있어서 인간 발달을 위해 가장 중요한 것은 '자아'다. Freud가 발달의 촉발자로 본능인 원초아를 강조했다면, Erikson은 원초아 대신 자아를 강조하였다. 그래서 Erikson의 이론을 **자아심리학**이라 부르기도 한다.

Erikson은 인간의 성격발달이 자아에 의해 자율적으로 이루어지며, 자아 발달이 사회제도나 가치체계와 같은 심리적·역사적 환경에 영향을 받는다고 하였다. Erikson은 Freud와 마찬가지로 생물학적 충동의 중요성을 인정하지만, 심리사회적 과제라는 개념을 통해 생애의 각 단계마다 사회적으로 주어지는 과제와 그로 인한 심리적 성숙을 강조한다. 또한 Freud는 어린 시절 경험이 성인이 되었을 때 어떻게 정신적 병리를 일으키는지에 관심을 두었지만, Erikson은 각 생애 단계에 주어지는 심리사회적 위기(crisis)를 극복하고 해결할 수 있는 인간의 적응력과 창조적 능력에 관심을 두었다. Erikson은 발달이 생애 초반에 몰려 있는 것이 아니라 **전 생애에 걸쳐 이루어진다**고 강조한다. 따라서 **8단계의 발달단계**에서 노년이 차지하는 비중도 높은 편이다(〈표 3-10〉 참조).

1단계에서 아동은 신뢰와 불신을 모두 경험하게 된다. 건강한 성격발달을 위해서 아동은 신뢰감만을 발달시키는 것이 아니라 신뢰감과 불신감을 모두 경험하는데, 신뢰감이 불신감보다 비율적으로 커야 위기에 잘 대처할 수 있게 된다. 양육자를 통해 세상에 대한 신뢰와 자신에 대한 신뢰를 획득하게 되면, 아동은 비록 엄마가 보이지 않더라도 지나친 불안을 보이지 않게 된다. 이를 위해 양육자는 일관성 있게 아기의 욕구에 반응하는 것이 중요하다. 엄마 자신이 자기에 대한 신뢰를 가지고 아기를 돌보는 것은 아기가 신뢰감을 형성하는 데 도움이 된다.

2단계 아동은 걷기 시작하면서 신체적·심리적으로 부모로부터 독립하기 시작한다. 부모는 위험 상황에서 아동을 보호하기 위해 더욱 통제를 하게 되는 시기다. 게다가 이 시기에 배변훈련과 습관훈련도 이루어져야 하기 때문에 엄마와 아동 사이의 충돌이 일어나게 된다. 이 단계에서 아동은 "내가" "싫어." "안 해."와 같은 말을 자주 사용하면서 통제에서 벗어나려 한다. 부모는 아동이 자기 스스로를 통제할 수 있다는 자신감을 획득할 수 있도록 자율과 통제를 적절히 해야 한다. 이에 실패할 경우 아동은 자율성보다 수치와 회의를 느끼게 된다. 예를 들어, 앞 단계에서 기본적 신뢰가 충분히 발달하지 못했거나, 현 2단계에서 배변훈련이 너무 이르거나

표 3-10 Erikson의 발달단계(Erikson, 1993)

단계	시기	주요 과제	설명
기초 신뢰/ 불신감	0~2세	신뢰와 불신감을 적절한 비율로 획득	양육자를 통해 외부적 믿음을 얻은 후, 이를 토대로 자신에 대한 믿음이 발달
자율성/ 수치와 회의	2~4세	자율성 발달	신체적·심리적으로 독립되면서 부모의 요구와 아동 자신의 욕구 간 충돌
주도성/ 죄의식	4~5세	주도성 획득	주도성과 함께 초자아 발달로 지나친 주도성을 위축시키는 죄의식이 발달
근면성/ 열등감	5~12세	숙달감과 근면성 획득	사회가 요구하는 근면성 획득. 실패하면 열등감 형성. 자아성장의 가장 결정적인 단계
정체감/ 역할 혼란	12~18세	정체성 획득, 자기 자신이 되기	신체 변화와 성적 충동, 진학과 진로에 대한 사회적 압박의 시기. 정체성 형성
친밀감/ 고립	18~39세	타인과의 심리적인 친밀감 형성	자기의 정체를 잃지 않고 다른 사람이나 이성과 융화. 실패하면 고립되면서 상투적이고 공허한 인간관계를 갖게 됨
생산성/침체 (자기몰입)	40~64세	미래에 대한 신념, 자기 종족에 대한 믿음, 생산성	자녀 양육이나 창조적 활동 등 사회 종속을 위한 연속성 유지. 생산성의 부족은 자기몰입, 심리적인 미성숙으로 표현됨
통합/절망	65세~사망	앞의 모든 단계를 통합하는 것	인생의 한계를 받아들임. 노년이 지혜를 가지고 있다는 자부심과 지금까지의 7단계를 모두 통합. 실패하면 자기 생애에 대한 후회와 절망을 느낌

엄격하거나, 습관훈련에서 과잉 통제될 때, 아동은 자율성 대신 수치와 회의를 느끼게 된다.

3단계는 주도성과 죄의식이 발달하는 시기다. 이 시기 동안 아동은 공은 굴리면 굴러가고, 사물은 위에서 놓으면 아래로 떨어진다는 등의 원리와 세상지식을 학습한다. 새로운 것을 시도해 보거나 뛰어내리기, 조립하기, 쌓기 등을 주도적으로 시도하면서, 스스로 목표를 정하고 달성하려고 노력한다. 그러면서 아동은 자신의 계획대로 되지 않는다는 것도 경험하게 된다. 또한 이 시기 아동은 오이디푸스 콤플렉스를 경험하는데, 동성의 부모를 경쟁시키고 공격하는 행동을 보인다. 양육자는 권위적 처벌보다는 아동이 흥미로워하는 계획에 참여하면서 아동이 위기를 극복할 수 있도록 도울 수 있다.

4단계는 자아 성장의 가장 결정적인 단계로, 주의집중과 지속적인 근면을 배우게 된다. 근면성 발달을 방해하는 요인들은, 첫째, 이전에 실패의 상처를 경험한 경우, 둘째, 이전 단계에서 자율성보다는 회의를 발달시켜서 새로운 과제를 학습하려 할 때 자신감이 없는 경우, 셋째, 신체적 열등감이나 가정의 경제적 어려움으로 자신이 배우고자 하는 소망이나 의지가 제대로 실현되지 못할 수 있다는 것을 알게 되는 경우 등이다. 이때 적절한 교육이나 교사의 정서적 지지는 성장 저해 요인을 극복하게 해 준다.

5단계는 자기 자신이 되느냐 되지 못하느냐의 문제가 기본과제다. 청년들은 친구들, 클럽활동과 종교, 정치운동 등을 통해서 진실한 자기를 추구한다. 이들이 속한 집단들은 청년들이 맞는 것을 찾을 때까지 상점에서 여러 가지 옷을 입어 보듯이 새로운 역할을 시험해 볼 기회를 제공한다. 사회의 가치에 따른 이러한 역할 놀이는 정체감 형성에 구체적으로 영향을 미친다. Erikson은 이 시기에 일어나는 극적인 생리적 변화로 인해 격동의 단계라고 보았다. 그 이전까지 잠자고 있던 성적·공격적 충동은 자아를 위협하게 되고, 청소년들은 다시 오이디푸스적 환상으로 고민하게 된다. 진로와 취업에 있어 자신의 앞에 놓인 무수한 선택의 가능성에 압도되어 버린다.

6단계의 성인기 초반에 경험하는 사랑은 타인을 위한 사랑이기보다는 자신이 의존할 대상을 찾는 욕구가 지배적인 사랑이라고 보았다. 청년기에는 자신이 누구인가 하는 문제에 몰두하게 되어 지나치게 자기 생각만 하고, 자기가 어떻게 행동하고 있는지에 대해 굉장히 걱정하기 때문에 이 시기의 우정, 사랑 등은 매우 애절하면서도 미숙하다. 진정한 친밀감은 자아정체감이 어느 정도 형성된 후에야 가능하다. Erikson에 따르면, 진정한 친밀감이란 두 사람이 생활의 모든 측면을 함께 나누며 서로 도와 나가려 하는 것을 의미한다고 보았다.

7단계는 미래에 대한 신념, 자기 종족에 대한 믿음, 다른 사람들을 돌볼 능력 등이 이 단계 발달에 필요조건이다. 일단 두 사람이 어느 정도의 친밀감을 형성하면, 그들의 관심은 자신들을 넘어서서 확대되기 시작한다. 그들은 다음 세대를 기르는

데 관심을 갖는다. Erikson에 따르면, 그들은 '생산성/침체'의 단계로 들어간다. '생산성'은 넓은 의미로서, 자녀를 낳고 기르는 것뿐만 아니라 직업을 통하여 성과를 만들고 이상을 세우는 것도 의미한다. 생산성이 결핍될 때는 성격이 침체되고 불모화되어 유사친밀로 퇴행하거나 지나치게 자녀에 의존적이게 된다. 유사친밀로 퇴행 시, 성인이지만 모든 사람이 아이를 대하듯 자기를 돌봐 주어야 한다고 생각하고 행동하게 된다.

8단계는 생애의 마지막 단계로 자기의 생애를 돌아보고 과연 가치가 있었는지에 대해 의문을 갖는다. 성숙과 지혜에 대한 잠재력을 갖기 위한 투쟁의 시기다. 이러한 자아 통합이 잘 이루어지지 않으면 절망의 상태로 기울어지게 된다. 통합은 다음과 같은 자기고백의 느낌을 준다. "그렇다. 나는 실수를 했다. 그러나 그 당시 그 상황에서 그 실수는 어쩔 수 없는 것이었다. 나는 그것을 내 생애의 행복했던 일들과 함께 받아들이겠다."(Butler, 1963: Crain, 2011에서 재인용) 이런 과정에서 그들은 궁극적인 절망에 직면한다. 반대로, 만약 갈등이 계속되거나 불만스러운 양상으로 해결되면, 자아 발달은 손상을 받고 부정적 요소(예를 들면, 불신, 수치, 의심)가 자아 속에 많이 통합된다. 종종 절망은 혐오 뒤로 감추어진다. 많은 노인은 사소한 일에서 혐오를 느낀다. 그들은 다른 사람의 잘못과 말썽을 참지 못한다. Erikson에 따르면, 이러한 혐오는 스스로에 대한 경멸을 의미한다고 한다(예: 지나치게 이기적이고 고집 부리고 화를 내는 노인들).

결론적으로 Erikson은 인간이 발달 과정에서 긍정적 요소와 부정적 요소를 모두 획득하지만, 부정적 요소에 비해 긍정적 요소를 상대적으로 많이 획득하게 되는 경우 '적절한 발달'이라고 보았다. 심리사회적 발달단계의 순서는 고정적인 것으로, 각각의 단계는 점성적 원리(epigenetic principle)에 의해 그 순서에 따라 점진적으로 전개되어 간다. 모든 단계가 순서대로 진행되고, 각 단계에서 주어지는 심리사회적 위기를 개인이 적절하게 해결할 때 완전한 기능을 하는 성격이 형성된다고 보았다.

5) 언어발달

이 책의 궁극적인 목표는 인간의 성장에 따른 시기별 언어발달을 언어 하위 영역에 따라 기술하는 것이다. 언어발달은 제5장부터 본격적으로 다루기 때문에, 이 장에서는 발달의 관점에서 언어가 어떻게 발달하는지를 개략하는 것으로 만족할 것이다. 인간은 수정 후 배아기를 거쳐 태아기를 보내면서 이미 언어 능력을 갖추기 위해 관련 기관을 끊임없이 발달시킨다. 대략 20주를 전후하여 듣기 시작하고, 출생 6주 전부터 태아는 생물학적 엄마의 목소리나 엄마가 하는 모국어의 운율에 익숙해진다.

출생 후 1년 동안 아기는 이해 면에서뿐만 아니라 산출 면에서도 놀라운 발달을 보인다. 태어난 지 얼마 안 된 신생아는 모국어와 엄마의 목소리에 반응하며, 생후 약 4개월이 되면 자신의 이름을 알아차릴 수 있다. 생후 6개월 정도면 아기는 **옹알이**로 반복되는 음절을 산출하게 되고, 8개월에서 10개월 사이에는 이미 이해할 수 있는 낱말이 몇 개 정도 생긴다. 그러다가 생애 첫 생일을 전후하여 **초어**를 산출하고, 이후 첫 1년보다 빠른 속도로 산출할 수 있는 낱말이 증가한다. 생후 1년과 2년 사이에 아기가 보이는 언어발달은 그야말로 눈부시다. 산출하는 낱말의 수는 빠른 속도로 증가하여 **어휘 폭발기**를 경험하게 되고, 두 낱말을 조합해 말하기도 한다. 3세부터 4세 사이 아동은 여전히 빠른 속도로 새로운 단어를 습득해 나가는데, 가장 놀라운 것은 통사적 발달이다. 아동은 이미 18개월이면 초기 단어들을 조합할 수 있으며, 3~4세가 되면 일상생활에서 사용하는 대부분의 동사에 대한 어미변화를 시키면서 문장을 완성할 수 있게 된다. 통사적 측면에서 이 시기의 아동은 좀 더 길고 복잡한 문장을 산출하기 시작하고 조음도 세련되게 변한다. 그러나 조사나 어미 사용은 아직 제한적이고, 발음 면에서 조음자의 숙련이나 음운적 표상에 있어서의 미숙함으로 숙달되지 못한 상태다.

4세에서 6세 사이의 아동은 일반적으로 모국어의 음소를 정확히 발음할 수 있게 된다. 통사적 측면에서 아동은 여러 유형의 복합문장을 산출한다. 게다가 아동은 음운인식 능력을 발달시키기 시작하는데, 이러한 현상은 각운에 대한 감각을 통해 드러난다. 이 시기의 음운인식 발달은 이후의 읽기 발달에 영향을 주게 되고, 이 시기의 어휘는 이후의 읽기 능력의 획득과 유지에 결정적이다. 학령기의 읽기 숙련도는 어휘의 풍부성 정도나 새로운 지식의 획득에 영향을 미친다. 요컨대 학령전기의 언어의 양과 질이 학령기의 언어의 질을 예측하게 하기 때문이다. 6세까지의 시기가 기초적 규칙에 대한 습득 시기라면, 학령기와 청소년기에는 문식성의 발달과 함께 규칙을 심화하고 예외적 현상을 배운다. 별다른 장애가 없어도 속도는 개인차가 있을 수 있는데, 일반적으로 아동은 지금까지 기술한 단계를 거치면서 언어를 발달시킨다.

3. 언어습득이론

인간은 언어를 어떻게 습득하는가? 태어날 때는 울기만 하고 한마디 말도 못 하는 인간 아기는 세 살만 되어도 언어로 웬만한 수준의 의사소통을 할 수 있게 된다. 인간이 너무나 자연스럽게 빠른 속도로 모국어를 습득하기 때문에 어떻게 언어를 습득하는지, 얼마나 복잡한 과정을 거치는지 의식하지 못한다. 많은 학자가 어린아이가 말하는 과정을 세밀하게 관찰, 연구해 왔고 과학의 발전으로 뇌의 반응에 대한 더욱 객관적인 연구가 가능해졌지만, 여러 이론들이 있을 뿐 언어습득을 명확하게 설명해 주는 통일된 이론은 아직 없다.

사실, 언어습득에 대한 호기심은 오래전부터 있어 왔다. 여러 문헌(김방한, 1992; Daviault, 2011)에서 가장 오래된 기록으로 소개되는 것은 기원전 4세기경의 그리스 철학자 Herodotos의 기록이다. 그에 따르면, 고대 이집트의 왕 Psammetichos가 갓 태어난 두 아이를 사회와 격리하고 어떠한 언어에도 노출시키지 않은 채 양 무리와 키우면서 이 아이들이 자연스럽게 말을 하는지, 말을 한다면 어떤 말을 하는지 관찰하였다. 외부와 단절되어 살았는데도 두 아이는 말을 하였고, 첫 단어는 'bekos'라는 단어였다. 이는 프리지아어(phrygian)로 '빵'을 의미한다. 왕은 프리지아어가 인류 최초의 언어이며 아동은 배우지 않고도 자연스럽게 말을 습득한다고 믿었지만, 프리지아인이 이들의 적이었기 때문에 실험 결과를 공표하지 못하게 했다. Herodotos의 기록처럼 고대에는 인간의 언어가 선천적이라는 믿음이 있었던 것 같다.

본격적으로 언어습득에 대한 관심이 학문적으로 다루어지기 시작한 것은 19세기에서 20세기로, Max Müller, Darwin, Leopold 같은 학자들은 자신의 아이의 언어 발달을 의식적으로 관찰하고 기록하였다. 프랑스 철학자 Condillac에 이어 독일 언어학자 Müller가 구어의 기원에 대하여 **멍멍설**(bow-wow theory), **쯧쯧설**(pooh-pooh theory) 등을 발표하였다(김방한, 1992). 영국의 진화론자 Darwin은 언어가 모방과 수정 과정에서 생겼고, 다양한 자연음과 외침 같은 본질적인 동물이나 사람의 소리에 기호와 제스처가 덧붙여지고 모방과 수정의 과정을 거쳐 생겼다고 주장하였다. Leopold는 프랑스어와 독일어를 이중언어로 사용하는 딸의 언어습득 과정에 대해 상세하게 기술하였다(Daviault, 2011). 그 외에도 Jerperson의 원시적 노래 기원설(sing-sing theory), Wundt의 제스처 기원설 등이 있다(김방한, 1992).

　20세기 중반에는 언어발달 영역에서 언어습득과 관련하여 **행동주의**와 **생득주의**의 이론적 논쟁이 뜨거웠다. 극단적인 경험설은 어린아이가 언어에 대한 아무런 지식 없이 태어나 자극과 반응에 의해 일생을 통해 습득한다고 주장했고, 극단적인 생득설은 어린아이가 이미 언어를 알고 태어나고 생후 수년 이내에 언어지식이 나타난다고 주장했다. 이 대립되는 두 이론이 그대로 받아들여지지는 않지만, 두 이론의 논쟁으로 아동의 언어습득에 대한 관심과 지식이 발전한 것이 사실이다. 따라서 이 절에서도 두 이론의 흐름을 위주로 언어습득이론을 다루도록 하겠다.

1) 행동주의이론

　Skinner는 1957년 『언어행동(Verbal Behavior)』을 출판하면서 아동의 언어습득에 대한 **행동주의이론**을 제안했다. 이 이론에 따르면, 언어행위는 인간의 다른 학습 능력이나 행동과 유사하다. 태어날 때 인간은 백지상태와 같으나 자극과 반응 그리고 강화에 의해 백지를 채워 나가는 방식으로 습득한다는 것이다. Skinner가 주장한 행동주의이론은 [그림 3-2]와 같은 모형으로 언어습득 과정을 표현한다.

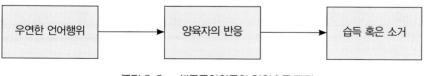

• 그림 3-2 • 행동주의이론의 언어습득 과정

처음에 아기는 특별한 의도 없이 울음과 같은 소리를 내게 된다. 어른들은 아기의 소리에 민감하게 반응하여 아기가 울면 젖을 물리거나 우유를 주고 기저귀를 갈아 준다. 또한 아기가 배부르게 먹은 후 자신도 모르게 목울림 소리를 내면 어른들은 마치 아기가 말을 하는 것처럼 사회적·언어적 반응을 해 준다. 어른들은 아기가 모국어에 있는 소리를 발성할 때 더 많은 관심을 보이면서 강화를 제공하게 되는데, 아기는 이러한 어른들의 강화에 의해 점차 모국어에 있는 소리를 발성하게 된다. Skinner에 따르면 아기가 처음에는 많은 소리를 내지만 어른들이 반응을 해 주는 소리, 즉 강화된 소리를 더 많이 내고, 강화받지 못한 소리는 점점 덜 내게 된다. 반면, 부모가 알아듣지 못하여 무시된 소리는 점차 내지 않으면서 자연스럽게 모국어에 없는 소리는 소거된다. 이렇게 한번 습득된 행동은 이후 매번 강화되지 않아도 유지된다. 이와 같이 아기가 어른들의 반응에 따라 모국어를 습득하게 된다는 주장이 행동주의이론이다. Skinner는 그의 행동주의적 언어습득 모형에서 여섯 가지 언어 반응 유형을 제시한다.

욕구발화반응이란 아기가 배고프거나 목마를 때 자신의 생리적 욕구를 호소하면 성인이 아기의 입장에서 언어화하는 것을 말한다. 아기가 처음에는 울음소리로 배

표 3-11 Skinner(1957)의 언어행동(Verbal Behavior)에 제시된 언어조작 반응 유형

전제 조건	언어 조작	결과	특성
동기가 되는 활동	욕구발화반응 (Mand)	직접적 결과	명령, 요구, 요청 등의 욕구에 대한 반응으로 아동이 "엄마, 물 주세요."라고 하면 엄마가 물을 준다.
물리적 환경	접촉반응 (Tact)	사회적 결과	아동이 창문을 보면서 "더워요."라고 말하면 엄마가 "그래, 날씨가 덥네."라고 응답한다.
자기 자신의 언어행동	반향적 반응 (Echoic)	사회적 결과	엄마가 "꼭꼭 냠냠." 하면 아동이 그대로 "꼭꼭 냠냠."이라고 따라 한다.
다른 사람의 언어행동	언어 내 조작 반응 (Intraverbal)	사회적 결과	"받아쓰기 몇 점 받았어?"라고 엄마가 물으면 아동이 "100점."이라고 대답한다. 다시 엄마는 "잘했어!"라고 말한다.
자신의 언어행동	자동적 조작 반응 (Autoclitic)	직접적 결과	아동이 "아픈 거 같아요."라고 말하면 엄마가 아이를 병원에 데려간다.

고픔을 호소하고, 이를 알아들은 엄마가 먹을 것을 주면서 반복해서 말을 하게 될 때 아기가 이를 학습하게 된다. 예를 들면, 아동이 목마를 때 "물 주세요."라고 요구하여 물을 제공받는다면, 아동은 "물 주세요."라고 말하는 행위에 대해 강화를 받게 된다. 그러나 말을 해도 물을 제공받지 못한다면 아동은 물을 얻기 위하여 말보다는 비언어적 행동을 선택할 것이다.

접촉반응은 아기가 어떤 사물과 접촉할 때 이를 본 성인이 아기에게 그 사물이 무엇인지 말해 주면서 강화하면, 아기가 연습을 통해서 언어를 익히는 것이다. 예를 들어, 아이가 공을 접촉할 때 엄마가 '공'이라고 하면 다음 번에 아이가 동일 사물을 갖고자 할 때 '공'이라고 말할 수 있게 된다. 이러한 접촉반응은 사물이나 행동, 현상 등 비구어적인 것에 대한 구어적 반응으로 나타나기 때문에 초기 언어습득에서 매우 중요하다.

반향적 조작 반응은 어른이 아기에게 먹을 것을 주고 "꼭꼭 냠냠." 하면 아기는 따라 하고, 따라 하는 행동이 칭찬받으면 아기가 그 행동을 반복하면서 "꼭꼭 냠냠."을 습득하는 것이다. 이러한 반향적 조작은 말소리나 말소리 조합, 단어와 단어 조합 등으로 간단한 것에서 복잡한 수준으로 이루어진다. 따라서 아동에게 언어자극을 주거나 평가할 때도 이러한 순서대로 접근하는 것이 중요하다. 문장적 조작 반응은 글로 쓴 단어들을 보고 소리 내어 읽는 경우의 반응을 말한다.

언어 내 조작 반응은 한 언어자극이 이로 인해 연상되는 단어와 함께 반응하면서 발화에서 빠진 부분을 채우는 것을 말한다. 예를 들어, '숟가락'과 '젓가락'처럼 짝을 이루는 단어들은 '숟가락과 ○○○'이라고 하면 '젓가락'을 채울 수 있는 것과 같은 반응이다. 이러한 언어 내 조작 반응은 관련 단어 수준에서도 나타나지만, 주어와 서술어 관계에서도 나타날 수 있고, 명사와 조사 관계에서도 나타날 수 있다. 예를 들어, 동사가 나열되면 주어에 조사를 추가하는 반응이다. "식탁에서 밥을 ○○○" 하면 ○○○이 '먹어요'인 것을 아는 것과 같은 반응이다. 그러나 이 조작 반응은 직접적 반응과 자극의 역할을 하지는 않는다.

자동적 조작 반응이란 문장의 틀과 관련되어 있다. 예를 들어, 아동이 "배 아픈 것 같아요."라고 말할 때 '-것 같아요'와 같은 표현은 자동적 문구의 틀이라고 할 수 있다. 아동은 이러한 문장의 틀을 학습하면서 문법을 습득하게 된다.

Bandura는 아동이 취학 전에 이미 수천 개의 단어나 복잡한 문장 습득을 직접적 자극 반응만의 방식으로 습득한다는 것이 설명되지 않는다고 하면서 Skinner 이론을 부분적으로 비판한다. Bandura는 아동이 언어를 습득할 때는 자신에게 주어지는 강화만이 아니라 다른 사람들이 나누는 대화를 통해서도 모방과 강화가 가능하다고 주장한다. 즉, 관찰학습이나 대리학습의 중요성을 강조하면서 행동주의이론을 보완하려 하였다.

행동주의가 실제 아동들에 대한 관찰에 입각하여 모형이 만들어지고 검증이 가능하다는 점에서 강점을 갖는 것으로 제시된다. 하지만 언어 사용의 창조적인 면을 설명하지 못하고, 언어습득에서 모방의 역할에 한계가 있으며, 언어습득은 모방이나 강화의 빈도와 비교가 되지 않을 정도로 급속히 발달한다는 점에서 행동주의 모형의 한계가 지적된다.

2) 생득주의이론

(1) Chomsky의 생득주의이론

Chomsky는 1959년 Skinner의 학습 가설을 완전히 뒤엎는 **생득주의이론**을 제안한다. 그는 인간의 언어는 의미가 다양하고 문법 규칙도 복잡하기 때문에 단순히 모방이나 강화만으로 학습하는 것은 불가능하고, 인간은 **선천적으로** 언어습득을 위한 생물학적 장치를 가지고 태어나며 아동은 타고난 **언어습득장치**(Language Acquisition Device: LAD)를 이용하여 본능적으로 언어를 습득한다고 주장한다. 인간은 LAD를 통하여 여러 소리 중에서 언어적 소리, 즉 말소리를 구별하고 말소리 데이터를 분류하여 규칙화할 수 있다.

Chomsky는 영유아들 간의 발달적 유사성과 언어적 보편성에 주목한다. 아동은 어느 지역에서 태어나건, 어떤 언어를 쓰건 옹알이 단계를 거쳐 단어를 발화하고 조합하는 발달적 유사성을 보인다. 또한 언어는 달라도 모든 언어 단위는 범주가 있고 **표층구조와 심층구조**를 지닌다는 보편성을 갖는다. 이러한 발달적 유사성과 언어적 보편성은 인간이 언어를 선천적으로 타고난다는 것을 뒷받침한다고 생각한다. 또한 Chomsky는 인간 아기는 특별히 인위적 훈련이 없어도 성인보다 쉽고 빠르게 모국어를 습득하고, 언어 입력의 양이나 질이 부족하거나, 지능이 다른 아동보다 좀 낮아도 모국어 습득을 할 수 있다고 한다. 이러한 현상은 많은 과학자들이 원숭이나 고릴라에게 인간의 언어를 가르치려고 했지만 실패했다는 점과 대조된다는 것이다. Chomsky는 이러한 사실이 인간만이 갖고 있는 LAD가 존재함을 뒷받침하는 것이라고 주장한다. 생득주의이론의 언어습득 모형에 따르면, 아동은 이미 만들어진 언어 표현에서 LAD를 통해 언어 규칙을 습득하는데, 한번 언어 규칙을 습득하면 규칙을 무한히 적용하면서 무한히 새로운 문장을 생산해 낼 수 있다([그림 3-3] 참조).

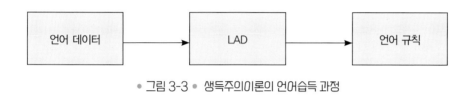

● 그림 3-3 ● 생득주의이론의 언어습득 과정

이러한 Chomsky의 생득주의와 맥을 같이하여 Lenneberg는 인간만이 갖고 있는 언어습득의 선천성을 강조한다. 그러나 Chomsky와 달리 Lenneberg는 언어습득과 생물학적 기능의 관계에 주목한다. 두뇌, 신경, 구강, 코, 인두, 후두, 폐, 복부, 성대, 근육 등의 인체 조직이 이미 언어습득에 적합하기 때문이라는 것이다. 그는 언어습득과 생물학적 성숙과의 관계, 좌반구와 언어 기능 관계를 주장하기도 하였다.

Chomsky의 생득주의이론은 관찰 가능한 것만을 연구 대상으로 삼아야 한다는 행동주의 제한에서 벗어나 인간의 선천적 언어 능력을 인정한 이론이다. 그러나 몇 가지 점에서 비판을 받기도 한다. 첫째, LAD를 객관적으로 검증할 수 없다는 것이다. 둘째, 언어습득이 선천적이라면, 인간이지만 언어적 환경에 놓이지 못했던 야생의 소년 Victor는 왜 언어를 습득하지 못했는지 설명하기 어렵다. 셋째, 초기 언어습득 단계에 대한 구체적 설명이 부족하다. 넷째, 언어습득에 사회적 요인이 미치는 영향에 대해 간과했다는 비판을 피하기 어렵다.

(2) 초기화이론

언어습득과 관련하여 최근에는 이론이 다양해지고 있다. Daviault(2011)는 생득주의이론의 범주에 **초기화이론**(bootstrapping theory)을 포함시킨다. 초기화이론은 언어의 습득과 발달을 용이하게 하는 **생물학적 요인들**을 인정하는데, 이 때문에 언어의 습득과 발달을 결정하는 장본인이 바로 아동이라고 간주한다. 초기화이론에는 의미초기화이론, 구문초기화이론, 운율초기화이론이 포함된다. 의미초기화이론은 『언어본능(The language Instinct)』을 저술한 Pinker가 제시한 이론이다. Pinker는 아동이 단어의 의미에 대한 지식을 사용하여 통사적 범주에 대한 가정을 세워 나가는데, 이는 아동이 이미 생물학적인 선천적 요소를 갖고 태어나기 때문이라고 주장한다. 구문초기화이론은 아동이 단어의 문법적 범주에 대한 지식을 이용하여 의미에 대한 가설을 세운다는 이론이고, 운율초기화이론은 아동이 운율적 지표를 사용하여 통사적 특성을 파악한다는 이론이다(Morgan & Demuth, 1996: Daviault, 2011에서 재인용).

3) 인지이론

(1) Piaget의 인지발달이론

행동주의가 환경적 요인을 강조하고 생득주의가 유전적 요인을 강조한 것처럼, Piaget의 인지발달이론은 언어습득에 있어서 인지발달 과정을 강조한다. 인지발달이론은 근본적으로 인간의 인지적 측면에 주목한다는 점에서 이성주의적 입장을 취하기 때문에, Piaget의 인지발달이론을 일종의 생득주의로 보는 견해도 있고 (Brown, 1987), 학습이론과 함께 인지주의로 분류하기도 한다(Daviault, 2011). 분류를 어떻게 하건 Piaget의 인지발달이론의 핵심에는 인지가 언어발달의 기초가 되어야 한다는 철학이 깔려 있다. 그에 따르면, 인간의 내적 능력에 의해 언어의 습득과 발달이 가능하지만, 언어는 인지적 성숙의 결과로 획득되는 여러 능력 중의 하나일 뿐이다. 언어발달이 이루어지는 동기는 아동이 새로운 언어자극 환경에 접하면서 끊임없이 **동화**와 **조절**을 통해 **조직화**를 해 나가기 때문이다(그림 3-4] 참조).

인지발달 모형에 따르면 감각운동기와 전조작기에 언어발달을 가속화하여 자아중심적 사고를 벗어나는 7세경에 진정한 의미의 언어 사용 능력을 갖추게 된다. 그러나 Piaget의 언어습득이론은 언어와 사고의 관계를 너무 한쪽으로 치우쳐 설명한 점에서 비판을 받는다. 언어가 인지발달에 미치는 영향력을 과소평가했다는 것이

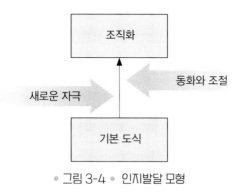

• 그림 3-4 • 인지발달 모형

다. 또한 언어와 사고가 반드시 단일한 방향으로 나아가지 않기 때문에, 같은 언어
를 쓰는 사회에서도 사고가 다양하고, 서로 다른 언어를 사용하는 사람들이라도 동
일한 사고방식을 보이기도 한다.

(2) Vygotsky의 발달잠재영역이론

Vygotsky는 Piaget처럼 인지발달 과정을 중요시한다. 하지만 Piaget와 달리 정화
된 인지 단계보다는 학습이라는 사회적 요인에 따른 **역동적 발달 과정**에 관심을 갖
는다. Vygotsky(1978)는 아동이 다른 사람의 도움을 받아 수행할 수 있는 수준이 혼
자 수행하는 수준보다 높다고 가정하고, 발달과 학습의 관계를 고려한 **발달잠재영
역**(Zone of Proximal Development: ZPD)을 제안한다. 발달잠재영역이란 아동이 이미
성취한 현재 발달 수준과 다른 사람의 도움을 받아 수행할 수 있는 수준의 차이 혹
은 그 폭을 말한다([그림 3-5] 참조).

Vygotsky는 학습을 위해 이 이론을 제시하였으므로 아동의 ZPD, 즉 잠재적 수준
에 상응하는 교육을 할 것을 제안한다. ZPD 범위에서 이제 막 성숙되려는 기능을
일깨우고 활성화해야 한다고 주장한다. 또한 아동과 대화를 통해 교육함으로써 아

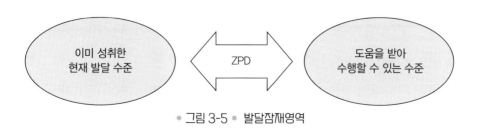

• 그림 3-5 • 발달잠재영역

동이 말하고자 하는 것을 주의 깊게 듣고 도와주어야 하며, 조력자의 참여를 통해 기회를 극대화하는 활동 환경을 설정할 것을 제안한다. 이러한 점은 언어재활 분야에 시사점을 던지고 있으며, 언어의 평가나 중재에도 활용되고 있다. 예를 들면, 역동적 언어 평가 시 Vygotsky의 발달잠재영역 이론이 적용된다. 또한 언어 중재 시에 역동적 평가 결과에 근거하여 아동의 잠재적 수준을 고려하고 중재 계획을 세울수 있다. 그 결과에 대한 예측을 정확히 할 수는 없지만, ZPD가 크게 나타난다면 폭이 좁게 나타난 경우보다 중재 효과가 좋을 것임을 예측할 수 있다.

4) 화용론적이론(기능 중심 이론)

의미론이 언어의 구조적이고 협약적인 의미에 집중할 때, 화용론은 발화 문맥이나 발화와 관련된 언어적·사회문화적·세계적 지식이나 상황 등에 관심을 가진다. 따라서 화용론은 자연스럽게 언어학의 영역에 머무르지 않고 철학, 사회학, 심리학, 인류학 등과 연결되는 면이 있다. 특히 인간의 언어발달 면에서 화용론에 관심을 가진 아동발달 주자는 Bruner(1975b), Bates(1976), Dore(1975) 등이다. 이들은 아동의 **초기 언어**와 **화용론**, 좀 더 구체적으로는 화행론에 관심을 가지고, 인간의 언어발달이 이루어지기 시작하는 생애 초기에, 단어가 문장으로 적절히 구성되기 전에, 성인과의 상호작용과 상황, 문맥 등이 언어발달에 결정적인 작용을 한다는 사실에 주목하였다. 인간의 언어발달에 있어서 눈 맞춤, 신체적 접촉 같은 비언어적 의사소통은 결정적인데(Pence, 2010), 아동은 생존에 필수적인 개념을 획득하기 위해 상황 단서와 주 양육자의 반응을 활용하고, 단어를 지각하기 위해 강세나 장단 같은 운율 단서를 활용한다(Owens, 2001). 주어진 상황에서 반복적으로 나타나는 어른들의 반응을 바탕으로 아동은 부모가 가리키는 사물을 함께 주시하고(공동주의, joint attention), 반복되는 소리를 기억하여 연습하며(반복하기, repeating), 의사소통 의도를 가지고 제스처를 통해 부모의 말을 유도한다. 그리고 의도된 비언어적 발화는 언어적 발화로 발달해 나간다.

이와 같은 화용론적 언어습득이론의 근간에는 Austin(1962)의 화행이론[11]과 Searle(1979)의 언표내적 행위에 대한 연구가 있다. Searle은 화행 규칙을 언어 능력의 일부로 주장하면서 화행을 언어 및 의미 연구와 명백하게 연관시키고, 인간의 언어적 의사소통의 기본 단위는 언표내적 행위라고 주장한다. 즉, 의도를 가지고 행하는 언어가 의사소통의 기본 단위라고 본 것이다. 이에 대하여 Dore(1975)는 아동의 초기화행은 아홉 개 영역의 하나로 실현된다고 주장하며 이를 구체화하였다. Dore는 1975년 『아동언어(Journal of child language)』 2권 1호에 발표된 논문에서 PSA(Primitive Speech Act), 즉 초기 발화행위를 명명하기(labelling), 반복하기(repeating), 대답하기(answering), 행위 요구하기(requesting action), 대답 요구하기(answer requesting), 부르기(calling), 인사하기(greeting), 거부 및 저항하기(protesting), 연습하기(practicing)라는 9가지 행위로 분류했다.

Bates는 영아에서 아장이기로의 이행 단계에서, 아동은 언향적 단계, 언표내적 단계를 거쳐 언표적 단계에 이른다고 주장하였다. 즉, 언어로 의사소통을 하는 언표적 단계(locutionary stage)에 이르기 전에 아동은 의도하지 않았지만 어른들이 영유아의 발성이나 제스처를 의사소통 의도로 해석하게 되는 언향적 단계(perlocutionary stage)와 아동이 여전히 구어로 표현하지 못하지만 의사소통 의도를 가지고 발성이나 제스처를 통해 표현을 하는 언표내적 단계(illocutionary stage)를 거치게 된다고 주장하였다. Bates(1974; 1975)와 Dore(1975) 등의 이러한 분류는 2000년대에 활발히 이루어지는 제스처와 언어의 관계에 대한 연구 방법의 기초가 되고 있다(Bates & Dick, 2002; Bates, Thal, Whitesell, Oakes, & Fenson, 1989; Crais, Watson, & Baranek, 2009; Rescorla et al., 2001; Vuksanovic & Bjekic, 2013). 국내의 경우 홍경훈과 김영태(2001), 홍경훈(2005)에 따르면 의사소통 의도 유형에 대한 분석이 언어발달의 중요한 예측 변인으로서의 역할을 할 수 있다고 보고하였다. 정상 발달을 보이는 아동뿐만 아니라 미숙아에 대한 의사소통 기능 연구(허진, 2013)나 청각장애 아동에 대한 전언어 단계의 비구어적 의사소통 의도 발달 연구(성영주, 2009)에서도 제스처를 통한 의사소통 의도를 분석한 바 있다.

---

1) 1962년 처음 소개된 Austin의 화행이론에 따르면 화행은 언어와 의사소통 내에서 수행 기능을 갖는 발화를 말하며, 이러한 화행은 언표적 행위(locutionary act), 언표내적 행위(illocutionary act), 언향적 행위(perlocutionary act)로 구성된다. 해당 발화의 언어적 수행뿐만 아니라 발화의 의도적 의미가 사회적으로 유효한 언어적 행위로 표현되고, 상황에 따라 발화가 그 결과 행위로 나타난다고 주장한다.

5) 정보처리이론

정보처리이론은 사고 과정과 절차에 대한 단계를 체계화하고 보다 명시적인 방법으로 인간의 사고 처리 방식을 다룬다. 언어습득에 대한 정보처리이론은 정보처리적 관점에서 언어처리와 언어발달을 설명하는 이론이다. 일반적으로 정보를 처리하기 위해서는 감각기억, 작업기억, 장기기억과 같은 세 유형의 장치를 거치며 정보가 저장되고 재인되고 인출된다고 가정한다(Berk, 2012: 202). 정보가 각 저장장치를 거치면서 효율적으로 처리될 수 있기 위해서는 필요한 절차에 적절한 책략을 적용해야 하는데, 이러한 전체적인 흐름의 제어는 중앙처리기에서 담당한다. 이를 모형으로 설명하면 [그림 3-6]과 같다.

인간이 접하고 있는 환경으로부터 수많은 자극이 감각기관을 통해 입력된다. 그러나 특정 자극이나 정보에 **주의**(attention)를 하지 않으면 이 정보들은 기억에 저장되지 않고 사라진다. 여기서 '주의'란 어떤 정보에 대해 집중하는 양상을 말하는데, 감각기억에 입력되는 수많은 정보들 중에 선택적으로 어떤 정보에 집중할 때, 다른 정보들은 무시된다. 감각기억에 입력되는 정보들 중에서 특정 정보에 주의를 기울임으로써 그 정보들은 작업기억 영역으로 넘어간다. 아무리 많은 정보가 감각기억으로 들어와도 주의를 기울이지 않으면 작업기억으로 넘어가지 못한다. 또한 한 번 **작업기억**으로 들어갔다 하더라도 여러 책략을 써서 **장기기억**으로 넘기지 않으면 정보들은 단기적으로 작업기억에 남아 있다가 사라지게 된다. 반복해서 생각하거나 기존의 다른 정보와 연관시키는 등의 정신적 책략을 통해 작업기억에서 장기기억으로 연결되어야 장기기억에 저장된다.

장기기억장치에는 표상화된 개체들이 위계적 범주 체계로 구조화되어 있다. 연구들에 따르면 인간은 이미 영아기부터 대상과 사건들을 표상하고 범주로 묶는 작업을 할 수 있다고 보고된다. 구체적인 예로, 영아들에게 같은 범주에 속하는 개체들의 사진을 보여 준 다음, 그 범주에 속하지 않은 개체 사진을 제시하였을 때 개체에 대한 응시 시간의 차이가 있었다고 보고된다. 이에 근거하여 연구자들은 7~12개월 영아들이 개체들을 범주로 구조화한다고 주장한다(Casasola, Cohen, Chiarello, & Dingel, 2003; Mandler & McDonough, 1998; Oakes, Coppage, & Dingel, 1997). 정보가

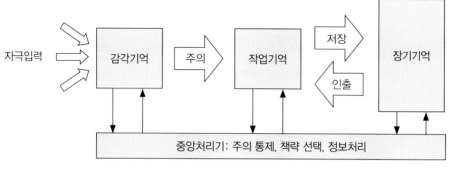

• 그림 3-6 • 정보처리 모형

작업기억에 머물거나 자동처리가 가능할 정도로 학습되면 작업기억에서 자동처리
와 다른 정보처리를 동시에 할 수 있게 된다.

정보처리 모형은 언어중재와도 밀접하게 관련이 있기 때문에 정보처리의 과정을
잘 숙지하여 언어 중재 시 적용할 필요가 있다. 왜냐하면 언어치료에서 주의력결핍
과잉행동증후군 아동이나 자폐스펙트럼장애 아동의 경우 놀이를 통하여 공동주의
를 훈련하고 지적하기를 해도 아동이 주의를 하지 않고 의례적 행동으로 지적하기
를 하면, 감각기억의 정보를 작업기억으로 넘기지 못하기 때문에 수백 번 반복해도
그 단어를 기억하지 못한다. 어느 한 순간이라도 주의가 필요하다는 것을 알아야 아
동과의 중재 활동에서 주의할 수 있는 과정을 고려할 수 있는 것이다.

6) 연결주의이론

연결주의란 단어나 문장 같은 언어 단위가 다른 언어 단위와 어떻게 연결 네트워
크를 생성하는지를 설명함으로써 언어습득과 언어발달을 다루는 이론이다. 이러
한 연결주의를 언어습득 면에서 처음 다룬 것은 Elman 등(1996)이라고 할 수 있다
(Daviault, 2011). 연결주의적 관점에서 언어는 신경 노드와 노드의 연결망으로 구성
되어 있어 언어습득 기능에 따라 항상 변화하는 양상을 보인다. 처음에는 초기 언어
단위가 각기 분리되어 있다가 특정 문맥에서 반복적으로 노출되면서 그 관계가 강
화되고 연결이 강화된다.

요약

이 장의 첫 번째 절에서는 단순히 크기 면에서 성장한다고 생각했던 고대의 전성설부터 다양한 관점을 취하는 현대의 여러 이론까지 살펴보며 발달에 대한 개념과 이론의 추이를 짚어 보았다. 두 번째 절은 뇌, 신체, 인지, 정서, 언어 면에서 인간이 어떤 단계를 거쳐 발달하는지를 정리하였다. 인지발달 영역은 Piaget 이론을 중심으로, 정서발달 영역은 Freud 이론을 중심으로 살펴보았다. 마지막으로, 세 번째 절에서는 언어습득이론들을 살펴보았다.

학습 확인 문제

1. 발달의 개념은 시대에 따라 어떻게 변화되어 왔는가?
2. 현대의 발달 개념의 특성을 설명하시오.
3. 인간의 인지발달 단계는 연령별로 어떻게 변화하는가?
4. Freud의 정서발달과 Erikson의 정서발달을 비교하시오.
5. 발달잠재영역이 무엇인지 설명하시오.
6. 행동주의와 생득주의 관점에서 언어습득을 설명하시오.

제4장

언어발달을 위한 생물학적 조건

- 언어발달을 위한 생물학적 조건이 무엇인지 알아본다.
- 뇌의 구조에 대해 학습한다.
- 언어를 학습하고 언어행위를 하기 위한 뇌의 역할에 대해 이해한다.
- 말기관의 해부학적 구조와 기능을 이해한다.
- 청각기관의 해부학적 구조와 기능을 이해한다.

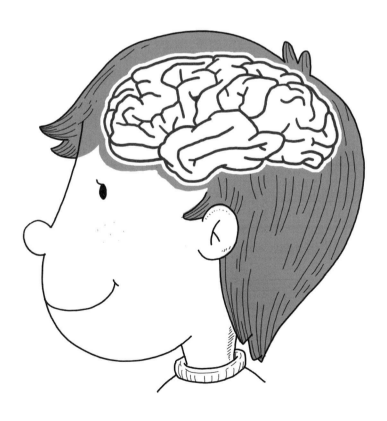

언어를 통한 의사소통은 인간만이 갖는 고유한 특성이다. 무엇이 인간으로 하여금 다른 생물체와 달리 언어를 통한 의사소통을 가능하게 하는 것일까? 분명한 것은 인간이 언어를 습득하고 계속해서 언어를 구사하며 살아가기 위해서는 인간만이 갖고 있는 생물학적 조건이 있다는 것이다. 이 장에서는 먼저 의사소통을 위한 생물학적 조건이 무엇인지 살펴보고, 이어서 해부생리학의 기초 용어와 함께 언어기관, 말기관, 청각기관의 해부생리를 간단히 살펴보도록 하자.

1. 의사소통을 위한 생물학적 조건

인간은 언어를 통해 의사소통을 할 수 있다. [그림 4-1]은 의사소통과정을 제시한다. 의사소통을 하려면, 먼저 화자는 자신이 전달하고자 하는 생각을 언어로 어떻게 표현해야 할지 계획한다. 이러한 계획을 하고 계획한 바를 집행하는 기관이 뇌다. 일단 뇌에서 계획한 언어는 말소리로 표현하게 되는데, 말소리를 산출하기 위해서는 적절한 호흡, 발성, 조음, 공명의 과정을 거쳐야 한다. 이를 위한 기관이 말기

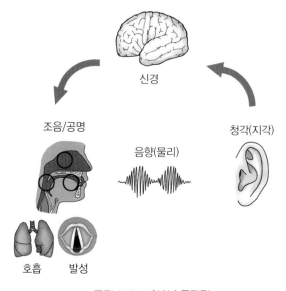

신경

조음/공명

음향(물리)

청각(지각)

호흡   발성

● 그림 4-1 ● 의사소통과정

관이며, 구체적으로 **호흡기관, 발성기관, 조음기관, 공명기관**이다. 말기관을 통해 산출된 말소리는 공기를 타고 상대방의 귀에 전달된다. 화자가 산출한 소리 신호는 청자의 귀를 통해 뇌의 청각 영역으로 전달되어야 한다. 그리고 그 말소리가 어떤 의미인지 이해해야 한다. 이와 관련된 것이 청각기관이다.

뇌는 언어뿐 아니라 인지와 정서, 신체활동 등의 모든 인간적 기능을 통제하는 관제탑이다. 인간의 뇌는 다른 동물보다 특히 발달되어 있다. 같은 유인원 중에서도 침팬지나 고릴라에 비해 인간의 뇌가 3배 정도 더 크다. 또한 인간의 뇌는 넓은 표면적의 대뇌 피질이 주름져서 겹쳐 있으며, 대뇌 피질에는 가장 많은 뉴런이 몰려 있다. 무게로도 전체 뇌 무게의 85%를 대뇌 피질이 차지하고 있다(Berk, 2012). [그림 4-2]에서 볼 수 있는 바와 같이, 뇌를 담고 있는 인간의 두개골이 고릴라에 비해 훨씬 발달되어 있음을 알 수 있다.

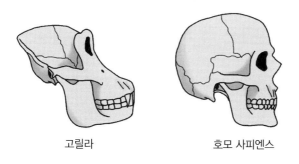

고릴라   호모 사피엔스

● 그림 4-2 ● 두개골의 진화(고릴라와 인간의 비교)

두개골의 크기뿐 아니라 뇌의 내부 구조에서도 인간의 뇌는 침팬지나 고릴라 같은 다른 영장류에 비해 언어를 담당하는 영역이 잘 발달되어 있다. 예를 들어, [그림 4-3]의 **대뇌소인도**(homunculus)를 살펴보면 다른 고등동물이 사지나 손을 관장하는 부위가 가장 넓은 데에 비해, 인간의 대뇌 피질은 언어에 직접적인 영향을 미치는 입과 혀 같은 기관을 관장하는 부위가 상대적으로 가장 넓다.

말하고 듣는 것도 말기관과 청각기관이 잘 발달되어 있어야 한다. 인간은 다른 영장류에 비해 성대 관련 후두 근육이 잘 발달되어 있고, 그 움직임 역시 세련된다. 다른 영장류의 폐가 단순히 숨을 쉬기 위한 것인 데 반해, 인간의 폐는 말소리를 산출하

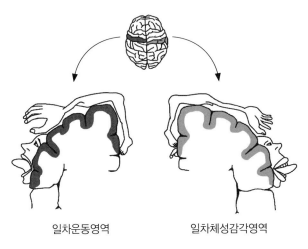

일차운동영역   일차체성감각영역

● 그림 4-3 ● 대뇌소인도

도록 특성화되어 있다. 청각적으로도 인간의 청각적 신호 처리와 어음 지각 능력을 위한 귀의 해부와 청신경이 잘 기능해야 한다. 또한 기능이 적절한 속도로 정보를 유지하며 이루어지기 위해서는 신경 전달과 협응에도 어려움이 없어야 한다. 신경전달은 주로 시냅스를 통해 이루어지는데, 그 시냅스의 단위가 뉴런이다. 이러한 인간의 해부생리학적 조건이 언어를 습득하고 언어로 의사소통을 할 수 있게 하는 것이다.

2. 의사소통을 위한 신경해부생리학적 조건

1) 용어

(1) 해부

해부학(anatomy)은 생물체의 각 구성요소인 세포, 조직, 기관, 계통 등의 구조에 대해 연구하는 학문 분야다. 그리스어 anatemnō에서 파생된 '해부'는 원래 '갈라서 열다'라는 의미의 'ana'와 '나누다'라는 의미의 'temnō'로 구성되어 있다. 즉, 인체 해부학은 인체를 구성하는 부분들로 나누어 그 구조를 밝히는 것이고, 신경해부학이란 신경계에 대한 해부학적 구조를 밝히는 것이라고 할 수 있다. 언어치료 분야에서 해부학은 인간의 말, 언어와 관련된 구조를 알아보고, 언어병리와 관련하여 원인을 파악하고, 중재하기 위해 다루어진다.

(2) 생리

생리학(physiology)은 생물체 내 각 구성요소의 기능과 기전을 연구하는 학문이다. 즉, 생명체를 구성하는 세포, 조직, 기관 등의 각 구조들이 생명을 유지하고 활동하기 위해 어떻게 기능하는지를 다룬다. 여기서 '생리'는 인체를 구성하는 각 세부구조들의 기능이 무엇인지, 기능이 어떻게 이루어지는지 등을 총체적으로 의미한다. 언어치료에서 생리학은 말, 언어 기관의 기능을 파악하기 위해 필요한 분야다.

(3) 신경

언어치료 현장에서 '신경학적으로 문제가 있다.' 혹은 '신경학적으로 문제가 없다.' 등의 표현을 한다. 그러면 여기서 '신경학적으로 문제가 있다.'는 것은 무슨 의미인가? 신경은 생물체가 주변 환경에서 일어나는 변화들을 지각하고 반응하도록 하는 기관으로 수많은 신경세포로 구성되어 있다. 따라서 신경학적으로 문제가 있다는 것은 이러한 신경기관이나 신경기관의 기능에 문제가 있다는 의미다. 신경을 구성하는 것은 신경세포다. **신경계**의 기본 단위인 **신경세포**를 **뉴런**(neuron)이라 하는데, 뉴런은 전기화학적 신호를 수용하고 처리하고 전달하는 역할을 한다.

뉴런은 세포체, 수상돌기, 축삭, 말단의 단추로 구성되어 있다([그림 4-4] 참조). 세포체(cell body)는 뉴런의 대사 중심지로 세포 생존을 위해 중요한 과정을 조절하는 영역이다. 세포체 안에는 세포핵(neucleus)을 비롯하여 미토콘드리아, 내형질세망, 골지체, 리보솜 등이 있고, 이 세포체 가장자리에는 수상돌기(dendrite)들이 있어 외부 혹은 다른 뉴런으로부터 신호를 받는다. 세포체의 한쪽은 축삭소구로 연결되어 있는데, 축삭소구는 다시 축삭(axon)으로 연결되어 있다. 축삭은 전선이 피복으로 보호되듯이 수초(myelin)로 둘러싸여 있다. 수상돌기를 통해 전달받은 신경정보는 세포막(cell membrane)을 통과하여 세포체와 축삭을 통해 다시 축삭의 말단에 이른다. 축삭 맨 하단에는 축삭 분지와 종말단추가 있는데, 이 종말단추 부분에서 다른 뉴런의 수상돌기와 닿을 듯이 가까이 밀착하여 시냅스를 이루면서 신경정보를 전달한다.

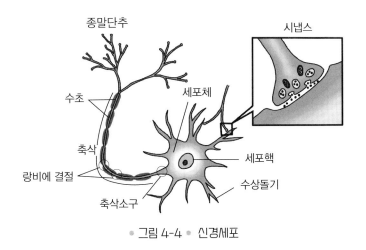

* 그림 4-4 * 신경세포

(4) 신경계

신경(nerve)이 모여 신경계(nervous system)를 이루는데, 신경계는 **중추신경계**(Central Nerve System: CNS)와 **말초신경계**(Peripheral Nerve System: PNS)로 구성되어 있다. 중추신경계는 다시 뇌(brain)와 **척수**(spinal cord)로 구성되어 있다([그림 4-5] 참조). 컴퓨터의 중앙처리장치와 종종 비교되는 중추신경계, 즉 뇌와 척수는 인간의 모든 활동을 총괄하는 매우 중요한 시스템이기 때문에 단단한 두개골과 척추에 의해 일차적으로 보호되어 있고, 다시 두개골과 척추 안쪽에 있는 **뇌척수액**(cerebrospinal fluid)에 의해 보호되어 있다.

중추신경계 이외의 모든 신경이 말초신경계다. 뇌신경과 척수신경으로 대표되는 말초신경계는 감각수용기를 통해 들어오는 감각신호를 중추신경계로 전달하고, 또 중추신경계에서 내려오는 운동신호를 신체 여러 부위로 전달하는 기능을 한다. 말초신경계는 체성신경계(somatic nervous system)와 자율신경계(autonomic nervous system)로 나뉘는데, 체성신경계는 외부환경과 상호작용을 한다. 외부 감각수용기에서 중추신경계로 신호를 전달하고, 다시 중추신경계에서 골격근으로 운동신호를 전달하는 역할을 한다. 반면, 자율신경계는 신체 내부기관의 감각수용기에서 중추신경으로 신호를 전달하고 다시 동일한 내부기관으로부터 운동신호를 전달하는데, 의식하지 못한 상태에서 조절에 관여한다.

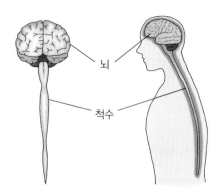

• 그림 4-5 • 중추신경계(뇌와 척수)

2) 언어 기관의 해부생리

(1) 뇌의 형성과 구성

인간의 정자와 난자가 융합하여 수정이 되면 수정되는 순간부터 2주까지를 배아 전기라 한다. 이 2주 동안 단일 수정란은 세포분열을 한다. 수정 후 7일경 자궁 내에 착상한 수정체가 수정 후 3주가 되면 배아가 된다. 이때부터 8주까지를 배아기라 하고, 8주부터 출생까지를 태아기라 한다.

수정체에서 배아기와 태아기를 거치는 과정에서 뇌가 어떻게 만들어지는지 살펴보자. 인간은 수정 후 18일경이 되면 신경판(neural plate)이 만들어진다. 20일경에는 신경구(neural groove)가 만들어지고, 배아 24일경에는 신경구가 더욱 말려

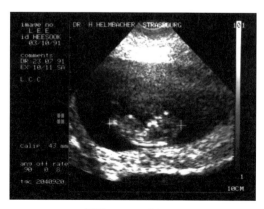

• 그림 4-6 • 태아 10주

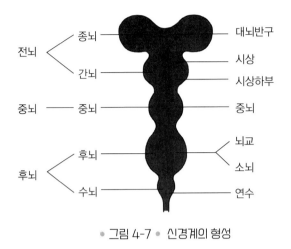

• 그림 4-7 • 신경계의 형성

신경관(neural tube)이 되는데, 그 신경관 전방이 길어지면서 전뇌(forebrain), 중뇌(midbrain), 후뇌(hindbrain)로 발달한다([그림 4-7] 참조).

신경관의 나머지는 척수로 발달한다. 그리고 5주가 되면 전뇌, 중뇌, 후뇌 세 부분이었던 뇌는 다섯 개의 부분으로 분화한다. 전뇌는 종뇌와 간뇌로 분화하고, 후뇌는 후뇌와 수뇌로 발달한다. 이러한 과정을 거치면서 점차 출생 시의 뇌의 모습으로 발달한다. 출생 후 1년 동안 청각피질과 시각피질, 그리고 운동 영역에서 수초화 활동의 폭발적 증가가 일어난다(Johnson, 2004).

인간의 뇌는 뼈와 뇌척수액에 싸여 보호되고 있다. 머리의 두피 아래에는 단단한 두개골이 있다. 두개골 아래에는 [그림 4-8]과 같이 세 개의 층으로 이루어진 **뇌수막**이 있다. 가장 바깥쪽에 위치한 막이 경막이고, 그 아래 지주막이 있다. 지주막하 공간에는 뇌척수액이 흐른다. **지주막** 아래에 또 하나의 얇은 막이 있는데, 이를 유막이라 한다. 유막 아랫부분에 뇌가 위치하고 있다.

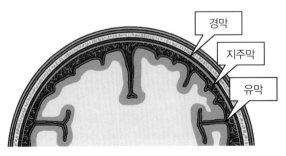

• 그림 4-8 • 뇌수막

[그림 4-9]에서 제시하는 바와 같이, 뇌의 제일 상단에 대뇌가 있고, **대뇌 피질** 아래쪽에는 간뇌가 있다. 간뇌 아래쪽으로 뇌간과 소뇌가 위치하고 있으며, 뇌간은 다시 **중뇌, 뇌교, 연수** 세 부분으로 구성되어 있다. 연수는 척수로 이어지는 뇌의 가장 하단에 위치한다.

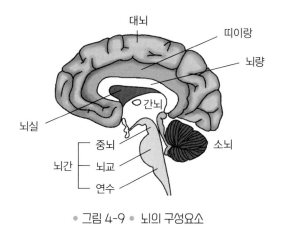

● 그림 4-9 ● 뇌의 구성요소

● 대뇌

대뇌는 좌반구와 우반구 두 개가 맞닿아 있는 형상인데, 대뇌반구는 초기 척추동물에게는 존재하지 않다가 영장류의 뇌에서 나타나는 부분으로 인간의 사고와 언어활동을 비롯한 정신활동을 모두 대뇌에서 조절한다. 인간의 뇌는 **좌반구**와 **우반구** 두 개의 반구(hemisphere)로 나뉘어 있다. 좌반구는 신체의 오른쪽 움직임을 조절하고, 우반구는 신체의 왼쪽 움직임을 조절한다. 또한 좌반구는 일반적으로 언어와 긍정적 정서를 담당하는 영역으로 알려져 있고, 우반구는 공간능력과 부정적 정서와 관련되어 있는 것으로 알려져 있다(Nelson & Bosquet, 2000). 이와 같이 좌뇌와 우뇌의 담당이 전문화되어 있는 것을 전문용어로 **편재화**(lateralization)라고 한다. 또한 fMRI(functional Magnetic Resonance Imaging)를 활용한 뇌 연구에 따르면, 좌반구는 연속적이고 분석적으로 정보를 처리하는 데 능숙하고, 우반구는 전체적이고 통합적인 정보를 처리하는 데 능숙해서 공간정보를 이해하고 부정적 정서를 조절하는 데 이상적이라고 한다(Rogers, Carew, & Meyerand, 2004). 그리고 이 두 개의 반구는 **뇌량** 등의 교련 영역을 통해서 상호 교차연결된다.

대뇌 피질은 [그림 4-10]과 같이 주름져 있다. 볼록한 부분이 회(gyrus)이고, 들어간 부분이 열(sulcus)이다. 대뇌 피질은 크게 네 개의 엽으로 나뉜다. 대뇌의 앞쪽부터 뒤쪽으로 가면서 순서대로 **전두엽, 두정엽, 후두엽**이 위치하고 있다. 그리고 양쪽 귀의 위쪽인 측면은 **측두엽**이 위치하고 있다. 이 네 개의 엽(lobe)을 나누는 구분자인 열(sulcus)을 알아보자. 전두엽과 두정엽을 구분하는 것은 대뇌 위쪽의 중심열(central sulcus)인데 중심열 바로 앞 회는 운동영역이고, 바로 뒤쪽의 회는 감각영역이다. 또한 두정엽과 후두엽을 가르는 열은 두정후두열(parieto-occipital sulcus)이고, 측두엽은 **실비안열**(sylvian sulcus) 혹은 외측대뇌열(lateral fissure)에 의해 앞쪽으로는 전두엽과 구분되고 뒤쪽으로는 두정엽과 구분된다.

대뇌 피질은 인간의 사고와 언어, 운동과 감각을 관할하는 관제탑과 같은 역할을 한다. 출생 후 빠른 속도로 뇌가 발달하지만, 대뇌 피질의 엽들 중 가장 오랫동안 발달하는 영역은 사고와 의식, 충동의 억제, 정보의 통합 및 계획을 담당하는 전두엽이다. 전두엽 시냅스의 형성과 제거는 수년 동안 지속되면서 청소년기 중반부터 후반까지 성인 수준의 시냅스 연결을 완성한다(Thompson et al., 2000). 대뇌 피질의 각 영역별 전문화는 뇌의 편재화나 좌우 연결 시스템 방식과 함께 인간이 더 넓은 범위의 기능을 효과적으로 수행할 수 있게 한다.

피질하 영역으로 **변연계**와 **기저핵**이 있다. 변연계에는 띠이랑과 뇌량, 해마, 편도, 유도체 등이 포함된다. 변연계는 대뇌 피질의 가장자리와 맞닿아 있고 뇌간과 시상

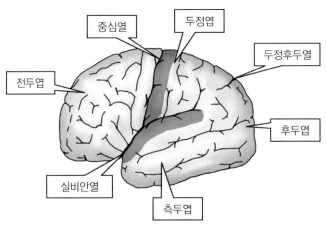

• 그림 4-10 • 대뇌 피질

하부에도 연결되어 있다. 변연계의 기능은 감정, 성적 충동, 섭식 행동, 온도 조절에 관여할 뿐 아니라 기억과 학습에도 관여한다. 시상 바깥쪽에 위치한 기저핵은 꼬리핵, 피각, 담창구, 흑질을 포함하고 있다. 특히 도파민을 방출하는 흑질과 담창구를 포함하고 있어 파킨슨병, 헌팅턴병, 무도병 등과 관련이 있다.

● 간뇌

대뇌 안쪽에는 **간뇌**(diencephalon)가 있다([그림 4-11] 참조). 간뇌는 **시상**(thalamus)과 **시상하부**(hypothalmus)를 포함한다. 시상은 대뇌 피질 안쪽에서 좌반구와 우반구를 연결하는 뇌량(corpus callosum) 하단의 제3뇌실 양편에 있다. 시상의 기능은 후각을 제외한 모든 감각정보를 일단 시상에 모았다가 신경정보를 분류하고 해석하여 어느 신호를 어느 영역으로 보내야 할지 결정하고, 대뇌 피질의 각 감각영역으로 전달하는 것이다. 즉, 시상은 말초신경에서 들어온 감각정보가 모였다가 다시 각 위치로 전달되는 우체국과 같은 역할을 한다. 시상의 아래쪽에 있는 시상하부는 **뇌하수체**, 뇌간과 연결되어 외부와 내부 환경에 반응하도록 조절한다. 예를 들어, 체온조절, **호르몬 조절**을 비롯하여 수면, 각성, 성욕, 갈증, 공격 등과 같은 인간의 기본 욕구를 담당한다.

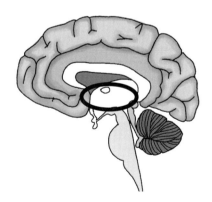

● 그림 4-11 ● 간뇌

● 뇌간

간뇌 아래로 뇌간(brainstem)이 있다([그림 4-12] 참조). 뇌간은 **중뇌, 뇌교, 연수**로 구성되어 있으며, 뇌의 하단에 위치하여 척수와 대뇌를 이어 주고, 생명 유지에 중요한 **호흡, 심장박동, 삼킴**을 비롯한 신체 내적 환경의 항상성 유지 기능을 담당한다. 생명 유지와 직결되어 있기 때문에 뇌간은 초기 척추동물부터 나타난다. 뇌간의 가장 상부에 위치한 중뇌는 **뇌신경** 동안신경(III) 및 활차신경(IV)과 연결되어 있어, 여러 방향의 안구 운동을 담당한다. 뇌교는 중뇌와 연수를 연결하는 중간 통로로 소뇌의 앞쪽에 위치하여 소뇌와 다른 신경 시스템을 연결하는 다리 역할을 한다. 삼차신경(V), 외전신경(VI), 안면신경(VII), **전정와우신경**(VIII)이 뇌교와 연결되어 있어 얼굴 근육이나 입운동, 청각과 평형 등에 관여한다. 연수(medulla)는 뇌간의 가장 아랫부분에 있으며, 설인신경(IX), 미주신경(X), 부신경(XI), 설하신경(XII)과 연결되어 있어 미각, 혈압과 심장박동, 소화, 삼킴, 혀운동 등에 관여한다. 이와 같이 뇌간은 대뇌에서 내려오는 신호들이 척수로 내려가기 전에 거치는 통로가 되며, 인간의 생명 유지와 긴밀한 관계가 있다.

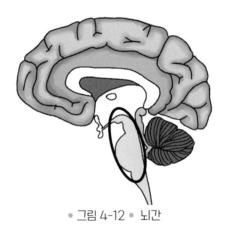

● 그림 4-12 ● 뇌간

● 소뇌

소뇌(cerebellum)는 뇌간 뒤에 위치하고 있으며, 중추신경계 무게의 10% 정도를 차지한다([그림 4-13] 참조). 소뇌는 소뇌하각, 소뇌중각, 소뇌각으로 구성되어 있는데, 대뇌와 같이 피질과 엽으로 되어 있다. 소뇌는 척수와 대뇌 사이에서 척수와 전

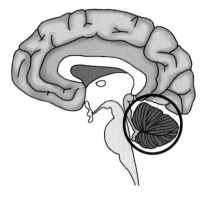

• 그림 4-13 • 소뇌

정 경로를 통해 **고유감각**, **평형정보**를 수용하고, 소뇌하각과 소뇌중각을 통해 감각
정보를 수용하면서 과도한 감각입력을 조절하고, **평형**, 자세, 수의적 움직임에 대한
협응에 관여한다. 또한 대뇌 피질의 운동영역에서 오는 신경 근육 명령과 사람이 의
도한 움직임을 비교하면서 조절하는 기능을 담당한다.

(2) 뇌신경

뇌신경(cranial nerves) 12쌍은 중추신경에서 척수로 신호를 연결하거나 척수에서
중추신경계로 신호를 전달하는 역할을 담당하는 말초신경이다. 12쌍의 뇌신경에는
순수 감각뇌신경(I, II, VIII)과 감각과 운동 신경이 혼합된 신경(V, VII, IX, X), 운동신
경(III, IV, VI, XI, XII)이 혼재해 있다. 뇌신경 12쌍은 번호 순으로 〈표 4–1〉과 같다.

표 4–1 ┃ 뇌신경 12쌍

번호	뇌신경	번호	뇌신경
1번	후신경(olfactory nerve)	7번	안면신경(facial nerve)
2번	시신경(optic nerve)	8번	전정와우신경(vestibulo-cochlear nerve)
3번	동안신경(oculomotor nerve)	9번	설인신경(glossopharyngeal nerve)
4번	활차신경(trochlear nerve)	10번	미주신경(vagus nerve)
5번	삼차신경(trigeminal nerve)	11번	부신경(accessory nerve)
6번	외전신경(abducens nerve)	12번	설하신경(hypoglossal nerve)

언어와 깊은 연관이 있는 뇌신경을 언급하자면, 삼차신경이 하악운동과 관계가 있다. 안면신경이 조음기관(입술, 볼)을 담당하고, 전정와우신경과 가깝게 위치하고 있으면서 귀의 외이로부터 감각정보를 전달하기도 한다. 또한 안면신경은 안면 표정, 중이의 등골, 후두외근의 운동에도 관여한다. 전정와우신경은 청각과 평형 감각정보를 전달한다. 설인신경은 혀의 뒷부분의 감각과 인두의 감각정보를 담당하고, 인두근에 운동신경을 전달하기도 한다. 따라서 설인신경은 공명의 문제와 관계가 깊다. 미주신경은 인두 근육에 관여하고, 후두신경에도 관여하여 발성과 밀접한 관계가 있다. 설하신경은 혀의 움직임에 관여한다.

(3) 뇌의 언어 처리

뇌의 각 영역은 각기 다른 기능을 담당하는데, 언어와 관계가 깊은 브로카 영역과 베르니케 영역([그림 4-14] 참조)은 특히 유명하다. 프랑스의 Paul Broca(1861)는 좌반구와 언어 영역의 관계, 특히 전두엽 좌측이 말산출과 음운처리에 핵심적 영역이라 주장하였고, 독일의 Wernicke(1873)는 좌측 측두엽이 언어 이해와 관련이 있다고 주장하였다(Daviault, 2011 참조). 많은 학자가 이와 같은 뇌의 각 영역과 기능의 관계를 밝히기 위해 노력해 왔고, 그 결과 인지, 언어, 운동, 감각 기능과 뇌의 영역 간 관계가 일부 밝혀지기도 했다. 예를 들어, 언어 영역별로는 음운론적 처리와 통사론적 처리는 브로카 영역에서, 형태론적 처리나 단어 재인 및 인출은 베르니케 영역에서, 화용론적 처리는 우뇌에서 담당한다고 보고된다. 최근의 주요 이슈 중 하나

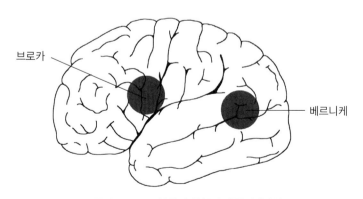

● 그림 4-14 ● 브로카 영역과 베르니케 영역

는, 이전까지 보고되었던 뇌의 영역과 언어 기능에 대한 결과와 다른 보고들이 나타나면서, 특정 영역이 특정 과업을 담당하는 것이 아니라 여러 영역이 통합적으로 인지적·언어적 과업을 담당한다는 점에 초점을 두는 경향이 있다는 것이다. 이러한 이슈에도 불구하고 언어의 하위 영역이 뇌의 어느 영역에서 처리되는지 어느 정도 의견의 일치를 보이는 부분들은 알아 둘 필요가 있다.

● 음운론적 처리

공기 매체를 통해 전달된 화자의 말소리가 청자의 귀에 이르면 청각 전도로를 통해 측두엽의 청각피질에 이른다. 말소리는 음성적 분절을 거쳐 음소로 처리된 후 측두엽에 있는 것으로 추정되는 언어 사전을 바탕으로 지각되고 이해된다. 말산출을 위한 음운처리는 브로카 영역에서 담당한다(Daviault, 2011). 말소리의 운율적 특징은 우뇌의 측두엽에서 처리한다. 이와 같이 전반적 음운처리는 좌반구가 우세하기는 하지만 운율적 처리나 종합적 처리가 우반구에서 이루어져, 결국은 좌반구와 우반구 모두가 관여한다고 볼 수 있다.

● 의미론적 처리

언어의 의미론적 영역은 주로 전두엽과 측두엽에서 담당한다. 먼저 뇌의 장기기억장치에 있는 어휘 사전은 측두엽에 조직화되어 저장되어 있다. 측두엽은 단어 재인과 어휘 인출에 결정적인 영역이고, 전두엽도 의미론적 영역을 담당한다. 측두엽이 사전을 활성화하여 단어를 재인하거나 인출하는 데 결정적 역할을 한다면, 전두엽은 주로 의미론적 정보에 대한 평가와 단어 지식의 집행을 맡는다. 우반구는 상징적·추상적 언어 처리를 담당하므로(Pence & Justice, 2010), 말에 내포된 은유나 속담, 관용구 등의 처리가 이루어질 때 우반구가 활성화된다.

● 형태론적·통사론적 처리

전통적으로 문법론은 단어 조합 규칙을 다루는 형태론과 문장 구성 규칙을 다루는 통사론으로 구성된다. 베르니케 영역에 사전이 있어서 형태소의 인출 자체는 베르니케 영역을 포함한 측두엽과 관계가 있지만, 문법적으로 순서화된 말산출, 복합적인 문장 처리는 뇌의 브로카 영역에서 담당한다. 베르니케 영역이 손상되면 적절한 단어 찾기가 어렵고, 브로카 영역이 손상되면 상투어는 산출하지만 형태론적 및 통사론적 언어 처리가 손상된다(Glezerman & Balkoski, 1999: Pence & Justice, 2010에서 재인용).

● 화용론적 처리

사회적 도구로서의 언어를 이용하여 의사소통에 성공하려면 적절한 상호작용을 하면서 언어를 사용해야 한다. 이를 위해서는 의사소통 규칙에 대해 이해해야 하고, 대화격률에 대한 규약도 따라야 한다. 화용론적 기술과 능력이란 이와 같이 타인과의 의사소통 수단인 언어를 상황에 맞게 통제된 방식으로 사용하는 능력이다. 우리의 뇌에서 **화용론적 기술**을 처리하는 것은 주로 **전두엽**이다(Pence & Justice, 2010). 전두엽이 손상되면 의미 · 음운 · 형태 · 통사적 능력이 있다 해도 이상하고 이질적인 방식으로 언어를 사용하게 된다. 특히 의미론적 영역과 맞물린 내포된 의미나 운율의 변화를 활용한 농담 등의 처리는 우뇌에서 주로 담당하기 때문에 우뇌손상 환자들은 화용론적 처리에 어려움을 보인다고 보고된다.

3) 말기관의 해부생리

말기관은 인간에게 말소리를 낼 수 있게 하는 기관을 말한다. 말소리란 여러 소리 중에서 인간의 말기관을 통해 만들어진 소리인데, 사람의 말기관은 악기와 같아서, 같은 종류의 악기라도 소리가 다른 것처럼 개인에 따라 소리가 조금씩 다르다. 몸의 크기와 생김새 그리고 질감이 다르기 때문에 어떤 사람의 말기관은 굵고 낮은 소리를 만들어 내고, 어떤 사람의 말기관은 가늘고 높은 소리를 만들어 낸다. 말소리의 질, 즉 음질도 개인마다 다르기 때문에 목소리를 들으면 누구인지 알 수 있는 것이다. 일반적으로 남성의 목소리는 여성의 목소리보다 굵고 낮은데, 이는 성대의 길이나 성대근육의 질감이 남성과 여성 간에 차이가 있기 때문이다.

말을 산출하기 위해서는 먼저 뇌에서 말을 프로그래밍해야 하는데, 말을 집행하기 전 말을 구사하기 위한 준비과정이 필요하다. 조음자나 말 관련 근육을 언제, 어떻게, 어느 위치에 놓을 것인지 정하고 말의 기본 단위를 적절하게 순차화해야 한다. 이 부분은 [그림 4-1]에서 동그라미로 표시된 언어 영역에서 이루어진다. 뇌에서 명령이 내려지면 말초신경에 의해 우리 몸에 있는 수많은 근육이 움직이고 협응하면서 말소리를 생성하게 된다.

[그림 4-1]의 하단이 바로 말소리 생성과 관련된 말기관이다. 인간은 고릴라나 침팬지에 비해 후두가 훨씬 잘 발달되어 있고, 발음을 위해 요구되는 근육의 움직임 역시 가장 세련되어 말소리 생성이 가능하다. 말기관은 크게 **호흡기관, 발성기관, 조음기관, 공명기관**으로 나뉜다. 말소리는 신경을 자극해서 근육이 수축되면 조음자들이 활동을 하면서 소리에 따라 성도의 모양이 변화한다. 폐에서 공기압의 변화로 호기가 올라오면 기류가 후두를 지나 후두 상부의 달라진 성도를 지나면서 소리를 내게 된다. 이때 소리는 성도 밖으로 나오기 전 마지막으로 비강음, 구강음 등의 소리 종류에 따라 몇 개의 빈 강을 통과한다. 의사소통을 하기 위한 호흡, 발성, 조음 메커니즘은 오직 인간에게서만 나타난다(O'Grady & Dobrovolsky, 1996).

(1) 호흡

숨을 들이쉬고 내쉬는 것은 무엇보다 **생명 유지**를 위한 것이다. 그런데 다른 동물들이 생명 유지를 위해 호흡을 하는 것과 달리 인간은 **말소리를 생성하기 위해서도** 호흡을 한다(〈표 4-2〉 참조).

말소리 관점에서 호흡이란 말소리를 산출하기 위한 기류를 생성하는 발동에 해당한다. 원래 호흡은 들이마시는 흡기와 내쉬는 호기로 나뉠 수 있는데, 인간의 말소리는 대부분 이 호기로 만들어진다. 말소리의 95% 이상이 호기(pulmonic egressive)로 구성된다. 특히 발화를 할 때에는 입으로 호흡하는데, 이때 들숨은 약 10% 정도를 차지하고, 날숨이 90%를 차지하면서 기류를 운영하여 호흡과 말소리 생성이 같이 이루어진다(O'Grady & Dobrovolsky, 1996).

흡기와 호기를 조절하는 **호흡기관**은 폐(lung), 세기관지(bronchioles), 기관지(main bronchus), 기관(trachea), 인두(pharynx), 코(nose), 입(mouth)을 포함한다. 폐와 기관지 사이에는 폐포관(alveolar ducts)이 있고, 폐 안에는 폐포(alveolus)와 폐포낭(alveolar sacs)이 있다. 그러나 이러한 호흡기관만으로 호흡이 이루어지지는 않는

기관	생명 유지 기능	언어 기능
폐	산소와 이산화탄소의 교환	말산출에 필요한 공기 제공
성대	폐로부터 공기 유입과 차단	말소리에 필요한 음성 생성
혀	입 안에서 음식물 이동, 저작, 삼킴	모음과 자음 조음에 관여
이	음식물 저작	몇몇 자음의 조음 장소 제공
입술	구강 폐쇄	자음과 모음과 같은 말소리 조음
비강	호흡에 사용	비음 조음을 위한 비강공명

표 4-2 인체의 이중 기능(O'Grady & Dobrovolsky, 1996: 12)

다. 먼저 뇌간에 위치한 호흡중추에서 들숨과 날숨을 조절하고, 이에 따라 폐를 둘러싼 늑골, 쇄골, 흉골 등의 골조와 근육 등이 세밀하게 움직이면서 호흡이 이루어진다. 숨을 들이쉴 때에는 늑골 사이의 근육인 늑간근이 수축하고 횡격막이 팽창하면서 폐가 팽창하게 된다. 숨을 내쉴 때에는 반대로 늑간근이 이완하면서 횡격막은 이완되고 폐는 수축하게 된다. 말 프로그래밍 단계에서 생성된 운동 명령에 따라 폐에서 호기를 내보내어 말소리 생성의 다음 단계로 넘겨준다([그림 4-15] 참조).

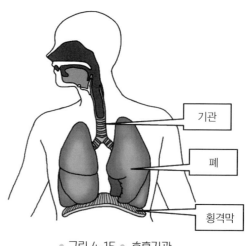

• 그림 4-15 • 호흡기관

(2) 발성기관

성문을 포함한 **후두**가 발성기관이다. 후두는 여러 연골이 보호하고 있으며, 내부는 성대가 위치한 성문부를 중심으로 **성문상부**, **성문부**, **성문하부**로 나뉜다. 발성이란 폐에서 기관을 통해 올라온 공기가 성대 밑에 압축되어 성문하압을 형성하였다가 성대를 통과하여 성문 상부를 통해 빠져나가는 것을 말한다. 성문을 통과할 때 공기는 산출하고자 하는 말소리에 따라 성대를 진동시키기도 하고, 진동 없이 지나가기도 한다. 후두는 [그림 4-16]에서 볼 수 있는 바와 같이 갑상연골로 싸여 있는데, 남성의 경우 사춘기를 지나면서 갑상연골의 각도가 90도로 좁아지면서 앞으로 튀어나오게 되지만, 여성의 경우 120도 정도여서 앞으로 돌출되지는 않는다.

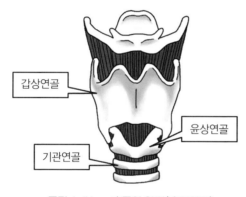

* 그림 4-16 * 후두의 앞면(후두연골)

후두의 가장 중요한 기능은 호흡이다. 생명 유지를 위해 우리 몸은 지속적인 산소 공급이 필요한데, 후두는 인두와 기도를 잇는 통로다. 후두의 두 번째 주요 기능은 기도 보호다. 이물질이 기도로 흡인되는 것을 막기 위해 음식물이 식도로 들어갈 때에는 성문을 닫는 기능을 한다. 후두의 세 번째 주요 기능은 발성이다. 사람이 발성을 하기 위해서는 구강, 인두, 후두, 폐, 횡격막, 복부와 목 근육의 상호작용이 필요한데, 특히 후두의 기능이 중요하다. 기도에서 올라온 기류가 통과하는 성문은 두 개의 성대로 구성된다(그림 4-17) 참조).

두 개의 **성대**가 서로 붙으면서 성문이 닫히고, 성대가 떨어지면서 성문이 열린다. 이와 같이 후두의 움직임은 **후두 외근**과 **후두 내근**이 조절하는데, 먼저 후두 외근은

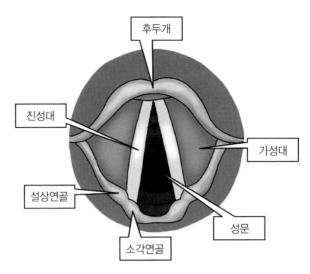

● 그림 4-17 ● 후두의 윗면(성대와 성문)

후두가 고정되도록 지탱해 주는 근육으로 목에서 후두의 위치를 상승시키거나 하강시키는 역할을 한다. 후두 내근은 **후윤상피열근**(posterior cricoarytenoid muscle), **외측윤상피열근**(lateral cricoarytenoid muscle: LCA), **갑상피열근**(thyroaryte-noid muscle: TA), **윤상갑상근**(cricothyroid muscle: CT), **피열근**(arytenoid muscle)과 같은 총 다섯 개의 근육으로 구성되어 있다. 여기서 피열근은 다시 횡피열근(transverse arytenoid muscle)과 사피열근(oblique arytenoid muscle)으로 구성되어 있다([그림 4-18] 참조). 이들 후두 내근이 성대의 주요 몸체를 이루면서 성대 이완과 긴장, 성대 내전과 외

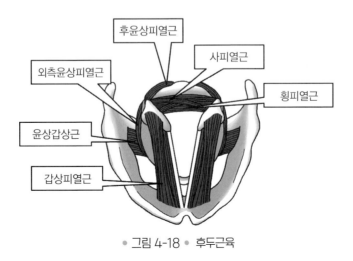

● 그림 4-18 ● 후두근육

전을 조절한다. 다섯 개의 후두 내근 중 후윤상피열근을 제외한 나머지 근육은 모두 성대 내전에 관여한다.

　후두 운동은 뇌신경 10번인 **미주신경**(vagus nerve)에서 나온 후두신경(laryngeal nerve)에 의해 이루어지는데, 후두신경은 다시 두 개의 가지로 분류된다. 하나는 상후두신경(Superior laryngeal nerve)이고, 또 하나는 외후두신경이다. 상후두신경 은 미주신경에서 출발하여 후두의 복측으로 내려가는데 윤상갑상근과 후두점막 (laryngeal mucosa)을 조절하는 기능을 한다. 외후두신경은 아래쪽으로 내려가다가 윤상인두근 아래쪽에서 후두로 다시 돌아가는 **되돌이후두신경**이 나오는데, 이 되돌 이후두신경이 윤상갑상근을 제외한 모든 후두근을 조절한다(그림 4-19) 참조).

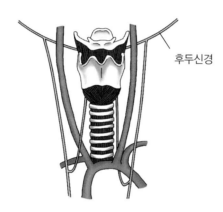

● 그림 4-19 ● 후두신경

(3) 조음기관

　조음이란 발성기관에서 발성된 기류가 공명기관을 통과하며 증폭되고 변형되어 산출하고자 하는 말소리의 기본 단위인 음소로 형성되는 과정이다. 음소를 조음하기 위해 혀, 입술, 턱, 연구개, 경구개, 치아 등의 **조음자**들이 움직인다(그림 4-20) 참조).

　조음자 중에서 이, 잇몸, 경구개 등은 움직이지 않고 수동적으로 조음에 참여한 다. 능동적으로 움직이며 조음에 참여하는 조음자는 입술, 혀, 구개수 등이다. 입 술은 조음기관의 가장 앞부분에 위치한 구조로 양순음을 만들 뿐 아니라 모음을 조 음할 때에도 중요한 역할을 한다. 혀는 상하와 측면을 움직이면서 말소리를 만들 어 낸다. 혀를 움직이는 근육은 상종설근, 하종설근, 수직설근이며, 혀의 근육을 조

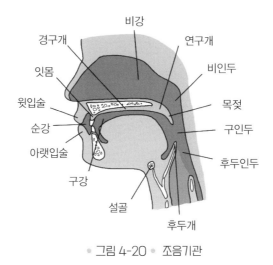

* 그림 4-20 * 조음기관

절하는 것은 설하신경이다. 구개수의 움직임은 비음과 구강음을 결정한다. 비음을 조음할 때 구개수가 내려와 인두강의 기류가 비강을 통과할 수 있게 하고, 구강음 조음 시에는 구개수가 올라가 비강 통로를 차단함으로써 구강으로 기류가 흐르도록 한다.

(4) 공명기관

성대를 통과한 공기가 인두강에 도달한 후 구강과 비강으로 나뉘는데, 이에 관련된 구조를 **공명기관**이라 한다(그림 4-21 참조). 코 부분의 공간이 **비강**이고, 입 안의 공간이 **구강**이며, 인두 위치의 공간이 **인두강**이다. 이 세 가지 공명기관 외에 순강을

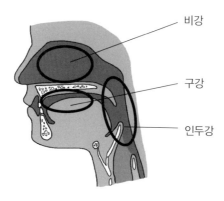

* 그림 4-21 * 공명기관

추가하기도 한다. 순강이란 구강의 앞부분에서 입술(labial)과 이(teeth) 사이에 생기
는 공간으로 원순모음 생성 시 입술이 앞으로 돌출되면서 확보된다.

4) 청각기관의 해부생리

(1) 외이

외이는 이개(pinna)부터 고막(tympanic membrane, ear drum)에 이르는 영역을 말한
다. 이개는 외이도와 고막을 보호하고 외부의 소리를 모으는 집음판 역할을 한다.
이개부터 고막을 연결하는 통로는 외이도(ear canal)인데, 외이도는 약간 구부러진
형태로 이루어져 있다. 고막은 반투명한 막으로 외이도를 통해 들어오는 소리의 진
동을 전달하는 역할을 하기 때문에 진동에 매우 민감하게 반응하며 이를 탐지한다.

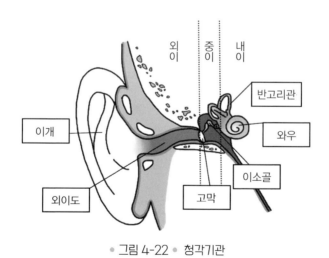

• 그림 4-22 • 청각기관

(2) 중이

중이는 고막부터 난원창 앞까지의 영역을 말한다. 중이는 이소골(ossicle), 이관
(eustachian tube), 중이근(middle ear muscle), 중이강(middle ear cavity)으로 구성되어
있다. 이소골은 고막을 통해 전달받은 소리 에너지를 내이로 전달하는 전달자 역할
을 하며, 외이와 내이의 에너지 저항을 조절하는 기능도 담당한다. 이소골은 추골,
침골, 등골이라는 세 개의 뼈로 구성되어 있는데, 이소골의 추골과 침골의 길이 차

이에 의한 지렛대 효과로 음압이 증강된다. Kringlebotin과 Cuundersen(1985)에 따르면, 이러한 음압 증가 효과는 특히 1,000Hz에서 2,000Hz 사이에서 두드러진다(고도홍, 2013에서 재인용).

(3) 내이

내이는 귀 구조의 가장 안쪽에 위치한 영역으로 세 개의 반고리관, 전정, 와우(달팽이관)로 구성되어 있다. 전정기관은 평형에 관여하고, 와우(cochlear)는 소리 에너지를 대뇌로 전달해 주는 역할을 한다. 와우는 달팽이처럼 회전하여 말려 있는데 2.5회 회전하고, 길이는 약 35mm다(고도홍, 2013). 와우 내부는 전정계와 고실계, 중간계로 구성되어 있다. 전정계와 고실계 사이에 와우의 핵심이 되는 코르티기관이 있다. 이 코르티기관의 안쪽에 내유모세포가 배열되어 있고, 바깥쪽에 외유모세포가 배열되어 있다. 와우의 전정계와 고실계 안에는 물보다 점성이 두 배인 외림프액(perilymph)이 들어 있으며, 중간계 속에는 내림프액(endolymph)이 들어 있다.

(4) 소리 자극의 전달

외이도를 통해 고막이 전달한 소리 진동은 중이의 이소골을 통해 내이로 전달된다. 이소골의 등골의 움직임에 따라 중이와 내이의 경계인 난원창이 진동한다. 난원창의 진동은 전정계의 외림프액을 진동시키고, 외림프액의 움직임에 따라 와우 내부에 있는 기저막이 움직이게 된다. 기저막이 움직이면 기저막에 있는 코르티기관이 함께 움직이면서 내유모세포와 외유모세포가 자극을 받게 된다. 유모세포의 끝에는 섬모다발이 있고 각 섬모에는 이온통로가 있어, 이온통로로 나트륨과 칼륨 이온이 이동하게 된다. 즉, 내이에서는 중이에서 전달된 기계적 에너지가 전기적 에너지로 바뀐다. 전기 신호는 청신경을 통해 뇌의 청각중추로 전달된다.

5) 말과 언어의 처리

지금까지 의사소통에 관련된 언어기관과 말기관, 청각기관의 해부생리학적 영역에 대해 간단히 살펴보았다. 호흡, 발성, 조음, 공명과 같은 구어 산출의 모든 측면과 구어 이해의 측면, 그리고 이를 관장하는 뇌의 역할까지 어느 한 부분 중요하지 않은 것이 없고, 의사소통과정 중 작은 부분에서의 결함은 의사소통을 붕괴시킨다. 아주 간단한 발화도 CNS, PNS의 수많은 신경학적 역할이 필요하다. 직접적인 기관의 움직임 외에도, 기관의 움직임을 위한 준비 자세의 적절한 근육 긴장과 협응이 이루어져야 한다. 이 장을 마무리하면서 인간이 단어 하나를 산출하고 이해하는 과정을 짚어 보며 종합해 보도록 하자.

　아동이 엄마와 걸어가다가 주차된 차를 보고 엄마에게 "(차) 타."라고 말한다고 가정해 보자. 이때 아동이 '타'를 발화하기 위해 어떤 과정을 거치는지 분석해 보자. 뇌에서 아동은 상황에 대한 판단과 자신의 욕구를 파악하고 '(탈 것) 위에 몸을 얹다'라는 개념과 이에 해당하는 단어 형태 '타다'를 자신의 어휘집에서 찾아내야 한다. 그리고 이 낱말이 말소리로 산출되기 위해 프로그램 된 후 운동영역으로 명령이 집행되면 대뇌 피질의 운동영역으로부터 신경경로를 따라 각 음소산출을 위한 적절한 근육조직으로 이동해야 한다. 먼저 '타'라는 단어 문장을 구성하는 형태소 '타(다)'의 어간과 종결어미 '아/어'를 결합하는 것, 그리고 '타(다)+아'를 구성하는 음소 /ㅌ/와 /ㅏ/를 순서에 맞게 배열하고 집행하는 것은 브로카 영역에서 담당할 것이다. 말산출을 위한 프로그램이 운동영역으로 전달되면 이를 산출하기 위해 관련 근육들이 준비 자세에 들어간다. 다음 단계로 이어지기 위해 앞서 준비된 근육들은 치경음 /t/계열 중에서 기식음으로 발화되어야 하기 때문에 성문하압을 크게 만들고 갑자기 성대를 양쪽으로 벌려 기류를 내보내야 한다. 또한 기식음 /ㅌ/의 산출에 연이어 모음 /ㅏ/를 산출하기 위해 치경음으로 올라가 있던 혀는 급하게 아래로 내려오며 구강을 벌려야 한다. 이러한 과정을 거쳐 산출된 /타/ 소리는 공기를 통해 음파로 청자인 엄마의 귀에 전달된다. 이개가 모은 소리는 외이도를 거쳐 고막을 울리고, 중이의 이소골에 의해 음압이 어느 정도 증강되면서 난원창을 통해 내이로 전달되며, 중이에서 기계적 에너지로 전달받은 소리는 내이에서 전기적 에너지로 바뀌어 청신경을 통해 뇌의 뇌간을 거쳐 측두엽 상부에 있는 일차청각영역으로 전달된 후 베르니케 영역의 사전에서 그 단어를 지각함으로써 이해된다. 아이의 엄마는 '타'를 이해하고 아이의 요구에 반응하게 된다.

요약

이 장에서는 인간이 한 언어를 습득하여 자유자재로 구사하기 위해서 어떠한 생물학적 조건이 필요한지 알아보았다. 생각을 언어로 어떻게 표현할 것인지를 계획할 수 있는 뇌가 필요하고, 계획에 맞추어 말을 산출하기 위해서는 호흡, 발성, 조음, 공명을 위한 음성기관의 적절한 기능이 필요하다. 또한 화자가 산출한 말소리가 공기를 통해 청자의 귀에 전달되면 청자는 화자가 보낸 소리 신호를 귀를 통해 받아들여 외이, 중이, 내이를 거쳐 청신경을 통해 뇌까지 전달하면서 말소리로 이해하게 되는데, 이를 위한 청각기관이 필요하다. 이러한 신경해부생리학적 밑바탕 위에서 인간은 추상적 기호체계인 언어를 습득하여 이해하고 사용할 수 있는 것이다.

학습 확인 문제

1. 신경, 신경세포, 신경계를 설명하시오.
2. 뇌의 좌우반구를 설명하시오.
3. 대뇌 피질의 네 영역의 명칭과 기능을 설명하시오.
4. 언어 구성요소와 뇌의 피질 영역을 관련지으시오.
5. 말기관의 해부학적 구조를 기술하시오.
6. 청각기관의 구성을 기술하시오.

제2부

언어발달

제5장

영아기
언어발달

- 출생 전 태아기의 청지각 발달에 대해 학습한다.

- 영아기 운율 및 말소리 지각 양상과 발달을 이해한다.

- 영아기 단어 지각에 대해 이해한다.

- 영아기 말산출 기술의 발달을 이해한다.

- 영아기 의사소통 단계를 이해한다.

- 영아기 의사소통 기능 양상을 이해한다.

아기의 첫 울음은 아기가 인생의 첫 출발점에 섰다는 것을 의미한다. 모태로부터 물리적으로 분리되어 스스로의 폐로 호흡을 시작한 것이기 때문이다. 모태로부터의 분리, 즉 출생부터 1년까지의 아기를 영아(infant)라고 하고, 특히 첫 1개월은 신생아(newborn)라 한다. 원래 '영아(infant)'라는 용어는 '말할 수 없다'는 의미의 라틴어 'infans'에서 유래했다. 실제로 인간 아기는 출생 후 1년이 지나는 시점에 이르러서야 비로소 의미 있는 첫 낱말을 산출하기 때문에 초어 산출 이전의 시기인 첫 1년을 영아라고 하는 것은 '아기(baby)'라는 일반적 단어보다 언어발달 면에서 설득력이 있다. 그런데 '영아'라는 용어가 항상 그 정의처럼 사용되는 것은 아니다. 학술전문지나 서적에서조차 애매하게 사용될 때가 있다. 예를 들어, 6개월에서 24개월 아기를 대상으로 하는 연구라면 '영아'와 '아장이'라고 구분지어 기술하는 것이 복잡하기 때문에 통틀어 '영아'라고 한다. 심지어는 24개월이 넘어도 '영아'로 지칭하기도 한다. 그러나 최근에 출판되는 언어발달이나 언어발달장애 관련 서적에서는 '영아'와 '아장이'를 구분하여 사용하는 추세다. 이 장에서도 영아기라 함은 생후 1년까지의 시기를 가리킨다.

생애 첫 1년 동안 영아는 어떠한 언어발달을 이루어 나가는가? 첫 1년이 지나면서 초어가 산출되기 때문에 초어 이전의 1년 동안에는 특별한 언어적 변화가 없다고 생각할 수 있다. 그러나 언어라는 것이 아무리 생득적 측면이 강하더라도 아무런

● 그림 5-1 ● 영아기

변화 없이 가만히 있다가 어느 날 갑자기 말을 하는 것은 아니다. 인간 아기는 출생 이전인 태아기에도 출생 이후의 의사소통 발달을 준비하며, 출생 이후 영아기 동안에는 의사소통이라는 좀 더 큰 테두리 안에서 매우 빠른 속도로 언어발달을 이루어 나간다. 외부로 잘 드러나지 않지만 생후 1년을 전후하여 초어를 산출하기 위한 치열한 훈련과 준비 과정이 필요하다.

1. 태아기 말지각

1) 소리에 대한 지각

인간 아기는 언제부터 소리를 들을 수 있을까? 흔히 태교를 하면서 마음을 편안히 하고 좋은 음악을 듣고 가족의 목소리를 들려주곤 한다. 이 사실을 떠올린다면, 청각학이라는 학문에 대해 선지식이 없더라도 아기가 태어나기 전 모태에 있을 때 이미 들을 수 있다는 추정을 해 보는 것이 그리 어렵지 않을 것이다. 과학의 발전으로 이에 대한 연구를 할 수 있는 장비들을 갖추기 전에는 추정만 할 뿐 정확하게 언제부터 어떤 소리에 반응을 하는지 측정하기 어려웠다. 그러나 과학적 장비들을 활용하여 출생 전 태아의 청지각적 반응에 대한 연구들(Bench, 1968; Fifer & Moon, 2003; Hepper & Shahidullah, 1994; Kisilevsky et al., 2003; Richards, Frentzen, Gerhardt, McCann, & Abrams, 1992)은 태아의 청지각 발달에 대한 비교적 명확한 데이터를 제시한다.

Hepper와 Shahidullah(1994)는 19주에서 35주 된 50명의 태아를 대상으로 주파수를 달리한 순음 자극을 주고 임신 기간에 따라 소리에 대한 반응이 어떻게 달라지는지 초음파로 검사하였다. [그림 5-2]는 태아연령과 주파수에 대한 반응률의 관계를 나타낸 것이다. 어머니의 복부에 스피커를 놓고 소리 자극을 주었을 때 500Hz에 반응을 보인 것은 태아기 19주였다. 27주 태아의 96%가 250Hz와 500Hz에 반응을 보였으나 모든 태아가 1,000Hz에 반응을 보인 것은 33주였고, 모든 태아가 3,000Hz에 반응을 보인 것은 35주였다. 메이요클리닉(Mayo Clinic)에 따르면, 잉태 후 18주 정도가 되어 태아가 14cm, 200g 정도가 되면 아기의 두부 양쪽에 귀가 나타나고 들

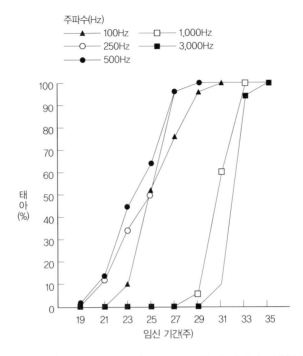

• 그림 5-2 • 태아의 소리 반응(Hepper & Shahidullah, 1994)

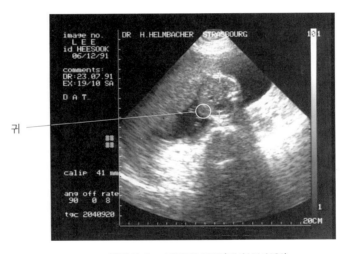

• 그림 5-3 • 태아기 18주(귀 형성 확인)

기 시작한다고 하는데([그림 5-3] 참조), 이는 Hepper와 Shahidullah(1994)가 보고한 19주보다 한 주 정도 더 빠르다. 더 많은 연구들에 의해 정확한 시기가 밝혀져야 하겠지만, 태아가 출생 전에 소리를 지각할 수 있는 **청력**을 갖춘다는 것을 알 수 있다.

더 나아가 태아는 저음을 먼저 지각하고 점차 고음도 지각하게 된다는 것을 알 수 있다.

2) 말소리에 대한 지각

앞서 살펴본 바와 같이 태아는 여러 주파수대의 소리에 반응한다(Hepper & Shahidullah, 1994). 그렇다면 태내 아기는 모든 종류의 소리에 동일하게 반응할까? 다시 말해서, 아기가 사람의 말소리와 자연음을 구분하는지, 구분한다면 어떤 소리에 더 잘 반응하는지 궁금하지 않을 수 없다. Benzaquen, Gagnon, Hunse, Foreman(1990), Querleu, Renard, Crepin(1981)은 34주부터 40주까지의 아기를 대상으로 심장박동 체크를 통해 아기의 반응을 실험하였다. 실험에서 심장박동을 신호로 전환하는 장치를 어머니의 복부에 설치하고 태아에게 엄마의 목소리를 들려주었는데, 태아는 매번 엄마의 목소리가 들릴 때마다 순간적으로 심장박동을 완화함으로써 관심을 나타냈다. 반대로 다른 사람의 음성을 들려주었을 때 아기의 심장박동에는 변화가 없었다. 이러한 연구 결과는 아동이 태어나기 전에 이미 엄마의 목소리를 들으면서 친숙해지고, 엄마의 목소리를 구별하여 반응한다는 것을 알게 해준다. 좀 더 최근에는 Fifer와 Moon(2003), Kisilevsky 등(2003)이 태아의 심장박동과 리듬에 대해 연구하였다. 연구 결과, 태아가 엄마의 목소리뿐 아니라 반복적으로 들었던 이야기나 노래에 대해서도 뚜렷한 선호도를 보였다.

이와 같이 출생 전 태아를 대상으로 한 목소리 반응 연구들은 일관되게 태아가 모태에서 이미 엄마의 목소리에 반응하고, 반복해서 들은 이야기나 노래에 대해서도 선호도를 보이는 반응을 했다는 결과를 제시하고 있다. 이는 태아가 외부에서 들려오는 소리와 내부에서 들려오는 소리를 모두 들을 수 있다는 것을 말해 준다. 특히 모태에서 태아는 엄마의 심장박동 소리와 목소리를 듣는다. 그렇다면 태아는 어느 시점부터 엄마의 목소리를 들을 수 있는 것일까? 이에 대해서 메이요클리닉은 대략 25주경에 태아가 엄마의 목소리에 반응하기 시작한다고 제시한다. 태아의 이러한 청지각적 반응과 선호도가 출생 후의 단어 지각을 위한 밑바탕 역할을 하는 것으로 보인다(Werker & Yeung, 2005).

2. 영아기 말지각

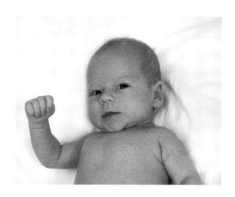

● 그림 5-4 ● 신생아 사진

영아기 말지각에 대한 연구로는 DeCasper와 Fifer(1980), Mehler, Jusczyk 등 (1988)을 비롯하여 Bosch와 Sebastian-Gallés(1997), Sheridan(2008), Bosch(2011) 등이 있다. 태아기 청지각 연구에서 태아들은 고주파수대 소리에 대해 반응이 저 조하였는데, Sheridan(2008)의 신생아 연구에 따르면, 신생아는 고주파수대의 소 리에도 분명한 반응을 보인다. 또한 DeCasper와 Fifer(1980), Mehler, Bertoncini, Barrière, Jassik-Gerschenfeld(1978)는 출생한 지 12시간밖에 안 된 아기에게 여 러 사람 목소리를 들려주었을 때 다른 여성들의 목소리에는 별 반응을 보이지 않 고 엄마 목소리에 대한 뚜렷한 선호도를 보였다고 한다. Schulman(1973), Eisele, Berry, Shriner(1975), Berg(1993), Olsho, Koch, Carter, Halpin, Spetner(1988)의 연 구에 따르면, 출생 후 1개월이면 아기는 거의 모든 청력을 갖추게 된다. Bosch와 Sebastian-Gallés(1997)는 생후 4개월 된 영아가 자신의 모국어에 대한 지각 능력이 있다고 주장하였고, 좀 더 최근의 연구(Bosch, 2011)에서는 영아기 초기의 말지각 능 력이 아장이기의 어휘 발달에 대한 예측인자라고 주장하기도 하였다.

1) 운율 지각

운율이란 분절적 특성을 보이는 음소와 달리 초분절적(suprasegmental) 특성을 보이는 말소리의 요소로, 말소리의 높낮이, 길이, 크기 등을 일컫는다. 영아가 이러한 운율적(prosodic) 특성에 어떻게 반응하는지에 대한 연구로는 DeCasper 와 Spence(1986), Mehler, Zusczyk 등(1988), Cooper와 Aslin(1990), Bosch 와 Sebastian-Gallés(1997), Nazzi, Bertoncini, Mehler(1998), Nazzi, Jusczyk, Johnson(2000), Werker, Ladhar, Corcoran(2005)이 있다. 먼저, Mehler, Zusczyk 등(1988)은 생후 4일 된 신생아의 운율 지각에 대해 연구하였다. 그들에 따르면, 태아 기 동안 프랑스어에 노출된 아기들은 생후 4일에 엄마가 프랑스어가 아닌 다른 언 어로 말하자 울기 시작했고, 엄마가 다시 프랑스어로 말하자 울음을 그쳤다고 하 였다. Cooper와 Aslin(1990)의 연구에서는 생후 2일 된 신생아들이 엄마가 외국어 를 말하자 울기 시작했고, 엄마가 모국어를 말하자 진정되었다고 하였다. Bosch와 Sebastian-Gallés(1997)는 단일언어와 이중언어 환경의 영아들을 비교하였다. 이들 은 영아가 모국어를 구분하는 중요한 정보를 운율 정보에서 얻는다고 주장하였다.

DeCasper와 Spence(1986)는 신생아가 모국어와 엄마의 목소리에 대한 특별한 반 응을 할 뿐 아니라 심지어 태내기 동안 들었던 이야기를 들을 때도 분명히 반응한다 고 주장하였다. 이들은 연구에서 신생아에게 엄마가 태내 아기에게 들려주었던 이 야기도 들려주고, 새로운 이야기도 들려주면서 반응을 비교하였다. 또한 엄마의 목 소리에 대한 반응과 이야기에 대한 반응을 구분하기 위해 다른 여성에게 동일한 이 야기를 들려주도록 하면서 비교하였다. 요컨대, 아기는 여러 이야기 중에서 태내에 서 들었던 이야기를 더 좋아하였다.

이러한 신생아 운율 지각 연구 결과에 의거할 때, 아기들은 문장의 리듬과 멜로 디, 운율구의 억양 패턴, 음절의 장단 같은 모국어 운율에 민감하게 반응한다. 이는 이미 태아기에 노출된 언어의 운율 특성을 지각함으로써 모국어의 언어 특성을 기 억했기 때문이라고 추정할 수 있다. 또한 신생아가 운율 특성에 기반해서 모국어와 어머니의 목소리, 그리고 자주 듣던 이야기를 좋아한다는 것은 태아기의 경험이 기 억된다는 것을 말해 주는 것이기도 한다. 더욱 중요한 것은 이러한 신생아의 운율 지각이 아기의 향후 언어습득에도 영향을 준다는 것이다. 영어나 프랑스어도 그렇 지만, 한국어도 운율구의 마지막 음절 부분이 길어지고 강세가 주어지는 경향이 있 다. 아기가 연속된 음의 연쇄에서 운율구를 분절하고 낱말의 경계를 분절하는 데 이러한 운율 특성이 하나의 단서로 작용하는 것이다. 영아가 음성 연쇄에서 단어를 분절하기 시작하는 것은 약 생후 7~8개월인데(Jusczyk & Aslin, 1995), 약 10개월경에는 약강 패턴의 단어도 지각할 수 있게 된다(Gerken & Aslin, 2005; Jusczyk, 2002). 그리고 12개월경이면 좋아하는 노래도 알아듣는다(Sheridan, 2008).

2) 음 지각

아기는 또한 음(phone)[1] 지각 능력도 일찍부터 발달시킨다. 특히 영아기 동안의 음 지각은 놀라울 정도의 속도로 발달한다. 신생아의 음 지각에 대한 Eimas, Siqueland, Juscyzk, Vigorito(1971)의 연구에 따르면, 신생아는 이미 서로 다른 음 대조 능력을 갖고 있어 유성음 [b]와 무성음 [p]를 구분할 줄 안다. 생후 2주 된 아기들을 침대에 눕히고 녹음 장치를 한 노리개 젖꼭지를 물린 다음, 아기에게 [ba]를 반복적으로 들려주었다. 아기는 [ba] 소리가 시작될 때 젖꼭지를 더 세게, 더 빨리 빨았다. 일정한 시간이 흘러 아기가 [ba] 소리에 익숙해지면 아기는 다시 천천히 단조로운 리듬으로 젖꼭지를 빨았다. 조금 뒤 [ba] 소리 대신 [pa]를 들려주자, 아기가 젖꼭지를 빠는 움직임이 다시 매우 빨라졌다. 이러한 결과는 여러 차례 실험에서 일관성 있게 나타났다. 모음에 대해서도 같은 실험을 하였을 때 동일한 결과가 나타났다.

영아의 음 지각과 관련하여 한 가지 매우 흥미로운 것은 아기들이 처음에는 모든 언어음의 차이를 지각한다는 사실이다. Jusczyk(1985), Werker(1989), Trehub(1976), Lisker와 Abramson(1971) 등의 연구에 따르면, 생후 2주에서 2개월 된 아기들이 모국어만이 아니라 다른 언어까지 거의 모든 언어음의 차이를 지각할 수 있다. 또한 생후 3개월경이면 영아는 엄마의 목소리가 들리는 쪽으로 고개를 돌리거나 쿠잉으로 반응한다(Sheridan, 2008). 생후 4개월경부터는 엄마의 목소리를 듣고 미소

---

1) 소리(sound) 중에서 인간이 만들어 낼 수 있는 소리를 말소리(speech sounds)라 한다. 말소리는 인간의 조음기관을 통해 산출한 소리 중에서도 언어적으로 의미 있는 소리를 가리킨다. 음성학에서는 이 물리적 말소리의 단위로 '음(phone)'이라는 용어를 사용한다. '음'이 모여 이룬 범주, 집합이 곧 '음소'다. 음소는 의미에 관여하는 최소의 단위다.

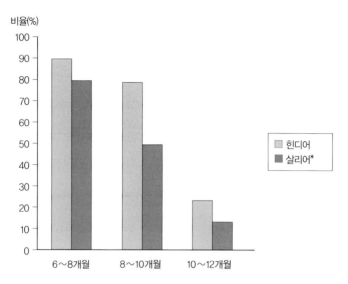

● 그림 5-5 ● 영어 학습 영아의 힌디어음과 살리어음 구분 비율(Werker & Crutin, 2005)

* 살리어: 미국 서북부 아메리칸인디언 언어의 일종.

를 짓거나 엄마의 소리에 /m/ /b/와 같은 자음을 섞어 반응하고, 6~7개월이 되면 아기는 소리를 향해 매우 빨리 반응하고 아주 작은 소리에도 반응할 수 있다. 생후 6개월에서 8개월 된 캐나다 아기에 대한 연구(Werker & Crutin, 2005)에서도, 아기는 자신의 주변에서 사용하지 않는 힌디어의 권설음 /t/와 영어의 치경음 /t/를 구분할 수 있었다. 6개월에서 8개월 된 아동에 대해서 동일한 검사를 실시하였을 때 아기들은 캐나다 서남부와 미국 서북부 아메리칸인디언 언어(salish)의 연구개([k'])와 성문구개음([q'])을 구분할 수 있었다. 그러나 [그림 5-5]에서 볼 수 있는 바와 같이 영아기 말로 갈수록 영아는 점차 이러한 모국어가 아닌 언어에 대한 음 구분 능력이 감소한다. Best와 Faber(2000)의 연구에서는 음 변별 능력이 사라지는 시기가 좀 더 구체적으로 10개월에서 12개월 사이라고 제시한다. 이에 대한 연구 결과들은 대체로 일치하고 있다.

여러 언어에 대한 음 변별 검사를 4세, 8세, 12세 아동과 성인에 대해서도 실시하였다. 예외도 있었지만 대부분 성인과 유사하게 음 변별 능력이 떨어졌다. 이러한 연구들을 종합하면, 아기는 이미 선천적으로 음 변별 능력을 가지고 태어나지만 약 10개월에서 1년 사이에 모든 언어에 대한 음 변별 능력이 사라진다. 그런데 이 시기는 모국어를 점차 습득하는 시기이기에 퇴행이 아니라 발달이라고 볼 수 있다.

Pinker(1994)는 이러한 음 구분을 할 수 있는 것이 학습을 통해서가 아니라고 주장하였다.

3) 단어 지각

아기가 단어를 학습하기 위해서는 말소리 연쇄에서 단어의 말소리 형태를 찾아내고 경계를 지각하고 분절하여야 하고, 또 표상할 수 있어야 한다. 그뿐만 아니라 서로 다른 단어 형태들을 개념과 결합할 수 있어야 한다(Werker & Yeung, 2005). Mandel, Jusczyk, Pisoni(1995)에 따르면, 영아는 단어의 의미는 몰라도 일찍부터 말소리 연쇄를 지각할 수 있으며 말소리를 변별할 수 있다. 생후 약 4개월이면 영아가 자신의 이름을 듣고 반응하는데, 이는 영아가 연속적으로 들려오는 말소리 연쇄에서 자신의 이름을 구성하는 음절을 포착하고 기억했다가 반응하는 것이다. 그러나 4개월 된 아기는 아직 추상적 개체에 개념을 연결시킬 수 있는 인지 수준에 이르지 않기 때문에 단어를 지각할 수 있다고 말하기는 어렵다. 개가 이름을 듣고 반응하는 것처럼 하나의 신호로 지각하고 반응하는 것이다(Daviault, 2011).

6개월경이 되면 아기는 '엄마' '아빠'와 같이 매일 반복되는 몇 개의 단어를 지각하기 시작한다(Bortfeld, Morgan, Golinkoff, & Rathbun, 2005). 또한 엄마가 두 손으로 눈을 가리고 '까꿍' 한다거나 손을 흔들며 '빠이빠이' 하는 것을 들으면서 제스처와 단어를 연결해 인식할 수도 있다. 이와 같이 단어를 말하면서 제스처를 동반하는 것은 아기가 단어 인식을 하는 데 도움이 된다. 이 시기 아기들은 성인이 말하는 것을 해독하는 데에 억양을 활용하기 때문에 '엄마말(motherese language)'에 반응을 좀 더 많이 하게 된다. Huttenlocher와 Goodman(1987)의 연구에 따르면, 이 시기에 아기는 발화 억양에 대한 반응도가 높아 강한 어조로 "안 돼!" 하면 울지만 강한 어조로 "그래."라고 해도 운다고 한다. 이와 같이 영아는 5~6개월에 이미 친숙한 몇 개 단어를 알아듣고 6~8개월이면 단어를 구분할 뿐 아니라 자주 듣는 몇몇 단어를 기억하기 시작하는 것이다(Jusczyk, 2001; Jusczyk & Aslin, 1995). 또한 문맥이 주어진 상황에서 "목욕할까?"라는 발화 중 '목욕'이라는 단어를 이해하기도 한다. 그러나 문맥적 단서 없이 발화에 들어 있는 단어를 이해하는 것은 적어도 9개월은 넘어야 된다

(Boysson-Bardies, 1996). 10개월에서 12개월 사이에 아기는 드물게 사용되는 단어보다는 친숙한 단어를 듣기를 선호하는 경향이 있다(Boysson-Bardies, 1996). 이는 영아기 말의 아기가 단어에 의미를 연결할 수 있도록 도와줄 것이다(〈표 5-1〉 참조).

　이와 같이 아기는 **운율**에 민감하여 발화를 들으면서 절과 절 사이의 쉬는 시간과 **억양을 감지함**으로써 6~12개월이면 문장을 들으면서 절로 분절할 수 있게 된다. 예를 들어, 문장을 발화하면서 정상적인 위치와 정상적이지 않은 위치에서 각각 쉬었을 때, 6개월 된 아기들은 두 절 사이에서 쉬는 문장에 주의를 보였지만 아무 데서나 쉰 문장에는 주의를 기울이지 않았다. 동일한 방법으로 실험하면서 관찰하면 9개월에는 문장을 구로 분할할 수 있고, 11개월이면 단어로 분할할 수 있다(Daviault, 2011).

표 5-1　영아기 말지각 발달

시기	말지각 내용
0~4개월	모든 언어의 음(phone) 변별
4~5개월	자신의 이름 지각
5~8개월	'까꿍' '빠이빠이' 같은 몇 개 단어에 반응, 신호 지각
6~12개월	절 분절 지각 시작
9개월	구 분절 지각
9~12개월	기호로서의 단어 지각

　영아기 말지각 과정에서 아기는 상대방의 의도된 행동을 구분하는 능력과 함께 항목이나 사건을 지각적이고 개념적으로 범주화하는 초기 능력이 발달한다. 먼저 모양, 촉감, 크기와 같은 지각적 범주를 구분하고 동물과 가구와 같은 범주를 구별할 수 있게 된다. 영아기 아기의 범주를 형성하는 능력은 2세 이후의 인지 능력과 언어 능력의 지표가 된다(Berk, 2012).

3. 영아기 말산출

아기는 **영아기** 동안 꽤 많은 단어를 이해하게 되지만, 단어를 이해했다고 바로 단어를 산출할 수 있는 것은 아니다. 매우 반복적인 연습을 통해 부단히 훈련하여 모음 소리를 내고, 자음과 모음을 합쳐서 소리를 내고, 속도가 빨라지고, 능숙해지는 과정을 거쳐야 하는 것이다.

1) 영아기 음성 발달과 초어 산출

아기들은 태어나서 약 2개월 동안은 주로 울음, 트림, 기침 같은 반사적인 소리를 낸다. 약 1.5개월 즈음부터는 목울림 소리를 산출하기 시작하는데, 이러한 목울림 소리를 비둘기 소리에 비유하여 **쿠잉**(cooing)이라고 부른다. 쿠잉은 특히 배가 부르거나 기저귀를 갈고 난 후 기분 좋은 시간에 집중적으로 나타난다. 수유 후 아기와의 이 시간은 정서적으로 깊은 교감을 하는 순간이다. 생후 약 4개월 정도가 되면, 아기는 [아] [이] [에] 등의 모음 소리를 내거나 활음이 나타나고 투레질을 하면서 양순음이 나타나기도 한다. 그러다가 5개월에서 8개월 사이에는 조음을 통제하여 주변적 옹알이로 발달한다.

6개월에서 10개월 사이에는 **주변적 옹알이**에서 진정한 의미의 기본 옹알이가 나타난다. 이 시기 아기는 자음과 모음이 조합된 소리를 내며 음성놀이를 하는데, 먼저 마-마-마와 같은 반복적 음절이 나타나다가 9~10개월경에는 옹알이가 절정에 이르면서 '따-바-따-꾸'와 같은 비반복적 옹알이가 나타나다가 이중모음과 자음과 모음이 다양하게 조합된 소리를 산출하게 된다. 아기의 옹알이가 절정에 달하다가 모국어의 운율에 맞는 **모듈화된 옹알이**에 이르고 12개월에 즈음하여 **초어로** 이어진다. 초기 의미 있는 말은 아기의 옹알이에 나타나는 음운론적 패턴과 직접적으로 연결되어 있다(Ferguson, Menn, & Stoel-Gammon, 2008). 후기 옹알이에는 파열음, 비음, 전이음이 다수 포함되어 있는데, 이는 아동의 첫 낱말에 전형적으로 나타나는 자음들이다.

영아기 1년 동안의 말소리 산출 발달을 다루면서 가장 많이 언급되는 것은 Oller(1980)가 5단계로 정리하여 제시한 말산출 발달 과정이다. 여기서는 Reed(2012)와 Daviault(2011)가 잘 정리한 Oller(1980)의 5단계 말산출 발달 과정에 의거하여 제시한다.

● 1단계(출생부터 2개월까지)

이 시기는 반사적인 반응이 주로 나타난다. 출생 시 아기는 폐로 홀로 숨을 쉬기 위해 울음을 터뜨린다. 그러나 이후에는 배가 고프거나, 신체적으로 불편하거나 아플 때 주로 반사적으로 운다(McLaughlin, 2006). 울음 이외에도 아기는 기침, 트림 등의 생리적 반사음을 낸다(Bauman-Waengler, 2008; McLaughlin, 2006; Paul, 2008; Proctor, 1989).

● 2단계(2개월부터 4개월까지)

아기의 원시적ㆍ반사적 발성은 약 3개월경부터 감소하기 시작하는데(Bauman-Waengler, 2008), 반사적 발성이 줄어들면서 약 4개월경에는 사회적 웃음이 나타난다(Gesell & Thompson, 1934). 즉, 입술 주변을 움직이면서 웃음 비슷한 표정이 나타나는 것은 이미 신생아기부터이지만 이는 배냇짓이고, 기쁨과 같은 감정이 포함된 사회적 웃음이 나타나는 것은 3~4개월경이라고 할 수 있다. 또한 1.5개월에서 2개월경 아기는 기분이 좋을 때 목울림 소리를 낸다. 이 목울림 소리, 즉 쿠잉은 연구개 자음 /g/ /k/ 같은 소리다(McLaughlin, 2006). Paul(2007)은 이 시기 아기가 쿠잉 외에도 기분이 좋을 때 /mmm/ 같은 소리를 산출한다는 관찰 결과를 보고하기도 하였다.

● 3단계(4개월부터 6개월까지)

이 시기 아기는 음성놀이(vocal play)를 한다. 음성놀이에는 모국어의 정확한 모음과 자음이 아니지만 모음 비슷한 소리와 자음 비슷한 소리가 섞여 나타난다. 이 시기에 양순 파열음이나 비음이 포함된 주변적 옹알이가 나타나는데(Paul, 2007), 주변적 옹알이에 포함된 소리는 영아의 모국어에 해당하는 음일 수도 있고 아닐 수도 있다(McLaughlin, 2006). 이 시기 아기는 마치 재미있는 놀이를 하듯 입모양을 바꿔 가며 여러 소리를 낸다. 음도와 강도를 바꿔 가면서 소리를 내기도 하고 투레질 소리도 자주 낸다.

● 4단계(6개월부터)

6개월경 아기에게서 기본적 옹알이가 나타난다. 기본적 옹알이는 반복적 옹알이와 비반복적 옹알이를 포함하는 용어다(Bauman-Waengler, 2008). 간단히 말해, 옹알이는 적어도 하나의 모음 소리와 하나의 자음 소리로 구성되어 잘 형성된 음절을 나타내고 빠른 전환에 연결된다. 두 종류의 옹알이가 관찰되는 동안 아기의 양육자는 엄마말을 많이 해 주게 되고, 이는 아기의 언어발달에 중요한 요소로 간주된다.

● 5단계(10개월부터)

언어 이전기 음성발달의 마지막 단계는 모듈화된 옹알이 혹은 대화옹알이 단계다. 이 시기 옹알이는 다양한 강세와 억양 패턴으로 여러 음절이 연속적으로 나타나곤 하는데, 마치 문장을 말하는 것 같은 착각을 주기도 한다. 그래서 이 시기 옹알이는 일치된 용어로 기술되지 않고 대화옹알이, **패턴화된 옹알이**, **자곤**(jargon) 등 여러 의견이 있다. 혹자는 자곤이라고 하기도 하고 혹자는 대화옹알이, 모듈화된 옹알이라고 하기도 하며, 혹자는 자곤이 대화옹알이와 모듈화된 옹알이를 모두 포함한다고 보기도 한다(Ferguson et al., 2008). 아기가 첫 낱말을 산출하는 것도 이 시기다.

표 5-2) 영아의 말산출 발달(Oller, 1980)

시기	말산출 내용
0~2개월	생리적 · 반사적 소리(하품, 딸꾹질 등)
2~4개월	쿠잉(파열음과 비음 섞임)
4~6개월	음성놀이, 주변적 옹알이
6~10개월	기본 옹알이(반복성 옹알이, 비반복성 옹알이)
10~12개월	패턴형 옹알이, 대화형 옹알이, 자곤, 초어

반사적 · 생리적 소리에서 쿠잉을 지나 주변적 옹알이에서 기본 옹알이를 거쳐 패턴화된 옹알이에서 초어에 이르는 일련의 과정을 살펴보았다. 옹알이와 첫 단어가 나타나는 시기 사이의 과도기에 아기들은 **원시단어**(protoword)를 산출한다. 원시단어들은 그 언어에서 사용되는 단어와 다르지만 음성적으로는 일관되고 음절구조를 갖추고 있으며, 어느 정도 일관된 의미를 갖고 있다. 또한 아이들에 따라 각자 만들어 낸 원시단어가 다르다. 예를 들어, 필자의 딸은 10~11개월경 초어가 나타나기 전에 자신이 제일 좋아하던 곰인형을 '고고'라고 일관되게 불렀는데, 이는 옹알이 '고고고고'와 달리 정확히 두 음절을 사용하고 곰인형을 지시대상으로 하는 원시단어였다.

2) 초어의 특성

• 그림 5-6 • 영아기 말(12개월)

(1) 초어의 조건

초어란 따라 말하기가 아닌 아동 스스로 분명한 의도를 가지고 일관성 있게 산출하는 첫 단어를 말한다. 아동이 말이 늦어 평가를 위해 언어치료실을 찾는 어머니들과의 초기 면담에서 평가자는 반드시 초어 산출 시기를 물어보게 된다. 이때 아동이 8개월경에 이미 '엄마'를 첫 낱말로 산출했다고 보고하는 경우가 많이 있다. 그러나 옹알이성 '엄(음)마'는 진정한 의미의 첫 낱말 '엄마'와 구분된다. Pence와 Justice(2010)는 진정한 의미의 첫 낱말로 간주할 수 있는 세 가지 조건을 다음과 같이 제시하였다.

- 따라 말하기가 아닌 아동 스스로 **분명한 의도**를 가지고 산출한 말이어야 한다.
- 명료도 면에서 아동의 발음이 엄마만 **알아듣는 수준**이 아니라 다른 사람도 알아들을 수 있을 정도가 되어야 한다.
- 한 가지 상황이 아닌 **여러 상황과 맥락**에서 지속적으로 나타나야 한다. 즉, 일반화된 낱말 산출이어야 한다.

초어로 인정하기 위해서는 적어도 분명한 **의도**를 가지고, 주 양육자가 아닌 다른 사람도 아기의 발음을 알아들을 수 있을 정도가 되는 **명료도**를 보여야 하며, **일반화**를 보여야 한다. 일반적으로 이러한 초어는 영아기 말인 12개월에 나타나지만 빠른 아동은 10개월에도 초어를 산출하기도 한다. 물론 돌을 넘기고 두세 달이 지나서야 첫 낱말을 산출하기도 한다.

(2) 초어 목록

아동의 초어는 모두 동일할까? 배소영(1997)은 정상 발달을 하는 한국 아동의 경우 '엄마' '아빠' '맘마' '물'과 같은 낱말을 초어로 사용했다고 보고한다. 필자는 말이 늦어 언어 평가를 위해 찾아왔던 아동의 초기면접 기록 88개를 분석해 보았다. 분석 결과, 언어발달이 지연된 아동의 경우도 첫 낱말은 대부분 '엄마' 혹은 '아빠'였다. 흥미로운 것은 최근 아빠의 양육 비율이 높아졌음에도 불구하고, '아빠'를 초어로 한 아동은 필자의 초기면접지에 따를 경우 14.3%에 불과하였다. '엄마' '아빠' 외에 초어로 보고된 낱말은 '맘마' '물' '우유' 등이었다. 그 외에 아기가 항상 가지고 다니는 사물 이름이 초어로 산출되는 경우도 있었다. 즉, 정상 발달을 보이는 아동이나 말 늦은 아동이나 초어 목록은 크게 다르지 않았다.

4. 초기 의사소통

영아기 말에 초어가 나타나기도 하지만 아직 영아기는 언어의 습득 및 발달에 있어서 언어 이전기에 해당한다. 그러나 영아기 말이나 아장이기 초에 초어가 나타나고 언어기로 넘어가기 위해서는, 영아기 동안의 의사소통 의도와 기능 양상이 매우 중요하다. 이 시기 제스처와 발성으로 나타나는 의사소통 기능 양상은 영아기 이후의 언어발달에 대한 강력한 지표가 된다.

1) 초기 의사소통의 단계

Bates(1976)는 Austin(1962)의 화행이론(speech act theory)을 발전시켜 영아기 의사소통 단계를 언향적 단계(perlocutionary level), **언표내적 단계**(illocutionary level), **언표적 단계**(locutionary level)로 구분하였다. 언향적 단계가 의사소통 의도를 갖지 않은 아기의 행동을 부모가 해석하여 반응해 주는 단계라면, 언표내적 단계는 비록 아기가 아직 언어를 사용하여 말하지는 않지만 분명한 의사소통 의도를 가지고 발성이나 제스처 등을 이용하여 소통하는 단계를 말한다. 언표적 단계는 언어를 사용하여 의사소통을 하는 단계다.

Bates(1975) 이후 많은 연구(Carpenter, Nagell, & Tomasello, 1998; Crais, Douglas, & Campbell, 2004; Crais, Watson, & Baranek, 2009)이 의사소통 의도가 언제 나타나는지, 의사소통 기능은 어떤 것이 있는지와 같은 문제에 관심을 가졌다. 이 연구들에 따르면, 정상 발달을 보이는 아동들은 7개월에서 9개월 사이에 이미 의사소통 의도를 가진 초기 직시적 제스처가 나타나고, 10개월에서 12개월 사이에 직접적 접촉을 요하지 않는 원거리 제스처(distal gesture)가 나타난다. Bates 등(1975; 1979)이나 Folven과 Bonvillian(1991) 등은 초기 직시적 제스처가 10개월 정도면 나타나기 시작한다고 보고하였다. 또한 Wetherby, Yonclas, Bryan(1989)은 의사소통 의도가 나타나는 시기가 8~9개월 사이이며, 의사소통 기능의 경우 공동주의(joint attention) 행위나 사물을 주거나 보여 주는 행위가 8개월에서 12개월 사이에 일어나고, 가리키기가

9개월에서 14개월에 나타나는 만큼, 24개월에도 이러한 행동이 나타나지 않는다면 아동이 발달상 결손이 있음을 알려 주는 것이라 하였다. Carpenter, Mastergeorge, Coggins(1983)는 9개월 영아의 공동주의 능력은 의사소통 능력의 랜드마크라고 주장하였다. Carpenter 등(1983)은 8개월에서 12개월 사이에 제스처와 함께 발성이 동반되는데, 8~11개월에 직시적 제스처가 발성과 함께 동반되다가 15개월까지 연령이 증가하면서 제스처나 발성 조합이 증가한다고 보고하였다.

영아기 동안의 의사소통 기능이 어떻게 발달하는지, 그 양상을 Bates가 제시한 의사소통의 세 단계에 따라서 정리해 보자.

(1) 언향적 단계

신생아는 주로 반사적·생리적 소리를 내며 배고픔, 통증, 분노를 반영하는 울음소리로 의사소통한다(Reich, 1986). 이후 아기는 주로 수유 후 기분 좋은 상태에서 소위 쿠잉이라고 하는 기분 좋은 목울림 소리를 내기 시작하는데, 이때 엄마는 아기가 내는 소리를 무심히 지나치지 않고 "우리 아기, 기분 좋아?"와 같이 아기의 행동을 해석하여 마치 아기가 의사소통을 의도한 것처럼 말을 걸게 된다. 아기가 의도하지 않았지만 아기의 기분 좋음, 화남, 불쾌, 혐오 등의 표정이나 행동을 해석하여 표현하는데, 이러한 의사소통의 단계가 언향적 단계다. 아기가 좀 더 성장하여 눈 맞춤을 하고 미소를 짓게 되면, 엄마와 아기가 제스처, 표정, 호흡 등 비분절적 소리 등을 통하여 의사소통하는 초기 원시대화(protoconversations)2)가 증가한다(Reed, 2012). Owens(2008)는 이를 대화놀이라고 하였다. 영아와 보호자가 다른 곳으로 눈길을 돌릴 때까지 이러한 대화놀이는 계속되는데, 대화놀이 동안 영아와 양육자는 때때로 진정한 대화처럼 상호작용을 하게 된다. 원시대화는 영아를 위한 중요한 경험이고, 인사말과 차례 지키기를 경험하게 된다.

---

2) 용어 일관성을 위한 합의가 필요하다. Pence와 Justice(2010)의 번역자는 'protoconversation'을 '원형적 대화'라고 번역하였다. 의미론적으로 '원형적 대화'가 더 투명하고 적절하다. 그런데 'protoword'는 국내에서 '원시단어'로 더 많이 알려져 있고 'prototype'은 '원형'으로 더 많이 알려져 있어 파생어 계열을 맞출 필요가 있다. 필자가 'protoconversation'의 한국어 대역어로 '원시대화'를 선택한 것은, 첫째로 'protoconversation'은 'prototype'보다는 'protoword'와 더 직접적인 어휘의미론적 계열관계를 가지고 있고, 둘째로는 용어학(terminology)에서 용어(term) 대역어(equivalent)가 구(句)보다는 복합용어 형태를 선호하기 때문이다.

(2) 언표내적 단계

의사소통 의도의 출현 시기는 연구자에 따라 조금씩 차이를 보이기는 하지만 Paul(2000a)은 영아기 8개월경에 아기가 의사소통 의도를 보이기 시작한다고 주장한다. 즉, 8개월경에 언향적 단계에서 언표내적 단계로 나아가게 된다는 것이다. 일반적으로 언표내적 단계는 8개월에서 12개월에 걸쳐서 지속된다. 이 시기 아기는 눈으로 원하는 것을 한 번 바라보고 다시 엄마를 한 번 바라보는 방식을 취하거나, 손을 펴서 원하는 것을 가리키는 방식으로 원하는 사물을 얻으려 한다. 좀 더 발달하면 손가락으로 원하는 것을 가리키기도 하고, 손가락으로 가리키면서 '어어'와 같은 발성을 동반하기도 한다. 이 기간 동안 영아는 사물이 시야에 있으면 엄마의 눈길을 사물 쪽으로 움직일 수 있다. 이러한 행동을 공동주의라고 한다. 엄마와 영아가 어떤 사물이나 상황에 대해 상호 응시를 하는 능력은 단어와 사물을 연결할 수 있는 중요한 역할을 한다. 단어의 소리 형태와 단어가 지시하는 사물을 연결하는 것은 단어 학습에 결정적이다. 8~9개월 즈음에 영아가 단어를 이해하기 시작한다는 것은(Benedict, 1979), 아기가 말로 표현은 못하지만 단어 기호의 기표와 기의를 연결하기 때문에 가능한 것이다.

(3) 언표적 단계

영아기가 끝나고 아장이기가 시작되는 12개월을 전후하여 아기는 초어를 표현한다. 이 시기 아기는 단어와 제스처를 함께 사용한다(Owens, 2008). 언표적 단계로 들어서면서 진정한 언어 또는 상징적 표현 단계로 발달한다. 이제 아기는 '말할 수 없는' 영아기를 마감하고 언표적 단계인 아장이기로 넘어가게 된다.

심화학습

공동주의

영아들은 초기 6개월 동안 양육자에게 주의를 집중하다가, 이후 시선을 확장하여 주변의 사물이나 다른 사람에 대해 흥미를 갖기 시작한다. 아기를 유모차에 태우고 밖에 나갔을 때 아기가 꽃을 바라보면 엄마도 같이 꽃을 바라보며 "꽃이야, 꽃."이라고 말해 준다. 아기와 엄마가 동시에 '꽃'이라는 개체를 바라보는 것처럼 두 사람 이상이 동시에 하나의 개체에 초점을 맞추고 주의를 기울이는 것을 공동주의(joint attention)라고 한다. 강아지가 지나가는 것을 보며 엄마가 "강아지."라고 하며 아기로 하여금 강아지를 쳐다보게 하는 것도 엄마와 아기의 강아지에 대한 공동주의다. 이러한 공동주의는 개체에 대한 명명하기로 이어지기 때문에 언어발달에 매우 중요하다. 이 과정에서 양육자는 아기와 마주 보고 아기가 의도 없이 내는 소리를 들어 주고, 엄마의 언어로 해석해 주며, 아기의 주도를 따라가기도 하고, 기다려 준다. 이러한 과정은 아기의 의사소통 기능을 자극하고 언향적 단계의 행위를 의도를 가진 언표내적 단계로 발달시켜 갈 수 있도록 기여하게 된다. 나아가 아기는 제스처와 발성으로 이루어지던 언표내적 단계의 의사소통 기능을 언어적 단계로 발달시켜 나가게 된다. 이때 엄마는 주고받기에 대한 격려를 통하여 질문하기와 이름대기, 확대 및 확장하기를 통해 아기를 격려한다.

2) 초기 의사소통 양상

(1) 촉각과 표정을 통한 의사소통

이미 초기 영아기부터 아기는 성인의 음성이나 제스처를 통해서만 의사소통을 하는 것이 아니라 **표정, 시선, 신체접촉을 통한 촉각** 등의 다양한 경로를 통해 성인과 소통한다. [그림 5-7]은 생후 27일이 된 신생아가 아빠와 눈을 맞추고 있는 모습이다. 아빠는 아기의 손을 잡고 촉각적 자극을 주면서 시선을 맞춘다.

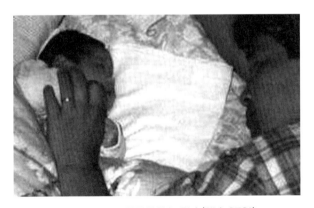

● 그림 5-7 ● 아빠와의 눈 맞춤(생후 27일)

Hertenstein(2002)은 영아기 의사소통 기능으로 촉각의 중요성을 강조한다. 그는 양육자의 지각, 사고, 느낌이 촉각을 통해 영아에게 전달될 수 있다고 주장한다. 물론 촉각의 중요성을 주장한 연구로 Field(1988), Greenough(1990) 등이 있지만, 이들은 아기의 사회적 · 인지적 · 신체적 발달을 위한 촉각의 중요성을 강조했을 뿐 의사소통 발달에 있어서 촉각의 중요성은 간과하였다고 지적한다. 그리고 Hertenstein(2002)은 미국에서 영아와 엄마가 상호작용을 하는 시간 중 33~61% 정도가 신체접촉에 의한 것임을 보고한 Stack과 Muir(1990)의 연구를 소개한다. 문화에 따라서는 촉각적 상호작용의 비율이 75%까지 올라간다(Korner & Thoman, 1972; Tronick, 1995)고 강조하였다.

Hertenstein과 Campos(2001)는 실험에서 영아를 엄마의 무릎에 앉혀 놓고 아기에게 연속적으로 새로운 사물을 제시하면서 아기의 복부를 손가락으로 퉁명스럽게 만지다가 갑자기 멈추는 방식으로 촉각 자극을 제시하였다. 영아들은 부정적 감정을 좀 더 많이 표현하였고 사물을 바로 만지지 않고 오래 머뭇거렸다. 이러한 연구는 신체접촉이 단순히 아기의 감정 표현에만 영향을 주는 것이 아니라 사물을 대하는 행동에까지 영향을 준다는 것을 보여 주었다. Weiss, Wilson, Hertenstein, Campos(2000)는 엄마와의 신체접촉과 영아의 애착관계에 대해 연구하였다. 3개월 된 영아에게 우유를 먹이는 동안 엄마가 아기와 주어진 기준에 따라 몇 가지 양식으로 신체접촉을 하는 모습을 비디오로 촬영하였다. 이후 아기가 12개월 되었을 때의 애착 정도를 평가하였다. 연구 결과, 3개월경 우유를 먹으면서 엄마와 충분한 신체접촉을 한 아동은 12개월이 되었을 때 좀 더 안정적인 애착 형성을 보일 가능성이 높았다. 그러나 3개월경 엄마가 아기와 나눈 신체접촉의 시간과 빈도가 직접적으로 아동의 애착에 영향을 미치는지에 대해서는 유의미한 결과가 나타나지는 않았다.

Hoehl과 Striano(2008)는 표정과 시선에 대한 영아의 반응에 대해 재미있는 실험을 하였다. 3개월 된 영아에게 시선의 움직임을 동반한 공포스러운 얼굴 표정을 지어 보일 때와 시선 움직임 없이 얼굴 표정만 공포스럽게 지었을 때의 반응을 비교하였다. 3개월 된 영아는 이 시선의 움직임이 동반된 표정에 더 분명한 반응을 나타냈다고 한다. 또한 Esteve-Gibert와 Prieto(2014)는 성인의 제스처와 운율 단서에 대한 영아의 반응을 실험하였다. 이들에 따르면, 12개월 영아는 다른 상황 단서가 없을 때는 양육자가 의사소통 의도를 전달하기 위해 사용한 제스처나 운율 단서에 주목하고 이를 활용한다고 한다. 이와 같이 영아기 말이면 아기는 엄마의 제스처와 운율 단서에 의존하여 엄마가 정보를 주려는 의도로 발화하는지, 명령을 하기 위해 발화하는지를 알아차릴 수 있다.

(2) 제스처와 발성에 의한 의사소통

Bonvillian, Orlansky, Folven(1990)에 따르면 아기는 먼저 제스처 언어가 나타나고 나서 몇 개월 후에 낱말이 산출되기 시작한다. 실제로 정상 발달에서 제스처를 통한 의사소통은 구어 산출 이전에 나타나는 선행요소다. 8~9개월경 영아의 공동주의 기술은 영아기 이후의 의사소통 능력을 가늠하는 핵심 지표다. Carpenter 등(1983)에 따르면, 아기는 출생 후 8개월에서 12개월 사이에 발성이 동반된 제스처 활동을 보이는데, 약 8~11개월이면 지시적 제스처가 발성과 함께 동반되고, 약 9개월이면 사물을 손가락으로 가리키는 **지시적 제스처**를 보인다. 약 10개월을 전후로 하여 **가리키기**를 통해 사물을 요구하거나 손을 잡아끌며 행동을 요구한다. 먹기 싫을 때 고개를 가로젓거나 입을 손으로 가리는 등의 행동, 사물을 주거나 보여 주는 행위 등이 나타나는 것도 이 시기다. 10~12개월 영아기 말에는 두 손을 모아 사물을 요구하는 제스처가 나타난다. Aureli, Perucchini, Genco(2009), Behne, Carpenter, Call, Tomasello(2005), Behne, Liszkowski, Carpenter, Tomasello(2012)의 연구에 따르면, 12개월경 아기들은 다른 사람들의 행동에서 의도를 추측하기 위해 응시하기, 몸짓, 목소리 방향과 자세 등의 수단을 사용한다. 손가락으로 가리키기 제스처가 명령적 의미나 정보를 줄 의도를 갖는다는 것을 이해하며 사회적 상황 정보가 도움이 된다는 것도 이해한다.

이러한 연구들에 근거할 때, 영아는 초기 1년 동안 주 양육자와의 비언어적 의사소통을 통하여 영아기 이후의 의사소통 기술을 획득하기 위해 치열한 준비를 한다는 것을 알 수 있다. 이를 위해 영아는 제스처와 발성에 의한 의사소통을 하면서 주 양육자의 반응과 상황 단서를 활용한다(Owens, 2008).

엄마말

엄마말(motherese speech)은 아기말(baby talk), 영아 지향적인 말(infant-directed speech), 혹은 아동 지향적인 말(child-directed speech)과 같은 유의어로 표현되기도 한다(Pence & Justice, 2010). Cooper와 Aslin(1990), Fernald(1985; 1992), Fernald와 Kuhl(1987) 등에 따르면, 아기들은 이러한 엄마말 스타일에 강한 선호도를 보인다. 어른들이 아기한테 말할 때 사용하는 엄마말은 높은 음도, 과장된 멜로디와 길이, 느린 속도 등의 운율 특성을 보인다. 엄마말은 단어가 길어지거나 문장이 길어지면 멜로디를 넣어 말하는 경향이 있다. 짧고 분명한 단어와 단문 위주의 문장을 사용하고 기능어보다는 내용어를 사용한다. 또한 어른 지향적인 말에 비해 반복과 질문이 많다. Werker 등(2007)은 영어 학습 영아뿐 아니라 일본어 학습 영아가 모국어의 음소범주를 학습하는 데 있어서 엄마말의 음향적 단서들이 도움이 된다고 보고하였다.

3) 상징행동

상징놀이의 가장 이른 단계는 탐험놀이(exploratory play)라고 할 수 있다. 보통 9~10개월경 아기는 주변의 사물을 만지고 냄새 맡거나 빨아 보면서 탐색한다. 이러한 감각운동적 탐색을 통해 사물과 주변 세상을 이해하고 배우게 된다. 탐색놀이가 무르익으면서 아가들은 숟가락이나 블록을 자꾸 떨어뜨리며 소리 나는 것을 들어 보기도 하고 가족의 반응도 즐기게 된다. 11~14개월에 아기는 사물에 대한 기능을 조금씩 이해하게 된다. 아기는 전화기를 빨거나 만지는 것에서 한발 더 나아가 귀에 가져다 대고 옹알옹알 소리를 내는 전상징기적 행동(presymbolic scheme)을 보인다. 영아기 말에 나타나는 이러한 전상징기적 행동 발달은 언어발달과 밀접하게 연결되어 있으며, 대개 이 시기에 초어가 나타난다.

요약

영아란 출생 후부터 1년까지의 시기를 일컫는다. 특히 생애 첫 1개월은 신생아라 한다. 인간은 이미 출생 전에 획득한 청지각적 능력에 의해 태어나자마자 인간의 목소리를 다른 소리와 구분하고, 모국어와 엄마의 음성에 대한 선호도를 보인다. 언어의 음을 구별할 수 있기까지 하다. 출생 전부터 시작해서 출생 후에도 계속되는 아기의 언어발달은 의사소통이라는 광범위한 영역에서 이루어진다. 의사소통이 메시지의 교환 행위라면, 신생아는 울기를 통해 엄마와 의사소통을 한다. 아기는 처음부터 분명한 의사소통 의도를 갖고 있지 않지만 아기가 울면 엄마는 아기의 배고픔이나 불쾌한 상황을 살피게 된다. 즉, 울기는 양육자에게 아기의 배고픔, 불쾌를 해석할 수 있게 하는 지표가 된다. 생후 2~3개월이 되면 아기는 주로 배부른 상태에서 기분이 좋을 때 목울림 소리를 낸다. 생후 4~5개월이 되면 아기는 소리가 나는 쪽으로 고개를 돌릴 줄 알게 되고, 5~6개월이 되면 아기는 [아] [으] [에]와 같은 모음 소리를 내기도 하고 "부~" 하며 입술을 부딪쳐 투레질 소리를 내기도 한다. 영아기 후반부로 들어가면서 아기는 엄마와 '까꿍' '손바닥 치기' 같은 놀이를 하며 까르르 웃기도 하고, 일상 속에 자주 듣는 '엄마' '아빠' 같은 명칭이나 '우유' 같은 일상적인 사물 이름을 알아듣게 된다. 또한 의사소통 의도를 가지고 제스처와 발성을 통해 자신의 필요를 충족하기도 한다. 점차 제스처와 발성에 의한 의사소통 기능은 영아기 말경 언어적 표현으로 전환되기 시작한다. 이와 같이 영아기는 언어발달의 기초를 다지는 시기다. 이 시기에 영아가 양육자와 주고받은 상호작용의 양과 질은 영아기 이후의 언어발달에 지대한 영향을 미친다.

....

학습 확인 문제

1. 태아기 몇 주부터 아기는 청각적 반응을 하는지 설명하시오.

2. 영아는 엄마의 목소리나 모국어에 언제부터 반응하는지 설명하시오.

3. 말지각 발달은 생후 1년 동안 어떠한 단계를 거치는지 기술하시오.

4. 영아의 말산출 발달을 5단계로 정리하시오.

5. 영아기 의사소통 기능은 어떻게 발달하는지 설명하시오.

6. 엄마말의 특성을 설명하시오.

7. 언향적 단계와 언표내적 단계를 비교하여 설명하시오.

8. 초어의 조건을 설명하시오.

아장이기 언어발달

- 아장이기의 음운론적 발달에 대해 이해한다.
- 아장이기의 의미론적 발달에 대해 이해한다.
- 아장이기의 형태론적 · 통사론적 발달에 대해 이해한다.
- 아장이기의 화용론적 발달에 대해 이해한다.

생후 1년부터 3년까지의 시기를 '걸음마기' 혹은 '아장이기'라고 하는데,[1] 이는 아기의 능숙하지 못한 걸음걸이를 특징으로 붙은 이름이다. 생애 첫 번째 생일을 맞이하면서 많은 아기들이 초어를 산출하고 첫 걸음을 걷기 시작한다. 걸음마를 시작하면 약 14~15개월경에는 계단을 기어오를 수도 있고, 약 18개월경에는 전후좌우로 걸을 수 있고 뛰기도 하는데, 여전히 미숙하기 때문에 아장아장 걸어 다니며 자주 넘어진다. 이때 아기들은 이미 이가 나 있어 넘어지면 입술이나 혀에 상처가 나기 때문에 주의가 필요한 시기이기도 하다. 이 시기를 거치면서, 아기들은 명실공히 걷고 말하는 인간으로서의 면모를 갖추게 된다. 아장이기 언어발달은 속도 면에서 그야말로 급성장이다. 영아기 말에서 아장이기 초에 갓 첫 낱말을 산출한 아기가 아장이기 말에서 학령전기 초인 약 3~4세가 되면 대화에 필요한 음운적, 의미적, 통사적, 화용적 기초 기술을 두루 습득하게 된다(McClowry & Guilford, 1982: 9). 그 2년간의 언어 능력의 차이가 얼마나 큰지 주목해 보라. 이 장에서는 아장이기 동안의 언어발달을 언어 하위 영역별로 분류하여 학습할 것이다.

• 그림 6-1 • 아장이기(생후 15개월)

---

1) 발달 시기를 지칭하는 용어가 통일되어 있지 않아 이에 대한 논의가 필요하다. 만 1세부터 3세까지의 시기를 가리키는 'toddler period'는 특수교육이나 유아교육에서 '걸음마기'로 번역되어 왔다. Pence와 Justice (2010)의 번역본에서는 '걸음마기' 대신 '아장이기'를 사용하였다. 표준국어대사전에서 '걸음마'란 "어린아이가 걸음을 익힐 때 발을 떼어 놓는 걸음걸이"를 의미하고, '아장'은 "키가 작은 사람이나 짐승이 찬찬히 걷는 모양"을 가리킨다. 의미론적 차원에서 두 용어 모두 적절하다. 그런데 '영아기'의 주체는 '영아'이듯이 '아

1. 음운론적 발달

영아기 초반에 아기는 모든 언어의 말소리를 구별하다가 영아기 후반부에는 모국어에 있는 말소리 구별 능력에 초점을 맞추면서 다른 언어의 말소리 구별 능력이 감소하게 된다. 말산출의 측면에서도 아기는 처음에는 생리적이고 반사적인 소리만 내다가, 점차 쿠잉과 옹알이를 거쳐 초어의 단계까지 부단히 노력하며 음운론적으로 성장해 간다. 이와 같이 영아기 동안 아기는 모국어의 **말소리**를 지각하고 단어를 지각하여 생존을 위한 가장 기초적인 몇 가지 개념을 이해하며 이를 **초어** 산출로 연결한다. 그러나 아기가 모국어로 자연스럽게 표현하기 위해서는 아직 아장이기를 통하여 더 많은 훈련이 필요하다. 아장이기 동안 아기는 발성 및 조음 기관 근육의 움직임과 협응에 숙달되어야 한다.

1) 음운표상

영아기는 앞서 언급하였던 바와 같이 '말을 할 수 없는 아기'의 의미를 갖고 있다. 이 시기 동안의 아기를 전어적 단계라고 한다. 영아기 동안 아기는 말지각을 위주로 언어발달을 해 나간다. 이제 아기는 아장이기로 넘어가면서 의미 있는 **말소리 산출**을 위한 부단한 훈련을 하게 된다. 막 아장이기로 접어든 아기는 하나씩 낱말을 습득하고 산출하지만 아직 음소에 대한 표상화를 하지 못하여 음절이나 음소 규칙을 적용하지 않고 낱말을 덩어리로 모방하여 기억한다(김경중 외, 1998). 영아기 말이나 아장이기 초의 첫 단어 산출이 나타나는 시기부터 아장이기 초의 두 단어 조합이 나타나는 시기까지를 음운론적 관점에서 **전표상적 단계**라고 한다. 이 단계의 아기는 말하기 위해 자신의 음성기관을 사용하면서 소리를 내지만, 아직은 뇌의 기억장치에 음소별로 표상화를 하기 전이므로 **음성 모방의 단계**라고 할 수 있다.

'장이기'의 주체가 '아장이'이고, '유아기' '아동기' '청소년기'의 주체는 '유아' '아동' '청소년'이다. 반면, '걸음마기'의 주체는 '걸음마기 아기'로 풀어서 표현해야 한다. 이와 같은 파생어 구조를 고려하여 필자는 1세부터 3세까지 2년간의 시기를 다루면서 '아장이기'라는 용어를 사용하도록 하겠다.

두 단어 조합이 시작되는 18개월경이 되면 아장이는 음운적 요소들을 표상하여 기억장치에 저장하게 된다. 한번 **음운표상**을 통하여 기억장치에 저장하면, 아기는 청각적으로 입력받은 소리에 대한 표상을 기억장치에서 재인하거나 인출할 수 있게 된다. 그렇게 되면, 이제 아장이는 음절이나 음소를 일관성 있게 산출할 수 있고, 음운 규칙을 적용할 수도 있다. 두 낱말 조합 시기부터 아장이기 말의 3세까지를 **표상적 음운발달기**로 지칭하는 것은 이러한 까닭이다. 아장이는 다른 영역에서도 언어발달을 이루면서 하고자 하는 발화문을 계획하고, 계획에 따라 음운처리를 할 수 있게 된다. 아장이가 이 과정에 숙달되면 단어를 재인하고 인출하는 속도는 가속화된다.

아장이기 동안 아동이 음운표상 단계를 숙달하면, 그 과정은 자연스럽게 자동화된다. 아동은 이제 학령전기로 들어서게 되고 모국어의 말소리를 모두 학습하여 음운론적 목록을 완성하는 단계로 나아간다. 한국 아동은 약 6세 말이면 한국어 음소목록을 완성하고 간단한 음운규칙을 적용할 수 있으며, 음절과 단어 수준에서의 음운인식도 어느 정도 발달한다. 이러한 음운인식 능력은 학령전기 이후의 읽기 발달에 영향을 준다. 학령기(7~12세) 동안 아동은 학령전기에 완성하지 못한 음소 수준에서의 음운인식 능력과 함께 어려운 음운규칙을 발달시키고 소리와 의미의 관계에 대한 의식적 이해를 발달시킨다.

2) 음소발달

전언어적 단계에 나타나는 쿠잉, 옹알이를 비롯한 아동의 다양한 발성은 언어기의 음운발달과 밀접한 연관이 있다(Wetherby, Yonclas, & Bryan, 1989). 특히 옹알이 절정기인 9~10개월에서 두 단어 조합기인 18~20개월 사이는 아동이 모국어의 낱말 소리와 의미를 활발히 연결하면서 낱말 산출의 범위를 확대해 나가는 시기다. 음운론적 관점에서 보면 아기가 **모국어의 음소와 운율**을 숙달해 나가기 위해 부단한 노력을 하는 **과도기**라고 할 수 있다. 두 낱말을 조합하고 세 낱말, 네 낱말로 문장의 길이를 증가시키면서 아장이기 말에 이르면 아동의 말에는 모국어에 있는 거의 모든 음소가 **출현**하게 된다. 그러나 아장이기 아동의 음 산출 능력은 아직 음소표상을 위한 과정적 단계이기 때문에 음소환경에 따라 제한적이고, 아장이기 아동이 산출하는 소리는 인접한 소리에 영향을 받아 조음오류가 빈번히 나타난다. 영어권 아장이의 경우 'pajama'를 /jama/로 발음하는 등 음절 생략이 나타나고, 'dog'를 /gog/로 발음하는 등 음소대치도 빈번히 나타난다(Ingram, 1989). 한국 아동의 경우 첫 음절 생략은 잘 나타나지 않으나 '가방'을 /바방/으로 발음하는 등의 조음오류는 영어권 아동과 마찬가지로 빈번하게 나타난다.

아장이기 아동의 음소발달은 언어 의존적이다. 앞서 영아기 말지각에서 학습한 바와 같이 영아기 중반까지도 아기는 세상의 모든 소리를 지각하지만 점차 모국어의 음성에 맞춰지게 되기 때문에, 이후의 음소발달은 자연스럽게 모국어의 음소에 따라 이루어진다. 영어권에서 많은 연구가 정상 발달 아동의 연령에 따른 음소 목록을 제시하였고, 음운규칙 습득 과정에 대해서도 풍부한 자료를 제공하였다(Locke, 1983). 가장 많이 인용되는 음소 목록 중 하나는 Sander(1972)의 연령 증가에 따른 음운발달표다.

이 목록이 발표되고 50여 년이 지났지만 아동의 음운발달에 대한 연구들(Stoel-Gammon & Dunn, 1985; Vihman & Greenlee, 1987)은 여전히 음운발달의 근거로 Sander(1972)의 도표를 제시하고 있다. Stoel-Gammon과 Dunn(1985)은 음운발달 연구들에 대한 종합적 분석을 제공하였고, Vihman과 Greenlee(1987)는 만 1세부터 3세까지의 아동을 대상으로 음운발달에서의 개인차에 대해 연구하였다. Smit, Hand, Frellinger, Bernthal, Bird(1990)는 Sander(1972)의 음운발달표를 기반으로 연구를 확대하여 보완된 음운발달표([그림 6-2])를 제시하였다.

아동의 50% 정도가 성인과 같은 방식으로 음을 표현할 수 있는 연령을 '관습적 연령(customary age of production)'이라 하고 대부분의 아동이 성인과 같이 조음할 수 있는 연령을 '숙달 연령(age of mastery)'이라 한다. 영어의 경우 /ʃ/ /tʃ/와 같은 음의 습득 연령을 3세에서 8세로 넓게 보고한 연구가 있고(Prather, Hedrick, & Kern, 1975), /dʒ/ /ʒ/ /ð/와 같은 음에 대한 습득 연령이 7세라고 보고한 연구도 있지만(Templin, 1957), 가장 많이 인용되거나 교재로 사용하는 음운발달표를 작성한 Sander(1972)는 만 6세 말이면 /ʒ/를 제외하고 대부분의 영어 음에 숙달하는 것으로 보고하였다(Pence & Justice, 2011: 85). 특히 아장이기 아동이 숙달하는 것으로 알려진 음소는 /p/ /m/ /h/ /n/ /w/ /b/ /k/ /g/ /d/ /t/ /ŋ/인 것으로 보고된다.

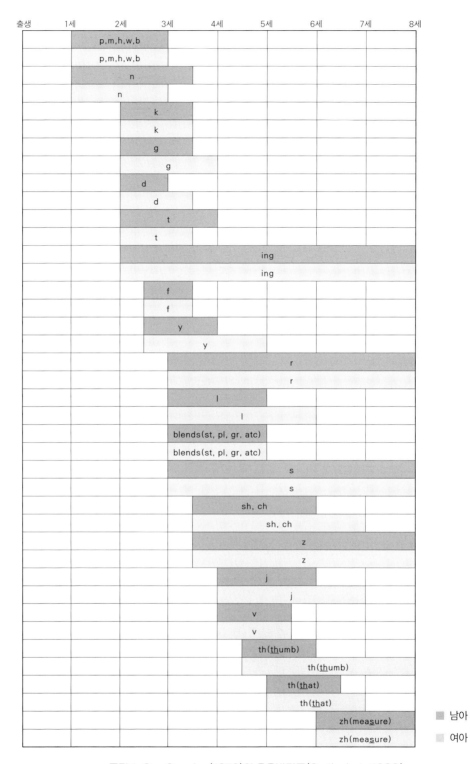

● 그림 6-2 ● Sander(1972)의 음운발달표(Smit et al., 1990)

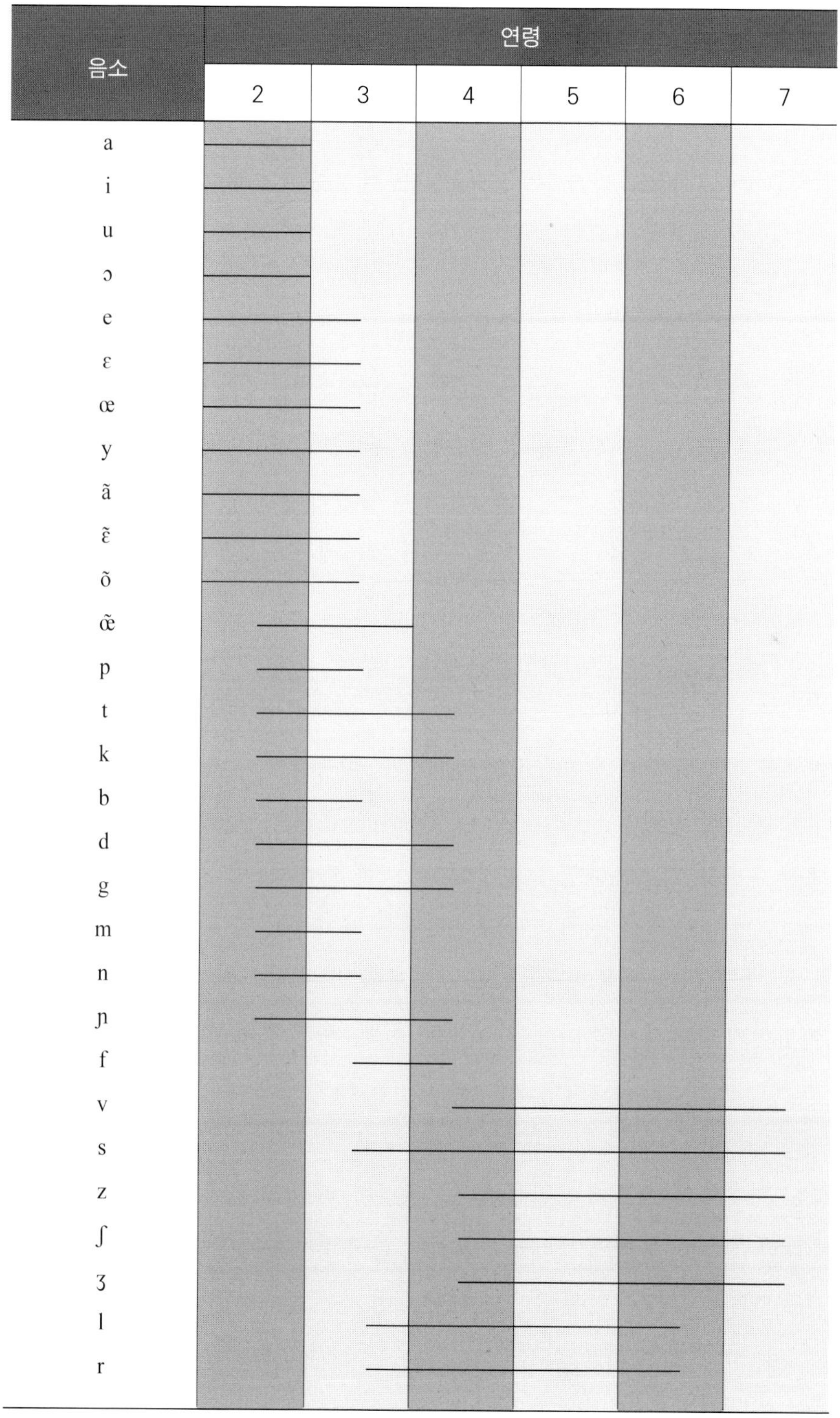

음소	연령					
	2	3	4	5	6	7
a						
i						
u						
ɔ						
e						
ɛ						
œ						
y						
ã						
ɛ̃						
õ						
œ̃						
p						
t						
k						
b						
d						
g						
m						
n						
ɲ						
f						
v						
s						
z						
ʃ						
ʒ						
l						
r						

● 그림 6-3 ● 프랑스 아동의 음운발달(Rondal, 1997)

188

프랑스어의 음운발달을 연구한 Rondal(1997)에 따르면, 프랑스어를 모국어로 하는 아동은 모음의 경우 약 2.5세경에 비강 모음 /œ̃/을 제외한 모든 모음에 숙달하여 그 차이가 섬세하다고 할 수 있는 /ε/와 /e/를 구분하고 /œ̃/와 /y/까지 정조음할 수 있다고 한다. 아동이 만 3.5세 정도가 되면 대부분의 유성 파열음과 무성 파열음, 비음에 숙달하고 6세가 되면 /dʒ/ /ʒ/ /ʃ/ /s/ /z/를 제외한 모든 자음에도 숙달한다고 보고한다.

이와 같은 아동의 음운발달 연구들을 종합하면, 음소발달은 언어 의존적이지만 보편적인 측면도 크다는 것을 알 수 있다. 영어와 프랑스어 모두 아장이기에는 대부분의 모음과 파열음, 비음, 유성음과 무성음을 구분하고 습득한다. 두 언어 모두 마찰음과 파찰음을 제외한 나머지 음소가 모두 학령기 전에 습득되며, 이때 모국어의 대부분 음소를 처리할 수 있다. 그러나 모든 발화에서 정조음이 이루어지는 연령은 약 7~8세 정도에 이르러서다(Reed, 2012).

한국 아동의 경우는 어떠할까? 김영태(1996)는 2세부터 6세까지의 서울 및 경상도 아동 155명을 대상으로 그림자음검사를 실시하여 그 결과를 표준화하였다. 이 연구의 결과에 따르면 아장이기 말에 한국 아동은 /ㅅ/ 계열 이외의 모든 음소에 대한 관습적 연령이 된다. [그림 6-4]에서 **출현연령**이란 또래 아동의 25~49%가 대상 음소를 정조음하였음을 말한다. 또한 또래 아동의 50~74%, 75~94%, 95~100%가 대상 음소를 바르게 조음하였을 때 순서대로 **관습적 연령, 숙달 연령, 완전습득 연령**이라 하였다. 앞의 연구 결과를 아장이기에 초점을 맞추어 정리하면, 아장이기 말까지 한국 아동은 /ㅍ, ㅁ, ㅇ/을 완전 습득하고, /ㅂ, ㅃ, ㄴ, ㄷ, ㄸ, ㅌ, ㄱ, ㄲ, ㅋ, ㅎ/을 숙달하며, /ㅈ, ㅉ, ㅊ, ㄹ/에 대해 관습적 연령에 이르고, /ㅅ, ㅆ/가 출현한다.

배소영(1995), 홍경훈과 심현섭(2002), 정경희, 배소영, 김기숙(2006) 등은 음소환경에 대한 조건을 좀 더 상세하게 분류하여 한국 아동의 음운발달에 대해 연구하였다. 배소영(1995)은 2세 이전 유아의 어두 초성 자음 목록으로 /m, n, p′, t″, c″, k′, p, t, k, b, d/, 어중 초성 자음으로는 /m, n, p′, t″, c″, k′, p, b, d, g/, 어중 종성으로는 /m, n/, 어말 종성으로는 /m, ŋ/이라고 보고하였다. 정경희 등(2006)은 12, 18, 24개월 한국 아동의 발화를 CSBS DP(Wetherby & Prizant, 2002)를 이용한 구조화된 상황

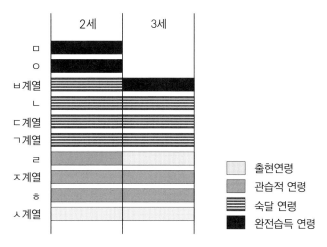

● 그림 6-4 ● 아장이기 음소발달(김영태, 신문자, 2004)

에서 25~30분 동안 아동의 발화를 수집하여 음운전사 후 발화에 나타난 우리말 음소의 초성과 종성에서의 출현 빈도를 보고하였다(〈표 6-1〉 참조).

표 6-1　초성 및 종성에서의 자음 출현 빈도[정경희 등(2006)에서 발췌]

	초성																		종성					
	ㅁ	ㅂ	ㅃ	ㅍ	ㄷ	ㄸ	ㅌ	ㄴ	ㄹ	ㄱ	ㄲ	ㅋ	ㅈ	ㅉ	ㅊ	ㅅ	ㅆ	ㅎ	ㄱ	ㄴ	ㄷ	ㄹ	ㅁ	ㅂ	ㅇ
12개월	7	3	4	1	4	3	·	4	1	6	2	1	4	1	1	·	·	1	·	3	·	·	5	·	7
18개월	9	7	5	2	8	8	4	8	3	9	6	5	5	6	6	2	·	6	2	8	·	4	9	1	10
24개월	9	8	9	4	9	8	6	10	6	10	9	9	8	4	1	7	3	8	3	8	3	6	10	6	10

　출현율 면에서는 모든 24개월 아동에게서 모든 자음이 초성과 종성에서 출현하였다. 관습적 연령 면에서는 12개월 아동 중 7명 이상이 초성에서 /ㅁ/를 사용하였고 종성에서 /ㅇ/을 사용하였다. 18개월 아동의 경우 6명 이상이 초성에서 /ㅁ, ㅂ, ㄷ, ㄸ, ㄴ, ㄱ/를 사용하였고, 7명 이상이 종성에서 /ㅇ, ㅁ, ㄴ/를 사용하였다. 24개월 아동의 경우 7명 이상이 /ㅍ, ㅌ, ㅉ, ㄹ, ㅊ, ㅆ/를 제외한 모든 자음을 사용하였고, 종성에서는 /ㄴ, ㅁ, ㅇ/을 사용하였다. 아동에 따라 개인차가 컸다고 하지만(정경희 외, 2006), 2세 이하의 어린 아동에 대한 음소발달에 매우 구체적인 관찰 결과를 제시하였다고 할 것이다. 김민정과 배소영(2005), 홍경훈과 심현섭(2002)에서는 유

음 /ㄹ/가 종성에서 먼저 발달한 후 초성에서 발달한다는 것을 확인할 수 있었다.

3) 음절구조

음절구조에 대한 발달은 어떠한가? Oller(1980)에 따르면, 아기의 언어 환경과 상관없이 언어이전기의 말소리 산출은 일정한 이정표를 따른다. 생애 첫 6개월 동안 영아들은 생리적 소리부터 **쿠잉**, **음성놀이** 단계를 거치며 다양한 소리를 산출하지만, 이 시기까지는 CV 같은 음절구조가 잘 나타나지는 않는다. CV 음절이 처음 나타나기 시작하는 것은 6~7개월 정도로 **옹알이**가 개시되는 시점이라고 할 수 있다. Stoel-Gammon(1998)은 옹알이기의 가장 전형적이고 빈도 높게 나타나는 음절구조는 CV 구조이며, 좀 더 발전된 형태의 옹알이가 나타나야 CVCV 같은 다음절이 산출된다고 주장하였다. Vihman, Ferguson과 Elbert(1986)는 9~16개월 아기의 종단 연구에서 말산출 패턴을 분석하였다. 이들은 옹알이뿐 아니라 초기 아장이기 말의 45%가 다음절이었다고 주장한다.

Stoel-Gammon(2002)은 모음 사이에 위치한 자음을 연구하면서 생애 첫 2년간의 음절구조를 분석하여 아장이기 음절구조를 다루었다. 그는 초기 단어들을 분석하였을 때 CVCV가 37%, CV(V)가 26%, CVC가 10%였으며, 나머지 음절구조는 각 4%를 넘지 않았다고 보고하였다. 즉, CVCV, CV(V), CVC가 합하여 73%에 이른다는 것이다. 그 외에 Kent와 Bauer(1985), Paul과 Shiffer(1991)의 연구에서도 아장이 발화의 음절구조에 대한 단서를 찾을 수 있다. Kent와 Bauer(1985)는 아장이기 초인 13개월 아기의 음절구조를 분석하여 음절구조별로 조음위치에 따른 음소의 출현 양상을 분석하였고, Paul과 Shiffer(1991)는 18~34개월 아장이의 음절구조 분석에서 아장이기 동안 여전히 V 구조나 CV 구조가 가장 빈번하게 나타나고, VC, CVC, CVCV 등의 음절구조는 24개월 이상에서 주로 나타난다고 보고하였다(정경희 외, 2006에서 재인용).

한국 아동의 경우 홍경훈과 심현섭(2002)이 18~24개월 아장이의 1음절구조를 분석하였다. 18~23개월 아장이의 경우 CV 음절이 50% 이상이었지만, 23개월 이후에는 CV 음절이 점차 감소한다고 보고하였다. 배소영(1995)에서는 2세 이전에는 CV,

VCV, CVCV 음절을 가장 빈번하게 사용하고, 2세에서 2세 6개월 사이에는 CVCV, CVCVCV 음절을 가장 빈번히 사용한다고 보고하였다. 정경희 등(2006)에 따르면, 아장이기 아동의 1음절 음절구조의 발달 양상은 〈표 6-2〉와 같다.

표 6-2 1음절 음절구조의 빈도(정경희 외, 2006)

		V		CV		VC		CVC		계
		빈도 (회)	비율 (%)	빈도 (회)	비율 (%)	빈도 (회)	비율 (%)	빈도 (회)	비율 (%)	
12개월	평균	37.9	70.9	11.9	18.0	5.5	10.4	0.7	0.7	56.0
	SD	27.7	16.4	10.9	12.0	5.2	9.7	0.3	1.2	37.8
18개월	평균	91.5	41.5	83.9	36.5	36.0	18.3	6.1	2.5	217.5
	SD	55.5	15.1	59.9	14.4	26.7	13.6	5.6	2.2	129.3
24개월	평균	76.1	29.2	135.5	45.0	43.2	17.8	29.6	8.6	284.4
	SD	60.9	6.5	149.1	14.2	43.8	16.4	37.0	4.0	259.9

〈표 6-2〉에서 제시한 바와 같이 12개월은 V 음절구조가 70% 이상을 차지하였고, 그다음으로 CV 구조가 18%를 차지하였다. 18개월이 되면서 아동들은 V 음절구조가 41%대로 떨어지면서 CV 음절구조가 36.5%로 증가하였다. 24개월이 되면서 아동들은 CV 음절구조가 45%로 가장 높은 빈도를 보였고, 그다음이 V 구조였으며, VC가 17.8%, CVC가 8.6%로 다양해졌다.

4) 음운변동 패턴

아장이는 모국어의 음소에 대한 완전 습득에 이르지 않아 끊임없이 새로운 단어를 발음하면서 음소의 **대치, 왜곡, 생략, 첨가** 등을 나타낸다. 아장이가 모두 동일한 오조음을 하는 것은 아니다. 그러나 아장이들의 음운발달이 대체로 일정한 범위 안에 있기 때문에 이들의 조음오류에는 **음절구조 변화**(syllable structure changes), **동화** (assimilation), **조음위치 변화**(place of articulation changes), **조음방법 변화**(manner of articulation changes) 등의 일정한 패턴이 나타난다.

음절구조 변화란 한 단어 내에서 강조된 음절을 반복 혹은 중복(reduplication)하는 것으로 나타나는 경우에 해당되는데, 'water'가 /wa-wa/로 발음되거나 'daddy'가 /da-da/로 발음되는 것이 그 예다. 동화란 음절 내의 한 음을 다른 음의 특질로 바꾸어 발음하는 것을 말한다. 예를 들면, 'dog'의 /d/를 같은 음절 내에 있는 /g/의 특질로 바꾸어 /gog/로 발음하는 것이다. 조음위치 변화는 경구개음을 치경음으로 발음하는 것과 같이 구강 내의 한 장소에서 만들어지는 음을 다른 위치로 옮겨 대치하는 것이고, 조음방법의 변화는 마찰음을 파열음으로 대치하는 것처럼 조음방법을 바꾸는 것이다.

영어의 경우 아장이기 아동의 음운변동 유형별 출현 시기에 대한 연구로는 Grunwell(1981)이 비강세음절의 생략, 어두자음군 탈락, 순치음 /f/의 폐쇄음화, 유성음화 등 영어의 음소체계 및 변동상의 특징을 기술하였다(김태경, 2013에서 재인용). 한국 아동은 만 3세 이전에 단모음 습득이 완료되지만(권경안, 1982) 이중모음은 아장이기 이후에 완성된다. 김태경(2013)의 연구에 따르면, /j/계 이중모음 /ㅑ/와 /ㅕ/가 7세에 이르러서야 96%의 통과율을 보였고, /w/계 이중모음은 7세에도 63%만 통과율을 보였으며, /ɯ/계 이중모음 /ㅢ/는 43%에 불과하였다. 따라서 한국 아동의 **이중모음** 습득은 아장이기를 지나 학령전기와 학령기 초반까지 진행되는 것으로 나타났다. 자음의 경우 아장이기 아동의 음운변동에 대한 연구는 매우 드물다.

2. 의미론적 발달

아장이기의 의미론은 어휘적 의미, 즉 어휘력의 발달과 어휘 조합을 통한 발화 메시지의 의미 발달을 다루게 된다. 이 절에서는 아장이기 어휘력 발달이 먼저 개념을 형성한 후에 해당 어휘를 습득한다는 이론에 입각하여 기초개념의 발달을 추가할 것이다. 따라서 이 절에서는 아장이기의 **기초개념** 발달, **어휘발달**, 발화의 **의미관계** 발달을 다룰 것이다.

1) 기초개념 발달

인간은 태아기 감각 기능이 생기면서부터 세상과 끊임없이 소통하며 자신의 개념지도를 완성해 나간다. 출생 후 주변과의 상호작용 속에서 수집된 정보들을 두뇌의 장치들에 체계화하고 지식화한다. 우선은 분리된 각각의 지식을 개념화할 것이고, 이후는 분리되어 존재하던 개념들을 연결하게 될 것이다. 이러한 **정신적 네트워킹**, 망구조화는 언어를 통해 더욱 자극받지만 상당 부분 언어 외적인 자극으로도 이루어진다. 시각, 촉각 등의 자극을 통해서 사물을 이해하고 **개념화**하기도 한다. 이러한 초기 개념체계는 인간의 기억을 위한 최소한의 투과망 같아서 기본적인 개념들이 망으로 체계화되지 못하면 지식과 이미지가 사진처럼 찍힐 뿐 오래 저장되지 못한다. 인간이 기억하는 최초의 어린 시절의 기억 한계선은 가장 기초적인 개념들이 서로 연결되어 체계를 이루는 시점일 것이다. 이렇게 형성되는 **기초개념**은 세상을 이해하고 사고하고 표현하는 데 필수적인 도구가 된다(배희숙, 2012).

언어란 본래 자의적 상징과 상징의 조합을 사용하여 개념을 표현하기 위한 사회적 협약 체계이며 코드다(Owens, 2008). 적어도 생애 초기에는 개념이 먼저 형성되고 그에 맞는 어휘를 습득하게 되는데(Paul, 2007), 일정한 수준에 이르면 어휘를 통해 개념을 확장하기도 하고, 개념을 기반으로 하여 새로운 어휘의 의미를 이해하기도 하는 상호적 영향 관계로 나아간다. 영아기와 아장이기의 초기 개념체계는 개념 분화 및 체계화의 출발점이며 사고체계의 출발점이기 때문에 기초개념이 제대로 형성되어야 아동의 언어와 인지가 무리 없이 발달한다.

영유아 기초개념에 대한 관심과 연구는 이미 오래전부터 시작되어 현재까지도 활발히 이루어지고 있다(Mandler, 1993; Markman, 1989; Rice, Wexler, Marquis, & Hershberger, 2000; Schlottmann, Ray, Mitchell, & Demetriou, 2006; Soja, Carey, & Spelke, 1991). 이 연구들에 따르면, 아동은 출생과 함께 주 양육자와 상호작용을 하면서 생존을 위해 가장 필요한 개념을 중심으로 언어를 습득해 나간다(Mandler, 1993; Reed, 1999; Schlottmann, Ray, Cole, & Hesketh, 2003). Mandler(2011)는 영아기 9개월이면 이미 언어로 표현할 몇 가지 **원시개념**(primitive concepts)이 준비된다고 주장한다. Rice 등(1990)과 Trauner 등(1995)에 따르면, 기초개념이 늦게 습득되는 아동은 초

기 낱말 산출이 지체되며 동사 습득에도 어려움을 보이고, 초기 낱말 습득기 이후 새로 학습한 낱말을 새로운 사물로 확장해서 산출하는 능력에서도 지체를 보인다(Boehm, 2001에서 재인용).

　한국 아동의 **기초개념**에 대한 연구(배희숙, 2012; 배희숙, 김현기, 2010; 2011; 배희숙, 박성희, 2013)에 따르면, 만 3~4세경이면 기초개념을 상당수 획득하고 있는 것으로 보고된다. 배희숙과 김현기(2010)는 『다국어어휘의미망』(한국과학기술원 전문용어언어공학연구센터, 2005; Choi & Bae, 2004)을 활용하여 M-B CDI-K(배소영, 곽금주, 장유경, 성현란, 2006) 중 대명사, 조사 등의 기능어를 제외한 632개 어휘 단위에 대한 개념 분포를 분석하여 영유아 어휘 단위가 일반 분야 개념체계에서 어떠한 분포를 보이는지에 대한 정보를 제시한다. 직관에 따르면 영유아 초기어휘는 [추상][2]보다는 [구체]에 훨씬 더 많은 어휘 단위가 연결될 것 같지만 실제로 [구체]와 [추상]은 53%와 47%로 큰 차이를 보이지는 않았으며, [구체]는 대부분이 명사이고 [추상]의 상당수는 동사와 형용사가 차지하였다. 정상 발달 아동과 언어발달지연 뇌성마비 아동의 기초개념 이해도를 비교한 배희숙과 박성희(2013)는 정상 발달 아동의 경우 3세경에 이르면 아동들이 160여 개의 기초개념을 대부분 획득하지만, 언어발달지연 뇌성마비 아동 집단은 [구조도구] [자재] [자연물] [원근] [사이] [좌우] [정도] [종교시설] [빈부] [연월일시] [서수] [곡류] [예술가] [단체] [기타직업] [물성] [사건/우연]과 같은 개념에 대한 이해에 어려움을 보였다고 보고한다. 또한 **언어발달지연** 뇌성마비 아동들이 일상생활에서 직접 경험해야 할 개념들을 신체적 움직임의 제한으로 그림이나 책 등을 통하여 간접적으로 경험하면서 획득하기 때문에 [원근] [사이] [좌우] [정도] [빈부] [연월일시] [서수]와 같은 추상성이 높은 **관계개념**이거나 난이도가 높은 [직업유형] 등에서 낮은 이해도를 보였다고 분석하였다.

---

2) 일반적으로 어휘의미론 분야뿐 아니라 자연언어처리 등의 관련 분야에서는 어휘단위를 다룰 때 '과일'과 같이 작은따옴표로 표시하지만 그 의미나 개념을 표시할 때는 [과일]과 같이 대괄호로 표시한다.

심화학습

기초개념

기초개념이란

고대 철학 이후 개념에 대한 개념에 관심을 갖기 시작한 주 흐름은 정보과학(Information Science) 분야를 비롯한 인지과학, 심상철학 등의 분야라고 할 수 있다(Hjørland, 2009). 인터넷이 발달하면서 장소와 언어적 특성에 제한되어 있었던 사람 간 소통을 서로 다른 언어를 사용하는 사람들 간의 직접적인 소통으로 바꾸기 위한 **시멘틱웹**(semantic web)을 구상하면서 정보과학은 개념에 더욱 관심을 갖게 되었다. 실제로 21세기에 들어와 첫 10년은 세계적으로 **온톨로지**(ontology) 연구가 붐을 이루어, 국제 학술대회에서 발표되는 정보과학과 응용언어학의 대다수가 온톨로지와 관련된 연구였고, 그 중심에 **워드넷**(WordNet)이 있었다(배희숙, 김현기, 2010).

철학적 관점에서 개념이란 추론으로부터 형성되는 관념이라고 할 수 있으며, 심리학은 개념을 **정신적 표상**(mental representation)으로 정의한다. Sowa(2000)는 개념이 세계와의 교류 속에서 만들어 가는 경험에 기초한다고 하였고, Schwartz와 Chur(1996)는 인간의 장기기억 속에는 세계에 대한 범주적 지식과 개인적-삽화적 지식이 저장되어 있는데, 범주적 지식이 바로 개념에 해당한다고 하였다. 언어학적 관점에서 Gross(1994)는 개념을 세계에 대한 일반적 지식이며, 대상의 부류에 대한 지식이라고 하였다. 워드넷은 개념을 특정 예시들을 통하여 파생되거나 추론되는 추상적이고 일반적인 관념이라고 정의하였다.

Schwarz와 Chur(1996)에 따르면, 언어의 의미적 지식체계, 즉 어휘체계는 범주적 개념체계로부터 정보들을 이끌어 내고 아동들은 언어습득 과정에서 어휘적 표현을 개념에 연결하는 것을 배우는데, 아동이 우선적으로 습득하는 낱말이 개념상 기초 범주에 해당하며 이러한 기초 범주의 개념을 '**기초개념**(basic-concept)'이라 명명하였다. 또한 아동의 언어발달에 있어서 기초개념의 중요성에 대해 언급하면서 기초개념이란 개념체계의 중간 단계, 즉 추상화의 중간 단계에 해당한다고 주장하고 이 층위를 기초층위라 불렀다(Schwarz & Chur, 1996: 13-27).

요컨대, 기초개념이란 초어 발화 이전부터 생성되어 어느 정도 성인과 유사한 기본적 언어를 사용할 수 있게 되는 만 3~4세 정도에 이르는 영유아의 **개념체계**를 말한다. 추상화의 중간 단계에 해당하는 기초개념은 전체 개념체계의 중간 층위에 분포되어 있고 일반 분야 개념체계의 중하위 층위에 분포되어 있다(배희숙, 2012).

2) 어휘발달

출생 후 1년이 되면 아기는 영아기 초기 개념을 바탕으로 초어를 산출한다. 일관성 있는 초어를 산출한 뒤 아장이는 빠른 속도로 어휘를 습득해 나간다. Owens (2006)에 따르면, 미국 아동들은 18개월경 50개 단어를 표현할 수 있고, 2세경 150~300개 단어를 표현할 수 있으며, 만 3세에 이르면 900~1,200개의 단어를 표현할 수 있다고 한다(김영태, 홍경훈, 김경희, 장혜성, 이주현, 2009에서 재인용). Bates 등(1994)은 평균적으로 미국 아동은 만 1세경 첫 낱말을 산출하고, 18개월경이면 50~100개 단어를 사용하며, 약 24개월경에는 200개 단어를 산출하고, 32~36개월이면 약 500개 단어를 산출한다고 보고했다. 두 연구의 결과에 다소 차이는 있으나, 이는 연구 대상 아동과 연구 방법의 차이에서 오는 결과일 수 있다.

심화학습　　　　　　　　　　　　　　　　　　　　　**어휘와 어휘소**

어휘란 무엇인가

'어휘'는 한국어 및 외국어 학습 환경에서 종종 '단어'나 '낱말'의 동의어처럼 사용되지만, '어휘'란 '단어' 혹은 '낱말'의 동의어가 아니다. 어휘는 어휘집의 동의어로, 『표준국어대사전』 정의에 따르면 "어떤 일정한 범위 안에서 쓰이는 단어의 수효" 또는 "낱말의 전체"를 의미한다. 여기서 '낱말의 전체'는 잠재적인 낱말을 포괄한 어휘집(lexicon)을 가리키고, '어떤 일정한 범위 안에서 쓰이는 단어의 수효'라 함은 인간에 의해 이미 사용된 바 있는 실현된 어휘집(vocabulary)을 의미한다.

김광해(1995b)는 어휘를 '낱말의 총체' 혹은 '종어휘목록'이라고 지칭하면서, 아동은 언어발달 과정의 초기부터 음운 부문이나 통사 부문의 발달과 병행하여 어휘를 습득하게 되는데, "학습 수준이나 지식 수준의 고저와 관계없이 대부분의 언중에게 공통적으로 습득되는 어휘가 1차 어휘이고, 기초적인 언어발달이 완료된 후 고등 정신 기능의 발달과 더불어 학습되며 언중에게 공유되는 것이라기보다는 전문 분야에 따라 어휘의 분포가 한정되는 어휘를 2차 어휘"(김광해, 1995b: 341)라고 명명하였다.

정리하면, '어휘'는 '낱말'과 동의어가 아니라 일정 범위에서 쓰이는 '낱말'을 통칭하는 용어다. 또한 어휘는 두 가지 측면에서 다시 분류되는데, 지금까지 사용되지 않았지만 앞으로 사용될 가능성이 있는 모든 잠재적 낱말을 포괄한 열린 집합과 일정한 범위 안에서 이미 사용된 바 있는 낱말의 총체로서의 어휘다. 예를 들어, 한국인의 어휘라 하면 한국인이 쓰는 낱말을 통칭하는 어휘집(lexicon)이고, 윤동주의 어휘는 윤동주 시집에 나오는, 윤동주가 쓴 낱말의 집합(vocabulary)에 해당한다. 그러나 다시 윤동주의 어휘는 한국어 어휘의 일부가 된다(배희숙, 2012).

어휘소란 무엇인가

어휘집이 집합 개념이라면, 어휘집을 구성하는 원소, 즉 **낱말**은 **어휘소**(lexeme)다. 이익섭(1998)은 낱말의 정의에 대해 ① 단일한 의미를 가지는 음의 결합체, ② 최소의 자립형식(minimal free form), ③ 휴지 및 분리성에 의해 구별되는 덩어리라고 정리한 바 있으며, 이 세 가지 정의는 불완전하기 때문에 각각의 정의를 조합하여 적용해야 한다고 말하였다. 이익환과 임홍빈(1997)은 이 세 가지 기준을 모두 적용하면 낱말을 다루는 데 문제점이 보완되기는 하지만 여전히 낱말이라는 단위에 대한 완벽한 정의는 아니라고 하였다. 이와 같이 만족할 만한 정의를 찾기 어려운 용어인 '낱말' 혹은 '단어'를 최근 학자들은 '어휘 단위(lexical unit)'라는 보다 애매한 표현으로 대체하여 사용하는 경향이 있다(배희숙, 2012).

한국 아동의 연령별 어휘 연구를 통하여 낱말에 등급을 매긴 김광해(1995a)에 따르면, 생후 1년까지 5개 단어, 18개월에는 34개 단어, 1년 6개월부터 2년 사이에 300개 단어, 2~3세에 950개 단어를 습득하는 것으로 보고한다. 배소영(1997)은 표현 어휘에 집중하여 약 24개월경에 표현할 수 있는 낱말 수가 100~200개 정도라고 보고한다.

아기들은 초어 이후 낱말 이해와 표현 범위를 확장하면서 언어발달을 이루는데, 아장이기의 어휘발달은 이후의 언어발달의 기초가 되므로 매우 중요하다. 따라서 아장이기 2년간의 어휘발달을 단계별로 좀 더 구체적으로 이해할 필요가 있다.

(1) 1단계(12~18개월)

아기는 시행착오를 통하여 인지를 발달시키는데, 그냥 물건을 가지고 흔들거나 던지던 것에서 나아가 목적을 가지고 물건을 사용하기 시작하고, 대상 영속성의 발달로 물건이 시야의 일부를 벗어나도 물건을 따라 주시한다. 이러한 과정에서 아기는 낱말들을 이해하고 그 범위를 확장해 나간다. 아장이기 초 아기가 낱말을 습득하는 속도는 일주일에 1~2개 정도라고 보고된다(Pence & Justice, 2010).

이 시기 아기는 어떻게 연속되는 **말소리 연쇄**에서 단어의 시작과 끝을 찾아내어 이해하고 습득하는 것일까? 영어를 습득하는 9개월 영아가 강약 강세 패턴이 포함된 단어 듣기를 더 좋아한다는 선호도 연구(Jusczyk, Cutler, & Redanz, 1993)에 근거하여 아기가 '모국어의 두드러진 강세 패턴'과 같은 운율을 사용하여 발화 연쇄에서 단어를 분리할 수 있다는 것을 제5장에서 다룬 바 있다. 운율 정보를 이용한 단어의 지각 능력은 영아기 중반이면 시작되며(Jusczyk & Aslin, 1995), 그 결과로 아기는 초어 산출 전에 상당수의 단어를 이해한다고 한다(Pence & Justice, 2010). 그러나 부모의 과장된 억양과 반복적 일상이 아무리 중요해도, 그것만으로 단어를 지각하게 되는 것은 아니다. 부모가 아기에게 말할 때 발화의 20%는 단어로 끊어서 말한다는 연구 보고가 있다(Woodward & Aslin, 1990).

어찌 되었건, 아장이기 동안 아동들은 여전히 **단어 분절 오류**를 보인다. 예를 들어, "딸기가 있어요."를 자주 들은 아장이에게 "뭐 줄까?"라고 물으면 "딸기가 줘."라고 할 때가 있다. 이 시기 동안 아동은 같은 단어가 여러 문맥 속에 등장하는 것을 접하면서 확실하게 단어를 지각하게 된다. 예를 들어, 반복적으로 읽게 되는 동화책에서 "딸기가 있어요."도 자주 듣고, 엄마와 과일을 먹으면서 "딸기도 먹어요." "사과랑 딸기"와 같은 발화를 자주 접하면서 '딸기'를 접하면 아기는 이 단어를 더 잘 지각할 수 있게 되는 것이다.

이 시기 아동이 이해하고 표현하는 단어는 얼마나 되며 어떤 단어들일까? 첫 낱말 이후의 초기 낱말은 아동이 접하고 있는 환경에 따라 매우 다를 수 있으나 보편적 양상을 보이기도 한다. 한국 아동의 경우 한국 맥아더-베이츠 의사소통발달 평가(K M-B CDI; 배소영, 곽금주, 2011)의 지침서에 따르면, 일반적으로 12~17개월 아동의 25%가 표현할 수 있는 낱말은 소리 범주를 제외하고 14개 범주에 51개 낱말로 보고된다. 가족의 명칭, 동물, 신체 부위, 음식, 의복 및 일상생활 외에 '차' '책' '공' '꽃' '또' '먹어' '사랑해' '안아' '안 해' '자' '주(주세요)' '뜨거워' '없다' 등이었다. 아동의 수용어휘를 파악하는 것은 표현어휘를 파악하는 것에 비해 더욱 어려운 일이다.

필자는 18개월 이전까지의 영아를 대상으로 하는 K M-B CDI 영아용 검사를 말이 늦어 치료실을 찾은 10명의 아동을 대상으로 실시하고, 10개의 검사지에 공통적으로 나타난 어휘 목록을 추출하였다. 공식적인 실험이 아니었지만 몇 가지 아이디어를 제공할 수 있을 것으로 판단되어 제시한다. 검사를 받은 말 늦은 아동의 어휘 목록에 공통적으로 나타나는 목록(〈표 6-3〉 참조)은 '엄마' '아빠'와 같은 가족 명칭, 동물 명칭, 신체 부위 외에 '빠빠이' '바지' '컵' '공' '뜨거' '버스' '쉬' '네' 등으로 배소영과 곽금주(2011)의 12~17개월 아동의 표현 낱말과 크게 다르지 않음을 알 수 있었다.

표 6-3 말 늦은 아동 10명에게 공통적으로 나타난다고 보고된 어휘 범주와 목록

음식	'과자/까까' '물' '바나나' '사과' '요구(르)트' '우유' '치즈'
소리	'똑똑' '빵빵' '얌냠'
일상생활	'네/응' '빵빠이' '아니(야)' '안 돼' '하지 마'
가구 및 방 안	'베개' '이불' '텔레비전'
일상사물	'전화' '컵'
탈것	'차'
장난감 및 문구류	'책'
사람	자기 이름
동사	'줘'
형용사	'싫어' '없어'

(2) 2단계(18~24개월)

18개월경이 되어 2단계에 이르면, 아동은 기억력이 더욱 발달하여 엄마나 다른 사람이 하는 반복된 활동이나 말을 기억해 두었다가 나중에 흉내를 내기도 하고, 언어적으로도 **지연 모방**이 빈번해진다. 이 시기 미국 아동은 50여 개의 낱말을 표현할 수 있게 된다고 한다. 일반적으로 이해할 수 있는 어휘는 표현할 수 있는 어휘의 두세 배 정도라고 추정된다(Hulit & Howard, 2002; Pinker, 1994). 더욱 중요한 것은 어휘습득의 속도에서 나타나는데, 만 18개월을 넘어가면서 어휘 증가 속도가 가속화된다.

[그림 6-5]의 그래프를 보면 50번째 단어부터 단어 수의 증가 곡선이 급격히 상승하고 있다. Mervis와 Bertrand(1994)는 이 시기 아동의 어휘습득 속도에 대한 연구에서 아동이 2주에 10개 정도의 새로운 낱말을 습득한다고 주장하였다. Gopnik

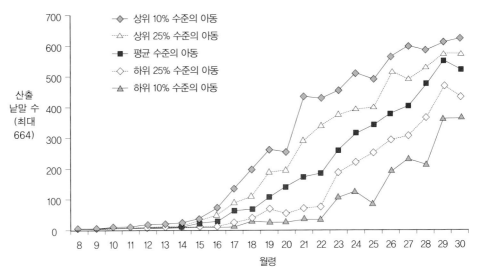

• 그림 6-5 • 연령별 단어 수의 증가(Boudreault, Cabirol, Trudeau, Poulin-Dubois, & Sutton, 2007)

와 Meltzoff(1987)는 이보다 적은 3주 동안 10개의 증가를 보고하였고, Lifter와 Bloom(1989)은 1개월 동안 약 20~32개의 낱말을 습득한다고 주장하였다. 이와 같이 연구 결과가 수치상으로 조금씩 차이를 보이지만 연구자 간 일치를 보이는 것은 18개월 이전에 비해 이 시기 동안 **어휘습득의 속도가 가속화**된다는 사실이다. 이 시기를 일반적으로 **어휘 폭발기**(vocabulary burst period) 혹은 어휘 급등기(vocabulary spurt period)라고 한다(Ganger & Brent, 2004).

아동은 이 단계에서 전형적으로 두 낱말을 조합해서 사용하기 시작한다. 처음에는 '엄마, 맘마'처럼 호칭과 낱말을 조합하다가 대략 2세를 전후하여 "맘마 주세요."와 같이 호칭 외의 두 낱말을 조합하게 된다. K M-B CDI의 지침서에 따르면 이 시기 아장이의 75%가 표현하는 것으로 보고된 낱말은 수적으로 증가하지만, 낱말 범주는 18개월 이전의 목록과 크게 다르지 않다. 예를 들어, '차'는 '기차' '버스' 등으로 세분화되고, 신체 부위 역시 좀 더 세밀해져서 '머리' '이' '고추' '배' '다리' 등으로 세분화된다. 장난감과 문구류는 '책'과 '공' 외에 '풍선'이 증가하였으며, 음식의 종류는 먹을 수 있는 음식의 수가 증가하는 것처럼 자연스럽게 늘어나 있다. 이해 면에서는 부정어나 소유자 개념에 대한 이해가 가능해지고, 이해하는 단어의 수 또한 24개월에 500개로 증가한다(Reed, 2012). 18개월과 36개월 사이 개념의 확장 및 분화에 대한 보완이 필요하다.

이 단계에서의 또 하나의 특징은 **과대확장**(overextension, overgeneralization)과 **과소확장**(underextension) 현상이다. 어휘습득 속도가 갑자기 증가하는 시기인 만큼 아동들은 낱말습득 과정에서 과대확장과 과소확장을 보이게 된다. 여기서 과대확장은 네 발 달린 짐승을 모두 '개'라고 하는 범주적 과대확장이 있고, 동그란 것은 모두 '공'이라고 하는 유추적 과대확장, 물을 뿌리면서 '꽃'이라는 말을 듣게 되면 물뿌리개를 꽃이라고 말하는 관계적 과대확장 등이 있다. 반대로 엄마와 책을 읽으면서 '책'이라는 낱말을 알게 되었을 때, 오직 자신의 책만을 '책'이라고 하는 과소확장 현상도 나타난다. 또한 아장이기 아동은 어떤 상황에서는 과대확장을 하고, 또 어떤 상황에서는 과소확장을 하는 등 중복 현상을 보이기도 한다.

문법형태소에 있어서도 이러한 현상이 나타난다. 예를 들어, 이 시기에 아동은 대명사를 사용할 줄 알게 되는데, "이거 누가 먹을까?"라고 물으면 "만세가."라고 대답하던 이전과 달리 아동은 "내가."라는 표현을 하게 된다. 이때 "만세가."의 주격조사 '가'를 "형이가."와 같이 말하며 형태론적 및 통사론적 **과대확장**을 보이기도 한다.

(3) 3단계(24~36개월)

아장이기의 마지막 1년에 해당하는 이 시기의 아동은 인지적으로 감각운동기에서 전조작기로 넘어간다. 사물의 기능을 이해하기 시작하여 이를 단어 의미 이해의 전략으로 삼기도 한다. 특히 속성, 위치, 장소, 시간 등의 관계개념이 발달하는 시기인 만큼 아동은 물건의 크기와 양의 개념을 이해하여 '큰 것'과 '작은 것' '많은 것'과 '적은 것'을 구분할 수 있게 된다. 그뿐만 아니라 '밖' '안'과 같은 공간 관계를 이해하기 시작하고, '같은 것'과 '같지 않은 것'을 인지하기 시작한다. 또한 아동은 전체와 부분의 관계도 이해하기 시작하여 사물의 세부 부분이나 신체의 세부 부위 이름을 이해한다. 예를 들어, 옷에 붙어 있는 주머니를 이해할 수 있고, 신발의 '찍찍이'를 이해할 수 있다. 시간적 관계개념도 발달하면서 밤과 낮을 구분하고 동시 연결어미도 이해하기 시작한다. 요컨대, 관계개념의 발달로 상대적인 속성, 장소, 위치, 시간 등에 대해 이해할 수 있게 되면서 관련 어휘들을 습득하게 된다. 이러한 방식으로 28개월이면 새로운 단어 해석 시 문장 구조에 주의를 기울이게 되고, 아장이기 말에는 약 900개 단어를 이해하게 된다(Reed, 2012).

의문사 이해와 표현의 범위도 확장된다. 아동이 의문사를 이해했는지는 의문사를 사용한 질문에 아동이 적절히 대답하는지를 관찰하여 파악할 수 있다. 그러나 연구 결과에 영향을 미칠 수 있는 변수가 복잡하여 정확한 연구가 어려운 것도 사실이다. 30~37개월 아장이에 대한 Ervin-Tripp(1970)의 의문사 연구에 따르면, 이 시기 아동은 '예/아니요' 의문문과 '무엇' '어디' 의문사를 사용한 의문문에 대해 먼저 이해하고, 점차 '왜' '누가' '어떻게' '언제' '누구를' 등의 의문문을 이해한다. Bloom, Merkin, Wooten(1982)은 2~3세 아동 7명을 대상으로 14개월 동안 발화를 관찰하여 의문문의 사용을 알아보았는데, '어디(where)'와 '무엇(what)'이 26개월경 가장 먼저 나타나고, 그 뒤를 이어 '누구(who)' '어떻게(how)' '왜(why)'가 28개월경에 나타났으며, '어느(which)' '누구의(whose)' '언제(when)' 등은 가장 늦게 나타났다고 보고하였다. 한국 아동의 경우, 정상 발달을 보이는 한국 아동에 대한 의문사 이해 연구(배소영, 1986)에서는 의문문에 대한 아동의 정답률에 근거하여 의문사 이해 발달에 대해 분석한 결과, '무엇-목적격' '누구-목적격' '어디서' '왜' '언제' 순서로 발달한다고 보고하였다. 배소영(1986)에 따르면, '어느'와 '언제' 같은 의문사는 36개월경에도 거의 나타나지 않았다고 보고된다.

K M-B CDI의 지침서에서 제시하는 연령별 어휘 목록에 따르면 이 단계의 아동이 이해하고 표현할 수 있는 낱말은 아장이기 말까지 꾸준히 빠른 속도로 증가하면서 범주가 확장되고 각 범주별 낱말 수도 증가한다. 특히 동사와 형용사를 비롯하여 관계어가 증가한다. 예를 들어, 위치나 장소어, 시간어, 대명사 등이 나타나 '놀이터' '병원' '집' 등의 장소 관련 낱말이 나타난다. 조사의 경우 '가' '이'와 같은 격조사에서 '만' '도'와 같은 보조사까지 확대되고, '나중에' '내일' '밤' '아침' 등의 시간 개념의 낱말이 증가하며, 보조용언 '~싶다'까지 나타난다.

3) 어휘습득 원리

아동의 이와 같은 어휘발달 속도는 어떻게 가능한가? 아동이 어휘를 습득하는 원리와 새롭게 배우는 단어의 의미를 어떻게 파악하는지에 대해 많은 학자가 지대한 관심을 갖고 연구를 해 왔다(Carey, 1978; Carey & Bartlett, 1978; Chapman, Kay-Raining, & Schwartz, 1990; Clark, 1987; Landau et al., 1988; Markman, 1989; Mervis & Bertrand, 1994; Quine, 1960; Soja et al., 1991).

언어철학자 Quine은 그의 유명한 저서 『단어와 대상(Word and Object)』(1960)에서 의미의 개념을 다루면서 아동이 빠른 속도로 새로운 단어의 의미를 파악하는 것은 단순한 가설 검증 과정으로는 설명할 수 없다고 주장하였다. 예를 들어, 토끼가 뛰어가는 모습을 보고 있는데 'gavagai(look, a rabbit)'라고 말하는 것을 아이가 듣는다면, 이 상황에서 'gavagai'라는 낱말의 의미를 추론하게 된다. 토끼의 전체 모습을 지칭하는 것으로 생각할 수도 있지만, 토끼의 다리, 귀, 꼬리와 같은 부분을 지칭하는 것으로 이해할 수도 있으며, 토끼가 깨끗한지 더러운지 등의 상태에 대한 설명이라고 추론할 수도 있다. 그런데 이렇게 의미에 대해 논리적으로 가능한 모든 가능성을 일일이 고려하면서 검증하고 추론함으로써 아동이 어휘를 습득한다면 이 시기 아동의 어휘습득 속도를 설명할 수는 없다. 이에 대해 학자들은 생득적으로 가지고 있는 제약에 의해 적절한 의미를 빠르게 추론하게 된다고 주장하기도 하고, 의미 대조를 통해 단어의 의미를 이해한다고 주장하기도 한다. 예를 들어, Carey(1978)는 2세부터 5세에 이르는 아동기의 급속한 낱말습득은 '빠른 연결(Fast mapping)'에 의해 가능하다고 주장하였고(Au & Markman, 1987; Clark, 1987; Gelman & Markman, 1985), Rice 등(1990)은 빠른 연결뿐 아니라 우발학습(incidental learning)에 의해서도 이루어진다고 주장하였다. Soja 등(1991)은 아동의 언어습득 원리에 대해 온톨로지 범주가 낱말의 의미추론을 이끈다고 하였다.

● 빠른 연결

아동의 빠른 어휘습득에 대한 가설 중에서 주로 제기되는 습득 원리는 빠른 연결이다. 빠른 연결(fast mapping)은 인지심리학에서 새로운 개념을 정보에 단 한 번 노출시킴으로써 습득할 수 있게 하는 정신적 과정이다. 하버드 대학교의 연구자 Susan Carey와 Bartlett은 아동의 빠른 어휘습득을 빠른 연결로 설명하였다. Carey와 Bartlett(1978)은 아동의 초기 낱말습득 과정에서 성인이 직접 지시하지 않아도 새로운 낱말에 한두 번만 노출되면 상황 속에서 대상물의 의미를 파악하여 새 낱말과 빨리 연결하는 능력이 있다고 하였으며, 이를 **빠른 연결**이라 하였다. 독일에서는 **빠른 연결**을 통하여 Ricoh라는 이름의 개에게 200개가 넘는 낱말을 습득하도록 실험한 연구 결과가 유튜브에 공개되기도 하였다. 그러나 Carey와 Bartlett(1978)은 새로운 색깔 '크로미엄'에 대한 실험을 통하여 아동들이 **빠른 연결**로 습득한 새 낱말의 표상이 완전해지기 위해서는 **빠른 연결**뿐만 아니라 더 많은 경험이 필요하다고 하였다. 연구가 끝날 무렵에는 많은 아동이 초기에 습득했던 낱말의 의미를 보존하지 못했으며, 이를 통하여 **빠른 연결** 과정은 매우 빠르고 효율적이나 완전한 습득에 이르기까지는 상대적으로 오랜 시간이 걸린다고 결론을 내린 바 있다(Carey & Bartlett, 1978). **빠른 연결**이 어린 아동의 언어습득 과정을 설명하는 데에 있어 중요한 추론이며 아동의 놀라운 어휘습득 속도를 설명하는 데 기여한 것이 사실이지만, 아동의 어휘습득을 모두 설명할 수 있는 것은 아니라는 것이다. 어휘습득에는 새 낱말에 처음 노출될 때 낱말의 의미 일부분을 습득하는 **빠른 연결** 단계와 새 낱말에 반복 노출되면서 낱말의 의미에 대해 완전한 표상을 확립하는 단계가 필요하다. Rice 등(1990)은 출현하는 낱말들에 대한 주의 집중 단계, 새 낱말 판별 단계, 언어적·비언어적 문맥을 이용하여 새 낱말의 의미를 추론하는 단계, 새 낱말에 적당한 의미를 할당하는 단계, 새 낱말을 저장하는 단계가 필요하다고 주장했다.

● 상호배타성가설과 전체대상가설

Markman과 Wachtel(1988)은 **빠른 연결**이 어떤 원리로 가능한지 설명하기 위해 **상호배타성가설**(mutual exclusivity assumption)과 **전체대상가설**(whole-object assumption)을 적용한다. 아동이 낯선 낱말의 의미를 추론할 때 이미 알고 있는 낱말을 재빨리 제외시킴으로써 새로운 낱말을 연결시키는데, 이는 첫째, 아이들이 하나의 개체(entity)는 하나의 이름만 갖는다고 가정하는 경향 때문이라는 것이다. 상호배타성가설에 따르면(Markman, 1989; Markman & Wachtel, 1988), 아이들의 관점에서 이미 이름을 알고 있는 사물에 두 번째 이름을 주지 않고 아직 이름을 모르는 사물에 낯선 낱말을 적용할 것이다. 둘째, 아이들이 낯선 낱말을 들었을 때 그 새로운 이름이 해당 사물의 부분이나 속성보다는 전체 대상을 가리킨다고 생각하는 경향인 **전체 대상 경향성**(Golinkoff, Mervis, & Hirsh-Pasek, 1994) 때문이라는 것이다. 예를 들어, 어떤 귀가 쫑긋한 동물이 빠르게 지나가는데 'gavagai'라는 낯선 낱말을 듣는다면, 아동은 새로운 사물의 명칭을 추론할 때 사물의 부분보다는 사물의 전체를 먼저 참조하려는 경향성이 있어서, 'gavagai'가 토끼의 다리나 눈, 혹은 토끼의 빨리 지나가는 속성이라고 생각하기보다는 토끼라는 개체 전체라고 생각하려는 경향이 있다는 것이다.

4) 의미관계 발달

Fillmore(1968)는 문장의 통사적 구조가 행위자(agent), 경험자(patient),[3] 목적(purposes), 장소(location), 도구(instrument) 같은 의미적 요소(semantic participants)에 의해 예측될 수 있다는 사실을 강조하면서 이 의미적 요소를 '격(case)'이라고 불렀다. Fillmore는 자신의 의미 요소 이론을 의미역(thematic role) 혹은 의미관계(semantic relations) 이론으로 발전시키고, 버클리 대학교에서 그의 의미관계이론을 적용한 프레임넷(FrameNet)이라는 방대한 언어 데이터베이스를 구축하는 데 적용한다.

1970년대 전반부 발달심리학 연구들은(Bloom, 1970; Bowerman, 1974; Brown, 1973; Schlesinger, 1971; Slobin, 1969) 아동의 초기 단어가 행위자-대상(agent-object), 소유자-소유물(possessor-possessed object) 등의 의미관계를 표현하기 위해 조합되어 사용된다는 점에 주목하였고, 이후 의미관계 범주와 종류에 대한 토의가 이어졌다(Bloom, 1973; Golinkoff, 1980; Howe, 1976; Nelson, 1973; Rodgon, 1977). 이들 연구자들이 의미관계 틀을 위한 의미역 목록을 제안하고 있으나, 전 세계적으로 공통된 의미역 세트가 합의된 것은 아니고, 각 언어권에서 기존의 인지과학 분야에서 제안한 의미역 세트를 적용하여 사용하고 있다. 가장 대표적인 것은 Martha Palmer의 VerbNet(Kingsbury & Kipper, 2003)과 Fillmore의 FrameNet(Baker & Fellbaum, 2008; Fillmore, 1993)의 의미역 세트다. Bae(2006; 2008)는 한국어 용어에 대한 의미 분석에

---

3) 각 의미역을 한국어 용어로 번역하는 과정에서 의미역들의 대역어가 통일되지 않았다. 남승호(2007)는 'agent'를 '행동주', 'patient'를 '피동주'라 지칭하고 있다.

서 FrameNet과 VerbNet의 의미역 목록을 정리한 바가 있다.

언어발달에서 이러한 의미역과 의미관계에 관심을 갖는 이유는 아동의 발화가 아직 통사적으로 표층구조를 갖추고 있지 않을 때 아동의 발화 내용에 대한 해석이 단일하지 않을 수 있기 때문이다(Golinkoff, 1980). 아동이 단어를 표현할 때 단순한 특정 실체에 대한 명명일 수도 있지만 갖고자 하는 대상을 지시한 것일 수도 있다. 예를 들어, 아기가 '사과'라는 발화를 하였을 때 그 의미는 '(이건) 사과(야)'라는 [실체(entity)]를 지시한 것일 수도 있고 '사과 (주세요)'와 같이 아동이 갖고자 하는 [대상]을 의미한 것일 수도 있다. 마찬가지로, 아동이 '엄마 신발'이라고 발화했을 때 [소유자-소유물] 관계를 나타내고자 한 것인지, 아니면 [행위자-대상]을 나타내고자 한 것인지 해석이 다를 수 있다. 이와 같이 아동의 발화에 대한 의미관계 분석은 "아동이 사용한 의미들의 유형 빈도를 산출해서 특히 어떤 유형을 많이 사용하며 어떤 유형을 사용하지 않는지 분석함으로써 일반 또래 아동의 발달 형태와 비교하여 치료 목표를 설정할 때 참고자료로 사용할 수 있다."(김영태, 2014)

(1) 1단계(12~18개월)

아장이기 초 아동은 단단어로 발화를 한다. 비록 아동이 한 단어 발화 수준이지만 이해언어 수준은 그보다 앞서기 때문에 하나의 단어를 표현했어도 그 안에 여러 의미를 나타내고 싶을 수 있다. 이를 해석하기 위해 물론 아동이 발화한 문맥 안에서 발화를 해석할 수 있다. 이와 같이 아동의 언어발달을 알기 위해서는 아동이 사용하는 낱말이 어떠한 낱말인지 아는 것도 중요하지만, 얼마나 다양한 문맥에서 다양한 의미역으로 그 낱말을 사용할 수 있는지를 보는 것도 중요하다. 이 시기 아동의 의미역에 대해서 Lahey(1988)는 단단어 사용기 아동이 주로 세 가지 넓은 범주를 사용한다는 사실을 관찰하였다. 첫째, 아동이 사용하는 단어들의 다수가 대상 범주(classes or categories of objects)라고 했다. 둘째, 관계 범주로, 대상의 특성, 움직임, 대상 간 관계 등이 이에 해당한다. 셋째, 아동은 사회적 범주를 사용하는데 '안녕' '빠빠이'와 같은 인사 표현(greeting)이 이에 해당한다.

(2) 2단계(18~24개월)

의미역이 연결되는 두 단어 조합 시기부터 의미관계의 중요성은 더욱 커진다고 할 수 있다. 18~24개월경 아동은 앞서 획득한 의미역을 서로 연결하며 보다 풍부한 의미관계를 사용한다. 예를 들어, "엄마(가) 해."와 같은 발화는 [행위자-행위]로 행위자와 행동을 연결한 것이다. 이 시기 가장 대표적인 의미관계는 [대상-행위]다. 어휘발달 관점에서 보면 이 단계는 어휘 폭발기에 해당하는데, 이때 아동들이 빠른 속도로 새롭게 습득하는 어휘들이 [대상]과 [행위]이며, 의미관계도 [대상-행위]로 표현된다는 보고들이 있다(Brandone, Salkind, Golinkoff, & Hirsh-Pasek, 2006). 김영태(2014)에 따르면, 만 2세 아동의 90% 이상이 [행위] [대상] [장소] [상태서술] [실체서술]을 사용하고, 2세 아동의 20% 이하가 [조건] [이유] [양보] 등의 의미역을 사용한다.

(3) 3단계(24~36개월)

아장이기 후반부의 발화에 나타나는 의미관계에 대하여 김영태(1998)는 서울 · 경기 지역 2~3세 아동 78명을 대상으로 의미 유형을 분석하여 보고하였다. 이 연구에 따르면, 체언부의 경우 2~3세 아동의 90% 이상이 [대상] [실체] [행위자]를 사용하였고, 80% 이상이 [소유자] [경험자] [공존자]를 사용하였다. 40% 이하의 아동이 [수혜자]와 [인용/창조물]을 사용하였다. 용언부의 경우 2~3세 아동의 97% 이상이 행위, 상태서술, 실체서술을 사용하였고, 80% 이상이 부정서술을 사용하였다. 수식부의 경우 30개월이 된 모든 아동이 용언수식을 사용하였고, 85%가 체언수식을 사용하였다. 배경은 장소, 부정, 때 등의 순서로 사용 비율이 나타났다.

3. 형태론적 · 통사론적 발달

형태론이 어휘형태소와 문법형태소를 다룬다면, 통사론이란 이미 제2장에서 학습한 바와 같이 문장을 구성하기 위한 단어의 배열 규칙을 다룬다. 따라서 적어도 두 단어 조합을 통한 문장 구성이 이루어져야 통사론을 논하게 된다. 그렇다면 언어발달에서 통사론적 발달을 다루게 되는 시기는 언제일까? 단어를 조합하여 말하기 시작하면서부터일 것이다. 일반적으로 아동이 두 단어를 발화하는 시기는 대략 18개월 즈음이라고 하지만, 개인차가 있기 때문에 모든 아동이 정확히 18개월이 되어 동시에 두 단어를 조합하기 시작하는 것은 아니다. 대략 일반적으로 그 편차 범주가 18개월부터 26개월 사이로 제시되곤 하는데, 배소영(2006)은 한국 아동이 평균적으로 18개월경 두 단어를 조합하고 실제 대화에서 본격적으로 낱말을 조합하기 시작하는 것은 24개월이 가까운 시점이라고 보고한 바 있다.

아장이기의 형태론적·통사론적 발달을 다루면서 발화길이 분석에 대해 알아야 한다. 이 시기 아동의 발화길이는 통사론적 발달을 평가하는 데 있어서 중요한 단서가 되는데, 이는 적어도 언어습득 초기에는 발화 능력이 증가하면 평균발화길이 (Mean Length of Utterance: MLU)도 커지기 때문이다(Reed, 2012). 그러나 아동의 나이가 많아져 복잡한 문장 양식을 사용하기 시작하면 발화 능력에 개입하는 요소들이 다양해지기 때문에 단순히 발화길이로 언어적 성숙을 측정하기 어려워진다는 점을 유의해야 한다. 구체적인 발화길이 분석에 대해서는 제7장에서 다룰 것이다.

1) 형태론적·통사론적 발달

초어 이후 아장이는 단단어 발화를 하면서 지속적으로 언어습득의 박차를 가한다. 18개월 이후에도 언어적 표현과 함께 제스처나 발성을 동반한 의사소통이 나타난다. 어휘폭발기가 진행되는 동안 아동은 통사론적 발달을 보이는데, 이는 아동이 단순히 50여 개의 단어를 표현할 수 있게 되어 나타나는 것이 아니다. 두 단어를 조합하기 위해서는 문장의 핵인 동사의 수도 늘어야 하고, 대상 범주의 단어도 증가해야 한다. 또한 두 개의 단어가 서로 조합 가능한지에 대해서도 알아야 한다(Bloom, 1973; Bloom & Lahey, 1978).

● 낱말 조합기

처음에는 두 단어의 관계가 주어와 동사, 혹은 목적어와 동사로 적절한지를 알아서 조합하는 것이 아니라 "엄마, 맘마"를 '엄마'를 부르고 이어서 '맘마'를 발화하는 방식으로 시작한다. "맘마 주세요." 역시 '맘마'를 먼저 발화하고 연이어 '주세요'를 발화하는 방식으로, 문장이 형성되다가 점차 두 단어 사이의 간격이 좁아지고, 자연스러운 속도로 연결된다. 24개월 정도에 두 단어 조합이 숙달되어 갈 즈음 아장이의 표현어휘는 120~300개 정도가 되는데(Reed, 2012), 영어 사용 아동의 경우 두 낱말 조합기(Brown의 발달단계 I)에 아동의 발화는 **전보식 문장**의 특징을 보인다고 보고된다.

● **기본문법탐색기**

한동안 두 단어 조합을 통해 발화하다가 아장이기 말에 이르면, 아동은 두 단어 조합, 세 단어 조합 혹은 네 단어 조합을 하게 된다. 이 시기 아동의 발화에는 대명사, 부정어, 관형형어미, 과거형 형태소가 출현하고 문장의 유형도 명령과 지시, 주장, 질문 등으로 다양해진다(정태순, 2001). 아동은 '-가'와 같은 주격조사와 '-랑'과 같은 부사격조사를 사용하기도 하고, 목적어와 서술어 조합 문장을 좀 더 자연스럽게 사용할 수 있으며, '안'이나 '못' 같은 부정부사를 사용하여 부정문을 만들기도 한다. 이 시기 아동은 다양한 의문문을 만들기도 하고 '~어/아(서)'와 같은 연결어미를 포함하여 복합문장을 만들거나 시제 선어말어미를 사용하여 과거와 미래까지 표현한다. 이에 더 나아가 사물의 기능을 설명하거나 이유를 묻고 대답할 수도 있다. 그러나 아장이는 문장 구성에 숙달하지는 못하여 종종 **과잉규칙일반화** 현상을 보이기도 한다. 예를 들어, 엄마가 아동에게 "자자."라고 하면 "자자 아니야."와 같이 부정문을 만들면서 비문을 만든다.

2) 문장 유형

아장이기는 통사적으로 결정적 변화를 보이는 시기라고 할 수 있다. 단단어 사용에서 성숙한 형태는 아니지만 문장의 형태를 갖추기 시작하는 단계이기 때문이다. 2~3세의 아장이기 후반부를 **기본문법탐색기**라 한다. 이 시기 동안 아동은 먼저 두 단어 조합에서 시작해서 점차 세 단어, 네 단어로 발화길이를 확장해 나간다. 평서문의 경우 모국어의 문형에 맞게 문장을 생성할 수 있다. 예를 들어, '목적어+서술어'와 같은 문형을 먼저 사용하다가 익숙해지면 '목적어+부사어+서술어'와 같이 좀 더 긴 문장을 사용하게 된다. 형태론적으로는 주격조사나 여격, 공존격 조사, 시제 선어말어미를 사용하기 시작하는 시기이기도 하다. 아동은 평서문 문형을 반복해서 사용하면서 기본 문장 형태를 유지하다가, 능숙해지면 다른 유형의 문장을 만드는 방식으로 기초 문장에 대한 문법적 형태를 습득해 나간다.

의문형의 경우 아동은 '예/아니요' 유형의 의문문을 문장 끝을 올려 억양을 이용하여 표현한다. 예를 들어, "이거 먹어?" "갈까?"와 같이 서술어의 어미를 평서문에서 의문문으로 바꾸고 문장 끝을 올려서 사용한다. 또한 아동은 '무엇' '어디'와 같은 의문부사를 사용하여 문장을 의문형으로 변형할 수 있게 된다. 아동은 부정문을 사용하기도 하는데, 덩어리 문장으로 "안 해." "안 돼." 등을 사용하다가 점차 부정부사를 포함한 부정문을 표현하게 된다. 이 시기 아동은 문장 유형을 변형할 때 종종 오류를 범하게 되는데, 예를 들어 어른이 시키는 일을 거부하는 아동에게 "기다릴게."라고 하면, 화가 난 아동이 "기다릴게 아니야."라고 앞선 문장을 반복하고 뒤에 "아니야."를 붙이는 방식으로 부정문을 만들곤 한다. "먹어 안 해."(배소영, 2006)와

표 6-4 | 기본문법탐색기의 발화(배소영, 2006 참조)

문장성분 패턴	아동의 발화	아동의 변형 발화
주어+서술어	엄마 먹어. 이거 사탕이야.	엄마 안 먹어? 이거 사탕이야?
목적어+서술어	사과 주세요.	사과 줘?
부사어+서술어	아빠(한테) 가자.	놀이터(에) 가자. 놀이터 가?
수식어+서술어	다 왔어. 많이 주세요.	다 왔어? 많이 줘?
주어+서술어(형용사)	다영이 예뻐.	다영이 안 예뻐.
주어+부사어+서술어	엄마 빨리 가자.	엄마 빨리 갈까?
주어+목적어+서술어	멍멍이 이거 먹어.	멍멍이 이거 안 먹어?
목적어+서술어+서술어	옷 입고 나가.	아빠, 옷 입고 나가야 돼?
목적어+부사어+서술어	옷 빨리 입어.	옷 빨리 입어?
서술어+목적어+서술어	먹으면 초콜릿 준대.	먹으면 초콜릿 먹어도 돼?

같은 문법 오류나 어미나 조사 사용에서의 오류도 쉽게 관찰된다. 이는 아동이 두 단어, 세 단어를 조합하지만 아직 문장 구조 면에서 통사적인 규칙을 잘 이해하거나 적용하지 못하고 있음을 의미한다.

아장이기 후반에 여러 단어를 조합한 꽤 긴 문장을 표현할 수 있어도 아동은 여전히 전보식 문장을 사용하거나 문법을 과잉 적용하여 주격조사 '이'와 '가'를 한꺼번에 쓰는 모습을 보여 준다. 이 시기 아동의 문장 유형을 살펴보면 〈표 6-4〉와 같다.

3) 발화길이

아동이 두 단어를 조합하여 발화하기 시작하였다고 해서 단단어 사용을 하지 않는 것은 아니다. 단단어 문장과 두 단어 조합 문장을 모두 사용하기 때문에 두 단어 조합 시기 미국 아동의 평균낱말길이(MLU-w)는 1.5 정도라고 한다(Reed, 2012). 그러나 두 단어, 세 단어 조합으로 진전하면서 아장이의 발화길이는 점차 증가한다. 한국 아동의 발화길이에 대한 김영태(2014)의 연구에 따르면, 27개월 아동의 평균낱말길이는 2.12개이고, 30개월 아동의 평균낱말길이는 2.39이며, 36개월 아동의 평균낱말길이는 2.62개다. 형태소를 단위로 하여 발화길이를 측정한 김영태(2014)의 연구에 따르면, 한국 아동의 평균형태소길이(MLU-m)는 27개월에 3.0이고, 30개월에 3.01로 차이를 보이지 않다가 33개월에 3.70으로 증가하고, 36개월에 3.84로 증가하는 추세를 보인다. 평균발화길이를 측정하는 방법에 대해서는 제7장에서 좀 더 상세히 배우도록 하자.

4. 화용론적 발달

화용론이란 문맥이 의미에 관여하는 방식을 연구하는 언어학의 하위 분야다. 주로 화자와 청자의 관계가 언어 사용에 미치는 영향, 화자의 의도와 발화의 의미관계 등을 연구한다. 아장이기 화용론적 발달은 주로 초기 **의사소통 기능**을 다룬다. 전언어기 영아는 자신의 의사를 전달하기 위해 울음, 몸짓, 표정, 옹알이, 발성과 몸짓의 조합을 통해 의사소통을 한다. 또한 다른 사람의 의도를 이해하기 위해서도 몸짓, 목소리, 운율, 자세와 표정을 사용한다(정태순, 2011). 영아기 말에서 아장이기 초에 초기 의사소통 기능이 나타나기 시작한다. 먼저 **공동주의나 가리키기**가 나타나고, 16개월경에는 **말 주고받기**(turn-taking)를 사용하고, 20개월이면 제스처와 단어를 조합하여 사용하거나 두 가지 제스처를 조합하여 사용하기도 한다. 24개월경 아동은 **가상적 · 발견적 · 정보제공적 언어 기능**을 사용하게 되고, 28개월이 되면 짧은 대화를 할 수 있다. 아장이기의 끝에 이르면, 아동은 **초기 대화 기능과 담화 기능**이 발달하기 시작하여 설명을 요구하기도 하고, 매우 기본적인 수준이지만 이야기를 짧게 전달하기도 한다. 아장이기에 나타나는 이러한 양상들은 언어의 각 구성 영역에서 획득한 기술들을 상황에 맞게 사회적으로 적절히 사용하는 능력과 관계되는 화용론적 발달 영역에 속한다.

1) 초기 의사소통 발달

Austin(1962)에 따르면, 화행은 언어와 의사소통 내에서 수행적 기능을 갖는 발화를 말하며, 이러한 화행은 **언표적 행위**(locutionary act), **언표내적 행위**(illocutionary act), **언향적 행위**(perlocutionary act)로 구성된다. 해당 발화의 언어적 수행뿐만 아니라 발화의 의도적 의미가 사회적으로 유효한 언어적 행위로 표현되고 상황에 따라 발화의 결과로 나타나는 발화효과행위가 있다고 주장하는 것이다. 1962년에 소개된 Austin의 화행이론에 따르면, 발화는 "언어는 단순히 세상을 기술하는 데 사용되지 않고 발화 자체의 이행으로 나타날 수 있는 일련의 다른 행위를 수행하기 위해 사용된다는 기본 가정에서 출발한다."(송경숙, 2002) 즉, 하나의 발화가 어떻게 하나 이상의 언어행위를 행하는가를 설명한다. Searle(1979)은 인간의 언어적 의사소통의 기본 단위는 언표내적 행위라고 주장하면서 의도를 가지고 행하는 언어가 의사소통의 기본 단위라고 주장하였다.

Austin(1962) 이후 1970년대 화용론에 대한 관심이 높아진 시대적 흐름 속에서 Dore(1975), Halliday(1975), Bates(1976), Bruner(1975a; 1975b) 등은 아동의 언어발달이 이루어지기 시작하는 생애 초기의 화용 발달, 즉 상호작용이나 상황적 문맥 등에 주목한다. Dore(1975)는 단단어 시기의 문장, 즉 단어문장(holophrases)에 대해 통사적 문장 중심 이론보다는 의사소통 기능에 주목할 필요가 있음을 역설하고, 특히 화용적 의도가 나중에 의미론적·통사론적 문장이 된다고 주장했다. Dore(1975)는 아동의 초기 화행은 아홉 개 영역의 하나로 실현된다고 주장하였다. Dore는 1975년에 「단어문장, 화행 그리고 언어 보편성(Holophrase, Speech Acts and Language Universals)」이라는 그의 논문에서 PSA(Primitive Speech Act), 즉 초기 화행을 명명하기(labelling), 반복하기(repeating), 대답하기(answering), 행위 요구하기(requesting action), 대답 요구하기(answer requesting), 부르기(calling), 인사하기(greeting), 거부 및 저항하기(protesting), 연습하기(practicing)라는 아홉 가지 행위로 분류하였다(배희숙, 2013b). Dore에 이어 Halliday(1975)는 초기 의사소통 기능에 대해 일곱 가지로 분류하였다(제1장 '언어란 무엇인가' 참조). 이 일곱 가지 의사소통 기능 중에서 정보적 기능을 제외한 여섯 가지 기능은 9개월부터 18개월 아기에게 나타난다고 주장하였다.

Bates(1976)는 초기 의사소통에서 아동의 의사소통 의도에 초점을 맞추어 단계를 분류한다. 언어로 의사소통을 하는 언표적 단계(locutionary stage)에 이르기 전에 아동은 의도하지 않았지만 어른들이 영유아의 발성이나 제스처를 의사소통 의도로 해석하게 되는 언향적 단계(perlocutionary stage)와 아동이 여전히 구어로 표현하지 못하지만 의사소통 의도를 가지고 발성이나 제스처를 통해 표현하는 언표내적 단계(illocutionary stage)를 거치게 된다고 주장하였다. 이들의 초기 의사소통에 대한 연구는 이후 2000년대에 활발히 이루어지는 초기 의사소통 기능과 언어발달에 대한 연구의 기초가 되고 있다(Bates & Dick, 2002; Bates, Thal, Whitesell, Oakes, & Fenson, 1989; Capone & McGregor, 2004; Crais, Watson, & Baranek, 2009; Rescorla et al., 2001; Vuksanovic & Bjekic, 2013). 초기의 의사소통 기능 발달에 대해 좀 더 세분화하여 알아보도록 하자.

영아기 초 아기는 제스처와 발성만을 사용하다가 점차 옹알이를 거쳐 영아기 말혹은 아장이기 초인 12개월을 전후하여 초어를 산출한다. 아장이는 초어 산출 이후 산출할 수 있는 단어의 수를 늘려 나가면서 단단어 문장을 발화하게 되는데, 단어를 사용하거나 단어와 함께 보충적 의미로 제스처를 사용하는 시기가 한동안 지속된다(Bates, Benigni, Bretherton, Camaioni, & Volterra, 1979; Morford & Goldin-Meadow, 1992; Reinbartsen, 2000). 아동은 참조적 제스처를 사용하기도 하고 다른 사람들의 행동에서 근본적인 의도를 추측하기 위해 응시하기, 몸짓, 목소리 방향과 자세 등의 수단을 사용하다가, 14개월경에는 어휘와 운율 단서를 동시에 사용하여 상대방의 제스처와 발화가 의도적인 것인지, 우연인지 알 수 있다고 한다(Csibra & Gergely, 2009; Martin, Onishi, & Vouloumanos, 2012; Sakkalou & Gattis, 2012). 16개월경에 이르면 아동에게 언어적 주고받기가 나타난다. Crais 등(2009)은 이 시기 아동의 제스처 사용 빈도, 눈 맞춤이나 발성을 동반한 제스처 사용, 접촉 거리의 전이, 제스처에서 단어 사용으로의 전이 등의 정도 같은 의사소통 기능이 이후의 언어 능력을 예측하게 하는 지표라고 강조한다. Wetherby 등(1989)은 아동이 12개월에 분당 1회, 18개월에 분당 2회, 24개월에는 분당 5회의 의도적 의사소통 시도가 있었다고 보고하였다. Bates 등(1989)은 영유아의 제스처와 언어의 통합에 대한 연구에서 언어와 제스처의 상관관계가 서로 어떤 연관이 있는지 분석하였다. 먼저 만 1세 아동 91명에 대한 자료를 부모 보고로 획득한 뒤 분석하였을 때, 이들의 단어 이해와 산출이 꼭 제스처 양상에 맞추어 발달하는 것은 아니었다고 한다. 또한 이들은 41명의 13~15개월 아동에 대한 제스처 분석에서 아장이기 초에는 먼저 제스처를 소통의 수단으로 삼고 성인의 말을 그 보완수단으로 사용하고 있었다고 보고하였다. Paul(2001)에 따르면, 18~24개월 아장이는 자유놀이 중 단어를 사용한 의사소통이 늘어나고 아이의 의도에는 점차 정보 요구나 질문에 대한 대답하기, 감사 표현하기 등이 새롭게 더해진다. Owens(1992)는 사물이나 행위 요구하기, 거부 및 저항하기, 대답하기, 부르기, 명명하기, 반복하기, 인사하기, 대답 요구하기와 같은 Dore(1975)의 9개 PSA가 일반적으로 24개월 이전에 나타난다고 주장하였다.

한국 아동에 대한 초기 의사소통 기능 연구로는 홍경훈과 김영태(2001), 박지현(2002), 홍경훈(2004; 2005), 허진(2013) 등이 있다. 홍경훈과 김영태(2001)는 말 늦은 아동의 의사소통 의도 출현율에 대해 연구하여 의사소통 의도 유형에 대한 분석이 언어발달의 중요한 예측 변인으로서의 역할을 할 수 있다고 보고하였다. 박지현(2002)은 말더듬 아동과 정상 아동을 대상으로 고무찰흙 놀이와 블록놀이 환경에서 나타나는 아동의 의사소통 의도 출현율을 분석하였다. 홍경훈(2004)은 아동의 표현

어휘 발달 예측 요인에 대한 박사학위논문에서 말 늦은 아동의 의사소통 의도 출현율에 대해 연구하였다. 이 연구에 따르면, 한국 아동들이 20개월에 이르면 의사소통 의도를 제스처 동반 여부와 관계없이 말의 형태로 산출한 비율이 95%를 넘는다고 보고하였는데, 이는 사물이나 행위 요구하기, 거부 및 저항하기, 대답하기, 부르기, 명명하기, 반복하기, 인사하기, 대답 요구하기와 같은 Dore(1975)의 **아홉 가지 PSA**가 일반적으로 24개월 이전에 나타난다는 Owens(2001)의 주장과 맥을 같이한다. 좀 더 최근에는 성영주(2009)가 청각장애 아동에 대한 전언어 단계의 비구어적 의사소통 의도 발달 연구를 하였고, 허진(2013)이 석사학위논문에서 미숙아로 출생한 12, 18, 24개월 영유아를 대상으로 CSBS의 6가지 놀이상황에서 나타난 의사소통 기능을 행동통제, 사회적 상호작용, 동시집중으로 분류하고 비디오 분석을 통해 각 행동의 출현율을 분석하였다.

이 연구들에 의거할 때, 초기 의사소통 기능에 대한 정보가 이후의 언어발달을 예측하는 지표가 되는 만큼 언어발달의 문제를 보일 가능성이 있는 아동을 조기에 파악하기 위해 초기 의사소통 기능 발달에 대한 기초자료가 중요하다. 특히 생애 첫 1년이 지나면서 초어를 산출하고 18개월을 전후로 두 낱말을 조합하는 아장이기 전반부는 습득 낱말이 매일 늘어나는 치열한 언어습득의 시기다. 사물을 함께 주시하고, 반복해서 들리는 소리와 억양을 기억하고 연습하며 의사소통 의도를 가지고 부모와 의사소통을 시도하다가, 의도된 비언어적 발화에서 언어적 발화로 나간다. 이 연구는 바로 이 시기의 아동들이 어떠한 의사소통 기능 양상을 보이는지, 초기 의사소통 기능 중 어떠한 요소가 언어발달과 유의미한 상관관계를 보이는지, 의사소통 기능 중 상호 상관관계가 긴밀한 것은 어떠한 기능들인지에 대해 좀 더 많은 연구가 필요하다는 것을 보여 준다.

2) 초기 대화 기능의 시작

대화는 아기가 3개월 정도 되었을 때 양육자가 아기의 몸짓이나 표정, 소리 등에 대해 반응하여 의사소통을 하는 원시대화(protoconversation)에서 시작된다고 할 수 있다. 원시대화는 일종의 상호작용으로 미소, 시선으로 구성되어 있으며, 일종의 대화놀이같이 진행된다. 아기와 양육자 사이의 이러한 대화놀이가 지속되다가, 아기가 6개월 정도 되면 주변의 다른 대상을 개입시켜 놀게 된다. 8개월이 되면 영아는 엄마가 보내는 익숙한 신호를 알아채기 시작하고, 10개월 전후가 되면 아기 또한 의도를 가지고 놀기 시작한다. 즉, 언향적 단계에서 언표내적 단계로 나아가게 되는 것이다. 이때 아기는 엄마가 말로 표현하며 바라보거나 손가락으로 지시하는 참조물, 지시대상을 눈으로 따라가며 공동주의와 공동참조가 가능해지고, 이를 통하여 단어와 지시대상을 연결시켜 단어를 이해하게 된다. 12개월이 되어 언표적 단계로 들어서면 스스로 단어와 사물을 연결시켜 표현하고 공동주의를 통해 지시대상을 상대방에게 전달할 수 있다.

원시대화에서 초기 의사소통 기능의 습득 과정에서 아기는 엄마와 초기 의사소통 기능 중 하나로 주고받기를 하게 된다. 주고받기는 자신의 차례에 적절히 참여하고 상대방의 차례를 기다려 주는 기능인데, 아기는 9개월이 되기 전에 가장 기본적인 상호작용인 주고받기를 습득하게 된다. 18개월에서 24개월 사이에는 어느 정도 두 단어 조합이 가능해지며, 아동은 대화에 참여하고 자신의 차례를 지키는 규칙을 배운다.

초기 대화 기능으로는 말 차례 지키기, 주제 개시하기, 주제 유지하기, 대화의 자연스러운 맺음 같은 것들이 있다(김영태, 2014). 12개월에서 3세 사이 아장이기 아동의 대화 기능을 살펴보면, 24개월까지의 아동은 어른들의 발화에 대답하는 기능이 40%에 이르고, 28개월 정도의 아장이는 주제를 소개하고 바꿀 수 있으며 짧은 대화에 참여한다. 학령전기인 3세가 되면 대화의 주제를 50% 정도 유지할 수 있게 된다. 그러나 연관된 주제를 계속 유지하는 것은 4세 정도에 이르러야 가능하다(Brinton & Fujiki, 1984).

3세 이전의 아동은 대화 참여자인 다른 아동이 먼저 한 말 중 한두 개 정도의 단어를 반복하면서 모방 형태의 장치를 사용하여 대화를 이어 나가는 모방 활용 주제 유지 장치를 사용한다. 아장이기 말인 3세에 이르러서야 모방 장치가 줄어들고 이전 주제에 새로운 정보를 더하고 이전 발화를 수정하는 대체와 확장 장치가 증가한다. 발달이 빠른 아동의 경우 20~29개월 정도에 대화에서 이전 발화를 수정하는 모습을 보이기도 하는데, 앞서 발화한 아동의 메시지를 명확히 하기 위해 발음을 수정하기도 하고 문장을 수정하기도 한다.

3) 상징행동

놀이 형태로 표현되는 상징행동의 발달은 언어발달의 중요한 지표가 된다(Bates et al., 1979; Lewis, Boucher, Lupton, & Watson, 2000). 발달의 관점에서 많은 연구가 영유아기 아동의 놀이에 관심을 가져 왔다. 여기서는 영아기와 유아기 상징놀이에 대한 연구들이 Piaget(1951)의 놀이 발달단계 분류에서 출발하고 있음(Casby, 2003)에 주목하고, Piaget와 최근의 놀이 발달단계 분류에 대해 알아보면서 아장이기 놀이 발달단계를 분류해 보고자 한다. 먼저 Piaget가 분류한 놀이 발달단계는 〈표 6-5〉와 같다.

Piaget는 크게 18개월까지의 놀이를 연습놀이로, 그 이후의 놀이를 상징놀이로 구분하였다. 아장이기 초반부 6개월은 영아기의 연습놀이가 연장되는데, 연습놀이는 감각운동기 2단계인 1차 순환반응기부터 5단계인 3차 순환반응기까지 걸쳐 있다. 연습놀이의 첫 단계는 협약이나 상징, 가상, 규칙 등에 영향을 받지 않고 재미로 이루어지는 감각운동기적 활동으로 구성되고, 두 번째 단계에서는 서로 다른 감각운동적 행동 패턴을 다른 사물에도 적용하기 시작한다. 세 번째 단계에서 아동은

표 6-5 Piaget(1951)의 놀이 발달 계층도(Casby, 2003)

단계	시기	놀이 유형	주유형
	2~5개월	감각운동 연습놀이	연습놀이
	5~10개월	이차 도식의 나열식 조합	
	10~18개월	의식적 행동 패턴	
IA	18개월	새로운 대상에 대한 기존 상징 도식의 투사	상징놀이
IB	18개월	새로운 대상에 대한 모방적 투사	
IIA	24개월	하나의 사물을 다른 사물과 단순 동일시	
IIB	24개월	자신의 몸을 다른 사람이나 사물과 동일시	
IIIA	3~4세	단순 조합	
IIIB	3~4세	보상적 조합	
IIIC	3~4세	자기 변제적 조합	
IIID	3~4세	예측 조합	

관습적 놀이를 하게 된다. Piaget는 본격적인 상징놀이가 18개월이 넘어가면서부터 나타난다고 보았다. 이 시기는 감각운동기 말에서 전조작기 초반에 걸쳐 있다.

표의 IA 단계에서 아동은 연습놀이 기간 동안 자신에게 적용했던 익숙한 행동 패턴을 다른 사람이나 사물에 적용하게 된다. IB 단계는 IA와 유사하지만 컴퓨터 자판을 두드리는 엄마를 흉내 내는 것같이 다른 사람의 행동을 모방하기 시작한다. 이 행동들이 자신에게 익숙한 행동이 아니라는 점에서 전 단계인 IA와 구분된다. IIA는 인형 머리를 빗겨 준다거나 빈 컵을 들고 마시는 흉내를 내는 것과 같은 행동을 보이는 단계이다. IIB는 아동이 자신의 몸을 다른 사람이나 사물의 몸과 동일시하는 것이다. 자신이 자동차도 되고, 고양이도 되는 것이다. IIB는 대략 24개월에서 30개월 정도에 나타난다. 나머지 네 단계는 학령전기에 해당하는 시기로 상징적 조합 수준으로 발달한다. 3~4세 학령전기 아동은 단일 스크립트 행동이나 분리된 행동을 단순히 연결하는 것이 아니라 완결된 에피소드로 재생산한다. 이에 대한 구체적인 내용은 제7장에서 다루도록 한다.

Piaget 이후 Sinclair(1970), McCune-Nicolich(1977, 1981), Watson과 Fischer (1977) 등은 20세기 후반부에 걸쳐 상징놀이 연구를 이어 가면서, 유아기 상징놀이를 분류하였다. Sinclair(1970)는 12~16개월 아장이에게서 사물탐색, 모방행동, 도구적 행동이 나타나고, 16~19개월에 자기중심적 행동과 다른 대상을 수동적으로 조작하는 행동이 나타나며, 19~26개월에 다른 대상을 적극적으로 조작하는 행동이나 단순 사물 대치, 존재하지 않는 대상에 대한 표상이 나타나고, 마지막으로 26개월을 넘어서면서 구조화된 놀이가 나타난다고 주장하였다. McCune-Nicolich(1981)는 1~3세 아장이의 상징놀이를 분석하고 분류하였다. 먼저 아장이기 초반에 나타나는 상징행동을 총 5단계로 분류하였다. 1단계인 전상징기적(presymbolic) 단계에서 아장이는 빗을 집어서 자신의 머리에 갖다 대는 행동을 하는데, 이는 아직 가장행동으로 간주되지는 않는다. 2단계인 자동상징(autosymbolic) 단계에서 아장이는 빈 숟가락으로 먹는 흉내를 내기도 하고, 잠자는 시늉을 하기도 한다. 3단계인 단순상징행동(single scheme symbolic) 단계에서 아장이는 인형에게 밥을 먹이는 흉내를 내거나 책 읽는 시늉을 한다. 4단계에는 자기 한 입 먹고 인형에게 한 입 먹이는 행동을 하는 단순상징행동조합(single scheme combination)과 전화기를 자신의 귀에 대고 다이얼을 돌리거나 말을 하는 시늉을 하는 복합상징행동 조합(multischeme combination)이 나타난다. 5단계에는 계획적 상징행동과 조합이 나타난다. Watson과 Fischer(1977)는 상징행동 위주의 단계 제시에서 벗어나 대행 자를 사용하는 형태에 따라 14개월에 자신을 중심으로 한 놀이가 나타나고, 19개월 에는 다른 사람을 대상으로 하는 놀이가 나타나며, 19~24개월에는 다른 대상을 수 동적 대행자로 대치하는 놀이와 다른 대상을 적극적인 대행자로 사용하는 놀이가 나타난다고 주장하며 이와 같이 놀이 단계를 분류하였다.

   좀 더 최근 연구로 Casby(2003)는 이러한 연구자들의 제안을 종합하면서 행동, 대 행자, 도구 사용의 세 가지 기준에 따라 상징놀이 단계를 〈표 6-6〉과 같이 구분하 여 제시하였다.

표 6-6   Casby(2003)의 상징행동표

	행동도식	가장하는 존재의 양상	도구 사용
12~18개월	단순도식	자기중심	실재적 사물 사용
18~24개월	복합적 도식	타인을 대상으로 한 행위	대치적 사물 사용
24~36개월	계획적 도식 (30개월 이상)	다른 대상을 수동적 · 적극적으로 조작하는 행위	상상적 사물 사용

   이러한 연구자들의 선행연구를 종합하여 아장이기 2년간의 상징행동 양상을 연 령을 기준으로 세 단계로 분류하여 정리해 보자.

(1) 1단계(12~18개월)

   영아기 9~10개월경 나타나기 시작했던 **탐험놀이**(exploratory play)가 사물에 대 한 기능과 상관없이 탐색하는 자세를 보여 주는 것에서 나아가, 11~13개월경 나타 나는 **전상징기적 행동**에는 사물에 대한 관습적 사용이 나타난다. 가장 빈번한 예로 제시되는 행동이 장난감 전화기를 귀에 대고 말하는 시늉을 하는 것이다. 아장이가 14~15개월경이 되면 상징행동은 **자동적 상징 도식**(autosymbolic scheme)으로 확장 된다. 전상징기가 사물에 대한 관습적 기능을 보여 주었다면, 자동적 상징 도식은

자신의 몸을 중심으로 나타난다. 장난감 컵을 들고 물을 마시는 흉내를 내거나 장난감 인형에게 뽀뽀를 한다. 이러한 자신의 행동이 실제 행위와 다르다는 것을 분명히 인식하고 있으며, 이러한 놀이를 '가상놀이(pretend play)'라고 한다. 약 16~17개월이 되면 아장이는 **단순 상징 도식(single scheme)**을 보이는데, 사물에 대한 상징행동도 나타나고 다른 사람이나 동물 흉내를 낸다. 또한 인형에게 우유를 먹이거나 강아지 인형을 들고 멍멍 소리를 흉내 내거나 엄마의 행동을 관찰했다가 모방한다. 이 시기 아동은 개념적으로 '또' '더' 등의 낱말을 습득하게 되고, '옷'에서 '치마' '바지'로 분화된다. 국내 검사 도구인 K M-B CDI(배소영, 곽금주, 2011) 영아용 평가에서는 18개월 이전까지의 전상징기적 행동이나 상징행동을 평가할 수 있는데, 양육자를 통한 간접 평가의 방식으로 '사물 가지고 놀기' '어른 행동 모방하기' '인형놀이' 관련 질문들이 포함되어 있다.

(2) 2단계(18~24개월)

이 시기의 아장이는 앞서 나타났던 단순상징행동을 대상을 달리하여 조합한다. 이러한 단순상징행동조합이 나타나는 시기는 약 18~19개월경이다. 예를 들어, 곰 인형에게 우유를 주는 흉내를 내고 바로 강아지 인형에게도 우유를 주는 방식이다. Bonvillian 등(1990)은 단순상징행동조합이 나타나는 시기가 두 낱말 조합 시기 즈음이라고 보고한다. 20개월에서 23개월경이 되면 아장이는 상징행동을 단순히 나열하는 방식에서 발전하여 복합적으로 서로 다른 상징행동을 조합하는 **복합상징행동조합**을 보인다. 소꿉놀이 장난감으로 요리하는 시늉을 한 뒤 그릇에 담아 인형에게 떠먹이는 행동이 나타난다.

(3) 3단계(24~36개월)

약 24개월경부터는 물건 대치 상징행동과 대행자 놀이 같은 계획적 상징행동의 단계로 발달하는 양상을 보인다. 물건 대치 상징행동은 관습적인 사물 대신에 다른 사물로 대치하여 사용하는 것이다. 예를 들어, 포크를 빗으로 사용한다거나 상상으로 생일 케이크 촛불을 끄는 흉내를 내는 것이다. 대행자 놀이란 역할에 대한 흉내인데, 그 주체나 대상은 단일하지 않다. 인형을 가지고 놀다가 인형이 '배고파' 하며 우는 것처럼 가장하기도 하고, 자신이 엄마 역할을 하면서 "엄마가 맘마 줄게."라고 한다. 아기 인형이 "엄마, 맘마!"라고 하면 다른 인형으로 "맘마 줄게."라고 하는 것과 같이 아기 인형의 상대방 역할도 한다. 병원놀이를 할 때는 의사 인형이 다른 인형에게 주사를 놓기도 하고, 병원놀이 기구에 주사기가 없으면 블록으로 주사기를 대신하여 쓰기도 한다.

4) 내러티브 발달

아장이기 후반부에 이르면, 아동에게서는 앞서 나타나지 않았던 상징놀이, 당장 눈앞에 보이지 않는 사물에 대한 발화, 혹은 거짓말과 같이 실제로 없는 것에 대한 담화가 나타나기 시작하면서 **이야기 전달 기술의 싹**이 튼다. 이 시기의 내러티브는 무질서한 나열 형태로 플롯은 아직 나타나지 않지만 "생강빵 아가가 도망갔어."와 같이 무슨 일이 있었는지 설명하는 매우 초기적인 수준으로 나타난다(Applebee, 1978).

222

요약

돌을 지나서 아장이기에 들어선 아기는 몇 개의 단어 외에는 대부분 이해할 수 없는 구어를 사용한다. 그러다가 16개월 정도가 되면 말 명료도가 약 25% 정도가 되고, 20개월경에는 명료도가 약 65% 정도까지 높아진다. 32~36개월경, 즉 아장이기 말에 이르면 아동은 모든 단어의 80% 정도를 명료하게 발음할 수 있게 되지만 여전히 종성자음 생략이나 자음 대치 같은 음운변동을 보인다. 어휘 면에서 아장이는 1세경에 15~150개의 단어를 이해하고 1~30개 단어를 산출하게 된다. 약 24개월이 되면 이해할 수 있는 단어가 500개에 이르고 동작어와 상태어가 증가하며, 36개월에는 900개 정도의 단어를 이해할 수 있게 된다. 통사론적으로 아장이는 18개월경에 두 단어 조합을 하다가 28개월 정도면 "이거 엄마 신발."과 같은 세 낱말 문장 표현을 하고, 부정어와 억양을 올린 단순한 질문, 연결어미를 사용한 문장 표현을 한다. 31~36개월에는 '무엇' '어디'와 같은 의문사 포함 질문을 사용하고, 간단한 과거나 미래 시제를 활용한 문장과 복문을 사용한다. 화용론적으로 아장이는 다양한 목적의 의사소통 기능과 초기 대화 기능이 나타나 주제 개시와 유지 능력을 조금씩 보이지만 여전히 제한적이다. 이와 같이 아장이기는 언어의 모든 영역에서 눈부신 발달을 보이는 역동의 시기이다.

학습 확인 문제

1. 전표상적 음운발달 단계와 표상적 음운발달 단계를 비교하여 설명하시오.
2. 아장이기 어휘발달과 의미관계 발달을 설명하시오.
3. 아장이기 형태론적 · 통사론적 특성을 단단어, 두 단어 조합, 세 단어 이상 조합 시기로 나누어 설명하시오.
4. 초기 의사소통 기능과 초기 대화 기능에 대해 기술하시오.
5. 상징놀이 발달을 연령에 따라 세 단계로 설명하시오.

제7장

학령전기 언어발달

학습목표

- 학령전기가 가리키는 정확한 시기를 이해한다.

- 학령전기 음운론적 발달에 대해 이해한다.

- 학령전기 의미론적 발달에 대해 이해한다.

- 학령전기 형태론적 · 통사론적 발달에 대해 이해한다.

- 학령전기 화용론적 발달에 대해 이해한다.

- 학령전기 아동의 초기 문식성에 대해 이해한다.

학령전기란 문자 그대로 초등학교에 입학하여 의무교육을 받기 전까지의 시기를 말한다. 국가별 학제에 따라 초등학교 입학 시기가 다를 수 있어 '학령전기'라는 용어는 모호한 면이 있다. 매년 9월에 새 학기가 시작되는 유럽과 북미에서 '학령전기(preschool)'란 일반적으로 3세부터 5세까지의 2년을 말하지만, 교육 문화에 따라 넓게 범위를 잡을 경우 '3세부터 5~7세까지의 시기'(영문판 wikipedia 참조)라고 보기도 한다. 국내 학제는 유럽이나 북미보다 6개월 뒤인 다음 해의 3월을 기점으로 만 6세를 넘어 한국 나이로 8세가 된 아동이 초등학교에 입학하기 때문에, 생년월일에 따라 1학년이 시작되고 얼마 안 되어 만 7세가 되는 아동들도 있고 1학년 말이 되어서야 만 7세가 되는 아동들도 있다. 이 장에서는 국내 체제에 맞춰 만 3세부터 6세까지를 학령전기 영역에서 다루고자 한다.

● 그림 7-1 ● 학령전기

1. 음운론적 발달

학령전기 동안 아동은 음운론적 발달을 계속해 나간다. 이 시기 동안 아동은 대부분의 음소 목록을 완성하고 운율처리, 음운인식, 음운처리 능력을 고루 발달시켜 나간다. 특히 학령전기 아동의 음운 기억력은 여러 언어 영역에서의 발달에 영향을 미치는 것으로 나타난다.

1) 음소발달

학령전기 아동의 음운발달을 다룬 연구들(Mann & Foy, 2007; McCune & Vihman, 2001; Owens, 1995; Reed, 2012)을 살펴보면, 영어를 모국어로 하는 정상 발달 아동들은 일반적으로 비음, 파열음, 마찰음, 유음, 파찰음 순으로 발달한다. 아장이기 동안 아동은 파열음, 비음, 전이음 등을 습득하지만, 학령전기 아동은 여전히 이 말소리들을 부정확하게 발음하기도 하고, 자음군을 생략하거나 어말 생략과 같은 오류를 보이기도 한다(Mann & Foy, 2007). 아장이기에 습득하지 못하였거나 숙달하지 못한 음소들은 학령전기 동안 숙달시키거나 습득해 나가게 된다. 좀 더 구체적으로 학령전기 초인 3~4세 아동은 조음 기술을 계속 연습하며 모국어의 자음에 숙달되기 때문에 4세경에 이르면 음운변동이 감소되기 시작한다. 그러나 4세경에도 여전히 약한 음절 탈락이나 자음군 축약 등의 현상이 나타난다. 52개월경이면 연결된 구어에서의 명료도가 높아지게 되고 대부분의 자음에 숙달하지만, 모든 문맥에서 발음이 정조음되거나 자연스러운 것은 아니다. 5세에 이르러야 모음에서의 오류가 거의 사라지고, 마찰음과 파찰음을 습득하며, 영어의 /st/ /dr/와 같은 연속자음이 초성과 종성에서 자연스러워진다(Reed, 2012).

김영태와 신문자(2004)의 연구에 따르면, 한국 아동이 제일 먼저 완전습득 단계에 이르는 음소는 /ㅍ/ /ㅁ/ /ㅇ/이다. 조음위치별로는 대체로 양순음에서 치경음, 연구개음 순으로 완전습득 단계에 이른다. 조음방법별로는 영국과 미국 아동이 마찰음을 파찰음보다 먼저 습득하는 것과 달리 한국 아동은 파열음, 파찰음, 마찰음 순으로 완전습득 연령에 이른다. 학령전기 동안 한국 아동은 파열음의 삼중변별을 비롯하여 마찰음을 제외한 모든 음소를 완전습득한다. 그리고 학령기에 올라가 첫 한 해를 보내는 동안 한국어 자음을 모두 습득하게 된다.

표 7-1 음소 습득 연령(김영태, 신문자, 2004)

연령*	완전습득 단계 (95~100%)	숙달연령 단계 (75~94%)	관습적 연령 단계 (50~74%)	출현연령 단계 (25~49%)
2;0~2;11	ㅍ, ㅁ, ㅇ	ㅂ, ㅃ, ㄴ, ㄷ, ㄸ, ㅌ, ㄱ, ㄲ, ㅋ, ㅎ	ㅈ, ㅉ, ㅊ, ㄹ	ㅅ, ㅆ
3;0~3;11	ㅂ, ㅃ, ㄸ, ㅌ	ㅈ, ㅉ, ㅊ, ㅆ	ㅅ	
4;0~4;11	ㄴ, ㄲ, ㄷ	ㅅ		
5;0~5;11	ㄱ, ㅋ, ㅈ, ㅉ	ㄹ		
6;0~6;11	ㅅ			

* 이 도표에서 연령을 나타내는 '2;0'은 2세 0개월을 의미한다. 이후의 도표부터 ';' 표시로 몇 년과 몇 개월을 구분하여 표시한다.

2) 음운 오류 패턴

학령전기를 넘어서면 아동은 모국어의 음소를 표상하는 단계를 거쳐 안정적으로 음소를 운영하게 되지만, 학령전기 동안에는 여전히 음운 오류를 보인다. 특히 3~4세경에는 아동이 음운론적으로 완성되어 가는 과정에 있기 때문에 영어 사용 아동의 경우 강세가 없는 첫 음절은 지각하지 못하여 생략하기도 하고, 마지막 자음을 생략하기도 한다. Ingram(1989), Dodd, Holm, Hua, Crosbie(2003)는 아동의 음운변동에 대해 연구하였다. Ingram(1989)은 영어 사용 아동의 음운 오류 구조를 세 가지 유형으로 제시하였다. 첫째, 음절구조화 과정에서 아동이 강세가 주어지지 않는 종성을 생략하여 영어의 경우 bite의 /t/를 생략하거나 spoon의 /s/를 생략하는 일종의 음소 생략이 나타난다. 둘째, 역시 강세가 주어지지 않는 음절의 생략이다. 영어의 경우 pyjama의 /pə/를 생략하고 /dʒæmə/라고 하거나 spaghetti의 /spə/를 생략하고 /geti/만 발음하는 것이다. 셋째, 음소 대치로 조음방법을 터득하지 못하여 마찰음과 파찰음을 파열음으로 발음하거나, 조음위치의 변환이 빠르게 일어나지 못하여 dog

을 /gog/로 발음하는 등의 양상이다. Dodd 등(2003)은 학령전기 아동에 대한 조음 오류 패턴 연구에서 자음군 축소, 탈파찰음화가 빈번히 나타난다고 보고한다.

　한국어의 경우 첫 음절 생략 현상은 매우 드물지만 학령전기 한국 아동에게서도 대치, 왜곡 등의 **음운변동** 현상이 나타난다(권경안, 이연섭, 손미령, 1979; 김민정, 2006; 김민정, 배소영, 2000; 김안나, 2012; 김영태, 1992; 배소영, 1994; 엄정희, 1986). 이 연구들에 따르면 '컵'과 같은 폐쇄음절의 종성을 생략하여 '컵'을 /커/라고 발음하거나 조음위치의 빠른 변환이 어려워 '가방'을 /바방/과 같이 중첩하여 발음하거나 '할아버지'의 일부 음 연쇄를 생략하여 /하버지/와 같이 발음하기도 한다. 김안나(2012)는 아장이기부터 학령전기까지의 아동을 대상으로 자발화에 나타난 음운 오류 패턴에 대해 연구하였는데, 아장이기에 비해 학령기에는 전체적으로 음운변동 산출률이 큰 폭으로 감소한다고 보고하였다. 김민정(2006)은 아장이기에는 어중단순화, 음절 생략, 파찰음·마찰음의 파열음화, 유음의 단순화, 긴장음화, 탈기식음화 등이 나타나지만, 3세 후반과 4세 전반 집단의 30% 이상이 보인 **오류 패턴**은 '양말'을 /얌말/로 발음하거나 '없어'를 /어써/로 발음하는 등의 어중단순화와 '고래'를 /고애/ 혹은 /고애/로 발음하는 유음의 단순화였다. 또한 파열음화와 파찰음화도 4세 후반까지 빈번히 나타난다. 그러나 이러한 조음오류 현상도 학령전기 말에 이르면 급격히 줄어든다.

3) 운율발달

　이미 제5장에서 언급한 바와 같이 운율지각 발달은 영아기 말지각에 지대한 영향을 미치는 요소다. 또한 아장이기를 거치면서 기초적인 어휘집을 갖추고 이를 문장으로 표현할 수 있게 된 아동은 자신의 발화에 운율 특성을 적용하여 질문을 하거나 명령을 할 수도 있고, 운율 정보를 활용하여 상대방의 의도를 파악하기도 한다. 그렇다면 학령전기에는 어떠한 양상으로 운율발달이 이루어질까? 학령전기 아동의 운율에 대한 연구는 주로 **말속도**와 **운율 패턴**을 중심으로 이루어진다(Hall & Yairi, 1997; Kent & Forner, 1980; Kowal et al., 1975; Walker et al., 1992).

(1) 말속도

학령전기의 말속도에 관한 연구들은 많은 경우 유창성장애와 관련하여 이루어 진다(Bloodstein, 1944; Costello & Ingham, 1984; Walker, 1988). 말속도 연구에서 주로 사용하는 측정 단위는 **전체말속도**(overall speaking rate)와 **조음속도**(articulation rate) 다. 전체말속도란 쉼이나 비유창성을 포함한 발화샘플에서 시간당 단어 수나 음 절 수를 계산하는 것이고, 조음속도는 쉼이나 비유창성의 시간을 제외하고 계산하 는 것을 말한다(Kelly & Steer, 1949). 이 연구들은 대체로 아동의 연령이 증가할수록 말속도도 증가한다고 보고한다. Pindzola 등(1989)은 3~5세 정상 아동을 대상으 로 연령에 따른 전체말속도와 조음속도를 함께 연구하여 학령전 아동들에 대한 평 균 말속도를 제공하였다. 전체말속도의 경우 3, 4, 5세 아동이 각 분당 140.3음절, 152.7음절, 152.2음절이었고, 조음속도의 경우에는 170.8음절, 186.2음절, 180.8음 절이었다고 보고하였다(김지연, 2001에서 재인용). 그러나 학령전기 아동에 대한 3년간의 종단 연구(Walker & Archibald, 2006)에서는 연령에 따라 조음속도가 유의 미하게 증가하지 않았고 개인차가 많았다고 보고하기도 하여, 학령전기 아동의 말 속도에 대한 정확한 판단을 위해서는 앞으로 이에 대한 더 많은 연구가 이루어져야 할 것이다.

한국 아동의 경우 심현섭, 김정미, 김수진과 이희란(1999), 김지연(2001), 전희정, 고도흥과 신문자(2004), 신명선과 안종복(2009) 등이 학령전기 혹은 그 전후의 아동 을 대상으로 말속도에 대한 연구를 하였다. 심현섭 등(1999)은 4세 1개월부터 5세 2개월까지의 아동 네 명을 대상으로 속도를 달리하여 문장을 제시하고, 아동이 제 시된 문장을 어떠한 속도로 모방했는지 측정하였다. 연구 결과, 자극 속도가 기준 속도이거나 느린 속도이면 제시된 속도보다 더 느리게 따라 말하는 경향을 보였다. 이 결과에 근거하여 심현섭 등(1999)은 4~5세 정도의 한국 아동들이 말속도를 구별 하여 모방하는 능력이 있다고 주장하였다.

김지연(2001)은 3~5세 아동을 대상으로 놀이 과제와 그림책 과제 상황에서 각 발 화를 10개씩 선택하여 구어속도를 측정하였다. 아동의 발화에서 2초 이상의 쉼과 머뭇거림이 있는 부분을 제외하고 내용전달 발화 시간을 발화 지속시간으로 나누 어서 초당 음절 수를 계산하였을 때, 학령전기 아동은 3~5세로 연령이 증가할수록

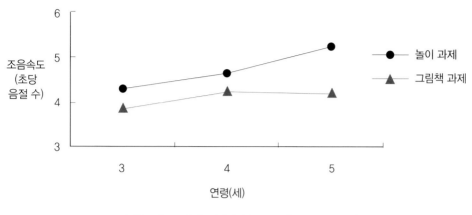

• 그림 7-2 • 과제별 연령별 조음속도(김지연, 2001)

말속도가 빨라졌다고 보고하였다. 전체말속도 평균은 3, 4, 5세로 연령이 증가할수록 초당 3.8음절, 4.18음절, 4.41음절로 나타났고, 조음속도는 3, 4, 5세의 아동이 각각 순서대로 초당 4.08음절, 4.46음절, 4.71음절로 빨라졌다([그림 7-2] 참조). 두 과제 모두에서 아동의 생활연령이 증가할수록 말속도가 빨라졌다는 일관된 결과가 나타났으며, 특히 놀이를 하며 이야기할 때의 말속도가 그림책을 보며 이야기할 때의 말속도보다 빨랐다고 하였다.

신명선과 안종복(2009)은 5~7세 한국 아동을 대상으로 이야기 다시 말하기와 그림 설명하기 과제를 통하여 구어 속도를 측정하고 연령별 차이를 분석하였다(〈표 7-2〉 참조). 연구자들은 아동이 엄마에게 1분 30초 정도를 말하도록 유도하여 녹화한 후 시작과 끝 지점의 각 15초를 제외하고 분석하였다. 분당 어절 수(Word Per Minute: WPM)와 분당 음절 수(Syllable Per Minute: SPM)를 측정하고 비교하였을 때 이야기 다시 말하기 과제에서 5세와 6세 사이의 차이는 미미했지만, 5~6세와 7세 사이의 분당 어절 수는 뚜렷하게 차이를 보였다. 분당 음절 수의 경우 5~7세로 가면서 점차 속도가 빨라졌다. 그러나 성별에 따른 차이를 비교하였을 때는 분당 어절 수와 분당 음절 수 모두 유의미한 차이를 보이지 않았다고 보고하였다.

| 표 7-2 | 연령별 WPM, SPM(신명선, 안종복, 2009) |

	연령	N	이야기 다시 말하기		그림 설명하기	
			M	SD	M	SD
WPM	5	16	37.50	9.21	37.81	8.43
	6	16	38.81	10.60	40.50	5.83
	7	16	48.00	12.03	43.13	8.33
SPM	5	16	120.06	29.31	120.25	31.51
	6	16	135.69	32.55	127.44	19.41
	7	16	145.06	26.88	131.44	24.07

(2) 운율 패턴

학령전기 한국 아동의 운율에 대한 연구로는 Choi와 Mazuka(2001; 2003; 2009), 최영은(2009), 김태경(2013) 등이 있다. Choi와 Mazuka(2001; 2003; 2009)는 3~4세 아동이 운율 정보를 이용하여 문장을 분절하고 한국어 특유의 운율을 그들의 발화에도 반영하였지만, 문장 구조가 애매하여 해석의 가능성이 있는 경우 6세에 이르러도 쉼의 위치가 다르고 억양 패턴도 달랐다고 보고하였다(최영은, 2009에서 재인용). 또한 5~6세 아동이 운율 정보를 활용하지 못한 이유가 순수하게 운율적 측면만 개입되지 않고 통사적 · 의미적 문제가 결합되어 있기 때문이라고 가정하고 3~6세 아동을 대상으로 다시 운율 정보 단독 조건, 형태소 정보 단독 조건, 운율과 형태소 정보 복합 조건으로 실험 조건을 분류하여 연구하였다. 연구 결과, 아동의 연령이 5~6세에 이르러서도 문장이 애매하여 문장 구조에 대한 결정이 필요한 경우 운율과 형태론적 정보가 모두 주어져야 적절한 반응을 할 수 있었다고 보고하여, 학령전기 동안에도 여전히 아동의 운율발달은 계속되고 있음을 보여 주었다(최영은, 2009).

최영은의 연구들이 주로 운율지각에 초점을 맞추었다면, 김태경(2013)은 학령전기 아동의 발화에 나타난 한국어 운율 패턴을 찾기 위하여 모방발화 자료를 수집한 후 강세구의 길이와 패턴, 억양구 경계의 위치와 패턴을 분석하였다. 3세에서 5세로 연령이 높아질수록 강세구의 평균길이가 길어졌고, 복합문장 모방 같은 어려운 과제에서 강세구의 평균길이는 더욱 길어졌다. 강세구 성조 패턴 분석에서는 학령전기 아동들이 모든 음절을 거의 같은 길이와 같은 음도로 발음하는 것으로 나타났다. 성인의 경우 같은 운율구 안의 음절들이 간격을 좁히면서 음조 조화 현상을 보이는 것이 일반적인데, 이 연구에서 학령전기 아동들은 음절들이 운율 단위를 이루지 못하고 개별적으로 존재하는 방식으로 발음하였고, 연령이 낮을수록 더욱 그러했다고 한다. 또한 김태경(2013)은 아동의 연령이 높아지더라도 자신의 언어적 레퍼토리 안에 없는 문장 구조를 반복하거나 모방할 때에는 아장이와 같은 운율 패턴이 나타나는 퇴행 현상을 보인다고 보고하였다.

억양구 운율 패턴에 대한 분석에서 김태경(2013)은 5세 집단의 95%가 대등절 뒤에 억양구 경계를 실현한 반면, 4세 집단은 65%가, 3세 집단에서는 18%만이 억양구 경계에서 적절한 운율 패턴을 사용하였다. 학령전기에는 저-고 운율 패턴이나 고-저 운율 패턴 같은 굴곡 성조가 드물게라도 나타났으나, 연령이 가장 낮은 3세 집단에서는 이와 같은 굴곡 성조가 전혀 관찰되지 않았다고 보고한다. 이는 굴곡 성조가 다른 성조에 비해 비교적 늦게 습득되는 경향이 있으며, 굴곡 성조의 출현은 보다 발달된 운율 사용 능력을 반영하지만 아동이 모방 과정에서 문장을 기억하려고 운율 패턴에 신경을 쓰지 못했기 때문일 수도 있다는 조심스러운 입장을 보였다.

4) 음운인식 발달

음운인식이란 무엇을 말하는가? 학자에 따라 음운인식을 정의하는 방식이 동일하지는 않다. Gillon(2004)은 음운인식이란 운율을 감지하고 단어가 음절과 음소 단위로 분할할 수 있는 단위임을 지각하는 것이라고 했고, Hakes(1982)는 음운인식이 언어의 소리 구조에 대한 **외적 지식**이라 했다. 또한 Stahl과 Murray(1994)는 음운인식이 글자를 읽거나 단어를 재인하는 기술과 관계가 있다고 주장하면서 아동의 초기 읽기와 음운인식의 관계에 대해 연구하기도 했다. 이러한 음운인식에 대한 정의나 설명에서 공통점을 찾아보면, 음운인식은 구어 단어 내의 소리와 소리 구조를 지각하는 능력으로 학령기 읽기와 쓰기 능력을 위한 기초를 이룬다는 것을 알 수 있다.

학령전기 아동의 음운인식 능력의 발달은 매우 활발한 양상을 보인다. 단어의 음 구조에 대한 민감성은 이미 2~3세 아장이기 후반이면 시작되지만, 음운인식이 본격적으로 발달하는 것은 3세 이후 학령전기에 들어서면서부터다. 이는 Dodd와 Gillon(2001), Gillon과 Schwarz(1999), Maclean, Bryant, Bradley(1987) 등의 연구에서도 나타난다. 이들은 몇몇 아동은 2세경부터 음운인식 능력이 나타나기도 하지만 대부분의 아동은 36개월경부터 발달하기 시작한다고 주장한다. 이 연구들에 따르면, 아동은 3세가 넘어서면 음절 분절이 가능해지고 각운과 두운을 감지할 수 있게 된다. 학령전기의 초중기에 아동은 먼저 **각운**을 감지하고 같은 음절로 끝나는 단어를 짝지을 수 있게 되며, 중후반부로 갈수록 **두운**을 감지하여 같은 소리로 시작하는 단어를 찾아내거나 짝지을 수 있게 된다. 즉, 3세에서 4세 사이의 아동은 CVC 음절을 두운과 각운으로 분절할 수 있다. 그러나 여전히 4세에도 /fr/이나 /fl/ 같은 자음군을 포함한 음절의 두운에 대해서는 분절에 어려움을 보인다. 4세에서 5세 사이 아동은 자신의 이름을 구성하는 철자를 알기도 한다. 5세를 넘어서면 형태 음운론적 규칙에 숙달되어 영어의 경우 복수 /s/ /z/ /iz/에 숙달되고, 음소에 대한 분석적 지식이 나타나 단어를 음소로 분절할 수 있으며, 단어 내에서 음운론적 분절 조작이 가능하고, 첫 음절을 단어의 끝으로 옮겨 다른 단어를 만들기도 한다. 또한 단어를 구성하는 각 음소를 분절하여 수를 세는 과제에서 5세 아동의 17%만 과제를 수행할 수 있었지만, 6세 아동은 70%가 성공률을 보였다고 한다(Liberman, Shankweiler, Fischer, & Carter, 1974).

4~6세 한국 아동에 대한 **음운인식** 연구에서 홍성인(2001)은 **탈락**검사, **합성**검사, **변별**검사를 실시하였다. 탈락검사에서는 "'왕개미'에서 '왕'을 빼면?" "'두루미'에서 '두'를 빼면?"과 같은 질문을 하여 음절을 분리할 수 있는지 확인하거나 "'매'에서 'ㅁ'를 빼면?"과 같은 질문으로 **음소 분리** 능력을 살펴보았다. 합성검사에서는 "'바나나'와 '우유'를 합치면?" "'당'과 '근'을 합치면?" 등의 질문을 통하여 의미가 있는 다음절어 **합성** 능력과 의미가 없는 단음절 합성을 통한 단어 합성 능력을 살펴보았다. **변별**검사에서는 "'가방' '가마' '개미' 중에서 첫소리가 다른 것은?"과 같은 질문을 하여 변별을 할 수 있는지를 검사하였다.

표 7-3 한국 아동의 연령별 음운인식 능력(홍성인, 2001)

단계	연령	음운인식 능력
단어 수준	4세	50%
	5세	75%
	6세	99%
음절 수준	4세	34%
	5세	67%
	6세	96%
음소 수준	4세	8%
	5세	13%
	6세	51%

검사 결과(〈표 7-3〉 참조)에 의거하면 단어 수준에서의 음운인식 검사 결과는 4세 아동의 50%, 5세 아동의 75%가 적절히 변별, 합성, 탈락 과제를 수행할 수 있었고, 6세에 이르면 99%가 과제를 수행할 수 있었다. 음절 수준에서 음운 변별, 분리, 합성 기술은 4세 아동의 34%, 5세 아동의 67%, 6세 아동의 96%가 적절한 수행을 할 수 있었다. 음소 수준에서의 음운인식의 경우 4세 아동은 제한된 몇 개의 단어에서만 첫소리와 나머지 소리를 분절할 수 있었으나 5세가 되면 음운인식 과제의 13%를 수행할 수 있었고, 6세 아동의 경우도 51%만 음소 분절이 가능하였다. 이는 음운인식 능력의 난이도가 단어 수준, 음절 수준, 음소 수준으로 갈수록 높아진다는 것을 나타내며, 아울러 아동이 학령기에 발달시켜야 할 음운인식 능력이 어느 영역인지를 알 수 있게 해 준다.

5) 음운처리 발달

음운처리 면에서 Pinker(1994)는 인간이 언어가 아닌 소리를 인식할 때는 1초에 7개 소리를 다룰 수 있지만, 말소리 지각의 경우에는 초당 20~30개의 서로 다른 음소를 처리할 수 있다고 한다. 발화를 할 때 단어는 인접한 다른 소리들에 영향을 받으면서 선형적 배열로 나타나기 때문에 묶어서 기억할 수 있어서 단 1초에 20~30개의 서로 다른 음소를 지각할 수 있게 한다는 것이다. Ingram(1989)의 예를 통해 이해하자면, 'mine'이라는 단어가 정상적으로 발음될 때 'm'은 'i'와 분리될 수 없고, 'i'도 'mine'의 종성 'n'과 분리되지 못한다. 어느 순간에 'm'이 끝나고 'i'가 시작되는지 명확하지 않지만 'm'은 'i'와 'i'는 'n'과 연결된다. 음소 간 전이 시점을 느낄 수 없어 음의 연쇄는 종종 사진이 연결된 영상에 비유되기도 한다(Daviault, 2011에서 재인용). 또한 4세와 5세 학령전기 아동이 친숙하지 않은 음 연쇄를 어떻게 기억하는지 음운론적 기억을 연구한 Gathercole과 Baddeley(1990)는 학령전기 아동이 음운론적 기억력이 좋을수록 어휘력이 좋으며, 4세 시기의 **음운론적 기억력이** 5세 시기의 어휘력을 예측할 수 있게 했다고 보고한다. 이들은 심지어 음운론적 기억력이 아동의 비언어적 지능까지도 예측할 수 있게 한다고 주장하였다. 학령전기 아동의 음운론적 발달은 이와 같이 언어의 다른 영역이나 동 시기를 넘어 다음 시기에까지 영향을 준다.

2. 의미론적 발달

1) 어휘발달

어휘력은 언어발달의 중요한 지표가 되곤 한다. 아장이기 어휘는 'My first 100 words' 혹은 'My first 1000 words' 등의 이름으로 어휘 목록이 출판되기도 하였고 그 목록이나 수에 큰 이견이 없다.

(1) 어휘의 양적 증가

Owens(1992)에 따르면, 미국 아동들은 12개월에 초어를 산출하고, 18개월경 표현단어가 50개에 이르면 두 낱말을 조합하고, 2세경에는 150~300개 단어를 표현할 수 있으며, 3세에는 900~1,200개 단어를 표현할 수 있다고 한다. 학자 간 수적 일치를 보이지는 않으나 아장이기까지의 어휘 수는 크게 차이를 보이지 않는다. 그러나 학령전기에 들어서면 연령별 어휘 수에 대한 연구자 간 차이는 더욱 벌어진다.[1] 집단의 문화에도 영향을 받고 개인차도 커지기 때문에 학령전기 아동의 어휘 수를 측정하는 것은 어려운 일일 것이다. 이해어휘는 더욱 어렵다. Owens(2013)에 따르면 4세에는 1,500~1,600개 단어, 5세에는 **표현어휘**가 2,200개 단어에 이른다. 만 6세 아동의 경우 표현어휘는 대략 2,600개 단어이지만 이해할 수 있는 단어는 어근으로만 보면 8,000~10,000개, 파생어를 포함하면 〈표 7-4〉에서와 같이 앞서 Owens(1992)가 제시한 수치보다 적은 수치를 제시한다.

표 7-4 연령별 표현어휘 수(Reed, 2012)

연령	표현어휘
15개월경	10개
18개월경	50개
20개월경	150개
2세경	120~300개
3세경	1,000개
4세경	1,600개
5세경	2,100~2,200개
6세경	2,600~7,000개

　학령전기 아동의 어휘 수에 대한 논의에서 한 가지 짚어 볼 것은 어휘 폭발기에 대한 것이다. 일반적으로 어휘 폭발기 혹은 급등기는 18개월에서 24개월, 혹은 18개월에서 30개월까지를 일컫는다([그림 6-5] 참조). 그런데 그 이후 Ganger와 Brent(2004)의 연구에서는 [그림 7-3]의 그래프를 제시하면서 아동이 습득하는 1일 낱말 수가 오히려 3~4세에서 변곡점을 보인다고 주장한다(Pence & Justice, 2010에서 재인용). 이미 아장이기 동안 최초 낱말 산출에서 급격히 어휘 증가가 일어났던 만큼 학령전기 어휘가 극적이지는 않지만 Ganger와 Brent(2004)는 학령전기 동안

1) 아동의 연령별 이해 및 표현 단어 수는 언어에 따라, 연구 방법에 따라 달라질 수 있다. 영어의 경우 연구에 따라 단어 수에서 차이를 보이는데 Reed(2012)는 만 12세가 되면 5만 개 단어를 표현한다고 하였다. 필자의 경우 4,000만 어절 KAIST 코퍼스를 분석하였을 때 서로 다른 5만 개 어휘소가 전체 4,000만 어절 코퍼스의 95% 이상을 차지하였다. 따라서 만 12세에 5만 개 어휘소를 이해한다는 Reed(2012)의 연구는 한국어와 크게 다르지 않다.

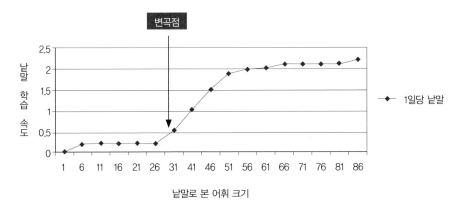

● 그림 7-3 ● 어휘 폭발기에 대한 재조사(Ganger & Brent, 2004)

아동이 1년에 약 860개 단어(매일 2개 이상) 이상을 습득한다고 제시하며 어휘 폭발기에 대한 재조정을 주장하였다(Reed, 2012에서 재인용). 향후 여러 연구가 이와 같은 결과를 계속해서 제시하게 된다면 어휘 폭발기에 대한 논의는 더욱 활발해질 것이다.

연령별 어휘 연구를 통하여 낱말에 등급을 매긴 김광해(1995a)는 한국 아동의 경우 명확히 이해어휘와 표현어휘를 구분하지 않고 생후 1년까지 5개 단어, 18개월에는 34개 단어, 1년 6개월부터 2년 사이에 300개 단어, 2~3세에 950개 단어를 습득하고, 만 4~5세가 되면 3,000개 단어를 습득한다고 주장하였다(〈표 7-5〉 참조).

한편, 한민희(1998)는 취학전 5~6세 아동의 어휘력이 3,000개 단어 전후라고 주장하였는데, 이는 앞서 김광해(1995a)가 주장한 4~5세 아동의 어휘 수와 일치하는 것이다.

표 7-5 연령별 표현어휘 수(김광해, 1995a)

연령	습득어휘 수
12개월	5개
18개월	34개
18~24개월	300개
2~3세	950개
4~5세	3,000개

(2) 연령별 어휘 특성

● 3~4세

3세경 아동은 인칭대명사와 지시대명사를 사용할 수 있다. 예를 들어, '나'와 '너'를 이해하고 '여기' '저기'와 같은 낱말을 이해한다. 3~4세 아동은 **관계개념**이 발달하면서 사물의 속성, 장소, 위치, 시간 등과 연관된 낱말이 증가한다. 시간적으로 현재, 과거, 미래 등의 시제를 이해하고 사용할 수 있으며, 공간 면에서 장소와 위치 관련 기초 낱말을 이해하게 되면서 '위' '아래' '안' 등의 낱말을 이해한다. 속성으로는 색깔과 관련된 낱말이나 사람의 직업이나 가족관계와 관련된 낱말이 증가한다. 4세경에 이르면 아동은 도형 이름이나 반의어, 유의어 같은 어휘의 의미관계에 대한 이해와 표현이 발달하기 시작한다. 이 시기 **낱말의 범주화**도 활발해지는데, 상하위어가 분화하기 시작하고 기초적인 기능형태소를 습득하기도 한다.

● 4~5세

4~5세 아동은 어린이집이나 유치원에서 친구들과 활발한 상호작용을 하면서 끊임없이 대화하고 질문한다. 이 시기 어휘습득 속도는 하루에 2개 정도를 유지한다 (Biemiller, 2005). 아동은 단어의 일부를 듣고 전체 단어를 생각해 낼 수 있고, 새로운 단어 의미를 유추하기 위해 사물의 기능을 활용하기도 한다. **관계개념**도 지속적인 발달을 보이는데, 수를 셀 수 있고 감정과 관련된 형용사나 '길다/짧다' '빠르다/느리다'와 같은 대립어가 발달한다. 'ㄱ' 'ㄴ' 같은 문자의 명칭을 알게 되고, 이해하고 표현할 수 있는 **의문부사**가 늘어나 '언제' '왜' '어떻게' 등을 이해하고 사용할 수 있다. 이 시기 아동은 단순히 **범주어**를 사용할 수 있을 뿐만 아니라 범주어를 이용하여 낱말을 정의하기도 한다. 즉, 이 시기 아동은 "과일은 바나나, 딸기 같은 거야."와 같이 범주어를 이용하여 낱말을 정의하기도 한다.

● 5~6세

학령기를 바로 앞두고 이제 **읽기**를 위한 학습을 시작하기 때문에 이 시기의 어휘력은 매우 중요하다. 읽기를 위해서도 어휘력이 중요하지만, 읽기가 어휘력을 좌우

하기도 한다. 부모가 읽어 주는 책의 양이 아동의 어휘력을 좌우한다는 직접적인 증거는 없지만, 전문직에 종사하는 부모의 아동이 어휘력 면에서 높은 수준을 보였다 (이경하, 김향희, 2000). 전문직에 종사하는 부모들이 아동에게 책을 읽어 주는 시간이 많았다는 보고(한민희, 1998)는 **책 읽기**와 **어휘력**의 관계에 대해 시사하는 바가 있다. 이 시기 아동은 글자를 천천히 쓰면서 소리 내어 말하거나, 아는 단어를 반복해서 쓰기도 하고, 같은 유형의 문장에서 단어만 바꾸어 반복해서 쓰기를 즐긴다. 학령전기 마지막 시기에 아동의 이러한 특성은 학령기 언어발달의 중요한 기초가 된다.

2) 학령전기 어휘습득 원리

이 시기 아동의 어휘 학습 전략은 아장이기와 마찬가지로 여전히 빠른 연결을 사용하지만 아장이기 동안 획득한 전략을 바탕으로 학령전기의 어휘습득 전략은 더욱 다양해진다.

● 우연학습과 맥락에 의한 의미 보완

아장이기처럼 학령전기에도 아동은 새로운 낱말을 이해하기 위해 **빠른 연결**을 사용한다. 그러나 아동의 어휘는 이미 양적으로 증가되어 있고, 맥락도 아장이기와 달리 다양할 수 있다. 따라서 빠른 연결을 통해 의미를 추정하더라도 불충분하기 때문에 아동은 사용할 수 있는 전략을 더 많이 동원하게 된다. 예를 들어, **우연학습**(Quick Incidental Learning: QUIL; Rice, 1990; Rice, Buhr, & Nemeth, 1990; Rice & Woodsmall, 1988)을 통해 새로운 단어의 의미를 재빨리 추정하되(McGregor et al., 2002), 추가적으로 제시되는 새로운 맥락을 통해 의미 정보를 확보하여 수정한다.

● 형태론적 · 통사론적 지식의 활용

학령전기 아동은 새로운 낱말의 의미를 추론하기 위해 다양한 **의미론적 · 구문론적 지식**과 맥락을 이용할 수 있다. 또한 영아기와 아장이기 아동이 모양과 외적 속성에 의존하여 사물의 이름을 습득했다면 학령전기 아동은 먼저 기능 정보를 활용한다. 예를 들어, "요도코 하나 줘."라는 문장에서 '요도코'를 모를 때, 뭔가 사탕처럼 하나, 둘 셀 수 있는 사물이라고 추론하여 가까이 있는 사물을 주려고 할 것이다. "우와, 요도코 딸기네."와 같은 문장을 듣는다면 '요도코'가 '딸기'를 한정하거나 수식하는 말이라고 생각할 것이다. 이와 같이 문법적 지식이 생기기 시작한 학령전기 아동은 통사론적 지식을 최대한 활용한다. 이 시기 아동의 어휘력 향상을 위해서는 부모와 함께 자주 그림책이나 동화책을 읽는 것이 도움이 된다(Arnold, Balkan, Humphreys, Meijer, & Sadler, 1994; Senechal, 1997).

● 어휘관계와 의미역 지식의 활용

Chapman, Seung, Schwartz, Kay-Raining(1998)은 아동이 **동사 '심다'**를 습득할 때, '심다'만 따로 학습하는 것이 아니라 '누가' '무엇'을 심는지, 즉 행위자 또는 대상이 되는 낱말을 함께 습득한다고 주장한다. 동사를 학습한다는 것은 동사와 **관련된 사건이나 문맥 이해와 연결**되는 연상을 자극한다는 것인데, Chapman 등(1998)의 이러한 주장은 제2장에서 학습한 의미장 이론이나 제6장에서 언급하였듯이 Soja, Carey, Spelke(1991)가 온톨로지 범주가 낱말의 의미추론을 이끈다고 주장하는 것과 맞닿아 있다.

3) 어휘의미론적 발달 특성

학령전기 어휘발달은 학령기의 학업 성취와 직접적으로 연결된다. 이 시기의 어휘 발달은 양적으로나 질적으로나 특징적이다. 학령전기 동안 아동의 어휘습득 속도는 하루에 2개 정도로 유지되면서 그래프 곡선은 안정화된다. 그리고 어휘는 대명사, 지시어, 의문사 등이 풍부해지면서 질적으로 성숙해진다.

(1) 직시적 지시어

직시적 지시어(deixis)는 대화를 하는 두 사람 중 화자의 사물과 사람의 각 위치, 화자와 청자에 관한 시간적 관계에 따라 지시대상 혹은 참조물이 변화하는 특성을 갖는다(Pan & Uccelli, 2009). 인칭대명사의 예를 들면, '나'와 '너'는 직시소다. 예를 들어, 철수가 영수에게 말할 때 "내가 너 봤다."라고 한다면, '나'는 철수이고, '너'는 영수다. 그러나 영수가 철수에게 같은 발화를 한다면, '나'는 영수이고 '너'는 철수가 된다. 화자와 청자와의 관계에 따라 '나'와 '너'의 지시대상이 달라지는 것이다. 장소부사의 경우 '여기'와 '저기'는 화자와 청자의 위치에 따라 지시대상이 달라진다. '여기'는 화자와 가까운 위치를 가리키고, '저기'는 화자와 청자 모두에게 멀리 있는 위치를 가리킨다. 화자가 위치를 바꾸면 그 지시 위치는 또 달라진다. '이거' '저거'와 같은 지시대명사도 마찬가지다. 우리말의 동사 '가다' '오다'는 장소의 이동이 화자에게 가까운 곳에서 먼 곳으로 이동할 때 '가다'를, 먼 곳에서 화자가 있는 장소에 가까운 곳으로 이동할 때 '오다'를 사용한다. 이와 같이 상대적 거리를 고려해야 하는 '오다' '가다' 같은 동사는 뜻이 고정된 단어에 비해 늦게 그 의미를 이해하는 경향이 있다.

Bloom, Rocissano, Hood(1976)에 따르면, 아동의 평균발화길이가 4.0 정도에 이를 때에야 아동들은 '여기' '저기' '이거' '저거' 같은 직시적 지시어를 이해하고 사용하기 시작한다(Reed, 2012에서 재인용). 직시적 지시어 중에서도 비인접 지시어는 인접 지시어보다 더욱 어렵고, 따라서 더 늦게 나타난다. 예를 들어, 일반적으로 아동은 '여기' '저기' '이거'와 같은 인접 지시어를 먼저 습득하고 나서, '거기' '그거'와 같은 비인접 지시어를 사용하기 시작한다. 인칭대명사도 1인칭 대명사가 먼저 나타나고 2인칭 대명사가 나타나며, 3인칭 대명사는 가장 늦게 나타난다.

(2) 관계어

관계어는 사물 간의 관계를 이해하거나 사람, 장소, 사물의 특성과 위치를 이해하기 위해, 혹은 사건의 순서를 이해하고 지시와 규칙을 따르기 위해 사용되고, 관계어를 토대로 아동은 사물을 분류하거나 사건에 대한 연쇄적 배열이나 비교, 다중적 속성을 알아내는 능력을 기를 수 있게 된다(Boehm, 2001). 학령전기에는 이와 같이 상대적 의미를 갖는 기초적 관계어가 활발히 발달한다. '앞' '뒤' '옆' '위' '밑' 등의 위치를 나타내는 낱말이 발달하는데, '안'이나 '위'보다는 '앞'과 '옆'의 난이도가 더 높다. 시제 표현에 있어서도 단순한 과거와 미래에서 사건의 순서, 기간, 동시발생을 표현하는 낱말이 습득된다. 또한 아동은 '이모' '고모' '삼촌' '사촌' 등의 친족어 등에 대해 이해할 수 있게 된다. 나에게 '엄마'는 나의 사촌에게는 '이모'가 될 수 있다는 것도 알게 된다. 5~6세에 이르면 '마리' '대' '권' 같은 단위를 사용하고, 사건의 순서에 맞게 이야기를 구성하여 전달하거나 설명할 수 있다. 그러나 이러한 관계어가 학령전기에 모두 발달하지는 않는다. Wiig와 Semel(1974)에 따르면, 아이들이 공간적·시간적 관계를 이해하는 것은 Piaget의 구체적 조작기(concrete operational period) 동안이며, 특히 공간적 장소와 시간적 장소를 이해하는 전치사는 11세 전후라고 하였다.

영어를 모국어로 하는 학령전기 아동에 대한 연구에서 관계어 발달은 일정한 원리가 작동한다고 보고한다. 일반적으로 아동은 시간을 접속사보다는 전치사를 사용하여 표현하고, 동시성보다는 전후를 표현하는 낱말을 먼저 습득한다(Feagans, 1980). 또한 공간적 관계도 접속사보다는 먼저 'in'이나 'on' 등의 전치사를 통해 표현한다. 학령전기인 4~5세 아동들은 영어의 동사와 동반되는 전치사를 적절히 사용하기 시작하지만(Goodluck, 1986; Wegner & Rice, 1988), 'up, down, off' 같이 자주 사용되는 낱말에 한정적인 경향이 있다(Wegner & Rice, 1988).

(3) 의문사

Cairns와 Hus(1979)는 3~5.5세 아동 50명을 다섯 개의 그룹으로 나누어 의문사 이해 발달을 연구하였다. 연구 결과, '누구'-목적격, '누구'-주격, '누구'-목적격 진행형, '왜' '언제' '어떻게' 순으로 의문사를 이해한다고 하였다. 또한 3~4세경에는 '누구' '왜' '어디' '어떻게' 등의 의문사가 발달하며, 4~5세경이 되면 의문사를 허락이나 가능성을 타진하거나 수량, 시간, 때를 가리키는 의문문에도 잘 대답할 수 있다고 하였다. 한국어의 경우 손은남(2013), 손은남과 이우진(2011)은 3~6세 학령전기 아동에게 그림을 제시하면서 이야기를 들려주고, 의문사 질문에 대답하는 과제를 제시하였다. 총 12개의 서로 다른 의문사를 사용하여 연구한 결과, 연령이 증가하면서 대부분 의문사들의 정반응률이 증가하였다. 기본의문사는 3~4세부터 정반응률이 높다가 6세가 되면 대부분 100%의 정반응률을 나타냈다. 이러한 연구 결과에 따르면 의문사 이해 및 산출이 약 2세부터 시작해서 5세경까지 발달되는 것으로 나타났다(손은남, 이우진, 2011). 일반적으로 아동들은 대상이 직접적인 사물이나 사람을 묻는 의문사를 먼저 습득하고, 추상적인 표현을 요구하거나 속성이나 상태를 서술하는 의문사를 나중에 습득한다.

3. 형태론적 · 통사론적 발달

학령전기 언어의 특성 중 하나는 탈맥락화된 언어다. 상황이나 문맥 의존적 언어에서 벗어나 언어 자체에 의존하기 때문에, 아동은 유치원에서 있었던 일을 집에 와서 엄마에게 전달할 수 있게 된다. 상황 의존적이 아니라 문장 의존적인 언어로 소통하기 위해서 아동은 더욱 정확한 어휘와 구문을 사용해야 한다. 따라서 이 시기 아동의 언어는 문법형태소가 발달하고, 문법 구조가 복잡해지고, 발화길이도 증가한다.

1) 형태론적 발달

(1) 문법형태소의 발달

영어권 학령전기 아동의 경우 Brown(1973)이 발달단계별로 14개 **문법형태소**의 습득을 도표로 제시한 바 있다. II단계에서 문법형태소가 나타나기 시작하는데, 현재분사 '−ing'와 전치사 'in, on', 그리고 명사 복수형과 불규칙 동사의 과거형이 나타난다. III단계에서는 소유형 명사, 계사의 굴절형, 관사가 나타난다. IV단계에서는 규칙동사의 과거형이 나타나고, 규칙과 불규칙 동사의 3인칭 단수 현재형이 나타난다. V단계에서 조동사가 나타나고, 계사의 축약형이나 조동사의 축약형 등이 나타난다. 일반적인 규칙을 먼저 습득하고 특수한 경우를 습득하는 것이 일반적인데, 특이한 점은 Brown(1973)의 연구에서 불규칙 동사의 과거형이 먼저 나타났다고 보고한 점이다. 이에 대한 논의들이 있는데, 예를 들어 아동들이 불규칙 변화 과거형을 정확히 산출했던 동사인데도 다시 규칙형 어미를 붙이는 오류를 종종 보인다는 보고도 있고(Tager-Flusberg & Zukowski, 2008), 어떤 규칙 동사의 과거형은 불규칙 동사보다 먼저 나타나기도 한다는 보고도 있다(Pine, 1999).

한국 아동의 경우 학령전기 전반부인 3~4세 아동은 **조사와 어미** 목록이 다양해진다. 조사의 경우 주격, 목적격, 부사격(공동) 외에 '로'와 같은 부사격(도구)을 이해할 수 있게 된다. 따라서 아동은 "숟가락으로 먹어요."와 같은 문장을 이해할 수 있다. 아동은 목적격조사 '을' '를'을 사용하여 문장을 표현하기도 한다. 어미의 경우 이미 아장이기에 나타났던 나열 연결어미 '-고'와 이유나 원인을 나타내는 연결어미 '-아서/-어서'가 3세경에 이르면 활발하게 사용된다. 4세경에는 동시성 연결어미 '-면서'와 '-며'의 사용이 활발해진다. 계기를 나타내는 '-어서/-아서'와 대조를 나타내는 '-는데'나 '-지만' 같은 연결어미의 사용도 활발해진다(배소영, 1996). 또한 조건 연결어미를 사용할 줄 알게 된다. "이거 다 먹으면 갈 거야."를 중얼거리며 먹기 싫은 밥을 먹기도 한다. 과거 시제를 나타내는 '-았-' '-었-'이나 '-ㄹ 거야'와 같은 미래 시제 어미는 이미 아장이기에 습득하지만, 이제 학령전기에 들어서면 아동은 단순한 과거나 현재에서 나아가 '~ 하고 있어요.'와 같이 보조용언을 활용한 진행형까지 이해한다. 부정부사 '안'과 '못'을 이해하여 '안 먹어' '안 예뻐' 등의 문장을 이해할 수 있지만, 아직 이 시기 아동에게서는 문형에 맞지 않게 부정부사를 적용하여 '안 공부해' '안 알아' 등의 표현이 종종 나타난다.

4세경 아동은 **익숙한 동사**의 **사동형**을 표현할 수 있다. 아동은 "엄마가 먹여 줘." "엄마가 입혀 줘." 등의 표현을 한다. 학령전기 중후반부에 아동은 다양한 연결어미를 사용하게 되는데, 이 시기 연결어미는 '-고' '-아서' '-는데' '-어서' '-서'의 순으로 나타난다고 보고된다(최정아, 2007). 학령전기 말인 5~6세 정도가 되면 대부분의 연결어미를 사용할 줄 알게 되고(김귀숙, 2002; 박주현, 2001; 서희선, 1989: 이유진, 2013에서 재인용), 조사 사용에 있어서도 아동은 '도' '만' '은/는' '까지' 등의 다양한 특수 보조사도 사용하여 문장을 구성할 수 있다. 또한 학령전기 말 아동은 동사의 사동형과 **피동형**을 이해할 수 있어 사동문과 피동문을 이해하고 적절히 응답할 줄 아는데, 예를 들어 이 시기 아동은 "벌레한테 물려서 아파."와 같은 피동문을 만들 수 있다.

(2) 문법형태소 습득 순서의 원리

Brown(1973)의 분석에 따르면, 학령전기 아동이 문법형태소를 습득하는 데에는 원리가 있다. 첫째, 음절을 구성하는 형태소를 먼저 습득하고 음 하나로 이루어진 형태소는 나중에 학습한다. 둘째, 단일 의미 형태소를 먼저 학습하고 다의의 형태소를 나중에 습득한다. 셋째, 이형태가 없는 일관된 형태를 더 빨리 학습한다. 그래서 규칙적 변화를 먼저 습득하고 불규칙 변화를 하는 형태소를 나중에 습득한다. 넷째, 명확한 의미 기능을 가진 문법형태소를 먼저 습득한다. 이러한 원리가 한국 아동에게도 적용될 수 있는지에 대해서는 학령전기 한국 아동에 대한 문법형태소 발달 순서를 심도 있게 연구하고 원리를 도출하여 확인해야 할 것이다.

2) 통사론적 발달

(1) 문형

학령전기의 꾸준한 어휘발달은 아동의 통사론적 발달과 함께 **문장 구성**을 보다 풍부하게 표현할 수 있도록 한다. 학령전기의 전반부인 3~4세경에 이미 아동의 문형은 다양해진다. 문장성분의 구조가 다양해져 '주어+목적어+동사' 문장이나 '주어+부사어+동사' 등의 문장을 이해하거나 표현할 수 있다. 4세경에는 웬만한 **평서문**을 이해할 수 있을 뿐 아니라 **부정문**과 **의문문**의 이해도가 높아진다. 문법형태소가 발달하면서 문장 길이가 좀 더 길어지고 적절한 문법 구조로 평서문 문장을 만들 수 있다(McLean & Snyder-McLean, 1999). 의문부사나 접속부사, 문법형태소의 발달은 학령전기 아동의 복합문장에 대한 이해와 표현을 돕는 요소다. 부정문이나 명령문이 자연스러워지고, 아장이기에 비해 난이도가 높은 의문사 의문문을 사용할 수 있다. 그래서 아동은 '언제' '왜' 등의 의문부사가 포함된 질문을 이해하고 대답할 수 있으며, '왜' '어떻게' 등의 의문부사를 사용하여 질문을 할 수도 있다. 또한 아동은 평서문을 의문형이나 부정문으로 바꾸기도 하고, 익숙한 이야기를 재구성하여 이야기를 할 수도 있다. 보조용언이나 수식어를 포함한 다양한 문형도 발달시킨다. 학령전기 후반인 5~6세에 이르면 관형절이나 조건절이 포함된 **복합문장**을 표현할 수 있게 되고, 서술어와 논항의 연결에 민감해져 비문을 찾아낼 수도 있다. 그러나 아직 이 시기 아동의 문장은 간단한 복합문장이며, 종종 비문을 산출하기도 한다.

(2) 복합문장

제6장에서 살펴본 바와 같이 아장이는 18~24개월에 두 단어를 조합하기 시작하고, 24~36개월에는 문장의 형태가 나타나는데, 아장이기 동안 주로 사용되는 문장은 단문이다. 단문이란 주어와 서술어 관계가 한 번 나타나는 문장을 말하고, 복문이란 주어와 서술어 관계가 두 번 이상 나타나는, 즉 두 개 이상의 절을 포함한 문장을 말한다. Brown(1973)에 따르면, 영어 사용 아동의 발화에서 절이 나타나는 것은 MLU-w가 3.0에 이르는 생후 2~3년 사이이고, 아동이 영어의 접속사를 제한적이지만 처음 사용하기 시작하는 시기가 25~27개월이다. 한국 아동의 경우 아장이기 후반에 '고'와 같이 두 개의 요소를 이어 주는 **연결어미**가 나타나기 시작한다. "엄마 이거 먹고, 나 이거 먹는다."와 같이 두 절을 독립적으로 붙여 등위절을 사용하면서 연결어미가 나타나지만, 아장이가 사용하는 복문의 길이는 짧고 제한적이다. 영어의 경우 "너는 이거 해, 나는 저거 할게(You do this, I do that)."와 같이 두 개의 절을 독립적으로 붙여서 사용하는 것은 학령전기라고 보고된다(Tager-Flusberg & Zukowski, 2008). 한국 아동도 학령전기에 들어서야 복문을 본격적으로 발달시키기 시작한다. 이 시기 동안 단문의 **문장성분** 구성이 풍부해지고 복문의 표현이 좀 더 다양해진다.

Menyuk(1972)의 연구에 따르면, 영어 사용 아동은 직접화법만 사용하다가 3~4세에 이르면 간접화법의 사용이 나타난다. 4세가 되어야 관계절이 나타나지만 이때에도 주어에 연결된 관계절은 사용하지 못한다고 보고된다(Paul, 1981). 관계절과 수식어구의 발달은 학령기와 청소년기에 걸쳐 지속적으로 이루어진다(Reed, 2012). 한국 아동의 경우 학령전기인 4~5세경이면 간단한 종속절을 사용하고, 5~6세경이면 관형절이 나타난다. 그러나 학령전기 아동의 통사론적 발달에 대한 연구가 전반적으로 부족하다. 학령전기 아동의 복문 구성 능력이 어떠한 단계를 거치면서 발달하는지, 순서와 시기는 어떠한지, 문장성분 구성 면에서의 발달 순서와 내용은 어떠한지에 대한 좀 더 구체적인 정보가 필요하다.

3) 평균발화길이

아장이기 초에 아동은 한 단어 수준에서 주로 명사를 사용하다가 동사와 형용사로 범위를 확장하게 된다. 또한 18개월을 전후하여 두 단어를 조합하면서 발화길이가 증가하기 시작한다. 따라서 **평균발화길이**(Mean of Length of Utterance)는 아장이기와 학령전기 아동의 형태론적 · 통사론적 발달 정도를 가늠할 수 있는 중요한 기준이 된다. 영어의 경우 평균발화길이는 주로 단어나 형태소로 측정하는데, 우리말의 경우 단어, 형태소, 어절의 세 가지 방법으로 측정할 수 있다.

> 평균어절길이(Mean of Length of Utterance-Eogeol: MLU-e)
> 평균낱말길이(Mean of Length of Utterance-Word: MLU-w)
> 평균형태소길이(Mean of Length of Utterance-Morpheme: MLU-m)

어절로 평균발화길이를 측정하는 경우 간단할 것 같지만 문어의 띄어쓰기가 아니라 발화를 듣고 녹취 후 어절을 분절해야 한다는 어려움이 있다. 단어로 평균발화길이를 측정할 경우 복합어를 어디까지 인정할 것인지, 결합형태소를 어디까지 분석할 것인지 등에 대한 애매한 경우가 발생한다. 특히 아동의 발화 분석에서 기능형태소가 복합형일 때 어디까지 분석하는 것이 적합한지에 대해서는 논의의 여지가 많다. 예를 들어, '어요'는 종결어미 '어/아'와 보조사 '요'의 결합형이지만, 아동의 발화 분석 시 '어요'를 하나의 형태소로 처리하곤 한다. 이러한 경우들에 대해서는 발화 분석의 목표에 따라 엄밀한 규칙을 미리 정하여 일관성 있게 분석하되, 적용한 규칙을 밝히는 것이 중요하다. 〈표 7-6〉을 통해 평균발화길이 분석의 예를 살펴보자.

〈표 7-6〉의 평균발화길이를 분석하기 위해, 먼저 어떤 규칙을 적용할 것인지 정해야 한다. 제시된 발화에서 필요로 하는 규칙만 살펴보자. '유치원'은 **한자어**다. '유치'는 '유치하다'의 어근이고, '유치부' '유치반'처럼 '나이가 어리거나 수준이 낮아 미숙함'의 의미를 갖는다. '원'의 경우 '동물원' '식물원'처럼 '보육 또는 생육을 위한 시설'의 의미를 지닌 접사다. '유치'와 '원'은 이와 같이 의미를 가진 단위이므로 각각 하나의 형태소로 분절할 수 있을 것이다. 그러나 한자어의 경우 특히 단음절 한자어

| 표 7-6 | 평균발화길이 분석 연습 | | | |

번호	발화	어절	단어	형태소
1	밥 먹고 유치원에 가요.	4	5	7
2	밥을 다 먹고 가야 돼.	5	6	8(9)
3	아빠랑 차 타고 가자.	4	5	7
4	유치원 차 안 타요.	4	4	5
5	예리야, 안녕?	2	3	3
	평균발화길이	19/5=3.8	23/5=4.6	30/5=6.0

의 경우 **형태소 분석**은 분리하면 그 양상이 매우 복잡해지기 때문에 어린 아동의 발화뿐 아니라 성인 언어의 분석에서도 중재안이 필요한 영역이다. 어린 아동의 발화 분석에서 한자어를 분할하지 않고 그대로 처리하는 경향이 일반적이다. 〈표 7-6〉의 첫 번째 발화에는 4개의 어절과 5개의 단어와 7개의 형태소가 있다.

      어절: 밥/ 먹고/ 유치원에/ 가요/

      단어: 밥/ 먹고/ 유치원+에/ 가요/

      형태소: 밥/ 먹+고/ 유치원+에/ 가+요/

 두 번째 발화에서 '돼'는 '되(다)'의 어간과 종결어미 '어'가 결합하여 총 9개의 형태소를 포함하고 있다. 그러나 아동 언어 분석에서 '돼'를 더 이상 분석하지 않기도 한다. 따라서 종결어미 '어'를 복원하지 않고 발화를 분석하면 평균어절길이는 3.8이고, 평균낱말길이는 4.6, **평균형태소길이**는 6.0이다. 이러한 평균발화길이 분석 시에 엄밀한 규칙을 정하고 일관성 있게 규칙을 적용하여 분석함으로써 분석 결과가 어떠한 규칙에서 진행되었는지 밝히는 것이 중요하다는 것은 아무리 강조해도 지나침이 없다.

 학령전기 아동의 평균발화길이는 어떠한가? 김영태(2014)는 한국 아동의 평균발화길이를 단어, 형태소, 어절별로 모두 제시하고 있다. 이 중에서 형태소 길이에 대한 것을 소개하면 〈표 7-7〉과 같다.

표 7-7 평균발화길이(김영태, 2014에서 발췌)

연령(개월)	평균어절길이	평균낱말길이	평균형태소길이
27	1.81	2.12	3.00
30	1.90	2.39	3.01
33	2.14	2.62	3.70
36	2.18	2.73	3.84
39	2.36	2.88	3.86
42	2.40	3.05	4.40
45	2.67	3.42	5.04
48	2.72	3.29	4.86
51	3.06	4.06	5.57
54	3.34	3.65	5.37
57	3.39	4.23	6.05
60	3.40	4.52	6.50

아동이 두 단어를 조합하기 시작했어도 단단어 문장의 사용이 딱 중단되는 것은 아니다. 세 단어를 조합하여 사용하는 시기에도 단단어 문장과 두 단어 조합 문장을 함께 사용하게 된다. 아동의 평균형태소길이가 본격적으로 증가하기 시작하는 것은 조사나 어미를 사용하면서부터라고 할 수 있다. 〈표 7-7〉에 따르면, 한국 아동이 3세에 이르면 평균어절길이는 2.18, 평균낱말길이는 2.73, 평균형태소길이는 3.84에 이르는 것으로 조사되었다. 이러한 평균발화길이는 아동 언어 평가와 중재 시 매우 유용한 기준을 제시한다. 평균발화길이 평가를 위한 기준이나 규칙을 김영태(2014)가 상세히 제시하고 있는 만큼 여기서 따로 다루지는 않는다.

어린 아동의 경우 평균형태소길이가 형태론적 · 통사론적 발달의 기준이 될 수 있으나, 일정한 연령을 넘어서면 여러 다양한 요소가 개입되기 때문에 단순히 발화의 길이로 그 발달 정도를 가늠하기는 어려워진다. 그런데 학령기를 지나 청소년기에 이르러서도 평균발화길이는 길어진다. 다만, 학령기나 청소년기의 평균발화길이는 C-unit이나 T-unit의 단위를 통하여 절의 평균 단어 수, T-unit당 평균 내포절 수 등을 측정하는 것이 일반적이다(Reed, 2012).

4. 화용론적 발달

영아기의 화용이 언표내적 단계와 전상징기적 행동에 초점을 맞추었다면, 아장이기는 언어적 표현이 이루어지기 시작하는 시기이므로 초기 의사소통 기능과 상징행동, 초기 대화 기술을 중심으로 다루게 된다. 학령전기의 화용론적 발달은 어떠한가? 학령전기는 대화 주제를 개시하고 유지하는 능력, 대화 주제를 확장하는 능력, 이야기를 전달하는 능력 등이 발달하는 시기다. 따라서 이 절은 학령전기의 화용을 대화 기술, 담화, 상징행동으로 나누어 다룰 것이다.

1) 대화 기술

대화란 둘 이상의 사람 간 자발적 의사소통 양식이라고 할 수 있다. 대화 기술의 발달은 아동의 사회화에 매우 중요한 역할을 한다. 주로 구어의 교환으로 나타나지만, 넓은 의미로는 쪽지를 주고받는 것도 대화로 간주할 수 있다. 그런데 단순히 인사만 주고받는 것을 대화라고 하지는 않는다. 대화에는 주제가 있어야 하고, 대화 상대자와 말을 주고받는 균형이 어느 정도 유지되어야 한다. 대화는 사회적 관계를 목적으로 하게 되는데, 그래서인지 아동의 대화 기술이 발달하는 시기는 또래 사회에서 **사회성**이 발달하는 시기와 맞아떨어진다.

대화는 먼저 대화를 시도하는 사람이 **주제를 개시**하면서 시작된다. 대화가 이어지려면 먼저 개시된 **주제를 유지**하여 주고받기가 이루어져야 하고, 생각이 잘 전달되지 않았거나 상대방의 말을 이해하지 못했을 때 **수정**하거나 되묻는 과정이 필요하다. 이와 같이 대화를 하기 위해서는 주제를 개시하고, 유지하고, 의사소통이 실패한 때 메시지가 이해되도록 반복하거나 수정하는 등의 대화 기술을 갖추어야 한다. 학령전기 아동의 대화 기술 수준은 어떠할까? 일반적으로 학령전기 아동은 주제를 개시할 수는 있으나 주제를 충분히 오래 유지하지는 못하여 자주 주제가 바뀌는 경향이 있다. 이러한 주제 유지 기술은 적어도 3세 후반에서 4세가 되어야 나타나기 시작한다(Bloom et al., 1976). Schober-Peterson과 Johnson(1989)은 4세 아동들이 놀이 활동을 하면서 하나의 주제에 대해 주고받은 대화가 대략 13개에서 91개까지 늘어나기도 하지만, 대화 유지를 위해 주고받는 발화의 75%는 매우 짧은 발화였다고 보고한다. Brinton과 Fujiki(1984)는 5세가 되면 대략 한 주제에서 평균 다섯 개의 발화가 오고 가는데, 5세 아동이 15분간 대화할 경우 대략 50개의 주제가 개입된다고 한다. 대화 수정 기술 면에서 학령전기 아동은 메시지 교환에 실패했을 때 메시지를 수정할 줄 안다. 4~5세경이 되면 아동들은 듣는 사람이 메시지를 정확히 이해하지 못했다는 것을 알게 될 경우 발화를 증가시키는 경향이 있고, 반대로 상대방이 메시지를 잘 이해했다고 알게 되면 발화가 줄어드는 경향이 있다. 이는 학령전기 아동들의 대화 중단을 해결하는 데 기여한다(Reed, 2012).

학령전기 대화에는 몇 가지 특성이 있다. 첫째, 아동들이 대화를 하면서도 서로의 발화를 모두 이해하지는 못하며, 대화 참여자 중 대화 기술이 발달한 일부 아동이 앞서 주고받았던 이야기를 수정하면서 대화를 이끌어 간다. 3세 이전의 아동이 앞서 말한 아동의 발화를 **모방**하는 형태로 대화를 이어 가는 것에 비해, 학령전기 아동은 모방보다는 대체와 **확장**을 통한 수정으로 이끌어 간다. 둘째, 학령전기 아동은 아직 **자기중심적 사고**를 하는 전조작기에 있기 때문에 다른 사람의 관점을 잘 보지 못한다. 이는 **집단적 독백**의 형태로 나타나기도 한다. 아동이 종종 대화를 주고받지만 각기 자기 이야기를 하는 집단적 독백에서 서로의 이야기는 관련성이 없다. 셋째, 이 시기 아동에게는 중얼거리듯 말하는 **사적 말하기**도 자주 나타난다. 사적 말하기란 아동이 행동을 하면서 중얼거리듯 자신을 안내하는 말하기이며, 이는 속으로 생각할 것을 소리를 내어 말하는 과도기적 행동이라고 할 수 있다.

2) 담화

담화는 의미 있는 방식으로 연결된 문장이나 발화의 집합으로 사용 국면에서의 언어 단위, 즉 화용론적 단위를 말한다(배희숙, 2020). 담화는 전통적으로 서사담화, 묘사담화, 설명담화, 논쟁담화와 같이 네 가지 유형으로 분류된다(Hwang, 2005; MacSaveny, 2010). 이 분류에 따르면, 대화도 일종의 담화이다. 그러나 더 많은 연구자는 담화의 범주에 서사담화, 묘사담화, 설명담화, 논쟁담화를 포함한다. 학령전기 아동은 이러한 여러 유형의 담화 중 초기 서사담화(narrative discourse) 혹은 서사담화의 선수기술을 발달시킨다. 서사담화는 우리에게 이야기담화나 내러티브로 더 잘 알려져 있다. 한국 언어치료 분야에서는 '서사담화'나 '내러티브담화' 같은 용어보다는 '이야기담화'를 선호하는 경향이 있으나, 실제로는 이 세 가지 용어가 모두 사용되고 있다.

(1) 서사담화

내러티브(narrative)는 라틴어 'narrare(to recount)'에서 파생된 용어로 때로는 '이야기(story)'나 '이야기하기'의 동의어로 간주되기도 한다. 내러티브는 일련의 에피소드를 기술하는 모든 종류의 창작물의 바탕을 이루는 수사학적 양식의 일종이라고 할 수 있다. Jean-Michel Adam(1996)은 내러티브 구성 양식의 여섯 가지 특성을 제시한다. 첫째, 적어도 둘 이상의 **시간적 흐름** 안에서 일어나는 일련의 사건이 있어야 한다. 둘째, 주제가 있어야 하는데, 보통 주제는 주인공들에 의해 나타난다. 셋째, 이야기 속 인물들은 일종의 **변화**(transformation)을 겪고 감내해야 한다. 넷째, **연결성**이 있는 일련의 행위가 있어야 한다. 행위들이 연결성을 잃으면 여러 이야기가 된다. 다섯째, 연대기나 일기처럼 단순히 시간적 순서에 따른 사건의 연속만 있는 것이 아니라 **시간적 흐름**을 넘어 **이야기의 논리와 인과관계**가 있어야 한다. 여섯째, 모든 이야기는 겉으로 표현되었건 암시되었건 일종의 **교훈**을 포함하고 있다. 아무것도 아닌 것을 위해 이야기를 하지는 않기 때문이다.

이러한 특징을 지닌 내러티브가 왜 학령전기 아동의 언어발달에서 중요한가? 왜 우리는 내러티브를 다루어야 하는가? 필자가 언어치료사로 일하면서 어머니들과 상담을 할 때 "○○ 어머니, 지금 가장 원하시는 것이 무엇인가요?"라고 질문하면 많은 어머니가 "○○이가 학교에서 무슨 일을 겪었는지 속 시원히 말을 해 주는 거예요. 누가 때렸으면 그 상황이 어떤 상황이었는지 말을 해야 알죠."라는 대답이 많았다. 그렇다. 내러티브는 온 가족이 식탁에 둘러앉아 있는 상황에서 아동이 그날 경험한 일을 가족과 나누는 데 쓰이는 핵심적인 언어 요소이자 이야기 전달 수단이다(Estigarribia et al., 2011).

이러한 실제적 이유 외에도 내러티브 기술은 이론적으로도 중요하다. Freedle과

Hale(1979)은 내러티브의 구조가 이야기 도식에 내포된 정보를 내적으로 표상하는 것을 돕는다고 주장한다. 학령기 상위 수준의 언어발달에 결정적일 수 있다는 것이다. 실제로 학령기 초에는 학교 환경에서 다양한 유형의 담화가 주어진다. 그런데 아동들은 **설명담화**나 **기술담화** 등의 여러 유형의 담화를 이해하는 것이 어렵지만, 적어도 서사담화에 대한 능력은 좀 더 발달해 있다. Mandler와 Johnson(1977)은 학령기에 들어섰을 때 아동들이 서사담화를 다른 유형의 담화를 이해하기 위한 점화 도구로 사용할 수 있다고 주장한다.

Estigarribia 등(2011)은 이야기 전달을 위해서는 아동이 적어도 시간적 관계나 인과관계를 표현할 수 있어야 하며, 누가 어떤 사건에 어떠한 방식으로 개입했는지 등의 정보를 이야기 전달자의 관점에서 설명할 수 있어야 한다고 주장했다. 이를 위해 아동은 인지 능력과 언어적·화용적 지식, 이야기 플롯(plot) 정보를 전달하는 능력 등이 필요하다고 제안했다. 인지 능력에 어려움이 있으면 기억력, 주의력, 추론 및 회상 기능에 문제를 일으킬 것이고, 이는 이야기 내용을 전달하는 데 결정적인 영향을 주게 된다.

내러티브 기술은 언제 발달하는가? Kuczaj와 McClain(1984)에 따르면, 아동이 만 2~3세경이면 "형아가 때렸어."와 같이 즉각적인 행위(immediate action)를 전달할 수 있다고 한다. 그러나 이들의 전달 내용에는 내러티브의 협약적인 구조는 없다. 3~4세가 되면 아동은 초보적 이야기를 사용하기 시작하고, 이야기 속에는 원인관계와 같은 관련성이 나타나기 시작한다. 만 4세경이 되면 아동은 인물의 생각, 행동, 이야기 결말에 대한 좀 더 상세한 정보를 담아서 이야기를 풀어 낼 수 있게 되고, 5~6세경에 이르면 아동은 원인과 이유 설명을 좀 더 일관성 있게 하게 되고, 일련의 행동들을 고려하게 되며, 물리적 상황과 정신적 상태, 인물의 습관 등에 대해서도 설명할 수 있게 된다. 그러나 여전히 학령전기 아동은 아직 보이는 행동이나 사건에 주목한다.

Applebee(1978)에 따르면, 아동이 만 4세가 되면 초기 내러티브 단계에 해당한다. 이 시기 아동은 시간 부사구 등을 사용하면서 인물의 생각, 행동, 이야기 결말에 대한 좀 더 상세한 정보를 담아서 이야기를 풀어 낸다. 그러나 참여자, 시간, 사건과 관련된 장소에 대해 최소한의 묘사만 포함할 수 있어서 문제와 해결이 있는 진정한 내러티브 기술은 획득하지 못한 상태다. 4~5세경 아동은 다양한 기능을 사용할 수 있게 되고, 5세경에는 주제는 없지만 사건의 연결이 있는 내러티브를 사용할 수 있다. 상황과 정신적 상태, 인물의 습관 등에 대해서도 설명할 수 있게 된다. 그러나 진정한 인과관계 이야기는 학령기에나 나타난다. 일반적으로 약 9세에 아이들은 이야기 문법 구조에 부합한 이야기를 구성할 수 있고, 12세경에 이르러야 내러티브 기술이 제대로 획득된다.

(2) 이야기 문법

이야기 문법이란 이야기를 구성하는 거시구조로 간주된다. 즉, 이야기를 이루는 뼈대로 이야기의 배경, 등장인물, 등장인물이 직면하는 문제와 해결을 위한 시도, 결과 등으로 구성되는 텍스트의 구조다(Mandler & Johnson, 1977; Stein & Glenn, 1979; Stein & Trabasso, 1982). 이야기 문법 요소는 무엇인가? Rumelhart(1975)는 배경, 사건, 반응의 세 가지 거시구조를 제안하였다. 여기서 사건에는 에피소드, 상태변화, 행동 또는 사건이 모두 포함되고, 반응은 내적 · 외적 반응을 포함한다. Thorndyke(1977)는 배경, 사건, 목적, 계획, 시도, 결과, 해결의 문법 요소를 제안하였고, Mandler와 Johnson(1977)은 배경, 발단, 반응, 시도, 결과, 결말을 이야기 문법 요소로 제안하였다. Morrow(1990)는 도입, 주제, 구성, 결말, 순서와 같은 다섯 가지 이야기 문법을 제안하였고, Stein과 Glenn(1979)은 배경진술, 발단, 계기사건, 내적 반응, 시도, 후속결과, 결말(반응)로 구성된 이야기 문법을 제안하였다(이미라, 2012). 연구자에 따라 다르나 대체로 배경, 사건, 반응 등의 요소를 포함한다는 점은 일치하고 있고, 이야기 요소에 대한 명칭은 달라도 대체로 유사한 구조를 말하고 있음을 알 수 있다. 이 이야기 문법들 중에서 현재 아동에 대한 이야기하기 기술과 관련된 실험 연구에서 가장 많이 사용되는 이야기 문법은 Stein과 Glenn(1979)의 이야기 문법이다.

Stein과 Glenn(1979)은 이야기 도식(story schema)을 제시하였다. 이들의 이야기 도식에 따르면, 이야기는 배경과 에피소드로 구성되고, 에피소드는 사건과 사건에 대한 반응으로 구성된다. 반응은 내적 계획의 동기가 되고, 내적 계획은 목적을 위한 시도로 이어진다. 시도는 행동을 유발하고, 행동은 어떠한 결과로 이어지며, 결

254

과에 대한 반응이 있게 된다. 에피소드는 배경, 발단, 사건, 내적 반응, 내적 계획, 시도, 직접적 결과, 반응과 같은 총 여덟 개의 구조로 이루어져 있는데, 이를 Stein과 Glenn(1979)이 제시한 '말라깽이 쥐, 멜빈(Melvin, the skinny mouse)'에 대입하면 〈표 7-8〉과 같다.

멜빈 이야기에서 볼 수 있는 바와 같이 배경에서 주인공과 등장인물이 이야기의 전체적 배경이나 장소, 시간 등에 대한 정보와 함께 소개된다. 발단과 계기가 되는 사건에서는 주인공의 행동을 유발하는 자연현상이나 변화 혹은 외적 사건이 제시되고, 이와 함께 주인공의 지각과 같은 내적 변화를 다룬다. 즉, 주인공이 목표를 설정하게 되는 동기를 제시한다. 내적 반응과 계획에서는 계기가 되는 사건이나 그 뒤에 이어지는 행동에서 주인공의 느낌이나 생각을 제시한다. 또한 주인공이 목표 달성을 위해 어떠한 계획을 세우는지에 대한 내용이 포함된다. 시도에서는 계획을 행동으로 실현하는 내용을 제시하고, 결과에서는 주인공이 목표를 달성했는지를 다

표 7-8 단순 에피소드의 구조(Stein & Glenn, 1979)

	말라깽이 쥐, 멜빈
배경(setting)	1. 옛날옛날에 멜빈이라는 말라깽이 쥐가 있었어요.
	2. 멜빈은 아주 크고 빨간 헛간에 살았어요.
발단(initiating)	3. 어느 날, 멜빈은 건초더미 밑에서 시리얼 상자를 발견했어요.
사건(event)	4. 그리고 상자 한쪽 귀퉁이에 있는 작은 구멍을 보았어요.
내적 반응 (internal response)	5. 멜빈은 시리얼이 얼마나 맛있는지 알고 있었죠.
	6. 시리얼을 아주 조금 먹어 보고 싶었어요.
내적 계획 (internal plan)	7. 멜빈은 '설탕을 좀 뿌려서 먹어야지.' 하고 마음먹었어요.
	8. 멜빈은 시리얼에 설탕을 뿌렸어요.
시도(attempt)	9. 그리고 구멍을 통해 박스 안으로 들어갔어요.
	10. 재빨리 그릇에 시리얼을 채웠죠.
직접적 결과 (direct consequence)	11. 멜빈은 시리얼을 금세 모두 먹어 버렸답니다.
	12. 그러고는 배가 불룩해졌어요.
반응(reaction)	13. 멜빈은 너무 많이 먹었다는 것을 알았어요.
	14. 그는 매우 슬퍼졌답니다.

루게 된다. 이야기 문법의 마지막 단계인 반응에서는 에피소드의 마지막 부분에 놓이는 목표 달성에 대한 주인공의 느낌과 생각을 언급한다.

Estigarribia 등(2011)은 학령전기 아동의 내러티브 기술에 대한 흥미로운 연구를 제시했다. 이 연구는 '버스 이야기(Bus story)'를 통하여 학령전기 아동의 내러티브 기술이 서로 다른 아동 집단에서 어떻게 나타나는지 분석하였다. 연구의 분석 틀은 '배경' '등장인물 관계' '시작 사건' '내적 반응 및 내적 계획' '시도 및 시도에 대한 결과' '결말'로 구성하였다. 연구 대상은 평균 지능을 지닌 생활연령 5세 5개월의 정상 발달 아동 39명과 생활연령에 비해 지능이 낮은 정신연령 5세 2~4개월 아동 91명으로 구성하였다. 두 번째 집단은 다시 ASD(Autism Spectrum Disorder)를 동반하지 않은 취약성 X 증후군 집단 29명, ASD를 동반한 취약성 X 증후군 28명, 다운증후군 34명으로 하위 분류하였다. 연구자들은 이야기에 대한 기억은 단기기억과 동작성 지능으로 예측할 수 있고, 양육자의 교육 정도와 통사적 표현 능력과는 상관관계가 나타나지 않았다고 보고하였다. 두 번째 집단의 세 하위 집단, 즉 서로 다른 질환을 가진 집단 간 내러티브 기술의 차이는 나타나지 않았다. 하지만 ASD를 동반한 집단이 정상 발달 아동 집단에 비해 이야기 문법 수행 점수가 유의하게 낮았고, 이는 특히 '시도'에서 두드러졌다고 보고하였다.

3) 상징행동

Piaget(1953)의 상징놀이 단계 중에서 가장 뒤에 나타나는 III단계는 3~4세에 나타난다(〈표 7-9〉 참조; Casby, 2003에서 재인용).

표 7-9 Piaget(1953)의 놀이 발달단계(Casby, 2003에서 재인용)

시기	단계	놀이유형
3~4세	IIIA	단순 상징 조합
	IIIB	보상적 상징 조합
	IIIC	상황 분리 상징 조합
	IIID	예측적 상징 조합

〈표 7-9〉에서 볼 수 있는 바와 같이 III단계는 네 개의 하위 단계로 재분류된다. 먼저 IIIA 단계에서 아동은 이전 놀이 단계에서 분리되어 나타나던 상징행동을 조합한다. 예를 들어, 인형을 목욕시키거나 옷을 입히거나 생일파티를 재연하면서 실제 삶을 재생산하거나 그대로 복사한다. 나머지 세 단계, 즉 IIIB~IIID는 서로 매우 유사한 면이 있다. 실제 에피소드를 상징 조합이나 정교화를 통해 아동의 입장에서 재생산하는데, 이 시기에는 이야기 꾸미기가 풍부하게 나타나는 특징을 보인다. 먼저 IIIB는 현실을 그대로 재연하는 것이 아니라 현실에서 할 수 없는 것을 할 수 있는 것처럼 행동하는 방식으로 나타난다. 예를 들어, 물을 무서워해서 물에 들어가서 놀지 않는 아이가 마치 물에서 놀 수 있다는 듯이 욕조 옆에 서서 컵으로 물놀이를 하는 것이다. IIIC는 싫어하는 상황에 놓이거나 어려운 상황에 놓였을 때 나중에 그것을 재연하는 방식으로 나타난다. 아동은 원래의 상황 문맥에서 분리하여 그 일을 재연하는 방식으로 놀이를 한다. IIID 단계에 아동의 상징 조합은 자신의 행동이 어떤 결과로 이어질지 예측할 수 있음을 나타낸다. 앞선 단계가 과거의 사건에 대한 조합이었던 것과 달리 이 단계에서 아동의 상징은 예측적이다. 예를 들어, 산에서 굴러 떨어지면 다친다는 것을 알고 이를 반영하여 놀이를 한다.

제6장에서 살펴본 바와 같이 Piaget의 초기 상징 연구를 바탕으로 한 연구들(McCune-Nicolich, 1977; Sinclair, 1970)에 따르면, 상징놀이의 정수는 역할놀이로 나타난다. 만 3세가 넘어서면서부터 아동의 역할놀이는 본격화된다. 두 사람이 의사소통을 하는 것처럼 두 가지 사회적 역할놀이가 나타난다. 김영태(2014)의 학령전기의 역할놀이에 대한 설명에 따르면, 먼저 한 인형에게 의사 역할을, 다른 인형에게는 환자 역할을 하게 한다거나, 두 개의 인형을 가지고 엄마 역할과 아가 역할을 적절하게 시킬 수 있다. 이보다 좀 더 발전된 형태로는 세 가지 사회적 역할 놀이인데, 의사는 환자를 진찰하고, 간호사는 주사를 놓고, 환자는 아픈 시늉을 하는 것이다. 5~6세경이면 복합적인 사회적 역할 놀이가 나타난다. 한 인형이 두 가지 이상의 사회적 역할을 보이는데, 예를 들면 한 인형이 병원에서 환자를 돌보고 집에서는 아빠 역할을 한다.

5. 유창성

학령전기 아동에게 중요한 이슈 중 하나는 **말더듬**이다. 언어 능력이 급속히 발달하는 학령전기에 많은 아동이 일시적 말더듬을 보인다. 여기서 '일시적'이라 하는 것은 이들 중 약 80% 정도가 학령기에 들어서기 전에 **유창성을 회복**하기 때문이다. 유창하게 말한다는 것은 연속적 단어를 어렵지 않게 연결하여 말할 수 있는지, 메시지를 부드럽게 전달할 수 있는지가 관건인데, 연령이 증가하면서 이러한 능력이 증가하기 때문이다.

6. 문식성의 기초

문식성이란 좁은 의미로는 읽기, 쓰기와 같이 글을 사용할 줄 아는 능력을 말한다. 그래서 예전에는 단순히 읽고 쓰는 능력이 문식성이라고 생각해 왔다(Smith, 1965). 그러나 점차 문식성은 단순히 학교에서 책을 읽고 쓰는 활동이 아니라 글을 사용하여 의사소통을 효율적으로 할 수 있는 개인의 능력으로 일상에서 직면하는 여러 가지 실천적 과제들에 대해 적절하게 반응할 수 있는 능력을 의미하게 되었다(Heath, 1983).

문식성의 발달 과정은 발생적 문식성, 초기 문식성, 독자적 문식성, 능숙한 문식성의 단계로 나아간다. 이러한 단계를 거치며 문식성이 발달하기 위해서는 먼저 음절이나 단어를 구성하는 음 단위를 다루거나 읽기, 쓰기에 관심을 보이기 시작해야 한다. 학령전기 아동의 문식성은 문자인식이나 음운인식과 같이 본격적인 읽기와 쓰기를 위한 기초 단계, 즉 **발생적 문식성**이라고 할 수 있다. 이러한 문식성의 출현은 영아기와 아장이기의 구어 기술이 얼마나 어떻게 발달했는가에 의존한다.

(1) 읽기 발달

읽기란 단순히 글자를 **음독**하는 것에 그치는 것이 아니라 언어적 상징을 이해하는 매우 복합적인 인지 과정이다. 읽기는 지속적인 교육과 훈련이 필요한데, 좀 더 높은 수준의 읽기를 위해서는 세상지식과 사고하는 능력, 나아가 비판적 분석 능력까지 필요하다. 사실, 이러한 능력은 거꾸로 아동이 읽기를 통해 모르는 낱말이나 지식이 나올 때 문맥 단서를 이용하기도 하고, 읽은 내용을 기존의 지식 틀과 도식에 통합하기도 하면서 지식을 확장하는 과정을 통해 획득되기도 한다. 읽기는 이렇게 사고의 확장을 위해 중요한 역할을 하게 된다.

읽기 발달에서 꼭 언급되는 Chall(1967; 1983; 1996)은 어린 아동부터 성인에 이르기까지의 읽기 발달을 총 여섯 개의 단계로 구분하는데, 출생부터 6세까지를 읽기 이전 단계로 분류하였다. 그에 따르면, 학령전기는 본격적인 읽기 발달이 이루어지기 전 단계이지만, 학령전기는 다양한 읽기 활동에 노출되어 읽기 사회화가 시작되는 단계다. 천경록(1999)은 Chall의 읽기발달 단계를 한국의 교육 과정에 맞게 재구성하였다(김미배, 2014). 그는 학령기와 청소년기의 읽기 발달에 초점을 맞추면서 학령전기를 '독서맹아기'로 구분하였고, 이 시기를 구어의 시기이며 읽기 이전 시기로 분류하였다. 그러나 최근의 읽기 연구들은 더 이상 읽기가 학령기에 시작된다고 보지 않는다(Justice & Ezell, 2002). 읽기에 어려움을 보이는 아동의 조기 중재에 대해 연구했던 Clay(1979)는 읽기 기술을 발달시키기 위해 읽기와 관련된 기본개념이 형성되어야 한다고 주장하면서 읽기를 위한 24가지 기본 행동을 제시하였다. 책의 겉표지 알기, 그림이 아닌 글자가 내용을 전달한다는 것을 알기, 글자 읽기 방향 알기, 이야기의 처음과 끝 알기, 거꾸로 놓인 책의 위, 아래 구분하기, 책의 쪽 순서 알기, 문장부호 알기, 글자의 개념 알기, 낱말의 개념 알기, 낱말의 첫 글자와 끝 글자 알기 등인데, 이러한 관점에서라면 읽기 발달이 영아기부터 시작된다고 보는 것이다.

읽기 발달을 7개의 단계로 분류한 이영자와 이종숙(1997)에 따르면, 영아기 3개월경에 아기는 단순히 책을 응시하지만, 5개월이면 엄마가 손으로 지적하는 것을 눈으로 추적할 수 있으며, 9~15개월이면 부모가 읽거나 설명하는 것과 일치하는 그림을 바라볼 수 있다. 이러한 시각적 반응은 읽기 발달을 위해 반드시 필요하다. 그 외에도 책을 입에 넣기, 손으로 두드리기, 종이를 손에 모아 구겨 쥐기 등의 동작은 8개월경에 책장 넘기기 행동으로 발전하고, 9개월경에는 영아의 능동적 책 읽기가 시작된다. 약 12개월경이면 부모와 함께 책을 읽는데, 스스로 그림을 지적하거나 책장을 넘기는 행동이 나타난다. 이 시기 아동은 엄마가 책을 읽어 주면 '아' '음' '어' 등의 반응을 하거나 동물 소리를 흉내 내기도 한다. 이야기 읽어 주기가 끝나면 아동은 부모를 껴안거나 다른 책을 읽어 달라고 요청하는 등의 정서적 반응을 나타낸다. 약 15개월 즈음에는 이야기에 나오는 단어를 말하거나 '뭐야?' '이거?'와 같은 언어적 반응을 보인다. 이 시기 아동의 책 읽기 자체의 시간은 아주 짧아 평균 3분 정도이지만, 하루 동안 책 읽기 활동 시간은 30분에서 1시간 정도에 이른다고 한다. 3세경 아동은 글자에 대한 인식이 발달하면서 그림을 보고 마음대로 이야기를 만들거나 그림을 보고 비슷하게 꾸며 말한다. 일부 단어와 구절을 기억하여 이야기하는 **책 옹알이**가 나타난다. 4세경에는 주변 환경의 인쇄 글자를 읽어 보려고 하거나 글자와 글자 이름에 관심을 갖게 되고, 5세경에는 몇 가지 단어를 읽을 수 있고, 나름의 읽기 전략을 세우기도 한다. 그러나 진정한 읽기는 학령기에 들어가야 본격적으로 이루어진다.

(2) 쓰기 발달

말하고 듣는 능력이 자연스럽게 발달하는 것처럼 쓰기도 자연스럽게 이루어진다. Clay(1983)는 쓰기 학습에는 반복, 생성, 기호 개념, 줄 맞추기, 쪽 배열, 띄어쓰기 등의 원리가 있다고 주장했고, McGee와 Richgels(2000)는 아동의 쓰기 발달이 3단계로 이루어진다고 주장했다. 아장이기는 문식성 발달의 시작 시기로, 쓰기와 그리기가 매우 재미있다는 사실을 발견하고, 처음에는 난화를 그리다가 자신이 원하는 선, 원, 모양을 만들기 위해 손의 움직임을 조절해야 함을 알게 된다. **학령전기 전**반기와 중반기에 이르면 아동은 **초보적 글쓰기 단계**로 들어서는데, 글자의 이름과 형태에 대해 관심을 보이며 관련 지식을 발달시킨다. 이 시기 아동은 **글자를 만드는 선**과 **모양**에 대한 규칙을 이해하기 시작하여 **쓰기 흉내**를 내지만 정확하게 문자와 소리의 관계를 이해하지는 못한다. 아동은 학령전기 후반부와 학령기 초기인 5~7세 정도에 이르러 **실험적 쓰기 단계**로 들어서면서 철자와 소리의 연관성을 이해하기 시작하고, 초보적 쓰기 수준의 의미 구성 전략을 활용할 수 있다. 이 시기에는 글자의 형태와 이름을 알게 되어 중얼거리며 쓰기를 하지만, 아직 성인과 동일한 방식으로 쓰지는 못한다. Lamme(1985)은 쓰기 단계를 **전문자적 쓰기**(prealphabetic writing) 단계와 읽을 수 있는 형태로 관례적 쓰기가 이루어지는 문자적 쓰기(alphabetic writing) 단계로 구분했다.

　이영자와 이종숙(1985; 1990)은 초기 쓰기 발달단계를 여섯 단계로 분류하였다. 이에 대해서는 제8장에서 다룰 것이다.

요약

영아기와 아장이기를 거쳐 기초적인 어휘와 의사소통 기술을 갖춘 학령전기 아동은 형식뿐 아니라 내용과 사용 면에서 모두 괄목할 만한 성장과 성숙을 보인다. 이 시기 동안 아동은 모국어를 정확하게 발음할 수 있게 되고, 단어 수준과 음절 수준에서의 음운인식 능력을 향상시킨다. 학령전기 아동은 발화길이의 증가와 함께 문법형태소 사용이 증가하면서 전보식 문장에서 조사와 어미를 활용한 문장을 사용하고, 간단한 사동문과 피동문까지 구사할 수 있게 된다. 사용 면에서도 대화 기술이 발달하고, 이야기하기의 기초 능력을 습득한다. 그러나 학령전기 아동은 대화 개시와 유지가 아장이기에 비해 많이 발달하기는 해도 대화를 유지하는 기술이 여전히 미숙하며, 특히 주제 유지를 위한 장치 면에서 학령기 아동과 차이를 보인다. 또한 이 시기는 학령기의 특성인 문식성 발달을 위한 준비 단계로, 이 시기에 음운인식 능력이 충분히 발달해야 학령기 읽기와 쓰기 발달이 탄력을 받게 된다.

학습 확인 문제

1. 학령전기의 가장 중요한 언어적 특성은 무엇인지 설명하시오.
2. 학령전기 아동의 운율발달과 음소발달을 설명하시오.
3. 학령전기 아동의 음운인식 발달을 기술하시오.
4. 학령전기 동안 아동의 어휘발달은 어떠한 양상을 보이는지 연령별로 설명하시오.
5. 아장이기 어휘 학습 전략과 학령전기 어휘 학습 전략을 비교하시오.
6. 학령전기 아동의 통사론적 발달에 대해 설명하시오.
7. 학령전기 아동의 화용론적 발달에 대해 설명하시오.

학령기 언어발달

- 학령기 아동의 언어발달 특성을 이해한다.
- 문어 능력과 상위언어 능력에 대해 이해한다.
- 학령기 아동의 언어 하위 영역별 발달을 이해한다.
- 학령기 아동의 비유언어를 이해한다.
- 학령기 아동의 내러티브를 이해한다.
- 학령기 아동의 읽기와 쓰기 능력 발달에 대해 이해한다.

국내 학제에 따르면, 매년 3월에 만 6세가 된 아동이 학교에 입학한다. 이때부터 만 12세가 되는 시기까지의 6년간을 학령기라고 한다. 학령전기 아동이 구어를 습득하면서 문어에 대한 기초를 닦았다면, 학령기 아동은 본격적으로 문어를 학습하면서 문법과 상위언어적(metalinguistic) 능력을 발달시키는 시기라고 할 수 있다(Ely, 2005). 이 시기에 아동은 신체적으로 대근육 운동이나 미세근육 운동에서 더 뛰어난 협응력을 가지게 되면서 더욱 독립적이 된다. 사회성 면에서는 또래와의 게임이나 스포츠를 즐기게 된다. 인지적으로 아동은 감각적 입력을 요구하는 구체적 문제해결에서부터 추상적 사고로 성숙해지면서 자기중심적 관점에서 점차 벗어나 탈중심화(decentration)를 보이게 된다(Berk, 2009). 이 시기 아동은 효율적인 의사소통자가 되기 위해 필요한 대화 기술을 다듬고 사용하는 언어가 더욱 정교해진다.

● 그림 8-1 ● 학령기

1. 학령기 언어발달 특성

학령전기까지가 구어를 통한 언어습득 시기였다면, 학령기는 그동안 습득한 구어 능력을 바탕으로 읽기와 쓰기 같은 **문어 능력**과 **상위언어 능력**을 본격적으로 발달시키는 시기이다. 학령기에 들어서면서 또래와 한 교실에서 학습하는 시간이 증가하게 되고, 이는 생활, 교육, 언어 전반에 걸친 환경적 변화로 이어진다. 가정과 가족 구성원 중심에서 벗어나 학교와 또래 친구 중심으로 **의사소통 환경**이 확장되면서 화용 능력의 중요성이 더 커지게 된다. 즉, 언어적 모호성을 명료화하는 능력, 탈맥락화된 언어 사용, 대화 기술, 담화 능력 등이 더욱 중요해진다. 학령기는 사실 언어발달 측면에서 주목받지 못했던 영역이지만, 20세기 후반 화용론이 대두되면서 학문적 흐름이 화용적 측면을 조명하기 시작했다(Lund & Duchan, 1988: 진연선, 권유진, 이윤경, 2008에서 재인용). 그만큼 **화용 능력**은 학령기 언어발달의 핵심적인 요소라고 할 수 있다.

1) 문어 능력

다른 사람이 말하는 것을 들으면서 언어를 배우고 세상지식을 배우고 사회적 규칙을 배울 수 있었던 아동은 이제 학령기에 들어서면서부터 훨씬 다듬어진 언어인 문어를 통하여 정돈된 긴 문장과 그 안에 들어 있는 **풍부한 의미**를 학습하게 된다. 세상지식에 기반을 둔 논리적인 말하기와 글쓰기처럼 구어와 문어를 결합하여 사용할 수도 있고, 독서 토론을 통한 비판적 사고처럼 **문어와 구어를 결합**하여 사용할 수도 있다. 그러나 이러한 문어 능력이 어느 날 갑자기 학령기가 되어서 나타나는 것은 아니다. 학령전기 동안 아동이 습득하는 구어 기술과 읽고 쓰기 위한 기초 능력이 잘 발달되어 그 기초를 이루어야 가능하다. 예를 들어, 단어를 말하면서 음절 수대로 박수를 칠 수 있거나 그리기, 선 긋기 등의 활동 능력이 선행되어야 학령기의 읽기와 쓰기 능력이 무리 없이 발달된다.

2) 상위언어능력

상위언어(metalanguage)란 언어를 다루거나 분석할 때 사용되는 언어를 말한다. 즉, 언어를 분석하고 기술하기 위해 사용하는 형식적 언어를 가리킨다(Arrive, Gadet, & Galmiche, 1986). 따라서 언어적 요소를 다루거나 그 특성을 분석하기 위해 사용하는 모든 언어학적 용어는 상위언어가 된다. 예컨대 문장이나 단어를 기술하기 위해 사용하는 '명사' '동사' '형용사' 등의 용어도 상위언어이고, 음운적 특성을 파악하고 분석하는 데에 사용하는 언어도 상위언어이다. 언어를 추상적으로 개념화하고 계층화하는 데에 사용되는 용어도 상위언어가 된다. 이를 정리하면 학령기 아동의 상위언어는 크게 **문법**과 **음운인식**으로 대표된다. 이러한 상위언어 요소를 사용하여 **언어를 분석하고 기술하는 능력**은 상위언어 능력이 된다.

상위언어는 언어의 언어이다. 이를 넓게 해석하면, 문자적 언어를 사용하여 층위가 다른 언어로 나아가는 비유언어도 상위언어이다. 이러한 비유언어는 아동이 학령기를 거치면서 접하게 되는 이야기나 시와 관련이 높다. 또한 학령기를 지나 청소년기에 이르면 논리성을 배우면서 언어적 전제와 함의 등에 대해 학습하게 되는데, 이 또한 상위언어가 될 수 있다.

(1) 음운인식

음운인식(phonological awareness)이란 말 그대로 소리 단위들을 인식하고 다루는 것을 말한다. Ball과 Blachman(1991)은 음운인식을 구어 단어 속에 들어 있는 여러 가지 소리의 단위와 유형을 지각하고 아는 능력이라고 정의하였다(홍성인, 전세일, 배소영, 이익환, 2002에서 재인용). 즉, 음운인식은 언어의 소리 구조에 대한 외적 지각 능력과 지식으로(Hakes, 1982), 일반적으로 **음절, 두운 및 각운, 음소**에 대한 **탐지와 처리**를 통해 파악한다. 이러한 음운인식 능력이 학령기 읽기 능력에 영향을 준다는 연구들(Catts & Kamhi, 2005; Ehri et al., 2001; Gilbertson & Bramlett, 1998; Wagner & Torgesen, 1987)이 상당수 있다. 한국어는 음소문자이므로 글자를 읽는 능력과 음소인식의 관계가 더욱 직접적인 방식으로 나타날 수 있다.

앞서 제7장에서 살펴본 바와 같이 단어 수준과 음절 수준에서의 음운인식 능력은 이미 학령전기에 상당 부분 발달한다(Rvachew, Ohberg, Grawberg, & Heyding, 2003). 그렇다고 학령전기에 모든 음운인식 능력이 발달하는 것은 아니다. 단어가 어떤 음소로 이루어졌는지를 이해하고, 음소의 대치, 탈락, 첨가를 다루는 음소 수준에서의 음운인식은 학령기 아동의 과제로 남아 있다.

(2) 비유언어

비유언어(figurative language)를 통해 언어는 더욱 풍성해지기 때문에 수사학에서 비유언어는 매우 중요한 주제다. 이미 오래전에 고대 수사학의 대가들은 은유, 과장, 역설, 암시 등의 비유언어에 대해 자세히 다루었다. **문자적 언어**(literal language)가 단어들의 정의에 입각해서 구성된 것을 말하는 것과 달리, 비유언어는 문자 그대로의 언어에서 비껴 나 언어적·문화적 공동체에서 공유할 수 있는 암시적이고 좀 더 복잡한 의미, 즉 과장, 비교 등의 중의적 의미와 관계된다. 예를 들어, '호수'의 문자적 의미는 "땅이 우묵하게 들어가 물이 괴어 있는 곳"(표준국어대사전)을 말한다. 그러나 가곡의 가사처럼 "내 마음은 호수요. 그대 노 저어 가오."에서 '호수'는 '화자의 마음이 넓고 깊어 사랑하는 사람을 얼마든지 받아줄 수 있을 정도의 마음'임을 비유한다. 이것이 비유언어다. 문자적 언어가 단어의 일반적이고 외연적인 의미라면, 비유언어는 문자적 의미가 아닌 의미들을 넌지시 암시한다. 언어발달적 측면에서 1980년대 이전에는 '표준화용모델'에 의해 문자적 언어의 의미를 먼저 받아들이고 나서 비유언어의 의미를 받아들인다는 생각이 일반적이었으나, 최근의 연구들은 인간이 비유언어와 문자적 언어를 거의 같은 속도로 이해하며, 문자적 의미를 먼저 이해하도록 시도한다는 것은 사실이 아님을 보고한다(Eysenck & Keane, 2005).

2. 음운론적 발달

학령기가 되면 아동은 **모국어**를 성인과 유사한 **발음**으로 말할 수 있게 된다. 영어의 경우 7~8세에 이르면 /z, s, ∫/ 등의 자음은 완전습득 단계에 이른다. 한국어의 경우도 6세 후반이면 단어 수준에서 99% **정조음**이 가능하므로(김영태, 신문자, 2004),

학령기 초기 1년 안에 단어 수준에서 모든 자음이 완전습득된다고 볼 수 있다. 그러나 강세구 안에서 음운 환경에 따른 음운규칙을 학습하는 것은 학령기 동안에도 계속된다.

음운인식 발달은 이미 학령전기에 시작되고, 단어 수준에서의 음운인식이나 음절 수준에서의 음운인식은 학령전기에 대부분 학습된다. 학령전기 아동들은 이미 '딸기'와 '우유'를 조합하여 '딸기우유'를 만들 수 있고, '다람쥐'가 세 개의 소리 단위로 나뉠 수 있음을 알고 /다/ /람/ /쥐/로 끊어서 읽거나 셀 수 있다. 이러한 음운인식능력이 어느 정도 진행되면 두운과 각운에 대한 인식능력도 갖추게 된다. 그러나 음소 수준에서의 음운인식, 즉 음소인식(phonemic awareness)능력은 학령기에도 계속 발달한다. 음소인식능력이란 단어가 어떤 음소로 이루어졌는지를 이해하고, 음소의 대치, 탈락, 첨가를 다루는 능력이다. 학령기 동안 아동은 소리의 최소 단위에 대한 인식, 소리의 합성, 낱말을 소리로 분절하기와 같은 소리의 조작에 대한 인식을 발달시킨다.

미국 아동의 경우 음소인식은 5~6세가 되어 나타나기 시작하고, 7세경 모국어의 모든 소리를 산출하고 소리를 조작할 수 있으며 가장 복잡한 음운인식능력이 발달한다. Liberman, Shankweiler, Fischer, Carter(1974)에 따르면, 5세 아동은 연구 대상 아동의 17%만이 음소인식에서 적절한 반응을 보일 수 있었고, 6세가 되어서야 70% 정도가 음소 분석이 가능했다고 보고한다. 5~6세경 /b/ /e/ /t/를 합치면 bet이 된다는 것을 인식하고, 7세경 아동은 rate에서 /r/을 빼면 ate가 된다는 것과 pat에서 /p/와 /t/를 바꾸면 tap이 된다는 것을 안다(Pence & Justice, 2010). 초등학령기 후반인 9~12세에 이르면 아동은 개별 낱말들의 소리 구조를 분석하고 조작할 수 있다. 또한 모음 변이를 적용하여 음운규칙을 따를 수 있다(Reed, 2012). 홍성인(2001)에 따르면, 한국 아동의 경우 6세 아동의 51%만이 음소인식 과제에 성공하였다. 예를 들어, '말'이 /ㅁ/ /ㅏ/ /ㄹ/로 분절되고, 첫소리는 /ㅁ/이고 끝소리는 /ㄹ/임을 알 수 있었다.

음소인식 능력은 읽기와 깊은 관련이 있다. 자소와 음소의 대응관계를 알아야 글을 읽을 수 있기 때문에 소리를 합성하여 낱말을 만드는 능력이나 낱말을 소리로 분절하는 능력은 초기 읽기 발달의 기초가 된다. 거꾸로 읽기 학습이 아동의 음소인식을 촉진하기도 한다. 언어치료 시 읽기에 어려움을 보이는 아동에게 먼저 음운인식 촉진 프로그램을 적용하는 것도 이러한 까닭에서다.

3. 의미론적 발달

언어 내용 면에서 학령기는 어휘를 양적 · 질적으로 확대하고 심화하는 시기다. 낱말들을 유의관계, 반의관계, 상하위관계, 전체–부분 관계 등을 통해 서로 연결시킴으로써 어휘의미관계의 영역을 확장한다. 또한 관용적 표현이나 은유, 환유, 제유와 같은 비유언어 면에서도 발달을 보이면서, 언어가 더욱 성숙하고 풍부해진다.

1) 어휘발달

(1) 어휘의 양적 · 질적 발달

학령기 동안 아동은 지속적으로 낱말을 습득하면서 어휘 수를 증가시킨다. 한민희(1998)는 초등학교 입학 시기인 6세경 한국 아동의 표현어휘가 3,000개 정도라고 보고한다. 송정식과 이미숙(2012)에 따르면, 초등학교 1학년 국어 교과서에 나오는 서로 다른 어휘 수는 1,574개이고, 단어 반복 사용 횟수는 4.8회라고 한다. 이 연구자들에 따르면, 1학년 국어 교과서에 나타나는 어휘 분석 결과, 명사는 친족어 사용 빈도가 높았고, 동사는 '하다'가 가장 빈번히 사용되었다. 또한 상위어로는 감정 표현과 색상, 밝기 등을 나타내는 단어들이 조사되었다. 1학년에서 6학년으로 학년이 올라가면서 어휘 수는 꾸준히 증가하지만, 어휘습득 속도는 6세 이후 어느 정도 안정화된다. 이 시기 아동의 **어휘발달** 특성은 꾸준한 **양적 증가**와 함께 질적인 면에서의 **심화**라고 할 수 있다. 아동은 학령전기 동안 발달을 보였던 관계어도 지속적으로 확장시키면서, 어휘의 **다중적 의미**를 이해하거나 **어휘적 애매성**에 대한 이해도 발달시킨다. 학령기에는 유의어, 반의어, 상위어, 하위어 등의 **어휘관계**가 심화되고 상위인지적 동사도 발달한다. Bamberg와 Damrad-Frye(1991)는 세련되게 이야기를 하는 능력에는 상위인지적 · 상위언어적 능력이 필요한데, 이는 복잡하고 세련된 이야기하기에서 사건 간의 **계층적 관계**를 관련시키기 위해 **상위인지적 동사**가 필수적이기 때문이라고 주장한다. '생각하다' '알다' '설명하다' '주장하다'와 같은 상위인지적 동사는 일반적으로 학령기에 시작되어 성인에 이르기까지 지속적으로 발달한다(Reed, 2012에서 재인용).

(2) 어휘습득 전략

앞서 아장이기와 학령전기 아동들이 어떻게 어휘를 빠른 속도로 습득해 나가는지에 대해 논의한 바 있다(제6장, 제7장 참조). 그렇다면 학령기 아동은 아장이기와 학령전기에서 취하였던 어휘습득 전략을 그대로 사용할까? 물론 학령기에도 **빠른 연결**로 초기 표상을 형성하고, 의미적, 형태·통사적 지식을 활용하면서 표상을 정교하게 다듬는 방식을 취하기는 한다. 아동, 청소년, 성인들은 어떤 **맥락** 내에서 낯선 낱말에 직면하면 뜻을 파악하기 위해 모두 동일한 방식을 취할 것이다. 그러나 학령기부터는 언어학습의 장이 학교라는 환경으로 바뀌고 언어 입력 자체가 구어에서 구어와 문어로 변화하는 시기인 만큼, 전략 또한 다양해진다. 이 시기 아동은 교실 환경에서의 **직접 교수**와 발화의 의미론적, 형태론적, 통사론적 **맥락**으로부터 새로운 낱말의 의미를 추출하기도 하고, **사전**을 통해서도 낱말을 학습한다. 이러한 방식은 청소년기를 거쳐 성인에 이르러도 사용하는 어휘 학습 방식이라고 할 수 있다. 특히 학령기부터는 문어를 통해 어휘를 발달시킨다. 아동은 책을 읽으면서 일상생활에서 접하기 어려운 영역에서의 낱말을 학습할 수 있게 되기 때문에 어휘는 더욱 넓은 분야에서 심도 있게 발달하게 된다.

2) 중의성과 지시어

(1) 중의성

중의성이란 기표는 같은데 기의가 두 가지 이상으로 해석될 수 있는 성질을 말한다. 어휘적 차원에서는 다의어와 동음어가 이에 해당한다. 다의어란 하나의 단어가 여러 의미를 갖는 경우이고, 동음어란 서로 다른 단어들이 모양이나 소리가 같은 경우다. 정의적으로는 구분할 수 있으나 실제 언어 행위에서 이를 구분하기는 어렵다. 최근 경향은 여러 의미가 의미적 연관성이 있으면 다의어로 간주하고, 서로 의미적 연관성이 없으면 동음어로 본다.

학령기에 들어서면 아동은 낱말들이 꼭 하나의 의미만 갖고 있는 것이 아님을 깨닫게 된다. 또한 아동은 낱말의 뜻을 비슷한 말을 제시하면서 설명할 수 있다. 그러나 일차적인 의미가 아닌 경우 그 의미를 이해하는 것은 어렵다. 예를 들어, 아동은 '도구'가 무엇인지 물으면 '일을 할 때 쓰는 연장'이라고 설명할 수 있지만, 추상적으로 '어떤 목적을 이루기 위한 수단이나 방법'이라는 이차적인 의미를 이해하는 것은 어렵다. 동음어는 소리나 모양이 같고 의미는 다른 낱말이다. 기표는 같으나 기의가 다르기 때문에 문맥이 제시되어야 해석할 수 있다. 학령기 아동은 동음어의 경우 상대방이 어느 기의를 위해 해당 기표를 사용했는지 이해하는 것에 어려움을 보인다. 어휘적 애매성은 주로 **동음이의어**나 **동음이형어**에 의해 발생하는데, 해당 낱말이 서술어라면 동반하는 논항을 통해 애매성을 해소할 수 있고, 해당 낱말이 체언류라면 수식어와 피수식어 혹은 서술어를 통해 애매성을 해소할 수 있다. 동음이의어와 동형이의어를 좀 더 자세히 알아보자.

(1a) 동음이형어: 거름–걸음
(1b) 동음이의어: 배[梨]–배[腹]–배[船]

(1a)와 (1b)에서 제시하는 낱말들은 서로 다르다. 그런데 (1a)는 글자는 다르지만 발음은 동일하고, 또 의미는 다르다. 이런 경우 문어에서는 글자가 달라 구분이 되지만, 구어에서는 발음이 같기 때문에 앞뒤의 문맥이 없으면 구분하기 어렵다. (1b)의 경우 글자와 발음이 모두 같지만 의미가 다르다. 이와 같은 경우, 애매성을 해소하기 위해서는 '거름을 주다' '빠른 걸음' '배를 타다' '맛있는 배' 등과 같은 표현에서 앞뒤에 함께 오는 낱말, 즉 **공기어**(collocation)가 무엇인지를 통해 구분할 수 있다. 그런데 우리말에는 의미적 애매성을 가진 한자어가 2만 개가 넘고, 고유어도 3,000개에 이른다(이익섭, 2011). 게다가 의미 애매성이 문장 의미의 애매성으로 확장되면 어려움은 배가될 수 있다.

"우리는 모두 사랑이 그림을 좋아했다."처럼 '사랑이 그림'이 '사랑이가 그린 그림'

인지, '사랑이를 그린 그림'인지, '사랑이 소유의 그림'인지 애매하다. 문장의 의미적 애매성은 음운 차원에서 발생하기도 하고, 어휘 차원에서 기인하기도 하고, 혹은 통사적 구조 차원에서 발생하기도 한다. 학령기 동안 아동들은 이러한 중의성에 대한 이해 능력을 발달시킨다. 6~9세 초등학교 저학년 아동은 음운적 차원의 중의성을 빠른 속도로 발달시키고 어휘적 중의성도 10세 정도부터 발달시키지만, 중의성에 대한 발달은 청소년기 후반부에 가서야 어느 정도 이루어진다고 볼 수 있다. 문장 수준에서의 의미적·통사적 중의성은 청소년기부터 본격적으로 발달하기 시작하여 성인기까지도 지속적으로 발달해 나간다.

(2) 지시어

지시어는 **상황지시**(deixis)와 **조응**(anaphora)이 있다. **상황지시어**는 발화 환경에 따라 지시하는 것이 달라지는 것으로 '**화시**' 혹은 '**직시**'라고 불리기도 한다. 예를 들면, '이것' '저것' 혹은 '어제' '오늘' '내일' '나' '너' 등이 이에 속한다. 화자가 처한 위치적·시간적 조건에 따라 그 의미가 달라지기 때문에 1월 1일에 "내일 보자."라고 한다면 '내일'은 1월 2일이다. 그러나 5월 5일에 "내일 보자." 하면 '내일'의 의미는 5월 6일이다.

조응은 언어맥락적 지시어다. 이미 앞에서 언급한 표현에 대해 다시 대명사나 정관사 등을 사용하여 언급하는 것을 말한다. 이와 달리 아직 말하지 않았으나 앞으로 말할 것을 미리 지시하기 위해 사용하는 대명사를 후방조응(cataphora)라고 한다. 예를 들어, '하루가 횡단보도 건너편에 있는 아빠를 보고 손짓하자, 그는 활짝 웃었다.'에서 '그'는 앞에서 이미 말했던 아빠를 가리킨다. 이것이 조응이다.

3) 비유언어

비유언어는 학령기 의미론적 발달에서 중요한 특성 중 하나다. 앞서 언급한 바와 같이 비유언어는 문자적 언어에 대립되는 개념이다. 학령기 동안 아동은 은유, 직유, 과장, 역설, 격언, 관용어 등을 학습하면서 비유언어를 발달시키고, 일상생활에서도 비유언어에 민감해진다. 사실, 초기 비유언어는 학령전기부터 이해하기 시작하지만 학령기를 거쳐 성인이 되기까지 지속적으로 문학을 접하면서 **수사학적 능력**이 발달한다. 학령기 언어장애 아동의 경우 이러한 비유언어 지도가 필요하다. 또한 비유언어는 직접적인 의미 영역을 넘어 내포되거나 확장된 의미를 다루기 때문에 사회적 · 통합적 능력을 필요로 하고 화용론적 능력과도 연관이 있다.

(1) 은유

은유(metaphor)란 문자 그대로의 의미가 아닌 다른 어떤 것을 지칭하기 위한 표현을 통해 유사성을 전달하는 수사법을 말한다. 필자는 예전에 〈일 포스티노(Il postino)〉라는 이탈리아 영화를 감명 깊게 본 적이 있다. 외딴 섬에 유명한 시인이 머물게 되고, 시인의 전용 우편배달부가 고용된다. 우편배달부는 시인을 존경하여 "선생님, 시란 무엇입니까?"라고 질문하는데 시인은 "시는 은유."라고 대답한다. 다시 우편배달부가 "선생님, 은유는 어떻게 찾을 수 있습니까?"라고 묻는다. 그러자 시인은 "바닷가를 걸으면서 바다를 오래 바라보면 저절로 은유가 온다."라고 대답한다. 우편배달부는 바닷가를 걸으면서 바다를 오래 바라보고, 훗날 시인이 된다. 필자는 영화에서 시인이 은유를 참 은유적으로 잘 표현했다고 생각한다.

은유는 주제가 되는 **추상적 용어**와 그것을 비교하는 **구체적인 대상**으로 구성된다. 여기서 구체적인 대상은 은유의 수단 용어가 된다. 예를 들어, "내 마음은 호수요." 에서 마음은 추상적인 개념이고, '호수'는 구체적 대상이자 수단이 되는 용어다. 이와 같이 개념 유사성에 근거해 추상적 개념을 구체화하는 전략이 은유다. 또 다른 예로, "인생은 생방송이다."와 같은 표현에서 '인생'은 '생방송'과 유사성을 갖고 있으며, 여기서 '인생'은 표현하고자 하는 목표이고, '생방송'은 목표언어를 표현하는 수단이 된다.

심화학습   **은유의 유형**

Lakoff와 Johnson(1980)은 은유가 언어에 국한된 것이 아니라고 주장한다. 개념체계 자체가 은유이기 때문에 우리 삶 자체가 은유라고 하였다. 이러한 의미에서 Lakoff와 Johnson은 은유를 개념적 은유와 비언어적 은유로 분류하고, 개념적 은유를 다시 구조적 은유(structural metaphor), 방향적 은유(orientational metaphor), 존재적 은유(ontological metaphor)로 분류한다. 이들에 따르면, 구조적 은유란 "논쟁은 전쟁이다."와 같이 한 개념이 또 다른 개념의 관점에서 구조화되는 경우를 말한다. 이 경우 '논쟁'은 논쟁의 결과가 승리나 패배의 사건에 초점을 맞췄기 때문에 '전쟁'에 비유된 것이다(김주식, 2011). 방향적 은유란 공간 방향이 하나의 개념 구조를 이루는 것인데, '가격이 오르다.' '계급이 낮다.'와 같이 상향과 하향을 빗대어 표현한 것이다. 방향적 은유에서는 일반적으로 기쁨, 건강이나 생명, 통제나 힘, 높은 지위 등이 '위'의 상징을 갖는다. 존재론적 은유는 추상적 개념을 구체적인 사물로 이해하는 것이다. 즉, '약속이 깨졌다.'와 같이 '약속'은 추상적 개념인데 이를 '깨졌다'라는 구체적 사물의 현상으로 표현한 것이 그 예다.

(2) 직유

직유(Similes)는 은유처럼 주제나 수단을 사용하여 표현한다. 그러나 직유는 은유와 달리 '처럼' '같이' 등의 좀 더 직접적 표현을 사용하여 주제와 수단 사이를 명확히 비교한다. 직유와 은유를 이해하고 산출하는 아동의 능력은 일반적인 인지, 언어, 학업 성취 검사에서의 수행 수준과 밀접한 관계가 있으나, 인지, 언어, 학업 성취가 은유나 직유를 이해하고 표현하기 위한 직접적 요인인지는 아직 알려진 것이 없다.

(3) 제유

제유(synecdoche)는 사물의 한 부분으로 전체를 표현하는 비유언어 기법으로, 한 가지 부분으로 그와 관련된 전체나 모든 것을 표현한다. "검으로 승한 자, 검으로 망한다."에서 '검'은 '무력'을 의미하는 것으로 무력의 도구 중 하나인 '검'으로 '무력' 전체를 표현한 것이라고 할 수 있다. "펜이 검을 이긴다."에서 '펜'은 '글'을 대표하고 '검'은 '무력'을 대표한다. 또한 "사람이 빵만으로 살 수 없다."에서 '빵'은 '음식' 전체를 대표하는 제유법이라고 할 수 있다.

(4) 환유

환유(metonymy)는 직접적으로 어떤 대상을 가리키지 않고 다른 이름으로 대신한다는 점에서 제유와 유사하다. 그러나 환유는 어떤 대상을 가리킬 때 그 대상과 같은 영역 안에서 인접한 개념, 관계 있는 개념을 사용하여 전체를 대신한다. 즉, 어떤 대상에 대한 명칭을 인접한 다른 대상을 가리킴으로써 표현한다. 예를 들어, "금배지를 달았다."에서 '금배지'는 국회의원이 다는 배지로 '국회의원'과 인접한 대상을 통해 국회의원이 되었음을 표현한 것이다. 또 한 예로, "방송에서 그러는데……."와 같은 표현에서 '방송'은 '아나운서'를 지시한다.

(5) 역설

화자가 말한 바와 실제로 일어난 일 사이의 불일치가 존재하는 비유언어의 한 유형으로, 표현의 효과를 높이기 위하여 실제와 반대되는 뜻의 말을 하는 것을 역설(irony)이라 한다. 표면으로 칭찬과 동의를 가장하면서 비난이나 부정의 뜻을 신랄하게 나타내려고 하는 것을 말하며, Socrates가 사용했던 무지를 가장하고 모든 것을 알고 있는 척하는 방식의 수사법이 이에 해당한다.

(6) 관용어

관용어(idiom)는 두 개 이상의 단어로 이루어진 어구인데, 각 단어의 의미를 합하여 전체 어구의 의미를 알 수 없는 특수한 의미를 지닌 표현이다. 예를 들어, "발이 넓다."는 말은 발의 크기가 크다는 직접적인 의미도 있지만, 아는 사람이 많다는 의미도 있다. 관용어는 문자적 의미와 비유적 의미 사이의 관련성이 직접적인 정도에 따라 투명한 관용어와 모호한 관용어가 있다.

이와 같이 초등학령기 아동은 비유언어를 학습한다. 그러나 초등학령기 중기까지도 아동은 모호한 관용어보다는 투명한 관용어를 더 잘 이해하며, 맥락정보가 제시된 경우에 그렇지 않은 경우보다 더 잘 이해하는 경향이 있다. 모호한 관용어는 초등학령기를 지나 청소년기를 거쳐 성인기까지 발달이 계속적으로 이루어진다.

4. 형태론적·통사론적 발달

학령전기 동안 아동은 모국어의 어휘력을 바탕으로 제법 다양한 형태소를 사용하게 되고 문장 구성 면에서 복문까지 사용할 수 있게 되기 때문에 학령전기 말에는 성인과 유사한 언어를 구사하게 된다(Nippold, 2007). 하지만 이러한 사실은 학령기부터는 더 이상 발달시킬 언어 기술이 없다는 것이 아니라 일상생활에 필요한 기본적인 의사소통이 가능함을 뜻한다. 학령기에 들어서면서 비로소 본격적으로 언어의 **심화** 발달이 시작된다. 특히 문법 능력인 형태론적 · 통사론적 기술은 학령기와 청소년기를 거치면서 완성된다.

1) 형태론적 발달

형태론은 단어를 형성하는 **형태소의 조합 규칙**을 다루기도 하고, 문장 구성에 맞추어서 동사나 형용사 같은 서술어의 어미 활용 규칙도 다룬다. 학령기 동안 아동은 학령전기에 이어 계속해서 형태론적으로 발달한다. 모국어가 영어인 아동의 형태소 사용에 대한 연구에 따르면(Berko, 1958; Solomon, 1972), 초등학교 저학년까지도 child-children과 같은 명사의 불규칙 **복수형**, **비교급**이나 **최상급**을 표현하는 데에 오류를 보인다. 9세 이후 학령기 후반부에 이르면 아동들은 모르는 낱말을 대할 때 그 의미를 찾아내기 위해 문맥에서 아동이 이미 습득한 'un-' 're-' 'dis-' 같은 접두사나 부정의 의미를 갖는 'in-' 'im-' 'il-' 같은 **접두사**를 적극적으로 활용한다고 한다. 또한 학령기가 끝나는 12세경에 이르면 아동들은 **구**와 **합성어**를 구별하거나 명사와 동사를 구별하기 위해 강세나 강조를 활용한다. 이 시기 아동들은 형태론적 · 음소론적 단서를 활용하여 쉽게 '하얀 집(white house)'과 '백악관(white house)'을 구분하고, 명사 'present'와 동사 'present'를 구분할 수 있다(Reed, 2012에서 재인용).

한국 아동의 경우 학령전기에 아동이 주성분의 조사나 기초적 어미에 대한 지식을 획득한다면, 학령기 동안 문법형태소는 다양해지고 섬세해진다(배소영, 이승환, 1996). 학령기 아동은 좀 더 난이도가 높은 조사를 이해하거나 사용할 수 있게 되고, **접사나 어미**의 사용 능력도 그 범위가 넓어진다. 예를 들어, **파생접미사 '-음/-기'**, 관형형 어미 '-는/-ㄴ' 등을 사용할 줄 알면서 명사절이나 관형절을 포함한 **내포문**을 이해하고 사용할 줄 알게 된다. 또한 '그래서' '그러니까' 등의 인과관계를 나타내거나 단서를 추측하는 것과 관련된 상위인지적 낱말들을 비교적 다양하게 사용할 줄 알게 되면서 이와 짝을 이루는 '-아/-어서' '-으로' '-ㄹ'과 같은 조사나 어미를 사용하게 된다. 학령기 후반부에는 '만약' '생각하다' '찾아내다' 등과 같이 가정이나 추론과 관련된 정신적이고 추상적인 동사들을 사용할 줄 알게 되면서 '-면'과 같은 **기능형태소**의 발달을 보인다. 그러나 학령기의 **연결어미** 사용에 대한 김현주(2000), 장유림(2010)의 연구에 따르면, 학령기 초에도 여전히 나열의 연결어미인 '-고'의 실제적 사용이 높고 점차 '-으면서' '-으며'의 동시성 연결어미를 사용하는 것으로 나타났다. 이유 · 원인의 연결어미는 학년이 올라가면서 사용 빈도가 높아졌다.

학령기 중반과 후반 동안 아동들은 **문법형태소**의 **이형태**나 **서술어**의 **어미 활용** 정확도가 높아지고 오류가 감소한다. **불규칙 활용형**은 청소년기에도 종종 오류를 범하기도 하고 심지어는 성인이 되어도 틀릴 때가 있다. 학령기 중후반 아동의 접속부사와 연결어미 사용을 비교한 최성욱(1996)의 연구에 따르면, 학년이 올라갈수록 접속부사보다 연결어미를 더 많이 사용하는 것으로 나타났다. 이는 영어권 학령기와 청소년기 종단 연구에서 연령이 증가할수록 관계절의 사용이 접속사보다 빈번해진다는 주장(Reed, 2012)과 맥을 같이하는 결과다. 또한 학령기 후반에 아동은 조어법에도 감각을 갖게 되어 파생접사에 대한 지식이 생기게 된다. **파생접두사, 파생접미사**를 이해하고 낱말에 파생접두사가 추가되면 어떤 의미 변화가 일어나는지, 파생접미사가 추가되면 품사나 의미가 변화하는지 등에 대해서도 알 수 있다. 예를 들어, '재사용' '재경기' 등의 '재-'나 '풋사과' '풋고추' 등의 '풋-' 같은 접두사가 추가되면 어떤 의미가 더해지는지에 대해 알 수 있으며, '운동'에 접미사가 붙어서 '운동장' '운동화' 등의 파생어를 만들 수 있으며, '운동하다'처럼 품사의 범주가 바뀔 수도 있다는 것을 안다. 이 시기에는 새로운 낱말의 의미를 이해하기 위해 **형태론적 정보**를 **활용**하는 것에도 숙달된다.

이러한 형태론적 발달은 어휘의 조어법에 밀접한 관련이 있지만, 품사나 문장에서의 형태 변화와 관련하여 통사론적 발달과도 밀접한 관련이 있다. 그러나 한국 아동들이 초등학교 고학년에 어떠한 형태론적 발달을 하는지, 새로운 낱말의 의미를 파악하기 위해 어떠한 형태론적 단서를 사용하는지 등에 대한 연구가 좀 더 필요하다.

2) 통사론적 발달

학령기 이전에 아동들은 이미 많은 **통사론적 발달**을 이루었다. 부정문과 의문문을 이해하고 사용할 줄 알게 되었고, 복합문장을 사용할 줄도 알게 되었다. 그러나 내포문이 들어간 복합문장이 이해되고 사용되는 것은 5세 이후부터 학령기 말혹은 청소년기 초반까지 발달하고(Beers & Nagy, 2009; 2011; Hass & Wepman, 1974; Koutsoftas & Gray, 2012; Scott & Windsor, 2000), **종속절의 다양한 유형**은 청소년기 동안 발달한다(Loban, 1976).

국내 학령기 아동의 구문발달에 대한 연구는 이강현(2001), 신수진, 박은숙, 이기학, 배소영(2007), 이윤경(2007), 이지현(2009), 김자성과 김정미(2011), 이혜연과 정경희(2013), 배희숙(2015) 등이 있다. 먼저, 이강현(2001)은 6~10세 아동을 대상으로 이야기 다시 말하기 과제에 나타난 구문구조를 분석하였다. 연구 결과, 최소종결단위의 총수는 연령이 증가할수록 **최소종결단위의 수**, 최소종결단위당 안긴절의 평균 수, 최소종결단위당 낱말의 평균 수, 안긴절당 낱말의 평균 수가 모두 연령의 증가와 함께 증가하였다(〈표 8-1〉 참조).

표 8-1 학령기 아동의 구문 발달(이강현, 2001)

항목	연령	6;0~6;5	8;0~8;5	10;0~10;5
최소종결단위의 총수	평균	9.90	12.20	15.60
	표준편차	4.13	4.38	4.24
최소종결단위당 안긴절의 평균 수	평균	0.83	1.25	1.62
	표준편차	0.43	0.28	0.56
최소종결단위당 낱말의 평균 수	평균	8.87	11.06	12.78
	표준편차	2.48	1.60	2.83
안긴절당 낱말의 평균 수	평균	3.56	3.87	4.28
	표준편차	1.08	0.49	0.54

연령에 따른 각 항목의 차이가 유의미한 것인지를 판별하기 위해 Tukey 사후검정을 실시하였을 때, 각 연령의 차이가 모두 유의미한 것으로 나타난 항목은 최소종결단위당 안긴절의 평균 수였다. 이는 각 연령 집단 간 가장 민감하게 차이를 보인 항목이 최소종결단위당 안긴절의 평균 수라는 것을 의미한다. 그다음으로 연령차에 대한 민감도가 높았던 것은 최소종결단위당 낱말의 평균 수였다. 나머지 두 항목은 연령차가 크게 벌어져야 유의미한 차이를 보였다. 이 결과는 학령기 연령에 따른 내포문의 발달에 대해 시사하는 바가 있다.

신수진 등(2007)은 초등학교 저학년의 C-unit당 형태소의 수를 분석하였다. 연구에 따르면 MLC-m(Mean length of C-unit)은 1학년과 2학년, 2학년과 3학년의 차이는 미미하였으나 1학년과 3학년의 차이는 유의한 수준이었다. 이 결과는 변화 속도는 느리지만 평균절길이는 지속적으로 증가한다는 Loban(1976), Nippold, Hesketh, Duthie, Mansfield(2005)와 Wong(2004)의 연구와 맥을 같이한다. 또한 이 연구들과 마찬가지로 신수진 등(2007)의 연구에서도 학년이 올라감에 따라 문법 오류가 감소하여 3학년 집단이 1~2학년보다 '조사 혹은 어미의 오류'를 덜 하는 것으로 나타났다. 배희숙(2015)의 2, 4, 6학년 쓰기 연구에서는 조사오류는 초등 저학년 말에 감소하지만 어미오류는 고학년에 가서야 감소한다고 보고하였다.

김자성과 김정미(2011)는 초등학교 4학년과 6학년 그리고 중학교 2학년을 대상으로 설명하기와 경험 말하기 과제를 통해 이들의 구문발달 특성을 분석하였다. 연구 결과, T-unit의 수와 전체 낱말 수 그리고 T-unit의 길이와 **절밀도**[1]는 학년이 올라감에 따라 모두 증가하였고, 이러한 현상은 경험 이야기보다 설명하기에서 더 분명했다. 또한 **종속절** 유형별 사용률은 **명사절**, **관형절**, **부사절**이 학년이 올라가면서 증가했다고 보고하였다.

배희숙(2015)은 초등학교 2, 4, 6학년 아동을 대상으로 한 문장 완성형 쓰기 과제를 통하여 맞춤법, 문법형태소 오류와 함께 MLC-w와 내포절 사용 빈도를 분석하였다. 2학년과 4학년 간의 MLC-w와 **내포절** 사용 빈도는 그 차이가 유의한 수준이

---

1) 절밀도(clause density)란 종속절 포함 정도를 말하는 것으로, 담화에 나타나는 절의 총수를 전체 문장 수로 나눈 값이다. 예를 들어, 절밀도가 2인 경우 문장은 평균 2개의 절로 구성되었음을 의미한다(Silliman & Wilkinson, 2007).

었으나, 4학년과 6학년의 차이는 유의한 정도는 아니었다. 특히 관형절과 부사절의 사용은 학년 간에 뚜렷한 차이를 보였다. 명사절과 인용절 역시 학년 간 차이가 나타났으나, 전체적인 사용 빈도가 관형절이나 부사절에 비해 낮은 편이었다.

앞에서 열거한 한국 아동의 학령기 통사론적 발달 특성 연구들을 정리하면, 학령기 초반부에는 점진적인 속도로 문법을 습득하면서 학년이 올라갈수록 **문법 오류**가 감소하고, 절의 길이가 길어지고 **내포문**의 사용이 증가한다. 학령기 후반인 4학년과 6학년 아동들은 **발화길이**가 길어지고 절밀도가 높아지는데, 특히 **설명담화**에서 이러한 경향이 두드러진다. 학령기를 통해 아동들은 내포문의 사용 빈도가 높아지는 경향을 보이는데, 특히 관형절, 부사절에서 그 현상은 일관성 있게 나타났다.

학령기 아동들은 일반적으로 용언의 **사동형** 및 **피동형**을 이용한 사동 및 피동 구문, **보조용언**을 사용한 사동 및 피동 구조, 보조용언을 사용한 현재 진행이나 완료의 이해 및 표현 등도 늘어나는 경향을 보인다. 아동들은 문어에서 글을 다듬으면서 좀더 정교한 명사구를 사용하고 명사에 추가정보를 덧붙이는 수식어 혹은 수식어구, 행위나 사건 진술의 명료성을 높이기 위한 동사 수식 등이 정교해진다. 이야기 전달을 위한 진술의 방법, 정도, 장소, 이유 등의 정보 제공, **연결어미나 접속부사**, 정보를 조직하고 요소들 간의 관련성 명료화, 정신적 · 언어적 동사, 생각하기와 관련된 다양한 행위를 지칭하는 '생각하다' '알다' '가정하다' '기억하다' 등과 같은 동사 사용이 증가한다(Reed, 2012). 이러한 부분에 대한 한국 아동의 실태를 확인하기 위하여 학령기 한국 아동의 통사론적 연구가 좀 더 구체적으로 실시될 필요가 있다.

5. 화용론적 발달

학령기 동안 아동은 **대화격률**을 잘 지킬 수 있기 위한 기술을 연마하고 **내러티브 기술**도 꾸준히 발달시킨다. 학령기는 사고력이 발달하고 **논리적 언어**를 사용하기 시작하지만, 아직 자기 정체성과 세계관, 가치관 등이 발달하지 못하여 고도의 대화와 토론, 논쟁 등에 참여하거나 이끌어 가는 수준에 이르지는 못한다. 이는 청소년기와 성인기를 통해 지속적으로 이루어지는 부분이기 때문에 청소년기에서 다루기로 하고, 이 절에서는 학령기 아동이 주로 발달을 보이는 맥락 연구와 대화, 내러티브를 중심으로 학습하도록 하겠다.

1) 의사소통 기술

(1) 맥락

화자와 청자의 의사소통 과정에서 의사소통에 참여하고 있는 사람들은 발화를 산출하고 해석하기 위해 **상황, 언어, 관련 지식**을 이용하게 된다. 이와 같이 대상과 관련된 모든 상황, 언어, 관련 지식을 맥락이라 한다. 맥락 중에서 언어적 정보와 관련된 맥락을 **발화맥락**(context of utterance) 혹은 **언어맥락**(linguistic context)이라 하고, 의사소통 참여자들 간의 문화적·사회적 맥락을 **상황맥락**(context of situation) 혹은 상황적 맥락(situational context)이라 한다(Malinowsky, 1935; 손병룡, 1998에서 재인용). 의사소통을 위해 이러한 맥락을 이용하는 것은 언어가 독자적 체계가 아니라 문화의 일부이며, 문화는 환경에 반응하기 때문이다(Firth, 1957).

학령기에 들어서면 아동은 본격적으로 교실에서의 의사소통 상황에 놓이게 된다. 학령기 아동은 원활한 의사소통 능력을 학습하기 위해 교사 주도로 이루어지는 학습과 또래와의 상호작용을 통한 학습, 그리고 환경 요소가 모두 필요하다(Timler, Vogler-Elias, & McGrill, 2007). 또래는 롤모델이 될 수 있고 모니터링 및 강화 역할을 해 주기도 하는 등 다양한 역량을 지니고 있다고 보고된다(Hartup, 1983: 진연선, 2012에서 재인용).

교실 상황에서 아동은 교재와 관련된 형식적 언어를 이해해야 하고 발표의 기회도 자주 갖게 된다. 또한 교사 및 또래와의 의사소통에서 상대방의 반응에 대해 부연 설명을 하거나 다시 설명하는 능력도 필요하다. 따라서 아동은 이전보다 더 명확한 방식으로 단어의 의미를 이해하고 사용해야 한다. 요컨대, 학령기 아동은 발화 상황과 대상에 따라 언어 사용의 범위를 변화시킬 수 있는 유연성이 필요하다. 이를 위해서는 자기중심적 사고에서 벗어나 상대방의 관점을 이해할 수 있는 비중심적·탈중심적 사고가 요구된다.

(2) 비중심성과 탈중심성

비중심성이란 다른 사람의 관점을 취할 수 있는 능력이고, 탈중심성이란 대상이나 사건에 대한 고정된 일차원적 서술에서 벗어나 협응과 다차원으로 가는 과정을 말한다. 즉, 화자와 청자 모두 주어진 주제에 대한 **차원과 관점**이 여러 가지일 수 있음을 깨닫도록 해 주는 것이다(Owens, 2013). 학령기 동안 아동들은 구어와 문어가 혼합적으로 사용되는 학교 환경에서 다양한 맥락을 접하면서 자기중심적 사고에서 점차 벗어나고 다른 사람의 의도나 입장에서 생각할 수 있게 된다. 약 8~10세 혹은 3~5학년 아동은 억양 패턴 같은 **준언어적 단서**를 활용하여 과장을 이해하거나 표현하고, 화자의 의도를 파악하기 위해 문자 그대로의 의미와 숨겨진 의미와의 차이를 구별하는 화용적 단서를 활용할 수 있다(Reed, 2012). 학령기 아동이 발화에 나타나는 미묘한 표현을 통해 상대방의 의도를 파악할 수 있게 된다는 것은 타인의 의도에 민감해지기 때문이고, 이는 사회적 행동이 더욱 강화된다는 것을 의미한다. 이 시기 아동은 또래와의 우정을 통하여 공동의 가치를 추구하면서 도덕성, 자아존중감, 자아효능감, 사회성 등을 형성해 나가게 된다.

(3) 의사소통 기능

학령기 의사소통 기능은 아장이기의 초기 의사소통 기능과 어떻게 다를까? 일반적으로 학령기 언어발달을 다루면서 의사소통 기능은 주목받지 못한다. 그러나 이미 오래전에 Bereiter와 Engelmann(1966)은 학령기 동안 발달하는 다양한 의사소통 의도 또는 기능을 〈표 8-2〉와 같이 10가지로 정리하였다.

표 8-2 학령기 의사소통 기능(Bereiter & Engelmann, 1966)

번호	의사소통 기능	설명
1	알려 주기	절차적 지침 제공하기
2	질문하기	질문을 하여 이해 추구하기
3	검증하기	진술에 대한 논리성 조사하기
4	기술하기	무엇인가에 관하여 말하고 판단에 필요한 정보 제공하기
5	비교/대조하기	사물들이 어떻게 유사한지 혹은 다른지 보여 주기

6	설명하기	특정 예를 제공하여 용어 정의하기
7	분석하기	한 진술을 개별 요소로 쪼개고, 각각이 무엇을 의미하며 서로 어떻게 관련되어 있는지에 관하여 말하기
8	가설 세우기	한 진술의 논리적 또는 경험적 결과를 검증하기 위해 가정하기
9	연역하기	추론을 통해 하나의 결론에 도달하기, 추론하기
10	평가하기	한 가지 개념에 대한 상대적 중요성을 측정하고 판단하기

　학령기 동안 아동들은 학교 환경에서 학업과 사회적 요구에 부합하기 위해 필요한 의사소통 기능을 통합하는 능력을 발달시킨다. Nippold(1998)는 상위 수준의 언어 기능 통합을 위해 요구되는 능력으로 〈표 8-3〉과 같은 항목을 열거한다.

표 8-3　의사소통 기능 통합을 위해 요구되는 능력(Nippold, 1998)

번호	의사소통 기능 통합을 위해 요구되는 능력
1	청자의 특성에 부합하라.
2	찬성을 통해 얻을 수 있는 이점에 대해 진술하라.
3	반론을 예상하고 이를 반박하라.
4	동의를 늘리기 위한 전략으로 정중함, 협상 같은 긍정적 기술을 사용하라.
5	푸념하거나 애걸하는 부정적 전략을 피하라.
6	다양하고 많은 논거를 생성하라.
7	담화를 자신 있게 하도록 조절하라.

　의사소통 기능을 통합하는 이러한 능력은 학령기 의사소통 기능 발달을 토대로 청소년기와 성인기를 통해 지속적으로 발달한다. 물론 논리적인 의사소통 능력을 발달시키지 않는다면 성인이 되어도 이러한 능력을 획득하지 못할 수 있다.

2) 대화 및 담화

　제7장에서 언급한 바와 같이 Jean-Michel Adam(2005)은 담화를 크게 대화담화, 서사담화, 기술담화(묘사담화), 설명담화, 논쟁담화로 분류하였으나, 대화를 담화와

구분하는 경향이 있다. 학령전기 아동은 기초적 서사담화 능력을 발달시키지만 학령기 말에서야 서사담화 기술이 완성된다(Kuczaj & McClain, 1984). 설명담화와 논쟁담화는 학령기를 통해 기초적 기술을 발달시키지만, 본격적으로 이들 담화를 발달시키는 것은 청소년기 동안이라고 할 수 있다. Alamillo, Clletta, Guidetti(2011)는 학령기 7세부터 10세 아동을 대상으로 이야기하기와 설명하기 과제를 제시하고, 종속절 표지, 결속표지 그리고 제스처를 분석하였다. 연구 결과, 이 시기 아동들이 이야기를 할 때에는 결속표지를 더 많이 사용하였고, 설명하기에서는 종속절 표지와 제스처를 더 많이 사용했다고 보고하였다. 학령기 한국 아동의 담화에 대한 연구도 꾸준히 이어지고 있다(곽미영, 권도하, 2013; 권유진, 2006; 김민정, 김정미, 2011; 배소영, 이승환, 1996; 배희숙, 2016a; 2016b; 2020; 임종아, 황민아, 2009). 여기에서는 대화 발달과 함께 학령기의 성장을 보여 주는 서사담화, 즉 내러티브담화만 다루도록 하겠다.

(1) 대화

대화는 사회적 상호작용이기 때문에 사회적 협약 혹은 규칙이 필요하다. 대화 참여자 간에 사회적 상호성이 성립해야 하고, 정보는 가치가 있어야 하며, 주어진 시간 내에 효과적으로 메시지 교환이 이루어져야 한다. 이와 관련하여 다른 사람과의 상호작용에서 협력원리를 말할 때 Grice(1989)는 대화격률(maxims of conversation)에 대해 네 가지를 짚고 있다. 이는 바로 참이라고 믿는 것을 말해야 하고(maxim of quality), 정보의 양이 적절해야 하며(maxim of quantity), 주제에 관련된 것을 말해야 하고(maxim of relation), 애매함을 피하여 명확하고 간결하게 말해야 한다(maxim of manner)는 것이다.

학령기 아동들은 또래와의 끊임없는 대화를 통해 대화격률을 학습해 나간다. 8세경 아동은 대화의 구체적인 주제를 어느 정도 유지할 수 있게 된다. 또한 이 시기 아동은 다른 사람의 의도를 고려하기 시작하고, 간접적인 명령의 의미를 깨닫는다. 아동이 9세에 이르면 대화에서 말의 흐름이 끊어지는 이유를 알아내고 수정할 수 있다. 학령기 말에 이르면 아동은 추상적인 주제에 대한 대화를 지속할 수 있다(Reed, 2012). 또한 학령기 아동들은 대화 기술의 발달로 주제를 길게 유지할 수 있고, 주제와 관련된 다수의 사실적 진술을 제시할 수 있으며, 한 화제에서 다음 화제로 매끄럽게 전환할 줄도 알게 되고, 청자의 생각이나 느낌에 맞도록 말의 내용이나 스타일을 조정할 줄 알게 된다. 이렇게 네 가지 대화격률을 조금씩 지킬 수 있게 되지만, 여전히 학령기 말이 되어도 아동들은 대화격률을 충분히 지키기는 어렵다. 특히 효과적으로 간결하고 명료하게 말하기 위해서는 사고를 구조화하는 능력이 더욱 발달되어야 하는데, 청소년기를 통해 이 과제를 계속해 나가게 된다.

(2) 내러티브

내러티브 기술이란 구체적으로 무엇을 말하는가? 거시구조와 미시구조로 구분하여 볼 때, 거시구조는 이야기 문법과 같은 틀을 말하고, 미시구조는 결속표지, 문장구성 등을 어떻게 사용하여 이야기를 풀어내는지와 관련된다(배희숙, 2016a; 2016b). Paul(2007)은 아동의 이야기 산출 능력을 평가하기 위해서 이야기 거시구조와 응집성, 그리고 재치 있게 표현하는 이야기 능숙도를 보아야 한다고 제안하였다. 이야기 능숙도란 풍부한 어휘 사용, 에피소드의 플롯, 이야기 절정을 강조하는 능력, 문학적 언어 등으로 나타난다고 했다(Perterson & McCabe, 1983: 이가라, 2009에서 재인용).

이야기 이해는 들은 이야기 내용에 대한 사실적 정보의 이해, 텍스트 연결 추론, 빠진 정보 추론과 같은 기본적 이해 정도를 측정한다(Norbury & Bishop, 1992). 반면, 이야기 산출은 이야기 문법 산출과 구문 및 어휘 산출을 말한다. 이야기 문법 산출은 Stein과 Glenn(1979)의 이야기 문법 구성요소의 각 범주별 산출 비율로 측정하고, 구문 및 어휘 산출은 C-unit 수, C-unit당 평균낱말길이(Mean of Length of C-unit: MLC-w), 어휘 다양도(Type-Token Ratio: TTR)로 측정한다.

이야기 구성은 이야기 내용과 사건에서의 개념 및 사실을 결합하고 구조화하여 들려주는 것을 말하는데, Beck과 McKoewn(1981)은 이를 이야기 구성도(Story Map) 이라고 하기도 하였다. 그런데 아동이 이야기를 이해하기 위해서도 일정한 틀이 필요한 것으로 보고된다. Stein(1979)은 이야기를 이해한다는 것은 이야기 속에서 중요한 아이디어를 찾아내고, 이야기 속 사건 간의 인과관계를 유추하며, 사건을 시간적·공간적 순서로 나열하여 주어진 정보를 통해 이야기 내용을 추리하고, 추리된 정보를 사용하여 이야기의 성격을 판단하며, 사건을 요약할 수 있는 것이라고 하였다(노명완, 이차숙, 조성숙, 2002). Short와 Ryan(1982)의 스키마, Rumelhart(1980)의 상향식 과정과 하향식 과정의 상호작용 등 여러 측정 방법이 제시되고 있다. 이야기 문법 역시 이야기 이해와 산출 모두에 해당하는 구조의 하나로 간주될 수 있다.

이러한 **이야기 문법**은 요소들이 잘 포함되는 것도 중요하지만 각 요소 간의 매끄러운 연결, 즉 이야기의 논리성이 중요하다. 잘 **구조화**된 이야기는 "각 이야기 범주가 뒤이어 전개될 다음 범주에 얼마나 직접적인 영향력을 미치는지를 논리적으로 추론할 수 있도록, 명확한 인과관계로 구성되어 있어야 이야기가 전하고자 하는 정보를 보다 정확하게 전달할 수 있다."(Merritt & Liles, 1989: 이미라, 2012에서 재인용)

최근 학령기 아동의 내러티브 기술 발달에 대한 연구들이 증가하고 있다(곽미영, 권도하, 2013; 권유진, 배소영, 2006a; 김정미, 2011; 배희숙, 2016a; 변선영, 2003; Alotaibi, 2015; Bento & Befi-Lopes, 2010; Gillam & Gillam, 2016; Guo & Schneider, 2016; Nippold et al., 2007). 5세부터 13세까지의 다양한 언어권 아동을 대상으로 한 이 연구들에 따르면, 학령전기 말경 아동의 이야기하기 기술은 주로 개인적인 일화적 이야기하기가 대략 70%로 대부분이 내레이터의 **경험적 에피소드**를 전하는 것이고, 허구의 **상상적 이야기**는 드물다. 그러나 7세경 아동은 이야기하기의 시작, 끝, 문제, 해결을 포함하게 된다. 아동은 9세가 되면 이야기 문법의 모든 요소를 산출할 수 있다. 9~10세경이면 시간 측면에서 전후 방향 전개 방식을 습득하는데, 처음에는 앞으로만 진행하는 경향을 보이다가 11~12세가 되면 다양한 시간 방향으로 발달하고 이야기의 내용과 전개, 인과 구조 조작이 발달한다. 타인의 신체적·정신적 상태와 특정 행위의 동기에 대한 진술이 정교해지고 한 개의 일화 사용에서 여러 개의 일화 사용으로 발달한다. 그런데 내러티브 문장의 20%는 여전히 and로 시작한다. 12세경인 초등학령기 말에 이르러서야 이야기하기 기술이 완성된다고 한다.

학령기 아동의 환경에서는 구어와 문어를 통한 이해와 **이야기 산출**의 기회가 증대되면서, 이야기 조직에 필요한 능력이 요구된다. 이야기하기 기술은 이야기 문법에 맞추어 **응집력** 있는 문장을 만들고, 순서적으로 연결하며, **다양한 어휘**와 의미를 표현할 수 있는 능력과 기술의 확장을 필요로 한다(강정숙, 2003). 그러니까 학령기 동안 아동은 또래끼리 혹은 **교실** 환경에서 또래들에게 이야기를 전달하는 기술을 학습하게 된다. 효과적인 **이야기 전달**이 되기 위해 아동은 **세상지식**도 배우고, 다른 사람 관점에서 생각하기도 하며, 문제해결을 위한 전략을 배우기도 하고, 사회적 소통 기술도 학습하게 된다. 역으로 이야기하기를 통하여 이러한 지식을 학습하기도 한다. 이야기하기 능력은 또한 문어 능력과 밀접하게 연결되어 있다. 그래서 Hedberg와 Westby(1993)는 이야기가 "문해로 이르는 다리"이며, 구체적 구어에서 교실 담화의 탈맥락적이고 추상적인 문어로 전환되는 것을 돕는다고 했다(이미라, 2012: 12에서 재인용). 언어발달이 지연되는 경우 가장 큰 어려움 중의 하나는 이러한 학령기의 이야기하기 기술이나 상위언어 능력에서 나타나는 것이다.

6. 읽기와 쓰기 발달

학령기 언어발달에 가장 결정적인 요소는 읽기와 쓰기 능력이다. 문식성은 학령전기에 이미 나타나지만, 읽기와 쓰기는 단순히 글을 소리 내어 읽고 선을 그어 글자 모양을 만드는 것에 그치는 것이 아니다. 읽기는 글을 보고 소리로 표현하는 데서 나아가 글의 뜻을 헤아려 이해하고, 이를 통해 세상의 정보와 지식을 받아들이는 것을 모두 아우른다. 쓰기 또한 어떤 도구를 통하여 일정한 글자의 모양을 만들 뿐 아니라 생각을 글로 표현하는 것을 통틀어 가리킨다.

읽기와 쓰기를 통하여 학령기에는 언어에 대해 구어처럼 즉각적으로 반응하는 것이 아니라 읽거나 글로 써 보면서 문장을 다듬고 심사숙고하게 된다. 따라서 아동들은 자연스럽게 언어 정보에 더 많이 노출되고 쓰기를 통해 **언어에 대한 반추의 기회**가 증가한다. 타인과의 의사소통은 구어를 통해 이루어지기도 하지만 쪽지를 주고받으며 문어를 통해 이루어지기도 한다. 나아가 구어를 통해 문어의 결과를 주고받기도 한다. 이 과정에서 학령기 아동들은 자신의 언어와 다른 사람의 언어에 대해 분석하는 언어 능력, 즉 상위언어 능력을 발달시킨다. 발화와 문장에 대해 숙고하고 다듬으면서 문법적 지식과 언어학적 지식이 쌓이고, 교사는 학교 환경에서 이를 돕는다.

그러나 읽기와 쓰기 능력이 문어이기 때문에 구어 능력과 별개로 발달하는 것은 아니다. 앞서 학습하였듯이 학령전기 아동의 구어 발달이 학령기 읽기 · 쓰기 능력의 기초가 된다. Loban(1976)의 학령기 아동에 대한 종단 연구는 듣기와 말하기 같은 **구어** 기술이 잘 발달된 아동이 읽기와 쓰기 능력도 더 뛰어난 능력을 보였다고 보고한다. Hill과 Haynes(1992)는 또한 **학업 성취도**가 낮은 아동이 언어 기술도 낮았다고 보고한다. 이러한 연구들은 아무래도 전 단계의 언어발달이 다음 단계에 영향을 미치고, 여러 언어 영역들이 서로 영향을 주면서 발달한다는 것을 가리킨다고 하겠다(Scarborough, 1998).

1) 읽기 발달

읽기는 자소를 음소로 변환하는 음독 능력과 읽은 내용과 의미를 이해하는 능력을 모두 포괄한다(김화수, 2005; 배소영, 2003; Catts & Kamhi, 2005; Kamhi & Catts, 1989). 즉, 읽기는 **낱말재인**(word recognition)을 위해 **자소와 음소를 대응**시키는 과정과 글의 내용을 이해하는 **읽기이해**(reading comprehension)의 두 차원으로 이루어진다. 낱말재인이 자소와 음소의 변환 능력이라는 좁은 의미의 읽기로 간주된다면, 읽기이해는 의미를 이해하기 위해 언어적 지식과 세상지식을 사용하는 것으로 넓은 의미의 읽기로 간주된다(Perfetti, 1986).

낱말재인을 위해서는 **자소-음소 대응 규칙**을 학습해야 한다. 학령기 초반 자소-음소 대응 규칙을 학습하여 음독 기술이 안정화되고 이 과정이 **자동화되면 읽기가 유창해진다.** 읽기가 유창해지면, 아동들은 낱말이나 문장 이해에서 나아가 문단이나 텍스트를 읽고 이해하는 단계로 발달한다. 글을 읽으면서 글의 구조를 파악하고 종합하는 짧은 글이나 텍스트의 이해 능력은 형식, 내용, 사용과 같은 다양한 언어 영역에서의 능력에 직간접적으로 영향을 받는다(김미배, 2012; 배소영, 2003; Kamhi & Catts, 1989). 그뿐만 아니라 상위인지적 능력도 **덩이글** 수준의 글 읽기 이해에 영향을 미친다(조은숙, 2005). 글을 읽고 이해하는 능력은 학령기와 청소년기를 거치면서 꾸준히 향상된다.

그렇다면 읽기는 언제 어떻게 발달하는가? 먼저 아동은 인쇄물에 노출되면서 인쇄물에 대한 개념을 형성하고 글자를 읽을 준비를 한다. 이 과정을 **읽기사회화**(reading socialization)라고 한다. 아동은 자주 노출되는 낱말을 통글자로 인식하다가 점차 자소와 음소의 대응관계 규칙성을 알게 된다. 김미배(2014)에 따르면, 이미 한국 아동은 1학년이 되기 전에 1~2년의 읽기 학습 기간을 갖는다.

Chall(1983)은 읽기발달 단계를 여섯 단계로 나누어 제시한 바 있다. 먼저 출생부터 학령기 전까지를 읽기 이전 단계로 분류하고, 학령기 초기는 자소와 음소의 대응에 익숙해지는 단계로, 학령기 중기는 읽기가 유창해지는 단계로 분류하였다. 학령기 후반부터 청소년기 초반은 학습을 위한 읽기의 단계이고, 청소년기 후반은 관점에 따라 읽을 줄 아는 능력을 배우는 단계다. 성인기는 자신의 목적에 맞게 선택하여 읽으며 자신의 관점으로 분별하여 이해하는 단계다. 각 단계별로 살펴보면 다음과 같다.

● 0단계(출생부터 학령기 전까지)

출생 시점부터 공식교육의 출발 시점까지, 즉 학령전기까지를 읽기 이전 단계로 분류한다. 이 시기는 음운인식을 포함한 읽기 기초에 대한 결정적 발달기다. 이 시기 아동은 문자에 노출되면서 읽기사회화의 단계를 거친다. 또한 아동은 낱말을 통글자(whole word)로 읽는다. 몇 개의 문자를 알고 시각적 단서를 사용하여 글자를 재인한다. 이 시기의 활자인식과 음운인식 발달 정도는 학령기의 읽기에 결정적 영향을 미치게 된다. 학령기 아동은 직접적인 방법으로 자소와 음소의 관계를 학습하게 되는데, 이와 같은 읽기의 선행 능력이 있어야 학령기 읽기 능력이 발달할 수 있다.

● 1단계(학령기 초반)

초등학교 초반부의 초기 읽기 단계로, 자소와 음소와의 관계를 배우고 고빈도 낱말과 자소일치형 낱말을 포함한 짧은 글을 읽을 수 있다. 이 시기 아동의 읽기 오류를 보면, 특정 낱말을 의미론적 또는 구문론적으로 대치 가능한 다른 낱말로 바꾸어 읽는 오류가 출현한다. "아기가 자요."의 '자요'를 '가요'와 같은 품사적 계열사로 대치하여 읽기도 하고, 음운적으로 비슷한 '짜요'로 바꾸어 읽기도 한다. 읽기가 능숙해지면 이러한 오류 패턴이 사라진다.

● 2단계(학령기 중반)

초등학교 중반기에 해당하는 이 시기 아동은 고빈도 낱말의 철자에 친숙해지고,

자동재인 기술이 발달하여(윤효진, 2004) 읽기가 **점점** 유창해져 **빠른** 속도로 오류 없이 효율적으로 읽을 수 있게 된다. 읽기 자체를 학습하는 단계에서 학습을 위한 읽기로의 전환이 시작되는 단계다. 이 시기 아동은 문자와 맥락 단서를 사용하기 때문에 아동의 읽기 능력에 적합한 텍스트 읽기 연습을 통해 더욱 능숙해질 수 있다.

● 3단계(학령기 후반부터 청소년기 전반)

초등학교 고학년부터 중학교 말까지는 새로운 것을 학습하기 위한 읽기 단계에 해당한다. 새로운 정보 습득을 위한 읽기이며, 어휘 확장, 배경지식이나 세상지식의 구축을 돕고 전략적인 읽기 습관을 발달시키는 단계다. 초등학교 고학년 단계는 탈자아중심적 읽기 능력 발달을 통해 관례적인 세상지식에 대해 읽고 습득할 수 있게 되는 시기다.

● 4단계(청소년기 중후반)

청소년기 중후반에 해당하는 고등학교 시기는 점차 어려워지는 개념을 다루고, 이러한 개념을 설명하는 텍스트를 다루면서 학습한다. 설명문이나 문학작품 읽기를 통해 문헌을 읽더라도 다양한 관점에 대해 고찰할 수 있게 된다. 바로 이 점에서 3단계와 결정적 차이를 보인다. 그런데 3단계에서 배경지식이 구축되지 않으면 다양한 사실과 이론, 다양한 관점으로 조합된 텍스트 읽기는 어려워진다.

● 5단계(18세 이후)

고등학교를 졸업하고 대학에 진학하거나 사회에 나가는 시기로 읽기를 통해 전문지식을 얻게 되고, 문헌을 재구성해 보거나 자신의 세계관을 가지고 판단할 수 있는 **비판적 읽기**가 이루어진다. 문헌도 자신의 목적에 맞게 선택적으로 읽으며, 독자로서 문헌 이해를 위해 무엇을 어디서 얼마나 읽어야 할지 스스로 판단하게 된다. 다른 사람의 의견을 자신의 가치관에 비춰 재구성하여 읽기도 한다.

읽기 과정과 읽기 발달에서 어려움을 보이면 읽기장애로 이어진다. 보통 **읽기장애**(reading disorder)는 종종 **난독증**(dyslexia)과 동의어처럼 사용된다. 그러나 난독증은 아동이 문자를 혼동하는 현상을 보이며 단어를 소리 내어 읽는 데 어려움을 보이는 읽기장애의 한 유형이다. 읽기장애는 이와 같이 음독 과정에서도 나타날 수 있지만 읽은 내용을 이해하는 과정에서도 나타날 수 있다. 후자를 단순읽기이해장애 혹은 S-RCD(Specific Reading Comprehension Deficits)라고 한다. 미국 아동에 대한 보고에 따르면(President's Commission on excellence in Special Education), 학습장애 아동의 80%가 읽기 내용의 이해에 어려움을 보인다고 한다. 이는 학습장애나 언어장애를 보여도 읽기가 상대적으로 양호한 아동도 있지만(Kamhi & Catts, 1986), S-RCD가 읽기장애에서 훨씬 광범위하게 나타날 수 있는 심각한 영역임을 나타낸다.

2) 쓰기 발달

쓰기는 읽기와 함께 학령기 언어발달을 대표하는 능력 중 하나다. 읽기와 마찬가지로 쓰기는 복합적인 처리 과정을 필요로 한다. 아동들이 쓰기 위해서는 종이 위에 선을 잘 그어 글자를 적는 것만 필요한 것이 아니라 생각을 구조화하여 효과적으로 표현할 수 있어야 한다. 맞춤법이나 문법에도 신경을 써야 하고, 내용과 문체도 잘 선택해서 적어야 한다(Harris & Graham, 1999). Clay(1991)는 아동이 쓰기를 학습하는 단계에서 나타나는 선이나 모양을 자꾸 반복해서 그리는 **반복의 원리**, 알고 있는 낱자를 조합해서 새로운 것을 만들어 내는 **생성의 원리**, 기호를 인식하고 종이에 글자를 그리고는 이름을 붙이는 **개념의 원리**, 줄을 맞춰 쓰려는 **배열의 원리**, 띄어쓰기 원리를 분류하여 제시하였다.

일반적으로 쓰기는 학령기에 들어서야 발달하지만, 학령기에 이르기 전까지 전혀 나타나지 않던 능력이 갑자기 나타나는 것은 아니다. 아동은 이미 아장이기부터 쓰기를 위한 기초를 다진다. McGee와 Richgels(2000)는 영아기부터 쓰기가 준비되기 시작한다고 주장한다. 이들은 아기가 처음에는 그림이나 쓰기가 사물을 표상할 수 있음을 알고 그리기와 쓰기를 재미있어 한다는 것을 발견한다. 3~5세까지 아동은 글자의 이름과 형태에 대한 지식을 발달시키고 쓰기 흉내를 내기도 한다. Lamme(1985)도 학령기 이전에 쓰기 준비가 이루어진다고 하였다. Lamme은 쓰기의 단계를 크게 **전문자적 쓰기**(prealphabetic writing) 단계와 **문자적 쓰기**(alphabetic writing) 단계로 분류하였다. 전문자적 단계에서 아동들은 무질서하게 종이에 긁적거리고 자신이 긁적거린 것에 이름을 붙인다. 문자적 단계에서는 처음에는 유사글자가 나타나다가 점차 관례에 따른 글쓰기가 나타난다.

이영자와 이종숙(1990)은 한국 아동의 쓰기 발달단계를 총 여섯 단계로 분류하여 〈표 8-4〉와 같이 제시하였다.

표 8-4 초기 쓰기 발달단계(이영자, 이종숙, 1990)

단계	특성
1단계	긁적거리기 단계로 글자 형태는 나타나지 않음. 처음에는 세로선이 나타나다가 점차 가로선이 나타남
2단계	한두 개의 자형이 우연히 나타남
3단계	자형이 의도적으로 한두 개 나타남
4단계	글자의 형태가 나타나지만 자모음의 방향이 틀리거나 부분적으로 틀림
5단계	단어 쓰기 단계로 단어 형태가 나타나도 자모음 방향이 틀림. 점차 완전한 단어 형태가 나타나고 자모음 방향도 정확해짐
6단계	문장 쓰기 단계로 처음에는 문장 형태가 나타나도 틀리다가 점차 틀린 글자가 줄어듦

약 15개월경 아동은 종이나 색연필에 관심을 보인다. 손에 색연필을 쥐면 벽이나 바닥에 마구 그어댄다. 이영자(2013)에 따르면, 아동이 18개월 정도가 되면 글자와 그림이 분화된 긁적거리기 단계에 이르러 점이나 짧은 선으로 글자를 표현한다. 이후 한두 개의 글자가 우연히 나타나다가, 의도적으로 한두 개 글자가 나타나는 단계를 거쳐 글자의 형태가 나타난다. 이때 글자의 형태는 자모음 방향이 틀리거나 부분적으로 틀리곤 한다. 그리고 학령기에 들어서면 본격적으로 단어 쓰기 단계에 이른다. 문장 쓰기 단계에 이르면 아동은 소리 내어 말하면서 쓰는데, 이때 아동은 소리 나는 대로 글자를 쓰게 된다. 예를 들어, "달님이 곰돌이에게 말했어요."와 같은 문장을 '달림이 곰도리에게 말해써요.'와 같이 적는다. 또한 이 시기 아동은 모르는 글자를 빼먹고 쓰기도 하고, 어른들에게 글자를 써 달라고 하기도 한다. 때로는 자신이 쓴 것을 읽으면서 고쳐서 다시 쓰기도 한다. 문장 쓰기 초기에는 띄어쓰기가 나타나지 않는다. 가상적 문어 이야기 쓰기 단계에 이르면, 즉 글쓰기(짓기) 단계에 이르

면 가상적 문어 이야기 구성은 탈상황적인 이야기 구성이기 때문에, 시간과 공간의 전환을 어휘나 문장으로 명시해야 하며 등장인물에 대한 언급을 분명히 해야 한다.

이러한 쓰기 능력 발달이 무리 없이 이루어지기 위해서는 인과관계, 일관성, 조직화, 계획화 등의 기술에 어려움이 없어야 하고, 문장을 구조화하며, 어휘도 풍부해야 한다. 그런데 최근 쓰기가 컴퓨터로 대체될 수도 있으므로 손 근육의 발달이 쓰기 발달에 결정적 조건이 아니라는 인식이 일반적이다(MacArthur & Graham, 1987; Nichols, 1996).

요약

아동은 초등학교 1학년이 되면, 형식적인 읽기와 쓰기 활동에 들어간다. 듣고 말하기라는 구어적 체계에서 시각적 읽기와 쓰기 시스템으로 이동하게 된다. 그러나 여전히 듣기와 말하기 기술은 중요하여 두 가지 시스템이 모두 가동된다고 하겠다. 이 시기에는 문어와 구어가 따로 다루어지는 것이 아니라 혼합하여 활동 속에 녹아들게 된다. 그림일기를 써 와서 친구들 앞에서 구어로 발표하고, 친구들은 또래가 읽거나 말하는 그림일기를 들으며 이해한다. 2~3학년 동안 아동은 받아쓰기 활동 등을 통하여 어휘 철자를 바로잡으며, 음운규칙을 심화시키고 조사와 어미에 대한 형태론적 규칙에도 민감해지도록 교육받는다. 과제나 교실 내 활동을 통하여 독립적으로 책을 읽고 내용에 대해 토의하는 활동을 하는데, 이야기 전달이나 생각 전달을 위한 좀 더 체계적인 문장 구성을 독려받는다. 개인적인 책 읽기, 복잡하고 긴 이야기 읽기가 이루어지고 쓰기 속도는 빨라진다. 점점 복잡한 문장을 작성하고 맞춤법에 단련된다. 그룹 토론과 형태론적 · 통사론적 발달이 표현의 정확성을 돕는다. 초등학교 고학년이 되면 정보를 얻기 위한 읽기 단계에 들어서고, 학생들은 교실 내 환경에서 학급토론과 교사의 시연을 통해 정보를 얻는다. 학생들은 읽기 자료를 통해 자신의 언어 기술을 발달시키고 음운 · 형태 · 의미 · 통사적으로 성숙해 간다. 이 시기에 다양한 비유언어에 노출되고, 이야기 전달 기술이 완성단계에 들어서게 된다.

학습 확인 문제

1. 읽기, 쓰기는 듣기, 말하기와 어떻게 연결되어 있는가?

2. 학령전기와 학령기를 구분하는 가장 큰 특징은 무엇인가?

3. 학령기 음운인식 발달의 특성은 무엇인가?

4. 비유언어의 종류를 나열하고 설명하시오.

5. 읽기발달 단계에 대해 설명하시오.

6. 쓰기발달 단계에 대해 설명하시오.

제9장

청소년기 언어발달

학습목표

- 청소년기에도 언어발달이 진행되는가?

- 청소년기 언어발달의 특성을 이해한다.

- 청소년기의 의미론적 발달에 대해 이해한다.

- 청소년기의 형태론적 · 통사론적 발달에 대해 이해한다.

- 청소년기의 화용론적 발달에 대해 이해한다.

청소년기(adolescence)란 2차 성징을 통해 성인으로 성숙되어 가는 아동기와 성인기 사이의 기간을 말한다(Myers, 2012). 과도기, 심리적 이유기, 질풍노도의 시기, 제2의 반항기 등 다양한 이름으로 불리기도 한다(Arnett, 1999). 그렇다면 언제부터 언제까지를 청소년기로 볼 것인가? 정확한 청소년기가 언제인지에 대해서는 분야마다 다르게 인식하고 있어 매우 복잡하다. 한국 「청소년 보호법」에서는 19세 미만인 사람을 청소년이라 한다. 심리학에서는 청소년을 14~15세경부터 22~23세경으로 규정한다. 청소년기 언어장애를 비교적 심도 있게 다룬 Reed(2012)는 청소년기를 11~12세부터 18~21세까지로 넓게 보고 있다. 이 장은 국내 학제에 따라 중학교에 입학하는 만 12세경부터 고등학교를 졸업하고 성인이 되는 만 19세까지의 시기를 청소년기로 간주하고, 이 시기 동안 어떠한 언어발달이 이루어지며 그 특징은 무엇인지 살펴본다.

● 그림 9-1 ● 청소년기

1. 청소년기에도 언어발달을 하는가

앞서 우리는 영아기, 아장이기, 학령전기와 학령기의 언어발달을 다루었다. 만 3~4세가 되면 대화에 필요한 언어 영역에서 성인과 유사한 음운적·의미적·통사적·화용적 기초 기술을 습득하게 되고(McClowry & Guilford, 1982: 9), 만 5세에서 7세 사이에 내러티브 구성에 초점과 강조가 나타나며, 만 9세에 이르면 내적 목표, 동기, 반응 등의 구성을 갖춘 다중 에피소드를 사용할 수 있고, 학령기 말인 12세에 이르면 내포와 접속 문장을 자유롭게 사용할 뿐 아니라 에피소드 간 연결까지 이루어져 웬만한 이야기 전달 능력까지 갖추게 된다(Brandone, Salkind, Golinkoff, & Hirsh-Pasek, 2006). 요컨대, 학령기 말이면 이미 언어적으로 일정 수준에 도달하여 듣고, 말하고, 읽고, 쓰고, 이야기하는 능력을 모두 얻는다는 것이다.

그렇다면 청소년기 동안 학생들은 어떠한 언어발달을 이루는가? 청소년기에도 발달할 언어 영역이 남아 있기는 한 것일까? 사실, 청소년기 언어발달이 영유아기나 학령기에 비해 뚜렷하지 않아 오랫동안 간과되어 왔기 때문에 청소년기 언어발달에 대한 관심과 연구가 시작된 지는 얼마 되지 않았다. 학령기까지 전혀 나타나지 않던 언어 능력이 청소년기에 새롭게 나타나는 것도 아니고, 언어발달이 이루어진다 해도 영유아기처럼 빠른 속도로 진행되는 것도 아니기 때문에 이 시기 언어발달에 대한 정보는 매우 제한적이다. 그러나 최근의 청소년 언어에 대한 연구에 따르면(Apel, 1999; Larson & McKinley, 2003; Nippold, 2010), 청소년기 동안에도 언어의 여러 영역에 걸쳐 성숙과 세련이 점진적인 양상으로 발달한다는 것에 의견이 모이고 있다.

청소년 언어발달에 대한 양상을 파악하기 위해 청소년 언어 교육이 어떠한 방향으로 이루어지는지 들여다보자. 김광해(1996)는 Halliday(1979)의 언어 교육 영역의 분류를 제시하면서 청소년 국어 교육이 성장 단계에 따라 영역별로 조절될 필요가 있다고 주장한 바 있다. Halliday의 언어 교육 영역이란 **언어학습**(learning language), **언어를 통한 학습**(learning through language), **언어에 관한 학습**(learning about language)을 말하는데, 여기서 언어학습이란 더 효과적인 언어 사용자가 되도록 도와주는 학습을 말한다. 또한 언어를 통한 학습은 사회적으로 바람직한 방향에서 의사소통을 할 수 있도록 해 주기 위한 학습이며, 언어에 관한 학습은 언어에 관한 지식을 제공함으로써 언어가 어떻게 작용하는지를 이해하고 논의하게 하는 학습을 말한다(Goodman et al., 1987: 김광해, 1996에서 재인용).

김광해(1996)는 Halliday의 이 세 요소가 국내 국어 교육에서는 기능, 언어, 문학이라는 세 가지 국면에 적용되는데, 언어에 관한 학습과 언어를 통한 학습이 하나인 것처럼 섞이면서 상대적으로 언어학습에 비해 언어와 문학 영역이 축소되어 있다고 지적한다. 그는 언어학습을 기능요소로 보고, 언어에 대한 학습과 언어를 통한 학습을 문화요소로 간주할 경우 성장 단계별로 두 요소가 적절한 배분을 이루어야 한다고 주장하며 [그림 9-2]의 도식을 제안한다.

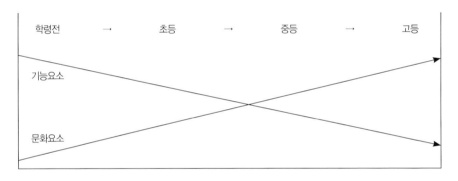

• 그림 9-2 • 성장 시기별 언어 교육 요소의 변화(김광해, 1996)

[그림 9-2]에 따르면 학령전기와 학령기 초반에 언어의 기능요소가 차지하는 비율이 광범위하고 문화요소가 축소되어 있다면, 학령기 중반에서 청소년기로 가는 과정에서 이 두 요소의 비중이 교차되어 청소년기에는 **문화요소**가 대부분을 차지하고 기능요소는 축소된다. 학령전 아동의 모국어 습득이나 초등학령기 모국어의 유창성 학습을 위하여 제공되는 언어 습득 및 학습이 언어학습이라면, 언어를 통한 학습은 **문학 영역**의 교육에 가장 밀접하게 관련되는 것이다. 문학 영역의 목표는 국어 사용 능력 자체를 학습하는 것이라기보다는 국어로 된 작품을 통해서 어떤 다른 목표, 즉 예술적 소산물로서의 **작품**을 **이해**하고 **감상**하는 데 도달하고자 하는 것이다. 그리고 세 번째 언어에 대한 학습이란 언어지식 자체가 목표인 **상위언어적 학습**을 가리킨다.

요컨대, 청소년기는 언어학습도 일부 이루어지기는 하지만, 대부분은 언어를 통한 언어발달, 언어에 대한 언어발달이 심화되고 통합적인 언어발달을 이루는 시기라고 할 수 있다. 청소년기 언어발달의 핵심은 언어학습보다는 언어 자체에 대한 상위언어적 기술, 문학을 통한 비유언어의 성숙, 담화의 세련화에 있음을 알 수 있다. 또한 교실 내 환경도 초등학교와 달리 과목별로 전문 교사가 들어와 수업을 이끌면서 보다 전문적인 지식 교육이 이루어지기 때문에 학생들은 전문 분야별 용어를 획득하게 되고, 개념 체계도 일반 분야에서 전문 분야로 확장된다. 그러나 이러한 언어 능력의 심화와 성숙은 학령기 언어발달의 연장선상에 있으며, 이전의 어린 아동들이 보여 준 급진적 언어발달에 비해 은밀하고 느린 속도로 이루어진다. 청소년기 동안 이룬 언어발달은 성인기 이후에도 개인의 노력에 따라 일생을 통해 이루어진다고 할 수 있다.

2. 청소년기 언어발달의 특성

청소년기가 되면 학교에서 생활하는 시간이 훨씬 길어지고, 학교 내 언어활동이 차지하는 비중과 역할도 더욱 커진다. 중학교와 고등학교를 거치면서 청소년들은 또래와 관계를 맺고 친구를 만들고 유지하면서 또래와 유사한 가치관을 형성하게 된다. 그렇기 때문에 청소년기 또래와의 의사소통 능력은 성격, 가치관에 결정적인 영향을 미친다. 이는 청소년기 언어발달 특징이 그들 고유의 문화와 긴밀한 연관성을 보여 주는 이유다. 이 시기 동안 청소년은 재미와 그들만의 고유함을 추구하고 '자아정체감'을 찾기 위해 방황하면서 또래집단과의 관계를 중시하고 의견을 교환하고자 하는 강한 욕구를 갖는다(황상민, 한석규, 1999: 곽은하, 2005에서 재인용).

언어적 측면에서 보면, 청소년들은 특수한 구어와 문어 양식을 사용하면서 그들만의 언어적 특성과 동일성을 찾으려 한다. 이러한 특징은 청소년 집단에서 사용되는 고유한 청소년 어투에서 찾을 수 있다(Schlobinski, 1995). 청소년 언어에 나타나는 언어적 특징을 연구한 곽은하(2005)에 따르면, 한국 청소년 언어에는 독특한 음운적·철자적·어휘적·의미적 특징이 나타난다고 보고된다. 음운적으로는 음소 바꾸기와 음소 더하기, 음소 및 음절 줄이기와 음절 늘이기가 나타나고, 철자적으로는 소리 나는 대로 적기, 붙여 적기, 이모티콘을 포함한 기호 적기 등이 보이며, 어휘·의미론적으로는 신조어의 활발한 사용, 외래어와 외국어의 사용, 방언이나 은어 혹은 비속어·의성어·의태어·감탄사의 사용이 보인다. 또한 의미론적으로는 과장된 표현이 빈번히 나타난다. 형태론적·통사론적 특성은 다양한 방식의 신조어 만들기, 문장성분의 생략, 조사 생략, 어순 바꾸기, 어법에 어긋난 문장 사용, 문장 종결 방식이나 경어법의 특수한 사용으로 나타난다. 곽은하(2005)는 이러한 언어적 현상이 쉽고 빠른 것을 좋아하는 청소년기의 성향을 반영한다고 분석하면서, 청소년들이 사용하는 청소년 집단의 고유한 문화를 반영한 이러한 언어가 바로 청소년 언어라고 주장한다.

그러나 청소년들이 소위 '청소년 언어'라고 하는 특징적 언어만을 발달시키는 것은 아니다. 이들은 비유언어와 상위언어학(metalinguistics)을 성숙시킨다. 사실, 청소년기는 비유언어가 절정에 이르는 기간으로 이 시기 동안 청소년들은 모호한 발화를 감지하는 능력, 농담과 비유적 언어의 사용을 감지할 수 있는 능력을 발달시킨다. 그들만의 은어와 비속어를 발달시키고, 어휘의 외연과 내포 의미를 발달시키며, 비유언어발달을 기반으로 한 유머, 관용어, 은유, 농담을 이해하고 사용한다. 또한 청소년들은 담화 차원에서 설득하기, 주장하기 등의 언어 능력을 심화시키고, 비판적 시각을 바탕으로 심화된 읽기와 쓰기를 발달시킨다.

1) 은어와 비속어

은어(隱語)란 폐쇄적인 집단이 다른 집단으로부터 스스로를 방어할 목적으로 만들어지는 비밀스러운 말이고, 속어는 일반적 단어에 비해 비속하고 천박한 어감을 주는 말이다. 청소년 언어에는 은어의 사용이 빈번한데, 이는 인터넷상의 의사소통에서 실명을 공개하지 않는 익명성 때문이기도 하고, 대화 환경이나 대화 상대방이 비슷한 집단이라는 특수성 때문이기도 하다(곽은하, 2005). 특히 채팅언어에서 은어의 발달은 채팅의 대화 상대방이 유사한 계층과 집단, 유사한 세대로 한정되는 성격을 가지기 때문에 자신들만이 사용하는 말을 계속 만듦으로써 다른 계층이나 공개된 세계로부터 벗어나려고 하는 의식에서 이루어지게 된다. 은어의 사용은 또래집단의 확인으로 이어지고, 나아가 그들 사이에 배타적 공감대를 만드는 작용을 하며, 세대 간의 대화 단절에 중요한 요인으로 작용한다(임규홍, 2000: 49-50).

> 무지개매너: 무지+개매너
> 복세편살: 복잡한 세상 편하게 살자
> 파덜어택: 아버지에게 혼났다
> 엄빠주의: 엄마, 아빠를 조심하라
>
> −인사이트(2017. 4. 5.)에서 발췌−

청소년들은 은어 외에도 '쩐다' '꼴통' '스렉' 등의 비속어도 빈번히 사용하는 것으로 나타났다(김은지, 2004; 임동찬, 2015).

2) 상위언어발달

언어습득기 아동은 주로 단순한 의사소통을 위한 언어를 배운다. Reed(2012)에 따르면, 그들이 어떤 물건의 이름을 물어볼 때, 어떠한 단어를 잊어버릴 때, 자발적인 표현을 수정할 때, 단어 또는 소리를 연습할 때, 운율을 수정하거나 누군가가 제대로 무엇인가를 말하지 않았다고 말을 시작할 때 상위언어적 인식이 나타난다. 하지만 진정한 상위언어 능력은 초등학교 저학년을 넘어야 나타나기 시작해서 청소년기를 거쳐 성인기까지 지속적으로 발달된다. 학령기의 상위언어발달은 주로 음운인식과 초기 비유언어로 대표되는 데 비해, 청소년기 상위언어는 주로 비유언어에 초점이 맞춰진다고 할 수 있다. 이 시기에 청소년들은 농담, 말장난, 관용구나 속담 등의 발달을 활발하게 이루어 간다.

3) 외연적 의미와 내포적 의미의 발달, 의미장의 확장

청소년기의 비유언어와 화용 능력의 발달을 위해 동반되어야 하는 의미적 발달은 언어의 외연적 의미와 내포적 의미에 대한 감각이다. 어떤 단어가 제시되었을 때 그 단어의 가장 기본적이고 객관적인 의미가 '외연적 의미'라면, 필수적이고 기본적인 특성에 바탕을 두면서 관련된 범위의 의미들이 공통으로 지니고 있는 속성이 '내포된 의미'라고 할 수 있다. 개념적이고 **외연적인 의미**와 달리, 함축적이고 내포적인 의미는 연상이나 관습에 의해 형성되는 의미다. 예를 들어, '빨강'은 외연적으로 색깔을 의미하지만, 문맥에 따라 정치적 이념을 연상시키기도 하고 위험의 신호로 전달되기도 한다. 여기서 정치적 이념이나 위험의 신호로 사용된 '빨강'의 의미는 내포된 의미다. 외연과 내포에서 한 걸음 더 나아가 화자의 말이 출신지역, 사회적 지위, 교양 수준, 직업을 알 수 있게 하는 경우에는 '**사회적 의미**'가 되고, 화자의 기분, 청자에 대한 태도, 화제에 대한 관심 정도 등을 알 수 있다면 '**정서적 의미**'가 된다. 이러한 확장된 의미들을 이해하고 사용하는 능력은 청소년기에 집중적으로 발달한다.

4) 전문 분야 용어의 확장

청소년기 학교 교육은 전문 영역별 교사에 의해 보다 **전문화된 수업**을 받으며 진행된다. 예를 들어, 국어는 현대문학, 고전문학, 시, 희곡 등 장르별 교육을 받게 된다. 세계사, 국사, 물리, 철학 등의 다양한 분야에 대해서도 전문적인 지식을 학습한다. 이 과정에서 청소년은 다양한 전문 분야의 용어를 학습하고 일반 분야의 세상지식에서 나아가 **전문 분야 지식**을 학습한다. 이러한 학교 교과 과정으로부터의 전문지식의 획득은 청소년기 용어 확장에 영향을 주게 된다. 일반 분야 어휘에서 전문 분야 용어로 확대되고, 이는 자연스럽게 의미장의 확장으로 이어진다.

심화학습

용어와 단어

일반적으로 용어(term)란 전문 분야에서 특정한 의미를 가지고 사용되는 단어(word)를 말한다(Bae, 2005; 2006; L'Homme, 2004). 용어가 단어와 다른 점은 단어가 기의에 대한 기표 입히기에서 출발점을 찾는 어의론적 접근(semasiologic approach)을 한다면, 용어는 개체에 대한 명명하기에서 출발하는 명의론적 접근(onomasiologic approach)을 한다는 것이다. 그렇기 때문에 용어는 개념에 대한 의미가 정밀한 편이며 다의성이 적다. 또한 용어에 대응하는 일반 어휘가 없는 경우가 빈번하고 외래어가 많다는 특징을 보인다.

5) 읽기와 쓰기의 심화

읽기와 쓰기가 단순히 음독과 글자 쓰기에 국한되는 것이 아니라 심도 있게 글의 내용을 이해하고 파악하며 자신의 생각을 논리적이고 효과적으로 쓰는 것을 모두 포함한다는 것은 앞서 언급한 바 있다. 학령기를 거치며 기초적인 읽기와 쓰기가 이루어졌다면, 청소년기를 거치는 동안에는 **다양한 관점**을 인정하며 글을 읽을 수 있고, **효과적인 플롯**을 구성하여 쓰기를 할 수 있게 된다. 이 시기의 읽기와 쓰기 능력은 그동안 누적된 어휘력이나 낱말 정의하기 능력, 비유언어 능력, 통사론적 문장 구성 능력을 비롯하여 이야기를 **구조화**하는 능력과 **논리성** 등이 반영된다.

3. 언어 하위 영역별 발달

최근 들어 학령기와 청소년기의 언어발달에 대한 관심이 증가하기는 하지만, 아동기에 비해 이 시기 동안의 언어발달에 대한 지식과 정보는 매우 미미하다. 이를 Reed(2012)는 미완성적이고 파편적이라고 표현하기도 하였다. 언어 하위 영역별로 분류하여 청소년기 언어발달을 살펴보도록 하자.

1) 음운론적 발달

음운론적 측면은 언어발달에서 가장 먼저 완성되는 영역이다. 영어의 경우 2세경 어두초성에서 9~10개의 서로 다른 자음 목록을 갖게 되고, 7~8세면 모국어의 모든 음소를 완전 습득하며, 6~10세면 단어를 구분하는 음절 강세 패턴을 완전 습득한다(Ingram, 1989; McLeod, 2003; Stoel-Gammon, 1987). 이어서 13~18세 청소년기 동안에는 강세나 강조를 사용한 의도 강조까지 모두 학습한다(Reed, 2012). 정상 발달을 보이는 한국 청소년의 음운인식 능력이나 음운표상 능력에 대한 연구는 찾아보기 힘들지만, 학령전기와 학령기 음운발달에 대한 연구로 미루어(홍성인, 전세일, 배소영, 이익환, 2002) 청소년기에는 이미 음운론적 발달을 마치는 것으로 판단된다.

청소년기 동안 언어의 다른 영역이 계속해서 발달하는 만큼, **음운적 차원**은 방언에 대한 확장이나 의미 혹은 **화용적 측면**에서의 **미세한 의도**나 강조 등과 관련하여 발달한다고 볼 수 있다. 따라서 청소년기 음운론에서는 음소나 운소의 발달보다는 청소년 문화에 나타나는 청소년 언어의 음운적 특징에 주목할 필요가 있다. 신종희(2002), 이정복(2003), 정경옥(2005) 등은 청소년 언어의 음운적 현상을 분석하였는데, 이들에 따르면 청소년 언어에는 음소 바꾸기와 음소 첨가하기, 음절 줄이기와 음절 늘이기, 된소리와 거센소리로 발음하기 등의 음운적 특성이 나타난다.

(1) 음소 바꾸기와 음소 더하기

신종희(2002)에 따르면, 한국 청소년 언어에는 음소 바꾸기와 음소 더하기가 빈번히 나타난다. 모음 바꾸기의 예로는 '널구(놀구)' '넘(놈)' '어빠(오빠)' '잘자그(잘자구)' '바부(바보)' '모야(뭐야)' '이쒸(이씨)' '공부해야쥐(공부해야지)' 등이 있고, 모음 더하기로는 '미얀(미안)' 등이 있다. 또한 자음 바꾸기로는 '너능(너는)' '앙해요(안 해요)' '까불디(까불지)' '엄지요(없지요)' 등이 있으며, 자음 더하기로는 '바껑(바꿔)' '알찡(알지)' '옵빠(오빠)' '네엡(네)' '갈란당(가려고 한다)' 등이 있다.

(2) 음절 줄이기와 음절 늘이기

음절 줄이기는 한국뿐 아니라 세계적인 청소년 언어의 추세이며, 청소년 언어의 가장 특징적인 현상 중 하나이다. 이정복(2003: 107-109)에 따르면, 한국 청소년의 음절 줄이기로는 '겜(게임)방' '금(그럼) 잘 있어' '내 친구 땜(때문)에' '맘대루(마음대로)' '암거나(아무거나)' '잼있져(재미있어)' 등이 있다. 신종희(2002: 137)에서 음절 늘이기의 예를 찾으면, '네엡(네)' '존일(좋은 일)이 생길 거라고 믿는다앗ㅋㅋㅋ' 등이 있다.

(3) 된소리 표현과 거센소리

정경옥(2005: 39)에 따르면, 청소년 언어에는 된소리로 말하고 쓰기로 '게따(겠다)' '해따(했다)' '재밌쩌(재미있어)' '이짜너(있잖아)' '엄땅(없다)' 등이 있고, 거센 소리로 표현하기로는 '추카추카(축하축하)' '그러쿠나(그렇구나)' '그러취(그렇지)' '만쿤(많군)' 등이 있었다.

(4) 기타 음운 특성

그 외의 청소년 언어의 음운 특성으로는 **이어 적기, 자음동화, 자음탈락, 모음변이** 등이 나타난다. 구체적인 예를 들면, 이어 적기로는 '마니(많이)' '마자요(맞아요)' '주거(죽어)'(신종희, 2002: 134) 등이 나타나고, 자음동화로는 '방가워(반가워)' '열락처(연락처)' '얼릉(얼른)'(이정복, 2001a: 73) 등이 나타나며, 자음탈락으로 '마이(많이)' '져으금(좋은 꿈)' '셤(시험)'(신종희, 2002: 130) 등이 나타나고, 모음 변이로는 '이쁘(이뻐)' '까묵고(까먹고)' '멀라(몰라)' '그리구(그리고)' '아쥬(아주)' '쥑이네(죽이네)' '기냥(그냥)' '디굼(지금)' '가외(과외)' '모야(뭐야)'(정경옥, 2005: 43-49) 등이 나타난다.

2) 의미론적 발달

청소년의 의미론적 발달을 측정하기 위해서는 먼저 청소년기 어휘집의 크기를 측정해 볼 수 있을 것이다. 어휘집의 크기는 어찌 보면 청소년의 의미론적 발달 중 한 부분에 불과하지만 다른 언어 영역의 능력과도 밀접한 관계가 있으며, 청소년기 학교 환경에서 여러 학과목의 학업 수행에도 지대한 영향을 미친다(Reed, 2012). 그러나 어휘집을 말할 때 단지 양적 발달만을 의미하는 것은 아니다. 청소년기는 아동기에 비해 추상적 의미의 단어를 많이 학습하게 되고, **내포**와 **함축적 의미** 같은 보다 심층적인 의미를 학습하게 되면서 질적으로도 발달이 이루어진다.

(1) 어휘 수

학령기 말인 6학년 국어 교과서 4종에 대한 통계 분석(김종영, 김철수, 2012)에 따르면, 서로 다른 어절 종류가 2만 2,647개로 분석된다. 이 수치가 어절 수라는 점과 학령기 말의 수치라는 점을 감안하면, 청소년의 어휘집은 이보다 훨씬 많을 것임을 짐작할 수 있다. 청소년기 어휘에 대한 정확한 양적 연구는 찾아보기 힘들다. 대략적으로 청소년 후기 시점에서의 어휘가 5만~6만 여 개라는 주장이 있을 뿐이다(김영태, 2002). 필자의 경우 4,000만 어절 KAIST 코퍼스를 자동으로 형태소 분석하여 서로 다른 어휘를 조사한 바 있다. 분석 결과, 5만 여 개의 서로 다른 어휘가 4,000만 어절 코퍼스의 95% 정도를 차지하였다(배희숙, 이주호, 시정곤, 최기선, 2002). 이는 청소년기 어휘가 적어도 5만~6만 개 이상임을 추정하게 한다.

청소년은 언어를 통한 학습과 언어에 대한 학습을 통해 '박탈감' '소급' 등의 고난이도 낱말을 학습하고 전문 영역별로 용어들을 학습해 나간다. 청소년기 동안 이루어지는 어휘집의 양적 발달과 질적 세련을 통해 같은 낱말이라도 다양한 문맥에서 다른 의미로 이해하고 사용할 수 있게 된다. 그러나 이 수치는 대략 일반 분야(general domain) 어휘에 대한 것이고, 청소년기 언어발달이 전문 분야 용어에 대한 발달을 포함하기 때문에 이에 대한 풍부한 용어 확장을 고려해야 할 것이다. 한국 청소년의 전문 분야(specific domain) 용어(term) 발달에 대한 연구는 아직 없다. 게다가 학령기 아동에 비해 청소년들은 또래집단의 은어와 속어에 민감하다. 또래집단의 은어와 속어 사용은 청소년기 동안 또래와의 소통 능력과 연결되어 있기 때문이다.

청소년들은 어떤 전략으로 새로운 단어의 의미를 파악할 수 있을까? 이들은 청소년 이전 시기에 사용하던 전략도 계속해서 사용하지만, 이에 더하여 **기능형태소의 표지**를 이용하기도 하고, **문맥** 안에서 다른 단어의 의미를 기반으로 의미를 유추하기도 한다. 이러한 **언어적 유추** 능력은 학령기와 청소년기를 통하여 계속적으로 향상된다.

(2) 중의성

중의성이란 의미가 단일하지 않아 여러 의미 중 어느 의미로 사용하였는지 애매한 경우를 말한다. 이러한 중의성은 언어의 여러 차원에서 나타날 수 있다. 음운 차원이나 어휘 차원에서 나타날 수도 있고, 문장 차원에서 나타날 수도 있다. 먼저 음운적 애매성은 낱말의 발음에 의해 나타나기 때문에 동음이의어나 동음이형어가 음운적 애매성을 유발한다. 동음이의어의 경우 "내가 어제 철수 형의 배를 봤어."에서 '배'는 '철수 소유의 먹는 배'일 수도 있고 '철수의 신체 일부인 배'일 수도 있다. 동음이형어의 경우 '베를 짜다'와 '배를 먹다'에서처럼 '베'와 '배'는 철자까지 다른 서로 다른 단어지만 발음이 같아 음운적 애매성을 보인다.

어휘적 애매성은 다의어, 동음이의어, 동형이의어에서 나타난다. 다의어는 한 단어인 '발'이 사람의 '발', 가구의 '발', 걸음의 '발'과 같이 여러 의미를 가진 것인데, 이 경우 여러 의미에는 관통하는 연관성이 있다. 반면, 동음이의어는 다의어와 달리 여러 의미 사이에 연관성이 없다. 먹는 '과실(果實)'과 과오(過誤)의 동의어인 '과실(過失)'처럼 동음이의어는 단어의 모양과 발음은 같지만 서로 완전히 다른 단어다. 신체의 '발'과 무엇인가를 가릴 때 쓰는 물건인 '발', 총알을 세는 단위인 '발'은 서로 전혀 의미적 연관성이 없이 소리와 모양이 같은 동음이의어다.

문장 차원에서 중의성은 문장을 구성하는 각 요소의 음운적·어휘적 애매성에 의해서도 발생할 수 있고, 표층구조상의 통사적 애매성이나 심층구조상의 의미적 애매성으로 나타날 수도 있다. 통사적 애매성이란 문장 구조의 애매성에서 기인하는데, "예쁜 친구의 강아지가 좋아."라는 문장이 친구가 예쁘다는 것인지, 강아지가 예쁘다는 것인지 애매하다. 심층구조의 애매성은 "나는 신발을 신고 있다."와 같은 문장에 나타날 수 있다. 이 문장은 "이미 신발을 신고 있는 상태다."라는 의미인지 "이제 막 신발을 신고 있는 중이다."라는 의미인지 애매하다. "'총각'은 '미혼의 성인 남성'을 의미한다."(박준호, 2009)라는 문장은 상황에 따라 "'총각'은 '미혼의 성인 남성'이라는 의미로 사용하자."는 제안문인지, "'총각'은 '미혼의 성인 남성'을 의미한다."는 서술문인지 애매할 수 있다. 이와 같이 중의성은 어느 층위에서 나타나더라도 앞뒤 문맥이 없으면 정확하게 해석하기 어렵다.

음운중의성의 경우 중의성을 간파하는 능력은 6세와 9세 사이에서 최고 속도로 발달하다가 고등학교 1학년(만 15세 정도)경에는 다른 유형의 중의성보다 파악하는 능력이 우수해진다. 어휘중의성의 경우 이미 초등학교 저학년부터 파악하기 시작하지만, 대략 초등학교 5학년 정도는 되어야 제대로 파악하는 것으로 보고된다(Reed, 2012). 의미적 중의성은 대략 만 12~15세, 즉 중학교 과정에서 발달하고, 초등학령기에는 음운중의성을 제외하고는 거의 나타나지 않으며, 나타나더라도 그 수준이 매우 미약한 정도다. 통사중의성은 의미중의성 능력보다 앞설 수 있는데, 습득 나이는 대략 중학교에 들어서는 청소년기 초반으로 추정된다. 이러한 중의성 파악 능력은 중학교 말에 이르러도 경우에 따라 획득하기 어려울 수도 있다(Nippold, Cuyler, & Braunbeck-Price, 1988). 한국 청소년의 의미적 중의성 발달에 대한 연구는 아직 찾아보기가 힘들다.

(3) 단어 정의하기

학령전기와 초기 학령기 아동은 낱말을 정의할 때 주로 기능이나 특성을 이용한다. 예를 들어, "젓가락은 밥 먹을 때 쓰는 거야." "장화는 비 올 때 신는 신발이야." (김영태, 성태제, 이윤경, 2003)와 같이 기능을 중심으로 정의하거나, "나무는 초록색이고 키가 커."와 같이 속성을 기술하면서 정의한다. 또한 아동들은 낱말을 정의할 때 가끔은 "가방은 언니가 가지고 있는 거야."와 같이 매우 개인적이고 제한된 설명을 통해 정의하기도 한다. 점차 아동의 연령이 증가하면서 "사과는 과일이야."처럼 상위어를 이용한 범주화된 정의를 하게 된다. 좀 더 발전하면 "사과는 빨간색 과일이야."처럼 속성을 포함한 범주화된 정의를 할 수 있다. 그러나 아동기에는 범주어와 속성을 다양한 관점에서 제시하지는 못한다. **청소년기에 이르러야 Aristoteles적 정의**(Aristotelian definition) 형식에 따라 단어에 대한 기술이 더 포함된 정의를 하게된다. 예를 들면, "호랑이는 고양이과 포유류로……."와 같이 정의하거나 "숲 속에 살고 얼룩무늬가 있으며……."와 같이 하나 이상의 속성을 기술한다.

(4) 비유언어

비유언어를 이해하고 사용할 줄 아는 역량을 기르는 것은 생존에 필요한 것은 아니지만 개인의 문화적 역량과 교양을 기르는 데에 중요하다(Nippold, 2007). 그뿐만 아니라 청소년기 교실 환경에서는 언어와 관련된 교과목이 아니어도 비유언어를 자주 접하게 되기 때문에 청소년기 학업 성취가 비유언어의 수준과 높은 상관관계가 있다(Lazar, Hodin, Darling, & Chin, 1989). 비유언어가 학업 성취도와도 관련이 있다는 근거로 Lazar 등(1989)은 중학교 2학년 교사가 산출하는 발화의 37%는 다양한 의미의 관용구가 포함되어 있다고 주장한다. 이들의 연구에 따르면, 언어적으로 유창한 사람이 되기 위해서는 모든 유형의 비유언어에 능숙해질 필요가 있는데, 특히 청소년기는 **모호한 진술을 감지하고 해독하는 기술**, 유머, 숙어, 은유와 직유, 속담과 같은 비유언어의 사용이 최대화되는 시기다(Nippold, 2007). 이 시기의 비유언어 사용 능력은 언어발달에서 매우 중요하게 다루어져야 한다.

● **은유와 직유**

개체를 설명하거나 개체 간 비교를 위해 속성을 이용하여 표현하는 것으로, 일반적으로 유사하지 않은 영역들 간에 존재하는 유사성에 대한 인정이 필요하다. 보통 은유는 고정된 표현에 더 흔하게 나타나고 새로운 표현에는 덜 나타난다. 직유는 은유의 변형으로 '−처럼'과 같은 표현을 포함한다. 따라서 맥락적으로 연관성이 은유보다 분명하다. 이러한 은유나 직유를 이해하기 위해서는 의미발달이나 표현 형식에 노출되어야 한다. 직유는 분명하게 구문적으로 유사성이 제시되기 때문에 은유보다 쉽다고 인식되기도 한다. 아동이 구체적 조작기에 들어갈 때 은유 능력이 상당히 향상된다. 만 7세 정도면 직관에 기초하여 은유를 조금 이해할 수 있다. 그러나 본격적인 은유의 발달은 구체적 조작기 말이나 형식적 조작기를 통해 지속적으로 이루어진다. 일반적으로 은유의 사용은 학령전기에 증가하다가 초등학령기에 감소하고, 다시 청소년기에 증가하는 경향이 있다. 학령기 아동의 은유는 대부분 관습적 표현이거나 고정된 표현이고, 새로운 표현들은 불분명하게 지각되거나 제한적 형태로 표현된다. Winner, Rosenstiel, Gardner(1976)에 따르면, 6~14세를 대상으로 은유에 대해 연구하였을 때 본격적인 은유의 이해는 오직 청소년기에만 나타났으며, 이때에도 **고정된 은유적 표현**을 더 많이 사용하는 경향이 두드러졌다고 보고한다.

● **관용구**

관용구란 둘 이상의 단어가 서로 결합하여 특별한 의미를 갖게 된 말로, 관습적으로 굳어진 말이다. 속담 역시 관습적 표현이지만 '파리 날리다.'와 같이 구로 표현되는 관용어와 달리 속담은 "말 한마디로 천 냥 빚 갚는다."처럼 완결된 문장의 형태로 되어 있으며, 교훈을 담고 있다. 관용구의 비유적 의미 이해는 연령 증가와 함께 향상되고, 청소년기 동안 점진적으로 발달한다. 초등학교 저학년 아이들은 관용구의 문자적 해석을 이해할 수 있고, 어떤 아동들은 비유적 해석이 가능할 수도 있다. 그러나 일관된 비유언어 이해 능력은 청소년기에 들어서야 나타난다. 청소년기 후반에도 관용구의 이해나 표현에 숙달되지 못할 수 있다. 관용구 이해도에 영향을 주는 요인은 관용구에 노출되는 **빈도**, **투명도**, 관용구를 뒷받침하는 문맥 정보의 정도, 관용구에 대한 친숙도 등이다. 관용구에 익숙할수록 관용구를 더 쉽게 이해하고, 고립된 관용구보다는 앞뒤 문맥이 있을 때 더 쉽게 이해할 수 있다.

● 속담

속담은 가장 어려운 비유언어 형태로 은유, 직유, 관용구보다 늦게 발달한다. 속담은 관용구와 혼동하는 경우가 많으나 관용구와 달리 문구가 완결되어 있다. 속담이 사용된 문맥이 제공되면 기본적 비유 이해는 초등학령기에도 가능하지만, 속담에 대한 일관된 능력은 청소년기와 성인기를 거쳐 계속해서 발달한다. 이러한 속담 이해 및 사용 능력에 영향을 주는 요인으로는 역시 **노출 빈도, 투명도, 친숙도, 문맥, 문화적 친숙도**, 중등과정을 포함한 **정규 교육의 양**, 속담에 사용된 어휘의 구체성 혹은 추상성 정도 등이 있다.

3) 형태론적 발달

청소년기 동안 난이도가 높은 추상적 의미의 단어에 대한 개념 이해와 사용이 증가하고, 전문 분야에서 사용되는 용어들의 목록도 확장된다. 더욱이 조어법에 있어서 복합어 목록과 복합어를 분석하는 상위언어 능력이 지속적으로 발달한다(Nippold & Sun, 2008). 어근과 어근의 결합을 통해 만들어지는 **합성어**와 함께 어근에 접두사 및 접미사 같은 의존형태소가 결합된 **파생어**의 목록이 늘어난다. Nippold(2007), Nippold와 Sun(2008) 등에 따르면, 미국의 초등학교 고학년과 중학교 교과서에는 파생명사와 파생부사가 자주 나온다. 학년별 형태론적·통사론적 발달에 대한 이들의 연구에서 8학년(13~14세)은 5학년(10~11세)보다 **파생어**를 현저히 잘 사용하고 형태론적으로 복잡한 단어들에 대한 이해도도 높은 것으로 나타났다. 파생어 이해 및 사용 면에서 청소년은 파생명사가 파생형용사보다 난이도가 더 높았고, 파생어에 대한 친숙도는 단어 이해력과 높은 상관관계를 보였다. 청소년기 어휘습득 속도는 오히려 아동기보다 빨랐는데, 이는 새로운 단어의 의미를 해독하기 위해 청소년들이 **형태론적 단서**나 **문맥 정보**를 잘 사용할 줄 알기 때문이라고 추정한다(Nippold, 2007).

한국 청소년의 경우 학교 환경에서 생물, 물리, 화학, 문학, 고전문학, 음악, 미술 등 다양한 과학 영역과 언어 영역, 예체능 영역에서 지식을 습득한다. 학습의 범위가 넓고 다양한 편인 만큼 관련 어휘도 전문적 용어들이 많이 나타난다. 청소년들은 초등학령기까지의 언어적 기술을 바탕으로 형태론적 기술을 이용하여 새로운 낱말과 용어를 빠른 속도로 이해하고 학습한다. 예를 들어, '열분해' '이질염색체' '수사학' 등의 새로운 **전문적 용어**들을 교사나 또래를 통해 직접적으로 설명을 듣거나 사전을 활용하면서 발달시킨다. 이때 명사, 동사, 형용사 같은 다양한 품사별로 유형화하기도 한다.

청소년기 형태론적 발달은 학습적 차원에서만 나타나는 것이 아니다. 청소년기는 또래와의 관계 속에서 동질성과 정체성을 찾아가는 시기이므로, 또래집단 안에서 사용하는 은어나 비속어, 줄임말이 급격히 증가하는 특징을 보인다. 스마트폰의 사용은 이를 가속화하기도 한다. 이정복(2001), 김은진(2004) 등은 청소년기 언어의 특징적 조어를 보고하기도 하였다.

표 9-1 청소년 언어의 조어 특징(인사이트, 2017. 4. 5.에서 발췌)

청소년 조어 형태	의미
세젤예	세상에서 제일 예쁘다
고답이	고구마를 먹은 것처럼 답답한 사람
갈비	갈수록 비호감
누물보	누구 물어보신 분?
남아공	남아서 공부나 해

4) 통사론적 발달

발화길이는 아동의 문장 구성 능력을 알 수 있는 지표로 주로 사용되지만, 문장 구성 능력이 어느 정도 발달하여 발화길이가 증가하면 단순한 길이 요소 이외에 여러 차원에서의 통사적 요소가 개입된다. 따라서 발화길이를 통한 통사적 능력의 평가는 주로 학령전기까지의 아동에게 적용하는 경향이 있다. 그런데 이러한 일반적 견해와 달리 청소년기와 성인기 동안에도 발화의 길이가 통사적 발달을 보여 준다는 연구 보고들이 있다(Nippold, Hesketh, Duthie, & Mansfield, 2005; Reed, 1990). 사실, 통사론적 기술이 발달하면 명사절, 관형절, 부사절 등의 내포절을 다양하게 사용하면서 자연스럽게 문장의 길이나 복잡도가 높아질 것이다. 이러한 현상은 구어보다는 문어에서 더 잘 드러날 것이라 추정된다.

(1) 청소년기 평균발화길이

청소년의 평균발화길이는 어떠한 방식으로 측정하는가? 초기 아동기 평균발화길이가 발화를 구성하는 단어나 어절, 또는 형태소의 수를 측정하는 방식으로 단순하게 측정되었다면, 청소년기 발화길이는 C-unit이나 T-unit을 사용하여 한 단위 내의 형태소 정보 유형이나 수를 조사하는 방식으로 이루어진다.

Loban(1976)은 초등학교 입학부터 고등학교 졸업까지의 아동과 청소년을 대상으로 이들의 언어 능력을 상, 중, 하로 분류하여 발화길이를 검사하였다. C-unit당 단어 수를 측정한 결과, 평균발화길이는 학년이 올라갈수록 길어지고 이러한 현상은 언어 능력 상, 중, 하 집단 모두에서 일관성 있게 나타났다. 그리고 발화길이는 구문의 복잡성과 밀접한 관계를 보였고, 언어 능력이 높은 상위 집단이 중간이나 하위 집단에 비해 더 긴 문장을 사용했다고 보고하였다. 이는 학령기 아동에 대한 평균발화길이 연구에서 학년이 올라감에 따라 평균발화길이가 지속적으로 길어졌던 것과 동일한 양상이다.

청소년을 대상으로 대화하기, 좋아하는 게임이나 스포츠 설명하기, 또래 갈등에 대한 토론을 포함한 설명하기를 과제로 제시하면서 담화 샘플을 수집하고 분석한 연구에서(Nippold et al., 2005; Nippold & Sun, 2008), 언어 유도 과제나 주제에 따라

표 9–2 청소년 발화길이(Loban, 1976)

언어 능력	C-unit당 단어 수	종속절 유형
상	12.84	명사절, 형용사절 비율이 증가하고 부사절 비율은 유지
중	11.70	명사절, 형용사절 비율이 증가하고 부사절 비율은 감소 7~9학년, 즉 중학교 3년 동안 형용사절의 가장 큰 증가가 나타남
하	10.65	부사절 감소가 명사절의 증가 비율과 비례

청소년의 발화길이가 달라진다고 보고한다. 이러한 결과는 Wiig(1982)의 연구에서도 유사하게 나타난다. Wiig는 청소년의 언어를 **형식적 언어와 비형식적 언어**로 분류하여 관찰하였을 때, 연령이 증가하면서 의사소통 기술이 세련화되는데 13세보다는 15세에 발화길이가 길었고, **또래와의 대화보다는 성인과의 대화**에서 발화길이가 길어지는 경향이 있다고 보고한다. Wiig는 이러한 결과가 청소년이 어른과 대화할 때 더 많은 존칭어를 사용하고 형식을 갖추기 위해 "내 생각에는……." "내 의견으로는……." 등과 같은 **형식적 표현**이나 어구를 추가하기 때문이라고 분석한다(Reed, 2012 참조).

(2) 문장 복잡도

청소년은 학령기 아동의 문장보다 다양한 절이 조합된 문장을 사용하기 때문에 **문장 복잡도가 높은 편이다.** 종속절의 유형은 청소년기를 통해 꾸준히 다양해지고 양적으로도 증가하는 양상을 보인다. Loban(1976)은 학년이 올라갈수록 부사절의 사용이 감소하고 대신 **형용사절(관계절) 사용이 증가**했다고 보고하였다. 이러한 결과는 Nippold, Mansfield, Billow, Tomblin(2008), Reed, Griffith, Rasmussen(1998)에서도 확인된다. 이들은 발화길이의 증가가 청소년기 구문발달의 지표가 되며, 청소년이 학령기 아동보다 절의 결합에 필요한 접속사를 더 많이 사용하고, 발화의 시작 지점이나 발화 중간에서 내포절을 더 많이 사용한다고 보고한다.

한편, 청소년기 상위언어 과제에서 나타나는 **접속사와 접속부사** 사용 양상에 대한 연구들(Crystal & Davy, 1975; Nippold, Schwarz, & Undlin, 1992; Scott & Rush, 1985; Scott & Stokes, 1995)에 의거하면, 영어의 경우 청소년이 학령기 아동보다 'of course' 같은 **분리접속부사**를 'consequently'와 같은 **결합접속부사**보다 더 많이 사용한다고 한다. 분리접속부사의 사용 빈도를 성인과 비교할 경우 성인이 더 높은 빈도로 분리사를 사용하지만, 성인이 되어도 모두가 접속사의 사용에 숙달하는 것은 아니라고 보고된다(Reed, 2012 참조).

한국 청소년의 경우에도 접속사나 분리접속부사가 존재하지 않는 등 영어와 언어적 구조가 다르지만, **문장 복잡도**의 발달 양상은 크게 다르지 않다. 한국어의 경우도 담화 유형에 따라, 문체에 따라 문장의 복잡도가 다르게 나타난다. 예를 들어, 대화의 경우 성인과의 대화인지 또래와의 대화인지와 대화 주제에 따라 문체가 달라지고, 문체의 차이는 문장의 복잡도에 영향을 준다. 또한 설명인지, 아니면 논쟁인지 그 담화 유형에 따라 다르다. 특히 설명이나 논쟁의 경우 대화에 비해 보다 정밀하고 정확한 표현이 필요하다. 이는 **명사절**이나 **부사절** 혹은 **서술절**에 부연 설명을 덧붙여 명제의 범위를 제한하기 위한 **관형절**이나 **부사절**의 사용을 증가시킬 것이고, **인과관계**나 단서 **추측** 같은 **논리적 사고**를 표현하기 위해 종속절이나 부사절의 사용을 증가시킬 것이다. 또한 한국어의 경우 영어의 접속사 역할을 연결어미가 담당하는 만큼, **설명담화**나 **논쟁담화**에서 연결어미의 빈도가 증가할 것으로 추정된다.

이러한 직관이 실제로 청소년 담화에서 그대로 나타나는지, 아니면 전혀 새로운 방향을 제시할 것인지를 확인하기 위해 청소년의 담화에 대한 공시적 · 통시적 연구가 필요하다. 또한 청소년의 연령에 따른 통사론적 변화를 연구하고, 구체적으로 어떠한 변화가 어느 연령에 나타나기 시작하는지, 통사론적 능력에 따라 내포절이나 종속절의 위치 및 다양도가 어떻게 달리 나타나는지 등에 대한 연구가 필요하다. 현재 국내에서 청소년의 언어에 대한 관심은 높지만 언어 순화 문제에 더 많은 관심이 집중되어 있고, 청소년 언어의 문장 복잡도나 형태론적 · 통사론적 발달에 대한 연구는 주목을 받지 못하는 실정이다.

5) 화용론적 발달

발달적 관점에서 청소년기 언어는 오랫동안 조명을 받지 못했다. 20세기 후반부에 들어서 언어의 **화용론**적 측면에 대한 관심이 증가하면서 언어발달 분야에서도 화용론적 연구들이 많아졌다. Reed(2012)는 청소년기 언어를 주목하기 시작한 것이 언어발달에서 화용론에 대한 관심이 증가했기 때문이고, 따라서 청소년기 언어발달은 여러 언어 하위 영역 중에서 화용론에 초점을 맞춘다고 주장한다. Reed는 청소년기 동안 언어의 사용 면에서 다섯 가지 구성요소를 제시한다. 이는 주제를 유지하는 방법, 대화 상대의 위치나 상태에 맞추어 발화를 수정하는 능력, 대화에서의 준언어적 특징을 사용하는 능력, 청소년들의 비언어적 소통의 특징과 같은 대화 기능 요소, 그리고 의사소통에서의 화행 기능이다.

(1) 의사소통 기능

청소년은 맥락에 어울리게 효율적이고 능숙한 방식으로 의사소통을 할 수 있다 (Reed, McLeod, & McAllister, 1999). Larson과 Mckinley(1998)가 고등학교 청소년을 대상으로 14가지 의사소통 기술(제8장 참조) 중에서 어떤 기술을 더 중요하다고 생각하는지 순서를 매기도록 하였을 때 청소년들은 교사와의 의사소통에서는 상호작용(interaction)이 중요하다고 대답하였다. 청소년은 대화 파트너의 나이에 따라 의사소통의 기능 빈도와 다양도가 달라지고, 성인과의 대화보다 또래와의 대화에서 상대방을 즐겁게 하거나 신뢰를 주기 위한 기능 혹은 또래를 설득하기 위한 기능을 더 빈번히 사용하는 것으로 나타났다. 또한 Larson과 Mckinley(1998)는 청소년들이 7~12학년에서 학년이 달라져도 청자로 하여금 무엇인가를 하게 하거나 믿게 하도록 하는 설득하기 기능의 사용 빈도는 유사했으며, **실행 기능**(execution function)이나 **기술 기능**(description function)은 학년이 올라갈수록 향상되는 양상을 보였다고 한다.

Nippold(2007)는 예측, 반대의견 및 논증, **청자 특성**에 맞는 설득 전략 조절, 긍정적 이유나 이점 제시 같은 설득 능력이 청소년기에 발달한다는 것을 확인하였다. 또한 청소년기 동안 **전문지식**이 발달하고 **문식성**이 세련화되기 때문에 이러한 지식을 활용하여 설득을 할 때에도 근거를 제시하거나 자신의 주장을 논리화하는 능력이 발달한다. 청소년기 동안 다른 사람의 관점으로 세계를 보는 능력이 향상되는데, 이는 **전제나 함의** 같은 능력과 관련이 있다고 주장했다. Reed 등(1999)도 역시 청소년기에 상대방의 관점을 아는 것이 중요하다고 인식하게 되고, 대화 상대방이 누구인가에 따라 의사소통 기능을 달리하는 경향이 있다고 주장하였다. 교사와의 대화, 또래와의 대화에서 모두 상대방의 관점 보기 기술이 중요한 요소로 나타났다. 그러나 Johnson(1995)은 개인이 이야기 구성에 영향을 끼치는 맥락과 관련된 여러 요인이 있기 때문에 기술 능력의 기준을 밝히려 하는 것은 복잡하다고 경고했다.

그러나 의사소통 시 수정, 반복, 망설임, 잘못된 시작 같은 **미로행동**은 연령이 증가해도 감소하지 않는다고 보고된다. Loban(1976)의 연구는 1학년이나 12학년이나 똑같이 미로행동이 나타났고 학년을 세 개의 그룹으로 나누어 비교해도 4학년부터 9학년 그룹에서 불규칙적 증가와 감소가 있었을 뿐이고, 언어 능력이 '하'인 그룹에서 '상'과 '중'의 그룹보다 미로행동이 좀 더 많았다고 보고한다. Larson과 McKinley(1998)는 7학년부터 12학년까지의 청소년을 대상으로 조사했을 때 미로행동의 일관성 있는 감소는 없었다고 하였다.

(2) 대화

● 사용역

청소년은 누구와 대화하는가에 따라 의사소통 기능, 문체, 운율 등의 언어 특성을 변경하는 능력을 갖고 있다. 즉, **코드스위칭**(code switching)을 사용하거나 대화에 있어서 **사용역**(register)을 확장할 줄 안다. 특히 의사소통 기술이 뛰어난 청소년일수록 언어를 상황에 맞게 효과적으로 사용할 수 있다. Larson과 Mckinley(1998)는 청소년들이 잘 모르는 성인과의 대화보다 잘 모르더라도 또래 청소년과의 대화에서 더 많은 의사소통 기능을 사용하였고, 설득하기 기능도 또래와의 의사소통에서 더 많이 사용한다고 보고하였다. Wiig(1982)는 형식적 언어와 비형식적 언어로 분류하면서 청소년이 누구와 대화하는지에 따라 다른 언어를 사용하였는데, 가까운 친구와는 비형식적 언어를 사용하였다. 이와 같이 청소년은 언어 능력이 성숙해질수록 형식적 언어와 비형식적 언어를 사용하면서 언어의 사용역을 확장하는 것으로 나타났다.

● 주제 유지

정상 발달 청소년의 대화를 분석한 Larson과 Mckinley(1998)에 따르면, 7학년부터 12학년까지 학년이 올라갈수록 갑작스러운 **주제** 전환은 줄어들고, 대화 중 도입되는 새로운 주제의 수는 감소한다. 청소년들은 한 가지 주제에 머물지 않고 자연스럽고 우아하게 대화를 확장하거나 새로운 주제로 이동한다. 그러나 대화 상대가 누구인가에 따라 양상은 다르다. 또래 간 대화에서는 주제 유형이 다양하게 사용되거나 새로운 주제가 갑작스럽고 빈번하게 개입되기도 하고 대화가 갑자기 중단되기도 한다. 성인과의 대화에서는 비유언어, 의문형, 논리성 기반의 대화가 더 빈번하게 나타난다. Nippold(2007)도 청소년들이 대화 유지, 주제 유지, 주제 전환 등의 능력을 청소년기 동안 지속적으로 향상시킨다고 주장한다. 이러한 연구 결과들을 통해 청소년들이 대화 능력을 계속해서 향상시키고, 대화 상대에 따라 대화 언어의 양상을 다양화한다는 것을 알 수 있다.

(3) 내러티브

일반적으로 12세경이면 웬만한 내러티브 기술은 모두 사용할 수 있는 것으로 알려져 있다. 그렇다면 청소년기에도 내러티브 기술이 발달하는가? 청소년 언어 발달에 대한 연구(Larson & Mckinley, 1998; Nippold, 2007; Norris, 1995; Reed et al., 1999)들을 종합하면, 청소년기에도 내러티브 기술이 발달한다. 먼저 Larson과 Mckinley(1998)의 종단연구에 따르면, 7학년에서 12학년으로 올라갈수록 기술 기능 (description function)의 사용이 증가한다. 그런데 기술 기능은 사실 내러티브 기술과 관련이 높은 것으로 알려져 있다. 이는 학령기 동안 이야기 문법 요소가 모두 나타나더라도 청소년기 동안 각 문법 요소의 묘사 및 기술 능력 혹은 자연스러운 연결과 같은 섬세한 부분이 발달할 수 있음을 암시한다. Nippold(2007)는 학령기 후반부 아동과 청소년기의 **담화 능력 발달** 연구에서 청소년들이 개인담화에서는 개인의 감정이나 동기에 대한 정보를 더 많이 사용하고, 서사담화에서는 **에피소드** 안의 **서브-에피소드**를 더 많이 사용한다고 보고한다.

국내 청소년기 내러티브에 관한 연구는 매우 드물다(김자성, 김정미, 2011; 김지성, 2014). 김지성(2014)은 중학교 2~3학년을 대상으로 내러티브 쓰기에 나타난 이들의 문해언어발달을 초등학교 4~5학년과 비교하면서 연구하였다. 대상자들의 문어 능력을 평가하기 위해 언어 및 문해 변인으로 Curenton과 Justice(2004)의 문해언어 특질의 네 요소인 정교한 명사구, 접속부사, 심리 및 화행동사를 기준으로 분석하였다. 연구 결과, 첫째, 청소년들은 문해언어가 요구되는 상황에서 정교한 명사구, 접속부사, 심리 및 화행동사 순으로 문해언어 특질을 많이 사용하였고, 중학생은 초등학생에 비해 문해언어를 더 많이 사용했다. 둘째, 청소년들은 연령이 증가할수록 문해언어 특질의 네 요소 중 정교한 **명사구**와 **접속부사**를 더 많이 사용하였다.

김자성과 김정미(2011)는 학령기 아동과 청소년들이 담화유형과 언어양식에 따라 산출성, 구문복잡성, 종속절 유형별 사용률에 있어서 차이를 보이는지 확인하기 위하여 초등학교 4, 6학년과 중학교 2학년 학생 60명을 대상으로 또래 갈등을 주제로 연구하였다. 대상자들은 읽고 말하기와 쓰기로 갈등상황, 문제점, 해결방법 그리고 결과에 대해 묻는 질문에 대답함으로써 설명담화를 산출하고, 이와 유사한 경험에 대한 배경, 사건 전개, 결과, 반응과 관련된 경험이야기 담화를 산출하였다. 수집된 담화에서 산출성을 보기 위해 T-unit 수와 전체 낱말 수를 측정하고, 구문복잡성을 보기 위해 MLT-w와 절밀도를 측정하였다. 산출성은 학년이 올라갈수록 증가하였고 학년 간 차이는 유의하였다. 구문복잡성 면에서 MLT-w는 학년이 올라갈수록 증가하였고, 경험이야기보다 설명담화에서 더욱 높았다. 절밀도 역시 학년이 올라가면서 증가하였는데, 쓰기보다는 말하기에서 높은 경향을 보였다. 종속절 유형별 사용률은 학년이 올라가면서 명사절, 관형절, 부사절 사용률이 올라갔다.

임성규(2003)의 연구에 따르면, 실제로 국내 교육에서 담화는 6학년부터 나타나기 시작하는데, 구체적으로 문장 사이의 연결 관계 알기는 6학년에 나타나고, 담화의 구성 알기는 중학교 1학년에서 다루어지며, 발화의 기능 알기는 중학교 2학년에서 다루어지고, 장면에 따른 표현방식 알기는 고등학교 1학년에서 다루어진다. 즉, 청소년기를 통해 담화 교육이 본격적으로 이루어진다는 것이다.

4. 청소년기 언어발달이 잘 이루어지지 않으면

지금까지 청소년기에 이루어지는 의미론적 · 형태론적 · 통사론적 · 화용론적 발달을 살펴보았다. 주로 청소년기 언어발달이 성숙과 세련의 측면에서 이루어지는 만큼, 인간이 학령기까지의 언어발달만으로도 생존하는 데 큰 어려움이 없을 것임을 알 수 있다. 그러나 청소년기 동안의 언어발달이 성숙한 의사소통 기술을 통한 학습의 심화와 사회생활을 가능하게 하는 데에 직접적인 영향을 준다는 것은 자명하다. 이는 청소년기 동안 언어발달이 잘 이루어지지 않으면 학습에 부정적 영향을 주게 되고, 졸업 후 직업을 얻거나 사회생활을 해 나가는 데에 어려움을 초래할 수 있음을 가리키기도 한다.

따라서 청소년기 언어발달이 잘 이루어지지 않으면 언어장애를 유발하게 되는데, 일차적인 삶의 영역에서 두드러지게 나타나지 않기 때문에 청소년기 언어장애는 간과되고 있다. 최근 연구자들은 청소년기 언어장애가 잠재적인 개인적·사회적 비용을 엄청나게 증가시키는데도 간과되고 있다고 지적하면서 이에 대한 각성을 주장한다(Ehren, 2002; Larson & McKinley, 2003: Reed, 2012에서 재인용). 이 연구자들은 청소년기 언어발달의 중요성과 청소년 언어장애의 중요성에 대한 논리의 근거로 특수교육 서비스를 받는 아동들의 말·언어장애와 **특정학습장애**(specific learning disorder)의 비율에 대한 조사 결과를 [그림 9–3]과 같이 제시한다.

[그림 9–3]에서 제시하는 그래프는 1999~2000년, 2004~2005년 두 차례에 걸쳐 6~11세 집단, 12~17세 집단, 18~21세 집단을 대상으로 조사한 결과다. 두 차례의 조사가 5년을 간격으로 이루어졌으나 결과는 큰 차이가 없었다. 이 조사에서 가장 중요한 특징은 학령기와 청소년기 사이에 말·언어장애가 급격한 감소를 보이는데, 그 감소값만큼 특정학습장애 학생 비율이 증가했다는 점이다. 이는 언어장애 아동들이 중학교에 들어가는 시점에서 특정학습장애로 바뀐다는 것을 의미한다. 청소년기 언어장애가 제대로 평가되지 못하고 방치되어 특정학습장애로 처리되고 있음을 보여 주는 것이다(Reed, 2012). 이러한 실태임에도 불구하고 청소년 언어치료 전문가에 대한 조사에 따르면(Blake, 1992), 전체 언어치료사 중에서 단 3.1%만이 청소년 언어치료 전문가다. ASHA(2009) 보고에서도 미국말언어청각협회 회원 중

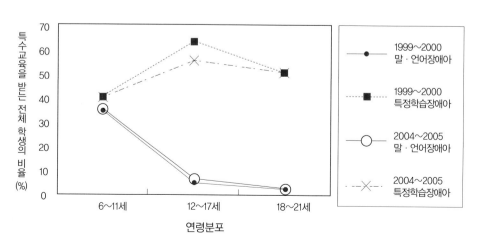

• 그림 9-3 • 연령별 말 · 언어장애와 특정학습장애의 비율(Reed, 2012에서 재인용)

중·고등학교에서 일하는 청소년 전문 언어치료사는 단 3.4%다(Reed, 2012).

청소년기 언어발달의 문제는 학령기까지의 언어문제가 누적되어 학습의 국면에서 나타날 수도 있고 새롭게 청소년기에 나타날 수도 있지만, 청소년기 동안 중재를 받지 못할 경우 청소년기 이후의 사회적·직업적·교육적 요구에 부응하지 못하게 된다(Ehren & Lenz, 1989; Larson & McKinley, 2003). 따라서 청소년의 언어발달을 정확하게 진단하기 위해서는 청소년에게 중요한 언어 기술의 유형에 민감한 평가도구를 개발할 필요가 있다(Nelson, 1987).

요약

초등학령기 말인 12세에 이르면 통사적으로 내포와 접속문장을 자유롭게 사용할 뿐 아니라 담화 면에서는 에피소드 간 연결까지 가능해진다(Brandone et al., 2006). 이와 같이 이미 학령기 말이면 아동은 듣고, 말하고, 읽고, 쓰고, 이야기를 전달할 수도 있는 능력을 얻어 웬만한 수준의 언어 능력을 획득하지만, 청소년기에도 지속적인 언어발달과 성숙이 이루어진다. 특히 청소년기는 그들만의 은어와 비속어 발달, 어휘의 외연과 내포 의미 발달, 비유언어발달을 기반으로 한 유머, 관용어, 은유, 농담 사용의 발달, 비판적 시각을 가진 심화된 읽기와 쓰기 발달이 이루어진다. 특히 화용론적 측면에서의 발달과 성숙은 청소년기를 특징짓는다. 효과적인 토론 및 설명담화의 발달이 청소년기 동안 이루어진다는 것은 확실하다. 이로써 청소년들은 어른같이 능숙한 언어 능력을 획득하고, 아울러 그동안 누적된 세상지식과 함께 보다 전문화된 수업을 통한 전문 분야 용어들을 학습하면서 이들의 어휘망은 더욱더 확장된다.

학습 확인 문제

1. 청소년 특유의 언어 특성은 어떠한지 설명하시오.
2. 은어와 비속어를 설명하시오.
3. 청소년기 어휘의 양적 발달과 질적 발달을 비교하시오.
4. 청소년기 상위언어발달에 대해 설명하시오.
5. 청소년기 형태론적·통사론적 발달에 대해 설명하시오.
6. 청소년기 화용론적 발달에 대해 설명하시오.

제3부

언어차이와
언어장애

제10장

다문화 아동의 언어발달

• 문화와 언어의 경계가 항상 명확하게 구분되는지에 대해 논의한다.

• 다문화 아동에 대한 정의를 이해한다.

• 다문화 아동의 언어발달 특성에 대해 이해한다.

• 다문화 아동의 언어교육 방향에 대해 논의한다.

• 이중언어와 제2언어에 대해 이해한다.

한국은 이미 다문화 사회로 접어들었다. 교통수단의 발달로 인한 장거리 이동의 용이함과 국가 간 정치경제적 교류의 활성화를 고려할 때 우리 사회뿐 아니라 전 세계의 다문화적 흐름은 앞으로 더욱 가속화될 것으로 예상된다. 유럽이나 북미가 이미 20세기 초부터 다문화 관련 제도와 정책을 수립해 온 것과 달리, 한국은 급작스럽게 다문화 사회로 접어들었기 때문에 이에 대한 철학이 숙성되기 전에 서둘러 사회적 제도에 대한 논의가 이루어지고 있는 상황이다. 따라서 북미나 유럽에서와는 다른 각도에서 다문화적 논의가 이루어질 필요가 있다. 그러나 이 장의 목적은 이와 같은 다문화 이슈에 대한 거대 담론을 이끌어 가고자 하는 것이 아니라, 다문화 아동이 보이는 언어발달 특성에 대해 알아보고자 하는 것이다. 다문화 아동의 언어차이를 언어장애로 오해할 경우 이러한 몰이해는 이중언어를 구사할 수 있는 성인으로 성장할 수 있는 아동을 어느 언어에도 숙달하지 못하여 사회적 부적응자가 되도록 할 수도 있기 때문이다(Pearson, Fernández, & Oller, 1993; Pence & Justice, 2010). 따라서 이 장에서는 언어발달의 관점에서 다문화 아동의 언어 특성과 양상을 살펴보고, 국내에서 다문화 아동을 위한 언어교육의 방향에 대해 간단히 짚어 보고자 한다.

∘ 그림 10-1 ∘ 다문화 아장이들(18개월, 30개월)

1. 다문화란 무엇인가

1) 다문화에 대한 정의

다문화란 문자 그대로 여러 문화라는 뜻이다. 그렇다면 문화는 무엇인가? 먼저 『표준국어대사전』은 문화를 "사회 구성원에 의하여 습득·전달되는 행동양식, 생활양식, 물질적·정신적 소득을 통틀어서 하는 말로 일상생활에서 문화는 예술, 연극, 문학, 미술 등과 같은 의미로 사용된다."고 정의한다. 『두산백과사전』은 문화(culture)란 라틴어의 'cultura'에서 파생한 'culture'를 번역한 말로 본래의 뜻은 경작(耕作)이나 재배(栽培)였는데, 나중에 교양·예술 등의 뜻을 가지게 되었다고 한다. 『위키백과사전』의 영어 버전에서는 문화가 라틴어 'cultura'에서 파생되었는데 철학자 Cicero는 문화란 'cultura animi', 즉 '영혼의 경작'이라고 했다고 기술한다.

문화 이론가들은 문화를 어떻게 정의하는가? Taylor는 『원시문화(Primitive Culture)』(1871)에서 문화란 "지식, 신앙, 예술, 도덕, 법률, 관습 등 인간이 사회의 구성원으로서 획득한 능력 또는 습관의 총체"라고 정의하고, Geertz는 『문화 해석(The Interpretation of Cultures)』(1973)에서 "사람들의 소통과 교류의 도구로 쓰인 상징의 형태 안에 표현되어 계승된 개념으로 영속되고 발전된 삶에 대한 지식과 태도"라고 정의하였다(유수연, 2008에서 재인용). 즉, 문화란 사회 구성원에 의하여 습득·전달되는 행동양식, 생활양식, 물질적·정신적 소산을 통틀어서 말하며, 집단의 문화는 가치관으로서 사회 구성원에게 무의식적으로 내재되어 있는 어떤 것이다. 그것이 국가라는 집단이면 한 국가의 문화가 되는 것이고, 국가보다 작은 집단이면 지역의 문화, 연령대에 따른 문화 등으로 세분화되는 것이다. 그러므로 다문화란 이러한 문화가 여러 개 섞여 있는 것이다.

한 사회가 다문화에 대한 철학적 토대를 마련하기 위해 다문화에 대해 어떠한 태도를 취할 것인가는 매우 중요하다. 한국 사회의 문화는 어떠하며 다문화에 대해 어떠한 관점을 취하고 있는가? Thomas(2010)의 표준문화이론은 한국의 표준문화에 대해 언급하고 있다. 표준문화란 한 문화의 구성원들에게 유효하고 의미를 갖는 가치체계인데 한 문화의 구성원들이 공유하는 규범, 가치, 확신, 입장, 규칙 등으로 구성된다. 즉, 문화의 구성원들에게 그들 고유의 행동의 방향을 잡아 주고 어떤 행동이 정상적이고, 전형적이고, 용인될 수 있는지를 알려 주는 역할을 하는 문화가 표준문화다. Thomas는 한국의 표준문화를 위계질서 중심, 체면 유지, 인맥 중심, 집단주의, 소속집단에서의 충성심, 감성주의, 임기응변과 융통성, 전통적인 성역할의 구분, 가정과 직장생활의 분리로 정리하고 있다. 집단의 소속감과 충성심을 강조하는 사회에서 다문화에 대한 시각은 개방적이기 어렵다.

필자가 다문화 의사소통에 대해 학생들과 토론을 하면서 Thomas가 정리한 한국의 표준문화를 제시하면 학생들은 대체로 동의하는 편이지만, 전통적인 성역할과 집단주의에 대해서는 이견이 많았다. 한국 사회가 빠르게 변화하면서 중장년층이나 노년층에 비해 청년층의 사고방식이 급변하고 있다는 것은 주지의 사실인 듯하다. 한국 사회는 신구 문화가 뚜렷하게 공존하고 있고, 다문화적 현실로 급변하는 상황에서 비다문화적 교육에 바탕을 둔 주류 문화와 비주류 문화, 그리고 동화주의적ㆍ통합주의적 철학이 기초를 이루는 가운데 다문화주의적 흐름이 소수 합류하고 있다고 할 수 있다.

2) 다문화에 대한 철학: 동화주의와 다문화주의

동화주의는 여러 문화가 있다는 것을 전제하지만 소수문화와 다수문화를 인정한다. 또한 다문화에 대한 정책은 국민통합 또는 **사회통합**의 차원에서 고려하는 경향을 보인다. 소수의 문화, 언어, 생활습관을 보호하고, 또 직업이나 교육의 기회에서 인종차별 금지 등의 정책으로 소수문화 집단을 지원하고 이들의 사회참여를 유도한다. 이와 같이 소수문화와 다수문화를 인정하는 동화주의는 언어ㆍ문화ㆍ종교적 차이로 인한 소수의 정치적 및 경제적 불평이 자칫 사회적 불안을 야기할 수 있다고 보기 때문에 정책적으로 소수문화를 보호하는 것이다. 미국과 프랑스는 대표적인 동화주의 국가다. 한국 사회도 주류를 이루는 다수문화에 소수문화가 잘 적응하도록 방향을 잡는 동화주의가 주를 이루는 경향이 있다.

다수문화와 소수문화에 대한 개념을 좀 더 명확히 하자면, 다수문화란 한 사회를 지배하면서 사회 지도층과 특권층을 차지하는 집단인 **다수집단**(majority group)이 이루고 있는 문화를 말한다. 다수문화에 대한 대립 개념이 소수문화인데, 소수문화는 **소수집단**(minority group)에 의해 형성되는 문화다. Wirth(1945)에 따르면, 사회학적 관점에서 소수집단이란 신체적·문화적 특성 때문에 다른 집단으로부터 차별대우를 받는 집단으로 사회 안에서 차별과 종속관계를 경험하게 되고, 신체적·문화적 특징들이 지배집단에 의해 거부되며, 집단 정체성과 공통의 괴로움을 공유한다(유수연, 2008 참조). 이와 같이 소수집단은 일반적으로 주류를 이루는 다수집단보다 소수이며 사회의 하위 혹은 낮은 지위를 차지하지만, 남아프리카공화국의 백인집단처럼 절대적 소수가 다수를 지배할 경우 소수집단이 특권층이 되는 드문 경우도 있다(유수연, 2008).

다문화주의란 여러 문화의 존재를 인정한다는 점에서 동화주의와 동일하다. 그런데 다문화주의는 다양한 언어, 문화, 민족, 종교 등을 통해서 서로의 정체성(identity)을 인정하고 함께 어우러질 수 있는 사회 질서를 추구한다. 이 점에서 국가란 하나의 언어, 하나의 문화, 하나의 민족으로 구성되어야 한다는 동화주의와 대립된다. 다문화주의는 문화 간 다수문화, 소수문화 등의 차이 자체를 인정하지 않고 모든 문화가 평등하다는 철학을 취한다. 캐나다는 대표적인 다문화주의 국가로 각 문화가 정체성을 잃지 않고 어울리는 것을 추구하는 **모자이크식 다문화주의** 정책을 취한다.

3) 문화의 경계와 언어의 경계

서로 다른 문화에 대해 어떠한 관점을 취할 것인지 앞서 논의했지만, 사실상 문화의 단위가 되는 집단이란 개념 자체가 항상 명확하게 구분되는 것이 아니다. 예를 들어, 민족집단이란 종교, 언어, 관습 등과 같은 인종이나 문화적 특징에 기초해 구분하는 사회 안의 커다란 공동체로 신체적·문화적 특징에 기초하여 구분되는데, 모든 집단이 절대적인 경계로 이루어진 것이 아니어서 적용 기준에 따라 집단의 구분이 달라질 수 있다. 즉, 민족집단, 국가집단, 종교집단 등의 집단 개념과 경계가 절대적인 것이 아니라는 것을 이해해야 한다. 중국계 한국인, 한국계 중국인같이 비교적 잘 정의된 민족집단 내에도 사실상 심각한 이질성이 존재할 수 있다. 하나의 문화에도 다름이 섞여 있게 마련이고, 이 다름의 경계가 어디까지인지 명확하게 선을 긋는다는 것은 쉽지 않다.

언어적 차원에서의 경계는 어떠한가? 영어와 한국어는 명확하게 다른 언어다. 프랑스어와 영어 또한 마찬가지다. 어족이 다른 경우 그 경계가 분명하다. 그러나 알자스어와 독일어는 어떠한가? 프랑스어와 퀘벡어는 어떠할까? 필자가 아프리카에 갔을 당시 필자의 프랑스어를 아프리카 지역어로 통역하던 사람이 부족마다 다른 언어를 사용하기 때문에 자신이 10여 개 언어로 통역을 하고 있다고 하였다. 언어의 경계는 어디일까? 그들 부족이 살고 있던 지역은 청주와 대전, 공주와 옥천 정도의 거리에 있었다. 물론 교통이 발달하지 않은 지역이라 부족 간 왕래가 뜸하기는 해도, 어쩌면 서로 다른 언어라기보다 방언으로 간주할 수도 있을 것이다. 그러나 거리상으로 가깝더라도 행정구역이 다를 수 있고 경제권이 다를 수 있기 때문에 거리만으로 판단하기 어려운 면이 있다. 얼마나 왕래가 자주 있는지에 따라 언어적·문화적으로 같은 구역이 될 수도 있기 때문에 거리와 상관없이 같은 구역으로 묶여야 할 수도 있고, 다른 구역으로 묶여야 할 수도 있다. 이와 같이 어디까지 같은 언어로 간주할 것인지, 방언의 경계는 어디까지인지를 늘 명확히 결정할 수 있는 것은 아니다.

(1) 방언

방언은 한 언어에서 사용 지역이나 사회 계층에 따라 분화된 말을 가리킨다. 서울 지역의 말이건 충청 지역의 말이건 제주 지역의 말이건 모두 방언이다. 그런데 방언은 주로 한 나라의 수도에서 사용하는 언어로 정의되는 **표준어**(standard language)와 대립되는 개념으로 사용하기 때문에 수도 외의 지역에서 사용하는 말을 의미하는 경향이 있다. 한국의 경우 표준어란 교양 있는 서울 사람들이 사용하는 말을 가리키고, 서울 지역 외에 지역적 구분에 의해 분류되는 방언을 지역방언이라 한다. 언어 집단이 지역에 의해 구분되는 것이 아니라 사회계층, 성별, 연령 등의 사회적 조건에 따라 분화되는 경우 사회적 방언이라 한다. 또한 사회적 계층에 따른 방언은 세대차, 성별, 종교 등의 기준에 의해 재분류될 수도 있다. 그러나 이러한 사회적 방언은 지역 방언처럼 현상이 뚜렷하거나 오래가지 않는 경향이 있다.

방언은 지역이나 사회적 계층에 따라 구분되기 때문에 같은 방언을 사용할 경우 동질감을 느끼도록 해 주는 장점도 있지만, 이는 다시 말하면 다른 지역의 방언을 사용할 경우 이질감을 주기도 하는 단점이 된다. 한국어는 전국적으로 동질적인 언어가 아니라 지역에 따라 억양과 어휘 면에서 다른 지역방언을 사용하고 있다. 한국어의 방언은 어떻게 분류되고 있을까?

방언연구회(2001)에 따르면, 지리적 · 공간적으로 분화된 지역방언은 대방언, 중방언, 소방언으로 구분된다. 대방언은 두 개 이상의 도를 포함하는 방언이고, 중방언은 한 개의 도에 해당하는 방언이며, 소방언은 두 개의 군 이상을 포함하는 방언이다. 국립국어원 편(2007)에 따르면, 한국어의 방언은 경상남북도의 '동남방언', 전라남북도의 '서남방언', 함경남북도의 '동북방언', 평안남북도의 '서북방언', 제주도의 '제주방언', 나머지 지역인 경기도, 충청남북도, 황해도, 강원도를 아우르는 '중부방언'으로 분류된다. 이러한 방언 대분류는 일제 강점기 이후 '평안도방언' '함경도방언' '전라도방언' '경상도방언' '제주도방언' '중부방언'으로 분류한 이숭녕(1957)의 여섯 개 방언 분류와 유사하다고 하겠다(성낙수, 2000; 이주행, 2005; 정승철, 2013).

＊ 그림 10-2 ＊ 한국어 방언 구역 분류

(2) 피진어와 크레올어

피진어(pidgin)의 어원은 정확히 알려져 있지 않다. 먼저, 1850년의 인쇄물에서 처음 나타났는데, 가장 널리 알려진 가설은 영어 단어 'business'를 중국인들이 발음한 대로 적은 데에서 비롯되었다는 것이다. 또 다른 가설은 오늘날 통신의 전신으로 볼 수 있는 비둘기의 편지 전달을 가리키기 위한 'pigeon'에서 유래했다는 것이다. 그 유래가 무엇이건 오늘날 피진어는 한 언어를 사용하지 않는 여러 집단이 서로 필요에 의해 의사소통을 해야 할 때 의사소통의 방법으로 발달시킨 단순화된 언어를 말한다. 각 집단의 본국에서 다른 언어를 사용하고, 필요에 의해 모여 있을 때는 피진어를 사용하는데, 피진어 사용 상황에서는 공용어가 없다는 것이 특징이다. 어느 집단에서도 모국어가 아니기 때문에 피진어는 개인 간, 집단 간 협약에 의해 매우 간편화된 언어로 구성된다. 단어나 소리 혹은 여러 문화와 언어에서 온 체어(body language)로 구성된다. 주로 피진어는 공용어가 없는 사람들이 서로 의사소통을 할 수 있게 해 주기 때문에 다른 언어보다 낮은 지위를 갖는다. 그러나 지위가 어떠하건 의사소통의 도구이기 때문에 피진어는 언어적 규범을 갖고 있다.

한편, 어떤 지역에서 피진어가 안정된 자연언어로 사용되면, 피진어는 **크레올어**(creole language 또는 creole)가 된다. 크레올어는 어린아이들에게 모국어가 된다는 점에서, 아무에게도 제1언어가 아니었던 피진어와는 다르다. 정확한 수를 알 수 없지만 1500년 이후 생긴 크레올어의 수는 대략 백여 개에 이른다고 한다(Baker & Hengeveld, 2011).

4) 다문화 감수성

한국 사회에 다문화가정의 자녀들이 증가하고, 외국 유학생과 외국인 근로자가 증가하면서 소수집단도 증가하고 있다. 이로 인한 다문화가정의 증가는 한국 사회를 풍부하게 하기도 하고 사회 문제를 야기하기도 한다. 유럽에서 이미 여러 차례 나타났던 것처럼, 다문화로 인한 사회적 문제를 예방하기 위해 정부와 민간단체들은 먼저 제도를 만들고 서비스 기관 시설을 증설하고 있다. 특히 언어교육이나 언어치료 분야에서는 다문화 가족의 아동과 청소년이 적절한 언어발달을 하는지, 적절한 언어교육이 이루어지는지에 관심을 갖는다.

그러나 그 무엇보다도 '문화 차이'를 이해하고 올바르게 인식하고자 하는 긍정적인 정서를 발달시킬 수 있는 개인의 능력이 요구된다. 이러한 문화 간 소통 능력을 다문화 감수성이라 한다. 그렇다면 왜 언어발달에서 다문화 감수성에 대해 언급하는가? 왜냐하면 말은 곧 생각이기 때문이다. 인간의 생각이 왜 중요한가? 인간은 하나의 사상에 대해 어떤 생각이나 느낌을 갖는가에 따라 행동하는 존재이기 때문이다. 따라서 인권에 대한 교육이나 다양한 문화에 대한 이해를 돕는 교육 등을 통하여 다문화 감수성을 기르는 것은 이웃을 배려하는 행동이나 인종 차별적 행동을 하지 않는 것보다 훨씬 중요할 수 있다.

2. 다문화 아동

1) 다문화가정이란

다문화 아동이란 다문화가정의 아동을 말한다. 그렇다면 다문화가정이란 무엇인가? 가장 일반적으로 사용하는 의미는 국내에 거주하는 **국제결혼가정**이다. 최근에는 **외국인 근로자 가정**이 늘면서 '다문화가정'이 국제결혼가정뿐 아니라 외국인 이주 노동자 가정까지 지칭하는 경향이 있다. 다문화가정에 대한 좀 더 공식적인 정의를 찾아보니 교육부가 '다문화가정'을 "우리와 다른 문화적 배경을 가진 사람들로 구성된 가정을 통칭한다."고 비교적 포괄적인 정의를 제시하면서 구체적으로 국제결혼 가정과 외국인 근로자 가정에 국한한다고 정리한다. 그러나 국제결혼과 외국인 근로자만으로 다문화가정을 한정하는 데에는 이견이 있다. 예를 들어, 탈북자 가정이나 재외 동포가 다시 한국에 돌아와서 살 경우 이들이 한국 문화와 동일한 문화인지 다른 문화인지에 대한 논의가 제기된다(조영달, 2006).

2) 한국 사회의 다문화 현황

인류사를 보면 인간은 끊임없이 문화적·사회적 영역을 확장하고자 했으며, 그 결과 주변 문화와 서로 영향을 주고받아 왔다. 한국 또한 중국, 일본, 러시아 등의 주변국과 평화와 전쟁을 통해서 자의적·타의적으로 문화적 교류를 해 왔다. 유난히 침략을 많이 받아 왔고 일제 강점기까지 겪었던 한국인은 단일민족사관을 형성하면서 단일민족과 단일문화를 형성해 왔다는 자부심을 갖도록 교육받으며 자랐고, 지금도 여전히 한국 사회는 단일성을 강조하는 문화의 영향을 받고 있다(강창동, 2010). 그러나 출산율의 저하와 도시화는 노동력 수급의 문제와 농촌 남성의 결혼 문제를 야기했다. 이러한 문제를 해결하기 위한 방안으로 해외 노동인력 이민과 결혼이민이 성행하면서 우리 사회는 급격히 다문화 사회로 접어들게 되었다. 행정안전부의 2013년 7월 통계에 따르면, 공식적인 한국 거주 외국계 주민 수는 144만 명에 이르고, 결혼하는 열 쌍 중 한 쌍은 국제결혼으로 다문화가정을 형성한다(이선옥, 2007). 이러한 이유들로 한국 사회는 급작스럽게 다문화 사회로 접어들고 있지만 지금까지의 민족적·문화적 정체성과 충돌하는 다문화 사회로서의 국가 정체성에 대한 철학적 바탕을 마련하지 못한 상태다.

21세기 들어 한국 사회에서 결혼 이주여성과 외국인 근로자의 처우가 종종 사회적 이슈가 되기 시작하였고, 시민단체와 정부는 서둘러 이 문제에 개입해야 했다. 2007년에는 유엔 인종차별철폐위원회가 한국 정부에 서로 다른 민족, 국가, 집단 간의 이해와 관용, 우의 증진을 위해 교육, 문화, 정보 등의 분야에서 차별적 다문화 제도를 개선시키도록 권고한 바 있다(김성동, 2011). 이에 정부와 학계에서 '다문화' '다문화주의' '다문화가정'에 대한 지원과 연구가 붐을 일으키고 있다(이선옥, 2007). 한국 사회가 서둘러 다문화 정책을 수립하고 시행하면서 다문화 정책과 프로그램이 체계화되고 있는 것이 사실이지만 준비가 안 된 상태에서 갑자기 진행된 다문화 사회에서 이에 대한 사회적 합의는 아직 이루어지지 않았고, 따라서 사회적·정책적·문화적·교육적·언어적 측면에서 다문화 사회에 대한 좀 더 활발한 토론이 이루어져야 하는 시점이다.

다시 초점을 다문화 아동에게 맞추어 보자. 황상심(2010)의 연구에 따르면, 2006년

우리나라 국제결혼가정의 학령기 자녀는 7,998명이었고, 이들 중 한국어 의사소통 문제를 보인 아동은 40%에 이르는 것으로 나타났다. Lee, Choi, Park(2009)에 따르면, 2050년경 한국 다문화가정 아동의 수는 98만 6,000명에 이르러 전체 영유아기 아동의 24.7%, 초등학생의 15.3%, 중학생의 12%, 고등학생의 10%가 다문화가정 자녀일 것으로 추정되었다. 이러한 인구 구성상의 급격한 변화는 예상보다 더 앞당겨질 수도 있다. 2020년 발표된 국가통계포털에 따르면, 2019년 출생아 수는 30만 2,676명으로 2018년의 32만 6,822명보다 2만 4,146명 감소하였고, 여성 한 명이 평생 낳을 것으로 예상되는 평균 출생아 수인 합계출산율은 2018년 0.977에서 2019년 0.918로 더욱 낮아졌다. 여성의 평균 출산 연령은 2019년 33.01세로 2018년보다 0.21세 상승하였다. 2019년도 통계를 10년 전인 2009년도와 비교하면 그 변화에 대한 체감도가 더욱 두드러진다. 2019년 출생아 수는 2009년도의 출생아 수 44만 4,849명보다 14만 2,173명이 감소하였고, 출산율은 2009년도 출산율 1.149명보다 0.231명이 감소하였다.

　다문화 환경에 놓인 아동과 청소년이 언어적 지원이 풍부한 가정에서 성장하는 경우에는 정상적인 언어 습득과 발달을 보여 준다. 그러나 가난과 불안정한 가정환경에서 자란다면 언어발달에 불리한 요인으로 작용할 것이다. 원래 언어발달에 영

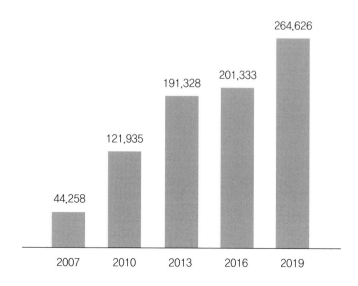

● 그림 10-3 ● 다문화가족 자녀 현황(다문화가족지원포털 다누리 홈페이지)

향을 주는 요인은 성별, 사회계층, 가족 수, 양육태도, 자극환경, 어머니의 언어 수준, 아동의 지능 등인데, 다문화가정 자녀의 경우 아무래도 이러한 **언어발달 자극 요인**에 있어 풍부한 환경이 아니기 때문에 약한 **자극환경**에 노출되어 있다고 볼 수 있다. 그렇다면 다문화가족 자녀가 보이는 언어적 차이를 장애라고 해야 하는지에 대해 짚고 넘어갈 필요가 있다.

3. 다문화 아동의 언어발달 특성

1) 언어차이와 언어장애

문화와 다문화에 대해 논하면서 문화의 차이로부터 영향을 받는 언어적 차이에 대해 언급할 필요가 있다. 한 언어권의 언어를 사용하면서 어떤 집단이 지역적·사회적·문화적·인종적 요인에 의해 전체 집단의 언어와 차이를 보이는 경우 이를 **언어지체나 언어장애**와 구별하여 **언어차이**라고 한다(Pence & Justice, 2010). 예를 들어, 한국 이민자 2세가 영어권에서 태어나 자라면서 가정에서의 문화적·언어적 영향을 받아 학교에 가서 또래들의 언어와 다른 언어적 특성을 보일 경우 이를 언어차이라고 한다. 이는 언어적 손상과는 구분되어야 한다.

표 10-1 언어차이와 언어장애(Pence & Justice, 2010 참조)

구분	설명
언어차이	이민이나 국제결혼 같은 요인에 의해 한 언어권의 전체 언어와 다른 언어 양상을 보일 때 이를 언어장애와 구분하여 언어차이라고 일컫는다. 예를 들어, 중국인 어머니와 한국인 아버지를 둔 다문화 아동은 학령전기에 유치원의 비다문화 아동들과 다른 발음 특성을 보일 수도 있다. 이는 언어장애가 아닌 언어차이다.
언어장애	또래 아동에 비해 말과 언어의 습득 정도가 일정 기준에 의거할 때 유의미하게 속도가 느리고 언어 하위 영역에서도 유의한 결함을 보이는 장애를 언어장애라 한다. 한편, 또래와의 언어발달 격차가 속도 면에서는 느리지만 언어 하위 영역별 발달 양상은 유사하여 또래와의 언어발달 격차를 일정 기간 후에는 따라잡을 수 있을 때 이를 언어지체라고 한다.

문화에 따른 언어차이를 이해하지 못하면 외적으로 보이는 언어차이를 언어장애로 오인할 수 있다. 그러나 반대로 언어차이를 보일 수 있는 환경의 아동이 언어장애임에도 언어차이로 오인할 가능성도 있다. 실제로 필자가 몬트리올에 거주할 당시, 프랑스어 학교의 언어치료사와 한국인 이민자 2세 아동의 언어중재에 참여한 경험이 있다. 이 아동은 프랑스어 평가에서 심각한 언어지체로 나타났지만 다른 발달에는 이상이 나타나지 않았기 때문에 학교에서는 한국계 캐나다인인 이 아동이 언어차이를 보이는 것인지 아닌지 갈피를 잡지 못하고 있었다. 즉, 모국어인 한국어는 잘하겠지만 이중언어로 프랑스어가 자리 잡지 못하여 나타나는 과도기적 현상이거나 프랑스어에서만 나타나는 언어차이로 간주하고 있었다. 가정에서는 아동의 모국어가 프랑스어라서 한국어를 잘 못하는 것이 자연스럽다고 생각하고 있었다. 그러나 이 아동은 프랑스어에서 나타나는 언어지체가 한국어에서도 동일하게 나타났고, 그 어느 언어도 모국어로 또래의 언어 수준으로 발달시키지 못한 상태였으며, 한 언어에서 보이는 의미적 · 통사적 어려움이 다른 언어에서도 동일하게 나타났다.

2) 언어발달 특성

하나의 언어를 획득한다는 것은 그 언어를 사용하는 사회와 경험을 나누고 지식을 공유할 수 있을 뿐 아니라 그 사회의 문화를 이해할 수 있는 기회를 얻게 되는 것이다. 따라서 **이중언어** 혹은 다중언어 사용은 그만큼 경험의 폭을 넓혀 준다(Johnston, 2005). 다문화가정 아동의 경우 이중언어에 노출되기 때문에 그만큼 다양한 문화의 지식을 획득할 수 있는 환경에 놓인다. 그러나 다문화 아동이 두 언어를 어떻게 접하는지에 따라 언어 능력의 양상은 달라진다. 한국의 경우 다문화 환경에 놓인 아동은 어머니 나라의 언어를 가르치지 않고 주 언어를 한국어로 하는 경우가 많다(배소영, 김미배, 2010; 오성배, 2005; 정순연, 2008; 조영달, 2006). 즉, 다문화라는 **이중언어** 환경으로서의 장점을 살리지 못하고 외국어를 하는 어머니를 주 양육자로 하여 제1언어로 한국어를 습득하게 되기 때문에 언어발달에 어려움을 초래하게 된다는 것이다(오소정, 김영태, 김영란, 2009; 이지연, 곽금주, 2008).

서울시가 2008년에 실시한 다문화 아동의 언어발달에 대한 조사에 따르면, 서울에 거주하는 만 2~7세 아동의 74%가 언어발달에 지연을 보이는 것으로 나타나는데, 농촌의 경우도 크게 다르지 않다. 농촌 국제결혼가정 아동의 68%가 표현언어발달에 문제를 보인다고 보고된다(정은희, 2004). 이들의 언어발달을 살펴보면, 전반적인 언어발달 추이는 일반 아동과 유사하나 발달 정도는 느리고 발달 격차가 크게 나타나는데, 중요한 것은 다문화 아동의 이러한 언어발달 지연이 연령이 증가하여도 두드러지게 개선되지 않는다는 점이라고 지적된다(김화수, 2011; 김화수, 이은경, 2010). 유아기에는 어머니의 출신국 언어의 억양이나 조음의 영향을 받아서 독특한 억양이나 조음 특성이 종종 나타나고(김지은, 2015), 학령기에는 아동의 부족한 경험으로 인하여 이야기하기 과제 및 문제해결력이 미숙한 모습을 보인다. 또한 다문화 아동의 어휘 능력은 가장 두드러진 언어적 제한점으로 지적된다(강진숙, 2009).

이와 같은 다문화 아동의 언어적 지연의 문제는 좀 더 광범위한 의사소통의 어려움을 초래하게 된다. 문화적 차이에 대한 사회적 편견과 다른 외모에 대한 불편한 시선도 극복해야 하고, 이는 사회적·심리적 문제에도 영향을 준다(김화수, 2011). 더군다나 국내 다문화가정 아동의 언어발달 지연 현상이 대체로 낮은 SES(Socio-Economic Status) 아동과 유사한 언어발달 양상을 보인다(황상심, 2010)는 분석은 그만큼 국내 다문화 아동이 경제적으로 어렵고 안정적이지 못한 환경에 놓이는 경우가 많다는 것을 시사한다. 이러한 상황에서 다문화 아동은 자신감과 자존감이 낮아지고 타인과의 라포 형성에도 어려움을 보이게 된다(김갑성, 2006). 학령기 이후 학교생활에서 또래관계는 가치관 형성과 언어발달에 지대한 영향을 주기 때문에 악순환이 계속된다는 것을 짐작할 수 있다.

다문화 아동의 언어발달 특성에 대해 논하면서 주지할 사실은 다문화 아동은 분명히 이중언어 환경으로서의 장점을 가지고 있고, 이 장점을 살릴 경우 이중언어 사용자로 성장할 수 있으며, 다문화라는 사실 자체가 언어차이와는 관계가 있어도 언어지체 현상의 직접적인 원인이 아님을 시사하는 많은 연구가 있다는 것이다. 다만, 모든 다문화 아동이 이중언어 환경에 놓이는 것이 아니며, 국내 다문화 환경은 이 점에서 특히 열악하다. 여기서는 먼저 전반적인 다문화 아동의 언어 하위 영역별 언어발달 특성을 살펴보고, 이어서 이중언어에 대해 다루도록 하자.

(1) 음운론적 발달

● 말지각

비다문화에서 정상적 발달을 보이는 아동의 경우 영아기 초에 이미 모국어에 대한 반응을 하여 모국어의 운율을 지각하는 것으로 알려져 있다. 그렇다면 다문화 환경에 놓인 아동은 어떠할까? 몬트리올에 사는 프랑스어-영어 다문화 환경에 놓인 8개월 영아에 대한 연구에서(Daviault, 2011), 이 영아들은 영어 연속 구어에서는 영어 단어를 지각하였고, 프랑스어 연속 구어에서는 프랑스어 단어를 지각하였다. 그러나 단일 언어 환경에 놓인 영아는 오직 자신에게 노출된 언어의 단어만을 지각하였다. 이는 영아기에 이미 아기가 자신에게 노출된 언어가 한 가지이건 두 가지이건 단어를 지각할 수 있음을 보여 준다.

● 옹알이와 운율

일반적으로 옹알이는 5~6개월의 주변적 옹알이에서 시작하여 기본 옹알이, 패턴화된 옹알이를 거치며 초어로 이어지는데, 패턴화된 옹알이가 절정에 달하면 모국어 문장의 운율이 그대로 나타난다. 이러한 패턴은 비다문화 아동이나 다문화 아동이나 유사한 양상을 보일까, 아니면 다문화 환경에 놓인 아동의 옹알이 패턴은 다른 양상을 보일까? 12개월 된 다문화 환경의 아동들은 그들의 패턴화된 옹알이에서 엄마, 아빠의 언어가 갖는 운율 패턴을 둘 다 나타냈다고 보고된다(Daviault, 2011). 프랑스어를 모국어로 하는 아빠와 있을 때는 프랑스어 옹알이 패턴이 나타나고, 영어가 모국어인 엄마와 있을 때는 영어 옹알이 패턴이 나타났다고 한다. 이러한 사실은 다문화 아동들이 자신이 접한 언어의 패턴대로 옹알이를 산출한다는 것을 암시한다.

● 조음정확도

다문화 환경에 놓인 아동의 조음정확도는 비다문화 환경의 아동에 비해 낮을까? 이에 대한 결론은 연구에 따라 매우 다양한 결과가 산출되었다. 박상희(2006)는 국내 다문화 아동은 긴장도, 기식도 변동이 가장 빈번하게 나타났다고 보고하였고, 권미지, 박상희, 석동일(2007)은 종성생략과 탈기식음화, 이완음화 현상이 가장 빈번하였다고 보고하였다. 류현주(2008)는 다문화가정 아동의 조음오류로 긴장도와 기식도가 높았고, 어머니 언어에 따라 차이가 있다고 보고하였다. 그러나 이러한 연구 결과와 달리, 황상심과 김화수(2008)의 연구에서는 다문화와 비다문화 아동의 음운변동 패턴이 유사했다고 보고하였다. 학령전기 한국-중국 다문화 환경 아동에 대한 연구(임희현, 장진녕, 배희숙, 2014)에서는 다문화 아동이 비다문화 아동보다 조음발달이 늦어지는 경향이 있고, 특히 다문화 아동들이 보이는 조음오류는 주로 마찰음과 파찰음, 긴장음과 기식음 오류였지만, 이들이 연령이 증가하여 만 6~7세에 이르면 다른 장애가 없는 경우 모두 비다문화 아동과 유사한 조음정확도를 보였다고 보고한다.

● 음운인식

다문화 아동의 음운인식 능력과 읽기, 쓰기에 대한 연구들(강금화, 2010; 권미지, 2009; 김미자, 2010; 양성오, 황보명, 2009; 정효진, 2013)은 음운 단위에 따라 다르게 나타나는 점도 있었지만, 일관되게 다문화 아동과 비다문화 아동의 음운인식 능력의 격차를 보고한다. 7~8세 다문화 아동의 음운인식과 철자쓰기 관계를 연구한 정효진(2012)은 다문화 아동의 음운인식 능력이 7세에는 비다문화 아동과 유의한 차이를 보이지 않았으나 8세 집단에서는 유의하게 낮았고, 특히 **음소변별**에서의 차이가 두드러졌다고 보고하는데, 비다문화 아동의 음운인식이 안정화되기 시작하면서 다문화 아동과의 격차가 더욱 두드러지는 것으로 분석하였다. 김미진(2010) 역시 초등학교 1~2학년 다문화 아동을 대상으로 한 음운인식 연구에서 음절 수준의 음운인식은 큰 차이가 없었지만 **음소 수준**에서의 **음운인식**은 다문화 아동과 비다문화 아동 간에 유의미한 차이를 보였다고 보고한다. 또한 김미진(2010)은 어머니의 모국어에 따라서도 아동의 음소 수준의 음운인식 능력이 유의미한 차이를 보였는데, 필리핀 어머니의 자녀가 일본인 어머니의 자녀보다 저하된 음운인식 능력을 보였다고 한다. 권미지(2009) 또한 초등학교 저학년 다문화 아동과 비다문화 아동을 대상으로 상위언어 능력을 비교하면서 음운인식 평가를 실시하였는데, 앞서 나온 연구들과 같이 다문화 아동의 저하된 음운인식 능력을 짚고 있다. 취학전 아동의 경우도 이와 마찬가지였다(강금화, 2010; 양성오, 황보명, 2009). 읽기와 쓰기 능력이 음운인식 능력과 깊은 연관이 있다는 주장을 뒷받침하는 연구들(김예지, 2006; 조희숙, 2008; Eldredge & Baird, 1996; Kamhi & Manning, 2002)에 근거할 때, 이와 같은 다문화 아동의 낮은 음운인식 능력은 읽기와 쓰기에도 영향을 줄 수 있음을 시사한다.

(2) 형태론적 · 통사론적 발달

다문화 아동에 대한 해외 연구들에 따르면(Genesee, 2003; White & Genesee, 1996), 다문화 환경 아동의 형태 및 구문 발달 패턴에서 문법형태소가 나타나는 시기나 문법형태소의 종류가 대체로 단일언어 환경 아동과 유사하다고 보고된다. 이들은 또한 다문화 환경의 아동들이 두 가지 언어의 **문법체계**를 각각 **발달**시켜 나간다고 주장한다. 때로 한 언어의 문법 규칙이 다른 언어에 부적절하게 나타나기도 하지만, 이런 전이효과는 두 언어 중 한 언어에 더 많이 노출되어 있거나 선호도와 관련된 것으로 분석된다.

국내 다문화 아동의 경우 4~5세 베트남-한국 다문화 아동에 대한 문법형태소 산출에 대한 연구(이금주, 2012)에서 다문화 아동이 비다문화 아동에 비해 문법형태소 산출 빈도가 유의미하게 낮았고, 조사와 전성어미, 사동/피동 산출도 유의미하게 낮았다. 그러나 접속조사 '-랑'의 산출은 다문화 아동에게서 더 많이 나타났다. 문법형태소 오류에 대한 비교에서 다문화 아동은 조사의 이중 사용, 생략, 연결어미, 사동/피동 표현에서 일반 아동보다 높은 오류율을 보였다. 그러나 4세 집단보다 5세 집단에서 문법형태소 산출 차이가 감소하는 것으로 나타났다. 이는 다문화 아동의 형태론적 발달은 비다문화 아동에 비해 지연되지만 연령이 증가함에 따라 격차가 줄어든다고 보고한 Genesee(2004)의 연구 결과와 맥을 같이한다고 볼 수 있다.

(3) 의미론적 발달

Hagège(1996)는 다문화 아동의 경우 초어 산출 시기가 비다문화 아동과 유사하지만 자라면서 양적으로나 질적으로 **어휘발달**이 늦고, 이러한 현상은 청소년기까지 이어지는 경향이 있어 독서를 통해 많은 자극을 주어야 한다고 주장한다. 반면, 이중언어 환경이 제대로 밑받침될 경우 다문화 아동의 어휘력은 각 언어에서 단일언어 사용 아동에 비해 낮지만 두 언어를 합한 어휘집의 크기는 단일언어 아동과 동일하다는 주장도 있다(Pearson et al., 1993). 이러한 견해 차이는 가장 먼저 다문화 아동에게 이중언어 사용자로 성장할 수 있도록 환경이 조성되어 있는지의 여부에 따라 어휘력이 영향 받는다는 것을 의미한다. 또한 이는 다문화 아동의 어휘력이 언어 능력이나 언어 메커니즘 같은 근본적인 문제가 아니라 두 언어의 지위나 언어학습 환경에 좌우될 수 있음을 나타낸다.

국내 다문화 아동의 어휘력에 대한 연구에서 홍영숙(2007)은 학년이 올라갈수록 어휘력이 향상되기는 하지만 비다문화 가정에 비해 매우 부족하다고 보고한다. 또한 강진숙(2009)은 초등학교 1학년과 2학년 다문화 아동과 비다문화 아동을 대상으로 초등학교 읽기 교과서에 나오는 어휘를 선정한 후 어휘력 평가를 실시하였다. 어머니 출신 국가, 거주 지역, 문어와 구어, 단어의 난이도에 따른 어휘력 차이를 분석하였을 때 전체적으로 다문화 아동의 어휘력은 비다문화 아동에 비해 유의하게 낮았고, 그 차이는 1학년에서 더욱 분명하게 나타나다가 2학년으로 올라가면서 줄어들었지만 여전히 비다문화 아동에 비해서는 유의미하게 낮았다. 반면, 어머니 출신 국이나 지역(농촌과 도시)에 따른 어휘력의 차이는 유의미하지 않았다. 품사별 비교에서는 모든 품사에서 낮은 어휘력을 보였으나, 학년이 올라가면서 동사와 부사의 격차가 더 빨리 줄어들고 명사와 형용사의 격차는 여전히 큰 것으로 나타났다. 문어체와 구어체 어휘력을 비교하였을 때 다문화 아동은 문어체와 구어체 모두 어휘력에서 비다문화 아동보다 낮았는데, 그중에서도 특히 문어체 어휘력에서 더 큰 격차를 보이는 것으로 나타났다.

오소정, 김영태와 임동선(2011)은 5~9세 다문화 아동의 전반적 어휘 능력과 함께 품사별 어휘 정확도와 반응 속도 특성을 연구하였다. 일반 아동에 비해 다문화 아동의 어휘력은 유의미하게 낮았고, 품사별 어휘 정확도에서는 수용어휘의 경우 명사 이해 정확도에서 유의한 차이를 보였으며, 표현어휘의 경우 명사와 동사 표현에서 유의한 차이를 보였다. 박상희(2006)는 다문화 아동을 대상으로 아동의 수용 및 표현 어휘력을 측정하여 분석하였다. 연구 결과, 대상 아동 중 3분의 1이 언어발달 지체로 나타났다고 한다. 다문화 아동의 언어 지도 시 어휘 영역에서 가장 두드러진 향상이 나타나는데, 연령이 높아지면서 습득해야 할 어휘가 늘어나기 때문에 학령기 아동이 힘들어하는 부분도 여전히 어휘 영역이라고 한다. 특이한 것은 언어교육을 받는 다문화 아동은 어휘습득은 빠른 편이지만, **문법오류와 담화, 읽기, 인지적 부**분은 지속적으로 어려움을 겪는 경우가 많은 편이라는 것이다.

(4) 읽기와 쓰기 발달

다문화 아동의 학령전기 언어발달 지연은 학령기에 들어가면 읽기와 쓰기의 어려움으로 이어진다. 학령기 다문화 아동의 학습 부진도 읽기와 쓰기 같은 **형식 언어**능력의 저하와 관련이 있다(박은경, 2010; 송혜은, 2008; 안원석, 2007; 오성배, 2005; 조영달, 2006; 조혜영, 2009). 그 때문에 학령기 다문화 아동의 특수목적 언어교육 욕구는 읽고 이해하기, 쓰기, 어휘, 작문 같은 읽기와 쓰기 영역에서의 교육 욕구가 크다고 보고된다(이수진, 2010).

다문화가정 아동의 읽기에 대한 직접적인 연구(배소영, 김미배, 2010)에 따르면, 초등학교 1~3학년 다문화가정 아동 34명과 비다문화가정 아동 34명의 언어 기반 읽기 능력을 비교하는 덩이말 이해력과 음운인식 능력을 측정한 결과, 다문화가정 아동은 비다문화가정 아동과 비교하였을 때 음운인식력에서 유의한 차이가 나타나지 않았고, 비다문화가정 아동과 마찬가지로 학년이 올라갈수록 언어와 읽기 능력이 증가하였지만, **낱말재인과 덩이글 이해력**에 있어서 수행력이 낮았다고 보고하였다.

학령기 다문화가정 아동과 비다문화가정 아동의 **철자 쓰기 능력**에 대한 연구들에 따르면(김애화, 2009; 배희숙, 2015; 양민화, 2009; 정효진, 2012; 홍연정, 2014), 다문화 아동의 철자 쓰기 능력은 비다문화 아동과 유사하다는 연구 결과도 있고, 비다문화 아동에 비해 낮다는 연구 결과도 있다. 정효진(2012)은 7세 집단에서 일반 아동이 81.3%의 정확도를 보인 데 반해 다문화 아동은 66.0%로 유의미한 차이를 보였으나, 8세 집단에서는 각각 86%와 82.7%로 격차가 많이 감소한다고 보고하였다. 특히 한국어 쓰기에서 주로 나타나는 **음운규칙**에 따른 **철자 오류** 분석에서 8세 다문화 아동 집단이 규칙단어에서 음운처리 오류보다 표기처리 오류가 높아 비다문화 아동과 차이를 보였다. 또한 음운인식 능력과 쓰기 능력의 상관관계 분석을 통해 음소의 분절과 합성 능력이 쓰기와 높은 상관관계를 보인다고 보고하였다. 읽기 발달이 지체된 다문화가정 아동과 청소년에 대한 **독서활동**이나 **읽기교육**에 대해서는 조미정과 정은희(2009), 박지윤과 서혁(2009)이 있다.

국내 다문화가정 아동의 언어 환경을 살펴보면, 다문화가정 아동이 한국어와 함께 어머니의 모국어를 함께 사용하는 경우는 대략 10~20% 정도에 그치고 있다(황상심, 2008). 다문화가정 아동의 어머니는 일방적으로 한국 문화에 적응하며, 어머니의 문화를 가르치거나 노출시키는 경우는 많지 않았다. 이는 어머니가 자신의 출신국 언어를 사용할 경우 아이한테 혼동을 줄 수 있다는 걱정 때문인 것으로 나타났다. 또한 그 외의 이유로는 가족들이 한국어만을 쓰기를 원하는 경우가 많았기 때문이다.

(5) 화용론적 발달

일반적으로 화용론에서 다루는 것은 비언어적 · 준언어적 능력과 함께 전반적인 의사소통 기능, 대화 기능, 담화 능력을 포괄한다. 다문화 아동의 화용 능력은 어떠할까? 어머니의 한국어 능력에 영향을 받아 언어발달이 지연되는 면이 있지만, 과연 사용 면에서도 그러할까? 김민성(2012)은 이를 연구하기 위하여 4~5세 다문화 아동 중에서 인지 · 정서 · 행동적 문제가 없고 어휘력이 정상 범주에 있는 아동을 대상으로 교사의 **화용 능력 체크리스트** 작성과 검사자의 검사용 동화책과 보드게임을 활용한 검사를 통하여 화용 양상을 평가하였다. 연구 결과, 4세의 경우 다문화 아동과 비다문화 아동의 언어적 화용 능력은 각각 15.4점과 18.1점으로 유의한 차이를 보였지만 비언어적 화용 능력은 10.3점과 10.8점으로 유사하게 나타났다. 5세의 경우 역시 언어적 화용 능력은 17.8점과 20.6점으로 유의한 차이를 보였으나 비언어적 화용 능력은 11.7점과 12.9점으로 그 차이가 유의하지 않았다. 다문화 아동의 경우 화용 능력이 비언어적인 경우에는 비다문화 아동과 차이를 보이지 않았으나 언어적 화용 능력의 경우에는 유의한 차이를 보였음을 알 수 있다. 언어적 화용 능력의 경우 아동의 언어 유창성 정도에 따라 영향을 받을 수 있으며, 양쪽 언어의 말소리, 단어, 구문, 화용 패턴이 섞이는 **부호 혼합**(code mixing) 현상이 나타날 수도 있다. 이러한 현상은 각 언어의 문화에서는 일탈된 사용으로 보일 수 있으나 다문화적 요인으로 파악할 필요가 있다.

3) 다문화 아동의 언어교육

다문화 아동의 언어발달은 부모의 교육 수준이나 안정된 가정환경 혹은 언어자극경험에 따라 다르지만, 앞서 언급한 바와 같이 국내 다문화 아동의 언어발달은 낮은 SES 가정 아동의 언어발달과 유사한 경향이 있다. 국내 다문화가정의 주를 이루는 국제결혼가정과 외국인 노동자 가정의 사회경제적 환경이 열악한 편이고, 다문화 아동을 양육해야 하는 외국인 부모는 종종 한국어에 능통하지 않다. 국내 결혼이민자 여성을 상대로 설문조사를 실시한 권순희(2013)는 조사 대상 여성의 국적이 중국, 필리핀, 일본, 캄보디아 순이었는데, 이들 중 48.1%가 결혼 전에 한국어를 학습한 경험이 전혀 없었다고 응답하였다고 한다. 언어발달이 가장 활발히 이루어지는 영유아기에 한국어에 어려움을 보이는 외국인 어머니로부터 양육되는 아동은 어머니의 **모국어로 양육**되는 것도 아니어서 빈번하게 의사소통 기술과 언어발달이 지연된다. 이러한 조사 결과는 다문화 아동 언어교육의 방향을 제시한다고 하겠다.

이중언어 환경이 될 수 있는 다문화 환경 아동 중에서 25%만이 이중언어 사용자가 된다는 Pearson(2007)의 보고가 말해 주듯이 환경적 혜택을 모두가 받는 것은 아니다. 따라서 다문화 아동의 언어발달이 또래의 비다문화 아동이 보이는 정상적 발달 궤도를 간다면 이중언어를 위한 교육을 실시하는 것이 바람직하고, 초기 언어발달에서부터 지연을 보인다면 그 경중에 따라 심한 경우 언어발달 부진 아동을 위한 언어중재를 실시하는 것이 바람직하다. 다문화 아동의 언어 지연이 **환경적인 일시적** 현상일지라도 그 원인이 명확하지 않은 경우 언어치료를 제공하는 것이 안전하기 때문이다. 또한 다문화 아동의 경우 부모 및 교사 교육이 포함된 언어치료 프로그램을 제공하는 것이 바람직하다.

국내 다문화 언어교육은 주로 전국의 200여 개 다문화가족지원센터를 통하여 지원이 이루어지고 있다. 다문화가족지원센터에서는 다문화 아동에 대한 직접적 혹은 간접적 언어교육을 실시하고 있다. 이 경우, 다문화가족지원센터 내 교실이나 다문화가정 아동이 다니고 있는 어린이집이나 유치원에서 교육이 진행되는 경우가 많은데, 이는 어머니들이 대상 아동 외의 자녀도 있고, 이동도 어렵기 때문이라고 한다(박소현, 정명심, 2012). 또한 다문화가족지원센터는 모국어가 한국어가 아닌 다문화가정 부모를 위해 한국어 교육이나 자녀를 위한 부모교육을 실시한다. 필자가 다문화가족지원센터를 통해 이루어지는 부모교육을 실시할 때면, 대개 어머니들은 문화와 언어를 초월하여 자녀를 잘 양육하고 싶다는 바람을 가지고 있으며 열의도 높다는 것을 느끼곤 한다.

　그러나 많은 부모가 부모교육에 참여하거나 아동의 언어교육이나 언어중재에 참여하기가 쉽지 않다. 그 이유는 아버지는 경제활동으로 바쁘고, 어머니는 한국어가 능숙하지 않아 교육 상황을 피하려는 경향이 있기 때문이다. 언어교육이나 언어중재 시 어머니 상담을 실시해야 할 때에도 다문화가정 아동의 어머니는 한국어 때문에 언어치료사를 만나는 것에 대한 부담을 느끼며 비참여적 태도를 보인다. 또한 한국이 아닌 문화권에서 나고 자란 다문화가정 어머니들이 한국에서의 자녀 양육 방법에 대해 이해하기 힘들어하거나 혼란스러워하는 경우도 있다. 이런 경우 부모의 출신국에 대한 문화적 차이를 고려해야 한다(박소현, 정명심, 2012 참조).

　다문화 아동의 언어중재가 비다문화 아동에 대한 언어중재와 크게 다르지 않지만 박소현과 정명심(2012)은 다문화 아동의 경우 아동과 비슷한 상황의 주인공을 다룬 이야기책을 사용하거나 어머니의 출신국에 관한 내용을 반영한 교재를 사용하는 것이 효과적이고, 다문화언어교육사들은 다문화가정 아동의 언어에만 초점을 두기보다는 다문화가정에 대해 전반적으로 이해하는 것이 중요하다고 조언한다. 또한 다문화 아동 언어중재 시 아동과 부모와의 관계나 문화적인 고려가 필요하며, 부모상담 시에는 한국어에 능숙하지 않은 어머니와 소통하기 위해 충분한 상담시간을 제공하는 것이 필요하다.

4. 이중언어

　지구상의 많은 인구가 모국어 외의 언어에 노출된다. 서로 다른 언어공동체가 좁은 땅에 옹기종기 모여 있는 유럽 같은 경우에는 이중언어(bilingualism)가 일상적이고, 유럽연합은 모국어 외에 최소 두 가지 언어를 배우도록 장려한다. 유럽뿐 아니라 전 세계의 많은 아동이 다문화와 다언어 환경에서 성장하고 있다. Tucker(1999)

는 전 세계 인구에서 다중언어(multilingualism) 사용자가 단일언어 사용자보다 더 많다고 주장하고, 심지어 Baker(2006)는 지구상의 인구 중 60~75%가 다중언어 인구라고 주장하기도 한다. 이러한 추세를 고려한다면 단일언어 사용자를 기준으로 이루어져 왔던 언어발달이론도 이중언어 사용자의 제1언어의 발달을 포함하도록 그 폭을 넓혀야 할 것이다.

(1) 이중언어의 정의

이중언어란 문자 그대로 해석하면 두 개의 언어를 제1언어로 습득하여 두 언어 모두 동일한 수준으로 유창하게 구사하는 것을 말한다. 좀 더 넓은 의미로 이중언어는 두 개의 언어를 완벽하게 사용하지는 못해도 한 언어로 표현할 수 있는 의미 있는 발화를 다른 언어로도 표현할 수 있는 경우까지 포괄하기도 한다. 미국말언어청각협회(American Speech-Language-Hearing Association: ASHA)의 정의에 따르면, 이중언어는 한 개인이 적어도 두 개의 언어를 사용하는 것을 말한다. '적어도 두 개의 언어'라는 표현이 암시하듯이 이중언어가 단지 두 개의 언어에 국한된 것이 아니라 두 개 이상의 언어를 가리킨다고 할 수 있다. Brooks와 Kempe(2012)는 이중언어의 정의는 두 개 언어의 획득 및 사용이라고 제시하면서도 두 개 혹은 그 이상의 언어를 사용하는 경우라고 부연 설명을 통해 폭을 넓힌다. 최근 들어, 다중언어라는 용어가 빈번히 사용되면서 이중언어와 혼용되는 만큼 앞으로 이에 대한 용어 관련 논의가 필요할 것이다.

(2) 이중언어 유형

국제결혼가정 자녀는 태어나면서 두 가지 언어를 동시에 접하게 되기 때문에 모국어가 두 가지가 될 수 있다. 이 경우 **전형적인 이중언어 환경**이라고 할 수 있다. ASHA에 따르면 이중언어는 출생부터 두 가지 언어에 동시에 노출되는 아동에게 **동시적 이중언어**(Simultaneous Bilingualism)가 나타날 수 있다고 기술한다. 이상적인 **동시적 이중언어**는 아동이 두 언어 모두에서 동일한 수준의 언어적 경험을 하는 것이다. 이와 달리 한 개인이 한 언어를 먼저 습득하다가 두 번째 언어를 도입하는 방식의 이중언어를 **순차적 이중언어**(Sequential Bilingualism)라 한다. 이 경우, 아동은 첫 번째 언어를 잘 습득하고 나서 3세 이후에 두 번째 언어에 노출된다. 두 번째 언어가 3세 이전에 도입된다면 동시적 이중언어로 간주한다(Owens, 2001). 순차적 이중언어의 경우 두 번째 언어를 배울 때 먼저 배운 언어와 혼동하여 어구의 생략이나 확장, 이중표지, 단어와 구, 절의 순서 바꾸기 등의 현상이 나타나기도 하고, 첫 번째 배운 언어를 잊어버리기도 한다. 반대로 먼저 배운 언어가 나중에 배우는 언어습득에 도움이 되기도 한다. 기초가 되는 개념체계가 첫 번째 언어를 배우면서 어느 정도 만들어졌기 때문이다. 또한 먼저 배운 언어를 많이 사용해도 두 번째 언어가 더 유창할 수도 있다. 특히 학교에서 쓰는 언어를 빨리 배우기 위해 집에서 사용하는 언어를 제한할 때 이러한 현상은 두드러진다.

이중언어와 달리 **제2언어**(the second language)는 먼저 제1언어를 습득하고 이후에 두 번째 언어를 습득하는 경우를 말한다. 순차적 이중언어와 제2언어는 어떻게 다른가? 순차적 이중언어의 경우 두 번째 언어도 모국어 수준에 이르지만, 제2언어는 두 번째 언어의 도입 연령에 제한이 없고 제2언어가 제1언어처럼 유창하지 않다. 제2언어는 말하기, 듣기, 읽기, 쓰기 중 일부만 제2언어로 사용할 수도 있다. 제2언어가 모국어 구사 능력을 감소시키지 않고 오히려 제1언어의 능력을 보완하거나 이중언어 수준으로 유창해지는 경우 이중언어 추가로 간주하기도 한다. 반면에 아동이 모국어가 아닌 주 언어를 습득하면서 모국어를 잃어버리기도 한다.

(3) 이중언어 환경

이중언어 환경은 부모의 모국어가 다른 경우가 가장 대표적이다. 부모가 서로 다른 문화권에서 자라 서로 다른 언어를 말할 때, 아동은 가정에서 두 개의 서로 다른 언어에 노출된다. 그러나 부모의 모국어가 다르지 않아도 이중언어 환경이 만들어질 수 있다. 가정에서 부모는 동일한 언어를 사용하지만 조부모나 다른 보호자가 부모와 다른 언어를 사용하는 경우도 있고, 가족 이민에 의해 이중언어 환경이 조성될 수도 있다. 이민 후에도 원래 살던 나라의 언어를 가정에서 사용할 경우 학교나 지역사회에서 사용하는 언어와 가정에서 사용하는 언어가 달라진다. 또한 아동이 살아가는 사회 자체가 이중언어 사회일 경우도 있다. 몬트리올이 그 전형적인 도시에 해당한다.

　이중언어 사용 아동의 경우 언어발달 수준을 평가하는 것은 어렵다. 표준화를 위한 데이터가 너무 적어 단일언어 사용 아동과 비교하기가 어렵고, 각 언어의 규준도 다르기 때문이다. 하지만 분명한 것은 두 언어를 습득하는 것이 이중의 학습을 요구하기 때문에 부담이 되는 것이 사실이고, 특히 두 문화가 매우 다른 경우에는 그 부담이 가중될 것이라는 점이다. 그래서 이중언어 환경에 있다고 해서 모두가 이중언어를 습득하게 되는 것은 아니다. 이에 대해 Hakuta와 D'Andrea(1992)는 스페인어-영어 이중언어 환경의 다문화 청소년 308명을 대상으로 이중언어 습득과 유지에 대해 조사하였다. 대상 청소년들을 이민 시기에 따라 분류하고 스페인어에 숙달되었는지, 아니면 유지하고 있는지 알아보았는데, 부모는 멕시코에서 태어나고 청소년 자신은 미국에서 태어난 집단에서 스페인어 숙달이 가장 두드러졌다고 한다. 또한 이들은 두 가지 언어 중 하나의 언어에서 어휘, 구문, 화용 모두 우위를 보이는 경향이 있었다고 한다.

(4) 이중언어 아동의 언어 특성

　뇌영상이나 심장박동 속도, 고개 돌림 등을 통한 태아와 신생아 연구에 따르면, 일반적으로 인간의 소리 지각은 태아기 19주경에 시작되고(Hepper & Shahidullah, 1994), 태아기 말에는 엄마의 목소리뿐 아니라 반복적으로 들었던 이야기나 노래에도 반응한다(Fifer & Moon, 2003; Kisilevsky et al., 2003). 그리고 출생 12시간이면 신생아는 엄마의 목소리에 선호도를 보이며(DeCasper & Fifer, 1980; Mehler, Bertoncini, Barrière, & Jassik-Gerschenfeld, 1978), 생후 4개월이면 아기가 스페인어와 카탈란어를 지각하고 구분할 수 있다고 한다(Bosch & Sebastian-Gallés, 1997). 그런데 이중언어 환경의 아동도 단일언어 아동과 같은 이러한 발달 시기와 절차를 따를까?

　한계능력가설(limited capacity hypothesis)이론은 영유아와 아동들이 하나의 언어를 완전히 습득할 능력은 가지고 있지만, 두 개 이상의 언어를 배우는 것은 타고난 능력 이상의 것이라고 주장한다. 따라서 한계능력가설이 사실이라면 이중언어는 아동에게 분명히 인지적 부담이 될 것이고, 그래서 이중언어는 동시에 두 개의 언어를 배우는 것이기는 하지만 결과적으로 두 개의 언어를 배우는 것이 아동의 언어 수준을 낮춘다고 할 수 있다. 그러나 Paradis, Genesee, Crago(2011)는 이중언어 환경이지만 정상 발달을 보이는 아동들은 소리지각, 말지각, 옹알이의 시기, 옹알이의 양과 질이 단일언어 환경의 아동과 다르지 않고, 오히려 이점을 갖는다고 주장한다. Bialystok(1986; 1988)은 구체적으로 **상위언어**에서 이중언어 아동이 우위를 나타냈다고 보고하였고(Brooks & Kempe, 2012에서 재인용), Choi, Won, Lee(2003)는 이중언어 아동이 단일언어 아동보다 **선택적 주의력**에서도 우위를 나타냈다고 보고하였다.

그러나 같은 이중언어 아동이라 해도 환경의 차이가 크다. 언어 노출 정도의 차이도 크고, 두 언어 간 유사성 정도도 차이가 있다. 단순한 개인차도 있다. 인지와 읽고 쓰기의 상관관계에 대한 연구들에 따르면, 인지가 높으면 제1언어와 제2언어의 읽기, 쓰기 점수가 높고 인지가 낮으면 점수가 낮다고 보고되지만, 인지와 말하기, 듣기 간 상관관계 연구에서는 그 상관관계가 유의하지 않은 것으로 나타났다. 주제가 어려운 경우에는 다른 결과가 있을 수 있지만, 그간의 연구들의 결론은 대부분 인지와 상관없이 제2언어를 배울 수 있다는 것이다. 즉, 인지의 한계가 있겠지만 인지가 낮은 아동들이 언어를 두 개 배운다고 더 낮아지지는 않는다는 것이다. 결국 언어발달에 영향을 주는 변인은 이중언어 자체가 아니라는 것을 시사한다. 이에 대해 어떤 결론을 내리기 위해서는 좀 더 많은 연구가 필요하겠지만, 언어 노출시간, 아동의 관심과 태도 등에 따라 차이가 날 것임을 추측할 수 있다. 두 개의 언어가 어떠한 수준에 이르는지에 따라 인지적 혜택이 결정된다는 **역치이론**(threshold hypothesis)에 의하면, 두 언어 중에서 한 언어의 수준이 낮으면 인지 효과는 부정적이 되고, 두 언어의 수준이 모두 높으면 상위언어적 인식이나 선택적 주의력 등을 사용하게 되면서 긍정적 인지 효과를 기대할 수 있다.

조음정확도는 어떠한가? 이중언어 환경 아동은 초기에는 조음정확도가 낮은 경향이 나타나기도 하지만, 연령이 증가하면 모국어와 같은 조음정확도를 보인다. Bleile와 Wallach(1992)에 따르면, 이중언어 환경 아동이 처음에는 각 언어의 음운 패턴을 체계화해 나가는 과정에서 비다문화 환경의 아동과는 다른 양상을 보이기도 하지만 이는 과도기적 현상이지 장애가 아니며, 동시에 두 언어에 노출된 대부분의 아동은 자라면서 두 언어의 음운체계를 습득할 수 있다. 과도기에 나타났던 음운적 문제가 지속되지는 않는다. 형태론적·통사론적 발달 패턴이나 **어휘력**은 어떠한가? 이중언어 아동의 **문법형태소** 사용이나 **문장 구성** 능력은 단일언어 아동과 유사하게 나타난다고 한다(Genesee, 2004). 의미론적으로도 이중언어 아동은 단일언어 아동과 유사한 초어 발화 시기를 거치며, 초기에는 어휘집이 작지만 시간이 흐르면서 어휘력도 단일언어 아동과 유사해진다. 양쪽 언어에서 말소리, 단어, 구문, 화용 패턴을 사용하는 **부호 혼합 현상**이 나타나는데, 이는 같은 대화에서 두 언어 사용을 듣고 사용하는 것에 익숙하기 때문이다. 이러한 현상은 각 언어의 문화에서는 일탈된 사용으로 보일 수 있으나, 그 아동의 사회문화적 문맥에서는 일반적이고 적절한 것일 수도 있다. 이중언어의 특징적 사회문화적 요인을 고려할 필요가 있다.

유창성은 어떠한가? 4~6세 한국어-영어 이중언어 아동의 비유창성 특성에 대한 연구에서(이수복, 심현섭, 신문자, 2007), 이중언어 아동은 단일언어 아동에 비해 놀이상황과 과제상황에서 비유창성이 3배 이상 높게 나타났고, 비우세언어에서 비유창성은 더욱 높아졌다고 보고되었다. 또한 이 연구는 제2언어 노출 연령이 어릴수록 비유창성 빈도가 높게 나타났다고 분석한다. 정리하면, 이중언어 아동은 초기 조음정확도나 유창성에 있어서 낮은 수행 능력이 나타나기는 하지만 이중언어 환경 자체가 언어발달에 부정적 역할을 하지 않으며, 비다문화 아동이 보이는 유사한 패턴으로 두 가지 이상의 언어를 습득할 수 있다고 할 수 있다. 성공적인 이중언어 습득 및 사용을 위해서는 제1언어를 가용하는 **부모의 태도**, 이민 온 **집단의 규모와 결속력**, 다문화와 이주민 도착에 대한 **지역사회의 개방성** 등이 영향을 줄 수 있다 (Lambert & Taylor, 1990). 또한 **언어입력**(language input), **언어상태**(language status), **언어요인**(language factors), **읽기와 쓰기 활동**, **가족요인**(family factors), **지역사회 요인** (community factors) 등이 모두 이중언어 아동의 언어발달에 영향을 줄 수 있다고 보고되기도 한다(Pearson, 2007).

요약

다문화 아동의 언어발달에 대한 연구들은 이중언어 환경이 잘 조성될 경우 아동이 획득하는 언어의 수가 언어발달에 특별한 영향을 주지 않으며, 인지적 부담도 확인되지 않는다고 보고한다. 오히려 이중언어가 아동의 선택적 주의력이나 상위언어 능력을 발달시키는 역할을 한다. 이중언어 환경에서도 언어습득 초기에는 조음정확도나 유창성 면에서 단일언어 아동보다 낮은 수행 능력을 보이기도 하지만 연령이 증가하면서 사라진다고 한다. 그러나 모든 다문화 아동들이 이중언어 환경에서 자라는 것은 아니다. 특히 국제결혼이 대다수를 차지하는 국내 다문화 아동의 경우 한국어가 모국어가 아닌 어머니를 주 양육자로 삼아 한국어를 주 언어로 학습해야 하는 경우가 많다. 이는 언어자극의 양적 · 질적 측면에서 이중언어가 아니라 단일언어 학습 환경으로도 크게 부족하다고 할 수 있다. 빈약한 언어자극이나 사회적 성취의 경험 부족은 국내 다문화 아동의 초기 언어발달부터 지연시키고, 연령이 증가하여도 비다문화 아동과의 언어발달 격차는 두드러지게 개선되지 않는다. 이러한 경향은 학령기 학업성취의 어려움으로 연결될 수 있다.

학습 확인 문제

1. 다문화와 다문화가정에 대해 정의하시오.
2. 문화의 경계와 언어의 경계의 모호함에 대해 설명하시오.
3. 피진어와 크레올어에 대해 설명하시오.
4. 다문화 아동의 언어 특성에 대해 언어 하위 영역별로 설명하시오.
5. 동시적 이중언어와 순차적 이중언어에 대해 설명하시오.
6. 인지가 이중언어습득에 미치는 영향에 대해 설명하시오.

제11장

언어발달의
지연 및 장애

학습목표

- 언어발달장애 아동의 언어 하위 영역별 특성은 어떠한지 알아본다.
- 단순언어장애, 자폐스펙트럼장애, 지적장애, 청각장애의 진단과 원인, 언어적 특성을 이해한다.
- 언어발달장애의 평가 방법 및 평가 도구에 대해 이해한다.
- 언어발달장애 중재 방법에 대해 이해한다.

지금까지 출생부터 영아기, 아장이기, 학령전기, 학령기, 청소년기를 거쳐 성인에 이르기까지 언어발달이 언어 하위 영역별로 어떻게 이루어지는지, 다문화가정 아동의 언어발달은 어떠한지에 대해 살펴보았다. 언어발달의 양상이 단일하지 않고 연령에 따라서 개인차도 나타나지만, 대부분의 아동은 대체로 유사한 언어발달 양상을 보이고 정상적 발달의 **이정표**를 따른다. 그러나 때로는 신경학적 · 정신적 · 정서적 이유 등으로 언어발달이 일반적인 이정표를 따르지 않는 경우들이 있다. 이 장에서는 언어발달이 늦어지거나 정상적 언어발달의 궤도와 경로를 벗어나는 경우에 대해 알아볼 것이다.

1. 언어발달장애

언어란 인간에게 주어진 가장 복잡한 기능 중 하나일 것이다. 언어 기능의 손상은 의사소통과정의 어느 지점에서나 발생할 수도 있고, 생애 어느 시점에서나 발생할 수 있다. 그 원인도 다양하여 순수하게 발달적 · 선천적 원인에 의해 언어발달장애가 발생하기도 하고, 특정 질환에 의해 이차적으로 언어발달장애가 나타날 수도 있다. 이와 같이 언어발달장애는 그 원인이나 유형이 매우 다양하다.

1) 언어발달장애의 정의

언어발달장애를 정의하기 위해, 먼저 언어장애가 무엇인지 알아보자. 미국말언어청각협회(American Speech-Language-Hearing Association: ASHA)의 정의에 따르면, 언어장애란 구어와 문어, 그리고 다른 상징 시스템을 이해하거나 사용함에 있어 보이는 손상으로, 언어적 손상은 음운론, 형태론, 통사론 같은 언어의 형식적 측면에서 나타날 수 있고, 의미론 같은 언어 내용 면에서 나타날 수도 있으며, 화용론 같은 언어의 사용 면에서도 나타날 수도 있고, 이러한 형식, 내용, 기능이 혼합적으로 나타날 수도 있다. 언어장애는 아동기에 나타나기도 하고, 성인기에 나타나기도 한다.

언어장애가 아동기에 발현되는 경우 발달 면에서 다루어지기 때문에 이를 **언어발달장애**(Developmental Language Disorders: DLDs)라 하지만, 이 정의가 간단하지 않다. Brandone, Salkind, Golinkoff, Hirsh-Pasek(2006)은 언어발달장애란 언어발달이 지나치게 지체되어 또래 수준을 따라잡기 어려울 뿐 아니라 발달 과정과 순서가 정상적 발달 양상에서 벗어나기도 하여 언어발달 양상이 전형적인 발달과 질적으로 구별되는 것을 말한다고 정의한다. 이러한 언어발달장애는 **지적장애, 자폐스펙트럼장애**(ASD), **청각장애** 같은 일차적 장애에 의해 **이차적**으로 발생하기도 하고, 방치나 학대와 같은 환경적 원인에 의해 이차적으로 발생하기도 한다. 이와 같이 이차적으로 발생하는 언어발달장애 외에, 생애 초반부터 시작되는 언어장애가 있다. 종종 이 개념은 **단순언어장애**와 혼용되기도 하는데(Daines, 2014), 경미한 경우 한번 아동의 말이 시작되면 정상적인 양상으로 발달하기도 하지만, 많은 경우 심각한 언어발달 지체가 나타나고 양상도 비전형적이다(Kamhi, 1998; Tallal, 1998; Verhoeven & Balkom, 2004). 학자에 따라서는 이 유형들 중에서 다른 장애의 동반 없이 **일차적**으로 언어에만 어려움을 보이는 경우만을 언어발달장애로 한정하기도 한다(Nelson, 2010).

Paul과 Norbury(2014)는 언어발달장애의 범위와 명칭에 대한 인식이 분명하지 않은 이유에 대해 단순언어장애(선천성 실어증, 발달성 실어증, 부전실어증), 언어지체, 언어장애, 언어장해, 언어발달장애 등의 다양한 이름이 존재하기 때문이라고 지적하고, 언어발달장애를 일차적 언어발달장애, 문해장애가 동반된 학령기 일차적 언어발달장애, ASD나 지적장애와 같은 발달장애에 의해 이차적으로 나타나는 언어발달장애로 분류하고, 이 하위 영역들을 모두 언어발달장애 안에 포함한다. 그리고 여기서 '발달적(developmental)'이란 말은 **아동기**에 발현된다는 것이고 '장애(disorders)'란 전형적인 발달 **궤도**로부터의 현저한 **이탈**이라고 덧붙임으로써 언어발달장애의 범위와 개념을 명시한다.

그렇다면 언어발달장애를 진단하기 위해 언어적 손상이나 발달상의 지체가 있는지를 어떻게 판단할 것인가? 앞서 언급한 바와 같이 언어발달 속도와 양상에는 개인차가 있겠지만, 어디까지가 개인차이고, 어디부터 개인차의 정도를 벗어난 장애라고 판단할 것인가? 평가를 한다면 개인의 언어 능력을 평가할 수는 있는가? 물론

한 개인이 갖고 있는 **언어 능력**(language competence) 자체를 평가할 수 있으면 좋겠지만 현실적으로 인간에게 내재한 어떤 능력을 평가한다는 것은 결국 외적으로 나타나는 **언어수행**(language performance)으로 판단할 수밖에 없기 때문에 평가는 언어 능력의 일부에 대한 부분적 평가에 그치게 되고, 따라서 항상 만족스러운 것은 아니다.

일반적으로 **표준화된 공식 검사**를 통해 장애 여부와 정도를 평가하고, 목적에 따라 자발화를 수집하여 언어 하위 영역별 양상을 평가함으로써 공식 검사가 담당하지 못하는 부분을 보완한다. 개인차는 어느 영역에서나 어느 연령대에서나 있게 마련이므로 언어장애 여부를 판단할 때 어디까지를 개인차로 볼 것인지 결정해야 한다. 대개 통계학적으로 −1 SD(standard deviation) 이하일 경우 약간 지체 혹은 우려 수준의 격차로 간주하고, −2 SD 이하인 경우 장애로 간주한다. 그러나 이러한 통계학적 분포 기준으로 대상자가 언어발달의 정상적 수준을 벗어났다고 판단하기에는 −2 SD라는 기준이 상대적이고 임의적인 면이 있고(Rice, 2000), −2 SD는 대략 3%이기 때문에 무조건 전체 아동의 약 3%만이 언어장애라는 다소 이상한 결과로 귀결되고 만다(Bishop, 1997).

검사 결과 −2 SD를 넘어선 경우 더 이상 개인차로 보지 않고 의미 있는 언어발달지체 혹은 언어발달장애로 판단한다. 이때 지체와 장애 중에서 어느 용어를 사용할 것인가? 현재 광범위하게 혼용되고 있는 '장애'와 '지체'는 동일한 개념의 다른 표현인가, 아니면 언어병리학 분야에서 명확히 구분하여 사용하는 두 개의 용어인가? 개념적으로 '언어발달지체'는 기준에 비해 언어발달이 속도 면에서 지체되어 있지만 정상적 언어발달을 따라잡을 수 있다고 판단되는 경우를 지시하는 것이라면, 발달 속도가 많이 지체되어 따라잡기 어려울 뿐 아니라 발달 과정과 순서가 정상적 발달 양상에서 벗어난 경우는 '언어발달장애'라 한다. 개념적으로는 분명히 구분되는 듯하지만 이 두 용어는 애매한 면이 있다. 아동의 연령이 낮을수록 끝내 지체의 간극이 유지되거나 더 벌어질 것인지, 정상 수준을 따라잡을 것인지, 섣불리 속단하기 어렵기 때문이다. 따라서 최근에는 언어발달 면에서 심각한 어려움을 보이는 아동을 기술할 때 명확하게 **언어장애**(language impairment, language disability)라고 진단하는 것을 선호하는 경향이 있다(Paul, 2001; Pence & Justice, 2011). 그러나 국내 임상 현장에서는 여전히 '장애'라는 용어가 대상자의 신체적·기능적 결함을 지나치게 강조한다는 부정적 정서가 있어 아동의 경우 '언어발달지체'라는 용어를 선호하는 경향이 있다.

2) 언어발달의 속도

언어발달 과정과 양상을 자세히 살펴보면 상상 이상으로 복잡하고 어려운 처리과정을 거친다. 이 과정이 잘 순환되기 위해서는 감각, 주의집중, 지각, 인지, 운동, 언어기능 등이 모두 잘 맞물려 작동되어야 한다. 대부분의 아동은 별 어려움 없이 빠르고 쉽게 모국어를 배운다. 하지만 이 기능들 중에서 어느 하나라도 어긋나면 언어발달이 늦어지거나 장애가 생긴다. 지적장애, 자폐증, 뇌전증, 정신장애, 정서장애, 청각장애 등의 질환은 언어발달을 늦추는 주요 이유이지만, 어떤 아동들은 이러한 원인 질환이 나타나지 않음에도 불구하고 18개월이 넘어 첫 낱말이 나타나고 24개월이 되어도 두 낱말 조합을 하지 못하기도 한다. 이와 같이 특별한 발달적 지연 없이 첫 낱말 산출을 비롯한 언어적 기술이 늦게 나타나거나 발달 속도가 늦은 경우를 일컬어 '말 늦은 아이(late talker)'라고 한다. 말 늦은 아이들은 18~24개월 사이 어휘 폭발기(vocabulary growth spurt)가 나타나지 않는다. 정상적 발달을 보이는 아동은 24개월에 평균적으로 200~300개 단어까지 표현할 수 있는데, 말 늦은 아이는 24개월에 두 단어 조합에 이르지 못하고, 심지어는 이때서야 첫 낱말을 산출하기도 한다. 물론 말 늦은 아이 중에는 점차 또래의 정상적 언어발달 수준을 따라잡기도 한다(Paul et al., 1996). 언어발달이 느린 2세 아동 중 20~75%가 3세에 정상 범위의 표현 언어에 도달한다는 보고가 있다(Rescorla, 1989). 그러나 많은 경우 또래의 언어발달을 따라잡지 못한다. Dale 등(2003)은 언어발달 지연을 보이는 2세의 쌍둥이 중 45%는 언어의 어려움을 지속적으로 보여 주었다고 보고하였고, Klee 등(1998)은 2세에 언어발달이 지연된 아동 중에서 20~33%는 3세에도 계속적으로 언어발달 지연을 보였다고 하였다. Paul(1991)이 제시한 비율은 더 높은데, 말 늦은 아이의 40~50%가 3세에도 언어발달 지연을 보인다고 하였다.

이러한 흐름이 아장이기가 지나 학령전기 동안에도 지속된다면 단순언어장애로 간주된다. Paul(1991)의 보고대로 2세의 말 늦은 아이의 40~50%에게서 언어발달 지연이 지속된다면, 단순언어장애의 유병률은 대략 2~5%(Reed, 2012)가 된다. Law 등(1998)은 이보다 높은 5~10%의 단순언어장애 유병률을 제시한다. 이들은 그 습득 순서나 언어적 양상이 정상적 언어발달 아동과 유사하고 단지 속도만 느려 언젠가 또래 아동의 언어발달 속도를 따라잡을 수 있을 것이라고 기대되고, 실제로 학령전기에 이들 중 상당수는 언어발달을 또래 수준으로 회복한다. 그러나 Reed(2012)는 아장이기와 학령전기에 언어발달이 지연되어 있던 아동들이 언어발달을 회복하는 것처럼 보일지라도 이들은 학령기에 다시 학습장애라는 다른 양상으로 문제를 드러낼 수 있으며 그 확률도 매우 높다고 주장한다.

정리하면, 언어발달이 원활히 이루어지기 위해서는 인지, 정서, 운동, 행동, 해부 생리 메커니즘이 모두 잘 맞물려 작동되어야 한다. 어느 하나의 톱니바퀴가 경로를 벗어나거나 다른 메커니즘과 안 맞으면 전체적인 발달의 톱니바퀴는 원활히 작동되기 어렵다. 이를 공에 비유하면, 공을 구성하는 각 메커니즘의 조각 퍼즐이 잘 맞춰져야 모나지 않은 공이 되어 처음에는 서서히 굴러가다가도 가속도가 붙는다. 그러나 퍼즐의 어느 한 조각만 어긋나도 공은 모가 나 잘 굴러가지 않게 된다. 치료와 교육을 통하여 부족한 조각 퍼즐을 보완하면서 억지로 공을 굴려도 이들의 속도는 이미 가속도가 붙어 굴러가는 공을 따라잡기 어려운 경우가 많다.

초기 언어습득 과정에서 어떤 아동들은 빠르고, 또 어떤 아동들은 느리다. 그런데 아동의 언어발달이 다른 아동보다 늦을 때 많은 양육자들이 '좀 더 지켜봐야지.'라고 생각한다. 만 2~3세까지 지켜보다가 늦게 언어치료실을 찾아오고, 그때조차도 더 지켜보려 한다. 발달을 하기는 하는데 속도가 다른 아이보다 느릴 때, 말이나 언어의 문제는 매우 미약한 것일 수도 있고 생각보다 심각한 것일 수도 있지만, 어찌 되었건 가능한 한 빨리 청력이나 다른 질환을 점검하고 대처해서 나쁠 것이 없다. 왜냐하면 언어습득과 발달에 있어서 느린 속도가 양육자와의 정서적 소통뿐 아니라 또래와의 사회적 소통과도 관련되어 있고, 이는 곧 아동의 심리적 문제로 이어지기 때문이다.

3) 언어발달장애 아동의 언어 특성

앞서 언급하였듯이 언어장애는 의사소통의 어느 과정에서나 일어날 수 있고, 언어의 내용, 형식, 사용 어느 부분에서나 일어날 수 있다. 즉, 어휘의미나 문장의 의미와 같은 의미적 측면에서 나타날 수도 있고, 음운적·형태적·통사적 측면에서 나타날 수도 있고, 의사소통 기능이나 대화 기능 같은 화용적 측면에서 나타날 수도 있다.

어휘발달이 늦어지는 아동들은 단지 언어 자극이 부족해서일 수도 있지만, 일부 아동들은 단어의 명칭과 의미를 연결하는 데 어려움을 보이기도 한다. 이는 **공동주의**나 **공동참조**가 잘 안 되어 나타나는 문제일 수도 있고, **음운 표상**이나 **의미 표상**에서의 문제일 수도 있다. 혹은 기억이나 회상의 문제일 수도 있다. 다양한 이유로 어휘집이 기대에 비해 양적·질적으로 빈약한 경우 이러한 **의미적 결함**이 지속되면서 아장이기에 빈번히 나타나는 **과대일반화**와 **과소일반화** 현상이 오래 지속되는 경향이 있다. 또한 학령전기와 학령기를 통해 발달하게 되는 범주어, 관계어, 반의어, 유의어, 상위어와 하위어, 다의어와 동음이의어 같은 의미론적 영역의 발달이 늦어지거나 정상 발달과는 다른 양상을 보이게 된다. 이 경우 내포된 의미나 **어휘관계** 연결에도 영향을 미치게 된다. 더욱 심각한 것은 어휘 수준에서의 의미 결함이 결국은 문장 수준에서의 의미 결함으로 이어진다는 점이다. 문장 구성요소의 의미 이해나 문장 전체에 대한 의미 이해에 어려움을 보인다. 특히 접속문이나 내포문을 이해하고 표현하는 것은 더욱 어려워진다. 언어발달장애 아동의 경우 이러한 내용 면에서의 제한적 기술이 다른 아동보다 두드러질 수 있다.

언어의 **형식** 면은 주로 문장을 구성하는 요소들의 음운론적·형태론적·통사론적 기술과 관련된다. **조어법**도 그렇지만 문법형태소인 **조사**와 **어미**는 특히 문장 구성에서 중요하다. 언어발달장애 아동은 이러한 낱말이나 문장의 문법적 표지를 파악하는 데에 제한적인 능력을 보인다. 그래서 문법형태소를 종종 생략하고 어휘형태소만 나열하거나, 사용하더라도 잘못 사용하여 비문을 만들게 된다. 특히 문법형태소의 특성상 그 의미가 불분명하고 사용되는 위치에 따라 모양이 종종 달라지기 때문에 언어발달장애 아동의 경우 스스로 이러한 문법형태소의 종류나 움직임으로

부터 규칙성을 찾아내는 것이 어렵다. 따라서 이들의 문법 오류는 오랫동안 지속적으로 나타나는 경향이 있다. 또한 언어발달장애 아동은 문장 구성에 있어서 낱말의 순서를 배열하거나 변환하는 기술이 제한적이어서 **평균발화길이**가 짧고, 접속문이나 내포문 구성에 어려움을 보인다.

화용론적 측면에서 언어발달장애 아동의 특성을 살펴보면, 이들은 발달 초기부터 의사소통 기능이 제한적이어서 시선을 맞추고 대화 상대방과 순서를 지켜 말을 주고받는 것이 정상적 발달 아동에 비해 약한 편이다. 의사소통 상황에서 상대방의 언어적·비언어적 자극에 반응하는 빈도가 낮고 **의사소통의 의도**를 파악하는 데에 어려움을 보인다. 즉, **상황에 대한 이해 부족**, 타인의 감정 파악 및 말의 **의도 파악**에 어려움을 보인다. 또한 언어 기술을 점차 습득하여도 이들의 발화는 직설적이다. 대화 상대방의 의도를 인식하고 이해하는 능력에 어려움이 있어 상대방의 질문에 대해 엉뚱한 대답을 하거나 융통성이 없는 대화를 한다. 간접 표현이나 완곡어법 이해에 어려움을 보이며, 이야기의 원인과 결과 관계를 이해하거나 추론하는 데에도 어려움을 보인다. 따라서 언어 연령이 증가하더라도 전제, 가정, 함의 등에 대한 인식이 부족하여 높은 수준의 섬세한 언어 사용에 이르기 어렵다.

2. 언어발달장애 유형

언어발달장애는 특별한 질병 없이 언어발달장애가 **일차적**으로 나타나기도 하고, 지적장애, 자폐증, 청력손실, 뇌성마비, 구순구개열 같은 음성기관의 기형, 뇌전증 같은 신경학적 이상 등의 다양한 질환에 의해 **이차적**으로 나타나기도 한다. 사고로 인한 뇌손상에 의해 후천적으로 발생하기도 한다. 여기서는 이 질환들 중에서 아동과 청소년에게 가장 많이 나타나는 대표적인 언어장애 유형에 대해 살펴볼 것이다.

1) 단순언어장애

(1) 단순언어장애 정의

단순언어장애(Specific Language Impairment: SLI)란 유아기나 학령전기 아동이 뇌손상이나 청각, 지능 등의 면에서 특별한 이상이 없음에도 불구하고 언어 이해와 표현에서 유의한 손상을 보이는 경우를 말한다(Leonard, 1998). 다른 이상이 없이 단순히 언어적인 면에서 어려움이 있다는 것은 뭔가 심각하지 않은 현상으로 생각될 수도 있으나, 단순언어장애(SLI)는 식별하기도 어려울 뿐만 아니라 치료나 예후도 이름과 달리 단순하지 않다. 정신적으로, 신경학적으로, 청지각적으로 이상이 없어야 하고 지능이 정상적 범주에 있어야 하는데, 질병이 드러나지 않는다고 이상이 없다는 보장이 없고 인지와 언어의 상관관계가 명확하게 정해져 있는 것도 아니어서 신중할 필요가 있다(Reed, 2012).

(2) 단순언어장애 진단 기준

Fey(1986)는 SLI를 대상자의 생활연령과 언어연령 간에 나타나는 격차에 근거하여 정의하였다. Stark와 Tallal(1981) 역시 생활연령 대비 언어연령의 격차를 SLI 진단의 기준으로 제시하였다. 좀 더 구체적으로, 이들은 특별한 질병이나 원인이 없이 또래 아동에 비해 6개월 이상의 수용언어 지체나 1년 이상의 표현언어 지체 혹은 1년 이상의 통합 언어연령 지체를 보이면 SLI로 진단할 수 있다고 제안하였다. 그러나 Reed(2012)는 생활연령이 10세인 아동에게 1년의 언어발달 지체가 3세 아동에게 나타나는 1년의 언어발달 지체와 그 심각성 면에서 매우 큰 차이가 있기 때문에 단순히 생활연령과 언어연령을 비교하는 방식으로 진단하는 것은 문제가 될 수 있다고 지적한다.

Leonard(1998)는 언어 능력이 또래 정상 발달 아동과 비교하여 최소 −1.25 SD 이하이고, 비언어성 지능이 85 이상이며, 청력에 이상이 없고, 검사 시 중이염을 앓고 있지 않아야 하며, 뇌전증, 뇌성마비, 뇌손상 같은 신경학적 이상이 없고, 말산출과 관련한 구강 구조나 기능에 이상이 없으며, 사회적 상호작용 능력에 이상이나 장애가 없어야 SLI로 진단한다는, 좀 더 명확한 기준을 제시하였다. Leonard의 기준을 취할 경우 언어 능력이 또래의 −1.25 SD에 해당하는 것은 백분위로 10%ile, 즉 80~81 표준점수와 일치하므로 언어 평가에서 10%ile 이하면 SLI로 진단된다(Reed, 2012). 그러나 SLI 진단에 있어 중요한 비언어성 지능을 측정하는 방식의 문제가 계속 지적되고 있고, 여러 연구(Johnston, 1999; Leonard, 1998; Rescorla & Goossens, 1992; Stark & Tallal, 1988; Weismer, 1996)가 단순언어장애가 상징놀이, 가설 형성, 표상적 사고와 같은 인지 기능의 손상과 관련이 있다고 주장하고 있는 만큼 Leonard의 SLI 진단 기준 또한 논란의 여지를 모두 피해 가지는 못한다. 따라서 SLI의 진단 기준 중에서 인지적 손상에 대한 부분은 여전히 논의 과정에 있다고 보아야 한다.

(3) 단순언어장애의 원인

SLI의 원인으로 유전학적 · 생물학적 요인을 시사하는 연구들이나 환경요인 혹은 작업기억과 관련된 요인이 제기되고 있지만 모두가 동의하는 정확한 원인이 규명된 것은 아니다. 워낙 SLI가 이질적 집단이고 증상도 다양하여 그 원인도 한 가지에서 기인한다기보다 여러 요인이 복합적으로 작용하면서 나타나기 때문이다. 가능한 원인 중 유전적 요인, 신경학적 요인, 환경적 요인, 정보처리적 요인과 같은 주요 원인에 대해 살펴보자.

● 유전적 요인

Tomblin 등(1997)은 SLI의 원인이 부모의 가족력이나 교육 수준과 같은 환경적 요인의 영향을 받는다고 주장한다. 사실, 대부분의 언어장애가 환경뿐 아니라 유전적 영향을 받는다는 보고들이 많이 있다(Bishop, North, & Donlan, 1995; Choudhury & Benasich, 2003; Crago & Gopnik, 1994; Lahey & Edwards, 1995; Rice, 1996; Tallal, Sainburg, & Jernigan, 1991; Viding et al., 2003). SLI의 경우 최근 연구들이 언어처리 기술의 결함을 보고하고 있지만 SLI 진단 기준 자체가 유전적 요인을 명시하기 어렵게 하는 측면이 있다. 중요한 것은 유전적 요소가 있더라도 언어발달에 좋은 환경을 제공한다면 그 영향력을 줄일 수 있다는 것이다(Bishop, 1997).

● 신경학적 원인

SLI의 경우 그 정의상 지적 · 정서적 · 청각적 · 신경학적 손상이 보이지 않는다. 일부 연구는 청각적 처리 과제에서 정상 발달 아동과 SLI 아동이 차이가 있었다고 보고하기도 하고(Lincoln, Courchesne, Harms, & Allen, 1995; Neville, Coffey, Holcomb, & Tallal, 1993), 해부학적으로 SLI 아동의 특성이 있다는 보고도 있다(Jackson & Plante, 1996; Plante et al., 1991; Ullman & Pierpont, 2005). 그러나 이에 대한 결론을 내리기에는 더 많은 연구가 필요하다.

● 환경적 요인

일반적으로 아동은 언어 자극이 많지 않아도 정상적 언어발달을 할 수 있다(Bishop, 1997). 정상 발달 아동의 부모와 마찬가지로 SLI 아동의 부모 역시 많은 언어 자극을 제공한다(Conti-Ramsden & Dykins, 1991). 거꾸로 SLI 아동이 수용할 수 있는 언어 정보가 제한적이기 때문에 부모도 아동의 능력에 맞추게 되고, 언어 자극의 양도 줄어들 수 있다(Reed, 2012). 요컨대, 언어 환경이 SLI의 직접적 원인은 아니지만 아동의 언어학습에 영향을 주는 것은 사실이다.

● 정보처리 능력의 손상

Bishop(1992)은 SLI와 관련하여 언어습득 과정에 영향을 주는 청지각적 손상이나 언어발달에 영향을 주는 개념 발달에 있어서의 손상 외에도 정보처리와 관련하여 언어 지식을 소리 신호로 변환하는 처리의 손상, 언어처리를 조절하는 언어 담당 메커니즘의 손상, 가설-검증 절차를 포함한 언어학습 전략에서의 비정상성, 정보처리 시스템 능력과 속도에서의 제한과 같은 손상 유형을 짚었다. 이와 같이 SLI의 원인으로 정보처리 기술의 결함이 지속적으로 주장된다. Weismer(1996), Weismer와 Evans(2002) 등은 SLI 아동의 작업기억 용량이 작아 언어처리 부담이 증가할 때 언어수행에 어려움을 보인다고 주장하였다(임지연, 2011에서 재인용). Reed(2012)는 좀 더 구체적으로 SLI와 관련된 정보처리 기술을 두 가지로 분류하여 분석하였다. 첫째, 의미처리를 위해 작업기억에 저장하고 처리하는 속도의 문제가 있고(Miller, Kail, Leonard, & Tomblin, 2001; Montgomery, 2000; Montgomery & Leonard, 1998; Weismer,

Evans, & Hesketh, 1999), 둘째, 청각자극이나 **음운** 변경의 임시적 **처리**와 같은 특정 과정의 손상(Corriveau, Pasquini, & Goswami, 2007; Gathercole & Baddeley, 1990; Gathercole, Hitch, Service, & Martin, 1997; Gillam, Hoffman, Marler, & Wynn-Dancy, 2002; Merzenich et al., 1996; Montgomery & Windsor, 2007; Tallal, 1976; Tallal et al., 1996)이 있을 수 있다. 아직 명확히 밝혀지지 않았으나 이러한 연구 보고들은 SLI가 신경 기능의 장애와 관련되어 있을 가능성을 시사한다.

그 외에도 표상적 사고와 같은 인지 기능의 손상이나 영양실조, 만성 중이염, 독극물에의 노출과 같은 신체적 건강 요인과 방임 및 학대 등의 요인이 SLI에 영향을 줄 수 있다고 한다(Leonard, 1998; Rescorla & Goosens, 1992).

(4) 단순언어장애의 언어 특성

● 음운론적 특성

SLI 아동의 경우 옹알이의 음절 구조와 음절 구조의 다양성이 일반 아동에 비해 덜 복잡하여 CVC 구조보다 CV 구조의 빈도가 높다고 한다. 24개월 SLI 아동의 모음 목록은 4~5개 이하이고, 36개월 SLI 아동의 **음운** 오류 패턴은 모음 오류, 초성 자음과 종성 자음의 생략, 앞 자음이 후속 자음을 대체하는 등의 현상이 나타난다고 보고된다(Oller, Eilers, Neal, & Schwartz, 1999; Stoel-Gammon, 1991). 한국 아동의 경우 임지연(2011)은 SLI 아동과 정상적 언어발달 아동을 대상으로 생활연령을 일치시켜 문장 처리 과정에서 운율 단서를 활용하여 통사적 중의성을 이해하고 화자의 정서를 구별할 수 있는지 실험하였다. SLI 아동이 유의미하게 낮은 수행 능력을 보였지만, 언어연령을 일치시켰을 때는 수행 능력에 차이가 없었다고 보고하였다. 백경아(2011)는 생활연령이 5~6세이고 언어연령이 4세인 10명의 SLI 아동을 대상으로 생활연령 4세의 정상적 언어발달 아동과 비교하여 실험하였다. 연구 결과, SLI 아동은 음절 수준과 음소 수준 모두에서 유의미하게 낮은 **음운인식** 능력을 보였다. 즉, 전반적으로 단순언어장애 아동이 언어연령에 비해 단순하고 빈약한 음운 패턴과 음운인식 능력을 보이는데, 운율 단서 활용 능력은 상대적으로 양호할 수 있음을 알 수 있다.

● **의미론적 특성**

SLI 아동은 의미 영역에서 두드러진 손상을 보인다. 정상적으로 발달하는 아동들은 일반적으로 12~14개월이면 초어를 산출하는 것에 비해 SLI 아동은 그보다 늦은 18~24개월에 초어를 산출하고(Trauner, Wulfeck, Tallal, & Hesselink, 1995), 따라서 18~24개월의 어휘 폭발기가 나타나지 않는다. 또한 SLI 아동들은 **의미관계를** 매우 제한적으로 사용하는 경향이 있다고 보고된다(Leonard, Steckol, & Panther, 1983; Leonard, Steckol, & Schwartz, 1978). 어휘적인 측면에 초점을 맞추면 SLI 아동은 **어휘 다양도, 낱말재인 및 인출** 등에서 전반적인 결함을 보이고(Leonard, 1998), 초기 낱말 유형에서 **동사** 사용 빈도가 낮으며(Rice, Buhr, & Nemeth, 1990), **이름 대기 과제**에서도 반응 시간과 정확도에서 낮은 수행 능력을 보인다(Fried-Oken, 1984)고 보고된다(Reed, 2012에서 재인용). 국내 연구에서도 SLI 아동이 동사와 명사의 이름 대기 과제에서 정상 발달 동일 연령 아동에 비해 낮은 수행력을 보였다고 보고된다(이윤경, 김영태, 2002; 2003). SLI 아동의 이러한 의미론적 결함은 이들의 빠른 **우연학습** 수행 능력이나 작업기억에 기인할 수도 있고(김성수, 2003; 김성수, 이은미, 2006), 단어의 의미를 배우지만 표상에 어려움이 있을 수도 있고, 단어의 의미를 부분적으로 이해하거나 불완전하게 이해하는 경향 때문일 수도 있다(McGregor et al., 2002). 그래서 SLI 아동은 낱말을 찾기 위해 머뭇거리거나 모호한 표현을 하는 모습을 보이게 되는데, 이는 전체적인 말속도에도 영향을 미칠 수 있다.

● **형태론적 · 통사론적 특성**

SLI 아동은 24개월이 넘어도 두 단어를 조합하지 못하다가 37개월경에서야 낱말을 조합하기 시작한다(Trauner et al., 1995). 이들의 평균발화길이는 또래보다 짧아 2년 정도의 지연이 나타난다는 보고가 있다(Rice, 2013). 이들의 **발화길이가** 짧은 것은 서술어 사용의 빈도가 낮고 주요 **문법형태소** 사용에 어려움이 있기 때문이다(김은영, 2003; 박정현, 2002; 정미란, 황민아, 2007; Rice et al., 1990). 이 아동들은 주요 문법형태소를 자주 생략하고 동사의 시제나 어미 활용에도 어려움을 보인다(김정아, 2002; 문현아, 2007; 방선윤, 2010). 이 연구들은 SLI 아동이 언어연령이 동일한 일반 아동보다도 시제나 서술어 활용 과제에서 전반적으로 과제 수행률이 낮았고, 특히 과거 시제에 비해 현재나 미래 시제에서 오류가 더 많이 나타났다고 보고한다. Watkins와 Rice(1991)는 SLI 아동의 서술어 활용 문제가 어휘력의 문제가 아니라 형태론적·통사론적 문제라고 주장한다. 그러나 SLI 아동의 발화길이가 어느 정도 증가한 후에는 SLI 아동의 통사적 발달 패턴이 일반 아동과 유사하다는 주장도 있고 그렇지 않다는 보고도 있어, 이에 대한 결론을 내리기 위해서는 더 많은 연구가 필요한 상황이다.

● 화용론적 특성

SLI 아동이 화용론적 측면에서도 어려움을 보일까? 일반적으로 화용론적 결함이 SLI의 주요 특성은 아니지만, 의사소통 기능의 범위가 제한적이고, 상황에 맞는 언어 사용에 어려움을 보이는 경향이 있다. 대화 면에서도 주제를 개시하는 것이 어렵고, 주제를 개시하더라도 상황에 맞지 않는 부적절한 주제를 개시하곤 한다. Hadley 와 Rice(1991)는 취학 전 SLI 아동이 또래 집단에서 거부당하는 경우가 많은데, 이는 SLI 아동들이 주제와 관련 없는 의견을 제시하거나, 순발력 있게 즉흥적으로 응답하는 데 약하며, 대화에 잘 끼어들지 못하고 자신의 의견에 대해 또래의 반응도가 낮기 때문이라고 주장한다. 또한 국내 SLI 아동의 담화 특성에 대한 연구들에 따르면(고선희, 2008; 김유정, 2002; 오진희, 2009; 윤혜련, 2005; 윤혜련, 김영태, 2005; 이진숙, 황민아, 2007), SLI 아동들이 언어연령이 동일한 정상 발달 아동에 비해 텍스트 연결 추론, 빠진 정보 추론 과제에서 낮은 수행률을 보이고, 이는 담화 길이에도 영향을 준다고 보고한다.

● 읽기 및 학습의 특성

SLI 아동은 학령기에 읽기와 학업에서 어려움을 보일 확률이 높다(김화수, 2005). 2세에 언어가 지연된 아동은 3세경 또래를 따라잡는 경우가 많은데, 학령기에 들어가 읽기, 쓰기에서 다시 어려움을 보인다. 이는 학령기에 갑자기 나타나는 문제가 아니라 학령전기의 음운인식 능력과 관련이 있다(강진경, 2006; 서유경, 2005; 손은아, 2004; 오효진, 2007; Bishop & Adams, 1990; Catts, 1993; Tallal, 1988). Rescorla(2002)의 연구에서도 말 늦은 아이가 5세 때 정상적 발달 수준에 이르렀지만 8~9세에 다시 읽기 문제가 등장한다고 보고하였다. 또한 Bishop과 Edmundson(1987)의 연구에서도 5세 반까지 언어발달의 어려움을 극복한 것처럼 보였던 아동들이 15세에 다시 학습과 언어에 어려움을 보였다고 보고한다. 이러한 연구 결과들을 종합하면, 단순언어장애 아동들이 학령전기에 언어 기술을 정상화하는 듯하더라도 다시 학령기 읽기 · 쓰기 능력에서 어려움을 보일 수 있음을 지적한다고 하겠다.

2) 지적장애

(1) 지적장애 정의

미국 지적장애 및 발달장애 협회(American Association of Intellectual and Developmental Disabilities: AAIDD)에 따르면, **지적장애**(Intellectual disorder)란 18세 이전의 발달기에 발현되는 장애로, 현저히 낮은 **지적 기능**과 **적응행동**에서 어려움을 보이는 장애다. 여기서 지능이란 정신적인 능력으로 원인, 계획, 문제해결, 추상적인 생각, 복잡한 생각 이해, **빠르게 배우기**, 경험으로부터 배우는 능력 혹은 일상생활에서 문화 배경과 연령이 같은 다른 사람들처럼 독립적이고 책임감 있게 행동할 수 있는 능력을 말하고, 적응행동은 개념적 기술, 사회적 기술, 그리고 실제적인 일상생활 능력의 범주에서의 행동을 말한다(Reed, 2012). 지적장애라는 명칭은 원래 **정신지체**(Mental retardation)라고 불리다가 점차 **지적장애**(Intellectual disorder)라는 용어로 변경되었으며, 아직도 정신지체라는 말이 병용되는 경우가 있으나 최근의 세계적 추세는 지적장애라는 용어를 더 많이 사용한다. 국내의 경우 2007년 10월 「장애인복지법 시행규칙」이 개정되면서 정신지체에서 지적장애로 용어를 변경하여 다루고 있다.

(2) 지적장애 진단 기준

국내외 지적장애 진단 기준은 지능검사 결과에 의거하는데 표준화된 **지능평가** 도구에 의해 IQ 70이 지적장애 진단 기준이다. 그러나 IQ가 70은 넘지만 71~84에 해당하는 약 13.5%는 **경계선급**에 해당하지만 진단 기준을 넘지 않아서 특수교육 대상도 아니고 장애로 판정되지도 않아 애매한 그룹이 된다. 이들은 단순언어장애의 지능 범주를 Leonard(1997)보다 넓게 볼 경우 단순언어장애로 분류되기도 한다. 지능이 확실하게 결정되고 18세 이전에 증상이 나타나면 지적장애로 진단하지만, IQ가 결정되지 못할 경우 지적장애와 발달장애가 겹치는데, 이런 경우는 아동의 병인에 따라 지능이 기준점을 밑돌더라도 지적장애가 아니라 학습장애나 발달장애 등으로 진단되기도 한다.

국내에서 주로 사용되는 지능검사 도구는 베일리 검사(Bayley, 2005), 웩슬러 아동지능검사(Wechsler, 2003), 카우프만 지능검사(문수백, 변창진, 2008)다. 베일리 검사는 주로 어린 영유아를 대상으로 하는 발달 검사로 웩슬러 검사 대상이 되지 못하는 연령층에 대한 지능검사 도구로 활용되고 있다. 웩슬러 지능검사는 국내에서 가장 많이 사용되는 지능검사 도구로 연령대에 따라 유아용인 K-WPPSI(Korean-Wechsler Preschool and Primary Scale of Intelligence)와 넓은 의미의 학령기를 위한 K-WISC(Korean-Wechsler Intelligence Scale for Children)로 나뉜다. 카우프만 지능검사는 2세부터 12세까지 사용할 수 있는 비교적 대상 연령 범위가 넓은 지능검사 도구다.

IQ 점수는 생활연령을 정신연령으로 나누고 그 값을 100으로 곱하여 구한다.

$$IQ= (MA/CA) \times 100$$

지적장애 등급 기준은 20~34(1급), 35~49(2급), 50~70(3급)으로 나뉘며, 71~84는 경계선급에 해당한다. 따라서 IQ 70이 커트라인인데, 이는 또래 아동에 대한 정규분포에서 지적 기능이 3% 아래로 떨어진다는 것을 의미하며, 이는 −2 SD 이하에 해당한다(Reed, 2012).

(3) 지적장애의 원인

지적장애의 원인으로 유전적 요인과 환경적 요인을 들 수 있다. 먼저 염색체 이상이나 산모의 중독으로 인한 태아의 산전 손상이 지적장애의 30%에 이르며, 방임 및 학대, 정신적 이상, 환경적 영향으로 인한 지적장애가 15~20%에 해당한다. 또한 태아 영양실조, 미숙아, 산소 결핍, 바이러스 감염 등 임신 기간 및 주산기 문제가 약 10%에 이르고, 원인 규명이 어려운 경우가 30~40%에 해당한다(Reed, 2012).

Beckett과 Long(2005)에 따르면, 다운증후군은 21번 염색체가 원인인 경우가 가장 일반적이고, **취약X증후군**(Fragile X syndrome) 발병률은 전체 돌연변이와 일부 돌연변이로 구분되는데, 인구에서 전체 돌연변이는 여성은 6,000명 중 한 명, 남성은 4,000명 중 한 명으로 나타난다. 그 외에 지적 기능에 영향을 받은 희귀 유전질환은 **윌리엄증후군, 엔젤만증후군, 프라더윌리증후군**이다. 윌리엄증후군은 7번 염색체의 유전자 물질이 없어서 생기는데 대략 1만~1만 5,000명 중 한 명으로 나타난다. 엔젤만증후군은 어머니의 15번 염색체로부터 온 유전자 물질이 제거됨으로써 나타나는 진행성 신경질환으로 대략 1만~2만 5,000명 중 한 명꼴로 나타난다. 아빠로부터 15번 염색체가 제거되었을 경우 프라더윌리증후군이 나타난다(Reed, 2012에서 재인용).

(4) 지적장애 언어 특성

지적장애인의 언어적 특성은 지적 손상 정도에 따라 다르다고 할 수 있다. 일반적으로 지적장애는 **초기 의사소통 기능 발달 지체**를 가져오고, **초어, 단어 조합 산출**이 지체되어 나타난다. 경도 지적장애의 경우 구어 기술을 잘 발달시킬 수 있지만 추상적·상징적 언어 및 복합구문, 대화 참여, 의사소통 수정 등에서 결함을 보이고, **짧은 발화 산출, 빈약한 어휘, 느린 말속도, 문법형태소 생략**이 나타난다. 이들은 대체로 표현보다 이해력이 더 높은 편인데 중도나 최중도 지적장애의 경우는 언어 표현 및 이해 모두에 심각한 결함이 나타나며, 일부 중도 지적장애인의 경우에는 표현 능력을 습득하지 못하여 **보완대체의사소통체계**(Augmentative and Alternative Communication: AAC)를 이용하게 된다.

● 음운론적 특성

다운증후군과 같은 지적장애 아동은 옹알이나 억양이 있는 발성놀이가 일반 아동보다 부족하고, 주위의 소리나 사람, 물건에 대한 흥미나 관심이 적어 반응이 매우 소극적이며, 1~2세가 되어도 여전히 발성량이 적은 편이다(김수형, 강수균, 1999). 일반적으로 지적장애 아동의 경우 **조음 습득 시기**가 늦고 발달 속도도 느리다(김영환, 1995; Abboeduto & Boudreau, 2004; Stoel-Gammon, 1997). 김성수(1996), 김영환(1995)에 따르면, 지적장애 아동의 75~85%가 조음 결함을 가지고 있다. 언어발달기가 지난 초등학교 고학년, 심지어는 성인이 되어서도 오조음을 보이곤 한다. 지적장애 아동의 조음정확도에 대한 연구에서 생활연령 12세, 정신연령 6세인 아동의 56.7%가 조음의 어려움을 보였고, 생활연령 7~12세, 정신연령 3~8세인 지적장애 아동의 25% 이상이 마찰음(/ㅅ/)과 파찰음(/ㅉ/)에서 오류를 보였다(김성수, 1996). 지적장애 아동의 음운인식 능력에 대한 연구(Fletcher & Buckley, 2002; Groen, Laws, Nation, & Bishop, 2006)에 따르면, 아동에 따라 매우 다른 수행능력을 보였다. Snowling, Hulme, Mercer(2002)는 읽기 능력이 일치하는 어린 일반 아동과 다운증후군 아동을 비교하였는데, 다운증후군 아동이 운율 및 음소 인식에서 제한적인 수행 능력을 보였다고 보고한다.

● 의미론적 특성

지적장애 아동의 언어발달은 일반 아동의 발달과 동일한 단계를 거치는데, 속도가 느리고, 초어를 말하는 시기도 늦다. McCarthy(1999)는 지적장애 아동이 일반 아동보다 초어를 말하는 시기가 1년 이상 지체된다고 보고한 바 있다. Owens(2001)는 지적장애 아동이 또래 일반 아동보다 수용언어 능력이 낮고 어휘관계도 제한적이라고 보고한다. 국내 지적장애 언어발달 연구의 경우 최성규(2004)는 지적장애 아동의 생활연령과 정신연령이 격차가 클수록 어휘습득 속도가 느릴 뿐 아니라 수용어휘력이 낮고, 의미 다양성이 제한적이며, 필요 이상으로 구체적인 경향이 있다고 주장한다.

● 통사론적 특성

정상 발달 아동의 경우 20~30개월이면 두세 단어를 조합하여 문장을 만들 수 있다. 초기 문장에서 단순하고 불완전한 문장을 사용하다가 점차 복잡도가 높아지고 기능형태소가 들어간 세련된 문장을 만들어 낸다. 지적장애 아동은 2~4세경에도 이해하고 표현할 수 있는 어휘 수가 적다. 4~6세 사이에 문장 형태가 나오는데, 문장 구성력에 있어 지체가 두드러진다(구혜경, 2009). 이러한 통사론적 결함은 지적장애 아동의 낮은 지능이 기억 기능의 결함으로 이어지기 때문이다. 따라서 지적장애 아동은 어형 변화와 **문법 규칙**을 습득하는 데 어려움을 겪고(김영환, 1991; 박현숙, 2004), 조사를 잘못 사용하거나 아예 생략하여 전보문처럼 문장을 생성하는 특성이 있다(강수균, 1999). 이러한 국내 지적장애 아동에 대한 연구는 영어권 아동에 대한 연구와도 일치한다. Chapman(1995)은 지적장애 아동의 발화 연구에서 기능어를 빈번히 생략했다고 보고하였고, Rondal(1993)은 통사적으로 문제를 보이는 아동은 **짧은 평균발화길이**를 보였다고 했으며, Gordon과 Panagos(1976)는 지적장애 아동이 일반 아동보다 문법 습득이 지체되고, 이로 인해 평균형태소길이가 짧았다고 보고한 바 있다. Reed(2012)에 따르면, 지적장애 아동은 일반 아동과 같은 순서로 의존형태소를 습득하지만 그 속도는 느리다. 미국의 1학년에 대한 연구에서 지적장애 아동은 정신연령이 일반 아동보다 더 높더라도 구문 구성에 있어서 유의하게 낮은 결과를 보였다. 문장 모방 작업에서 정신연령이 5세인 지적장애 아동들은 3세의 정상 발달 아동과 같은 수행 능력을 보였다.

● **화용론적 특성**

지적장애 아동은 **화용적 측면**에서도 손상이 나타날까? 먼저 영유아기 지적장애 아동에 대한 화행 연구에서(Rosenberg & Abbeduto, 1993) 지능 손상이 경미할 경우 정상 발달 아동이 보이는 초기 화행 목록은 모두 나타난다고 보고된다. 그러나 지능 손상이 심각할 경우 화행 기술이 손상되며(Eheart, 1982), 또래와의 **상호작용 빈도**도 현저히 낮아진다고 한다(Sinson & Wetherick, 1982). 장벽놀이 실험을 통한 지적장애 아동의 **참조적 능력**을 일반 아동과 비교하여 분석한 연구들(Abbeduto et al., 1998; Longhurst, 1972; Rueda & Chan, 1980)은 경도 및 중등도 지적장애 아동이나 청소년들이 장벽 과제에서 충분히 정보를 제공하는 데 실패하는 것을 보면 지적장애에서 나타나는 참조적 의사소통 능력의 결함이 순수하게 지능 때문이라고 말하기 어렵다고 분석한다. 즉, 지적장애 아동들이 청자의 입장에서 필요한 정보를 예측하여 제공하는 화용 능력이 제한적이기 때문에 참조적 지시 파악 및 표현에서 어려움을 보인다는 것이다. Calculator와 Dollaghan(1982)은 지적장애 아동이 언어치료사와 대화할 때보다 교실 상황에서 위축되며, 반대로 교실 환경에서 교사에 의해 블리스 상징(Blissymbols)[1]을 배운 지적장애 아동은 교실에서는 효과적으로 배운 것을 사용하지만 **일반화**에는 어려움을 보인다고 보고하면서 지적장애 아동들의 화용론적 결함을 뒷받침하였다. 또한 지적장애 아동은 주제에 대하여 차례를 지켜 대화를 주고받는 것에 어려움을 보인다. 그런데 이는 대화 주제 개시나 유지, 변경 등의 어려움이 단순히 상호작용의 문제에서 비롯되는 것이 아니라 주제 확장을 위해 필요한 필수 지식이나 현재의 주제와 정보를 연결하는 능력이 부족하기 때문이다(Reed, 2012).

● **읽기, 쓰기 능력**

다운증후군 아동의 경우 읽기와 쓰기 기술의 수준이 단일한 양상을 띠지 않는다. 어떤 다운증후군 아동은 언어 능력에 비해 높은 수준의 읽기, 쓰기 능력을 보이기도 한다(Byrne, MacDonald, & Buckley, 2002; Snowling et al., 2002). 하지만 지적장애 아동의 **독해 능력**은 대체로 **지연되어** 있다(김자경, 강혜진, 2010; 양영모, 백은희, 2012; 임해주, 정은혜, 전병운, 2012). 지적장애 아동 및 청소년의 읽기 문제가 단어재인이나 음운인식 능력의 어려움 때문일 수도 있고(김미인, 안성우, 최상배, 2006), 수용언어 능력이 낮기 때문일 수도 있다(Groen et al., 2006). 한편, 지적장애의 읽기 능력 손상이 형태론적 · 통사론적 결함 때문이라는 견해도 있다(Buckley & Johnson-Glenberg, 2008).

3) 자폐스펙트럼장애

(1) 자폐스펙트럼장애 정의

자폐증은 1943년에 Kanner가 지능이 정상에 가까우나 사회성이 낮고 의사소통

---

1) 블리스 상징(Blissymbols)은 Charles Bliss가 중국인들의 상형문자를 보고 착안하여 의미에 기초해 만든 그림언어체계다.

예를 들면, 이 블리스 상징으로 만들 문장은 "I want to go to the cinema."를 의미한다. 블리스 상징을 통하여 읽지 않아도 그림으로 생각하고 의사소통을 할 수 있다.

에 어려움을 보이는 환자 집단을 소아정신분열(조현병)과 구분하여 기술하기 위해 처음 사용한 용어다. 이 용어가 처음 사용되었을 때는 자폐증을 정신적 장애로 간주했으나, 1970년대 이후 자폐증은 정신적 장애라기보다 발달장애로 다루어지게 되었고 발병 원인도 환경보다는 선천적 장애로 간주된다. 일반적으로 자폐증은 그 증후가 3세 이전에 나타나며 주로 타인과의 **상호작용 결함**, **의사소통 기술의 결함**, **공동주의 결함**, 반복적이고 제한적인 **상동행동 및 관심**, **반향어** 등의 특성을 보이는 것으로 보고된다.

미국정신의학협회(American Psychiatric Association)의 『정신질환의 진단 및 통계 편람(Diagnostic and Statistical Manual of Mental Disorders: DSM-IV-TR)』(APA, 2000)에서 자폐성장애(Autistic disorder), 아스퍼거장애(Asperger disorder), 레트장애(Rett disorder), 소아기붕괴성장애(Childhood disintegrative disorder), 달리 분류되지 않는 전반적 발달장애(Pervasive Developmental Disorder-Not Otherwise Specified)를 아우르는 전반적 발달장애(Pervasive Developmental Disorder: PDD)로 정의하였던 이 질환은 유전적 특성, 환경 요인, 지능의 손상, 수반되는 행동 및 정서 장애에 따라 각기 다른 특성을 지닌 하위 범주를 포함하고 있지만, 공통적으로 아동기 초기부터 사회성 결핍, 의사소통의 어려움, 틀에 박힌 반복 행동, 특정 부분에 대한 관심 등의 특성을 보이며, 경우에 따라서 인지발달의 지체가 동반되는 것으로 기술되었다.

2013년에 미국정신의학협회는 『DSM-5』(APA, 2013)를 개정판으로 발간하게 되는데, DSM-5에서는 전반적 발달장애(PDD)라는 용어 대신 **자폐스펙트럼장애**(Autism Spectrum Disorder: ASD)라는 명칭을 사용하면서 **신경발달장애**(Neurodevelopmental disorder)의 하나로 분류하였다. 또한 PDD에 포함시켰던 레트장애를 자폐스펙트럼장애의 범주에서 제외시켰다. 자폐스펙트럼장애는 용어가 암시하는 것처럼 그 특성이 매우 다양하지만 공통적으로 의사소통, 사회적 상호작용, 특별한 관심과 활동 같은 핵심 결함을 보이는 것으로 보고된다(Heflin & Alaimo, 2014).

(2) 자폐스펙트럼장애 진단 기준

자폐스펙트럼장애의 진단은 원인이나 메커니즘이 아닌 행동에 근거하여 이루어지는데, 자폐 진단을 받기 전에 이미 많은 부모가 아동의 **비정상적인 사회적 상호작**

용 패턴, 특정 사물에 대한 비정상적인 흥미, 감정 조절의 어려움, 공동주의와 가상놀이의 어려움 등을 보고한다. 자폐스펙트럼장애의 진단 기준은 〈표 11-1〉과 같다.

표 11-1 자폐스펙트럼장애 진단 기준(APA, 2015 참조)

A. 다양한 분야에 걸쳐 나타나는 사회적 의사소통 및 사회적 상호작용의 지속적인 결함으로 현재 또는 과거력상 다음과 같은 특징으로 나타난다.
  1. 사회적-정서적 상호성 결함(예: 비정상적인 사회적 접근과 일반적 대화의 실패, 제한적인 관심이나 정서 공유, 사회적 상호작용의 개시 및 반응의 실패)
  2. 사회적 상호작용을 위한 비언어적 의사소통 행동의 결함(예: 언어적, 비언어적 의사소통을 통합하는 데 있어서의 어려움, 비정상적인 눈 맞춤과 몸짓언어, 몸짓의 이해와 사용 결함, 얼굴 표정과 비언어적 의사소통의 전반적 결함)
  3. 관계 발전, 유지 및 관계에 대한 이해의 결함(예: 다양한 사회적 상황에 적합한 적응적 행동의 어려움, 상상놀이를 공유하거나 친구 사귀기의 어려움, 또래에 대한 관심 결여)
현재의 심각도를 명시할 것:
심각도는 사회적 의사소통 손상과 제한적이고 반복적인 행동에 기초하여 평가한다.

B. 제한적이고 반복적인 행동이나 관심, 활동이 현재 또는 과거력상 다음 항목 중 적어도 두 가지 이상 나타난다.
  1. 상동행동, 반복적인 동작이나 물건 사용 또는 말하기(예: 단순한 동작성 상동증, 장난감 줄 세우기, 또는 물체 튕기기, 반향어, 특이한 문구 사용)
  2. 동일성에 대한 고집, 일상적인 것에 대한 융통성 없는 집착, 또는 의례적인 언어나 비언어적 행동 양상(예: 작은 변화에 대한 극심한 고통, 변화의 어려움, 완고한 사고방식, 의례적인 인사, 같은 길로만 다니기, 매일 같은 음식 먹기)
  3. 강도나 초점에 있어서 극도로 제한적이고 비정상적인 고정된 흥미(예: 특이한 물체에 대한 강한 애착 또는 집착, 과도하게 제한적이고 고집스러운 흥미)
  4. 감각 정보에 대해 과민하거나 둔감한 반응, 또는 환경의 감각 영역에 대한 특이한 관심(예: 통증/온도에 대한 명확한 무관심, 특정 소리나 감촉에 대한 부정적 반응, 과도한 냄새 맡기 또는 물건 만지기, 빛이나 움직임에 대한 시각적 매료)
현재의 심각도를 명시할 것:
심각도는 사회적 의사소통 손상과 제한적이고 반복적인 행동 양상에 기초하여 평가한다.

C. 증상은 반드시 초기 발달 시기부터 나타나야 한다(그러나 사회적 요구가 개인의 제한된 능력을 넘어서기 전까지는 증상이 완전히 나타나지 않을 수 있고, 나중에는 학습된 전략에 의해 증상이 감춰질 수 있다).

D. 이러한 증상은 사회적, 직업적 혹은 현재의 중요한 기능 영역에서 임상적으로 뚜렷한 손상을 초래한다.

E. 이러한 장애는 지적장애(지적발달장애) 또는 전반적 발달지연으로 더 잘 설명되지 않는다. 자폐스펙트럼장애와 지적장애는 종종 상호 동반된다. 자폐스펙트럼장애와 지적장애를 동시에 진단하기 위해서는 사회적 의사소통이 일반적인 발달 수준에서 기대되는 것보다 낮아야 한다.

주의점: DSM-IV의 진단 기준상 자폐성장애, 아스퍼거장애 또는 달리 분류되지 않는 전반적 발달장애로 진단된 경우 자폐스펙트럼장애의 진단이 내려져야 한다. 사회적 의사소통에 뚜렷한 결함이 있으나 자폐스펙트럼장애의 다른 진단 항목을 만족하지 않는 경우는 사회적(화용적) 의사소통장애로 진단되어야 한다.

다음의 경우 명시할 것: 지적 결함이 동반되거나 동반되지 않은 경우, 언어적 손상을 동반하거나 동반하지 않는 경우, 의학적 · 유전적 상태 또는 환경적 요인과 연관된 경우, 다른 신경발달, 정신 또는 행동장애와 연관된 경우, 긴장증을 동반한 경우

자폐스펙트럼장애는 발병 연령과 패턴이 중요한데, 일반적으로 12~24개월 무렵에 나타나며, 지능을 비롯한 발달이 매우 늦는 경우라면 12개월 이전에도 알아차릴 수 있다. 영유아기에 나타나는 증상은 미묘하고 알아차리기 어렵지만 2세 이후 또래와의 상호작용 기회가 늘면서 증상이 더욱 명백하게 나타난다. 대개 언어발달 지연이 가장 먼저 눈에 띄며 이후 **사회적 관심의 부족, 독특한 의사소통 패턴** 등의 상호작용 문제가 드러난다. 자폐스펙트럼장애의 유병률은 여러 국가에서 1% 정도로 보고된다(APA, 2013).

자폐스펙트럼장애 진단을 위해 사용되는 검사도구로는 ADI-R(Autism Diagnostic Interview-Revised), ADOS(Autism Diagnostic Observation Schedule), CARS(Childhood Autism Rating Scale), 길리엄자폐평정척도(GARS) 등의 표준화된 도구가 있다. 자폐증의 발생률은 점점 증가하고 있다. 자폐 및 발달장애 모니터링 네트워크(Autism and Developmental Disabilities Monitoring Network)에 따르면, 자폐증이 8세 아이 150명 중 1명 정도로 나타나고, 남성이 여성보다 3~4배 더 많이 발병한다고 보고된다(Reed, 2012). 그러나 자폐증을 어떻게 정의할 것인지, 샘플링이 어떤 방식으로 되는지, 검사도구가 무엇인지 등의 요인에 따라 유병률은 달라질 수 있다.

국내의 경우 보건복지부(2019)의 자폐스펙트럼장애 정도 심사 기준에 따르면, 적어도 만 2세 이상의 아동에 대하여 진단을 할 수 있으며, ICD-10 진단 기준에 의한 전반적 발달장애(자폐증)로 정상 발달 단계가 나타나지 않고 IQ 70 이하여야 한다. 국내 자폐스펙트럼장애의 정도 심사 기준은 〈표 11-2〉와 같다.

표 11-2 보건복지부고시 제2019-117호에 따른 장애 정도 심사 기준

장애 정도	장애 상태
장애의 정도가 심한 장애인	1. ICD-10의 진단 기준에 의한 전반성 발달장애(자폐증)로 정상 발달의 단계가 나타나지 아니하고 지능지수가 70 이하이며, 기능 및 능력 장애로 인하여 GAS(Goal Attainment Scale) 점수가 20 이하인 사람
	2. ICD-10의 진단 기준에 의한 전반성 발달장애(자폐증)로 정상 발달의 단계가 나타나지 아니하고 지능지수가 70 이하이며, 기능 및 능력 장애로 인하여 GAS 점수가 21~40인 사람
	3. 1호 내지 2호와 동일한 특징을 가지고 있으나 지능지수가 71 이상이며, 기능 및 능력 장애로 인하여 GAS 점수가 41~50인 사람

표 11-3 GAS(Global Assessment Scale) 채점표(보건복지부고시 제2019-117호)

점수	내용
100~91	독립적인 자조기술과 양호한 일상생활 기술. 다룰 수 없을 정도의 어려움 없음. 여러 가지 활동에 참여함
90~81	독립적인 자조기술과 양호한 일상생활 기술. 일과성 증상이 있고 일상생활에서의 문제가 간혹 다루기 힘듦. 기능상의 장애는 없음
80~71	독립적인 자조기술. 약간의 양호한 일상생활 기술. 일과성 감정 반응으로 인하여 약간의 기능상 붕괴
70~61	독립적인 자조기술이 있으나 다소의 지도 감독이 필요함. 약간의 신체적 도움이 필요기도 하나 이것은 단지 신체적 장애 때문. 일반적으로 행동문제는 없음. 혹은 약간의 양호한 일상생활 기술을 갖고 있지만 사회적으로 부적절한 행동 때문에 중재가 간헐적으로 필요함
60~51	자조기술 수행할 수 있으나 지도 감독이 필요함. 언어를 통한 지시가 자조에 필요하나, 신체적 도움은 조금 필요한데 이것은 신체적 결함 때문. 중재가 필요한 행동 문제가 발생할 때도 있으나 이것은 간헐적임

50~41	자조를 위하여 언어나 신체적 지시가 필요함. 중재가 필요한 행동 문제가 지속적 양상으로 나타나지는 않음. 일반적으로 활동에 참가하려는 의도가 있음
40~31	자조기술에 약간의 신체적 도움이 필요함. 자주 발생하는 행동 문제나 신체적 제한을 지도 감독하면 활동에 참여할 수 있음. 혹은 간헐적으로 심각한 행동문제(폭력적이거나 자학적)를 보이지만 자조기술은 있음
30~21	자조에 약간의 신체적 도움이 필요하고 활동에 참여할 의도가 다소 있으나 행동 문제 때문에 정기적인 지도 감독이 필요함. 혹은 결함 때문에 광범위한 도움이 필요하나 신체적으로 할 수 있는 한도 내에서는 과제를 수행하고 참여하려는 의지를 보임
20~11	자조에 신체적 도움이 필요. 자주 참여하려 하지 않음. 혹은 심각한 행동문제(폭력, 자해) 때문에 정기적인 중재가 필요함
10~1	거의 전적인 신체적 보살핌이 필요. 혹은 심각한 행동(폭력이나 자해) 때문에 정기적 중재가 필요하기 때문에 항상 지도 감독이 필요함

(3) 원인

자폐스펙트럼장애의 원인은 무엇인가? 정확한 원인은 아직 밝혀지지 않았으나 뇌전증이나 밸프로에이트(뇌전증약의 일종)에 태아가 노출되는 등의 선천적 요인이나 저체중 같은 환경적 요인에 대한 보고가 있다(APA, 2013). Hughes(2008)는 자폐증이 하나의 유전자에서 발생하는 것이 아니라 15번부터 17번까지 염색체와 30개가 넘는 여러 유전자의 복잡한 기전으로 발생할 수 있다고 주장한다. 또 다른 연구들은 모계의 비타민D 결핍, 심한 자연재해 노출, 모의 갑상선 수치나 불안장애 등이 자폐와 연관이 있다고 보고하기도 하고, 임신 중기 동안 양수에서 발견되는 높은 테스토스테론 수치가 관련되어 있을 수도 있다고 한다(Reed, 2012).

(4) 언어 특성

● 음운론적 특성

자폐아동의 의사소통 특성은 생애 초기부터 나타날 수 있다. 옹알이도 늦고, 옹알이 빈도도 낮으며, 옹알이 패턴의 다양도에 있어서도 빈약하다. 단조로울 정도로 틀에 박힌 패턴, 부적절한 속삭임, 소리의 비정상적인 변동, 단조로운 말소리 등의 특성을 보이며, 과도한 비강 공명, 발화의 내용에 맞지 않는 억양 특성을 보인다. Paul 등

(2005)은 고기능 자폐의 경우 운율적 감정을 지각하고 생성하더라도 감정의 차이에 따른 억양 구조를 사용하지는 못했다고 보고한다. 이 연구자들은 자폐장애 아동의 운율적 단조로움이 마음 읽기 기술의 손상에 기인할 수 있다고 제안한다.

● 형태론적 · 통사론적 특성

자폐아동들은 다른 사람이 사용한 단어나 문장을 단순히 반복하는 모습을 자주 보인다. 이들에게서는 문법형태소 사용의 어려움이 나타나는데, 조사나 어미, 예를 들면 시제 표현 어미에서 어려움을 보인다. 발화길이는 짧고, 문장 구조는 매우 간단하거나 상투적이며 문장의 형태도 제한적인 편이다. 고정적이고 상투적인 형태의 문장을 사용하고 문법 구조가 제한적이다. 또한 문장 유형의 변화에 어려움을 보인다. 그러나 자폐아동의 문법형태소나 문장 구성 능력에서의 제한점이 다른 장애에 비해 특히 부각된다고 보기는 어렵다.

● 의미론적 특성

자폐아동의 30~50%는 일상생활에서의 의사소통에 필요한 언어를 발달시키지 못한다(Reed, 2012). 고기능 자폐의 경우 어휘, 철자법 등에서 두드러진 능력을 보일 수 있기 때문에 철자 능력이나 어휘 능력을 보고 이들의 언어 능력을 과대평가하기도 한다. 그러나 이들은 비유언어나 추론 같은 고난이도 과제에서는 수행 능력이 낮다. 또한 자폐아동은 반향어, 상투적인 언어, 신조어의 특징을 보인다. 반향어의 경우 상대방의 말이 끝나고 바로 똑같이 따라 말하는 즉각 반향어나, 어느 정도 시간이 흐른 뒤 들었던 말을 산출하는 지연 반향어가 나타난다. 자폐아동에게서 나타나는 반향어에는 몇 가지 특징이 있다. 첫째, 지적장애나 일반 아동들의 것보다 빈도가 더 높다. 둘째, 다른 발달장애 아동의 반향어가 2.5~3세에 사라지는 것에 반하여, 자폐아동의 반향어는 나이가 들어도 계속 발생한다(Reed, 2012). 셋째, 자폐아동의 반향어는 다른 장애군의 반향어에 비해 운율이 더 단조롭고 변화가 적다. 과거에는 이러한 반향어가 의사소통의 의도가 없는 병리적 문제로만 간주되었지만 최근에는 반향어의 의사소통 기능에 대한 관심이 높아지고 있다.

자폐아동의 또 다른 의미론적 특성으로 새로운 단어를 습득할 때 사물의 기능보다는 물리적 유사점에 근거하여 범주화하려는 경향이나 낱말을 순서대로 회상하는 경향 등을 들 수 있다. 또한 상대적인 특성을 이해하는 데에 어려움이 있기 때문에 범주어와 관계어 습득에서 어려움이 나타나고 의미역의 실현 가능성에 대한 이해에도 어려움을 보인다.

● 화용론적 특성

자폐아동은 수단적 의사소통 행동을 수행할 수 있다. 엄마에게 원하는 것을 요구할 때 엄마의 행동을 조절하거나 엄마가 요구하는 것을 따르는 행동에서 나타나곤 한다. 그러나 확실히 눈 맞춤, 가리키기 등은 동일한 언어 수준의 지적장애에 비해 훨씬 많은 어려움을 보인다. 이들은 규칙 따르기, 대화하기, 대화 과정에서 말하는 스타일을 변경하는 것에도 특별한 어려움을 보인다. 고기능 자폐아동이 파트너에 따라 자신의 언어를 변경할 수는 있지만 일반 아동이 보이는 기술과는 달랐다고 한다(Volden et al., 2007: Reed, 2012에서 재인용).

4) 청각장애

(1) 정의

청각장애(hearing impairment)란 인간이 귀를 통하여 들을 수 있는 범주의 소리를 듣는 데에 어려움을 보이는 청지각적 이상을 말하며 청력손실(hearing loss)이라 불리기도 한다. 청각장애는 청지각적으로 소리의 크기와 명료도 모두 영향을 받을 수 있다. 청력손실 정도에 따라 농(deaf)과 난청(hard-of-hearing)으로 분류되는데, 농은 전혀 들을 수 없음을 의미하고 난청은 조금 들을 수 있음을 의미한다. 그러나 농이라고 해도 잔존 청력이 전혀 없는 것은 아니며, 농과 난청의 분류 기준은 보통 90dB로 정하고 있다. 미국의 경우 난청 아동이 농아에 비해 최소 16~30배 정도 많다고 추정된다(Ross et al., 1991). 청지각적 손상 정도가 경미할 경우 보청기를 사용하여 소리를 증폭시킬 수 있지만 손상 정도가 심하면 증폭장치로도 소리를 구분할 수 없다.

(2) 진단 기준

청력손실의 조기 선별과 중재는 매우 중요하다. 신생아에서 청력손실의 발병률(prevalence)이 이전에는 1,000명당 한 명으로 알려져 왔으나 **이음향방사검사**(Otoacoustic Emissions: OAEs)나 **자동화청성뇌간반응**(Automated Auditory Brainstem Response: AABR) 같은 기기의 발전으로 조기에 선별이 가능해지면서 그 발병률이 높아지고 있다. 미국의 경우 1,000명당 16명의 초등학생이 난청으로 보고된다 (Reed, 2012). 한국의 경우 1985년 한국인구보건연구원 조사에서 청각장애 유병률이 약 0.34%로 나타났다. 하지만 2011년 실시된 한국보건사회연구원의 장애인 실태조사 보고서(김성희 외, 2011)에 따르면, 2000년도 청각장애인 출현율이 0.23% (10만 9,503명)에서 2005년에는 0.40%(18만 5,911명), 2011년 0.50%(24만 0,695명)로 보고되었다. 2017년도 보고서(김성희 외, 2017)에서는 이보다 더욱 증가하여 0.64%(31만 7,200명)로 보고되었다.

청력 검사 결과에 따라 청력손실의 정도는 6단계로 나뉜다(〈표 11-4〉 참조).

표 11-4 청력손실 단계(Elzouki et al., 2012: 602 재구성)

	정도	청력
1	전농	-
2	심도	90dB HL 초과
3	고도	71~90dB HL
4	중등고도	55~70dB HL
5	중등도	41~54dB HL
6	경도	26~40dB HL (성인)
		20~40dB HL (아동)

국내 청각장애인의 장애 정도 심사 기준은 〈표 11-5〉에서 제시된 바와 같다.

표 11-5 장애 정도 심사 기준(보건복지부, 2019)

장애 정도	장애 상태
장애 정도가 심한 장애인	1. 두 귀의 청력손실이 각각 90dB 이상인 사람
	2. 두 귀의 청력손실이 각각 80dB 이상인 사람
장애 정도가 심하지 않은 장애인	1. 두 귀의 청력손실이 각각 70dB 이상인 사람
	2. 두 귀에 들리는 보통 말소리의 최대의 명료도가 50% 이하인 사람
	3. 두 귀의 청력손실이 각각 60dB 이상인 사람
	4. 한 귀의 청력손실이 80dB 이상, 다른 귀의 청력손실이 40dB 이상인 사람

(3) 청각장애 원인과 유형

청각장애에는 유전, 매독이나 풍진 같은 모체의 감염, 조산, 분만 과정의 감염이나 외상과 같이 출생 이전에 발생하는 청력손실이 있고, 출생 후 감염, 만성 중이염, 지속적인 소음에의 노출, 약물, 혹은 교통사고나 추락과 같은 사고의 원인으로 발생하는 청력손실이 있다. Peckham(1986)은 전체 청각장애의 3분의 1이 선천성이고, 3분의 1이 후천성이라면, 나머지 3분의 1은 원인이 알려지지 않은 청력손실이라고 했다(김수진, 2012에서 재인용). 그러나 좀 더 최근 보고에 따르면, 다운증후군, 트리처콜린스 증후군, 왈덴버그 증후군, 구개열 등과 같은 유전적 요인 이외에 잘 알려지지 않은 요인이 80%에 이른다고 보고되기도 한다(Cohn et al., 1999). 청각장애는 〈표 11-6〉에서 설명하는 바와 같이 청력손실의 위치나 양상에 따라 전음성, 감각신경성, 혼합성으로 분류된다.

표 11-6 청각장애 유형과 특징

청각장애 유형	특징
전음성 (conductive)	일반적으로 주파수에 영향을 미치는 외이와 중이의 감염이나 질병에 의해 발생. 청력손실 정도에 따라 보장구가 도움이 될 수 있음
감각신경성 (sensori-neural)	내이의 손상에서 오는 결과로 청력손실은 경도부터 심도까지 가능하며 종종 특정 주파수대에 더 심한 영향을 주기도 함. 보장구를 착용해도 소리가 왜곡되기도 함
혼합성(mixed)	내이 혹은 외이, 중이 어느 곳에서나 일어날 수 있음

(4) 청각장애의 언어 특성

전언어기 영아의 경우 영아의 청력손실을 눈치채지 못하는 경우가 많다. 특히 전농이 아닌 경우 부모는 아기가 문이 쾅 닫히거나 창밖에서 오토바이가 지나가면서 내는 소리에 깜짝 놀라기도 해서 잘 듣는 줄 알았다고 하는 경우가 많다. 개 짖는 소리가 70dB이고 오토바이가 지나가는 소리가 90dB임을 감안한다면, 웬만한 난청이라도 이렇게 큰 소리를 들을 수 있다. 하지만 큰 소리를 들을 수 있다고 해서 작은 소리도 들을 수 있는 것은 아니다.

● 초기 말지각과 말산출 특성

청력손실이 있는 영아는 언어발달 초기 단계부터 정상 발달 아동과 차이를 보인다(McCaffrey, 1999). 3~4개월경 정상적인 쿠잉이 나타나지만 옹알이는 늦어진다(Oller & Eilers, 1988). 정상 발달 아동의 경우 5개월에서 12개월 사이 자음 목록이 지속적으로 늘어나는데, 청각장애 아동은 옹알이에 나타나는 자음 목록이 오히려 줄어들고(Stoel-Gammon & Otomo, 1986), 치경음보다 순음이 더 많이 발달되는 경향이 있다(Yoshinaga-Itano, Stredler-Brown, & Jancosek, 1992). 이들의 반복적 옹알이는 15~18개월까지 늦춰지는 경향이 있고, 일부는 아예 옹알이가 나타나지 않기도 한다(Oller & Eilers, 1988). 또한 청력손실 정도가 심할수록 초분절적 오류나 명료도(intelligibility)가 저하되는 경향이 있다(Markides, 1983).

● 형태론적 · 통사론적 특성

청각장애 아동은 형태론적 · 통사론적 측면에서 심각한 결함을 보인다. 1970년대와 1980년대에 걸쳐 많은 연구가 청각장애 아동의 형태론과 통사론적 손상에 대해 종단연구와 횡단연구를 진행하였다(Davis & Hardick, 1981; Engen & Engen, 1983; Levitt, 1987; Russell, Quigley, & Power, 1976). 연구 결과에 따르면, 청력손실은 형태론과 통사론에 심각한 영향을 미치는 것으로 나타났다. 심한 경우 경도 및 중등도 청력손실 아동이 5~6년의 형태론적 지체를 보였다는 보고가 있다(Brown, 1984).

● **의미론적 특성**

청각장애 아동들은 양적 · 질적으로 의미론적 발달이 지연된다. 청력손실이 미미한 아동은 1~3년 정도 어휘력이 지체되는데(Davis, Elfenbein, Schum, & Bentler, 1986), 청력손실이 심한 경우는 4~5년 정도가 지체된다고 보고되었다(Markides, 1970). 정상청력의 경우 일상생활 속에서 우연히 낱말을 배울 수 있지만, 청각장애 아동들은 청력손실로 우연학습의 기회를 놓치기 때문에 **어휘력 발달에 어려움을 겪**는 것으로 추정된다. 어휘습득의 기회 상실은 아동의 학업 성취도에까지 부정적 영향을 미치는 것으로 보고된다(Ross, 1982).

● **화용론적 특성**

청각장애 아동은 화용론적으로도 어려움을 보인다. Duchan(1988)에 따르면, 청각장애 아동들은 주제 개시나 주제 유지와 같은 대화 기술이나 자신의 대화 차례를 지키는 것에서 어려움을 보인다. Kretschmer와 Kretschmer(1980)는 청각장애 아동이 언어중재를 받더라도 획득한 언어 기술을 **일반화하지 못하여** 일상생활에서 이루어지는 대화 기술에 적용하지 못하는 경향이 있다고 주장한다.

● **읽기와 쓰기 특성**

청각장애 아동의 학습적 측면은 어떠한가? Davis와 Hardick(1981)은 많은 청각장애 아동이 구어적 · 문어적 기초가 안 되어 있어 읽기와 같은 학습적 수행에도 영향을 받는다고 주장한다. 이들은 청각장애 아동은 학년이 올라가도 대략 4학년 수준의 읽기 능력을 넘지 못하며 개인차도 크다고 보고한다.

(5) 청각장애인의 의사소통 방법

청각장애인은 어떻게 의사소통을 할 수 있을까? 언어를 습득하는 경우 언어를 통하여 의사소통을 하지만, 구어나 문자를 습득하지 못하는 경우 수화, 지문자, 독화술 등을 통하여 의사소통을 한다(〈표 11-7〉 참조).

농인 경우 가장 간단한 의사소통 방법은 문자다. 이들에게 있어 제1언어는 수어이고 제2언어가 모국어다. Fitzpatrick 등(2013)은 구어 중재와 함께 수어를 학습하

표 11-7 청각장애인의 의사소통 방법

의사소통 방법	설명
수화 (sign language)	생각과 문장을 표현하기 위해 손동작의 조합으로 구성
지문자 (finger alphabets)	손과 손가락으로 알파벳 철자나 단어 형태를 표시하는 방식
독화술 (lip reading)	청각장애인 중에서 10%만이 사용하는 매우 어려운 기술. 다른 사람의 입술 모양을 읽지 못해도 입술 움직임이 단서를 줄 수는 있다.

는 경우 오히려 수어가 구어 발달에 긍정적 영향을 미쳤다고 보고한다. 한편, 청각장애 아동에 대한 인공와우 이식에 대한 연구가 활발한데(Cleary, Pisoni, & Kirk, 2000; Geers et al., 2000; Roland, Fishman, Alexiades, & Cohen, 2000), 이식 시기에 따라 다르지만 조기 중재를 할 경우 언어적 손상이나 학습에의 손상이 크게 감소하는 것으로 보고된다(Tobey et al., 2013).

청각장애 아동의 부모가 정상청력인지, 청각장애인지의 여부가 아동의 의사소통에 영향을 주는가? 부모가 정상청력인 경우 부모의 언어 능력은 문제가 없지만 자녀의 청력손실에 대한 스트레스나 상실감으로 소극적인 의사소통을 하게 된다면 언어 입력의 양과 질이 떨어질 수 있다. 반면, 부모 역시 청력손실이 있는 경우 부모의 구어 능력은 부족하지만 아동을 잘 이해할 수 있고, 부모가 먼저 학습한 수화를 통해 보다 효과적으로 자녀와 의사소통을 할 수 있다. 따라서 부모의 청력 자체만으로 판단하기는 어렵다.

3. 언어발달장애 평가와 중재

언어치료란 말·언어장애를 평가하고 중재하는 일이다. 언어치료 분야가 먼저 발달하기 시작했던 서유럽과 북아메리카는 언어치료 전문가 명칭을 각 언어권에 맞추어 일관되게 불러 왔다. 특히 영어권은 일관되게 SLP(Speech-Language Pathologist)라는 명칭을 사용해 왔다. 그러나 국내에서는 SLP에 대한 명칭이 여러 번 바뀌었다. 처음에는 '언어치료사'로 불렸고, 이후 '언어병리사' '언어장애전문가'라는 명칭을 거쳐 2013년 처음 치른 국가자격증시험 명칭이 **언어재활사**로 결정되면서 '언어재활사'라는 명칭으로 다시 바뀌었다(한국언어재활사협회 편, 2013). 그러나 아직 언어치료 분야에서 '재활사'라는 명칭에 대한 공감대가 형성되지 않아서 현재 국내에서는 언어치료사와 언어재활사라는 두 가지 명칭이 혼용되고 있는 상황이라고 할 수 있다. 그 명칭이야 어떠하건 언어치료사가 의사소통 장애인을 치료하기 위해서는 먼저 말-언어장애 특성에 대해 양적 · 질적으로 평가하여 언어치료의 대상자인지 여부를 결정하여야 한다. 평가 후 언어치료 대상자로 결정되면 대상자의 언어수준과 특성을 고려하여 적절한 중재 목표를 세우고 개별적으로 혹은 그룹으로 임상 서비스를 제공하게 된다.

1) 언어발달 평가 절차

(1) 선별검사

선별검사란 말 그대로 아동이나 청소년 혹은 성인이 정밀한 평가가 필요한지를 판별하기 위해 최소한의 항목으로 진행하는 검사다. 집단적으로 검사를 진행하여 진단평가를 받아야 하는지 확인할 때 사용하거나, 뚜렷하지 않지만 뭔가 언어발달 지연이 의심되는 경우 확인을 위해 선별검사를 실시하기도 한다.

(2) 진단평가

진단평가란 대상 아동이나 청소년 혹은 성인의 현재 언어 능력에 대한 정확한 측정을 위해 전문가가 실시하는 평가다. 진단평가를 통하여 대상자의 언어발달 지연이나 장애를 판단할 수 있으며, 대상자의 언어 하위 영역에 따른 특성과 정도를 평가하여 치료에 반영할 수 있다. 진단평가는 다음과 같은 절차에 의해 진행한다.

● 면담

면담은 대상자가 아동일 경우 주로 주 양육자와 진행한다. 대상자가 청소년일 경우 직접 면담과 함께 보호자 면담을 실시한다. 직접 면담에서는 관심 분야와 정서행동을 관찰할 수 있다. 보호자 면담의 경우 출생력, 발달력, 병력, 치료력 등에 대한 정보를 수집하고, 보호자가 느끼는 주 호소 내용이나 가정에서의 행동 특성에 대해서도 정보를 수집할 수 있다. 또한 부모와 아동의 관계에 대한 정보를 획득할 수 있다. 교사 면담이 이루어질 경우는 아동의 학습 특성이나 교육 관련 정보를 얻을 수 있다.

● 검사 및 진단

검사는 공식 검사와 비공식 검사, 직접 검사와 간접 검사 등이 있다. 공식 검사란 표준화되어 또래와의 직접적 비교가 가능한 규준 참조 검사다. 비공식 검사란 표준화는 되지 않았으나 공식 검사가 파악하지 못하는 부분을 담당하여 보완할 수 있는 검사로, 자발화 분석이 그 예가 될 수 있다. 직접 검사는 검사자가 아동에게 검사를 직접 실시하고 그 결과를 기록하는 방식으로 이루어지고, 간접 검사는 주로 주 양육자의 보고를 통해 이루어진다. 진단평가는 직접 평가를 원칙으로 한다. 그러나 아동이 스스로 의사소통을 하기 어려운 상태이거나 검사를 위한 지시에 따르기가 어려운 경우 부모의 보고를 통한 간접 검사를 실시하기도 한다. 일반적으로 평가 대상자가 의미론적·음운론적·형태론적·통사론적·화용론적 영역에서 정상 발달의 이정표를 따라가고 있는지에 대해 공식 검사와 비공식 검사를 통하여 전반적인 언어평가를 실시하고, 검사 결과를 바탕으로 대상자의 언어장애를 진단하고 중재 여부를 결정하게 된다.

2) 언어발달 평가 도구

(1) 규준 참조 검사

국내의 임상 현장에서 사용되는 표준화된 언어발달 평가 도구를 소개하면, 공식 검사로는 영·유아 언어발달 검사, K M-B CDI, 수용·표현 어휘력검사, 취학전 아동의 수용언어 및 표현언어 발달척도, 구문의미 이해력 검사, 언어 문제해결력 검사 등이 있다(〈표 11-8〉 참조). 이러한 검사를 통하여 대상 아동의 언어적 기초선 잡기, 중재 목표 잡기, 중재에 의한 언어 능력의 변화 측정이 가능하다.

표 11-8 표준화된 언어발달 평가 도구

영역	검사도구명	검사도구의 외관	검사 대상과 목적
전반적 언어 발달	영·유아 언어발달 검사 (Sequenced Language Scale for Infants: SELSI) (김영태, 김경희, 윤혜련, 김화수, 2003)		• 대상: 5~36개월 • 목적: 언어장애 조기 선별을 목적으로 아동의 전반적 언어발달 정도를 평가 • 특성: 부모용과 전문가용 두 가지로 제작되어 있으나 전문가용과 달리 부모용에는 검사지에 연령 정보가 제시되지 않음
	취학전 아동의 수용언어 및 표현언어 발달척도 (Preschool Receptive & Expressive Scale: PRES) (김영태, 성태제, 이윤경, 2003)		• 대상: 2~6세 취학전 아동 • 목적: 취학전 아동의 전반적인 수용언어와 표현언어 발달 측정 • 특성: 3세까지는 3개월 간격, 3세에서 6세까지는 6개월 간격, 3문항씩 45문항으로 구성
	학령기 아동 언어 검사 (Language Scale for School-aged Children: LSSC) (이윤경, 허현숙, 장승민, 2015)		• 대상: 1~6학년 • 목적: 학령기 아동의 언어능력 평가 • 특성: 어휘관계, 구문이해, 비유언어, 문법, 복문산출, 담화이해, 문장 따라 말하기를 통해 언어능력을 종합적으로 평가하여 언어지수를 산출할 수 있음
의미론	수용·표현 어휘력 검사 (Reception and Expressive Vocabulary Test: REVT) (김영태, 홍경훈, 김경희, 장혜성, 이주연, 2009)		• 대상: 2세 6개월~16세 이상 성인 • 목적: 수용어휘력과 표현어휘력 측정 • 특성: 대부분의 연령층을 검사할 수 있고, 결과는 원점수에 대한 등가연령과 백분위 기준 제시. 표현어휘를 먼저 평가함
의미론 화용론	K M-B CDI(한국판 맥아더-베이츠 의사소통발달평가, Korean The MacArthur-Bates Communicative Development Inventories)-영아용, 유아용		〈영아용〉 • 대상: 8~17개월 영아와 초기 아장이 • 목적: 낱말 이해 및 표현 평가, 제스처와 상징놀이 평가 • 특성: 284개 낱말의 이해와 표현 능력 파악, 60개 항목의 제스처와 상징행동 평가 〈유아용〉 • 대상: 18~36개월 아장이 • 목적: 낱말 이해 및 표현 평가, 문법 수준 평가 • 특성: 641개 낱말에 대한 이해와 표현 능력 검사와 함께 아동의 문법 수준 평가

의미론 형태론 통사론	구문의미 이해력 검사 (Korea Sentence Comprehension Test: KOSECT) (배소영, 임선숙, 이지희, 장혜성, 2004)		• 대상: 4~9세(또는 초등학교 3학년) • 목적: 문장 이해력 평가 • 특성: '문장 이해력 검사'를 수정 및 보완하여 구성된 검사도구로, 검사 그림판과 실시 안내서, 검사결과 기록지로 구성
논리적 표현	언어 문제해결력 검사 (Test of Problem Solving: TOPS) (배소영, 임선숙, 이지희, 2000)		• 대상: 5~12세 아동 • 목적: 논리적인 사고 과정을 언어화하는 상위 언어 기술 측정 • 특성: 17개 장면을 담은 그림을 제시하고 50문항에 대한 구어 질문에 구어로 대답하게 함
음운론	우리말 조음·음운검사 (Urimal Test of Articulation and Phonology: U-TAP) (김영태, 신문자, 2004)		• 대상: 2~12세 아동(3~6세에 가장 적합) • 목적: 조음장애 아동의 조음 문제 교정 및 훈련 • 특성: 낱말 수준과 문장 수준에서 조음정확도를 어두초성, 어중초성, 종성의 위치에서 측정함
	우리말조음음운검사 2 (Urimal Test of Articulation and Phonology 2) (김영태, 신문자, 김수진, 하지완, 2020)		• 대상: −단어 수준: 2세 후반~7세 −문장 수준: 3~7세 • 목적: 조음정확도, 평균음운길이, 단어단위근 접률 분석 • 특성: 표준점수 제공 및 비일관성 검사 가능
	아동용 발음평가 (Assessment of Phonology and Articulation for Children: APAC) (김민정, 배소영, 박창일, 2007)		• 대상: 3~6세 취학전 아동이나 취학전 아동 수준의 조음음운 능력을 보이는 아동 • 목적: 기능적 조음장애의 선별 및 조음음운 능력 평가 • 특성: 자극반응도 검사와 연결발화 검사 포함
읽기	한국어 읽기검사 (Korean Language- based Reading Assessment: KOLRA) (배소영, 김미배, 윤효진, 장승민, 2015)		• 대상: 1~6학년 • 목적: 학령기 아동의 읽기 평가 • 특성: 선별검사, 핵심검사, 상세검사로 구성되어 있으며 핵심검사는 해독, 읽기이해, 문단글 읽기유창성, 듣기이해로 구성되어 있음. 채점한 원점수에 대해 표준점수와 백분위가 제공됨
담화	한국어 이야기 평가 (Korean Narrative Assessment: KONA) (권유진, 진연선, 배소영, 2018)		• 대상: 학령전기, 학령기 • 목적: 이야기 능력을 이야기 구성, 이야기 이해, 결속표지, 구문 및 문법형태소 사용 능력으로 평가 • 특성: 이야기담화의 거시구조와 미시구조를 모두 평가할 수 있으며 표준편차를 제공함

〈표 11-8〉에 제시한 검사도구들은 가장 기본적인 표준화 검사로 국내 대부분의 병원, 복지관, 학교, 사설 언어치료실, 장애어린이집 등에서 공통적으로 사용하고 있는 검사도구들이다. 소개한 검사도구 외에도 언어이해인지력 검사(장혜성, 임선숙, 백현정, 1992), 한국아동토큰검사(신문자, 김영태, 정부자, 김재옥, 2011), 읽기 성취 및 읽기 인지처리 검사(김애화, 김의정, 황민아, 유현실, 2014), 기초학습기능 수행평가 체제(김동일, 2006), 국립특수교육원 기초학력검사(박경숙, 정동영, 정인숙, 김계옥, 송영준, 2005) 등이 사용된다. 김영태(2014)는 앞서 소개한 검사도구 외에도 최근 개발되어 공개되기 시작하였거나 현재 개발 중인 국내 도구들에 대해서도 총망라하여 소개하고 있다.

(2) 역동적 평가

역동적 평가는 공식검사로 파악하기 어려운 부분을 평가하거나 성인이 도움을 제공하여 아동의 수행이 어떻게 향상될 수 있는지 확인하기 위해 사용된다. 역동적 평가를 통해 평가자는 아동의 언어 수행을 개선시키기 위해 어떤 도움이 필요하고 어디까지 제공해야 하는지, 다시 말해 아동의 학습 잠재력에 대한 정보나 주어진 과제에서 아동이 성공하거나 실패하는 데 영향을 미치는 요인과 무엇이 아동의 발달이나 기능을 촉진했는지에 대한 정보 등을 얻을 수 있다(Pence & Justice, 2010). **전통적 검사**는 상호작용이 배제된 채 발달단계를 중심으로 언어 능력을 평가하기 때문에 아동이 접하는 일상생활을 반영하기 힘들어 **사회적 타당도**가 떨어지는 면이 있으나, **역동적 평가**는 다양한 상황적 문맥을 제공하여 자유놀이 상황에서 아동의 언어행동을 관찰하는 방식으로 이루어지기 때문에 이를 보완할 수 있다(김영태, 2014). 영유아의 의사소통 기능이나 의사소통 수단, 상호교류 능력, 언어적·비언어적 상징행동을 평가하기 위해 가장 빈번히 사용되는 Wetherby와 Prizant(2002)의 **의사소통 및 상징행동 척도**(Communicative and Symbolic Behavior Scales: CSBS)는 역동적 평가의 예가 될 수 있다.

> **심화학습**   **발달잠재영역**
>
> 발달잠재영역(Zone of Proximal Development: ZPD)이란 Vygotsky(1985)가 제안한 개념으로 아동이 기능하고 있는 발달 수준과 다른 사람의 협조나 도움을 받아 최대한 나타내는 발달 수준과의 차이를 말한다. 이 개념은 역동적 평가에 반영할 수 있다. 일시적인 검사보다 검사 후 단기학습을 거치고 다시 검사하는 과정으로 학습 잠재력을 평가할 수 있다. 아동이 실패한 과제에 대하여 다양한 단서, 촉진, 지시, 피드백을 제공한 후 다시 평가하는 것인데, 이를 통해서 아동의 학습 잠재력을 알 수 있다. 최소의 단서만으로 정반응이 촉진된 아동은 단서를 주어도 변화가 없는 아동보다 즉각적 학습 잠재력을 가지고 있다고 볼 수 있는 것이다. 그런데 이러한 역동적 평가를 위해서는 임상가의 훈련이 필요하다.

(3) 자발화 분석

발화 단계에 있는 아동에 대해서는 **자발화 분석**을 할 수 있다. 자발화 샘플을 채취하여 언어 하위 영역별로 분석하는 방식이다. 의미론적 분석으로는 **어휘 다양도**(Type-Token Ratio: TTR)와 의미 유형의 다양성, 의미관계 등을 분석할 수 있다. 형태론과 통사론의 측면에서는 **평균발화길이**를 분석한다. 학령기로 들어간 아동의 경우 T-unit이나 C-unit당 단어나 형태소의 수 혹은 **절밀도**를 분석하기도 한다. 화용론적으로는 담화 샘플을 채취하여 다양한 유형의 **담화**를 분석할 수 있다. 예를 들어, 서사담화의 경우 이야기 문법 구성 양상을 분석할 수도 있고, 설명이나 토론 담화의 경우 C-unit이나 T-unit당 평균낱말길이를 분석하기도 하고 **플롯** 요소, **결속표지** 등을 분석하기도 한다. 중요한 것은 자발화 분석이나 담화 분석이 모두 표본에 근거하기 때문에 평상시 아동의 언어를 얼마나 대표할 수 있는 표본을 추출하였는지, 그 대표성에 따라 의미 있는 분석으로 이어질 수 있는지 여부가 결정된다는 것이다.

3) 언어중재

(1) 치료 목표

언어 평가 후 대상자가 언어장애로 판단되면 언어치료를 실시해야 한다. 언어치료를 위해서는 먼저 평가 결과에 따라 언어중재의 **장단기 목표와 계획**을 세워야 한다. 언어치료의 목표는 대상자의 상태에 따라 다르기 때문에 중재 대상자의 전체적 언어 능력뿐 아니라 언어 하위 영역별 능력과 특성을 정확히 파악하는 것이 중요하다. 언어발달 지체 정도가 경미한 경우 정상 수준의 언어 능력을 따라잡는 것이 목표가 될 것이다. 이 경우 아동의 현재 언어 능력에서 출발하여 보편적 **발달단계**에 따라 목표를 조절하면서 또래 아동의 언어 능력 수준을 따라잡도록 중재한다. 이와 같이 발달 순서에 맞게 중재하는 방식을 발달단계 **접근법**이라고 한다. 그러나 언어의 지체 정도가 매우 심각하면 오랜 시간이 흘러도 정상적 수준의 언어 능력을 획득하는 것이 어렵다. 이런 경우 발달단계에 얽매이지 않고 대상자의 일상생활에 꼭 필요한 의사소통 기술 중심으로 **기능적 접근법**에 따라 중재를 할 수 있다(김영태, 2014).

(2) 치료 구조화

언어장애 유형이 다양하고 개인에 따라 증상이 다르기 때문에 언어치료 방법을 몇 가지 정하여 보편화하고 이를 일괄적으로 대상자에게 적용한다는 것은 또 다른 문제를 야기할 수 있기 때문에 어려운 일이다. 최근 증거 기반 연구가 이슈가 되고 중재 방법에도 이를 적용하려는 움직임이 있지만, 설사 각 증상에 따른 일반적 중재 방법이 있다 해도 대상자의 행동 패턴에 따라 일괄적으로 적용하기는 어려운 것이 사실이다. 장애 유형과 개인의 **언어 특성**에 따라서 혹은 언어 하위 영역별 손상 정도와 특성에 따라서 개별적으로 목표를 정하고 프로그램을 구성해서 진행할 필요가 있다. 증상별 중재 방법은 특별 프로그램을 통해 익혀 나가거나 사례별로 학습하는 것이 효과적이다.

● 아동 중심 치료와 치료사 중심 치료

언어치료 계획에서 고려할 사항은 **치료 방법**이다. 치료 시 과제나 활동을 얼마만큼 구조화할 것인지, 아동의 관심에 따라 **아동 주도**로 치료할 것인지, 아니면 치료사가 목표언어를 정하고 활동, 장난감, 강화 내용도 정해서 아동을 이끌고 갈 것인지 결정해야 한다. 최대한 **자연스러운 상황**에서 아동의 흥미나 주도를 따라가며 학습의 기회가 주어질 때만 개입하는 아동 중심 접근은 자연스러운 상황을 만들어 아동의 흥미와 주도를 따르기 때문에 특정 목표언어에 대한 반복적 훈련이 아니라 언어 및 의사소통의 전반적 능력을 증진할 수 있다. 아동이 활동이나 장난감을 정하고 학습상황도 자연스럽기 때문에 일단 학습이 되면 **일반화**가 잘 된다. 그러나 새로운 목표 행동을 습득시키기가 쉽지는 않다. 구조화된 상황에서 **치료사가 중심**이 되어 치료를 이끌어 가는 경우 회기 동안의 시간을 효율적으로 운영할 수 있다. 그러나 아동의 관심을 유도하기 어려울 때가 빈번하고, 그렇게 획득한 획일적 기술은 아동이 일상 환경으로 일반화하기 어렵다. 따라서 아동 주도와 함께 치료 목표를 향한 치료 초점과 방향성을 유지하는 **절충법**이 여러 면에서 효과적이다. 예를 들어, 아동이 선택하거나 즐기는 활동 내에서 아동의 치료 목표가 달성되도록 유도하는 활동중심중재(activity-based intervention)는 치료 목표를 향한 치료의 초점이나 방향성이 유지되도록 유도할 수 있다. 이러한 절충법은 **집단치료**에서 더욱 빛을 발하며, 언어 자체에 국한하지 않고 언어와 관련된 상호작용, 상황에 적절한 언어 사용 등 전반적인 언어 관련 기술을 목표로 할 수 있다.

(3) 치료 효과

최근 영미를 중심으로 **증거 기반**(evidence-based) 치료 효과에 대한 연구들이 여러 분야에서 이루어지고 있다. 언어치료의 증거 기반 치료 효과에 대해 연구한 Law, Garrett, Nye(2003)는 표현언어 면에서 지체나 장애를 보인 아동이 조음정확도나 어휘력 향상을 위한 중재가 분명하게 효과를 보였으며, 특히 **또래 학습 모델**의 적용이 유용했다고 보고한다. 그러나 문장 수준에서의 통사론적 중재는 대상 아동이 수용언어에서 심각한 어려움이 없을 때에 주로 효과를 보였다고 한다.

요약

언어발달 속도가 지나치게 지체되어 또래 수준을 따라잡기 어려울 뿐 아니라 발달 과정과 순서가 정상 발달 양상에서 벗어나 질적으로 구별될 경우 언어발달장애로 진단된다. 아동기나 청소년기에 가장 많이 나타나는 언어발달장애에는 생애 초기부터 언어발달이 지연되다가 그 격차를 줄이지 못하고 지연이 계속되는 단순언어장애를 비롯하여 심각한 지능의 손상, 정신적 혹은 정서적 결함, 청력손실 등의 원인으로 이차적으로 발생하는 지적장애, 자폐스펙트럼장애 등이 있다. 이 경우 언어발달 속도는 느리고, 그 양상도 장애에 따라 단일하지 않다. 이 장을 통하여 우리는 주요 장애별 언어 특성에 대해 하위 영역별로 살펴보았다. 나아가 언어치료사는 언어발달장애를 평가하고 진단하고 중재해야 하는 전문가이므로 평가 방법과 중재에 대해서도 간단히 살펴보았다.

학습 확인 문제

1. 언어발달장애가 나타나는 장애 유형에는 어떤 것들이 있는가?
2. 단순언어장애의 원인과 진단 기준에 대해 설명하시오.
3. 단순언어장애의 언어 하위 영역별 특성에 대해 설명하시오.
4. 자폐스펙트럼장애의 진단 기준과 언어 특성을 설명하시오.
5. 지적장애 진단 기준과 언어 특성에 대해 설명하시오.
6. 청각장애의 원인과 유형을 설명하시오.
7. 청각장애의 언어 특성을 기술하시오.
8. 아동 언어발달장애의 규준 참조 검사도구의 종류를 설명하시오.
9. 아동 언어발달장애 중재 시 발달적 접근과 기능적 접근을 비교하시오.

무엇이 언어발달에 영향을 미치는가

- 언어발달에 영향을 주는 요인이 무엇인지 이해한다.
- 언어발달을 위한 바람직한 부모 역할에 대해 이해한다.
- 어떻게 언어발달을 도울 것인지 언어발달의 지도 원리를 이해한다.

인간은 태내에서 이미 출생 후의 언어발달을 위한 준비를 시작한다. 소리를 지각하고 엄마의 목소리를 지각하여 반응한다. 출생 후에는 매우 빠른 속도로 모국어를 습득하는데, 아동에 따라 다르지만 대략 1년을 전후하여 초어를 산출하고 18개월 경이 되면 50개 정도의 단어를 습득한다. 또한 아동의 어휘가 200개에 이르면, 단어 습득 속도는 극적으로 빨라지고 문법형태소가 나타난다. 학령전기 동안 문장 패턴은 점차 복합문장으로 발달하고, 어휘는 관계어로 확장되어 시간, 장소, 양, 질에 관한 상대적인 단어도 이해하고 표현한다(Clark, 1993). 학교에 입학하기 전까지 아동은 문장에 대한 가장 기초적인 문법을 획득하고(Owens, 2001) 학령기와 청소년기를 거치면서 본격적인 문법을 포함한 상위언어 능력과 담화 능력을 갖추게 된다. 이러한 전반적인 언어발달의 진행 방향과 경로는 언어나 문화에 관계없이 보편적인 양상을 보인다. 다만, 발달 속도에 있어서 개인차를 보일 수 있다. 이 장은 언어발달적 관점에서 이러한 개인차에 영향을 주는 요소가 무엇인지를 다루고자 한다.

1. 언어발달에 영향을 주는 요인

1) 생물학적 요인

언어발달의 개인차는 먼저 생물학적 요인에서 찾아볼 수 있다. 인간은 모두 영장류, 포유류로 언어발달 순서나 방향이 유사하다고 할 수 있다. 그런데 무시할 수 없는 개인차가 존재하는 것은 무엇 때문이며, 그 요인은 무엇인가? 이 절에서는 유전 외에 또 어떠한 생물학적 요인들이 언어발달에 영향을 주는지 살펴본다.

(1) 건강상태

아동은 출생 시 이미 몸무게나 건강상태에서 차이를 보인다. 출생 시의 건강상태는 영유아기 발달 과정에서 사회성에 영향을 미치고, 이는 다시 언어습득의 방법과 속도의 차이로 이어질 수 있다. Desrosiers와 Ducharme(2006)의 연구에 따르면, 영아의 몸무게가 학령전기 아동의 어휘력에 영향을 주는 것으로 나타났다. 이 연구자들은 아기의 출생 시 몸무게를 상, 중, 하로 분류하고 출생 이후의 어휘습득의 속도를 비교하였다. 연구 결과, 어휘습득 속도가 늦는 학령전기 아동들은 출생 시 몸무게 '하' 그룹에 속하는 경우가 더 많았다고 한다. 언어발달에 결정적인 영향을 주는 선천성 질병으로는 선천성 난청, 청각장애, 뇌성마비, 다운증후군 등이 있으며, 후천적 상해나 감염 혹은 후천적 요인에 의한 청각장애도 언어발달에 지대한 영향을 미친다. 이러한 질병적 요인이 있는 경우 전문의의 조기 진단을 통해 신속하게 중재하는 것이 중요하다.

(2) 성별

동서양을 막론하고 여아가 남아보다 언어적으로 빨리 발달한다는 통설이 있다. 과연 실제로도 그러할까? 결론부터 말하자면 실제로도 여아가 남아보다 전반적으로 언어발달이 빠르고 어휘습득도 빠르다고 보고된다(Desrosiers & Ducharme, 2006). 그렇다면 이러한 성별에 따른 언어발달 속도의 차이는 어디서 비롯하는 것일까? 호르몬과 같은 신경학적인 원인이 여아의 언어발달 속도에 영향을 준다는 주장도 있고(Shaywitz et al., 1995), 심리적·사회적 요인에 의해 언어적으로 여아가 더 빨리 발달한다는 주장도 있다(Bornstein et al., 2004; Caldera, Huston, & O'Brian, 1989). 심리사회적 요인에 주목한 이 연구들은 어린이집 교사나 가정에서 부모가 남아보다는 여아에게 더 많이 말을 거는 경향이 있었다고 한다. 하지만 이 연구자들은 언어발달 속도에서의 성별 차이는 언어발달 초기의 현상일 뿐이고 이르면 학령전기에, 늦으면 학령기에 사라진다고 강조한다. 좀 더 구체적으로 Bornstein 등(2004)은 여아가 남아보다 빨리 어휘를 습득하는 것은 맞지만 연령이 증가하면서 이러한 격차가 점차 줄어들다가 6~7세 학령기 초반에 이르면 어휘력이 유사해진다고 하였다. Desrosiers와 Ducharme(2006) 역시 남아와 여아의 어휘력 차이가 초반부에 나타나다가 사라지는데, 그 시기가 학령전기인 3~4세 정도라고 하여 성별에 따른 언어발달 속도의 차이가 앞선 연구자들에 비해 더 일찍 사라진다고 주장하였다.

(3) 연령

생득주의자들은 언어발달에 **결정적 시기**(critical period)가 있다고 주장하였다. 생득주의이론의 근거로 종종 Victor의 사례가 제시되곤 하는데, 19세기 야생에서 자라다가 11세에 발견되었던 Victor는 온갖 교육과 보살핌에도 불구하고 언어습득에 실패했다(Malson, 1964). 경험론적 이론 역시 이 시기를 **민감기**라고 불렀을 뿐 언어습득에 결정적인 시기를 인정한다(Lieberman, 1993). '결정적 시기'이건 '민감한 시기'이건, 학자들은 대체로 생물학적으로 언어습득에 유리한 시기를 인정한다. 이 시기를 정확히 짚을 수는 없지만 대략 출생부터 만 10~12세까지의 시기가 언어습득에 중요한 시기로 간주된다(Bortfeld & Whitehurst, 2001). 이러한 연령은 야생에서 자란 Victor 외에 학대받은 아동들의 사례들을 근거로 추론된 것이다. 학대로 언어에 노출되지 못했던 아동들은 언제 발견되었는가에 따라 그 결과가 달라졌다. Curtiss(1977)와 Rymer(1993)에 따르면, 가장 최근의 사례인 Genie는 13세에 발견되었는데, 언어 개별교육을 비롯한 온갖 노력에도 불구하고 정상적 언어를 습득하지 못했다. 하지만 좀 더 빨리 발견되어 치료를 받은 아동들의 경우 언어습득이 가능하였다고 한다(Daviault, 2011에서 재인용).

(4) 청지각

언어발달에 영향을 미치는 생물학적 요인으로 **지각 능력**을 언급해야 할 것이다. 인간의 여러 지각 능력이 모두 중요하지만, 특히 청지각은 언어습득 및 언어발달과 밀접한 관련이 있다. **청지각 능력**의 손상이 태내기나 출생 시부터 손상되어 있다면 언어습득에 심각한 영향을 미치게 될 것은 자명하다. Trehub과 Henderson(1996)의 연구에 따르면, 6개월에서 12개월 영아의 청지각 기술이 23개월 아동의 어휘력이나 문장 복잡도를 예측한다. 이들은 **청지각장애**가 있는 아동이 자음 연쇄에서 강세의 약화, 묵음 등의 지각적 특징을 인식하는 데에 어려움을 보였다고 한다.

2) 인지 · 정서적 요인

(1) 지능

지능과 언어발달은 높은 정적 상관관계가 있는 것으로 보고된다(Desrosiers & Ducharme, 2006). 한국 아동 역시 적어도 아장이기와 학령전기 아동은 정상 발달 아동뿐 아니라 언어발달 지연 아동까지 지능이 높을수록 어휘력도 높아지는 경향이 있었다(배희숙, 2012). 지능은 **어휘력**뿐 아니라 **음운발달** 속도에도 영향을 주는 것으로 보고된다. Bates 등(1994)은 음운발달의 속도가 지능에 영향을 받는다고 주장한다. 어떤 아동들은 3세에 이미 어른처럼 말하고, 어떤 아동들은 5세가 되어도 조음 명료도가 낮은데, 이는 **음운 기억력**과 관련이 있으며, 음운 기억력은 아동들이 새로운 단어를 배우는 데에 영향을 미치게 된다는 것이다.

(2) 성격

성격이 언어발달에 영향을 미치는가? 기질적으로 **외향적**이거나 **사회성**이 좋은 아동이 내성적인 아동에 비해 언어발달이 더 **빠를** 수 있다. Slomkowski, Nelson, Dunn, Plomin(1992)은 내성적인 아동보다 사회적이고 외향적인 아동이 더 빨리 언어적으로 발달하는 경향이 있으며, 이는 외향적인 아동들이 가능한 수단들을 동원하여 다른 사람과 의사소통을 하려는 경향 때문이라고 주장한다. 이 연구자들은 사회적이고 외향적인 아동이 주변 환경과 언어자극을 활용하면서 언어습득에도 적극적인 모습을 보이며 어휘적으로도 새로운 단어를 표현하는 데 있어서 주저하지 않는 경향이 있다고 한다. 외향적인 아동은 조금만 이해해도 대화에 그 단어를 사용해 볼 수 있지만 내성적인 아동은 확실하게 알지 못하는 새로운 단어를 잘못 사용하지 않으려고 신중을 기하게 된다는 것이다. 이렇듯 성격의 차이로 인해 새로운 단어를 획득하는 속도와 리듬뿐만 아니라 참고하는 스타일이나 표현하는 스타일에 있어서도 다른 양상을 보이게 된다.

3) 환경적 요인

생득주의 이론가들은 인간이 선천적으로 가지고 태어나는 측면에 관심을 가졌고 행동주의 이론가들은 환경적 요인을 중시하였다. 물론 두 가지 측면이 모두 영향을 주겠지만 생득적 요인을 인간이 바꾸기는 어렵기 때문에 환경적 요인에 주목할 필요가 있다. 언어자극 환경, 부모의 교육 수준이나 출생 순위, 경제적 수준, 가정의 안정도, 어린 시절 독서 노출 정도 등이 환경적 요인으로 간주된다.

(1) 언어자극 환경

언어자극이 언어발달에 미치는 영향은 지대하다. 언어자극의 양은 주로 주 양육자에 의해 결정되는데, 양적으로 많은 언어자극에 노출된 아동은 그렇지 않은 아동에 비해 어휘발달이 빠르다고 보고된다(Hoff-Ginsberg & Naigles, 2002; Ninio, 1992). 언어자극이 많은 가정의 아동은 매일 많은 단어를 엄마말로 반복해서 들려주는 환경에서 그렇지 않은 아동보다 빨리 언어를 습득할 수 있다. 특히 아장이기 아동에 대한 언어자극은 언어발달에 결정적인 역할을 하는 것으로 알려져 있다. Hoff-Ginsberg와 Naigles(2002)는 18개월에서 32개월 사이 아동이 사용하는 단어의 95%가 엄마가 사용한 말에서 비롯된다고 보고한다. 언어자극의 질적인 측면도 언어발달에 영향을 미친다. 풍부한 어휘와 긴 문장을 사용하는 환경의 아동은 그렇지 않은 환경의 아동보다 어휘가 풍부하고 통사적 수준도 높았으며 전반적으로 언어발달이 빨랐다고 한다(Hoff-Ginsberg & Naigles, 2002). 또한 18개월에서 29개월 아동들이 엄마가 자주 사용하는 동사를 주로 사용하는 경향이 있으며, 나아가 주 양육자인 엄마가 아동에게 어떤 유형의 담화를 사용하는가에 따라 아동의 담화 발달에 영향이 있었다고 보고된다(Chenu & Jisa, 2005).

(2) 부모의 교육 수준과 출생 순위

아동의 어휘습득이 엄마의 교육 수준에 영향을 받을까? 많은 연구가 이에 대해 관심을 가졌고, 아동의 어휘습득 수준과 엄마의 교육 수준이 정적 상관관계를 보였다고 보고한다(Desrosiers & Ducharme, 2006; Hoff, 2005; Lawrence & Shipley, 1996).

이 연구자들은 **엄마의 교육 수준**에 따라 아동의 언어습득 속도가 달랐으며, 이는 교육 수준이 높은 엄마가 자신의 자녀에게 좀 더 많이 말을 걸고, 좀 더 명시적인 방법으로 단어의 뜻을 교육하는 경향을 보이기 때문이라고 주장한다. 또한 **출생 순위**에 따라서도 언어발달이 달라지는데, 엄마들이 맏이에게 더 많은 말을 하는 경향이 있다고 한다. 엄마들이 첫째 아이와 특히 교감을 많이 하기 때문에 어휘와 문법 면에서 다른 형제자매에 비해 이점이 있다. 따라서 교육 수준이 높은 엄마의 첫 아이들은 언어발달에 있어서 특히 빠른 속도를 보였다고 한다.

(3) 경제적 수준

가정의 경제적 수준도 아동의 언어발달에 영향을 주는 요인이 된다. 많은 연구는 부모의 소득이 자녀의 신체·운동 발달뿐 아니라 인지·언어 발달에도 영향을 미친다고 보고한다. 최근 미국 아동에 대한 MRI 영상을 통한 대뇌 피질 표면적 연구에서는 부모의 사회경제적 수준이 유전적 요인과 상관없이 독립적으로 자녀의 두뇌 발달에 영향을 미친다고 보고되었다(Noble et al., 2015). **사회경제적 수준**(SES)이 높은 가정의 아동은 두뇌 발달뿐 아니라 언어 능력에 있어서도 경제적 수준이 낮은 가정의 아동보다 유리하다. 경제적으로 좀 더 나은 환경의 아동이 표현과 이해 어휘력에서 그렇지 않은 아동보다 언어발달 면에서 유의한 차이를 보였고, 단어 정의하기 과제에서도 좀 더 완성된 수준의 대답을 산출하였다고 한다(Walker, 2001). 그러나 경제적 수준에 의한 양질의 영양 공급과 양육 환경이 아동의 발달에 영향을 주는 것일 수 있어, 발달 양상이 경제적 수준의 직접적인 영향이라고 단정하기 어렵다.

(4) 가정의 안정도

가정환경이 안정적이고 질적으로 양호한 아동이 언어발달에서 좀 더 유리한 것으로 보고된다. Neill, Desrosiers, Ducharme, Gingras(2006)는 **가정의 안정도**가 아동의 언어발달에 미치는 영향에 대해 연구하였다. 이들에 따르면, 3세 6개월 아동에 대한 연구에서 생물학적 부모와 같이 사는 아동이 이혼 가정이나 재혼 가정 아동에 비해 높은 어휘발달 수준을 보였다고 한다. 부모의 이혼이 긴장을 유발하고 부모와 아동의 관계에 영향을 미쳤으며, 재혼에 의한 가족의 재구성은 아동에게 손실을 가

저온 것으로 분석되었다. 한부모 가정 아동 역시 어휘력이 낮았다고 한다. 물론 가족 구성원의 변동이나 가정의 안정도에 영향을 줄 수 있는 일이 일어나더라도 아동이 불안해하지 않고 안정감을 느낄 수 있도록 환경을 조성해 준다면 부정적 영향을 최소화할 수 있을 것이다.

(5) 독서 노출 정도

영유아기 독서에 자주 노출된 아동은 그렇지 않은 아동에 비해 언어발달에서 유리할 수 있다. 정기적으로 책을 읽어 주는 행위가 아동에게 풍부한 어휘력을 갖게 해 준다고 할 수 있다. 같은 맥락에서 아동에게 읽어 준 책의 수는 아동의 언어 능력을 개선시키는 효과를 보이는데, 이는 언어자극 활동과 독서에 대한 자극이 사회경제적으로 어려운 환경에 있는 아동들에게 긍정적인 자극 요소가 될 수 있다는 사실을 암시한다고도 할 수 있다. 3~4세경 부모들이 책을 읽어 주기 시작한 가정의 아동들은 그렇지 않은 아동에 비해 어휘력 면에서 좀 더 유리했다고 보고된다(Hoff, 2005).

(6) 어린이집

온종일 가정에서 부모와 지내는 2~3세 아동이 어린이집에 다니는 아동에 비해 어휘력과 대화 능력이 낮다고 보고된다(Desrosier & Ducharme, 2006; Marcos et al., 2000). 같은 맥락으로 Desrosier와 Ducharme(2006)는 사회경제적으로 어려운 아동일지라도 4세 이전에 어린이집에 다니는 아동은 언어발달에 있어서 높은 수준을 보인다고 주장한다. 어린이집에서의 생활이 다른 아동과 접촉할 수 있게 함으로써 의사소통의 기회가 증가하고 다양한 상황에서의 언어활동에 도움이 되기 때문이다. 그런데 국내의 경우 부모가 직장에 다니기 위해 영아기부터 영유아 어린이집에 맡겨진 아동에 대한 의사소통기능검사와 영·유아 언어발달 검사를 실시하였을 때, 영유아 어린이집에서 영아기를 보내고 아장이기를 맞이한 아동들이 오히려 더 낮은 언어발달 수준을 보였다(배희숙, 2014). 물론 이에 대해 신중한 결론을 내리기 위해서는 좀 더 많은 연구가 필요하나, 이중언어 아동의 가정환경(부모의 경제력, 교육 수준 등), 어린이집 교사 한 명이 맡고 있는 아동의 수, 양육자가 가족과 보내는 시간 등이 연구 결과에 영향을 주었을 것으로 추정된다.

(7) 이중언어

4세 이전에 가정에서 2개 이상의 언어에 노출된 아동들은 단일언어 환경의 아동에 비해 상대적으로 언어발달 속도가 느린 경향이 있고, 두 언어 모두 초기 어휘 증가 속도도 늦는 경향이 있다(Daviault, 2011). 이희란(2012)은 3~4세 이중언어 경험이 있는 아동과 그렇지 않은 아동을 대상으로 단어 습득 과정에서의 의미론적 추론 능력을 비교하였다. 연구 결과, 상호배타성제약 적용에서는 두 집단의 차이가 없었지만 상호배타성제약 수행을 기초로 모호하고 온전한 새로운 자극에 대해 무의미한 이름을 부여해야 하는 과제에서 **이중언어 환경** 아동들이 더 많은 오류 반응을 보였다고 보고한다. 그러나 이와 달리 이중언어 아동이 각 언어에서 습득하는 어휘 수는 적지만 두 개 언어의 어휘를 합하면 단일언어 아동의 어휘 수보다 많다는 주장도 있다(Thordardottir, 2005). 이와 맥을 같이하여 김옥련(2004)은 이중언어 환경의 아동이 음운인식, 단어인식, 통사인식 등의 영역에서 과제 수행력이 높았다고 보고하고 있으며, 남혜경(2003)은 이중언어 환경의 아동이 단일언어 환경의 아동보다 낱말의 이름이 자의적이라는 것을 더 잘 알고 이름 바꾸기 과제를 더 잘 수행했다고 보고한다. 이러한 결과는 이중언어 아동들이 단일언어 아동에 비해 단어의 추상성과 상징성을 더 빨리 배우고(Leopold, 1949), **상위언어 능력**이 촉진되며(Vygotsky, 1962), 선택인지 과제에서 높은 수행력을 보인다(Peal & Lambert, 1962)는 주장들을 뒷받침하는 것이다(Daviault, 2011에서 재인용). 정리하면, 연구 대상과 방법에 따라 결과가 다를 수 있지만 중요한 것은 성공적인 이중언어 사용자로 자랄 수 있기 위해서는 풍부한 언어자극과 모국어에 대한 이해도를 높이기 위한 노력이 있어야 한다는 것이다.

2. 언어발달을 위한 긍정적 환경 조성

이미 선천적으로 부여받은 생물학적 요인을 바꾸기는 어렵다. 그러나 언어발달에 긍정적인 환경을 조성할 수는 있다. 아동이 가장 많은 시간을 함께하는 것은 부모이며, 따라서 부모의 적절한 언어자극이 아동의 언어발달을 향상시키는 열쇠라고 할 수 있다. 가정에서 일상생활을 통해 지속적으로, 직접적으로, 집중적으로 언어적 정보를 제공하고 긍정적 자극을 줄 수 있는 사람이 부모인 만큼 부모가 어떻게 하면 언어발달에 긍정적인 환경을 아동에게 제공할 수 있는지를 교육할 필요가 있다.

1) 부모의 양육 유형

자신이 부모로서 어떠한 **양육 방식과 태도**를 취하고 있는지를 아는 것은 이상적인 양육을 위한 첫걸음이다. 먼저 자신이 어떤 부모인지 알게 되면 이상적인 부모가 되기 위해 무엇을 어떻게 강화하거나 보완해야 하는지 알 수 있기 때문이다. 최근 심리학과 상담심리학을 중심으로 부모의 양육 태도가 자녀에게 미치는 영향에 대한 연구들(김경희, 2014; 김순영, 김환, 2013; 윤영애, 2014; 이강옥, 이미현, 한복환, 2009; 이혜진, 백진아, 2013 등)이 활발한 것도 이러한 이유에서다. Baumrind(1971)는 부모의 양육 행동을 **민주적**(authoritative), **권위주의적**(authoritarian), **허용적**(permissive) 양육 태도로 분류하였고, Maccoby와 Martin(1983)은 Baumrind의 세 가지 유형에 **방임형**(neglectful)을 추가하여 네 가지 유형의 양육 행동을 제안하였다(이선희, 2015에서 재인용). 최성애(2007)는 Gottman의 양육 방식 유형(Gottman & DeClaire, 1997)을 적용하여 〈표 12-1〉과 같이 네 가지 **부모 양육 유형(축소전환형, 억압형, 방임형, 감정코치형)** 을 제시하였다.

표 12-1 부모의 양육 유형(최성애, 2007)

유형	부모의 특성	자녀의 특성
축소전환형	자녀의 부정적 감정에 무관심하거나 무시함. 자녀가 울거나 떼를 쓸 때 자녀가 좋아하는 것을 제시하여 감정을 다른 국면으로 전환하려 함	감정조절 부족, 부정적 자아, 자아존중감 낮음
억압형	자녀가 부정적 감정을 드러내는 것을 비판하고 감정 표현을 했을 경우 이를 꾸짖고 벌을 줌	자아존중감이 낮고 위축과 우울, 충동과 공격을 보임
방임형	자녀의 감정을 인정하고 공감하지만 자녀의 행동을 좋은 방향으로 이끌거나 한계를 제시하지 못함	자기중심적이고 불안이 높으며 자아존중감이 낮음, 또래관계 나쁨
감정코치형	자녀의 감정을 인정하고 공감하면서 부정적 행동을 교정할 수 있는 방법을 함께 찾아봄	감정과 충동 조절을 잘함, 자아존중감 높음

네 가지 유형 중에서 가장 이상적인 양육 태도는 감정코치형이라고 할 수 있다. 감정코치형 부모의 단계별 대응 방식을 알아보자. 첫째, 이 유형의 양육 태도를 가진 부모는 먼저 아동의 감정을 읽어 준다. 둘째, 아동의 감정이 격해지는 순간을 친밀감 조성과 교육의 좋은 기회로 삼아 왜 그렇게 감정이 격해졌는지 말해 달라고 한다. 셋째, 아동이 자신의 부정적 감정에 대해 말할 때 아동의 감정이 타당하다고 인정하고 공감적으로 경청한다. 넷째, 아동이 자기 감정을 적절히 표현할 수 있도록 돕는다. 다섯째, 아동이 스스로 문제를 해결하도록 이끌면서 아동에게 행동의 한계를 정해 준다.

이와 같이 감정코치형 부모는 자녀의 감정을 존중한다. 자녀의 감정을 예민하게 포착하고 파악하며 자녀의 부정적 감정을 무시하지 않는다. 이러한 부모의 자녀는 자신의 감정을 신뢰하게 되고, 감정을 스스로 조절하고 문제를 해결하는 방법을 터득할 수 있다. 다른 사람과의 관계도 원만하고 학습 능력도 뛰어난 경향을 보인다.

2) 긍정적 양육을 위한 원칙

부모가 된다는 것은 인간의 삶에서 가장 보람되고 멋진 경험 중 하나이지만 결코 쉽지 않다. 자녀가 신체적·정신적으로 건강하게 자랄 수 있기 위해서는 부모의 역할이 중요한데, 사전 훈련 없이 결혼, 임신, 출산, 육아의 과정을 밟게 되는 것이 일반적이다. 한번 부모가 되면 힘들다고 도중에 포기할 수도 없고 언제까지 해야 한다고 정해진 바도 없다. 특히 장애아를 양육하는 부모의 경우 육아 부담은 더욱 가중된다. 이 부분에 대해 필자가 가장 강조하고 싶은 것은 부모는 먼저 자신의 삶이 행복한 삶이 되도록 자기 관리를 할 필요가 있다는 것이다. **행복한 부모** 밑에서 자녀가 행복할 수 있기 때문이다. 이제 아동이 적절한 성장과 성숙을 할 수 있도록 부모로서 지켜야 할 원칙이 무엇인지 간단히 살펴보도록 하자.

(1) 물리적 보호

신생아는 무한한 잠재력을 가졌지만 부모의 **물리적 보호**가 없다면 즉시 생명이 위태로워지는 매우 약한 존재다. 특히 영아기 동안 아기는 끊임없이 생리적 욕구를 충족해야 한다. 따라서 부모는 밤잠을 설쳐 가면서 초인적인 힘으로 아기가 신체적 안정과 안락감을 가질 수 있도록 보호하는 것이다. 점차 아기는 고개도 가누고, 앉고, 기고, 서고, 걷고, 뛰지만 부모는 아동이 성숙할 때까지 두려움 없이 부모로서의 의무를 다할 것임을 보여 주어야 한다. 아동을 깨끗하게 씻기고 먹여야 한다. 부모가 이 임무를 수행함에 있어 물리적으로 어려운 경우에는 복지라는 사회적 시스템이 가동되어야 한다. 이와 같이 아동에게 조용하고 안정적인 환경을 만들어 주어야 아동이 불안해하지 않고 안정적으로 자라 건강한 미래 사회의 구성원이 될 수 있다.

(2) 정서적 안정

아동이 정서적으로 안정된 상태에서 자랄 수 있기 위해서 부모는 어떻게 해야 하는가? 방임이나 억압의 양육 태도가 아니라 **감정코치형 양육 태도**가 필요하다. 이를 위해 부모는 아동의 감정을 살피고 잘 읽어 주되 충동과 분노를 폭력이나 파괴적 행동이 아닌 말과 놀이로 배출할 수 있도록 가르쳐 주어야 **자제력과 충동 조절**의 힘을 기를 수 있다. 그러려면 부모가 아이의 분노와 거부 반응을 다룰 수 있다는 사실을 아이에게 보여 주어야 한다. 아동이 떼를 쓰거나 울부짖을 때 피로해진 부모가 힘들다고 쉽게 아동의 요구를 들어주면서 **훈육**을 포기하거나 아동이 사랑스럽다고 무조건적으로 아동의 요구를 수용한다면, 아동은 부모를 자신을 이끌어 주는 존재로 인식하기 어렵다. 부모는 아동에게 욕구가 어디까지 용인되고, 어디까지는 용인되지 않는지를 일관성 있고 분명하게 보여 주는 것이 좋다. 아동의 감정을 존중하고 아동의 욕구가 타당하다고 분명히 알려 주되, 할 수 있는 일과 해서는 안 되는 일에 대해 명확하게 제시해 줌으로써 한계선을 분명하게 그어 줄 필요가 있다. 이는 아동이 가정 밖에서의 **규칙과 법칙**을 이해할 수 있는 토대가 되며, 아동의 자제력과 인내심을 강화해 줄 수 있는 방법이기도 하다. 또한 과다하게 큰 말소리나 부모의 불안한 심리 상태는 아동에게 그대로 전해지고 함께 불안을 겪도록 하는 것이 된다는 사실도 알아야 할 것이다.

(3) 긍정적 자아 형성

"칭찬은 고래도 춤추게 한다." 가장 **긍정적인 양육 방법**이 **칭찬**임을 우리는 모두 알고 있다. '도대체 칭찬할 것이 있어야 칭찬을 하지!'라고 생각하는 부모도 있을 것이다. 그런데 가만히 아이를 바라보면 분명히 칭찬할 것이 있다. 잘 먹는 것도 칭찬할 일이고, 잘 자는 것도 칭찬할 일이며, 잘 노는 것도 칭찬할 일이다. 아동이 잘 하는 것을 칭찬하고, 지나친 간섭이나 강요 그리고 형제나 또래와의 비교를 피하는 것이 좋다. 또한 좋은 부모가 되려고 아동이 할 수 있는 일과 아동이 할 수 있는 말을 부모가 모두 대신하는 것을 피하는 것이 좋다. 아동이 실수하더라도 스스로 할 수 있도록 지켜보는 여유가 필요하다. 아동이 스스로 찾아 **도전**하고 **성취**함으로써 높은 **자존감**과 **자아효능감**을 갖게 되고, 나아가 실패를 했을 때 용기를 내는 힘도 얻게 된다.

3. 언어발달 촉진

어떻게 내 아이의 언어발달을 촉진할 수 있을 것인가? 부모의 태도와 자녀의 발달은 매우 밀접하다. 일관성 있고 애정적인 양육이 자녀의 발달을 돕는다. 반대로 비일관적이고 거부적인 양육은 아이의 정서발달뿐 아니라 지적 발달까지 저해하는 요소가 된다. 이 점이 자녀의 언어발달을 위한 기본 원리라고 보아야 한다.

1) 아동 주도 놀이

아이가 좋아하는 놀이를 부모가 함께한다면 얼마나 즐거워할까? 부모와 함께하는 **자연스러운 놀이** 상황에서 반복적으로 **언어자극**을 제공하는 것은 아이에게 좋은 **언어발달 촉진 방법**이라고 할 수 있다. 또한 놀이에서 제공한 언어자극을 아이가 기억할 수 있도록 돕기 위해 반복적으로 촉진하는 것이 바람직하다. 이때 중요한 것은 부모가 목적의식을 가지고 억지로 접근을 하면 아이는 재미를 잃고 하기 싫어진다는 것이다. 따라서 아동 중심적 접근 방법으로 놀이를 시도해야 한다. 즉, 아이가 하고 싶어 하고 좋아하는 것을 따라가면서 적절한 자극을 주어야 한다. 아동 주도란 아동이 모든 활동을 결정하고 이끌어 가도록 유도하는 것이다. 그러면 모든 것을 아이가 하는데 부모의 역할은 무엇인가 하고 생각할 수도 있을 것이다. 부모는 아이가 자율적인 상황에서 발화하도록 도와주는 역할만 하고 아이의 활동을 주도하거나 방해하지 않도록 주의하면 된다. 이를 위해서는 먼저 아이가 하는 활동에 관심을 보이며 기다려 준다. 아이가 무엇에 관심을 보이는지 관찰하고, 자료를 제시하고, 자율적으로 선택하게 한다. 부모는 아이가 자율적으로 선택할 수 있도록 기다려 주고, 아이가 말하는 것을 들어 주면서 발화를 향상시킬 수 있다.

내 아이가 무엇에 관심을 보이는지 알기 위해서는 먼저 수용하는 자세가 필요하다. 아이와 관심을 공유하면서 **아이의 참여를 증진**시킬 수 있어야 한다. **자발적으로** 할 수 있도록 기다려 주어야 한다. "이거 여기에 넣어!"와 같이 지시하는 말보다는 "이거 여기에 넣을까?"와 같이 함께하는 말로 어투를 맞추고, 아이의 눈높이에 맞게 너무 어렵지도 너무 쉽지도 않은 문장을 사용하는 것도 중요하다.

2) 언어 단계별 자극

아동의 언어발달에 긍정적 영향을 주기 위한 구체적인 방법을 알기 위해서는 각 시기별 발달에 대해 알아야 한다. 언어치료사가 되면 매 회기마다 **부모상담**을 실시한다. 이때 부모에게 아동의 시기별 자극에 대해 교육할 필요가 있다. 앞서 다루었던 영아기, 아장이기, 학령전기, 학령기, 청소년기의 언어발달 지식을 토대로 부모에게 아동이 어떤 발달단계에 있는지, 아동의 언어발달 단계에서 제공할 수 있는 언어자극으로는 어떤 것들이 있는지 상담하게 된다. 이를 위해 여기서는 언어 단계별 자극에 대해 간단히 다루도록 하자.

● 전언어기

영아기는 전언어기로 아직 말을 하지 못하지만 끊임없이 언어적 단계로 나아가기 위해 연습하는 시기다. 이 시기 아기에게는 주 **양육자와의 애착과 적절한 상호작용**이 필요하다. 따라서 눈을 맞추고 아기의 피부를 부드럽게 마사지해 주거나 손과 발을 만져 주는 것은 매우 중요하다. 2~4개월 아기가 **사회적 미소**를 짓고 쿠잉을 하면 부모는 대화하듯이 응답을 해 주고 눈을 맞추며 웃어 준다. 좀 더 아기가 자라서 음성놀이, 옹알이가 나타나면 높은 음도의 엄마말로 응답하고 아기와 교감을 나눈다. 눈 맞춤과 신체적 접촉을 통해 자녀와 상호작용을 하면서 친밀함을 나누고 의사소통 의도를 자극한다. 이 시기 **신체접촉**은 친밀감과 상호작용 이상의 것이다. 신체접촉은 아이로 하여금 촉각을 자극하고, **촉각은 두뇌 발달**과도 깊은 관계가 있다는 연구 보고들이 있기 때문이다(Hertenstein, 2002). 또한 아이가 첫 낱말을 사용하기 전에 발성과 제스처를 통해 의사소통 의도를 표현하므로 아동의 의사소통 의도를 잘 파악하고 반응해 주는 것은 좋은 자극이라고 할 수 있다. 이때 양육자의 모국어를 사용하는 것이 좋다.

● 단단어기

아장이기 전반부 동안 아동은 직립 보행자로서 아장거리며 활보하려고 한다. 기어 다닐 때보다 좀 더 높은 위치에서 사물을 보게 되면서 눈에 들어오는 것들이 많아지고, 따라서 호기심도 많아진다. 아기가 넘어지기를 두려워하지 않고 활보하며 사물을 손에 쥐려고 할 때, 부모는 주변 환경에 있는 사물들의 이름을 즐겁게 말해 준다. 반복하고 또 반복해서 들려준다. 그러면서 이 시기 동안 아기는 어휘 수가 폭발적으로 증가한다. 이때 부모가 관심과 반복적인 말 자극을 주지 않는다면 아무래도 아기의 **어휘 증가**는 속도가 느려질 수밖에 없을 것이다. 입력 언어의 양과 질이 매우 중요하다고 하겠다.

● 2~3낱말 발화기

아장이기 중후반부 동안 아기는 낱말을 두 개, 세 개 조합하면서 문장을 구성하여 말하게 된다. 어떠한 언어자극이 도움이 될까? 이 시기 동안 아동은 **기초개념**이 형성되기 때문에 가장 일상적인 활동을 통해 기초개념을 확실하게 이해하고 개개의 개념을 연결하여 개념망이 잘 형성될 수 있도록 하는 것이 좋다. 이는 개념망 형성뿐 아니라 **발화길이 증가**를 위한 언어자극에도 도움이 된다. 예를 들어, 인형놀이를 하면서 콩순이가 밥 먹고, 옷 입고, 신발 신고, 코 자는 활동은 '밥-먹다' '옷-입다' '신발-신다' 같은 낱말의 공기 관계와 함께 문장 만들기 능력을 향상시키고 의미적으로도 [대상-행위]와 같은 의미관계를 이해하고 표현하는 데에 도움이 된다. 마찬가지로 병원놀이는 '주사-맞다' '병원-가다' '약-먹다'와 같은 연결을 도움으로

써 [대상-행위]와 [장소-행위] 의미관계를 이해하고 표현할 수 있도록 도울 수 있다. 또한 부모는 복잡하고 어렵게 느껴지는 단어를 간단하고 쉽게 바꿔 들려주면 단어의 의미 이해를 도울 수 있다. 예를 들어, "미워."라고 말하고 아이가 이해할 수 없는 단어일 경우 아이가 이미 알고 있는 말로 "안 예뻐."라고 풀어서 말하는 방식이다. 또한 부모는 아이와 놀이하면서 자신의 행동이나 상황을 아이의 발달에 맞는 언어 수준으로 들려줌으로써 아이가 문장 표현을 습득할 수 있도록 돕는다. 예를 들어, 인형에게 옷을 입히면서 "치마 입어."와 같이 말하는 것이다. 또 부모는 아동이 하고 있는 행동이나 상황을 아동 편에서 말해 줄 수도 있다. 아이가 먹는 시늉을 할 때 "맘마 먹어." "맘마 맛있어."와 같이 아이 입장에서 대신 말하는 방식이다. 이러한 모든 활동이 아이에게 좋은 언어자극이 될 수 있다.

● 문장 말하기 시기

아장이기 후반과 학령전기 동안 아동은 형태론적 · 통사론적 발달이 활발해진다. 이러한 문장 발화 시기에 부모는 아이가 통사적 구조를 연습할 수 있도록 도움을 줄 수 있다. 처음에는 아동의 발화를 확장시켜 문법적으로 완전한 문장을 말한 뒤 다시 나누어 말해 준다. 아이가 "고양이 집."이라고 말하면 "그래, 고양이가 집에 있어."라고 완전한 문장을 말하고, 이어서 '고양이가' '집에 있어'와 같이 문장을 구로 나누어 말하여 들려준다. 이러한 방법을 복합문장에도 그대로 적용할 수 있다. 또한 아이와 함께 책을 읽거나 엄마가 짧은 이야기를 들려주고 아빠나 누나한테 다시 이야기해 주라고 할 수도 있다. 그리고 모두 아이의 이야기 다시 말하기를 경청하는 것이다. 이 활동을 통해 아이는 조직적 회상 능력이나 이야기하기 기술을 더 잘 발달시킬 수 있다. 이야기 능력 촉진을 위해 에피소드를 반복된 형태로 들려주거나 겪었던 일을 아이와 나누는 것도 좋은 자극이 될 수 있으며, 일상생활을 활동 순서와 시간 순서에 맞게 반복하여 들려주고 아이가 말할 수 있도록 하는 것도 좋다. 이를 위해 엄마와 반복적으로 즐기는 놀이가 있으면 더욱 효과적일 수 있다. 또한 연상 이름 대기 능력을 증진하는 "동물원에 가면, 하마도 있고……" 등의 놀이를 하거나 음운인식 능력을 증가시킬 수 있는 놀이를 할 수 있다. '첫 음절 빼기' '마지막 음절 빼기' 등의 놀이를 하면서 놀 수도 있다. 아동이 학령기 직전이라면 노랫말 변형하기 놀이도 좋은 자극이 된다. '산토끼 토끼야' 노래를 '산토꾸, 토꾸야'와 같이 모음 소리만 바꾸거나 '거북아 거북아'로 단어 자체를 바꾸는 놀이 등이 있다.

● 언어 성숙기

학령기와 청소년기는 상위언어와 비유언어를 발달시키고 담화를 성숙시키는 단계다. 초등학령기에는 동화책을 활용한 **읽기와 쓰기**, 추상적 어휘, 한자어, 간접 표현을 학습할 수 있도록 지도하고 학교에서의 토론 주제에 대해 미리 집에서 연습하는 것도 좋은 방법이다. 아이와 숨은 뜻 이해하기를 해도 좋고, 엄마랑 사진을 보면서 이야기하는 것도 여러 목표를 이룰 수 있는 좋은 활동이다. 초등학교 저학년까지는 아이도 엄마와 이러한 놀이 활동을 하는 것에 흥미를 보인다. 다만, 자꾸 질문을 해서 아이를 피곤하게 하지 말고 자연스럽게 **재미**를 자극하는 것이 좋다. 청소년기에는 설명담화나 논쟁담화 등이 발달하는데, 식탁에서 차를 마시거나 과자를 먹으면서 자연스럽게 토론을 하는 것은 매우 훌륭한 언어자극 방법이다. 청소년은 토론을 즐기기 때문에 가정에서 자신의 의견을 서로 말하고 주장하며 자신의 주장이 왜 옳은지 설득하는 훈련을 하는 것은 훌륭한 언어자극이 된다. 가정에서 **토론**할 기회가 많은 청소년은 밖에 나가서도 토론을 즐기게 되기 때문이다.

요약

언어발달의 경로와 방향은 정해진 이정표에 따라 이루어지지만 개인에 따라 언어발달 속도는 어느 정도 차이를 보인다. 이 장은 이러한 개인차에 영향을 미칠 수 있는 생물학적, 인지·정서적, 환경적 요소에 대해 살펴보았다. 이미 가지고 태어나는 선천적 요소들을 선택하거나 바꾸는 것이 어려운 만큼 노력으로 바꿀 수 있는 환경적 요소에 대해 이해하는 것은 의미 있는 일이다. 따라서 이 장의 두 번째 절에서는 바람직한 언어발달 환경을 형성하기 위한 부모의 역할에 대해 다루었다. 부모의 양육 태도 유형 중에서 아동이 정서적으로 안정된 상태에서 잘 발달하도록 도울 수 있는 이상적인 양육 태도가 무엇인지에 대해서도 살펴보았다. 마지막으로, 이 장의 세 번째 절에서는 아동의 언어발달을 촉진할 수 있는 방법들을 안내하였다. 언어발달을 촉진하기 위해서는 아동 주도의 놀이를 통해 아동이 무엇에 관심을 보이는지 살펴보고 자발적으로 할 수 있도록 기다려 주고 수용하면서도 지켜야 할 경계선에 대해서도 정해 주는 것이 바람직하다. 또한 아동의 발달단계에 따라 언어 촉진 방법이 어떻게 달라지는지에 대해서도 살펴보았다.

....

학습 확인 문제

1. 언어발달에 영향을 미치는 생물학적, 인지·정서적, 환경적 요소는 무엇인가?
2. 부모의 양육 태도 유형을 설명하시오.
3. 아동 주도 놀이를 통한 언어발달에 대해 설명하시오.
4. 언어발달 단계별 언어자극 요소를 설명하시오.

참고문헌

강금화(2010). 5세 다문화가정 아동의 언어, 읽기, 음운인식 능력에 관한 연구. 대불대학교 일반대학원 석사학위논문.

강미희(1995). 왼손잡이 어린이에 대한 모와 교사의 인식. 한국교원대학교 대학원 석사학위논문.

강민경(2005). 학령전 저소득층 가정의 아동과 일반 아동의 표현 어휘 능력 비교 연구: 이름대기 및 정의하기 과제를 중심으로. 이화여자대학교 대학원 석사학위논문.

강수균(1999). 한국 유아의 한국어 자음 발화 시 비성도 연구. 한국지체부자유아교육학회지, 33, 137-148.

강정숙(2003). 일반 아동과 단순언어장애 아동의 담화구조 분석: 이야기 구조와 내용을 중심으로. 단국대학교 대학원 박사학위논문.

강진경(2006). 취학전 단순언어장애 아동의 음운인식 능력에 관한 연구. 이화여자대학교 대학원 석사학위논문.

강진숙(2009). 다문화가정 자녀의 어휘력 연구. 계명대학교 대학원 석사학위논문.

강창동(2010). 단일민족사관의 사회사적 형성과 다문화교육의 방향 탐색. 교육사회연구, 20(4), 1-25.

고도흥(2013). 언어기관의 해부와 생리: 발성에서 지각까지. 서울: 학지사.

고선희(2008). 단순언어장애아동과 일반아동의 담화 길이에 따른 이해 비교. 단국대학교 특수교육대학원 석사학위논문.

고연경(2002). 3, 4세 유아의 음운인식과 읽기 능력과의 관계. 건국대학교 교육대학원 석사학위논문.

고영근(1999). 텍스트 이론. 서울: 아르케.

곽금주, 박혜원, 김청택(2001). 한국웩슬러아동지능검사(K-WISC-III) 지침서. 서울: 도서출판 특수교육.

곽미영, 권도하(2013). 자발적 이야기 산출에서 6-9세 일반 아동의 주어 생략 특성 분석. 언어치료연구, 22(4), 1-16.

곽은하(2005). 독일과 한국의 청소년언어 특성 연구. 숙명여자대학교 대학원 박사학위논문.

구지혜, 김영태(2009). 역동적 평가를 통한 학령기 다운증후군 아동의 이야기 학습잠재력 연구. 언어청각장애연구, 14(3), 288-302.

구혜경(2009). 리듬훈련을 통한 격조사 중재 프로그램이 지적장애아동의 구문 능력에 미치는 효과. 대구대학교 재활과학대학원 석사학위논문.

국립국어원 편(2007). 방언이야기. 경기: 태학사.

권경안(1982). 모음의 습득 및 발달. 교육개발, 16, 38-42.

권경안, 이연섭, 손미령(1979). 한국 아동의 음운발달(I). 서울: 한국교육개발원.

권도하, 신후남, 이무경, 전희숙, 김시영, 유재연, 신명선, 황보명, 박선희, 신혜정, 안종복, 남현욱, 이명순, 박상희, 김효정(1994). 언어치료학 개론. 대구: 언어치료학회.

권도하, 이규식(1985). 한국 노스웨스턴 구문선별검사. 대구: 대구대학교 출판부.

권미지(2009). 단어 단위 측정에 의한 다문화 가정 아동의 조음음운 특성 분석. 언어치료연구, 20(4), 163-175.

권미지, 박상희, 석동일(2007). 이중언어 환경 아동의 음운변동 특성. 특수교육저널: 이론과 실천, 8(2), 299-318.

권수진(2006). 다문화 가정 아동과 일반가정 아동의 생성이름대기 특성 비교. 명지대학교 대학원 석사학위논문.

권순희(2013). 초, 중등 학생의 화법 양성-교육과정 성취기준에 반영된 담화 유형을 중심으로: 국회 담화 분석을 위한 국회의원 화법 인식 조사. 화법연구, 23, 163-191.

권유진(2006). 초등 저학년 아스퍼거증후군 아동의 이야기 회상 산출 능력: 이야기 구성, 결속표지, 구문표현. 한림대학교 대학원 박사학위논문.

권유진, 배소영(2006a). 이야기 만들기(story generation) 과제를 통한 초등 저학년 아동의 이야기 구성 능력. 언어치료연구, 15(3), 115-126.

권유진, 배소영(2006b). 이야기 다시말하기 과제를 통한 초등 저학년 아동의 이야기 능력. 언어청각장애연구, 11(2), 72-89.

권유진, 배소영, 진연선(2009). 이야기 평가: Korean Narrative Assessment(KONA). 한림언어병리워크숍 2009 자료집.

권유진, 진연선, 배소영(2018). 한국어 이야기 평가(Korean Narrative Assessment: KONA). 서울: 인싸이트.

권재일(1995). 국어학적 관점에서 본 언어지식 영역의 지도 내용. 국어교육연구, 2(1), 159-175.

김갑성(2006). 한국 내 다문화 가정의 자녀 교육 실태 조사 연구. 서울교육대학교 교육대학원 석사학위논문.

김강애(1998). 일반 아동과 정신지체 아동의 새로운 명사와 동사에 대한 fast-mapping 능력 비교. 이화여자대학교 대학원 석사학위논문.

김건희(2014). 단어, 품사, 문장성분의 분류에 대한 일고찰-상호 연관성과 변별성을 중심으로. 인문논총, 71, 279-316.

김경미(2007). 중국인 학습자를 위한 한국어 발음교육 방안: 단모음을 중심으로. 부경대학교 대학원 석사학위논문.

김경미(2008). 다문화 가정 아동의 이해어휘 능력 및 관련 변인. 연세대학교 대학원 석사학위논문.

김경자(2008). 다문화가정 아동의 심리적 문제와 학교 적응. 진주교육대학교 교육대학원 석사학위논문.

김경중, 류왕효, 류인숙, 박은준, 신화식, 유구종, 정갑순, 조경미, 조희숙, 주리분, 최인숙, 최재숙(1998). 아동발달심리. 서울: 학지사.

김경희(2014). 부모의 리더십이 유아의 자기조절에 미치는 영향. 충북대학교 교육대학원 석사학위논문.

김광욱(2008). 고전문학: 스토리텔링의 개념. 겨레어문학, 41, 249-276.

김광해(1995a). 국어어휘론 개설. 서울: 집문당.

김광해(1995b). 언어 지식 영역의 교수 학습 방법. 국어교육연구, 2(1), 209-254.

김나영(2009). 초등학교 저학년 다문화 가정 아동의 문법형태소 사용 특성. 한림대학교 대학원 석사학위논문.

김나영, 권상남, 정일권, 맹현수, 하지완(2013). 학령기 일반 아동의 음운표상 발달. Communication Sciences and Disorders, 18(3), 330-340.

김동일(2006). 기초학습기능 수행평가체제: 읽기검사(Basic Academic Skills Assessment: BASA). 서울: 학지사 심리검사연구소.

김미배(2012). 이해와 낱말재인을 중심으로 본 초등 읽기부진 아동 특성. 한림대학교 대학원 석사학위논문.

김미배(2014). 학령전기 아동의 읽기 능력과 읽기환경 및 언어능력. 국어교육, 144, 231-253.

김미자(2010). 초등 저학년 다문화가정 아동과 어머니의 음운인식 및 음운규칙 적용도 연구. 이화여자대학교 대학원 석사학위논문.

김미진(2010). 아동의 다문화수용성 척도개발에 관한 연구. 고려대학교 대학원 박사학위논문.

김민성(2012). 다문화가정 아동의 어휘 및 화용능력 연구. 대구대학교 대학원 석사학위논문.

김민수(1981). 국어문법론. 서울: 일조각.

김민정(2006). 아동용 조음 검사에 나타난 취학전 아동의 음운 오류 패턴. 언어청각장애연구, 11(2), 17-31.

김민정, 김정미(2011). 설명담화와 경험담화에 나타난 학령기 아동과 청소년의 명사발달 특성. 언어치료연구, 20(4), 1-21.

김민정, 배소영(2000). 정상 아동과 기능적 음운장애 아동의 음운 오류 비교: 자음 정확도와 발달 유형을 중심으로. 음성과학, 7(2), 7-18.

김민정, 배소영(2005). 아동용 조음검사를 이용한 연령별 자음정확도와 우리말 자음의 습득 연령. 음성과학, 12(2), 139-149.

김민정, 배소영, 박창일(2007). 아동용조음음운검사(Assessment of Phonology for Children: APAC). 인천: 휴브알엔씨.

김방한(1992). 언어학의 이해. 서울: 민음사.

김병석, 정은희(2004). 인터넷 채팅중독 청소년의 공격성, 사회적 지지 지각, 인지적 대인문제 해결능력간의 관계. 청소년상담연구, 12(1), 91-99.

김선정, 강진숙(2009). 다문화가정 자녀의 어휘력 고찰. 이중언어학. 40, 31-55.

김선희, 강현숙, 구소령, 김선미, 김선철, 김수정, 김종실, 김현순, 김현정, 김효숙, 박시균, 박혜성, 성철재, 신지영, 이숙향, 이순향, 이은영, 이호영, 전은, 한정임(2002). 의사소통장애. 서울: 학지사.

김성근(2005). 조선어방언학. 서울: 사회과학출판사.

김성동(2011). 다문화 시대의 역사교육과 새로운 리더십. 바람직한 다문화 사회를 위한 학술세미나.

김성수(1996). 정신지체아동의 말소리 발달에 관한 연구. 단국대학교 대학원 석사학위논문.

김성수(2003). 단순언어장애 아동의 기능적 작업 검사와 낱말습득 특성. 단국대학교 대학원 박사학위논문.

김성수, 이은미(2006). 단순언어장애 아동의 낱말의 빠른 우연학습 수행 연구. 동신대학교 논문집, 16, 187-208.

김성희, 변용한, 손창균, 이연희, 이민경, 이송희, 강동욱, 권선진, 오혜경, 윤상용, 이선우(2011). 2011년 장애인 실태조사. 정책보고서 2011-82. 보건복지부 한국보건 사회연구원.

김성희, 이연희, 오욱찬, 황주희, 오미애, 이민경, 이난희, 오다은, 강동욱, 권선진, 오혜경, 윤상용, 이선우(2017). 2017년 장애인실태조사. 보건복지부 정책보고서 2017-90.

김세실(2006). 생강빵 아이. 서울: 시공주니어.

김수진(2012). 교사와 부모를 위한 청각장애 아동 교육. 서울: 학지사.

김수진, 김정미, 윤미선(2013). 자발화에서의 2-4세 아동의 말명료도 발달. Communication Sciences and Disorders, 18(3), 311-317.

김수진, 신지영(2007). 조음음운장애. 서울: 시그마프레스.

김수형, 강수균(1999). VOCA 프로그램이 중증 정신지체아의 의사소통 행동 개선에 미치는 효과. 난청과 언어장애, 22(2), 105-122.

김순영, 김환(2013). 애착이 양육태도에 미치는 영향: 자존

감의 매개역할을 중심으로. 여성, 18(3), 339-363.

김안나(2012). 2, 3, 4세 아동의 자발화에 나타난 음운오류 패턴. 한림대학교 대학원 석사학위논문.

김애화(2009). 초등학교 학생의 철자 특성 연구: 철자 발달 패턴 및 오류 유형 분석. 초등교육연구, 22(4), 85-113.

김애화, 김의정, 황민아, 유현실(2014). 읽기 성취 및 읽기 인지처리 검사(Test of Reading Achievement and Reading Cognitive Processes: RA-RCP). 서울: 학지사 심리검사연구소.

김영미, 박재국, 차희진(2011). 정신지체 아동의 읽기와 쓰기 능력에 대한 연구. 한국특수아동학회지, 13(1), 413-433.

김영의(1997). 읽기장애아의 정보처리 과정 특성 분석에 관한 연구. 이화여자대학교 교육대학원 석사학위논문.

김영태(1992). 2-6세 아동의 음운변동에 관한 연구(Ⅰ): 생략 및 첨가 변동을 중심으로. 재활과학연구, 10(1), 46-54.

김영태(1996). 그림자음검사를 이용한 취학전 아동의 자음 정확도연구. 말-언어장애연구, 1, 7-33.

김영태(1997). 한국 2-4세 아동의 발화 길이에 관한 기초연구. 말-언어장애연구, 2, 5-26.

김영태(1998). 한국 2-3세 아동 문장의 의미론적 분석: 의미단위수, 의미유형, 의미관계를 중심으로. 언어청각장애연구, 3, 20-34.

김영태(2002). 아동언어장애의 진단 및 치료. 서울: 학지사.

김영태(2014). 아동언어장애의 진단 및 치료(2판). 서울: 학지사.

김영태, Lombardino, L. J. (2006). 학령전 아동의 한국어 초기 읽기 능력 검사. 읽기장애의 진단 및 치료 워크숍 자료집. 서울: 이대발달장애아동센터.

김영태, 김경희, 윤혜련, 김화수(2003). 영·유아 언어발달 검사. 서울: 도서출판 특수교육.

김영태, 성태제, 이윤경(2003). 취학전 아동의 수용언어 및 표현언어 발달척도(PRES). 서울: 장애인종합복지관.

김영태, 신문자(2004). 우리말 조음 - 음운평가. 서울: 학지사.

김영태, 신문자, 김수진, 하지완(2020). 우리말조음음운검사 2(Urimal Test of Articulation and Phonology 2: UTAP 2). 서울: 인싸이트.

김영태, 홍경훈, 김경희, 장혜성, 이주현(2009). 수용·표현 어휘력검사(Receptive & Expressive Vocabulary Test). 서울: 서울장애인복지관.

김영환(1991). 정신지체아와 자폐증아의 인지, 언어와 적응 행동의 특성. 대구대학교 대학원 박사학위논문.

김영환(1995). 특수교육의 개혁. 특수아동교육, 22(1-8) 합본, 73-73.

김영후, 서영희(2002). 음운인식 훈련이 읽기장애 아동의 문자 해독에 미치는 영향. 특수교육재활과학연구, 41(2), 115-137.

김예지(2006). 3-5세 유아의 음운인식능력과 쓰기능력과의 관계. 명지대학교 사회교육대학원 언어치료학과 석사학위논문.

김옥련(2004). 유아의 조기 외국어 경험이 초 언어 능력 및 초인지에 미치는 영향. 숭실대학교 교육대학원 석사학위논문.

김옥향(2004). 통신언어의 사회언어학적 특성: 통신 언어와 일상 언어의 혼용 실태를 중심으로. 건양대학교 석사학위논문.

김우리(2006). 읽기 저성취 아동의 음운인식과 초기읽기의 관계. 서울대학교 대학원 석사학위논문.

김유(2007). 단순언어장애 초등학생의 학습능력 및 사회성에 관한 연구. 부산대학교 대학원 박사학위논문.

김유정(2002). 학령전 단순언어장애 아동과 정상 언어발달 아동의 이야기 능력. 한림대학교 사회복지대학원 석사학위논문.

김은영(2003). 학령전 단순언어장애아동과 일반아동의 문법 형태소 사용 비교. 단국대학교 대학원 석사학위논문.

김은지(2004). 청소년의 온라인 친구관계 분석. 숙명여자대학교 석사학위논문.

김은진(2004). 초등학생의 통신언어 사용실태 및 지도 방안. 한국교원대학교 석사학위논문.

김의수(2006). 한국어의 격과 의미역: 명사구의 문법기능 획득론. 경기: 태학사.

김자경, 강혜진(2010). 단순 읽기 관점에 따른 지적장애 중학생의 읽기 특성. 지적장애연구, 12(3), 95-108.

김자성, 김정미(2011). 설명과 경험이야기에 나타난 학령기 아동 및 청소년의 구문발달 특성. 언어청각장애연구, 16, 540-558.

김재한(2001). 발달심리학. 서울: 양서원.

김정미(2011). 학령기 아동의 담화쓰기에 나타난 명사 발달. 특수교육, 10, 329-341.

김정미, 김영태(2006). 학령기 단순언어장애 아동의 화용적 이해: 상호지식의 이용 능력을 중심으로. Communication Sciences and Disorders, 11(2), 90-105.

김정아(2002). 정상아동과 단순언어장애아동의 연결어미 사용에 관한 연구. 한림대학교 대학원 석사학위논문.

김정아(2009). 언어발달장애 청소년의 과제유형에 따른 이야기 담화능력 비교. 이화여자대학교 대학원 석사학위논문.

김정욱(2012). 중국인 학습자의 한국어 발음 교수 방안 연구. 대구대학교 대학원 석사학위논문.

김종영, 김철수(2012). 초등학교 6학년 국어교과서의 어휘 통계조사. 한국콘텐츠학회논문지, 12(5), 515-524.

김주식(2011). 은유의 이데올로기 분석. 언어과학연구, 56, 29-52.

김지성(2014). 내러티브 쓰기에 나타난 청소년의 문해언어 발달. 대구대학교 재활과학대학원 석사학위논문.

김지연(2001). 3-5세 정상 아동의 말속도 발달 연구. 이화여자대학교 대학원 석사학위논문.

김지은(2015). ADHD 청소년의 인지공감과 정서공감에 대한 fMRI 연구. 충북대학교 박사학위논문.

김태경(2013). 학령전기의 한국어 운율 패턴 연구. 음성음운형태론연구, 19(3), 395-410.

김향희, 나덕렬(1997). 한국판 보스턴이름대기검사. 서울: 학지사.

김현주(2000). 학교사회사업도입을 위한 청소년들의 학교 부적응 요인 분석. 부산대학교 석사학위논문.

김화수(2005). 단순언어장애 아동의 읽기 재인과 읽기 이해 관련 특성 변인 탐색. 이화여자대학교 대학원 박사학위논문.

김화수(2011). 다문화사회와 의사소통. 현대사회와 다문화, 1(2), 160-175.

김화수, 김지해, 권수진(2009). 학년에 따른 학령기 다문화가정 아동과 일반가정 아동의 생성이름 대기 특성 비교. 특수교육저널: 이론과 실천, 10(4), 331-360.

김화수, 이은경(2010). 취학전 다문화가정 아동의 언어발달 특성. 특수교육저널: 이론과 실천, 11(3), 209-226.

남기심(1993). 국어 조사의 용법―'-에'와 '-로'를 중심으로―. 서울: 서광학술자료사.

남승호(2007). 한국어 술어의 사건 구조와 논항 구조. 서울: 서울대학교출판부.

남혜경(2003). 3세, 4세 유아의 이중 언어 경험과 상위 언어 능력. 서울대학교 대학원 석사학위논문.

노명완, 이차숙, 조정숙(2002). 유아언어교육. 서울: 한국방송통신대학교출판부.

류구상(1995). 국어 격조사에 대하여. 한국어학. 2(1), 17-21.

류현주(2008). 다문화가정 아동의 조음능력 및 음운변동 특성. 연세대학교 대학원 석사학위논문.

마송희(1998). 이야기 들려주기가 유아의 어휘습득에 미치는 영향. 한국유아교육학회, 18(2), 215-237.

문수백, 변창진(2008). 교육심리 측정 도구 K-ABC. 서울: 학지사.

문현아(2007). 단순언어장애아동과 일반아동의 보조사 이해 및 산출 비교. 단국대학교 대학원 석사학위논문.

민현식(1992). 문법교육의 목표와 내용: 현행 학교 문법의 문제점을 중심으로. 국어교육, 79, 47-72.

박경숙, 정동영, 정인숙, 김계옥, 송영준(2005). 기초학력검사: 쓰기(Korea National Institute for Special Education-Basic Academic Achievement Test: KNISE-BAAT: 쓰기). 충남: 국립특수교육원.

박경희(2001). 이야기 지도 그리기 훈련이 정신지체 아동의 다시 이야기하기에 미치는 효과. 단국대학교 대학원 석사학위논문.

박기덕(2001). 한국어 구절구조 규칙. 언어와 언어학, 29, 283-323.

박미단(2009). 학령전기 다문화 가정 아동과 일반 아동의 언어발달 특성 비교. 나사렛대학교 대학원 석사학위논문.

박붕배(1975). 국어교육방법론. 서울: 학연사.

박상희(2006). 이중언어환경 아동의 조음과 음운패턴 연구. 특수교육저널: 이론과 실천, 7(4), 143-152.

박상희(2009). 다문화 가정 아동의 조음산출에 관한 종단적 연구. 언어치료연구, 18(1), 89-97.

박소은, 김영태(2003). 일반 아동과 학습장애 아동의 결속표지에 대한 자기 발화 수정 능력에 관한 비교 연구. 언어청각장애연구, 8(2), 15-36.

박소현, 정명심(2012). 다문화가정 아동의 언어치료에 대한 질적 연구. 언어청각장애연구, 17(1), 47-65.

박영목, 한철우, 윤희원(1996). 국어교육학 원론. 서울: 교학사.

박용성, 박진규(2009). 청소년의 언어사용 실태 연구. 청소년학연구, 16(11), 207-228.

박은경(2010). 다문화가정 초등학생 대상의 내용중심 한국어 교육을 위한 교육주체 요구분석. 이화여자대학교 대학원 석사학위논문.

박정규(1996). 고등학교 문법 지도의 실제를 위한 고찰. 서울시 교육청 지정 연구회 중간보고. 대한국어교육연구회.

박정현(2002). 학령전 단순언어장애아동과 정상아동의 조사 사용 비교. 연세대학교 대학원 석사학위논문.

박준호(2009). 정의 이론과 정의 분류. 범한철학, 52(1), 203-229.

박지윤(2007). 이중언어 환경 아동의 언어발달 특성. 대구대학교 대학원 석사학위논문.

박지윤, 서혁(2009). 다문화가정 학생의 사회문화적 배경과 읽기 능력에 대한 사례연구. 국어교육연구, 36, 393-423.

박지현(2002). 말더듬 아동과 정상아동의 의사소통 의도 출현율 비교 연구. 이화여자대학교 대학원 석사학위논문.

박현숙(2004). 그림카드 요구하기 활동이 경도 정신지체 아동의 구문 능력 향상에 미치는 효과. 대구대학교 대학원 석사학위논문.

박혜원, 곽금주, 박광배(2001). 한국 웩슬러 유아지능검사(Korean-Wechsler Preschool and Primary Scale of Intelligence: K-WPPSI). 서울: 도서출판 특수교육.

반효(2013). 중국인 학습자를 위한 한국어 발음교육 연구. 인하대학교 대학원 석사학위논문.

방선윤(2010). 단순언어장애아동의 시제 특성 연구. 용인대학교 재활보건과학대학원 석사학위논문.

방언연구회(2001). 방언학사전. 서울: 태학사.

배소영(1986). 정상아동과 정신지체 아동의 의문사 발달에 관한 비교연구: 정신연령 3, 4, 5세를 중심으로. 이화여자대학교 대학원 석사학위논문.

배소영(1987). 정상 말소리의 발달. 1;4-3;11세의 아동. 아동의 조음장애치료(편). 서울: 한국언어병리학회.

배소영(1994). 정상 말소리 발달(Ⅰ): 1;4~3;11세 아동. 한국언어병리학회(편). 아동의 조음장애 치료, 27-53. 서울: 군자출판사.

배소영(1995). 우리나라 아동의 언어발달. 한국언어병리학회(편). 언어치료전문요원교육 1995. 서울: 한학문화.

배소영(1997). 의사소통장애 아동의 초기 낱말 발달. 언어치료연구, 6(1), 197-207.

배소영(2003). 읽기발달 평가원리 및 사례. 한국언어청각임상학회(편), 학령기 아동의 말-언어장애 진단 및 치료교육. 서울: 한학사.

배소영(2006). 한국어 발달특성과 학령전기 문법형태소. 한국어학, 31, 31-46.

배소영, 곽금주(2011). 한국 맥아더-베이츠 의사소통발달평가(K M-B CDI). 서울: 마인드프레스.

배소영, 곽금주, 장유경, 성현란(2006). M-B CDI-K. 한림대학교 언어병리학전공 언어발달연구방.

배소영, 권유진, 진연선, 전홍주, 곽금주(2010). 다문화가정 아동의 이야기 산출. 언어치료연구, 19(2), 53-72.

배소영, 김미배(2010). 초등 저학년 다문화가정 아동의 읽기와 언어. 언어청각장애연구, 15, 146-156.

배소영, 김미배, 윤효진, 장승민(2015). 한국어 읽기검사(Korean Language-based Reading Assessment: KOLRA). 서울: 학지사심리검사연구소.

배소영, 김민정(2005). 만 1세 유아의 음운 산출 특성. 16차 한국음성과학회 춘계학술대회 발표논문집. 대구: 대구대학교 출판부.

배소영, 이승환(1996). 한국 아동의 이야기 산출 연구. 말·언어장애연구, 1, 34-67.

배소영, 임선숙, 이지희(2000). 언어 문제해결력 검사. 서울: 서울장애인종합복지관.

배소영, 임선숙, 이지희, 장혜성(2004). 구문의미 이해력 검사. 서울: 서울장애인종합복지관.

배주채(1996). 국어음운론 개설. 서울: 신구문화사.

배희숙(2000a). 문체 지수를 찾아서: 통계언어학적 연구. 프랑스문화예술연구, 2, 83-99.

배희숙(2000b). 어휘 풍부성 평가에 대한 계량언어학적 연구(프랑스어 텍스트를 중심으로). 음성과학, 7(3), 149-159.

배희숙(2005). 어휘의미론적 기준 및 논항의 의미 유형에 근거한 형용사 의학용어의 의미 분류. 언어와 정보, 9(1), 1-18.

배희숙(2011). 프랑스 다문화 아동 발음교육을 위한 한국어 프랑스어 음소체계 비교. 국제다문화의사소통학회 학술대회.

배희숙(2012). 3-4세 아동의 개념 이해도 조사를 통한 기초개념 선정 및 분석. 언어, 37(4), 825-843.

배희숙(2013). 언표내적 단계에서 언표적 단계로의 전이과정에 나타나는 영유아 초기 의사소통 기능. Logopedics & Phoniatrics, 2.

배희숙(2015). 문장완성형 쓰기 과제에 근거한 학령기 아동의 맞춤법, 형태론, 통사론적 발달 양상. 언어, 40(3), 403-421.

배희숙(2016a). 서사담화 쓰기를 통한 학령기 아동의 이야기문법 및 결속표지 연구. 언어치료연구, 25(3), 43-60.

배희숙(2016b). 학령기 아동의 담화유형 특성 탐색을 위한 기술담화 및 서사담화의 미시구조 요소 사용 능력 분석. 언어치료연구, 25(4), 77-96.

배희숙(2016c). 초등 저학년 아동의 기술담화에 나타난 미시구조 발달 특성 분석. 담화와 인지, 23(3), 21-43.

배희숙(2020). 초등 저학년 아동의 담화에 나타난 인물 묘사 문법 요소 및 특성. 언어치료연구, 29(2), 83-95.

배희숙, 구동욱, 오영환(2000). 한국어 음소분포에 대한 계량언어학적 연구. 음성과학, 7(4), 27-40.

배희숙, 김재호(2005). 어휘의미론적 기준 적용을 통한 형용사 의학 용어 선정. 한국프랑스학논집, 51, 97-112.

배희숙, 김현기(2010). 영유아 초기어휘 검사도구 『M-B CDI-K』의 개념 분포 특성. 언어치료연구, 19(4), 89-107.

배희숙, 김현기(2011). 그림어휘력검사(PPVT-K) 어휘 단위에 대한 개념 분포 및 개념 층위 연구. 언어, 36(1), 117-131.

배희숙, 박성희(2013). 뇌성마비 아동의 기초개념 이해도 연구. 특수아동교육연구, 15(4), 163-180.

배희숙, 박성희(2017). Developmental aspects of figurative expression according to discourse types in writing of school-aged children. Communication Sciences & Disorders, 22(2), 245-256.

배희숙, 박성희, 김현기(2011). 뇌성마비를 지닌 언어발달장애 아동의 어휘 및 기초개념 이해력 양상에 대한 연구. 한국언어청각임상학회, 한국언어치료학회 공동학술대회 발표논문집. 한국언어청각임상학회, 한국언어치료학회.

배희숙, 이선형(2015). 자폐스펙트럼장애 아동의 화용 발달을 위한 DvT 연극치료 모형 집단언어치료. 드라마연구, 45, 113-140.

배희숙, 이주호, 시정곤, 최기선(2001). 한국어 형태소의 계

량언어학적 연구: 신문 사설을 중심으로. 한국정보과학회 언어공학연구회. 한국정보과학회 언어공학연구회 학술발표 논문집. 17-24.

배희숙, 이주호, 시정곤, 최기선(2002). 자연언어처리용 전자사전을 위한 한국어 기본어휘 선정. 언어와 정보. 7(1), 41-54.

백경아(2011). 일반아동과 단순언어장애 아동의 음운인식 및 음운작업기억 특성. 대불대학교 보건대학원 석사학위논문.

변선영(2003). 이야기 쓰기에 나타난 건청아동과 청각장애 아동의 결속표지 비교. 단국대학교 대학원 석사학위논문.

변용찬, 김성희, 윤상용, 최미영, 계훈방, 권선진, 이선우(2006). 2005년도 장애인 실태조사. 보건복지부 정책보고서 2006-04.

보건복지부(2019). 장애 정도 판정 기준. 보건복지부고시 제2019-117호.

서경희(2002). 읽기 장애아의 음운 처리 고찰. 정서·학습장애연구, 17(2), 43-70.

서승아(2010). 중국인 학습자의 한국어 발음 교육 연구. 우석대학교 대학원 석사학위논문.

서유경(2005). 단순언어장애 유아와 일반 유아의 작업기억 및 음운인식 특성 연구. 부산대학교 대학원 석사학위논문.

석동일(1999). 조음 및 음운장애 치료. 대구: 대구대학교 출판부.

석동일, 박상희, 신혜정, 박희정(2002). 한국 표준 그림 조음검사 도구 개발에 관한 연구. 언어청각장애연구, 7(3), 121-143.

성낙수(2000). 우리말 방언학. 서울: 한국문화사.

성영주(2009). 와우이식 영유아의 의사소통의도 분석. 나사렛대학교 대학원 석사학위논문.

손문석(1983). 유아의 가정환경과 어휘력과의 관계: 4-6세 유아를 중심으로. 중앙대학교 대학원 석사학위논문.

손병룡(1998). 의사소통에서 맥락의 역할. 영미어문학연구, 14, 56-59.

손은남(2013). 3-6세 아동의 의문사 이해 발달에 대한 연구: 축약, 변이, 반복 형태 의문사를 중심으로. 언어치료연구, 22(3), 111-131.

손은남, 이우진(2011). 형태통사적 범주에 따른 일반아동(4-6세)의 의문사 이해 발달. 언어치료연구, 20(1), 51-68.

손은아(2004). 단순언어장애 아동과 정상 아동의 음운작업기억 비교. 한림대학교 사회복지대학원 석사학위논문.

송경숙(2002). 담화분석: 대화 및 토론 분석의 실제. 서울: 한국문화사.

송은주(2010). 다문화가정 아동과 일반가정 아동 간 연결어미 이해 및 표현 능력 비교. 대구대학교 대학원 석사학위논문.

송정식, 이미숙(2012). 한일 초등학교 1학년 국어교과서의 어휘 고찰. 일본어학연구, 34, 89-105.

송혜은(2008). 다문화가정 자녀들의 수학 학습 성취도 실태조사 : 초등학교 4, 5, 6학년을 대상으로. 한국교원대학교 대학원 석사학위논문.

시정곤(1997). 한국어 의미역 계층구조와 배열순서. 한국인지과학회 97 춘계학술대회 프로시딩, 48-54.

신경화(2008). 이야기 구성도 훈련이 ADHD 아동의 이야기 이해 및 이야기 구성능력에 미치는 영향. 단국대학교 대학원 석사학위논문.

신명선, 안종복(2009). 과업에 따른 학령전기(5-7세) 아동의 구어속도에 관한 연구. 말소리와 음성과학, 1(3), 163-168.

신문자, 김영태, 정부자, 김재옥(2011). 한국아동토큰검사. 서울: 학지사심리검사연구소.

신수진(2006). 초등저학년아동의 학년에 따른 이야기 산출 능력 분석. 연세대학교 대학원 석사학위논문.

신수진, 박은숙, 이기학, 배소영(2007). 초등 저학년 아동의 학년에 따른 이야기 산출 능력. 언어청각장애연구, 12(1), 16-31.

신영주, 안성우(2008). 다문화가정 아동의 음운인식 발달. 언어치료연구, 19(3), 37-53.

신종희(2002). 중학생 PC 통신언어의 실태 분석. 국어 교육 연구, 34, 107-140.

신지숙(2009). 문자언어 이해 및 표현능력 평가를 위한 검사에 대한 실태조사: 청각장애 청소년 및 성인을 중심으로. 나사렛대학교 재활복지대학원 석사학위논문.

신지영(2000). 말소리의 이해: 음성학 음운론 연구의 기초를 위하여. 서울: 한국문화사.

심현섭, 김정미, 김수진, 이희란(1999). 학령전기 아동의 말속도 모방능력에 관한 연구. 음성과학, 5(1), 141-148.

안성우(2011). 4-7세 유아들의 한글 낱자 지식과 자소음소대응규칙 지식 발달 특성 연구. 학습장애연구, 8(1), 1-23.

안영진(2014). 영아발달. 서울: 나경.

안원석(2007). 다문화가정 자녀의 표현 실태 분석. 한국교원대학교 대학원 석사학위논문.

안지숙, 김영태(2000). 단순언어장애 아동과 정상아동의 구문적 난이도에 따른 문장 따라 말하기 수행력 및 명료도 비교. 음성과학, 7(3), 249-262.

양민화(2009). 음운론적 유형과 형태론적 유형의 초기 철자 발달. Communication Sciences and Disorders, 19(1), 120-131.

양성오, 황보명(2009). 취학전 다문화가정 아동과 일반가정 아동의 음운인식능력 비교 연구. 언어치료연구, 18(1), 37-56.

양윤희, 임동선, 김신영, 한지윤(2013). 학령전 어휘발달지체 및 일반 아동의 비단어 따라 말하기, 빠른 우연학습(Quick Incidental Learning)과 수용어휘와의 관계. Communication Sciences and Disorders, 18(4), 379-391.

엄정희(1986). 3, 4, 5세 아동의 말소리 발달에 관한 연구. 이화여자대학교 대학원 석사학위 청구논문.

엄정희(1994). 이음파의 비밀. 평양: 금성청년출판사.

오성배(2005). 코시안 아동의 성장과 환경에 관한 사례 연구. 한국교육, 3(3), 61-83.

오성숙(2009). 다문화가정 어머니 개인변인, 가정환경자극과 유아 언어능력의 관계. 대구대학교 대학원 석사학위논문.

오소정, 김영태, 김영란(2009). 서울 및 경기지역 다문화가정 아동의 언어특성과 관련변인에 대한 기초 연구. 특수교육, 8(1), 137-161.

오소정, 김영태, 임동선(2011). 다문화가정아동의 품사별 어휘정확도 및 반응속도 특성. 언어치료연구, 20(4), 137-161.

오진희(2009). 이야기 이해에 기초한 수학적 추론활동이 유아의 내러티브 수학능력에 미치는 영향. 덕성여자대학교 대학원 박사학위논문.

오효진(2007). 초등 저학년 단순언어장애 아동의 읽기 능력. 한림대학교 대학원 석사학위논문.

원훈의(1996). 국어과 교육연구. 서울: 국학자료원.

유명주(2004). 신세대의 통신 언어 사용실태 연구. 한양대학교 대학원 석사학위논문.

유수연(2008). 문화간 의사소통의 이해. 서울: 한국문화사.

유은정(2003). 반응성 애착장애 아동의 언어치료 사례연구. 정서·행동장애연구, 19(2), 307-329.

유지현(2008). 다문화가정 아동의 의문문 이해 발달. 단국대학교 대학원 석사학위논문.

윤미선 외(2013). 평균발화길이 분석을 위한 발화 표본의 크기. Communication Sciences and Disorders, 18(4), 368-378.

윤미선, 김정미, 김수진(2013). 자발화 문맥에서의 단어 단위 음운 평가: 2-4세 아동. 언어치료연구, 22(4), 69-85.

윤영애(2014). 부모가 지각한 양육태도와 청소년이 지각한 양육태도가 자기효능감에 미치는 영향. 청소년복지연구, 16(4), 123-148.

윤혜련(2005). '다시말하기'를 통해 본 학령기 단순언어장애아동의 이야기 이해 및 산출 특성. 이화여자대학교 대학원 박사학위논문.

윤혜련, 김영태(2005). 학령기 단순언어장애 아동의 이야기 이해 특성. 언어청각장애연구, 10(3), 41-56.

윤효진(2004). 초등 2학년 말 아동의 읽기능력. 한림대학교 대학원 석사학위논문.

이가라(2009). 초등 고학년 단순언어장애 아동과 정상아동의 이야기 산출에 나타난 문학적 언어 특성. 단국대학교 대학원 석사학위논문.

이강옥, 이미현, 한복환(2009). 부모의 양육태도가 자녀의 성격 및 학교적응에 미치는 영향에 관한 연구. 한국비즈니스리뷰, 2(2), 181-201.

이강현(2001). 이야기 다시말하기를 통한 학령기 아동의 의미 및 구문 구조 발달에 관한 연구. 대구대학교 대학원 석사학위논문.

이강현, 권도하(2002). 이야기 다시 말하기를 통한 학령기 아동의 이야기 발달 및 의미와 구문구조 발달에 관한 연구. 언어치료연구, 12, 93-116.

이경숙, 이호분, 신정현, 노경선, 임연화(1997). 반응성 애착장애아와 발달성 언어장애아의 의사소통 의도 비교 연구. 소아·청소년정신의학, 8(2), 207-216.

이경하, 김향희(2000). 정상아동의 표현어휘력과 사회언어적 요소간의 상관관계 연구. Communication Sciences and Disorders, 5(2), 5-20.

이금주(2012). 취학전 다문화아동의 문법형태소 산출연구.

남부대학교 대학원 석사학위논문.

이기문(2006). 국어사개설. 경기: 태학사.

이동민(2013). 청소년 화법의 사회언어학적 연구. 공주대학교 대학원 박사학위논문.

이미라(2012). 이야기 구성도 훈련이 학령기 단순언어장애 아동의 이야기 이해와 산출에 미치는 효과. 단국대학교 대학원 석사학위논문.

이봉원(2008). 언어치료사를 위한 한국어문법. 충남: 나사렛대학교 출판부.

이봉원(2015). 언어치료사를 위한 한국어문법. 서울: 학지사.

이선옥(2007). 한국에서의 이주노동운동과 다문화주의. 한국에서의 다문화주의–현실과 쟁점, 82-107. 경기: 한울아카데미.

이선희(2015). 학령기 자녀의 부모용 양육행동 척도 개발 연구. 이화여자대학교 대학원 박사학위논문.

이설동(2011). 중국인 초급 한국어 학습자를 위한 된소리 발음 교육 연구. 전남대학교 대학원 석사학위논문.

이수복, 심현섭, 신문자(2007). 취학전 이중언어 아동의 비유창성 특성 연구. 언어청각장애연구, 12(2), 296-316.

이수진(2010). 다문화가정 자녀를 위한 읽기쓰기 통합교육 방안: 초등학교 저학년 이주여성 자녀를 대상으로. 건국대학교 대학원 석사학위논문.

이숭녕(1957). 제주도방언의 형태론적 연구. 동방학지, 3, 39-193.

이승복(1994). 어린이를 위한 언어 획득과 발달. 서울: 정민사.

이승복, 이희란(2013). 아이와 함께하는 신기한 언어발달. 서울: 학지사.

이승환, 배소영, 심현섭, 김영태, 김향희, 신문자, 한재순, 김진숙, 이정학(2001). 의사소통장애개론. 서울: 하나의학사.

이영옥, 안승신, 이영숙(1982). 한국어린이의 언어발달연구. 서울: 정민사.

이영자(2013). 유아 언어발달과 지도. 서울: 양서원.

이영자, 박미라(1992). 유아의 이야기 구조 개념의 발달에 관한 기초연구. 유아교육연구, 12(1), 31-51.

이영자, 이종숙(1985). 비지시적 지도방법에 의한 유아의 읽기와 쓰기 행동의 발달. 덕성여자대학교 논문집, 14, 367-402.

이영자, 이종숙(1990). 유아의 문어발달과 비지시적 지도방법이 문어발달에 미치는 영향에 관한 연구. 교육학연구, 28(2), 105-123.

이영자, 이종숙(1997). 영유아 문어교육 프로그램 개발과 그 실제. 서울: 창지사.

이용주(1995). 국어교육의 반성과 개혁. 서울: 서울대학교출판부.

이유진(2013). 학령기 아동의 연결어미 산출과제의 선별 자료 기초연구. 명지대학교 사회교육대학원 석사학위논문.

이윤경(2006a). 이야기 평가. 제26회 전문요원교육.

이윤경(2006b). 학령기 아동언어장애 진단 및 평가에 관한 질적 연구: 진단 및 평가 모형 정립을 위한 기초 연구. 언어청각장애연구, 11(1), 30-50.

이윤경(2007). 학령기 언어검사 도구 개발: 타당도와 신뢰도 분석을 중심으로. 언어청각장애연구, 12(4), 569-586.

이윤경, 김영태(2002). 단순언어장애 아동들의 낱말찾기 특성. 언어청각장애연구, 7(1), 65-80.

이윤경, 김영태(2003). 단순언어장애 아동들의 낱말산출 능력: 명사와 동사를 중심으로. 언어청각장애연구, 8(1), 1-19.

이윤경, 허현숙, 장승민(2015). 학령기 아동 언어검사(Language Scale for School-aged Children: LSSC). 서울: 학지사심리검사연구소.

이은숙(1997). 텍스트 구조 지도가 독해에 미치는 효과: 설명적 텍스트를 중심으로. 한국교원대학교 대학원 석사학위논문.

이은주, 심현섭(2003). 무의미 음절 따라 말하기를 통한 단순조음음운장애 아동과 정상 아동의 음운 기억 수행 능력 비교 연구. 언어청각장애연구, 8(2), 127-145.

이익섭(1998). 국어학개설. 서울: 학연사.

이익섭(2011). 국어학개설(3판). 서울: 학연사.

이익섭, 임홍빈(1997). 국어문법론. 서울: 학연사.

이익환(1995). 의미론 개론. 서울: 한신문화사.

이익환, 안승신(2001). 영어학개론. 서울: 한국방송통신대학교출판부.

이재승(1997). 국어교육의 원리와 방법. 서울: 박이정.

이정복(2001a). 10대 청소년들의 통신 언어 사용과 문제점. 한글사랑, 15(3), 68-106.

이정복(2001b). 통신 언어 문장 종결법의 특성. 우리말글, 22, 123-151.

이정복(2003). 대구 지역 대학생들의 게시글에 나타난 통신 언어 분석. 한국어학, 21, 239-267.

이정복, 양명희, 박호관(2006). 인터넷 통신 언어와 청소년 언어문화. 서울: 한국문화사.

이정애(1975). 아동의 언어발달의 인과분석: 회로분석의 시도. 고려대학교 대학원 석사학위논문.

이종우(2011). 다문화가정 청소년의 언어능력과 자아정체성 및 학교적응의 상관연구. 대구대학교 대학원 석사학위논문.

이주연, 김영태(2009). 청소년 어휘검사에 있어서 개별검사와 집단검사 방법 간의 비교 연구. 言語治療研究, 18(1), 129-143.

이주행(2005). 한국어 사회방언과 지역방언의 이해. 서울: 한국문화사.

이지연, 곽금주(2008). 아동초기 사회경제적 지위와 가정환경이 언어발달에 미치는 영향. 한국 심리학회지: 발달, 21(3), 151-165.

이지영(1973). 어린이의 언어발달에 영향을 미치는 외적요소. 이화여자대학교 대학원 석사학위논문.

이지현(2009). 학령기 아동의 구문 발달: 대화 및 이야기 과제를 중심으로. 나사렛대학교 재활복지대학원 석사학위논문.

이진숙, 황민아(2007). 단순언어장애 아동의 개인화된 예측추론 특성 및 추론 촉진과제의 영향. 언어청각장애연구, 12(2), 160-181.

이차숙(1999). 유아의 음운인식과 읽기 능력과의 관계에 대한 연구. 교육학연구, 37(1), 389-340.

이차숙(2004). 유아언어교육의 이론적 탐구. 서울: 학지사.

이현정, 김영태, 윤혜련(2008). 담화유형에 따른 학령기 단순언어장애 아동의 구문사용 특성: 대화와 설명 담화를 중심으로. 언어청각장애연구, 13(1), 103-121.

이혜연, 정경희(2013). 학령기 아동의 설명담화 말하기와 쓰기발달: 구문, 의미, 결속장치를 중심으로. 언어치료연구, 22(2), 145-161.

이혜진, 백진아(2013). 부모의 양육태도가 청소년의 비행에 미치는 영향: 자아통제의 매개효과를 중심으로. 한국케어매니지먼트연구, 10, 85-107.

이희란(2012). 3~4세 이중언어경험 아동의 단어의미추론. 언어청각장애연구, 17, 36-46.

임규홍(2000). 컴퓨터 통신 언어에 대하여. 배달말, 27(1), 23-59.

임동찬(2015). 청소년의 은어와 비속어 사용 실태와 의식 연구. 아주대학교 교육대학원 석사학위논문.

임성규(2005). 국어교육과 담화론. 초등교육연구, 20(1), 1-27.

임익재, 신효근, 배희숙, 김현기(2008). 비도음상에 나타난 점막하 구개열 환자의 비인강 폐쇄 기능 평가. 한국음성과학회·대한음성학회 공동학술대회발표논문집. 서울: 한국음성과학회.

임종아, 황민아(2009). 초등학교 아동의 다시 말하기에 나타난 mazes 특성: 학년과 담화 유형에 따른 비교. 언어청각장애연구, 14(3), 349-362.

임지연(2011). 단순언어장애 아동의 운율 지각 능력. 단국대학교 대학원 석사학위논문.

임해주, 정은혜, 전병운(2012). 정신지체아동의 읽기이해 연구 동향. 지적장애연구, 14(3), 37-64.

임홍빈(1974). {로}와 選擇의 樣態化. 어학연구, 10(2), 143-159.

임희현, 장진녕, 배희숙(2014). 한국-중국 다문화 가정 아동의 한국어 조음오류 패턴. 다문화의사소통, 3, 25-40.

장선아(1996). 비장애아동의 환경언어중재전략 사용이 장애아동의 사회적 언어에 미치는 영향. 이화여자대학교 대학원 석사학위논문.

장유림(2010). 다문화가정과 일반가정 아동의 연결어미 특성 비교: 초등학교 1학년, 3학년을 중심으로. 용인대학교 대학원 석사학위논문.

장혜성, 임선숙, 백현정(1992). 언어이해·인지력검사. 서울: 서울장애인종합복지관.

전경은(2012). 두 낱말 조합으로의 전이단계에서 나타난 영유아의 의사소통 수단 및 의미관계 발달. 용인대학교 재활복지대학원 석사학위논문.

전선홍(2013). 정신지체학교 학생의 의사소통 기능에 대한 의사소통 수단 분석. 공주대학교 대학원 석사학위논문.

전희정, 고도흥, 신문자(2004). 유창성 장애 아동과 정상 아동의 비유창성과 말속도에 관한 비교 연구. 한국언어청각장애연구, 9(2), 102-115.

정경옥(2005). 실태 분석을 통한 통신 언어 지도 방안 연구. 국민대학교 대학원 석사학위논문.

정경희(2014). 다문화 아동의 언어발달 실태 및 특성. 14,

15회 다문화언어교육사 연수회 강연집.

정경희, 배소영, 김기숙(2006). 12, 18, 24개월 영유아의 음운발달 특성. 언어청각장애연구, 11(3), 1-15.

정규황(1992). 구조주의 통사론의 기술구조. 언어연구, 8, 125-147.

정미란, 황민아(2007). 단순언어장애 아동의 문법성 판단: 조사 오류를 중심으로. 언어청각장애연구, 12(4), 587-606.

정순연(2008). 다문화 가정 어머니의 한국어 능력과 유아 언어능력과의 관계. 한국교원대학교 대학원 석사학위논문.

정승철(2013). 한국의 방언과 방언학. 경기: 태학사.

정연찬(1997). 한국어 음운론. 서울: 한국문화사.

정욱호(1996). 청소년의 자아정체감지위와 심리적 부적응 간의 관계. 신일전문대학 논문집, 10(1), 300-318.

정은희(2004). 농촌지역 국제결혼 가정 아동의 언어발달과 언어환경. 언어치료연구, 13(3), 33-52.

정재현(2011). 한·중 음절 대조 분석을 통한 중국인 한국어 학습자의 발음 오류 연구. 한양대학교 대학원 석사학위논문.

정태순(2001). 유아 언어 습득 연구. 인하대학교 교육대학원 석사학위논문.

정효진(2012). 공감을 통한 서사문학 읽기 교육 연구. 전북대학교 대학원 석사학위논문.

정효진(2013). 7-8세 다문화가정 아동의 음운인식과 철자 쓰기 관계 연구. 세한대학교 대학원 석사학위논문.

조미정, 정은희(2009). 독서활동이 다문화 아동의 독해력에 미치는 효과. 언어치료연구, 18(3), 213-229.

조영달(2006). 다문화 가정의 자녀교육 실태조사. 서울: 교육인적자원부.

조은숙(2005). 고기능 자폐 아동의 읽기 능력. 한림대학교 사회복지대학원 석사학위논문.

조재은(2007). 한국어와 중국어 음소대조분석을 통한 중국어 발음지도 연구. 이화여자대학교 교육대학원 석사학위논문.

조향선(2006). 인터넷 언어가 청소년 국어생활에 미치는 영향. 원광대학교 교육대학원 석사학위논문.

조혜영(2009). 다문화가정 자녀에 대한 교사의 인식 연구: 서울의 한 초등학교를 중심으로. 교육인류학연구, 12(1), 263-295.

조혜자(1987). 이야기 구조에 따른 이해 추론 양상. 이화여자대학교 대학원 박사학위논문.

조희숙(2008). 학습장애아를 위한 음운인식 지도 방안. 학습장애연구, 5(2), 82-105.

조희숙, 김선옥, 정정희(2006). 유아의 음운인식과 읽기가 쓰기 능력에 미치는 영향: 단기 종단적 접근. 한국심리학회지: 발달, 19(4), 137-155.

진연선(2012). 학년과 발화수집 유형에 따른 학령기 아동의 문법 표현능력. 한림대학교 대학원 석사학위논문.

진연선, 권유진, 이윤경(2008). 학령기 언어발달 및 언어장애 문헌연구: 국내외 언어병리학 관련 학술지를 중심으로. Korean Journal of Communication Disorders, 13, 594-620.

질병관리본부, 대한소아과학회, 소아·청소년신체발육표준치제정위원회(2007). 2007년 소아·청소년 표준 성장도표.

천경록(1999). 읽기장애 개념 지도 방향. 한국어문교육, 8(1), 261-294.

최성규(1999a). Skinner의 언어발달 이론에 기초한 장애유아의 언어발달 사정 개관. 정서·행동장애연구, 15(2), 29-49.

최성규(1999b). Skinner의 언어발달 이론에 기초한 유아의 언어 분석. 정서·학습장애연구, 15(1), 93-107.

최성규(2004). 청각장애 학생의 교수학습방법: 사고에 의존한 청각장애학생 언어지도. 현장특수교육, 11(2), 37-46.

최성애(2007). 우리아이를 위한 부부사랑의 기술. 서울: 해냄출판사.

최성욱(1996). 어린이들의 접속부사, 연결어미 사용실태와 지도의 실제. 국어교육연구, 8, 135-159.

최영은(2009). 문장 의미 처리에서 학령전기 아동의 운율 정보 이용. 언어청각장애연구, 14, 442-455.

최영환(1995). 언어능력 신장의 관점에서 본 언어지식 영역의 지도 내용. 국어교육연구, 2(1), 177-208.

최윤지, 이윤경(2011). 영유아의 상징놀이 발달과 초기 표현어휘 발달과의 관계. 언어청각장애연구, 16, 248-260.

최은주(1993). 이야기 회상 능력에 대한 일반 아동과 학습장애 아동의 비교 연구. 이화여자대학교 대학원 미간행 석사학위논문.

최정아(2007). 청각장애아동의 이야기 접속표지 사용능력 비교. 단국대학교 대학원 석사학위논문.

최호철(1993). 현대국어 서술어의 의미 연구. 고려대학교 대학원 박사학위논문.

탕허난(2014). 중국인 한국어 학습자를 위한 한국어 발음 교육 연구: 연음 현상을 중심으로. 성신여자대학교 일반대학원 석사학위논문.

하승희, 황진경(2013). 18-47개월 아동의 자발화 분석에 기초한 말소리 측정치에 관한 연구. *Communication Sciences and Disorders, 18*(4), 425-434.

하양승(1994). 유아의 '이야기 해보기' 활동이 이야기 주고 개념과 이해에 미치는 영향. 이화여자대학교 대학원 석사학위논문.

하재연(2005). 애착문제를 가진 정신지체 아동의 언어치료. 발달장애아동 치료교육연구, 7, 77-102.

한국과학기술원 전문용어언어공학연구센터(2005). 다국어 어휘의미망. 대전: 한국과학기술원 전문용어언어공학 연구센터.

한국언어재활사협회 편(2013). 현장실무.

한민희(1998). 어휘력의 상관요인에 관한 연구. 한국교원대학교 대학원 석사학위논문.

한유미, 김혜선, 권희경, 양연숙, 박수진(2006). 영유아 언어 교육의 이해: 이론과 실제. 서울: 학지사.

행정안전부(2011). 지방자치단체 외국인 주민 현황.

허진(2013). 미숙아로 출생한 영유아의 의사소통 행동 특성. 단국대학교 대학원 석사학위논문.

허한나(2012). 일반 아동, 읽기 쓰기 부진아동, 지적장애 아동의 시지각 능력과 음운인식 능력 비교. 고신대학교 보건대학원 석사학위논문.

홍경훈(2004). 말늦은 아동의 표현어휘 발달 예측을 위한 의사소통의도 산출 특성 종단연구. 유아특수교육연구, 7(1), 97-115.

홍경훈(2005). 말 늦은 아동의 표현어휘 발달 예측 요인에 대한 종단 연구. 이화여자대학교 대학원 박사학위논문.

홍경훈, 김영태(2001). 아동의 의사소통의도 습득에 대한 종단연구. 언어청각장애연구, 6(1), 17-39.

홍경훈, 김영태(2005). 종단연구를 통한 말늦은 아동(late talker)의 표현어휘 발달 예측 요인 분석. 언어청각장애연구, 10(1), 1-24.

홍경훈, 심현섭(2002). 유아의 말소리 발달 특성: 18-24개월 종단연구. 언어청각장애연구, 7(2), 105-124.

홍성인(2001). 한국아동의 음운인식 발달. 연세대학교 대학원 석사학위논문.

홍성인, 전세일, 배소영, 이익환(2002). 한국 아동의 음운인식 발달. 언어청각장애연구, 7(1), 49-64.

홍연정(2014). 학령기 다문화가정 아동과 일반가정 아동의 철자쓰기 능력 비교. 한림대학교 보건과학대학원 석사학위논문.

홍영숙(2007). 다문화가정이 봉착하는 자녀교육 문제와 시사점. 광주교육대학교 대학원 석사학위논문.

홍용희(2005). 읽기 오류 유형 평가-교수 학습이 읽기 능력 신장에 미치는 효과. 특수교육총연합. KRF 연구결과논문.

홍종선, 강범모, 최호철(2001). 한국어 연어관계 연구. 서울: 도서출판 월인.

황보명(2009). 취학 전 다문화가정 아동과 일반가정 아동의 음운인식 능력 비교 연구. 언어치료연구, 18(1), 37-57.

황상미, 정옥란(2008). 농촌지역 다문화 가정 아동들의 언어특성 관련 상관연구. 언어치료연구, 17(1), 81-102.

황상심(2008). 농촌지역 다문화가정 아동들의 언어 특성 연구. 대구대학교 대학원 박사학위논문.

황상심(2010). 다문화 가정 유아의 초기 표현어휘 발달과 성차. 언어치료연구, 19(1), 193-209.

황상심, 김화수(2008). 다문화환경 조음음운장애 아동과 기능적 조음음운장애 아동의 음운변동 패턴 연구. 특수교육저널: 이론과 실천, 9(4), 329-348.

황혜진(2005). 이야기 구성도 훈련이 경도 정신지체 아동의 이야기 능력에 미치는 효과. 단국대학교 대학원 석사학위논문.

Abbeduto, L., & Boudreau, D. (2004). Theoretical influences on research on language development and intervention in persons with mental retardation. *Mental Retardation and Developmental Disabilities Research Reviews, 10*, 184-192.

Abbeduto, L., Boudreau, D., Calhoon, A., Conyers, L., Hesketh, L., Orsmond, G., & Santelmann, L. (1998). [Review of Children with disabilities, 4th edition by M. Batshaw (Ed.)]. *American Journal on Mental Retardation, 104*, 96-100.

Achenbach, T. M. (1982). *Developmental Psychopathology*. New York: Hohn Wiley and Sons.

Acredolo, L., & Goodwyn, S. (1988). Symbolic Gesturing in Normal Infants. *Child development, 59*, 450-466.

Adam, J-M. (1976). *Linguistique et discours littéraire* (théorie et pratique des textes). Paris: Larousse.

Adam, J-M. (1996). Le récit. Collection "Que sais-je?" N° 2149. Paris: PUF.

Adam, J-M. (2005). Analyse textuelle des discours. Introduction à la linguistique textuelle. Paris: Armand Colin.

Adams, A., & Gathercole, S. E. (1995). Phonological working memory and speech production in preschool children. *Journal of Speech, Language and Hearing Research, 38*, 403-414.

Adams, M. J. (1990). *Beginning to read: Thinking and learning about print.* Cambridge, MA: MIT Press.

Adelman, C., Levi, H., Under, N., & Sohmer, H. (1990). Neonatal auditory brain-stem response threshold and latency: 1 hour to 5 months. *Electroencephalogr Clin Neurophysiol, 77*, 77-80.

Agirdag, O. (2014). The long-term effects of bilingualism on children of immigration: Student bilingualism and future earnings. *International Journal of Bilingual Education and Bilingualism, 17*(4), 449-464.

Akhtar, N., Carpenter, M., & Tomasello, M. (1996). The role of discourse novelty in early word learning. *Child Development, 67*(2), 635-645.

Alamillo, R. A., Colletta, J-M., & Guidetti, M. (2012). Gesture and language in narratives and explanations: The effects of age and communicative activity on late multimodal discourse development. *Journal of Child Language, FirstView*, 1-28.

Alotaibi, H. (2015). The role of lexical cohesion in writing quality. *International Journal of Applied Linguistics & English Literature, 4*(1), 261-269.

American Psychiatric Association. (2015). DSM-5 정신질환의 진단 및 통계 편람(권준수, 김재진, 남궁기, 박원명, 신민섭, 유범희, 윤진상, 이상익, 이승환, 이영식, 이헌정, 임효덕, 강도형, 최수희 공역). 서울: 학지사.

American Speech-Language-Hearing Association. (1989). Issues in dermining eligibility for language intervention. *ASHA, 31*, 113-118.

American Speech-Language-Hearing Association. (2004). Knowledge and Skills Needed by Speech-Language Pathologists and Audiologists to Provide Culturally and Linguistically Appropriate Services [Knowledge and Skills]. Available from www.asha.org/policy.

American Speech-Language-Hearing Association Ad Hoc Committee on Service Delivery in the Schools. (1993). Definition of communication disorders and variation. *ASHA, 35*. (Supp. 10), 40-41.

American Speech-Language-Hearing Association Committee on Language, Speech, and Hearing Services in the Schools. (1980). Definitions for communicative disorders and differences. *ASHA, 22*, 317-318.

Anderson, J. L. et al. (2003). A statistical basis for speech sound discrimination. *Language and Speech, 46*, 155-182.

Anderson, N. H. (1965). Averaging versus adding as a stimulus-combination rule in impression formation. *Journal of Experimental Psychology, 70*, 394-400.

Anderson, R. C., Reynolds, R. E., Schallert, D. L., & Goetz, E. T. (1977). Frameworks for comprehending discourse. *American Educational Research Journal, 14*(4), 367-381.

Apel, K. (1999). An introduction to assessment and intervention with older students with language-learning impairments: Bridges from research to clinical practice. *Language, Speech, and Hearing Services in Schools, 30*, 228-230.

Applebee, A. N. (1978). *The Child's Concept of Story: Ages Two to Seventeen.* Chicago: University of Chicago Press.

Aram, D. M., & Kamhi, A. G. (1982). Perspectives on the relationship between phonological and language disorders. In *Seminars of Speech and Hearing Research* (pp. 101-114). New York: Thierne-Stratton.

Aram, D. M., Morris R., & Hall, N. E. (1993). Clinical and Research congruence in identifying children with specific language impairment. *Journal of Speech and Hearing Research, 36*, 580-591.

Aram, D. M., & Nation, J. E. (1975). Patterns of language behavior in children with language disorders. *Journal of Speech and Hearing Research, 18*, 229-241.

Aram, D. M., & Nation, J. E. (1982). *Child language disorders*. St. Louis, MO: Mosby.

Arnett, J. J. (1999). Adolescent storm and stress, reconsidered. *American Psychologist, 54*, 317-326.

Arrive, M., Gadet, F., & Galmiche, M. (1986). La Grammaíre d'Aujourd'huí. Gielde alphabétique de linguistique Française. Paris: Flammarion.

Au, T. K., & Markman, E. M. (1987). Acquiring word meanings via linguistic contrast. *Cognitive Development, 2*(3), 217-236.

Aureli, T., Perucchini, P., & Genco, M. (2009). Children's understanding of communicative intentions in the middle of the second year of life. *Cognitive Development, 24*, 1-12.

Austin, J. L. (1962). *How to Do Things With Words*. Cambridge/Massachusetts: Harvard University Press.

Baddley, A. (2003). Working memory and languaage: Overview. *Journal of Communication Disorders, 36*, 186-208.

Bae, H. S. (2006). Termes adjectivaux en corpus médical coréen: Repérage et désambiguïsation. *Terminology, 12*(1).

Bae, H. S. (2008). Adaptation du modele francais a l'annotation semantique des contextes coreens des termes predicatifs informatiques, 한국프랑스학논집, 64.

Bae, H. S., Ku, D. W., Youn, Y. S., & Oh, Y. W. (2002). Phonetic Transcription rules and Quantitative Analysis of Phoneme Distribution in French. In *Korean Journal of Speech Sciences*.

Bae, H. S., & L'Homme, M. C. (2008). Converting a Monolingual Lexical Database into a Multilingual Specialized Dictionary. In F. J. Boers, J. Darquennes, K. Kerremans, & R. Temmerman(Eds.), *Multilingualism and Applied Comparative Linguistics* (Volume 2) (pp.

225-255). Cambridge: Cambridge Scholars Publishing.

Bae, H. S., L'Homme, M. C., & Lapalme, G. (2008). "Semantic Roles in Multilingual Terminological Descriptions: Application to French and Korean Contexts", Multilingual and Comparative Perspectives in Specialized Language Resources. Proceedings of the Workshop. Language Resources and Evaluation, LREC 2008, Marrakech, Morrocco.

Bae, H. S., Park, H. S., Choi, Ch. W., Lee, K. Y., & Choi, K. S. (2001). Characteristic Predicates Selection and Semantic Constraint in Domain-specific Corpus. In *KORTERM International Symposium*.

Bae, H. S., Park, H. S., Choi, Ch. W., Lee, K. Y., & Choi, K. S. (2002). On the Semantic Constraints of Terms through Characteristic Predicates Selection in Domain-specific corpus. In TKE(Terminology and Knowledge Engineering), Université de Nancy.

Bailey, T. M., & Plunkett, K. (2002). Phonological specificity in early words. *Cognitive Development, 17*, 1265-1282.

Baker, A. E., & Hengeveld, K. (Eds.) (2011). *Linguistics*. New Delhi: Wiley-Blackwell.

Baker, C. (2006). *Foundations of Bilingual Education and Bilingualism*. UK: Multilingual Matters Ltd.

Baker, C., & Fellbaum, C. (2008). Can WordNet and FrameNet be made "interoperable"?. In *Proceedings of the First International Conference on Global Interoperability for Language Resources* (pp. 67-74). Hong Kong, City University.

Baker, L., Cantwell, D. P., & Mattison, R. E. (1980). Behavior problems in children with prue speech disorders and in children with combined speech and language disorders. *Journal of Abnormal Child Psychology, 8*, 245-256.

Bakhtin, M. M. (1986). *Speech Genres and Other Late Essays*. (Vern W. McGee, Trans.). Austin, TX: University of Texas Press.

Baldwin, I. T., & Schultz, J. C. (1983). Rapid Changes in Tree Leaf Chemistry Induced by Damage: Evidence for Communication Between Plants.

Science, 221(4607), 277-279. doi: 10.1126/science.221.4607.277.

Ball, E., & Blachman, B. (1991). Does phoneme awareness training in kindergarten make a difference in early word recognition and developmental spelling? *Reading Research Quarterly, 26*, 49-66.

Ball, J., & Corss, F. (1981). Formal and pragmatic factors in childhood autism and aphasia. Paper presented at the Symposium on Research in Child Language Disorders. Madison Wisconsin.

Ballem, K. D., & Plunkett, K. (2005). Phonological specificity in children at 1;2. *J. Child Language, 32*, 159-173.

Bamberg, M., & Damrad-Frye, R. (1991). On the ability to provide evaluative comments: Further explorations of children's narrative competencies. *Journal of Child Language, 18*, 689-710.

Barette, M. D. (1986). Early semantic representation and early word usage. In S. A. Kuczay & M. D. Barett (Eds.). *The Development of Word Meaning*. New York: Springer.

Barnlund, D. C. (2008). A transactional model of communication. In. C. D. Mortensen (Eds.), *Communication theory* (2nd ed., pp. 47-57). New Brunswick, New Jersey: Transaction.

Barr, R. G. (2004). Les pleurs et leur importance pour le developpement psychosocial des enfants. In R. E. Dans, R. G. Tremblay, Barr et R. de V. Peters (dir.), *Encyclopedie sur le developpement des jeunes enfants*. Montreal: Centre d'excellence pour le developpement des jeunes enfants.

Barsalou, L. (1999). Perceptual Symbol Systems. *Behavioral and Brain Sciences, 22*(4), 577-609.

Bartak, L., Rutter, M., & Cox, A. (1975). A comparative study of infantile autism and specific developmental language disorders I. The children. *British Journal of Psychiatry, 126*, 127-145.

Barthes, R. (1997). 텍스트의 즐거움(김희영 역). 서울: 동문선.

Bartlett, F. C. (1932). *Remembering: A study in experimental and social psychology*. London: Cambridge University Press.

Bassano, D. (1998). Premiers pas dans l'acquisition du lexique. *Reeducation orthophonique, 196*, 117-126.

Bates, E. (1975). The acquisition of pragmatic competence. *Journal of Child Language, 1*(2), 277-282.

Bates, E. (1976). *Language and context: The acquisition of pragmatics*. New York, NY: Academic Press.

Bates, E. (1997). Origins of language disorders: A comparative approach. In D. Thal & J. Reilly (Eds.), Special issue on Origins of Communication Disorders. *Developmental Neuropsychology, 13*(3), 275-343.

Bates, E. (1999). Language and the infant brain. *Journal of Communication Disorders, 32*, 195-205.

Bates, E., Benigni, L., Bretherton, I., Camaioni, L., & Volterra, V. (1977). From gesture to first word: On cognitive and social prerequisites. In M. Lewis & L. Rosenblum (Eds.), *Interaction, conversation, and the development of language* (pp. 247-307). New York: John Wiley & Sons.

Bates, E., Benigni, L., Bretherton, I., Camaioni, L., & Volterra, V. (1979). *The emergence of symbols: Cognition and communication in infancy*. New York: Academic Press.

Bates, E., Bretherton, I., & Snyder, L. (1988). *From first words to grammar: Individual differences and dissociable mechanisms*. New York: Cambridge University Press.

Bates, E., Camaioni, L., & Volterra, V. (1975). The acquisition of performative prior to speech. *Merrill-Palmer Quarterly, 21*, 205-216.

Bates, E., & Carnevale, G. F. (1993). New directions in research on language development. *Developmental Review, 13*, 436-470.

Bates, E., Devescovi, A., & Wulfeck, B. (2001). Psycholinguistics: A cross-language perspective. *Annual Review of Psychology, 52*, 369-398.

Bates, E., & Dick, F. (2002). Language, gesture and the developing brain. In B. J. Casey & Y. Munakata

(Eds.), Special issue: Converging method approach to the study of developmental science. *Developmental Psychobiology, 40*(3), 293-310.

Bates, E., & Goodman, J. C. (1997). On the inseparability of grammar and the lexicon: Evidence from acquisition, aphasia, and real-time processing. *Language and Cognitive Processes, 12*(5-6), 507-584.

Bates, E., Marchman, V., Thal, D., Fenson, L., Dale, P., Reznick, S., Reilly, J., & Hartung, J. (1994). Developmental and stylistic variation in the composition of early vocabulary. *Journal of Child Language, 21*(1), 85-124. [Reprinted in K. Perera, (Ed.), *Growing points in child language*. Cambridge: Cambridge University Press, 1997].

Bates, E., Thal, D., Trauner, D., Fenson, J., Aram, D., Eisele, J., & Nass, R. (1997). From first words to grammar in children with focal brain injury. In D. Thal & J. Reilly (Eds.), Special issue on Origins of Communication Disorders. *Developmental Neuropsychology, 13*(3), 447-476.

Bates, E., Thal, D., Whitesell, K., Oakes, L., & Fenson, L. (1989). Integrating language and gesture in infancy. *Developmental Psychology, 25*(6), 1004-1019.

Bauman-Waengler, J. (2008). *Articulatory and Phonological Impairments: A Clinical Focus*. NY: Allyn & Bacon.

Baumann, J. F., & Bergeron, B. S. (1993). Story map instruction using children's literature: Effects on first grader's comprehension of central narrative elements. *Journal of Reading Behavior, 25*, 407-437.

Bayley, N. (2005). Bayley Scales of Infant and Toddler Development (3rd ed.). NJ: Pearson.

Baylon, Ch. & Fabre, P. (1992). Initiation à la linguistique. Paris: Nathan.

Bear, G. G., & Minke, K. M. (Eds.). (2006). *Children's Needs III: Development, Prevention, and Intervention* (pp. 499-514). Washington, DC., US: National Association of School Psychologist.

Bebto, A. C., & Befi-Lopes, D. M. (2010). Story organization and narrative by school-age children with typical language development. *Pró-fono: revista de atualização científica, 22*(4), 503-506.

Beck, I. L., & McKoewn, G. M. (1981). Developing questions that promote comprehension: The story map. *Language Arts, 58*, 913-918.

Beckett, Yu, Q., & Long, A. N. (2005). The impact of fragile X: Prevalece, numbers affected, and economic impact. *National Fragile X Foundation Quarterly Journal, 2*, 18-21.

Beckman, M. E., & Edwards, J. (2000). The ontogeny of phonological categories and the primacy of lexical learning in linguistic development. *Child Development. 71*, 240-249.

Beegley, M. (1998). Emergence of symbolic play: Perspectives from typical and atypical development. In J. A. Burack, R. M. Hodappp & E. Zigler (Eds.), *Handbook of mental retardation and development*. Cambridge: Cambridge University Press.

Beers, S., & Nagy, W. (2009). Syntactic complexity as a predictor of adolescent writing quality: Which measures? Which genre? *Reading and Writing: An Interdisciplinary Journal, 22*, 185-200.

Beers, S., & Nagy, W. (2011). Writing development in four genres from grades three to seven: Suntactic complexity and genre differentiation. *Reading and Writing: An Interdisciplinary Journal, 24*, 183-202.

Behne, T., Carpenter, M., Call, J., & Tomasello, M. (2005). Unwilling versus unable: Infants' understanding of intentional action. *Developmental Psychology, 41*, 328-337.

Behne, T., Liszkowski, U., Carpenter M., & Tomasello, M. (2012). Twelve-month-olds' comprehension and production of pointing. *Developmental Psychology, 30*, 359-375.

Beitchman, J. H., Nair, R., Clegg, M., Ferguson, B., & Patel, P. G. (1986). Prevalence of psychiatric disorders in children with speech and language disorders. *Journal of the American Academy of Child Psychiatry, 25*(4), 528-535.

Beitchman, J. H., Wilson, B., Johnson, C. J., Atkinson, L., Young, A., Adlaf, E., Escobar M., & Douglas, L. (2001). Fourteen-year follow-up of speech/language impaired and control children: Psychiatric outcome. *Journal of the American Academy of Child and Adolescent Psychiatry, 40*, 75-82.

Bench, J. (1968). Sound transmission to the human foetus through the maternal abdomen wall. *Journal of Genetic Psychology, 113*, 85-87.

Benedict, H. (1979). Early lexical development: Comprehension and production. Journal of Child Language. Retrieved from http://journals. cambridge.org/production/action/cjoGetFulltext?full textid=1769952

Bento, A. C., & Befi-Lopes, D. M. (2010). Story organization and narrative by school-age children with typical language development. *Pro-Fono, 22*(4), 503-508.

Benzaquen, S., Gagnon, R., Hunse, C., & Foreman, J. (1990). The intrauterine sound environment of the human foetus during the labor. *American Journal of Obstetric and Gynecology, 183*, 484-490.

Bereiter, C., & Engelmann, S. (1966). *Teaching disadvantaged children in the preschool*. Englewood Cliffs, NJ: Prentice-Hall.

Berg, K. M. (1993). A comparison of thresholds for 1/3-octave filtered clicks and noise bursts in infants and adults. *Perception & Psychophysics, 54*, 365-369.

Berk, L. E. (2006). *Child Development* (7th edition). Boston: Allyn & Bacon.

Berk, L. E. (2012). 생애발달 1: 영유아기에서 아동기까지(이옥경, 박영신, 이현진, 김혜리, 정윤경, 김민희 공역). 서울: 시그마프레스.

Berk, L. E. (2015). 아동발달(제9판)(이종숙, 이옥, 신은수, 안선희, 이경옥 공역). 서울: 시그마프레스.

Berk, L. E., & Spuhl, S. T. (1995). Maternal interaction, private speech, and task performance in preschool children. *Early Childhood Research Quarterly, 10*, 145-169.

Berko, J. (1958). The Child's Learning of English Morphology. Word, 14, 150-177. Reprinted in S. Saporta (Ed.), (1961). *Psycholinguistics*. New York: Holt, Rinehart, and Winston.

Berlo, D. K. (1960). *The Process of Communication*. New York: Holt, Rinehart, & Winston.

Bernard, N. (2007). L'apport des technologies linguistiques au traitement et à la valorisation de l'information textuelle, Éditions ADBS.

Bernicot, J., & Reilly, J. (Eds.). (2008). Numéro Special: Le développement du langage chez les enfants atypiques [Special issue: Language development in atypical children].

Best, C. C., & McRoberts, G. W. (2003). Infant perception of non-native consonant contrasts that adults assimilate in different ways. *Lang. Speech, 46*, 183-216.

Best, C. T., & Faber, A. (2000). Developmental increase in infants' discrimination of nonnative vowels that adults assimilate to a single native vowel. Paper presented at the International Conference on Infant Studies, Brighton, England.

Bialystok, E. (2011). Reshaping the Mind: The benefits of Bilingualism. *Canadian Journal of Experimental Psychology, 65*(4), 229-235.

Biemiller, A. (2005). Size and sequence in vocabulary development: Implications for choosing words for primary grade vocabulary instruction. In A. Hiebert & M. Kamil (Eds.), *Teaching and learning vocabulary: Bridging research to practice* (pp. 223-242). Mahwah, NJ: Erlbaum.

Bishop, D., & Edmundson, A. (1987). Specific language impairment as a maturational lag: Evidence from longitudinal data on language and motor development. *Development Medicine and Child Neurology, 29*, 442-459.

Bishop, D. V. M. (1992). The underlying nature of specific language impairment. *Journal of Child Psychology and Psychiatry, 33*, 1-64.

Bishop, D. V. M. (1997). *Uncommon understanding:*

Development and disorders of language comprehension in children. Hove: Psychology Press Ltd.

Bishop, D. V. M., & Adams, C. (1990). A prospective study of the relationship between specific language impairment, Phonological disorders, and reading retardation. *Journal Child Psychology and Psychiatry, 21*, 1027-1050.

Bishop, D. V. M., & Adams, C. (1992). Comprehension problems in children with Specific Language Impairment: Literal and inferential meaning. *Journal of Speech and Hearing Research, 25*, 119-129.

Bishop, D. V. M., & Mogford, K. (Eds.). (1988). *Language development in exceptional circumstances*. Hove: Psychology Press.

Bishop, D. V. M., North, T., & Donlan, C. (1995). Genetic basis of specific language impairment: Evidence from a twin study. *Development Medicine and Child Neurology, 37*, 56-71.

Blachman, B. A. (1994). Early literacy acquisition: The role of phonological awareness. In G. Wallach & K. Butler (Eds.), *Language learning disabilities in school-age children and adolescents: Some underlying principles and applications* (pp. 253-274). Columbus, OH: Merrill/Macmillan.

Blake, N. (Ed.). (1992). *The Cambridge History of the English Language, II: 1066-1476*. Cambridge: University Press.

Bleile, K., & Wallach, H. (1992). A sociolinguistic investigation of the speech of African American preschoolers. *American Journal of Speech-Language Pathology, 1*, 54-62.

Bloodstein, O. N. (1944). Studies in the Psychology of Stuttering: XIX. *Journal of Speech Disorders, 9*, 161-173.

Bloom, K. (1990). Selectivity and early infant vocalization. Dans J. R. Enns (dir.), *The Development of Attention: Research and Theory*. North-Holland, NE: Elsevier Science Publishers.

Bloom, K., & Lo, E. (1990). Adults perceptions of vocalizing infants. *Infant Behavior and Development,*

1, 209-219.

Bloom, L. (1970). Language development: Form and function in emerging grammars. Cambridge, MA: The M.I.T. Press. Japanese translation (1981). Japan: Taishukan Publishing Company.

Bloom, L. (1973). *One word at a time*. The Hague: Mouton.

Bloom, L. (1991). *Language Development from two to three*. New York: Cambridge University Press.

Bloom, L. (1993). *The transition from infancy to langauge: Acquiring the power of expression*. Cambridge, Royaume-Uni.: Cambridge University Press.

Bloom, L., & Lahey, M. (1978). *Language Development and Language Disorders*. New York: John Wiley.

Bloom, L., Merkin, S., & Wooten, J. (1982). Wh-questions: linguistic factors that contribute to the sequence of acquisition. *Child Development, 53*, 1084-1092.

Bloom, L., Rocissano, L., & Hood, L. (1976). Adult-child discourse: Developmental interaction between information processing and linguistic knowledge. *Cognitive Psychology, 8*, 521-552.

Bloom, P., & Markson, L. (2001). Are there principles that apply only to the acquisition of words? A reply to Waxman and Booth. *Cognition, 78*, 89-90.

Bochner, S., Price, P., & Jones, J. (1989). *Developmental Disorders of Language*. London: Whurr.

Boehm, A. E. (2001). Boehm test of Basic Concepts-3 Preschool. San Antonio, TX: The Psychological Corporation.

Bonvillian, J. D., Orlansky, M., Folven, R. (1990). Early sign language acquisition: Implication for theories of langauge acquisition. In V. Volterra & C. J. Erting (Eds.), *From gesture to language in hearing and deaf children*, 219-232.

Bonvillian, J., Richards H., & Dooley, T. (1997). Early Sign Language Acquisition and the Development of Hand Preference in Young Children. *Brain and Language, 58*, 1-22.

Bornstein, M., Cote, L. R., Maital, S., Painter, K., Park,

S. Y., Pascual, L., Pêcheux, M. G., Ruel, J., Venuti, P., & Vyt, A. (2004). Cross-linguistic analysis of vocabulary in young children: Spanish, Dutch, French, Hebrew, Italian, Korean, and American English. *Child Development, 75*(4), 1115-1139.

Bornstein, M. H., Painter, K. M., & Park, J. (2002). Naturalistic language sampling in typically developing children. *Journal of Child Language, 29*, 687-699.

Bortfeld, H., Morgan, J. L., Golinkoff, R. M., & Rathbun, K. (2005). Mommy and me: Familiar names help launch babies into speech-stream segmentation. *Psychological Science, 169*(4), 298-304.

Bortfeld, H., & Whitehurst, G. J. (2001). Sensitive periods in First Language Acquisition. In D. B. Bailey, J. T. Brucer, F. J. Symons, & J. W. Lichtman (Eds.), *Critical Thinking about Critical Periods*. Baltimore, MD: Brookes Publishing Co.

Bosch, L. (2011). Precursors to language in preterm infants: Speech perception abilities in the first year of life. In O. Braddick, J. Arkinson, & G. Innocenti (Eds.), *Progress in Brain Research, 189*.

Bosch, L., & Sebastian-Gallés, N. (1997). Native-language recognition abilities in 4-month-old infants from monolingual and bilingual environments. *Cognition, 65*, 33-69.

Bosch, L., & Sebastian-Gallés, N. (2003). Simultaneous bilingualism and the perception of a language-specific vowel contrast in the first year of life. *Language and Speech, 46*, 217-243.

Boudreau, D. M. (2007). Narrative abilities in children with language impairments. In R. Paul (Ed.), *Language disorders from a developmental perspective* (pp. 331-356). Mahwah, NJ: Lawrence Erlbaum Associates.

Boudreau, D. M., & Hedberg, N. L. (1999). A Comparison of Early Literacy Skills in Children With Specific Language Impairment and Their Typically Developing Peers. *American Journal of Speech-Language Pathology, 8*, 249-260.

Boudreault, M. C., Cabirol, E. A., Trudeau, N., Poulin-Dubois, D., & Sutton, A. (2007). Les inventaires MacArthur du développement de la communication: validité et données normatives préliminaires. *Canadian Jourrnal of Speech-Language Pathology and Audiology, 31*(1), 27-38.

Boulineau, T., Fore, C., Hagan-Burke, Sh., & Burke, M. D. (2004). Use of story-mapping to increase the story-grammar text comprehension of elementary students with learning disabilities. *Learning Disability Quarterly, 27*(2), 105-121.

Bowerman, M. (1973). *Early Syntactic Development: A Cross-Linguistic Study with Special Reference to Finnish*. London: Cambridge University Press.

Bowerman, M. (1974). Learning the structure of causative verbs: A study in the relationship of cognitive, semantic and syntactic development. Papers and Reports on Child Language Development (Stanford University), 8, 142-178.

Boynton, R. M. (1979). *Human color vision*. NY: Holt, Rinehart & Winston.

Boysson-Bardies, B. De. (1996). Comment la parole vient aux enfants. Paris: Odile Jacob.

Brandone, A. C., Salkind, S. J., Golinkoff, R. M., Hirsh-Pasek, K. (2006). Language Development. In G. G. Bear & K. M. Minke (Eds.), *Children's needs III: Development, prevention, and intervention* (pp. 499-514). Washington: National Association of School Psychologists.

Bréal, M. (1883). *The Beginnings of Semantics: Essays, Lectures and Reviews*. Translated and introduced by George Wolf. Reprinted: Stanford, CA: Stanford University Press.

Bréal, M. (1897). *Essai de Sémantique*(Science des Significations). Paris: Hachette.

Bretherton, I., McNew, S., Snyder, L., & Bates, E. (1983). Individual differences at 20 months. *Journal of Child Language, 10*, 293-320.

Brinton, B., & Fujiki, M. (1984). Development of topic manipulation skills in discourse. *Journal of Speech* and Hearing Research, 27, 350-358.

Brinton, B., & Fujiki, M. (1989). Conversational Management with Language-impaired Children. Rockville, MD: Aspen Publishers.

Brinton, B., Fujiki, M., & Higbee, L. M. (1998). Participation in cooperative learning activities by children with Specific Language Impairment. Journal of Speech, Language, and Hearing Research, 41, 1193-1206.

Brooks, P. J., & Kempe, V. (2012). Language Development. Oxford: Blackwell.

Brown, A. M. (1984). Examination of grammatical morphemes in the language of hard-of-hearing children. Volta Review, 86, 229-238.

Brown, L., Sherbenou, R. J., & Johnsen, S. K. (1988). Test of Nonverbal Intelligence (2nd ed.). Austin, TX: Pro-Ed.

Brown, P. (2001). Learning to talk about motion up and down in Tzeltal: Is there a language specific-bias for verb learning? In M. Bowerman & S. Levinson (Eds.), Language Acquisition and Conceptual Development (pp. 512-543). Edinburgh: Cambridge University Press.

Brown, R. (1973). A first language. Cambridge, MA: Harvard University Press.

Bruner, J. (1975a). From communication to language: A psychological perspective. Cognition, 3, 255-287.

Bruner, J. (1975b). The ontogenesis of speech acts. Journal of Child Language, 2, 1-19.

Bruner, J. (1976). Prelinguistic prerequisites of speech. In R. Campbell & P. Smith (Eds.), Recent Advances in the Psychology of Language, 4, 199-214. New York: Plenum Press.

Bruner, J. (1983). Child's talk: Learning to use language. New York: Norton.

Bruner, J. (1995). From joint attention to the meeting of minds: An introduction. In C. Moore & P. J. Dunham (Eds.), Joint attention: Its origins and role in development (pp. 1-14). Hillsdale, NJ: Lawrence Erlbaum.

Buckley, S., & Johnson-Glenberg, M. C. (2008). Increasing literacy learning for individuals with Down syndrome and fragile X syndrome. In J. E. Roberts, R. S. Chapman, & S. F. Warren (Eds.), Speech and language development and intervention in Down syndrome and fragile X syndrome (pp. 233-254). Baltimore, MD: Paul H. Brookes Publishing.

Bühler, K. (1918). Theory of Language: The Representational Function of Language. Amsterdam: John Benjamins Publishing.

Burack, J. A., Hodapp, R. M., & Zigler, E. (Eds.) (1998). Handbook of Mental Retardation and Development. Edinburgh: Cambridge University Press.

Burgemeister, B., Blum, L., & Lorge, I. (1972). Columbia Mental Maturity Scale (3rd ed.). New York: Psychological Corporation.

Byrne, A., MacDonald, J., & Buckley, S. (2002). Reading, language and memory skills: A comparative longitudinal study of children with Down syndrome and their mainstream peers. The British Journal of Educational Psychology, 72(4), 513-529.

Bysterveldt, A., Gillon, G., & Foster-Cohen, S. (2014). A phonological awareness intervention case study of a child with Down syndrome. Speech, Language and Hearing, 17(1), 25-36.

Cabré, T. (1999). Terminology: Theory, methods and applications. London: John Benjamins Publishing Company.

Cairns, H. S., & Hus, J. R. (1979). Effects of prior context upon lexical access during sentence comprehension: A replication and reinterpretation. Journal of Psycholinguistic Research, 1979, in press.

Calculator, S., & Dollaghan, C. (1982). The use of communication boards in a residential setting: An evaluation. Journal of Speech and Hearing Disorders, 47, 281-287.

Caldera, Y. M., Huston, A. C., & O'Brien, M. (1989). Social interactions and play patterns of parents and toddlers with feminine, masculine and neutral toys.

Child Development, 60, 70-76.

Camaioni, L., Perucchini, P., Bellagamba, F., & Colonnesi, C. (2004). The role of declarative pointing in developing a theory of mind. *Infancy, 5*(3), 291-308.

Camarata, S., & Gandour, J. (1985). Rule invention in the acquisition of morphology by a language-impaired child. *Journal of Hearing and Speech Disorders, 50,* 40-45.

Camarata, S., & Schwartz, R. (1985). Production of object words: Evidence for a relationship between phonology and semantics. *Journal of Hearing and Speech Research, 28,* 323-330.

Cantwell, D. P., Baker, L., & Mattison, R. E. (1980). Factors associated with the development of psychiatric disorder in children with speech and language retardation. *Archives of General Psychiatry, 37,* 423-426.

Caplan, D. (1992). *Language: Structure, processing and disorders.* Cambridge, MA: MIT Press.

Capone, N. C., & McGregor, K. K. (2004). Gesture Development: A Review for Clinical and Research Practices. *Journal of Speech, Language, and Hearing Research, 47,* 173-186.

Carey, S. (1978). The child as word learner. In M. Halle, J. Bresnan, & G. A. Miller (Eds.), *Linguistic theory and psychological reality* (pp. 264-293). Cambridge, MA: MIT Press.

Carey, S. (1982). Semantic development: The state of the art. In E. Wanner & L. R. Gleitman (Eds.), *Language acquisition: The state of the art* (pp. 347-389). Cambridge, UK: Cambridge University Press.

Carey, S. (2004). Bootstrapping and the origins of concepts. *Daedalus, 133,* 59-68.

Carey, S., & Bartlett, E. (1978). Acquiring a single new word. *Proceedings of the Stanford Child Language Conference, 15,* 17-29. (Republished in Papers and Reports on *Child Language Development, 15,* 17-29).

Carnap, R. (1931). Le dépassement de la métaphysique par l'analyse logique du langage. Manifeste du Cercle de Vienne et autres écrits, Soulez, A. (Ed.). PUF.

Carpenter, K. (1991). Later rather than sooner: Extralinguistic categories in the acquisition of Thai classifiers. *Journal of Child Language, 18,* 93-113.

Carpenter, M., Nagell, K., & Tomasello, M. (1989). Social cognition, joint attention, and communicative competence from 9 to 15 months of age. *Monographs of the Society for Research in Child Development, 63* (Serial No. 255).

Carpenter, M., Nagell, K., & Tomasello, M. (1998). Social cognition, joint attention, and communicative competence from 9 to 15 months of age. *Monographs of the Society for Research in Child Development, 63.*

Carpenter, R. L., Mastergeorge, A. M., & Coggins, T. E. (1983). The acquisition of communicative intentions in infants eight to fifteen months of age. *Language and Speech, 26,* 101-116.

Casasola, M., Cohen, L. B., & Chiarello, E. (2003). Six-month-old infants' categorization of containment spatial relations. *Child Development, 74*(3), 679-693.

Casby, M. W. (1991a). Symbolic play: I. A developmental framework. *Infant-Toddler Intervention, 1,* 219-231.

Casby, M. W. (1991b). Symbolic play: II. A unified model. *Infant-Toddler Intervention, 1,* 233-243.

Casby, M. W. (1992). The cognitive hypothesis and its influence on speech-language services in schools. *Language, Speech, and Hearing Services in Schools, 23,* 198-202.

Casby, M. W. (1997). Symbolic play of children with language impairment: A critical review. *Journal of Speech, Language, and Hearing Research, 40,* 468-479.

Casby, M. W. (2003). Developmental Assessment of Play: A Model for Early Intervention. *Communication Disorders Quarterly, 24*(4), 175-183.

Casby, M. W., & Della Corte, M. (1987). Symbolic play performance and early language development.

Journal of Psycholinguistic Research, 16, 31-42.

Casby, M. W., & McCormack, S. M. (1985). Symbolic play and early communication development in hearing-impaired children. *Journal of Communication Disorders, 18*, 67-78.

Casby, M. W., & Ruder, K. (1983). Symbolic play and early language development in normal and mentally retarded children. *Journal of Speech and Hearing Research, 26*, 404-411.

Caselli, M. C., Bates, C., Casadio, P., Fenson, L., Fenson, J., Sanderl, L., & Weir, J. (1995). A cross-linguistic study of early lexical development. *Cognitive Development, 10*, 159-199. [redacted version published in M. Tomasello & E. Bates (Eds.), *Language development: The essential readings*. Oxford: Blackwell, 2001].

Caselli, M. C., Casadio, P., & Bates, E. (1999). A comparison of the transition from first words to grammar in English and Italian. *Journal of Child Language, 26*, 69-111. [redacted version published in M. Tomasello & E. Bates (Eds.), *Essential readings in language development*. Oxford: Basil Blackwell, 2000].

Cattell, N. (1989). 언어학의 이해(김인환 역). 서울: 기린원.

Catts, H. (1993). The relationship between speech-language impairments and reading disabilities. *Journal of Speech and Hearing Research, 36*, 948-958.

Catts, H., & Fey, M. (1988). Spoken and written narrative protocol. Retrieved from the world wide web (http://www.lsi.ukans.edu/splh/catts/instruc.htm)

Catts, H., Fey, M., Zhang, X., & Tomblin, B. (1999). Language basis of reading and reading disability: Evidence from a longitudinal investigation. *Scientific Studies of Reading, 3*(4), 331-361.

Catts, H., Fey, M., Zhang, X., & Tomblin, J. (2001). Estimating the risk of future reading difficulties in kindergarten children: A research-based model and its clinical implementation. *Language, Speech and Hearing Services in the Schools, 32*, 38-50.

Catts, H., & Kamhi, A. (2005). Causes of reading disabilities. In H. Catts & A. Kamhi (Eds.), *Language and reading disabilities* (2nd ed., pp. 94-126). Boston: Allyn & Bacon.

Catts, H., & Kamhi, A. G. (2005). *Language and reading disabilities* (2nd ed.). Needham Heights, MA: Allyn & Bacon.

Chaffin, R., Morris, R. K., & Seely, R. E. (2001). Learning new word meanings from context: A study of eye movements. *Journal of Experimental Psychology: Learning, Memory, and Cognition, 27*(1), 225-235.

Chall, J. (1967). *Learning to Read: The Great Debate*. New York: McGraw-Hill.

Chall, J. (1983). *Stages of Reading Development*. New York: McGraw-Hill.

Chall, J. (1996). *Learning to Read: The Great Debate* (1967). New York: McGraw-Hill.

Chambers, K. E. et al. (2003). Infants learn phonotactic regularities from brief auditory experiences. *Cognition, 87*, B69-B77.

Champlin, C. A. (2000). Hearing science. In R. B. Gillam, T. P. Marquardt, & F. N. Martin (Eds.), *Communication sciences and disorders: From science to clinical practice*. San Diego, CA: Singular.

Chang, M. Y. (2004). Effect of the symbolic-play prompting program on the infant with autistic feature. Unpublished master's thesis. Hanshin University, Osan.

Chapman, K., Leonard, L., Rown, L., & Weiss, A. (1983). Inappropriate word extensions in the speech of young language-disordered children. *Journal of Speech and Hearing Disorders, 48*, 55-62.

Chapman, R. S. (1995). Language development in children and adolescents with Down syndrome. In P. Fletcher & B. MacWhinney (Eds.), *The Handbook of Child Language* (pp. 641-663). Oxford, UK: Blackwell Publishers.

Chapman, R. S., Kay-Raining, B. E., & Schwartz, S. E. (1990). Fast mapping of words in event contexts by children with Down syndrome. *Journal of Speech and Hearing Disorders, 55*, 761-770.

Chapman, R. S., Seung, H-K., Schwartz, S. E., & Kay-Raining, B. E. (1998). Language skills of children and adolescents with Down syndrome: II. Production deficits. *Journal of Speech, Language, and Hearing Research, 41*, 861-873.

Chenu, F., & Jisa, H. (2005). Impact du discours adressé à l'enfant sur l'acquisition des verbes en français. *Lidil, 31*, 85-100.

Chialant, D., & Caramazza, A. (1995). Where is morphology and how is it processed? The case of written words recogmition. In L. Feldman (Ed.), *Morphological aspects of language processing*. Hillsdale, NJ: Erlbaum.

Choi, H., Won, Y., & Lee, K. (2003). Comparison of selective attention between Chinese monolinguals and Korean-Chinese bilinguals. *Bilingualism, 23*, 113-135.

Choi, K. S., & Bae, H. S. (2003). A Korean-Japanese-Chinese Aligned Wordnet with Shared Semantic Hierarchy, in International Conference on Asian Digital Libraries.

Choi, K. S., & Bae, H. S. (2004). Procedures and Problems in Korean-Chinese-Japanese Wordnet with Shared Semantic Hierarchy, in Global Wordnet Conference.

Choi, S., & Bowerman, M. (1991). Learning to express motion events in English and Korean: The influence of language-specific lexicalization patterns. *Cognition, 41*, 83-121.

Choi, Y., & Mazuka, R. (2001). Are prosodic units universally important to children in their early language acquisition? Korean children's detection and use of languagespecific prosodic units. *Journal of Cognitive Science, 2*(2), 171-193.

Choi, Y., & Mazuka, R. (2003). Young children's use of prosody in sentence parsing. *Journal of Psycholinguistic Research, 32*(2), 197-217.

Choi, Y., & Mazuka, R. (2009). Acquisition of prosody in Korean. In C. Lee, Y. Kim, & G. Simpson (Eds.), *Handbook of East Asian psycholinguistics, Part III: Korean psycholinguistics*. London: Cambridge University Press.

Chomsky, N. (1957a). *Syntactic Structures*. The Hague/Paris: Mouton.

Chomsky, N. (1957b). Review of Verbal Behavior by B. F. Skinner. *Language, 35*, 26-58.

Chomsky, N. (1965). *Aspect of the Theory of Syntax*. Cambridge Mass. MIT Press.

Chomsky, N. (1975). *Questions de sémantique*. Paris: Seuil.

Chomsky, N. (1981). *Lectures on government and binging*. Dordrecht, ND: Foris.

Choudhury, N., & Benasich, A. A. (2003). A Family Aggregation Study: The influence of family history and other risk factors on language development. *Journal of Speech, Language and Hearing Research, 46*, 261-272.

Christophe, A. (1996). Traiter la parole, acquerir le langage: deux facettes d'un meme mecanisme. *Revue scientifique et technique de la defense, 31*, 105-118.

Christophe, A., & Dupoux, E. (1996). Bootstrapping lexical acquisition: The role of prosodic structure. *The linguistic review, 13*, 383-412.

Christophe, A. et al. (1994). Do infants perceive word boundaries? An empirical study of the bootstrapping of lexical acquisition. *The Journal of the Acoustical Society of America, 95*, 1570-1580.

Clark, E. (1987). The principle of contrast: A constraint on language acquisition, in Mechanisms of Language Acquisition, ed MacWhinney B., editor. (Hillsdale, NJ: Lawrence Erlbaum Associates;), 1-33.

Clark, E. (1995). Later lexical development and word formation. In P. Fletcher & B. MacWhinney (Eds.), *The handbook of Child language* (pp. 393-412). Oxford: Blackwell.

Clark, E. V. (1993). *The lexicon in acquisition*. New York, NY: Cambridge University Press.

Clarkson, R. L. et al. (1989). Speech perception in children with histories of recurrent otitis media. *The*

Journal of the Acoustical Society of America, 85, 926-933.

Clay, M. M. (1978). *Reading: The patterning of complex behaviour.* Auckland, New Zealand: Heinemann.

Clay, M. M. (1979). *The early detection of reading difficulties: A diagnostic survey with recovery procedures.* Exeter, NH: Heinemann.

Clay, M. M. (1983). Getting a theory of writing. In B. M. Kroll & C. G. Wells (Eds.), *Explorations in the Development of Writing: Theory, Research, and Practice* (pp. 259-284). Chinchester: Wiley.

Clay, M. M. (1991). *Becoming literate: The construction of inner control.* Portsmouth, NH: Heinemann.

Cleary, M., Pisoni, D. B., & Kirk, K. I. (2000). Working memory spans as predictors of spoken word recognition and receptive vocabulary in children with cochlear implants. *Volta Review, 102,* 259-280.

Cleave, P. L., Girolametto, L. E., Chen, X., & Johnson, C. J. (2010). Narrative abilities in monolingual and dual language learning children with specific language impairment. *Journal of Communication Disorders, 43*(6), 511-522.

Cohn, E. S., Kelley, P. M., Fowler, T. W., Gorga, M. P., Lefkowitz, D. M., Kuehn, H. J., Schaefer, G. B., Gobar, L. S., Hahn, F. J., Harris, D. J., & Kimberling, W. J. (1999). Clinical studies of families with hearing loss attributable to mutations in the connexin 26 gene (GJB2/DFNB1). *Pediatrics, 103*(1999), 546-550.

Cole, K. (1996). What is the evidence from research with young children with language disorders? *ASHA Division 1 Language Learning and Education Newsletter, 3,* 6-7.

Cole, K., Schwartz, I., Notari, A., Dale, P., & Mills, P. (1995). Examination of the stability of two measures of defining specific language impairment. *Applied Psycholinguistics, 16,* 103-123.

Cole, K. N., Dale, P. S., & Mills, P. E. (1990). Defining language delay in young children by cognitive referencing: Are we saying more than we know?

Applied Psycholinguistics, 11, 291-302.

Cole, K. N., Dale, P. S., & Mills, P. E. (1992). Stability of the intelligence quotient—language quotient relation: Is discrepancy modeling based on a myth? *American Journal on Mental Retardation, 97*(2), 131-143.

Collier, V. (1988). The Effect of Age on Acquisition of a Second Language for School. *The national cleringhouse for bilingual education, 2.*

Compton, A. (1970). Generative studies of children's phonological disorders. *Journal of Speech and Hearing Disorders, 35,* 315-339.

Connor, L. T., Obler, L. K., Tocco, M., Fitzpatrick, P. M., & Albert, M. L. (2001). Effect of socioeconomic status on aphasia severity and recovery. *Brain & Language, 78*(2), 254-257.

Conti-Ramsden, G., & Botting, N. (2004). Social difficulties and victimization in children with SLI at 11 years of age. *Journal of Speech, Language, and Hearing Research, 47,* 145-161.

Conti-Ramsden, G., & Dykins, J. (1991). Mother-child interactions with language-impaired children and their siblings. *British Journal of Disorders of Communication, 26*(3), 337-354.

Cooper, R. P., & Aslin, R. N. (1990). Preference for Infant-Directed Speech in the First Month after Birth. *Child Development, 61*(5), 1584-1595.

Corriveau, K., Pasquini, E., & Goswami, U. (2007). Basic auditory processing skills and Specific Language Impairment: A new look at an old hypothesis. *Journal of Speech Language and Hearing Research, 50,* 647-666.

Costa, A. (2006). "Executive control in Bilingual contexts." Brainglot. http://brainglot.upf.edu/index.php?option=com_content&task=view&id=86.

Costello, J. M., & Ingham, R. J. (1984). Assessment strategies for stuttering. In R. F. Curlee, & W. H. Perkins (Eds.), *Nature and treatment of stuttering: New directions* (pp. 303-334). San Diego: College-Hill Press.

Courtés, J. (1979). *Introduction à la sémiotique narrative et discursive*. Paris: Hachette.

Crago, M. B., & Gopnik, M. (1994). From families to phenotypes: Theoretical and clinical implications of research into the genetic basis of specific language impairment. In R. Watkins, & M. Rice (Eds.), *Specific Language Impairments in Children* (pp. 35-51). Baltimore, MD: Paul H. Brookes.

Craig, H., & Evans, J. (1989). Turn exchange characteristics of SLI children's simultaneous and nonsimultaneous speech. *Journal of Speech and Hearing Disorders, 54*, 334-347.

Craig, H., & Evans, J. (1993). Pragmatics and SLI: Within-group variations in discourse behaviors. *Journal of Speech and Hearing Research, 36*, 777-790.

Craig, H., & Washington, J. (1993). Access behaviors of children with specific language impairment. *Journal of Speech and Hearing Research, 36*, 311-321.

Crain, W. (2011). 발달의 이론(제5판; 송길연, 유봉현 공역). 서울: 시그마프레스.

Crais, E., Douglas, D., & Campbell, C. (2004). The intersection of the development of gestures and intentionality. *J. Speech Lang. Hear Res. 47*, 678-695.

Crais, E., Watson, L., & Baranek, G. (2009). Use of Gesture Development in Profiling Children's Prelinguistic Communication Skills. *American Journal of Speech-Language Pathology, 18*, 95-108.

Crane, L. B., Yeager, E., & Whitman, R. L. (1994). 언어학 개론(이기동, 신현숙 공역). 서울: 한국문화사.

Crowell, D. H., Jones, R. H., Nakagawa, J. K., & Kapuniai, L. E. (1971). Heart rate responses of human newborns to modulated pure tones. *Proceedings of the Royal Society of Medicine, 64*(5), 472-474.

Crowley, D. E., & Hepp-Raymond, M-C. (1966). The development of cochlear function in the ear of the infant rat. *Journal of Comparative and Physiological Psychology, 62*, 427-432.

Cruse, D. (1986). *Lexical Semantics*. Cambridge, MA: Cambridge University Press.

Crystal, D., Fletcher, P., & Garman, M. (1976). *The grammatical analysis of language disability: A procedure for assessment and remediation*. London, United Kingdom: Edward Arnold.

Csibra, G., & Gergely, G. (2009) Natural pedagogy. *Trends in Cognitive Science, 13*(4), 148-153.

Curenton, S. M., & Justice, L. M. (2004). African American and Caucasian preschoolers use of decontextualized language: Literate language features in oral narratives. *Language, Speech and Hearing Services in the Schools, 35*, 240-252.

Curtin, S. et al. (2005). Stress changes the representational landscape: Evidence from word segmentation. *Cognition, 96*, 233-262.

Daines, B. (2014). Developmental language delay/developmental language disorder. *Afasic Glossary, 3*.

Dale, P., Bates, E., Reznick, S., & Morisset, C. (1989). The validity of a parent report instrument of child language at 20 months. *Journal of Child Language, 16*, 239-249.

Dale, P., Price, T. S., Bishop, D. V. M., & Plomin, R. (2003). Outcomes of early language delay: I. Predicting persistent and transient language difficulties at 3 and 4 years. *Journal of Speech, Language, and Hearing Research, 46*, 544-560.

Dall'Oglio, A., Bates, E., Volterra, V., Di Capua, M., & Pezzini, G. (1994). Early cognition, communication and language in children with focal brain injury. *Developmental Medicine and Child Neurology, 36*, 1076-1098.

Daviault, D. (1994). L'evolution d'un sousemsemble des connaissances lexicales chez l'enfant d'age scolaire. Communication presentee au 62e congres de l'ACFAS, Monttreal, Quebec.

Daviault, D. (2011). *L'émergence et le développement du langage chez l'enfant*. Montréal: Chenelière Education.

Davidson, R. J. (1994). Complexities in the search for emotion-specific physiology. In P. Ekman,

& R. J. Davidson (Eds.), *The nature of emotion: Fundamental questions* (pp. 237-242). New York: Oxford University Press.

Davis, J. M., Elfenbein, J., Schum, R., & Bentler, R. A. (1986). Effects of mild and moderate hearing impairments on language, educational, and psychosocial behavior of children. *Journal of Speech and Hearing Disorders, 51*, 53-62.

Davis, J. M., & Hardick, E. J. (1981). *Rehabilitative audiology for children and adults*. New York: John Wiley & Sons.

Davis, Z. T., & McPherson, M. D. (1989). Story map instruction: A road map for reading comprehension. *The Reading Teacher, 19*, 232-240.

De Bot, K., & Verspoor, L. (2007). A Dynamic System Theory Approach to second language acquisition. *Bilingualism: Language and Cognition, 10*, 7-21.

De Valenzuela, J. S. (1992). American Speech-Language-Hearing Association (ASHA): Guidelines for Meeting the Communication Needs of Persons With Severe Disabilities.

DeCasper, A. J., & Fifer, W. P. (1980). Of human bonding: Newborns prefer their mothers' voices. *Science, 208*, 1174-1176.

DeCasper, A. J., & Spence, M. J. (1986). Prenatal maternal speech influences newborns' perception of speech sound. *Infant Behavior and Development, 9*, 133-150.

Dehaene-Lambertz, G. et al. (2004). Phonetic processing in a neonate with a left sylvian infarct. *Brain and Language, 88*, 26-38.

Desrosiers, H., & Ducharme, A. (2006). Commencer l'école du bon pied: Facteurs associés à l'acquisition du vocabulaire à la fin de la maternelle. *Etudes longitudinale du développement des enfants du Québec, 4*(1). Québec: Institut de la statistique du Québec.

Devescovi, A., Caselli, C., Marchione, D., Pasqualetti, P., Reilly, J., & Bates, E. (2003). A cross-linguistic study of the relaitonship between grammar and lexical

development. Manuscript, Center for Reseach in Language, University of California, San Diego.

Dewaele, J. (2007). The effect of multilingualism, sociobiographical, and situational factors on communicative anxiety and foreign language anxiety of mature language learners. *International Journal of Bilingualism, 11*(4), 391-409.

Dewaele, J. (2012). Multilingualism, empathy, and multicompetence. *International Journal of Multilingualism, 9*(4), 1-15.

Dickinson, D., & Tabors, P. (2001). *Beginning literacy with language*. Baltimore, MD: Brookes.

Diehl, R. L., Lotto, A. J., & Holt, L. L. (2004). Speech perception. *Annual Review of Psychology, 55*, 149-179.

Dimino, J. A., Taylor, R. M., & Gersten, R. M. (1995). Synthesis of the research on story grammaras a means to increase comprehension. *Reading & Writing Quarterly: Overcoming Learning Difficulties, 11*(1), 53-72.

Dodd, B., & Gillon, G. (2001). Exploring the relationship between phonological awareness, speech impairment and literacy. *Advances in Speech Language Pathology, 3*(2), 139-147.

Dodd, B., Holm, A., Hua, Z., & Crosbie, Sh. (2003). Phonological development: A normative study of British English-speaking children. *Clinical Linguistics & Phonetics, 17*(8), 617-643.

Dolan, D. F., Teas, D. C., & Walton, J. P. (1985). Postnatal development of physiological responses in auditory nerve fibres. *Acoust Soc Am, 78*, 544-554.

Dore, J. (1974). Holophrases, Speech Acts and language Universals. *Journal of Child Language, 2*(1), 21-40.

Dosse, F. (1997). *History of Structuralism: The Sign Sets, 1967-Present*. Minnesota: University of Minnesota Press.

Dromi, E. (1987). *Early lexical development*. New York: Cambridge University Press.

Drouin, P., & Bae, H. S. (2005). Korean Term Extraction in the Medical Domain by Corpus Comparison. In

Terminology and Knowledge Engineering(TKE) (pp. 349-361). Copenhagen Business School.

Duchan, J. F. (1988). Assessing communication of hearing impaired children: Influences from pragmatics. *Journal of the Academy of Rehabilitative Audiology, 21*(Mono Suppl), 19-40.

Dunn, L., & Dunn, L. (1997). Peabody Picture Vocabulary Test-III. Circle Pines, MN: American Guidance Service.

Dunn, M., Flax, J., Sliwinski, M., & Aram, D. (1996). The use of spontaneous language measures as criteria for identifying children with specific language impairment: An attempt to reconcile clinical and research incongruence. *Journal of Speech and Hearing Research, 39*(3), 643-654.

Durkin, D. (1966). *Children Who Read Early*. New York: Teachers College.

Eggermont, J. (1992). Development of auditory evoked potentials. *Acta Otolaryngol (Stockh) 12*, 197-200.

Eheart, B. K. (1982). Mother-child interactions with non-retarded and mentally retarded pre-schoolers. *American Journal of Mental Deficiency, 87*, 20-25.

Ehren, B. J., & Lenz, B. K. (1989). Adolescents with language disorders: Special considerations providing academically relevant language intervention, *Seminars in Speech and Language, 10*(3), 192-204.

Ehret, G., & Romand, R. (1981). Postnatal development of absolute auditory thresholds in kittens. *Journal of Comparative and Physiological Psychology, 95*, 304-311.

Ehri, L., Nunes, S., Willows, D., Schuster, B., Yaghoub-Zadeh, Z., & Shanahan, T. (2001). Phonemic awareness instruction helps children learn to read: Evidence from the National Reading Panel's meta-analysis. *Reading Research Quarterly, 36*, 250-287.

Eimas, P. D., Siqueland, E. R., Jusczyk, P. W., & Vigorito, J. (1971). Speech perception in infants. *Science, 171*, 303-306.

Eisele, W. A., Berry, R. C., & Shriner, T. H. (1975). Infant sucking response patterns as a conjugate function of changes in the sound pressure level of auditory stimuli. *Journal of Speech and Hearing Research, 18*, 296-307.

Eisenberg, R. B. (1970). The development of hearing in man: An assessment of current status. *Journal of the American Speech and Hearing Association, 12*, 119-121.

Eldredge, J. L., & Baird, J. E. (1996). Phonological awareness training works better than whole language instruction for teaching first graders how to write. *Reading Research and Instruction, 35*, 193-208.

Ellis, W. S., & Evans, J. (2002). The role of processing limitations in early identification of specific language impairment. *Topics in Language Disorders, 22*, 15-29.

Ellis, W. S., Evans, J., & Hesketh, L. (1999). An examination of working memory capacity in children with specific language impairment. *Journal of Speech, Language, and Hearing Research, 42*, 1249-1260.

Elman, J. L., Bates, E. A., Johnson, M. H., Karmiloff-Smith, A., Parisi, D., & Plunkett, K. (1996). *Rethinking innateness: A connectionist perspective on development*. Cambridge, Mass: MIT Press.

Ely, R. (2005). Language and Literacy in the School Years. In J. B. Fleason (Ed.), *The development of language* (pp. 395-442). Boston: Longman.

Elzouki, A. Y., Harfi, H. A., Nazer, H. M., Stapleton, F. B., Oh, W., Whitley, R. J. (Eds.). (2012). *Textbook of Clinical Pediatrics* (2nd ed.). London-New York: Springer.

Engen, E., & Engen, T. (1983). *Rhode Island Test of Language Structure*(RITLS). Baltimore: University Park Press.

Erikson, E. H. (1993). Gandhi's Truth: On the Origins of Militant Nonviolence. W. W. Norton & Company.

Ervin-Tripp, S. (1970). Discourse agreement: How children answer questions. In J. Hayes (Ed.), *Cognition and the development of language* (pp. 79-107). New York: John Wiley & Sons.

Esteve-Gibert, N., & Prieto, P. (2014). Infants temporally coordinate gesture-speech combinations before they produce their first words. *Speech Communication, 57*, 301-316.

Estigarribia, B., Martin, G. E., Roberts, J. E., Spencer, A., Gucwa, A., & Sideris, J. (2011). Narrative Skill in Boys with Fragile X Syndrome with and without Autism Spectrum Disorder. *Appl Psycholinguist, 32*(2), 359-388.

Euzenat, J. (2007). *Ontology Matching*. Springer-Verlag Berlin Heidelberg.

Eysenck, M. W., & Keane, M. T. (2005). *Cognitive Psychology: A Student's Handbook*. Taylor & Francis. (Retrieved 20 December 2012).

Fabre, P. (1990). *Initiation a la linguistique. avec des travaux pratiques d'application et leurs corriges*. Paris: Nathan.

Fathman, A. (2006). The Relationship between age and second language productive ability. *Language Learning, 25*(2), 245-253.

Fazio, B. B., Johnston, J. R., & Brandl, L. (1993). Relation between mental age and vocabulary development among children with mild mental retardation. *American Journal of Mental Retardation, 97*(5), 541-546.

Feagans, L. (1980). Children's understanding of some temporal terms denoting order, duration, and simultaneity. *Journal of Psycholinguistic Research, 9*, 41-56.

Fennell, C. T., & Werker, J. F. (2003). Early word learners' ability to access phonetic detail in well-known words. *Language and Speech, 46*, 245-264.

Fenson, L., Bates, E., Dale, P., Goodman, J., Reznick, J. S., & Thal, D. (2000). Measuring variability in early child language: Don't shoot the messenger. Comment on Feldman et al. *Child Development, 71*(2), 323-328.

Fenson, L., Dale, P., Reznick, J., Bates, E., Thal, D., & Pethick, S. (1994). Variability in early communicative development. Monographs of the Society for Research in Child Development, Serial No. 242, Vol. 59, No. 5

Fenson, L., Dale, P. S., Reznick, J. S., Thal, D., Bates, E., Hartung, J. P., Pethick, S., & Reilly, J. S. (1993). *The MacArthur Communicative Development Inventories: User's guide and technical manual*. San Diego: Singular Press.

Fenson, L., Kagan, J., Kearsley, R., & Zelazo, P. (1976). The developmental progression of manipulative play in the first two years. *Child Development, 47*, 232-236.

Fenson, L., Marchoman, V. A., Thal, D. J., Dale, P. S., Reznick, J. S., & Bates, E. (2011). 맥아더-베이츠 의사소통발달 평가 전문가 지침서(배소영, 곽금주 공역). 서울: 마인드프레스.

Fenson, L., & Ramsey, D. (1980). Decentration and integration of the child's play in the second year. *Child Development, 51*, 171-178.

Ferguson, C. A., Menn, L., Kuhl, P. K., & Meltzoff, A. N. (1988). Speech as an intermodal object of perception. In A. Yonas (Ed.), *Perceptual Development in Infancy* (pp. 235-266). The Minnesota Symposia on Child Psychology, 20. Hillsdale, NJ: Lawrence Erlbaum.

Ferguson, C. A., Menn, L., & Stoel-Gammon, C. (2008). *Phonological Development: Models, Research, Implications*. Springfield, MA: Merriam-Webster.

Fernald, A. (1985). Four month-old infants prefer to listen to motherese. *Infant Behavior and Development, 8*, 181-195.

Fernald, A. (1992). Human maternal vocalizations to infants as biologically relevant signals: An evolutionary perspective. In J. H. Berkow (Ed.), *The adapted mind: Evolutionary psychology and the generation of culture* (pp. 391-428). London: Oxford University Press.

Fernald, A., & Kuhl, P. (1987). Acoustic determinants of infant preference for Motherese speech. *Infant Behavior and Development, 10*, 279-293.

Fernald, A., Pinto, J. P., Swingley, D., Weinberg, A., &

McRoberts, G. W. (1998). Rapid gains in speed of verbal processing by infants in the second year. *Psychological Science, 9*, 72-75.

Fernald, A., Swingley, D., & Pinto, J. P. (2001). When half a word is enough: Infants can recognize spoken words using partial phonetic information. *Child Development, 72*, 1003-1015.

Fey, M. E. (1986). *Language intervention with young children*. San Diego, CA: College-Hill Press.

Fey, M. E. (1996). Cognitive referencing in the study of children with language impairments. *ASHA Division 1 Language Learning and Education Newsletter, 3*, 7-8.

Fey, M. E., Catts, H. W., Kerry, P., Tomblin, J. B., & Zhang, X. (2004). Oral and Written Story Composition Skills of Children with Language Impairment. *Journal of Speech, Language, and hearing research, 47*(6), 1301-1318.

Fey, M. E., Leonard, L., Fey, S., & O'Connor, K. (1978). The intent to communicate in language-impaired children. Paper presented at the Third Annual Boston University Conference on Language Development.

Fey, M. E., Warren, S., Brady, N., Finestack, L., Bredin-Oja, Sh., Fairchild, M., Sokol, S., & Yoder, P. (2006). Early effects of Responsivity Education/Prelinguistic Milieu Teaching for children with developmental Delays and their parents. *Journal of Speech, Language, and Hearing Research, 49*, 526-547.

Fey, M. E., Long, S. H., & Cleave, P. L. (1994). Reconsideration of IQ criteria in the definition of specific language impairment. In R. V. Watkins & M. L. Rice (Eds.), *Specific language impairments in children* (pp. 161-178). Baltimore, MD: Paul H. Brookes.

Field, T. M. (1998). Massage therapy effects. *American Psychologist, 53*, 1270-1281.

Fifer, W. P. (1981). *Attachment in the neonate: The ontogeny of maternal voice preference*. Greensboro: University of North Carolina. (Doctoral dissertation.)

Fifer, W. P., & Moon, C. (2003). Prenatal development. In A. Slater & G. Bremner (Eds.), *An Introduction to Developmental Psychology* (pp. 95-114). Oxford: Blackwell.

Fillenbaum, S., & Rapoport, A. (1971). *Structures in the subjective lexicon*. New York: Academic Press.

Fillmore, C. J. (1968). The Case for Case. In E. Bach & R. Harms (Eds.), *Universals in Linguistic Theory* (pp. 1-88). New York: Holt, Rinehart & Winston.

Fillmore, C. J. (1971). Verbs of judging: an exercise in semantic description. In C. J. Fillmore, & D. T. Langendoen (Eds.), *Studies in linguistic semantics*. New York: Holt, Rinehart & Winston.

Fillmore, C. J. (1982). Frame semantics. In *Linguistics in the Morning Calm* (pp. 111-137). Seoul: Hanshin Publishing.

Fillmore, Ch. (1993). Frame Semantics and Perception Verbs. In H. Kamp, & J. Pustejovsky (Eds.), *Universals in the Lexicon: At the intersection of Lexical Semantic Theories*.

Finck, A., Schneck, C. D., & Hartman, A. F. (1972). Development of cochlear function in the neonate Mongolian gerbil (Meriones unguiculatus). *Journal of Comparative and Physiological Psychology, 78*, 375-380.

Firth, J. R. (1957). A synopsis of linguistic theory 1930-1955. In Studies in *Linguistic Analysis* (pp. 1-32). Oxford: Philological Society. Reprinted in F. R. Palmer (Ed.), Selected Papers of J. R. Firth 1952-1959, London: Longman(1968).

Fitzpatrick, E. M., Stevens, A., Garritty, Ch., & Moher, D. (2013). The effects of sign language on spoken language acquisition in children with hearing loss: A systematic review protocol. *Systematic Reviews, 2*, 108-118.

Flavell, J. (1963). *The developmental psychology of Jean Piaget*. New York: Van Nostrand.

Fletcher, H., & Buckley, S. (2002). Phonological awareness in children with Down syndrome. *Down Syndrome Research and Practice, 8*(1), 11-18.

Fodor, J. D. (1977). *Semantics: Theories of Meaning in Generative Grammar.* New York: Crowell.

Folven, R. J., & Bonvillian, J. D. (1991). The transition from nonreferential to referential language in children acquiring American Sign Language. *Developmental Psychology, 27,* 806-816.

Fox, N., & Davidson, R. (1986). Frontal Brain Asymmetry Predicts Infants' Response to Maternal Separation. *Journal of Abnormal Psychology, 98*(2), 127-131.

Foxe, J. J., & Stapells, D. R. (1993). Normal infant and adult auditory brainstem responses to bone conducted tones. *Audiology, 32,* 95-109.

François, D. (1997). *History of structuralism, volume 2: the sign sets, 1967-present, trans.* D. Glassman, University of Minnesota Press, Minneapolis.

François, R. (1996). *Sémantique interprétative.* Presses Universitaires de France 2e édition.

Freedle, R., & Hale, G. (1979). Acquisition of new comprehension schemata forcontent area prose by transfer of a narrative schema. In R. Freedle (Ed.), *New directions in discourse processing.* Norwood, NJ: Ablex.

Freedman, P., & Carpenter, R. (1976). Semantic relations used by normal and language impaired children at Stage I. *Journal of Speech and Hearing Research, 19,* 784-795.

Fried-Oken, M. (1984). The development of naming skills in normal and language deficient children. Unpublished doctoral dissertation. Boston University.

Friedrich, M., & Friederici, A. D. (2005). Lexical priming and semantic integration reflected in the event-related potential of 14-month-olds. *Neuroreport, 16,* 653-656.

Gadda, G. (1991). *Writing and Language Socialization Across Cultures: Some Implications for the classroom.* Addison Wesley LongMan.

Ganger, J., & Brent, M. R. (2004). Reexamining the vocabulary spurt. *Developmental Psychology, 40*(4), 621-632.

Gärdenfors, P. (2000). *Conceptual Spaces: The Geometry of Thought.* MIT Press/Bradford Books.

Gardill, M. C., & Jitendra, A. K. (1999). Advanced storymap instruction: Effects on the reading comprehension of students with learning disabilities. *Journal of Special Education, 33*(1), 2-17.

Garry, R. (1963). *The Psychology of Learning.* Chicago: The Center for Applied Research in Education.

Gathercole, S., & Baddeley, A. (1990). Phonological memory deficits in language disordered children: Is there a causal connection? *Journal of Memory and Language, 29,* 336-360.

Gathercole, S. E., Hitch, G. J., Service, E., & Martin, A. J. (1997). Phonological shortterm memory and new word learning in children. *Developmental Psychology, 33,* 966-979.

Geers, A., Nicholas, J., Tye-Murray, N., Uchanski, R., Brenner, C., Davidson, L., Toretta, G., & Tobey, E. (2000). Effects of Communication Mode on Skills of Long-Term Cochlear Implant Users. Annals of Oto Rhino Laryng. Suppl. 185, Vol. 109, No. 12, Part 2.

Gelman, S. A., & Markman, E. M. (1985). Implicit contrast in adjectives vs. nouns: Implications for word-learning in preschoolers. *Journal of child language, 12,* 125-143.

Genesee, F. (2001). Bilingual first language acquisition: Exploring the limits of the language faculty. *Annual Review of Applied Linguistics, 21,* 153-168.

Genesee, F. (2003). Rethinking bilingual acquisition. In J. M. de Waele (Ed.), *Bilingualism: Challenges and directions for future research* (pp. 158-182). Clevedon, UK: Multilingual Matters.

Genesee, F. (2004). What do we know about bilingual education for majority language students? In T. K. Bhatia & W. Ritchie (eds.), *Handbook of Bilingualism and Multiculturalism* (pp. 547-576). Malden: Blackwell.

Genesee, F., Paradis, J., & Grago, M. B. (2004). *Dual language development and disorders: A handbook on bilingualism & second language learning.*

Baltimore, MD: Paul H. Brookes.

Gentner, D., & Boroditsky, L. (2001). Individuation, relativity and early word learning. In M. Bowerman & S. Sevinson (Eds.), *Language acquisition and conceptual development* (pp. 215-256). Cambridge Royaume-Uni.: Cambridge University Press.

Gerken, L., & Aslin, R. N. (2005). Thirty years of research on infant speech perception: The legacy of Peter W. Jusczyk. *Language Learning and Development, 1,* 5-21.

Gerken, L. A. (2004). Nine-month-old infants extract structural principles required for natural language. *Cognition, 93,* B89-B96.

Gesell, A., & Thompson, H. (1934). *Infant behavior: Its genesis and growth.* New York: McGraw-Hill.

Giannini, A. J. (2010). Semiotic and Semantic Implications of "Authenticity". *Psychological Reports, 106*(2), 611-612.

Gibson, E. J., & Levin, H. (1974). *The psychology of reading.* Cambridge: MIT Press.

Gilbertson, M., & Bramlett, R. K. (1998). Phonological awareness screening to identify at-risk readers: Implications for practitioners. *Language, Speech, and Hearing Services in School, 29,* 109-116.

Gillam, S. L., & Gillam, R. B. (2016). Narrative discourse intervention for school-aged children with language impairment: Supporting knowledge in language and literacy. *Topics in Language Disorders, 36*(1), 20-34.

Gillam, R. B., Hoffman, L. M., Marler, J. A., & Wynn-Dancy, M. L. (2002). Sensitivity to Increased Task Demands: Contributions from Data-Driven and Conceptually Driven Information Processing Deficits. *Language Disorders, 22,* 30-48.

Gillam, R. B., & Johnston, J. (1992). Spoken and written language relationships in language/learning impaired and normally achieving school-age children. *Jouranl of Speech and Hearing Research, 35,* 1303-1315.

Gillon, G. (2004). *Phonological awareness: From research to practice.* New York: Guilford Press.

Gillon, G., & Schwarz, I. (1999). *Resourcing speech and language needs in special education: Database and best practice validation.* Wellington: Ministry of Education.

Glattke, T. J. (1978). Anatomy and physiology of the auditory system. In D. E. Rose (Ed.), *Audiological assessment.* New Jersey: Prentice Hall.

Gleason, J. B., & Ratner, N. B. (2008). *The development of language.* Boston: Allyn & Bacon.

Gluck, M. A., Mercado, E., & Myers, C. E. (2011). 학습과 기억: 뇌에서 행동까지(최준식, 김현택, 신맹식 공역). 서울: 시그마프레스.

Gogate, L., Walker-Andrews, A. S., & Bahrick, L. E. (2001). Intersensory origins of word comprehension: An ecological-dynamic systems view. *Developmental Science, 4,* 1-37.

Golinkoff, R. M. (1980). The case for semantic relations: evidence from the verbal and nonverbal domains. *J. Child Language, 8,* 413-437.

Golinkoff, R. M., Mervis, C., & Hirsh-Pasek, K. (1994). Early object labels: The case for a developmental lexical principles framework. *Journal of Child Language, 21,* 125-155.

Goodluck, H. (1986). Language acquisition and linguistic theory. In P. Fletcher & M. Garman (Eds.), *Language acquisition* (2nd ed.). Cambridge: Cambridge University Press.

Gopnik, A., & Choi, S. (1995). Names, relational words and cognitive development in English and Korean speakers: Nouns are not always learned before verbs. In M. Tomasello & W. E. Merriman (Eds.), *Beyond name for things: Young children's acquisition of verbs* (pp. 68-80). Hillsdale, NJ: Lawrence Erlbaum.

Gopnik, A., & Meltzoff, A. N. (1987). Language and thought in the young child: Early semantic developments and their relationship to object permanence, means-ends understanding and categorization. In K. Nelson & A. Van Kleeck (Eds.), *Children's language, Vol. 6.* Hillsdale, New Jersey: Lawrence Erlbaum.

Gordon, W., & Panagos, J. (1976). Developmental transformational capacity of children with Down's syndrome. *Perceptual and Motor Skills, 43*, 967-973.

Gottman, J. M., & DeClaire, J. (1997). *The heart of parenting: How to raise an emotionally intelligent child.* London, UK: Bloomsbury.

Greenough, W. T. (1990). Brain storage of information from cutaneous and other modalities in development and adulthood. In K. E. Barnard & T. B. Brazelton (Eds.), *Touch: The foundation of experience: Full revised and expanded proceedings of Johnson & Johnson Pediatric Round Table X* (pp. 97-126). Madison, CT: International Universities Press.

Grice, H. P. (1989). *Studies in the Way of Words.* Cambridge, Mass: Harvard University Press.

Groen, M. A., Laws, G., Nation, K., & Bishop, D. V. M. (2006). A case of exceptional reading accuracy in a child with Down syndrome: Underlying early reading failure by integrating the teaching of reading and phonological skills: The phonological linkage hypothesis. *Child Development, 65*, 41-57.

Grosjean, F. (1996). Living with two languages and two cultures. In I. Parasnis (Ed.), *Cultural and Language Diversity and the Deaf Experience.* Cambridge: Cambridge University Press.

Grosjean, F. (2011). *Life as a bilingual: The reality of living with two or more languages.* Psychology Today.

Gross, G. (1994). "Classes d'objets et description des verbes", Langages n° 115, Larousse. 15-31.

Guess, D. (1969). A functional analysis of receptive language and productive speech: Acquisition of the plural morpheme. *Journal of Applied Behavior Analysis, 2*, 55-64.

Guess, D., Sailor, W. S., & Baer, D. M. (1976). *A functional speech and language training program for the severely handicapped.* Lawrence, KS: H & H Enterprises, Inc.

Guo, L. Y., & Schneider, P. (2016). Differentiating school-aged children with and without language impairment using tense and grammaticality measures from a narrative task. *Journal of Speech, Language, and Hearing Research, 59*, 317-329.

Hadley, P. A., & Rice, M. L. (1991). Conversational responsiveness of speech- and language-impaired preschoolers. *Journal of Speech and Hearing Research, 34*, 1308-1317.

Hagège, C. (1996). L'enfant aux deux langues. Paris: Odile Jacob.

Hakes, D. T. (1982). The development of metalinguistic abilities: What develops? In S. Kuczaj (Ed.), *Language development: Volume 2. Language, thought and culture* (pp. 163-202). Hillsdale, NJ: Lawrence Erlbaum Associates.

Hakuta, K., & D'Andrea, D. (1992). Some properties of bilingual maintenance and loss in Mexican background high-school students. *Applied Linguistics, 13*, 72-99.

Hall, K., & Yairi, E. (1997). Articulatory rate: Theoretical considerations and empirical data. In H. Peters & P. Lieshout (Eds.), *Speech Motor Control and Stuttering.* Excerpta Medica.

Hall, P. K., & Tomblin, J. B. (1978). A follow-up study of children with articulation and language disorders. *Journal of Speech and Hearing Disorders, 43*, 227-241.

Halle, P. A., & de Boysson-Bardies, B. (1996). The format of representation of recognized words in infants' early receptive lexicon. *Infant Behavior and Development, 19*, 463-481.

Halliday, M. A. K. (1973). *Explorations in the Functions of Language.* London. Hodder.

Halliday, M. A. K. (1975). *Learning how to mean: Explorations in the development of language.* London: Edward Arnold. (New York: Elsevier, 1977)

Halliday, M. A. K. (1993). Towards a language-based theory of learning. *Linguistics and Education, 5*, 93-116.

Harris, K. R., & Graham, S. (1999). Problematic intervention research: Illustrations from the evolution of self-regulated strategy development. *Learning Disability Quarterly, 22,* 251-262.

Hart, B., & Risley, T. R. (1995). *Meaningful differences in the everyday experience of young American children.* Baltimore, MD: P. H. Brookes.

Hass, W., & Wepman, J. (1974). Dimensions of individual difference in the spoken syntax of school children. *Journal of Speech and Hearing Research, 17,* 455-469.

Haynes, W. O., & Pindzola, R. H. (2011). 언어장애 진단평가(김민정, 한진순, 이혜란 공역). 서울: 학지사.

Heath, S. B. (1983). *Ways with words: Language, life, and work in communities and classrooms.* Cambridge: Cambridge University Press.

Hedberg, N. L., & Westby, C. E. (1993). *Analyzing storytelling skills: Theory to practice.* Tucson, AZ: Communication Skill Builders.

Heflin, L. J., & Alaimo, D. F. (2014). 자폐스펙트럼장애 학생 교육의 실제(신현기, 이성봉, 이병혁, 이경면, 김은경 공역). 서울: 시그마프레스.

Heilmann, J., Miller, J. F., Nockerts, A., & Dunaway, C. (2010). Properties of the narrative scoring scheme using narrative retells in young school-age children. *American Journal of Speech-Language Pathology, 19,* 154-166.

Hepper, P. G. (1992). Fetal psychology: An embryonic science. In J. G. Nijhuis (Ed.), *Fetal behaviour: Developmental and Perinatal Aspects* (pp. 129-156). Oxford: Oxford University Press.

Hepper, P. G., Scott, D. S., & Shahidullah, S. (1993). Newborn and fetal response to maternal voice. *Journal of Reproductive and Infant Psychology, 11,* 147-154.

Hepper, P. G., & Shahidullah, S. (1994). The development of fetal hearing. A review. Fetal and Maternal Medicine Review (in press).

Hertenstein, M. J. (2002). Touch: Its communicative functions in infancy. *Human Development, 45,* 70-94.

Hertenstein, M. J., & Campos, J. J. (2001). Emotion regulation via maternal touch. *Infancy, 2,* 549-566.

Heyman, R. (1994). *Why Didn't You Say That in the First Place? How to Be Understood at Work.* San Francisco, CA: Jossey-Bass.

Hjørland, B. (2009). Concept theory. *Journal of the American Society for Information Science and Technology, 60*(8), 1519-1536.

Hoehl, S., & Striano, T. (2008). Neural Processing of Eye Gaze and Threat-Related Emotional Facial Expressions in Infancy. *Child Development, 79*(6), 1752-1760.

Hoff, E. (2001). 언어발달(이현진, 박영신, 김혜리 공역). 서울: 시그마프레스.

Hoff, E. (2005). *Language Development.* Belmont, CA: Thomson Learing.

Hoff, E. (2006). How social contexts support and shape language development. *Developmental Review, 26,* 55-88.

Hoff-Ginsberg, E. (1991). Mother-child conversation in different social classes and communicative settings. *Child Development, 62,* 782-796.

Hoff-Ginsberg, E., & Naigles, L. (2002). How children use input in acquiring a lexicon. *Child Development, 73,* 418-433.

Hollich, G. J., Hirsh-Pasek, K., Golinkoff, R. M., Brand, R. J., Brown, E., Chung, H. L., Hennon, E., & Rocroi, C. (2000). Breaking the language barrier: An emergentist coalition model for the origins of word learning. *Monographs of the Society for Research in Child Development, 65*(3), i-vi, 1-123.

Horowitz, F. D. (1987). *Exploring developmental theories: Toward a structural/behavioral model of development.* Hillsdale, NJ: Erlbaum.

Hort, E. J., & Ryan, E. B. (1982). Remediating poor readers' comprehension failures with a story grammar strategy. Paper presentedat the Annual Meeting of the American Educational Research Association.

Houston, D. M. (2003). Development of pre-word-learning skills in infants with cochlear implants. *The Volta Review, 103,* 303-326.

Houston, D. M., & Jusczyk, P. W. (2003). Infants' long-term memory for the sound patterns of words and voices. *Journal of Experimental Psychology: Human Perception and Performance, 29*, 1143-1154.

Howe, C. J. (1976). The meanings of two-word utterances in the speech of young children. *Journal of Child Language, 3*, 29-48.

Hughes, J. R. (2008). A review of recent reports on autism: 1000 studies published in 2007. *Epilepsy & Behavior, 13*(3), 425-437.

Hulit, L. M., & Howard, M. R. (2002). *Born to talk*. Boston: Allyn and Bacon.

Hulme, I., & Lunzer, E. (1966). Play, language, and reasoning in subnormal children. *Journal of Child Psychology and Psychiatry, 7*, 107-123.

Hunter, R. S., & Kilstrom, N. (1979). Breaking the cycle in abusive families. *American Journal of Psychiatry, 136*(10), 1320-1322.

Huttenlocher, J., & Goodman, J. (1987). The time to identify spoken words. In A. Allport, D. Makay, W. Prinz, & E. Scheerer (Eds.), *Language perception and production: Relationships between listening, speaking, reading and writing* (pp. 431-444). London: Academic Press.

Hyashizaki, Y. (2004). Structural plasticity in the bilingual brain. *Nature, 431*, 757.

Hyson, M. C. (1994). *The emotional development of young children: Building on emotion centered curriculum*. New York: Teachers College Press.

Idol, L. (1987). Group Story mapping: A comprehension strategy for both skills and unskilled reader. *Journal of Learning Disabilities, 20*, 196-205.

Idol, L., & Croll, V. J. (1987). Story mapping training as a means of improving reading comprehension. *Learning Disability Quarterly, 10*, 214-229.

Idol-Maestas, L., & Croll, V. J. (1985). The effects of training in story mapping procedures on the reading comprehension of poor readers. *Technical Report, 352*.

Ingram, D. (1972). The acquisition of the English verbal auxiliary and copula in normal and linguistically deviant children. Papers and Reports in *Child Language Development, 4*, 79-92. Stanford, CA: Department of Linguistics, Stanford University.

Ingram, D. (1976). *Phonological Disability in Children*. London: Edward Arnold.

Ingram, D. (1989). *First language acquisition: Method, description and explanation*. Cambridge, Royaume-Uni: Cambridge University Press.

Irène Tamba, La sémantique (PUF, Que sais-je ?, 2005, ISBN 978-2-13-054856-0)

Iverson, P., Kuhl, P. K., Akahane-Yamada, R., Diesch, E., Tohkura, Y., Ketterman, A., & Siebert, C. (2003). A perceptual interference account of acquisition difficulties for non-native phonemes. *Cognition, 87*, B47-B57.

Izard, C. E. (1991). *The psychology of emotions*. New York: Plenum.

Izard, C. E., Fantauzzo, C. A., Castle, J. M., Haynes, O. M., Rayias, M. F., & Putnam, P. H. (1995). The ontogeny and significance of infants' facial expressions in the first nine months of life. *Developmental Psychology, 31*, 997-1013.

Jackendoff, R. (1990). *Semantic Structures*. Cambridge, MA: MIT Press.

Jackowitz, E., & Watson, M. (1980). The development of object transformations in early pretend play. *Developmental Psychology, 16*, 543-549.

Jackson, T., & Plante, E. (1996). Gyral morphology in the posterior Sylvian region in families affected by developmental language disorder. *Neuropsychology Review, 6*, 81-94.

Jakobson, R. (1963). *Essais de linguistique générale*. Paris: Éditions de Minuit.

Jakobson, R. (1986). *Eléments de linguistique générale*. Paris: Armand Colin.

Jensen, A. R. (1967). *Social Class and Verbal Learning*. Berkely, CA: University of California Press.

Johnson, A. (2004). *Attention: Theory and practice*. Sage.

Johnson, C., Paivio, A., & Clark, J. (1996). Cognitive

Components of Picture Naming. *Psychological Bulletin, 120*, 113-139.

Johnson, E. K., & Jusczyk, P. W. (2001). Word segmentation by 8-month-olds: When speech cues count more than statistics. *Journal of Memory and Language, 44*(4), 548-567.

Johnson, K. (1995). *Understanding communication in second language classrooms.* Cambridge: Cambridge University Press.

Johnston, J. (1999). Cognitive deficits in specific language impairments: Decisions in spite of uncertainty. *Journal of Speech-Language Pathology and Audiology, 23*, 165-172.

Johnston, J. (2001). Morphological cues to verb meaning. *Applied Psycholinguistics, 22*(4), 601-618.

Johnston, J. (2005). The efficacy of treatment for children with developmental speech and language delay/disorder: A meta-analysis. *Journal of Speech, Language and Hearing Research, 48*, 1114-1117.

Johnston, J. R. (1988). Specific language disorders in the child. In N. J. Lass (Ed.), *Handbook of speech-language pathology and audiology.* St. Louis, MO: Mosby Year Book.

Johnston, J. R. (1995). Expanding norms for narration. *Language, Speech, and Hearing Services in Schools, 26*(4), 326-342.

Jorm, A. F., & Share, D. L. (1983). Phonological recoding and reading acquisition. *Applied psycholinguistics, 4*(2), 103-147.

Jusczyk, P. W. (1985). On characterizing the development of speech perception. In J. Mehler, & R. Fox (Eds.), *Neonate Cognition: Beyond the Blooming, Buzzing Confusion.* Hillsdale/NJ: Erlbaum.

Jusczyk, P. W. (2001). In the beginning, was the word. In F. Lacerda & C. von Hofsten (Eds.), *Emerging cognitive abilities in early infancy* (pp. 173-192). Mahwah, NJ: Lawrence Erlbaum Associates, Inc.

Jusczyk, P. W. (2002). How infants adapt speech-processing capacities to native-language structure. *Current Directions in Psychological Science, 11*(1),

15-18.

Jusczyk, P. W., & Aslin, R. N. (1995). Infants' detection of the sound patterns of words in fluent speech. *Cognitive Psychology, 29*, 1-23.

Jusczyk, P. W., Cutler, A., & Redanz, N. (1993). Preference for the predominant stress patterns of English words. *Child Development, 64*, 675-687.

Justice, L. M., Bowles, R. P., Daderavek, J. N., Ukrainetz, T. A., Eisenberg, S. L., & Gillam, R. B. (2006). The index of narrative microstructure: A clinical tool for analyzing school-age children's narrative performances. *American Journal of Speech-Language Pathology, 15*(2), 177-191.

Justice, L. M., & Ezell, H. K. (2002). Use of storybook reading to increase print awareness in at-risk children. *American Journal of Speech-Language Pathology, 11*, 17-29.

Kaderavek, J. N., & Sulzby, E. (2000). Narrative production by children with and without specific language impairment: Oral narratives and emergent readings. *Journal of Speech, Language, and hearing Research, 43*, 34-49.

Kail, R., & Leonard, L. B. (1986). Word-finding Abilities in Children with Specific Language Impairment. *Monographs of the American Speech-Language-Hearing Association, 25*.

Kamhi, A. (1996). Linguistic and cognitive aspects of specific language impairment. In M. D. Smith & J. S. Damico (Eds.), *Childhood language disorders* (pp. 97-118). New York: Thieme.

Kamhi, A., & Catts, H. (1986). Toward an understanding of developmental language and reading disorders. *Journal of Speech and hearing Disorders, 51*, 337-347.

Kamhi, A., & Catts, H. (1989). *Reading disabilities: A developmental language perspective.* Boston, MA: Allyn & Bacon.

Kamhi, A., & Johnston, J. (1982). Toward an understanding of retarded children's linguistic deficiencies. *Journal of Speech and Hearing*

Research, 25, 177-184.

Kamhi, A. G. (1998). Trying to Make Sense of Developmental Language Disorders. *Language, Speech, and hearing Services in Schools, 29,* 35-44.

Kamhi, M., & Manning, M. (2002). Phonological awareness and writing beginning. *Journal of Research in Childhood Education, 17*(1), 38-46.

Kaplan, R. B. (2006). Cultural thought patterns in intercultural education. *Language Learning, 16*(1-2), 1-20.

Kaushanskaya, M., & Marian, V. (2009). The bilingual advantage in novel word learning. *Psychonomic Bulletin & Review, 16*(4), 705-710.

Kelly, J., & Steer, M. (1949). Revised concept of rate. *Journal of Speech and Hearing Disorders, 14,* 222-227.

Kent, R., & Bauer, H. (1985). Vocalization of one-year-olds. *Journal of Child Language, 12,* 491-526.

Kent, R. D., & Forner, L. L. (1980). Speech segment durations in sentence recitations by children and adults. *Journal of Phonetics, 8,* 157-168.

Kiernan, B., Snow, D., Swisher, L., & Vance, R. (1997). Another look at nonverbal rule induction in children with SLI: Testing a flexible reconceptualization hypothesis. *Journal of Speech, Language, and Hearing Research, 40,* 75-83.

Kingsbury, P., & Kipper, K. (2003). Deriving verb-meaning clusters from syntactic structure. In Workshop on Text Meaning, HLT/NAACL 2003. Edmonton, Canada.

Kisilevsky, B. S. et al. (2003). Effects of experience on fetal voice recognition. *Psychological Science, 14*(3), 220-224.

Klee, T., Carson, D. K., Gavin, W. J., Hall, L., Kent, A., & Reece, S. (1998). Concurrent and predictive validity of an early language screening program. *Journal of Speech, Language, and Hearing Research, 41,* 627-641.

Knightly, L. M., Jun, S. A., Oh, J. S., & Au, T. K. (2003). Production benefits of childhood overhearing. *The Journal of Acoustical Society of Amereca, 114*(1), 465-474.

Kohnert, K., Winsor, J., & Danahy, E. (2009). Primary or Specific Language Impairment and Children Learning a Second Language. *Brain and Language, 109,* 101-111.

Kok, M. R., van Zanten, G. A., & Brocaar, M. P. (1992). Growth of evoked otoacoustic emissions during the first days postpartum. A preliminary report. *Audiology, 31,* 140-149.

Kolb, B., & Fantie, B. (1989). Development of the child's brain and behavior. In C. R. Reynolds & E. F. Janzen (Eds.), *Handbook of child clinical neuropsychology.* New York: Plenum Press.

Korner, A. F., & Thoman, E. B. (1972). The relative efficacy of contact and vestibuar-proprioceptive stimulation in soothing neonates. *Child Development, 43,* 443-453.

Koutsoftas, A. D., & Gray, S. (2012). Comparison of narrative and expository writing in students with and without language-learning disabilities. *Language, Speech, and Hearing Services in Schools, 43,* 395-409.

Kowal, S., O'Connell, D. C., & Sabin, E. J. (1975). Development of temporal patterning and vocal hesitations in spontaneous narratives. *Journal of Psycholinguistic Research, 4*(3), 195-207.

Kretschmer, R., & Kretschmer, L. (1980). Pragmatics: Development in normal hearing and hearing impaired children. In J. Subtelny (Ed.), *Speech assessment and speech improvement for the hearing impaired.* Washington: Alexander Graham Bell Association.

Kuczaj, S. A., & McClain, L. (1984). Of hawks and moozes: The fantasy narratives produced by a young child. In S. A. Kuczaj (Ed.), *Discourse development: Progress in cognitive development research* (pp. 125-146). New York: Springer Verlag.

Kuhl, P. K. (2004). Early language acquisition: Cracking the speech code. *Nature Reviews Neuroscience, 5,*

831-843.

Kuhl, P. K., Tsao, F. M., & Liu, H. M. (2003). Foreign-language experience in infancy: Effects of short-term exposure and social interaction on phonetic learning. *PNAS, 100*, 9096-9101.

Kuhl, P. K., Williams, K. A., Lacerda, F., Stevens, K. N., & Lindblom, B. (1992). Linguistic Experience Alters Phonetic Perception in Infants by 6 Months of Age. *Science, New Series, 255*(5044), 606-608.

L'Homme, M. C. (2004). La terminologie: prinicipes et techniques. Les Presses de l'Universite de Montreal.

Lahey, M. (1988). *Language Disorders and Language Development* (pp. 186-187). New York: Macmillan Publishing Co.

Lahey, M. (1990). Who shall be called language disordered? Some reflections and one perspective. *Journal of Speech and Hearing Disorders, 55*, 612-620.

Lahey, M., & Edwards, J. (1995). Specific language impairment: Preliminary investigation of factors associated with family history and with patterns of language performance. *Journal of Speech and Hearing Research, 38*, 643-657.

Lahey, M., & Edwards, J. (1996). Why do children with specific language impairment name pictures more slowly than their peers? *Journal of Speech and Hearing Research, 39*, 1081-1098.

Lakoff, G., & Johnson, M. (1980). The metaphorical structure of the human conceptual system. *Cognitive Science, 4*, 195-208.

Lakoff, G., & Mark, J. (1999). *Philosophy in the flesh: The embodied mind and its challenge to Western thought*. Chapter 1. New York, NY: Basic Books.

Lambert, W. E., & Taylor, D. M. (1990). *Coping with cultural and racial diversity in Urban America*. Santa Barbara: Praeger.

Lamme, L. L. (1985). *Growing up reading*. Washington, DC: Acropolis.

Landau, B., Smith, L. B., & Jones, S. S. (1988). The importance of shape in early lexical learning. *Cognitive Development, 3*, 299-321.

Langacker, R. W. (1999). *Grammar and Conceptualization*. Berlin/New York: Mouton de Gruyer.

Larson, L. V., & McKinley, N. L. (1998). Characteristics of adolescents' conversations: A longitudinal study. *Clinical linguistics and Phonetics, 12*(3), 183-203.

Larson, V. L., & McKinley, N. L. (2003). *Communication solutions for older students*. Eau Claire, WI: Thinking Publications.

Lary, S., Briassoulis, G., De Vries, L., Dubowitz, L. M., & Dubowitz, V. (1985). Hearing response threshold in preterm and term infants by auditory brainstem response. *Jf Pediatrics, 107*, 593-599.

Law, J., Boyle, J., Harris, F., Harkness, A., & Nye, C. (1998) Screening for speech and language delay: A systematic review of the literature. *Health Technology Assessment, 2*, 1-184.

Law, J., Garrett, Z., & Nye, C. (2003). Speech and Language Therapy Interventions for children with Primary Speech and Language Delay or Disorder. *Cochrance Database of systematic Reviews, 2003*(3). Nuffield Foundation UK.

Lawrence, V. W., & Shipley, E. F. (1996). Parental speech to middle- and working-class children from two racial groups in three settings. *Applied Psycholinguistics, 17*(2), 233-255.

Lazar, M. A., Hodin, R. A., Darling, D. S., & Chin, W. W. (1989). A novel member of the thyroid/steroid hormone receptor family is encoded by the opposite strand of the rat c-erbA α transcriptional unit. *Mol Cell Biol, 9*(3), 1128-1136.

Lecanuet, J. P., Granier-Deferre, C., & Busnel, M. (1988). Fetal cardiac and motor responses to octave-band noises as a function of central frequency, intensity and heart rate variability. *Early Human Development, 18*, 81-93.

Lecanuet, J. P., Granier-Deferre, C., DeCasper, A. J., Maugeais, R., Andrieu, A. L., & Busnel, M. C. (1987). Perception et discrimination foetales de stimuli langagiers, mise en evidence à partir de la réactivité cardiaque, résultats préliminaires. Compte-Rendus de l'Academie des Sciences, Paris III, 161-164.

Lecanuet, J. P., Granier-Deferre, C., Jacquet, A. Y., Capponi, I., & Ledru, L. (1993). Prenatal discrimination of a male and female voice uttering the same sentence. *Early Development and Parenting, 2*, 217-228.

Lee, J., Eun, K. H., Bae, H. S., & Choi, K. S. (2002). A Korean Noun Semantic Hierarchy (Wordnet) Construction, In PACLIC16 (Language, Information, and Computation).

Lee, S. S., Choi, H. J., & Park, S. J. (2009). Impact of multi-cultural family on quanity and quality of population in Korea. Seoul, Korea Institute for Health and Social Affairs.

Leitch, V. B. (1988). 해체비평이란 무엇인가(권택영 역). 서울: 문예출판사.

Lenard, H. G., Bernuth, H., & Hutt, S. J. (1969). Acoustic evoked responses in newborn infants: The influence of pitch and complexity of the stimulus. *Clinical Neurophysiology, 27*(2), 121-127.

Léon, P. R. (1978). *Prononciation du français standard* (4e édition). Paris: Didier.

Leonard, L. (1990a). Early language development and language disorders. In G. Shames & E. Wiig (Eds.), *Human communication disorders: An introduction* (4th ed., pp. 174-212). Columbus, OH: Merrill.

Leonard, L. (1990b). The use of morphology by children with specific language impairment: Evidence from three languages. In R. S. Chapman (Ed.), *Processes in language acquisition and disorders* (pp. 186-201). St. Louis, MO: Mosby Year Book.

Leonard, L. (1994). Some problems facing accounts of morphological deficits in children with specific language impairments. In R. Watkins & M. Rice (Eds.), *Specific language impairments in children* (pp. 91-107). Baltimore, MD: P. H. Brookes.

Leonard, L. (1995). Functional categories in the grammars of children with specific language impairment.

Journal of Speech and Hearing Research, 38, 1270-1283.

Leonard, L. (1997). *Children with Specific Language Impairment*. Cambridge, MA: The MIT Press.

Leonard, L., Steckol, K., & Panther, K. (1983). Returning meaning to semantic relations: Some clinical applications. *Journal of Speech and Hearing Disorders, 48*, 25-36.

Leonard, L., Steckol, K., & Schwartz, R. (1978). Semantic relations and utterance length in child language. In F. Peng & W. von Raffler-Engel (Eds.), *Language Acquisition and Developmental Kinesics*. Tokyo: University of Tokyo Press.

Leopold, W. (1949). *Speech Development of a Bilingual Child: A linguist's record*. Evanston, IL: Northwestern Universty Press.

Levin, B., & Pinker, S. (1991). *Lexical & Conceptual Semantics*. Cambridge, MA: Blackwell.

Levinson, S. C. (1983). *Pragmatics*. Cambridge, England: Cambridge University.

Levitt, H. (1987). Digital hearing aids: A tutorial review. *Journal of Rehabilitative Research and Development, 24*(4), 7-19.

Lewis, V., Boucher, J., Lupton, L., & Watson, S. (2000). Relationships between symbolic play, functional play, verbal and non-verbal ability in young children. *Language and Communication Disorders, 35*(1), 117-127.

Liberman, I. Y., Shankweiler, D. Fischer, F. W., & Carter, B. J. (1974). Explicit syllable and phoneme segmentation in the young child. *Journal of Experimental Child Psychology, 18*, 201-212.

Lieberman, D. A. (1993). *Learning: Behavior and Cognition*. Pacific Grove, CA: Brooks/Cole.

Lifter, K., & Bloom, L. (1989). Object knowledge and the emergence of language. *Infant Behavior and Development, 12*, 395-423.

Lincoln, A. J., Courchesne, E., Harms, L., & Allen, M. H. (1995). Sensory modulation of auditory stimuli in children with autism and receptive developmental language disorder: Event related brain potential evidence. *Journal of Autism & Developmental Disorders, 25*, 521-539.

Lisker, L., & Abramson, A. S. (1971). Distinctive features and laryngeal control. *Language, 47*, 767-785.

Loban, W. (1976). *Language Development: Kindergarten through grade twelve*. Urbana, II: National Council of Teachers of English.

Locke, J. L. (1983). *Phonological acquisition and change*. New York, NY: Academic Press.

Longhurst, T. M. (1972). Assessing and increasing descriptive communication skills in retarded children. *Mental Retardation, 19*, 42-45.

Lonigan, C. J., Burgess, S. R., & Anthony, J. L. (2000). Development of emergent literacy and early reading skills in preschool children: Evidence from a latent-variable longitudinal study. *Developmental Psychology, 36*(5), 596-613.

Lyon, G. (1995). Toward a definition of dyslexia. *Annals of Dyslexia, 45*, 3-26.

Lyons, J. (1977). *Éléments de sémantique*. Paris: Larousse.

Lyytinen, P., Laakso, M. L., & Poikkeus, A. M. (1998). Parental contribution to child's early language and interest in books. *European Journal of Psychology of Education, 8*(3), 297-308.

Lyytinen, P., Poikkeus, A. M., & Laakso, M. L. (1997). Language development and symbolic play in children with and without familial risk for dyslexia. *Journal of Speech, Language, and hearing Research, 44*, 873-885.

MacArthur, C., & Graham, S. (1987). Learning disabled students' composing under three methods of text production: Handwriting, word processing, and dictation. *Journal of Special Education, 21*, 22-42.

Maccoby, E. E., & Martin, J. A. (1983). Socialization in the context of the family: Parent-child interaction. In P. Mussen (Ed.), *Handbook of Child Psychology, Vol. 4*. New York: Wiley.

Maclean, M., Bryant, P., & Bradley, L. (1987). Rhymes, nursery rhymes, and reading in early childhood. *Merrill-Palmer Quarterly, 33*, 255-281.

Madison, L. S., Adubato, S. A., Madison, J. K., Nelson, R. M., Anderson, J. C., Erickson, J., Kuss, L. M., & Goodlin, R. C. (1986). Fetal response decrement: True habituation? *Developmental and Behavioral Pediatrics, 7*, 14-20.

Malatesta, C. Z. (1981). Affective development over the lifespan: Involution or growth? *Merrill-Palmer Quarterly, 27*, 145-173.

Malson, L. (1964). Les enfants sauvages. Paris: Union Generale d'Editions.

Mandel, D. R., Jusczyk, P. W., & Pisoni, D. B. (1995). Infants' recognition of the sound patterns of their own names. *Psychological Science, 6*(5), 314-317.

Mandler, J. M. (1992). How to Build a Baby II: Conceptual Primitives. *Psychological Review, 99*(4), 587-604.

Mandler, J. M. (1993). On concepts. *Cognitive Development, 8*, 141-148.

Mandler, J. M. (2004). Thought before language. *Trends in Cognitive Sciences, 8*, 508-513.

Mandler, J. M. (2011). A leaner nativist solution to the origin of concepts. *Behavioral and Brain Sciences, 34*, 138-139.

Mandler, J. M., & Johnson, N. S. (1977). Remembrance of things parsed: Story structure and recall. *Cognitive Psychology, 9*, 111-151.

Mandler, J. M., & McDonough, L. (1998). On developing a knowledge base in infancy. *Developmental Psychology, 34*, 1274-1288.

Manhardt, J., & Rescorla, L. (2002). Oral narrative skills of late talkers at ages 8 and 9. *Applied Psycholinguistics, 23*, 1-21.

Mann, J., & Foy, J. (2007). Speech development patterns and phonological awareness in preschool children. *Annals of Dyslexia, 57*(1), 51-74.

Marchman, V., & Bates, E. (1994). Continuity in lexical and morphological development: A test of the critical mass hypothesis. *Journal of Child Language,*

21, 339-366.

Marchman, V., Miller, R., & Bates, E. (1991). Babble and first words in infants with focal brain injury. *Applied Psycholinguistics, 12*(1), 1-22.

Marcos, H., Orvig, A. S., Bernicot, J., Guidetti, M., Hudelot, C., & Preneron, C. (2000). Le développement du langage et de la communication. L'influence du mode d'accueil chez les enfants de deux et trois ans. *Recherches et prévisions, 62*, 57-70.

Markides, A. (1970). The speech of deaf and partially hearing children with special reference to factors affecting intelligibility. *British Journal of Disorders of Communication, 2*, 126-140.

Markides, A. (1983). *The speech of hearing-impaired children*. Manchester: Manchester University Press.

Markman, E. M. (1989). Categorization and naming in children: Problems of induction. Cambridge, MA: MIT Press.

Markman, E. M., & Wachtel, G. F. (1988). Children's use of mutual exclusivity to constrain the meanings of words. *Cognitive Psychology, 20*, 121-157.

Martin, A., Onishi, K. H., & Vouloumanos, A. (2012). Understanding the abstract role of speech in communication at 12 months. *Cognition, 123*, 50-60.

Martinet, A. (1960). *Éléments de linguistique générale*. Paris: Armand Colin.

Martinet, A. (1962). *A functional view of language*. Oxford: Clarendon.

Martinet, A. (1986). *Eléments de Linguistique Générale*. Paris: Armand Colin.

Martinet, A. (1989). *La Description Phonologique*. Geneve: Librairie Droz.

Martinet, A. (1993). *Mémoires d'un linguiste, vivre les langues*. Paris: Éditions Quai Voltaire.

Maye, J., Werker, J. F., & Gerken, L. (2002). Infant sensitivity to distributional information can affect phonetic discrimination. *Cognition, 82*, B101-B111.

McCaffrey, A. (1999). Multichannel cochlear implantation and the organization of early speech. *Volta Review, 101*, 5-28.

McCarthy, J. J. (1999). Distinctive features. Linguistics Department Faculty Publication Series. Paper 34.

McCathren, R., Yoder, P., & Warren, S. (1999). The relationship between prelinguistic vocalization and later expressive vocabulary in young children with developmental delay. *Journal of Speech, Language, and Hearing research, 42*, 915-924.

McClowry, D. P., & Guilford, A. M. (1982). Normal and assisted communication development. In D. P. McClowry, A. M. Guilford, & O. Richardson (Eds.), *Infant communication: Development, assessment, and intervention* (pp. 9-19). New York: Grune & Stratton.

McCune, L. (1992). First words: A dynamic systems view. In C. Ferguson, L. Menn, & C. Stoel-Gammon (Eds.), *Phonological development: Models, research, implications* (pp. 313-336). Timonium, MD: York Press.

McCune, L. (1993). The development of play as the development of consciousness. In M. Bornstein & A. O'Reilly (Eds.), *The role of play in the development of thought* (pp. 67-79). San Francisco: Jossey-Bass.

McCune, L. (1995). A normative study of representational play at the transition to language. *Developmental Psychology, 31*, 198-206.

McCune, L., & Vihman, M. (2001). Early phonetic and lexical development: A productivity approach. *Journal of Speech, Hearing and Language Research, 44*(2001), 670-684.

McCune-Nicolich, L. (1977). Beyond sensori-motor intelligence: Assessment of symbolic maturity through analysis of pretend play. *Behavior and Development, 23*(2), 89-99.

McCune-Nicolich, L. (1981). Toward symbolic functioning: Structure of early pretend games and potential parallels with language. *Child Development, 52*(3), 785-797.

McCune-Nicolich, L., & Bruskin, C. (1982). Combinational Competency in Symbolic Play and Language. In D. J. Pepler & K. H. Rubin (Eds.),

The Play of Children. Contributions to Human Development, 6, 30-45.

McDonough, L. (1999). Early declarative memory for location. *British Journal of Developmental Psychology, 17*, 381-402.

McDonough, L., & Mandler, J. M. (1998). Inductive generalization in 9- and 11-month-olds. *Developmental Science, 1*, 227-232.

McFadden, T. U. (1996). Creating language impairments in typically achieving children: The pitfalls of "normal" normative sampling. *Language, Speech, and Hearing Services in Schools, 27*, 3-9.

McGee, L. M., & Richgels, D. J. (2000). *Literacy's beginnings: Supporting young readers and writers* (3rd ed.). Needham, MA: Allyn & Bacon.

McGregor, K. K., Friedman, R. M., Reilly, R. M., & Newman, R. M. (2002). Semantic representation and naming in young children. *Journal of Speech, Language, and Hearing Research, 45*(2), 332-346.

McLean, J., & Snyder-McLean, L. (1999). *How Children Learn Language*. San Diego, CA: Singular Publishing.

McLeod, S. (2003). Normal speech development: A framework for assessment and intervention. In C. Williams & S. Leitoa (Eds.), *Proceedings of the 2003 Speech Pathology Australia National Conference* (pp. 57-64). Melbourne: Speech Pathology Australia.

McLeod, S., McAllister, L., Clark, L., Wilson, L., & Thompson, I. (2000). From saplings to trees: Nurturing the transition from pedagogy to andragogy during the first year at university. Paper presented to the Charles Sturt University CELT Learning and Teaching Forum: The first year experience. Albury, 12th December.

McLuaughlin, S. F. (2006). *Introduction to language development* (2nd ed.). Clifton Park, NY: Thomson Delmar Learning.

McMurray, B., & Aslin, R. N. (2005). Infants are sensitive to within category variation in speech perception. *Cognition, 95*, B15-B26.

McNemar, Q. (1962). *Psychological statistics*. New York: Wiley.

Mehler, J., Bertoncini, J., Barrière, M., & Jassik-Gerschenfeld, D. (1978). Infant recognition of mother's voice. *Perception, 7*, 491-497.

Mehler, J., Christophe, A., & Ramus, F. (1988). What we know about the initial state for language. Rapport de EHESS & CNRS, Paris.

Mehler, J., Jusczyk, P., Lambertz, G., Halstead, N., Bertoncini, J., & Amiel-Tison, C. (1988). A precursor of language acquisition in young infants. *Cognition, 29*, 143-178.

Mehrabian, A. (1972). *Nonverbal communication*. Transaction Publishers.

Menyuk, P. (1964). Comparison of grammar of children with functionally deviant and normal speech. *Journal of speech and Hearing Research, 7*, 109-121.

Menyuk, P. (1972). *The Development of Speech*. New York: The Bobbs-Merrill Company, Inc.

Merrit, D. D., & Liles, B. Z. (1987). Story grammar ability in children with and with out language disorders: Story generation, story retelling and story comprehension. *Journal of Speech and Hearing Research, 30*, 539-552.

Mervis, C. B., & Bertrand, J. (1994). Acquisition of the Novel Name−Nameless Category (N3C) Principle. *Child Development, 65*(6), 1646-1662.

Merzenich, M., Jenkins, W., Johnston, P., Schreiner, C., Miller, S., & Tallal, P. (1996). Temporal processing deficits of language-learning impaired children ameliorated by training. *Science, 271*, 77-81.

Michael, J. L. (1982). Skinner's verbal operants: Some new categories. *VB News, 1*(2).

Miller, C. A., Kail, R., Leonard, L. B., & Tomblin, J. B. (2001). Speed of processing in children with specific language impairment. *Journal of Speech, Language and Hearing Research, 44*, 416-433.

Miller, C. A., Leonard, L. B., Kail, R. V., Zhang, X., Tomblin, J. B., & Francis, D. J. (2001). Response Time in 14 Year Olds with language Impairment.

Journal of speech, Language, and Hearing Research, *49,* 718-728.

Mills, D. L., & Neville, H. J. (1997). Language comprehension and cerebral specialization from 13 to 20 months. *Developmental Neuropsychology, 13,* 397-445.

Mills, D. L., Prat, C., Zangl, R., Stager, C. L., Neville, H. J., & Werker, T. F. (2004). Language experience and the organization of brain activity to phonetically similar words: ERP evidence from 14-and 20-month-olds. *Journal of Cognitive Neuroscience, 16,* 1452-1464.

Moeschler, J., & Reboul, A. (1998). *La Pragmatique aujourd'hui.* Paris: Seuil. Coll.: Points Essais.

Molfese, D. L. et al. (2003). Discrimination of language skills at five years of age using event related potentials recorded at birth. *Developmental Neuropsychology, 24,* 541-558.

Montgomery, J. (2000). Verbal working memory and sentence comprehension in children with specific language impairment. *Journal of Speech, Language, and Hearing Research, 43,* 293-308.

Montgomery, J. & Leonard, L. (1998). Real-time inflectional processing by children with specific language impairment: Effects of phonetic substance. *Journal of Speech, Language and Hearing Research, 41,* 1432-1443.

Montgomery, J., & Leonard, L. (2006). Effects of acoustic manipulation on the real-time inflectional processing of children with specific language impairment. *Journal of Speech, Language, and Hearing Research, 49,* 1238-1256.

Montgomery, J. W., & Windsor, J. (2007). Examining the language performances of children with and without specific language impairment: Contributions of phonological short-term memory and speed of processing. *Journal of Speech, Language, and Hearing Research, 50,* 778-797.

Moore, M. K., & Meltzoff, A. N. (2004). Object Permanence After a 24-Hr Delay and Leaving the Locale of Disappearance: The Role of Memory, Space, and Identity. *Developmental Psychology, 40(4),* 606-620.

Morford, M., & Goldin-Meadow, S. (1992). Comprehension and production of gesture in combination with speech in one-word speakers. *Journal of Child Language, 19,* 559-580.

Morrow, L. M. (1990). Preparing the classroom environment to promote literacy during play. *Early Childhood Research Quarterly, 5,* 537-554.

Mounin, G. (1988). *Clefs pour la linguistique.* Paris: Seghers.

Myers, D. G. (2012). 심리학개론(신현정, 김비아 공역). 서울: 시그마프레스.

Myers, J., Jusczyk, P. W., Kemler Nelson, D. G., Charles-Luce, J., Woodward, A., & Hirsh-Pasek, K. (1996). Infants' sensitivity to word boundaries in fluent speech. *Journal of Child Language, 23(1),* 1-30.

Nageshwar, R., & Rajendra, P. D. (2009). *Communication skills.* New Delhi: Himalaya Publishing House.

Naigles, L., & Hoff-Ginsberg, E. (1995). Input to verb learning: Evidence for the plausibility of syntactic bootstrapping. *Developmental Psychology, 31,* 827-837.

Naigles, L., & Hoff-Ginsberg, E. (1998). Why are some verbs learned before other verbs? Effects of input frequency and structure on children's early verb use. *Journal of Child Language, 25,* 95-120.

Namazi, M., & Johnston, J. (1997). *Language performance and development in SLI.* Paper presented at Symposium for Research in Child Language Disorders. Madison, Wis.

Nara, T., Goto, N., Nakae, Y., & Okada, A. (1993). Morphometric development of the human auditory system: Ventral cochlear nucleus. *Early Human Development, 32,* 93-102.

National Institute of Child Health and Human Development (2000). Report of the National Reading Panel. Teaching children to read: An evidence-based assessment of the scientific research literature on reading and its implications for reading instruction (NIH Publication No. 00-4769). Washington, DC: Government Printing Office.

Nazzi, T., Bertoncini, J., & Mehler, J. (1998). Language discrimination by newborns: Toward an understanding of the role of rhythm. *Journal of Experimental Psychology: Human Perception and Performance, 24*(3), 756-766.

Nazzi, T., Jusczyk, P. W., & Johnson, E. K. (2000). Language discrimination by English-learning 5-month-olds: Effects of rhythm and familiarity. *Journal of Memory and Language, 43*(1), 1-19.

Neill, G., Desrosiers, H., Ducharme, A., & Gingras, L. (2006). L'acquisition du vocabulaire chez les jeunes enfants au Québec: le rôle de l'environnement familial et économique. *Cahier quebecois de demographie, 35*(1), 149-168.

Nelson, C. A., & Bosquet, M. (2000). Neurobiology of fetal and infant development: Implications for infant mental health. In C. H. Zeanah, Jr. (Ed.), *Handbook of infant mental health* (pp. 37-59). New York: Guilford Press.

Nelson, F. L. (1987). Evaluation of a youth suicide prevention school program. *Adolescence, 88*, 813-825.

Nelson, K. (1973). Structure and strategy in learning to talk. Monographs of the Society of research in *Child Development, 38*.

Nelson, K. E., Camarata, S. M., Welsh, J., Butkovsky, L., & Camarata, M. (1996). Effects of imitative and conversational recasting treatment on the acquisition of grammar in children with specific language impairment and younger language-normal children. *Journal of Speech and Hearing Research, 39*(4), 850-859.

Nelson, N. W. (2010). *Language and literacy disorders: Infancy through adolescence.* Boston: Allyn & Bacon.

Nerbonne, J. (1996). Computational Semantics-Linguistics and Processing. In S. Lappin (Ed.), *The Handbook of Contemporary Semantic Theory.* Cambridge, MA: Blackwell Publishing.

Neville, H. J., Coffey, S. A., Holcomb, P. J., & Tallal, P. (1993). The neurobiology of sensory and language processing in language-impaired children. *Journal of Cognitive Neuroscience, 5*, 235-253.

Newman, R. M., & McGregor, K. K. (2006). Teachers and Laypersons Discern Quality Differences between Narratives Produced by Children with or without SLI. *Journal of Speech, Language, and Hearing Research, 49*(5), 1022-1036.

Nichols, L. M. (1996). Pencil and paper versus word processing: A Comparative study of creative writing in the elementary school. *Journal of Research on Computing in Education, 29*, 159-166.

Nicolich, L. (1977). Beyond sensorimotor intelligence: Assessment of symbolic maturity through analysis of pretend play. *Merrill-Palmer Quarterly, 23*, 89-99.

Ninio, A. (1992). The relation of children's single word utterances to single word utterances in the input. *Journal of Child Language, 19*, 87-110.

Nippold, M., Frantz-Kaspar, M. W., Cramond, P. M., Kirk, C., Hayward-Mayhew, C., & MacKinoon, M. (2007). Conversational and narrative speaking in adolescents: Examining the use of complex syntax. *Journal of Speech, Language, and Hearing Research, 57*, 876-886.

Nippold, M. A. (1992). The nature of normal and disordered word finding in children and adolescents. *Topics in Language Disorders, 13*(1), 1-14.

Nippold, M. A. (1998). *Later language development: The schoolage and adolescent years* (2nd ed.). Austin, TX: Pro-Ed.

Nippold, M. A. (2007). *Later language development: School-age children, adolescents, and young adults.* Autin, TX: Pro-Ed.

Nippold, M. A. (2010). It's NOT too late to help adolescents succeed in school. *Language, Speech, and Hearing Services in Schools, 41*, 137-138.

Nippold, M. A., Cuyler, J. S., & Braunbeck-Price, R.

(1988). Explanation of ambiguous advertisements: A developmental study with children and adolescents. *Journal of Speech and Hearing Research, 31*, 466-474.

Nippold, M. A., Hesketh, L. J., Duthie, J. K., & Mansfield, T. C. (2005). Conversational versus expository discourse: A study of syntactic development in children, adolescents and adults. *Journal of Speech, Language and Hearing Research, 48*, 1048-1064.

Nippold, M. A., Mansfield, T. C., Billow, J. L., & Tomblin, J. B. (2008). Expository discourse in adolescents with language impairments: Examining syntactic development. *American Journal of Speech-Language Pathology, 17*, 356-366.

Nippold, M. A., Schwarz, I., & Undlin, R. A. (1992). Use and understanding of adverbial conjuncts: A developmental study of adolescents and young adults. *Journal of Speech and Hearing Research, 35*(1), 108-118.

Nippold, M. A., & Sun, L. (2008). Knowledge of morphologically complex words: A developmental study of older children and young adolescents. *Language, Speech, and Hearing Services in Schools, 39*, 365-373.

Noble, K. G. et al. (2015). Family income, parental education and brain structure in children and adolescents. *Nature Neuroscience, 18*, 773-778.

Norbury, C. F., & Bishop, V. M. (1992). Inferential processing and story recall in children with communication problems: A comparison of specific language impairment, pragmatic language impairment and high-functioning autism. *Journal of Speech and Hearing Research, 35*, 119-129.

Norris, J. A. (1995). Extending language norms for school-age children: Is it pragmatic? *Language, Speech & Hearing Services in Schools, 26*, 342-352.

Nye, C., Foster, S. H., & Seaman, D. (1987). Effectiveness of language intervention with the language/learning disabled. *Journal of Speech and Hearing Disorders, 52*(4), 348-357.

O'Grady, W., & Dobrovolsky, W. (1996). *Contemporary linguistics Analysis: An introduction.* Toronto: Copp Clark.

Oakes, L. M., Coppage, D. J., & Dingel, A. (1997). By land or by sea: The role of perceptual similarity in infants' categorization of animals. *Developmental Psychology, 33*, 396-407.

Ogden, C. K., & Richards, I. A. (1923). *The meaning of meaning. A study of the influence of language upon thought and of the science of symbolism.* New York: A Harvest Book.

Oh, J. S., Jun, S. A., Knightly, L. M., & Au, T. K. (2003). Holding on to childhood language memory. *Cognition, 86*, B53-B64.

Oller, D. K. (1973). Regularities in abnormal child phonology. *Journal of Speech and Hearing Disorders, 38*, 36-47.

Oller, D. K. (1980). The emergence of the sounds of speech in infancy; Chapter 6. In G. Yeni-Komshian, J. F. Kavanagh, & C. A. Ferguson (eds.), *Child Phonology: Vol. 1.* Production (pp. 93-112). New York: Academic Press.

Oller, D. K., & Eilers, R. E. (1988). The Role of Audition in Infant Babbling. *Child Development, 59*(2), 441-449.

Oller, D. K., Eilers, R. E., Neal, A. R., & Schwartz, H. K. (1999). Precursors to speech in infancy: The prediction of speech and language disorders. *Journal of Communication Disorders, 32*(4), 223-245.

Olsho, L. W., Koch, E. G., Carter, E. A., Halpin, C. F., & Spetner, N. B. (1988). Pure-tone sensitivity of human infants. *The Journal of the Acoustical Society of America, 84*, 1316-1324.

Owens, R. E. (1992). *Language development: An introduction* (3rd ed.). New York: Merrill.

Owens, R. E. (1995). *Language disorders: A functional approach to assessment and intervention* (2nd ed.). Boston: Allyn and Bacon.

Owens, R. E. (2001). *Language development: An introduction* (5th ed.). Needham Heights, MA: Allyn and Bacon.

Owens, R. E. (2001). 언어발달(이승복 역). 서울: 시그마프레스.

Owens, R. E. (2008). *Language development: An introduction* (7th ed.). Boston, MA: Pearson Education.

Owens, R. E. (2013). 언어발달(이승복, 이희란 공역). 서울: 시그마프레스.

Owens, R. E., Metz, D. E., & Haas, A. (2007). 의사소통장애: 전생애적 조망(김화수, 김성수, 박현주, 성수진, 표화영, 한진순 공역). 서울: 시그마프레스.

Pan, B. A., & Uccelli, P. (2009). Semantic development: Learning the meaning of words. In J. B. Glieson & N. B. Ranter (Eds.), *The development of language*. Boston, MA: Pearson.

Paradis, J., Genesee, F., & Crago, M. B. (2011). *Dual language development & disorders: A handbook on bilingualism & second language learning* (2nd ed.). Baltimore, MD: Paul H. Brookes Publishing Co, Inc.

Park, H., Bae, H. S., & Choi, K. S. (2001a). *An Examination on Characteristic Words of Disease Appeared in Medical Texts*. In EAFTerm Proceedings.

Park, H., Bae, H. S., & Choi, K. S. (2001b). On acquisition of human entity information through analysis of encyclopedia. In AsiaLex Proceedings.

Pater, J., Stager, C. L., & Werker, J. F. (2004). The lexical acquisition of phonological contrasts. *Language, 80*, 361-379.

Paul, G. (1957). Meaning. *The Philosophical Review, 66*, 377-388.

Paul, R. (1981). Analyzing complex sentence development. In J. F. Miller (Ed.), *Assessing language production in children: Experimental procedures* (pp. 36-40). Baltimore, MD: University Park Press.

Paul, R. (1991). Issue editor. *Topics in Language Disorders, 11*(4).

Paul, R. (1996). Clinical implications of the natural history of slow expressive language development. *American Journal of Speech-Language Pathology, 5*, 5-30.

Paul, R. (2000a). *Language Disorders from Infancy through Adolescence: Assessment and Intervention* (2nd ed.). St. Louis, MO: Mosby Year Book.

Paul, R. (2000b). Predicting outcomes of early expressive language delay: Ethical implications. In D. V. M. Bishop & L. B. Leonard (Eds.), *Speech and language impairments in children: Causes, characteristics, intervention and outcome* (pp. 195-209). Hove, U.K.: Psychology Press.

Paul, R. (2001). *Language disorders from infancy through adolescence: Assessment and intervention*. Philadelphia, PA: Mosby.

Paul, R. (2007). *Language Disorders from Infancy through Adolescence: Assessment and Intervention* (3rd ed.). St. Louis, MO: Mosby Year Book.

Paul, R. (2008). Auditory Processing Disorder. *Journal of Autism and Developmental Disorders, 38*(1), 208-209.

Paul, R., Hernandez, R., McFarland, L., & Johnson, K. (1996). Narrative skills in late talkers. *Journal of Speech and Hearing Research, 39*, 1295-1303.

Paul, R., Augustyn, A., Klin, A., & Volkmar, F. (2005). Perception and production of prosody by speakers with autistic spectrum disorders. *Journal of Autism and Developmental Disorders, 35*, 205-220.

Paul, R., & Norbury, C. F. (2014). 언어발달장애: 듣기, 말하기, 읽기, 쓰기와 의사소통하기(김화수, 김성수, 박소현, 정부자, 이상경, 이은정, 권유진 공역). 서울: 박학사.

Paul, R., & Shiffer, M. (1991). Communicative initiation in normal and late-taling toddlers. *Applied Psycholinguistics, 12*, 419-431.

Pearson, B. Z. (2007). Social factors in childhood bilingualism in the United States. *Applied Psycholinguistics, 28*(3), 399-410.

Pearson, B. Z., Fernández, S., & Oller, D. K. (1993). Lexical development in simultaneous bilingual infants: Comparison to monolinguals. *Language Learning, 43*, 93-120.

Pearson, P. D. (1985). Changing the face ofreading comprehension instruction. *The Reading Teacher,*

38, 724-738.

Pena, M. et al. (2003). Sounds and silence: An optical topography study of language recognition at birth. *Proc. Natl. Acad. Sci. U. S. A. 100*(20), 11702-11705.

Pence, K. L., & Justice, L. M. (2010). 언어발달: 이론에서 실제까지(김성수, 김화수, 이상경, 황보명 공역). 서울: 학지사.

Peregrin, J. (2003). *Meaning: The Dynamic Turn.* Current Research in the Semantics/Pragmatics Interface. London: Elsevier.

Perfetti, C. A. (1986). Continuities in reading acquisition, reading skill, and reading disability. *Remedial and Special Education*, 7, 11-21.

Piaget, J. (1951). *Play, dreams and imitation in childhood.* London: routledge & Keagan Paul. Ltd. (original title La formation du symbol chez l'enfant, 1945).

Pindzola, R. H., Jenkins, M. M., & Kari, J. L. (1989). Speaking rates of young children. *Language, Speech and Hearing Services in Schools*, *20*, 133-138.

Pine, J. (1999). Compairing different models of the development of the English verb category. *Linguistics*, *36*, 807-830.

Pinker, D. (1994). *The Language Instinct.* New York: Harper Perennial Modern Classics.

Pinker, S. (1984). *Language learnability and language development.* Cambridge, Mass: Harvard University Press.

Pinker, S. (2007). *The Language Instinct: 1st* (1st ed.). New York: Harper Perennial Modern Classics.

Pisoni, D. B., & Lively, S. E. (1995). Variability and invariance in speech perception: A new look at some old problems in perceptual learning. In W. Strange (Ed.), *Speech Perception and Linguistic Experience* (pp. 433-459). York: York Press.

Plante, E., Swisher, L., & Vance, R. (1991). MRI Findings in boys with specific language-impairment. *Brain and Language*, *41*, 52-66.

Polka, L., & Bohn, O-S. (2003). Asymmetries in vowel perception. *Speech Communication*, *41*, 221-231.

Pottier, B. (1974). Vers une sémantique moderne. *Travaux de Linguistique et Littérature*, *2*(1), 107-137.

Prather, E., Hedrick, D., & Kern, C. (1975). Articulation development in children aged two to four years. *Journal of Speech and Hearing Disorders*, *40*, 179-191.

Prieto, L. J. (1968). "Sémiologie", dans Le Langage. La Pleiade.

Proctor, A. (1989). Stages of normal noncry vocal development in infancy: A protocol for assessment. *Topics in Language Disorders*, *10*(1), 26-42.

Querleu, D., Renard, X., & Crepin, G. (1981). Perception auditive et réactivité foetale aux stimulations sonores. *Journal de gynécologie, obstétrique et biologie de la reproduction*, *10*, 307-314.

Quine W. V. O. (1960). *Word and Object.* Cambridge, MA: MIT Press.

Ramus, F., & Mehler, J. (1999). Language identification with suprasegmental cues: A study based on speech resynthesis. *Journal of the Acoustical Society of America*, *105*(1), 512-521.

Reed, V. A. (2005). Adolescents with language impairment. In V. A. Reed (Ed.), *An introduction to children with language disorders* (pp. 168-219). New York: Pearson.

Reed, V. A. (2012). *An Introduction to Children with Language Disorders* (4th ed.). NJ: Pearson.

Reed, V. A., Griffith, F., & Rasmussen, A. (1998). Morphosyntactic structures in the spoken language of older children and adolescents. *Clinical Linguistic & Phonetics*, *12*(3), 163-181.

Reed, V. A., McLeod, K., & McAllister, L. (1999). Importance of selected communication skills for talking with peers and teachers: Adolescents' opinion. *Language, Speech and Hearing Services in Schools*, *30*(1), 32-49.

Reich, R. A. (1986). *Language development.* Englewood Cliffs, NJ: Prentice Hall.

Reilly, J., Bates, E., & Marchman, V. (1998). Narrative discourse in children with early focal brain injury. In

M. Dennis (Ed.), Special issue, Discourse in children with anomalous brain development or acquired brain injury. *Brain and Language, 61*(3), 335-375.

Reinbartsen, D. B. (2000). Preverbal communicative competence: An essential step in the lives of infants with severe physical impairment. *Infants & Young Children, 13*(1), 49-59.

Rescorla, L. (1989). The language development survey: A screening tool for delayed language in toddlers. *Journal of Speech and Hearing Disorders, 54*(4), 587-599.

Rescorla, L. (2002). Language and reading outcomes to age 9 in late-talking toddlers. *Journal of Speech, Language, and Hearing Research, 45*, 360-371.

Rescorla, L., Bascome A., & Lampard, J. (2001). Conversational patterns inlate talkers at age 3. *Applied Psycholinguistics, 22*, 235-251.

Rescorla, L., & Goosens, M. (1992). Symbolic play development in toddlers with expressive specific language impairment. *Journal of Speech and Hearing Research, 35*, 1290-1302.

Reutzel, R. D. (1985). Story maps improve comprehension. *The Reading Teacher, 38*, 400-404.

Rey, A. (1976). *Théories du signe et du sens.* Paris: Klincksieck.

Rice, M. L. (1989). Synthesis/commentory: Teaching and learning strategies. In M. L. Rice, & R. Schiefelbuch (Eds.), *The teachability of language* (pp. 351-355). Baltimore, MD: Paul H. Brookes Publishing Co.

Rice, M. L. (1990). Preschoolers' QUIL: Quick incidental learning of words. In G. Conti-Ramsden & C. Snow (Eds.), *Children's language* (Vol. 7, pp. 171-194). Hillsdale, NJ: Erlbaum.

Rice, M. L. (1994). Grammatical categories of children with specific language impairments. In R. Watkins & M. Rice (Eds.), *Specific language impairments in children* (pp. 69-91). Baltimore, MD: Brookes.

Rice, M. L. (1996). *Toward a genetics of language.* Mahwah, NJ: Erlbaum.

Rice, M. L. (1997). Specific language impairment: in search of diagnostic markers and genetic contributions. *Mental Retardation and Developmental Disabilities Research Reviews, 3*, 350-357.

Rice, M. L. (2000). Grammatical symptoms of specific language impairment. In D. Bishop & L. Leonard (Eds.), *Speech and language impairments in children: Causes, characteristics, intervention and outcome.* East Sussex, UK: Psychology Press Ltd.

Rice, M. L. (2013). Language growth and genetics of specific language impairment. *International Journal of Speech-Language Pathology, 15*(3), 223-233.

Rice, M. L., Buhr, J., & Nemeth, J. (1990). Fast mapping word learning abilities of language delayed preschoolers. *Journal of Speech and Hearing Disorders, 55*, 33-42.

Rice, M. L., Spitz, R. V., & O'Brien, M. (1999). Semantic and morphosyntactic language outcomes in biologically at-risk children. *Journal of Speech and Hearing Research, 39*, 850-863.

Rice, M. L., Wexler, K., Marquis, J., & Hershberger, S. (2000). Acquisition of irregular past tense by children with SLI. *Journal of Speech and Hearing Research, 43*, 429-448.

Rice, M. L., & Woodsmall, L. (1988). Lessons from television: Children's word learning when viewing. *Child development, 59*, 420-429.

Richards, D. S., Frentzen, B., Gerhardt, K. G., McCann, M., & Abrams, R. (1992). Sound levels in the human fetus. *Obstet Gynecol, 80*, 186-190.

Rivera-Gaxiola, M., Silva-Pereyra, J., & Kuhl, P. K. (2005). Brain potentials to native and nonnative speech contrasts in 7- and 11-month-old American infants. *Developmental Science, 8*(2), 162-172.

Robbins, S., Judge, T., Millett, B., & Boyle, M. (2011). *Organisational behaviour* (6th ed.). (pp. 315-317). Pearson, French's Forest, NSW.

Rodgon, M. M. (1977). Situation and meaning in one-and two-word utterances: Observations on Howe's the meanings of two-word utterances in the speech of young children. *Journal of Child Language, 4*, 111-

114.

Rogers, B. P., Carew, J. D., & Meyerand, M. E. (2004). Hemispheric asymmetry in supplementary motor area connectivity during unilateral finger movements. *Neuroimage, 22*(2), 855-859.

Roid, G. H. (2003). The Stanford-Binet Intelligence Scale-Fifth Edition.

Roid, G. H., & Miller, L. J. (1997). The Leiter International Performance Scale-Revised.

Roland, J. T. Jr., Fishman, A. J., Alexiades, G., & Cohen, N. L. (2000). Electrode to modiolus proximity: A fluoroscopic and histologic analysis. *Journal of Otolaryngology, 21*, 218-225.

Romand, R. (1971). Maturations des potentiels cochleaires dans la periode perinatale chez le chat et chez le cobaye. *J Physiol (Paris), 63*, 763-782.

Rondal, J. (1993). Down's syndrome. In Bishop, D. & Mogford (Eds.), *Language Development in Exceptional Circumstances*. LEA.

Rondal, J. A. (1997). *L'évaluation du langage*. Wavre, Belgique: Mardaga.

Rosch, E. (1975). Cognitive representations of Semantic Categories. *Journal of Experimental Psychology General, 104*(3), 192-233.

Rose, J. E., Brugge, J. F., Anderson, D. J., & Hind, J. E. (1967). Phase locked response to low frequency tones in single auditory nerve fibres of the squirrel monkey. *Neurophysiol, 30*, 769-793.

Rosenberg, S., & Abbeduto, L. (1993). *Language and communication in mental retardation: Development, processes, and intervention*. Hillsdale, NJ: Erlbaum Publishers.

Ross, M. (1982). Pronoun deleting processes in German. Paper presented at the annual Meeting of the Linguistic society of America, San Diego.

Ross, M., Brackett, D., & Maxon, A. (1991). *Assessment and management of mainstreamed hearing-impaired children: Principles and practices*. Austin, TX: Pro-ed.

Roth, F. P., & Spekman, N. J. (1986). Narrative Discourse: Spontaneously Generated Stories of Learning-Disabled and Normally Achieving Students. *Journal of Speech and Hearing Disorders, 51*, 8-23.

Rubel, E. W. (1985). Auditory system development. In G. Gottlieb & N. A. Krasnegor (Eds.), *Measurement of audition and vision in the first year of postnatal life: A methodological overview* (pp. 53-90). New Jersey: Ablex.

Rueda, R., & Chan, K. S. (1980). Referential communication skill levels of moderately mentally retarded adolescents. *American Journal of Mental Deficiency, 85*, 45-52.

Rumelhart, D. E. (1980). Schemata: The building blocks of cognition. In R. J. Spiro, B. C. Bruce, & W. E. Brewer (Eds.), *Theoretical issues in reading comprehension* (pp. 265-303). Hillsdale, NJ: Erlbaum.

Russell, W., Quigley, S., & Power, D. (1976). *Linguistics and deaf children: Transformational syntax and its applications*. Washington, DC: Alexander Graham Bell Association for the Deaf, Inc.

Rvachew, S., Ohberg, A., Grawberg, M., & Heyding, J. (2003). Phonological awareness and phonemic perception in 4-year-old children with delayed expressive phonology skills. *American Journal of Speech-Language Pathology, 12*, 463-471.

Sabah, G. (1997). *L'intelligence artificielle et le langage*. Paris: Hermès.

Saffran, J. R., & Thiessen, E. D. (2003). Pattern induction by infant language learners. *Developmental Psychology, 39*, 484-494.

Sakkalou, E., & Gattis, M. (2012). Infants infer intentions from prosody. *Cognitive Development, 27*, 1-16.

Salomo, D., Lieven E., & Tomasello, M. (2013). Children's ability to answer different types of questions. *Journal of Child Language, 40*(2), 469-491.

Salzinger, K. (1978). Language behavior. In A. C. Cartania & T. A. Brigham (Eds.), *Handbook of applied behavior analysis: Social and instructional processes*. New York: Irvington Publishers.

Sander, E. K. (1972). When are Speech Sounds Learned? *Journal of Speech and Hearing Disorders, 37*(1), 55–63.

Santrock, J. W. (2008). *Bilingualism and Second-Language Learning. A Topical Approach to Life-Span Development* (4th ed., pp. 330–335). New York, NY: McGraw-Hill Companies, Inc.

Saunders, J. C., Dolgin, K. G., & Lowry, L. D. (1980). The maturation of frequency selectivity in C57BL/6J mice studied with auditory evoked response tuning curves. *Brain Research, 187*, 69–79.

Saussure, F. (1916). *Cours de linguistique générale.* Genève: Université de Genève.

Saussure, F. (1972). *Cours de la linguistique générale.* Payotheque, Paris.

Scaife, M., & Bruner, J. (1975). Capacity for joint visual attention in the infant. *Nature, 253*, 265–266.

Scarborough, H. S. (1998). Early identification of children at risk for reading disabilities: Phonological awareness and some other promising predictors. In B. K. Shapiro, P. J. Accardo, & A. J. Capute (Eds.), *Specific reading disability: A view of the spectrum* (pp. 75–119). Timonium, MD: York Press.

Scarborough, H. S. (2001). Connecting early language and literacy to later reading (dis). Abilities: Evidence, theory, and practice. In S. Neuman & D. Dickinsons (dir.), *Handbook for research in early literacy* (pp. 97–119). New York, NY: Guilford Press.

Schafer, G., & Plunkett, K. (1998). Rapid word learning by 15-month olds under tightly-controlled conditions. *Child Development, 69*, 309–320.

Schlesinger, I. M. (1971). The grammar of sign language, and the problems of language universals. In J. Morton (Ed.), *Biological and social factors in psycholinguistics.* London: Logos Press.

Schlobinski, P. (1995). Jugendsprachen: Speech Styles of Youth Subcultures. In P. Stevenson (Ed.), *The German Language and the Real World* (pp. 315–338). Oxford: Clarendon Press.

Schlottmann, A., Ray, E., Cole, K., & Hesketh, S. (2003). *Context affects perceptual causality in young children.* Biennial Meetings of the Society for Research in Child Development. FL: Tampa.

Schlottmann, A., Ray, E., Mitchell, A., & Demetriou, N. (2006). Perceived physical and social causality in animated motions: Spontaneous reports and ratings. *Acta Psychol, 123*, 112–143.

Schober-Peterson, D., & Johnson, C. J. (1989). Conversational topics of 4 year olds. *Journal of Speech and Hearing Research, 32*, 857–870.

Schramm, W. (1954). How communication works. In W. Schramm (Ed.), *The process and effects of communication* (pp. 3–26). Urbana, Illinois: University of Illinois Press.

Schulman, C. A. (1973). Heart rate audiometry. Part 1. An evaluation of heart rate response to auditory stimuli in newborn hearing screening. *Neuropddiatrie, 4*, 362–374.

Schwarz, M., & Chur, J. (1996). 새로운 의미론(문미선, 신효식, 이민행 공역). 서울: 한국문화사.

Scott, Ch. M., & Windsor, J. (2000). General Language Performance Measures in Spoken and Written Narrative and Expository Discourse of School-Age Children With Language Learning Disabilities. *Journal of Speech, Language, and Hearing Research, 43*, 324–339.

Searle, J. (1979). *Expression and Meaning: Studies in the Theory of Speech Acts.* Cambridge, London, New York, New Rochelle, Melbourne, Sydney: Cambridge University Press.

Semel, E., Wiig, E., & Secord, W. (1995). Clinical Evaluation of Language Fundamental–3. San Antonio, TX: The Psychological Corporation.

Senechal, M. (1997). The differential effect of storybook reading on preschoolers acquisition of expressive and receptive vocabulary. *Child Language, 24*, 123–138.

Shafer, R. E., Staab, C. L., & Smith, K. (1983). *Language functions and school success.* Glenview, IL: Scott Foresman & Co.

Shahidullah, S. (1993). *Hearing in the fetus.* (MD thesis.). Belfast: Queen's University.

Shahidullah, S., & Hepper, P. G. (1994). Frequency discrimination by the fetus. *Early Human Development, 36*, 13-36.

Shaywitz, B. A., Shaywitz, S. E., Pugh, K. R., Constable, R. T., Skudlarski, P., Fulbright, R. K., Bronen, R. A., Fletcher, J. M., Shankweiler, D. P., Katz, L., et al. (1995). Sex differences in the functional organization of the brain for language. *Nature, 16*(373), 607-609.

Sheridan, M. D. (2008). *From Birth to Five Years. Childern's Developmental Progress.* London: Routledge.

Shi, R., Werker, J. F., & Morgan, J. L. (1999). Newborn infants' sensitivity to perceptual cues to lexical and grammatical words. *Cognition, 72*, B11-B21.

Shore, C., O'Connell, B., & Bates, E. (1984). First sentences in language and symbolic play. *Developmental Psychology, 20*(5), 872-880.

Short, E. J., & Ryan, E. B. (1982). Remediating poor readers' comprehension failures with a story grammar strategy. American Educational Research Association.

Silliman, E. R., & Wilkinson, L. C. (2007). *Language and Literacy Learning in Schools.* New York: The Guilford Press.

Sinclair, E. (1970). The transition from sensory-motor behavior to symbolic activity. *Interchange, 1*, 119-126.

Sinclair-De, Z. H. (1969). Developmental Psycholinguistics. In D. Elkind & J. Flavell (dir.), *Studies in cognitive development* (pp. 315-336). New York, NY: Oxford University Press.

Singer-Harris, N., Bellugi, U., Bates, E., Rossen, M., & Jones, W. (1997). Emerging language in two genetically based neurodevelopmental disorders. In D. Thal & J. Reilly (Eds.), *Special issue on Origins of Communication Disorders, Developmental Neuropsychology, 13*(3), 345-370.

Singh, L., Morgan, J., & White, K. (2004). Preference and processing: The role of speech affect in early speech spoken word recognition. *Journal of Memory and Language, 51*, 173-189.

Sinson, J. C., & Wetherick, N. E. (1982). Mutual gaze in pre-school Down's and normal children. *Journal of Mental Deficiency Research, 26*(2), 123-129.

Skinner, B. F. (1957). *Verbal behavior.* Acton, MA: Copley Publishing Group.

Slobin, D. I. (1969). *Universals of grammatical development in children.* Language Behavior Research Laboratory. Working paper number 22.

Slomkowski, C. L., Nelson, K., Dunn, J., & Plomin, R. (1992). Temperament and language: Relations from toddlerhood to middle childhood. *Developmental Psychology, 28*(6), 1090-1095.

Smit, A. B., Hand, L., Frellinger, J. J., Bernthal, J. E., & Bird, A. (1990). The Iowa Articulation Norms Project and its Nebraska replication. *Journal of Speech and Hearing Disorders, 55*, 779-798.

Smith, N. B. (1965). *American reading instruction.* Newark, DE: International Reading Association.

Snowling, M. J., Hulme, C., & Mercer, R. C. (2002). A deficit in rime awareness in children with Down syndrome. *Reading and Writing, 15*(5-6), 471-495.

Snyder, L., Bates, E., & Bretherton, I. (1981). Content and context in early lexical development. *Journal of Child Language, 8*, 565-582.

Soja, N. N., Carey, S., & Spelke, E. S. (1991). Ontological categories guide young children introductions of word meaning: Object terms and substance terms. *Cognition, 38*, 179-211.

Solomon, M. (1972). Stem endings and the acquisition of inflections. *Language Learning, 22*(1), 43-50.

Sorrell, A. L. (1990). Three reading comprehension strategies: TELLS, story mapping, and QARs. *Academic Therapy, 25*, 359-368.

Sowa, J. F. (2000). *Knowledge representation: Logical, philosophical, and computational foundations.* Boston: Cengage Learning.

Spiro, R. J. (1980). Constructive processes in prose

comprehension and recall. In R. J. Spiro, B. C. Bruce, & W. F. Brewer (Eds.), *Theoretical issues in reading comprehension*. Hillsdale, NJ: Eribaum.

Sroufe, L. A. (1996). *Emotional development: The organization of emotional life in the early years*. New York: Cambridge University Press.

Staab, C. (1992). *Oral Language for Today's Classroom*. Ontario: Pippin Publishing.

Stack, D. M., & Muir, D. W. (1990). Tactile stimulation as a component of social interchange: New interpretations for the still-face effect. *British Journal of Developmental Psychology, 8*, 131-145.

Stager, C. L., & Werker, J. F. (1997). Infants listen for more phonetic detail in speech perception than in word learning tasks. *Nature, 388*, 381-382.

Stagliano, C., & Boon, R. T. (2009). The effects of a story-mapping procedure to improve the comprehension skills of expository text passages for elementary students with Learning Disabilities; Learning Disabilities: A *Contemporary Journal, 7*(2), 35-58.

Stahl, S. A., & Murray, B. A. (1994). Defining Phonological Awareness and its relationship to early reading. *Journal of Educational Psychology, 86*(2), 221-234.

Stanovich, K., & Siegel, L. (1994). Phenotypic performance profile of children with reading disabilities: A regression-based test of the phonological-core variable-difference model. *Journal of Educational Psychology, 86*, 24-53.

Star, R. E., Bernstein, L. E., Condino, R., Bender, M., Tallal, P., & Catts, H. (1984). Four-year follow-up study of language imparied children. *Annals of Dyslexia, 34*, 49-68.

Stark, R. E., & Tallal, P. (1979). Analysis of stop consonant production errors in developmentally dysphasic children. *Journal of the Acoustical Society of America, 66*, 1703-1712.

Stark, R. E., & Tallal, P. (1981). Selection of Children with Specific Language Deficits. *Journal of Speech and Hearing Disorders, 46*, 114-122.

Stark, R. E., & Tallal, P. (1988). *Language, Speech, and Reading Disorders in Children: Neuropsychological Studies*. Boston: Little, Brown and Co., Inc.

Stein, N., & Trabasso, T. (1982). Children's understanding of stories: A basis for moral judgment and dilemma resolution. In C. J. Brainerd & M. Pressley (Eds.), *Verbal processes in children, vol. 2* (pp. 161-188). New York: Springer-Verlag.

Stein, N. L., & Glenn, C. G. (1979). An analysis of story comprehension in elementary school children. In R. O. Freedle (Ed.), *New directions in discourse processing* (pp. 53-120). Norwood, NJ: Ablex.

Stiles, J., Bates, E., Thal, D., Trauner, D., & Reilly, J. (2002). Linguistic and spatial cognitive development in children with pre- and perinatal focal brain injury: A ten-year overview of the San Diego longitudinal project. In M. H. Johnson, Y. Munakata & R. O. Gilmore (Eds.), *Brain development and cognition: A reader* (2nd ed., pp. 272-291). London: Blackwell.

Stoel-Gammon, C. (1985). Phonetic inventories, 15-24 months: Longitudinal study. *Journal of Speech and Hearing Research, 28*, 505-512.

Stoel-Gammon, C. (1987). Phonological skills of 2-year-olds. *Language, Speech, and Hearing Services in Schools, 18*, 323-329.

Stoel-Gammon, C. (1991). Theories of phonological development and their implications for phonological disorders. In M. Yavas (Ed.). *Phonological disorders in children: Theories, research and treatement* (pp. 16-36). London: Routledge.

Stoel-Gammon, C. (1998). Role of babbling and phonology in early linguistic development. In A. M. Wetherby, S. F. Warren, & J. Reichle (Eds.), *Transitions to prelinguistic communication*. Baltimore, MD: Paul H. Brookes Publishing.

Stoel-Gammon, C. (2002). Intervocalic consonants in the speech of typically developing children: Emergence and early use. *Clinical Linguistics & Phonetics, 16*(3), 155-168.

Stoel-Gammon, C., & Dunn, C. (1985). *Normal and*

disordered phonology in children. Austin, TX: Pro-Ed.

Stoel-Gammon, C., & Otomo, D. (1986). Babbling development of hearing-impaired and normally hearing subjects. *Journal of Speech and Hearing Disorders, 51*, 33-41.

Striefer, S., & Wetherby, B. (1973). Instruction-following behavior of a retarded child and its controlling stimuli. *Journal of Applied Behavior Analysis, 6*, 663-670.

Strong, C. (1998). *The Strong Narrative Assessment Procedure*. Eau Claire, WI: Thinking Publications.

Stuart, A., Yang, E. Y., Stenstrom, R., & Reindorp, A. G. (1993). Auditory brainstem response thresholds to air and bone conducted clicks in neonates and adults. *The American Journal of Otology, 4*, 176-182.

Sundberg, M. L. (1980). Developing a verbal repertoire using sign language and Skinner's analysis of verbal behavior. Unpublished doctoral dissertation. Western Michigan University.

Sundberg, M. L. (1983). Language. In J. L. Matson & S. Breuning (Eds)., *Assessing the Mentally Retarded*. New York: Grune & Stratton.

Sundberg, M. L. (1991). 301 research topic from Skinner's book verbal behavior. *The Analysis of Verbal Behavior, 9*, 81-96.

Sundberg, M. L., Ray, D. A., & Rueber, T. M. (1980). Issues in language research. Western Michigan University Behavior Monograph(No. 9).

Swanson, L. A., Fey, M. E., Mills, C. E., & Hood, L. S. (2005). Use of narrative-based language intervention with who have specific language impairment. *American Journal of Speech-Language Pathology, 14*, 131-141.

Swingley, D. (2005a). 11-month-olds' knowledge of how familiar words sound. *Developmental Science, 8*, 432-443.

Swingley, D. (2005b). Statistical clustering and the contents of the infant vocabulary. *Cognitive Psychology, 50*, 86-132.

Swingley, D., & Aslin, R. N. (2000). Spoken word recognition and lexical representation in very young children. *Cognition, 76*, 147-166.

Swingley, D., & Aslin, R. N. (2002). Lexical neighborhoods and the word-form representations of 14-month-olds. *Psychology Science, 13*, 480-484.

Swingley, D., Pinto, J. P., & Fernald, A. (1999). Continuous processing in word recognition at 24 months. *Cognition, 71*(2), 73-108.

Szmeja, Z., Slomka, Z., Sikorsku, K., & Sowinski, H. (1979). The risk of hearing impairment in children from mothers exposed to noise during pregnancy. *Int J7 Pediatr Otorhinolaryngol, 1*(3), 221-229.

Tager-Flusberg, H., & Zukowski, A. (2008). Putting words together: Morphology and Syntax in the preschool years. In J. B. Gleason (Ed.). *The Development of Language* (7th ed., pp. 139-191). Boston: Allyn & Bacon.

Taguchi, K., Picton, T. W., Orpin, J. A., & Goodman, W. S. (1969). Evoked response audiometry in newborn infants. *Acta Otolaryngology, 67*(252), 5-17.

Tallal, P. (1976). Rapid auditory processing in normal and disordered language development. *Journal of speech and Hearing Research, 19*, 561-571.

Tallal, P. (1980). Auditory temporal perception, phonics, and reading disabilities in children. *Brain and Language, 9*, 182-198.

Tallal, P. (1998). Language learning impairment: Integrating research and remediation, *Scandinavian Journal of Psychology, 39*(3), 195-197.

Tallal, P., Dukette, D., & Curtiss, S. (1989). Behavioral/emotional profiles of preschool language impaired children. Development and Psychopathology, 1(1), 51-67.

Tallal, P., Miller, S., Bedi, G., Byma, G., Wang, X., Nagarajan, S., Schreiner, C., Jenkins, W., & Merzenich, M. (1996). Language comprehension in language-learning impaired children improved with acoustically modified speech. *Science, 271*, 81-84.

Tallal, P., & Piercy, M. (1973). Developmental aphasia:

Impaired rate of non-verbal processing as a function of sensory modality. *Neuropsychologia, 11,* 389-398.

Tallal, P., Sainburg, R. L., & Jernigan, T. (1991). The neurophathology of developmental dysphasia: Behavioural, morphological and physiological evidence for a pervasive temporal processing disorder. *Reading and Writing, 3,* 363-377.

Tallal, P., & Stark, R. (1981). speech acoustic-cue discrimination abilities of normally developing and language-impaired children. *Journal of the Acoustical Society of America, 69,* 568-574.

Tallal, P., & Stark, R. (1982). Perceptual/motor profiles of reading impaired children with or without concommitant oral language deficits. *Annals of Dyslexia, 32,* 163-176.

Tallal, P., Stark, R., & Mellits, D. (1985a). The relationship between auditory temporal analysis and receptive language development: Evidence from studies of developmental language disorder. *Neuropsychologia, 23,* 314-322.

Tallal, P., Stark, R., & Mellits, D. (1985b). Identification of language impaired children on the basis of rapid perception and production skills. *Brain and Language, 25,* 314-322.

Tanba, I. (2005). *La Sémantique.* Collection Que Sais-je? Paris: PUF.

Tarski, A. (1972). Logique, sémantique, métamathématique, 1923-1944. Philosophies pour l'âge de la science. Granger, G.-G.(Tr.). Armand Colin.

Temmerman, R. (2000). *Towards New Ways of Terminology Description: The sociocognitive approach* (Terminology and Lexicography Research and Practice). London: John Benjamins Publishing Company.

Templin, M. C. (1957). *Certain language skills in children* (Monograph Series No. 26). Minneapolis: University of Minnesota, The Institute of Child Welfare.

Terry, W. S. (2011). 학습과 기억(김기중, 남종호, 박영신, 장미숙, 정윤재 공역). 서울: 시그마프레스.

Tesnière, L., & Arrivé, M. (1969). Les Éléments de syntaxe structurale. http://www.persee.fr/web/revues/home/prescript/article/lfr_0023-8368_1969_num_1_1_5395.

Thal, D., & Bates, E. (1988). Language and gesture in late talkers. *Journal of Speech and Hearing Research, 31,* 115-123.

Thal, D., & Bates, E. (1989). Language and communication in early childhood. *Pediatric Annals, 18*(5), 299-306.

Thal, D., Bates, E., Goodman, J., & Jahn-Samilo, J. (1997). Continuity of language abilities in late- and early-talking toddlers. In D. Thal & J. Reilly (Eds.), Special issue on Origins of Communication Disorders. *Developmental Neuropsychology, 13*(3), 239-273.

Thal, D., Bates, E., Zappia, M. J., & Oroz, M. (1996). Ties between lexical and grammatical development: Evidence from early talkers. *Journal of Child Language, 23*(2), 349-368.

Thal, D., Marchman, V., Stiles, J., Aram, D., Trauner, D., Nass, R., & Bates, E. (1991). Early lexical development in children with focal brain injury. *Brain and Language, 40*(4), 491-527.

Thal, D., O'Hanlon, L., Clemmons, M., & Frailin, L. (1999). Validity of a parent report measure of vocabulary and syntax for preschool children with language impairment. *Journal of Speech, Language & Hearing Disorders, 42,* 482-496.

Thal, D., & Tobias, S. (1992). Relationships between language and gesture in normal and late-talking toddlers. *Journal of Speech and Hearing Research, 37,* 151-171.

Thal, D., Tobias, S., & Morrison, D. (1991). Language and Gesture in Late-talkers: A 1-year fellow-up. *Journal of Speech, Language, and Hearing Research, 34,* 604-612.

Thiessen, E. D., & Saffran, J. R. (2003), When cues collide: Statistical and stress cues in infant word segmentation. *Dev. Psychol. 39,* 706-716.

Thomas, A. (2010). Culture and Cultural Standards. In

A. Thomas, E-U. Kinast, & S. Schroll-Machl (Eds.), *Handbook of Intercultural Communication and Cooperation*. Göttingen: Vandenhoeck & Ruprecht.

Thomson, J. (2005). Theme Analysis of Narratives Produced by Children with and without Specific Language Impairment. *Clinical Linguistics and Phonetics, 19*(3), 175-190.

Thompson, P. M., Giedd, J. N., Woods, R. P., MacDonald, D., Evans, A. C., & Toga, A. W. (2000). Growth Patterns in the Developing Human Brain Detected Using Continuum-Mechanical Tensor Mapping. *Nature, 404*(6774), 190-193.

Thordardottir, E. (2005). Early lexical and syntactic development in Quebec French and English: Implications for cross-linguistic and bilingual assessment. *International Journal of Language and Communication Disorders, 40*(3), 243-278.

Thorndyke, P. W. (1977). Cognitive structures in comprehension and memory of narrative discourse. *Cognitive Psychology, 9*, 77-110.

Timler, G. R., Vogler-Elias, D., & McGill, F. (2007). Strategies for promoting generalization of social communication skills in preschoolers and school-age children. *Topics in Language Disorders, 27*(2), 167-181.

Tincoff, R., Hauser, M., Tsao, F., Spaepen, G., Ramus, F., & Mehler, J. (2005). The role of speech rhythm in language discrimination: Further tests with a nonhuman primate. *Developmental Science, 8*(1), 26-35.

Tincoff, R., & Jusczyk, P. W. (1999). Some beginnings of word comprehension in 6-month-olds. *Psychology Science, 10*, 172-175.

Tobey, E. A., Thal, D., Niparko, J. K., Eisenberg, L. S., Quittner, A. L., & Wang, N. Y. (2013). Influence of implantation age on school-age language performance in pediatric cochlear implant users. *International Journal of Audiology, 52*, 219-229.

Tomasello, M., & Bates, E. (Eds.). (2001). *Language development: The essential readings*. Oxford: Basil Blackwell.

Tomasello, M., & Farrar, J. (1986). Joint attention and early language. *Child Development, 57*, 1454-1463.

Tomblin, B. (1996). The big picture of SLI: Results of an epidemiologic study of SLI among kindergarten children. Paper presented at the Symposium for Research *Child Language Disorders*. Madison, WI.

Tomblin, B., Records, N., & Zhang, X. (1996). A system for the diagnosis of specific language impairment in kindergarten children. *Journal of Speech and Hearing Research, 39*, 1284-1294.

Tomblin, J. B., Records, N. L., Buckwalter, P., Zhang, X., Smith, E., & O'Brien, M. (1997). Prevalence of specific language impairment in kindergarten children. *Journal of Speech, Language and Hearing Research, 40*, 1245-1260.

Tompkins, G. E., & McGee, L. M. (1993). *Teaching Reading with Literature*. New York: Macmillan.

Trauner, D., Wulfeck, B., Tallal, P., & Hesselink, J. (1995). Neurologic and MRI profiles of language impaired children. Technical Report CND-9513, Center for Research in Language, University of California at San Diego.

Trehub, S. E. (1976). The discrimination of foreign speech contrasts by infants and adults. *Child Development, 47*, 466-472.

Trehub, S. E., & Henderson, J. L. (1996). Temporal resolution and subsequent language development. *Journal of Speech and Hearing Research, 39*(6), 1315-1320.

Tronick, E. Z. (1995). Touch in mother-infant interaction. In T. M. Field (Ed.), *Touch in early development* (pp. 53-66). Mahwah, NJ: Lawrence Erlbaum Associates.

Tsao, F-M., Liu, H-M., & Kuhl, P. K. (2004). Speech perception in infancy predicts language development in the second year of life: A longitudinal study. *Child Development, 75*(4), 1067-1084.

Tucker, G., Corson, R., & Corson, D. (Eds.). (1997).

Second Language Education. Encyclopedia of Language & Education: Volume 4. Dordrecht, Netherlands: Kluwer Academic Publishers.

Tucker, R. G. (1999). *A Global Perspective on Bilingualism and Bilingual Education*. Carnegie Mellon University.

Ullman, M. T., & Pierpont, E. I. (2005). Specific Language Impairment is not specific to language: The procedural deficit hypothesis. Special Issue.

Ventureyra, V. A. G., Pallier, C., & Yoo, H-Y. (2004). The loss of first language phonetic perception in adopted Koreans. *Journal of Neurolinguistics, 17*, 79-91.

Verhoeven, L., & Balkom, H . (2004). Classification of Developmental Language Disorders. *Theoritical issues and clinical implications*. New Jersey: Lawrence Erlbaum Associates.

Vicari, S., Albertoni, A., Chilosi, A., Cipriani, P., Cioni, G., & Bates, E. (2000). Plasticity and reorganization during early language learning in children with congenital brain injury. *Cortex, 36*, 31-46.

Viding, E., Price, T. S., Spinath, F. M., Bishop, D. V. M., Dale, P. S., & Plomin, R. (2003). Genetic and Environmental Mediation of the Relationship Between Language and Nonverbal Impairment in 4-Year-Old Twins. *Journal of Speech, Language, and Hearing Research, 46*, 1271-1282.

Vihman, M. M., Ferguson, C. A., & Elbert, M. (1986). Phonological development from babbling to speech: Common tendencies and individual differences. *Applied Psycholinguistics, 7*, 3-40.

Vihman, M. M., & Greenlee, M. (1987). Individual differences in phonological development: 1-3 years. *Journal of Speech and Hearing research, 30*, 503-521.

Vihman, M. M., Nakai, S., DePaolis, R. A., & Hallé, P. (2004). The role of accentual pattern in early lexical representation. *The Journal of Memory and Language, 50*, 336-353.

Vouloumanos, A., & Werker, J. F. (2004). Tuned to the signal: The privileged status of speech for young infants. *Developmental Science, 7*, 270-276.

Vuksanovic, J., & Bjekic, J. (2013). Developmental relationship between language and joint attention in late talkers. *Research in Developmental Disabilities, 34*, 2360-2368.

Vygotsky, L. (1978). *Mind in society: The development of higher psychological processes*. Cambridge, MA: Harvard University Press.

Vygotsky, L. (1985). La problème de l'enseignement et du développement mental à l'âge scolaire (C. Haus, Trans.). In B. Schneuwly & J.-P. Bronckart (Eds.), *Vygotsky aujourd'hui* (pp. 95-117). Neuchâtel: Delachaux & Niestlé. (Original work published 1935).

Vygotsky, L. (1986). *Thought and language*. Cambridge, MA: Havard University Press.

Wagner, R. K., & Torgesen, J. K. (1987). The nature of phonological processing and its causal role in the acquisition of reading skills. *Psychological Bulletin, 101*, 192-212.

Walker, D., Grimwade, J., & Wood, C. (1971). Intrauterine noise: A component of the fetal environment. *Am Jf Obstet Gynecol, 109*(1), 91-95.

Walker, J., Archibald, L., Cherniak, S., & Fish, V. (1992). Articulation rate in 3- and 5-year-old children. *Journal of Speech and Hearing Research, 35*, 4-13.

Walker, J. F., & Archibald, L. M. (2006). Articulation rate in preschool children: 3-year longitudinal study. *International Jounal of Language & Communication Disorders, 41*(5), 541-565.

Walker, Sh. J. (2001). Cognitive, Linguistic, and Social Aspects of Adults' Noun Definitions. *Journal of Psycholinguistic Research, 30*(2), 147-161.

Walker, V. (1988). Durational characteristics of young adults during speaking and reading tasks. *Folia Phoniatrica, 40*, 13-20.

Wallach, G. P., & Butler, K. G. (1994). *Language learning disabilities in school-age children and adolescents*. New York: Merrill.

Wang, X. (2008). *Growing up with three languages: Birth to eleven.* Briston, United Kingdom: Multilingualism Matters.

Watkins, R. V., & Rice, M. L. (1991). *Specific language impairments in children.* Baltimore, MD: Brookes.

Watson, M., & Fischer, K. (1977). A developmental sequence of agent use in late infancy. *Child Development, 48,* 828-836.

Watson, M., & Fischer, K. (1980). Development of social roles in elicited and spontaneous behavior during the preschool years. *Developmental Psychology, 16,* 483-494.

Wechsler, D. (2003). The Wechsler Intelligence scale for Children-Fourth Edition. Psychological Corp.

Wedenberg, E. (1956). Auditory tests on new-born infants. *Acta Otolaryngol (Stockh) 46,* 46-61.

Wegner, J., & Rice, M. (1988). "The acquisition of verb-particle constructions." Paper delivered at the American Speech-Language-Hearing Association, Boston.

Weismer, E. (1996). Capacity limitations in working memory: The impact on lexical and morphological learning by children with language impairment. *Topics in Language Disorders, 17,* 279-309.

Weismer, E., Evans, J., & Hesketh, L. J. (1999). An examination of verbal working memory capacity in children with specific language impairment. *Journal of Speech, Language, and Hearing Research, 42,* 1249-1260.

Weiss, S. J., Wilson, P., Hertenstein, M., & Campos, R. (2000). The tactile context of a mother's caaregiving: Implications for attachment of low birth weight infants. *Infant Behaviour and Development, 23,* 91-111.

Wellhousen, K. (1993). Eliciting and examining young children's storytelling. *Journal of Research in Childhood Education, 7*(2), 62-66.

Werker, J. F., (1989). *Language Development in the preschool years.* Cambridge: Cambridge University Press.

Werker, J. F. (1995). Exploring developmental changes in cross-language speech perception. In D. Osherson (series editor), L. Gleitman & M. Liberman (Volume editors), *An invitation to cognitive science* (pp. 87-106). MIT Press.

Werker, J. F., Cohen, L. B., Lloyd, V. L., Casasola, M., & Stager, C. L. (1998). Acquisition of word-object associations by 14 month old infants. *Developmental Psychology, 34,* 1289-1309.

Werker, J. F., & Curtin, S. (2005). PRIMIR: A developmental framework of infant speech processing. *Language Learning and Development, 1*(2), 197-234.

Werker, J. F., & Fennell, C. T. (2004). From listening to sounds to listening to words: Early steps in word learning. In G. Hall & S. Waxman (Eds.), *Weaving a Lexicon* (pp. 79-109). Cambridge, MA: MIT Press.

Werker, J. F., Ladhar, N., & Corcoran, K. M. (2005). Language specific phonetic categories direct word learning. Manuscript in preparation.

Werker, J. F., Pons, F., Dietrich, C., Kajikawa, S., Fais, L., & Amano, S. (2007). Infant-directed speech supports phonetic category learning in English and Japanese. *Cognition, 103,* 147-162.

Werker, J. F., & Yeung, H. (2005). Infant speech perception bootstraps word learning. Trends in cognitive *Sciences, 9*(11), 519-527.

Werner, H., & Kaplan, B. (1963). *Symbol formation: An organismic developmental approach to language and the expression of thought.* New York: Wiley.

Werner, H., & Kaplan, B. (1984). *Symbol Formation.* New Jersey: Lawrence Erlbaum Associates, Inc.

Werner, L. A., Folsom, R. C., & Mancl, L. R. (1993). The relationship between auditory brainstem response and behavioral thresholds in normal hearing infants and adults. *Hearing Research, 68,* 131-141.

Werner, L. A., & Gillenwater, J. M. (1990). Pure tone sensitivity of 2 to 5 week old infants. *Infant Development and Behavior, 13,* 355-375.

Westby, C. (1980). Assessment of cognition and language

abilities through play. *Language, Speech, and Hearing Services in Schools, 11,* 154-168.

Westby, C. (1984). Development of narrative language. In G. Wallach, & K. Butler (Eds.), *Language learning disabilities in school-aged children* (pp. 103-127). Baltimore, MD: Williams & Wilkins.

Westby, C., Van Dongen, R., & Maggart, Z. (1989). Assessing narrative competence. *Seminars in Speech and Language, 10,* 63-75.

Wetherby, A. M., Yonclas, D. G., & Bryan, A. A. (1989). Communicative profile of preschool children with handicaps: Implications for early identification. *Journal of speech and Hearing Disorders, 54*(2), 148-158.

Wetherby, A. M., & Prizant, B. M. (2002). *Communication and Symbolic Behavior Scales Developmental Profile Manual.* Baltimore, London, Sydney: Paul Brookes Publishing Co.

White, L., & Genesee, F. (1996). How native is near-native? The issue of ultimate attainment in adult second language acquisition. *Second Language Research, 12,* 238-265.

White, S. H., & Pillemer, D. B. (1979). Childhood amnesia and the development of a socially accessible memory system. In J. F. Kihlstrom & F. J. Evans (Eds.), *Functional disorders of memory* (pp. 29-74). Hillsdale, NJ: Lawrence Erlbaum Associates.

Wiener, N. (1948). *Cybernetics, or Control and Communication in the Animal and the Machine.* Cambridge: MIT Press.

Wierzbicka, A. (1996). *Semantics: Primes and Universals.* Oxford University Press.

Wiig, E. H. (1982). *Developing Prosocial Communication Skills.* Kent: The Psychological Corporation.

Wiig, E. H., & Semel, E. M. (1974). Development of comprehension of logico-grammatical sentences by grade school children. *Perceptual Motor Skills, 38,* 171-176.

Windfuhr, K., Faragher, B., & Conti-Ramsden, G. (2002). Lexical learning skills in young children with specific language impairment(SLI). *International Journal of Language and Communication Disorders, 37,* 415-432.

Winner, E., Rosenstiel, A. K., & Gardner, H. (1976). The development of metaphoric understanding. *Developmental Psychology, 12*(4), 289-297.

Winsor, J., & Hwang, M. (1999). Testing the Generalized slowing Hypothesis in Specific Language Impairment. *Journal of Speech, Language, and Hearing Research, 42,* 1205-1218.

Wirth, L. (1945). The Problem of Minority Groups. In R. Linton (Ed.), *The Science of Man in the World Crisis* (pp. 347-372). New York: Columbia University Press.

Wittgenstein, L. (1953). *Philosophical investigations.* Oxford, UK: Blackwell.

Wong, J. (2004). "Getting Out the Vote among Asian Pacific Americans: The Effects of Phone Canvassing." *AAPI Nexus: Asian Americans and Pacific Islanders Policy, Practice, and Community, 2,* 49-66.

Woodward, A. L., & Aslin, R. N. (1990, Apr.). Segmentation cues in maternal speech to infants: Paper presented at the biennial meeting of the International Conference on Infant Studies. Montreal; Quebec, Canada.

Xu, F. (2002). The role of language in acquiring object kind concepts in infancy. *Cognition, 85,* 223-250.

Yeni-Komshian, G. H., Flege, J. E., & Liu, S. (2000). Pronunciation proficiency in the first and second languages of Korean-English bilinguals. *Bilingualism: Language and Cognition, 3,* 131-141.

Ying, Ch. W., & Seana, C. (2007). Iconic gestures prime related concepts: An ERP study. *Psychonomic Bulletin & Review, 14*(1), 57-63.

Yoshinaga-Itano, C., Stredler-Brown, A., & Jancosek, E. (1992). From phone to phoneme: Can we find meaning in babble? *Volta Review, 94*(3), 283-314.

Young, A. R., Beitchman, J. H., Johnson, C., Douglas, L., Atkinson, L., Escobar, M., & Wilson, B. (2002). Young adult academic outcomes in a longitudinal sample of early identified language impaired and control children. *Journal of Child Psychology and Psychiatry and Allied Disciplines, 43*(5), 635-645.

Ziegler, J. C., & Goswami, U. (2005). Reading acquisition, developmental dyslexia, and skilled reading across languages: A psycholinguistic grain size theory. *Psychological Bulletin, 131*, 3-29.

Zukow, P. (1984). Criteria for the emergence of symbolic conduct: When words refer and play is symbolic. In L. Feagans, C. Garvey & R. Golinkoff (Eds.), *The origins and growth of communication* (pp. 162-175). Norwood, NJ: Ablex.

인사이트(2017. 4. 5.). 20대도 잘 모르는 청소년만 아는 핫한 은어. https://www.insight.co.kr/newsRead.php?ArtNo=99649

중앙일보(2015. 1. 11.). 교육부, 인터넷 언어파괴 바로잡기 나서.

에스비에스(SBS)프로덕션(2010). 우리말 바루기 [비디오녹화자료] : 청소년 언어사용 보고서.

다문화가족지원포털 다누리 http://www.liveinkorea.kr/portal/KOR/main/main.do

메이요클리닉 http://www.mayoclinic.org (2015. 1.)

실험심리학용어사전 http://www.koreanpsychology.or.kr

의학용어사전 http://www.kmle.co.kr (2015. 6.)

질병관리청 https://knhanes.cdc.go.kr/knhanes/sub08/sub08_02.do (2017)

표준국어대사전 http://stdweb2.korean.go.kr (2015. 6.)

American Speech-Language-Hearing Association(ASHA). http://www.asha.org/public.

Ricoh Project Researchers http://www.youtube.com/watch?v=D7Tyig9Azlk (2015. 6. 12.)

WordNet http://wordnetweb.princeton.edu/~conception (2012. 5.)

찾아보기

내용

저자 소개

배희숙(Bae, Hee Sook)
1급 언어재활사
성균관대학교 불어불문학과 졸업
프랑스 Université de Strasbourg 언어학(언어처리) 석사 · 박사
전북대학교 의과대학 협동과정 언어병리학 박사
부산 좋은강안병원 발달의학센터 언어치료사 역임
캐나다 Université de Montréal 외래교수 역임
한국과학기술원(KAIST) 초빙교수 역임
현재 대림대학교 언어치료과 교수

저서로는 『Multilingualism and Applied Comparative Linguistics II』(공저, Cambridge Scholar Publishing, 2008) 등이 있으며, 논문으로는 「뇌성마비 아동의 기초개념 이해도 연구」(2013), 「자폐스펙트럼장애 아동의 화용발달을 위한 DvT 연극치료모델 집단 언어치료」(2015), 「서사담화 쓰기를 통한 학령기 아동의 이야기문법 및 결속표지 연구」(2016), 「초등 저학년 아동의 기술담화에 나타난 미시구조 발달 특성 분석」(2016), 「학령기 아동의 담화 유형 특성 탐색을 위한 기술담화 및 서사담화의 미시구조 요소 사용 능력 분석」(2016), 「학령기 아동의 쓰기 발달 분석: 형식적 요소를 중심으로」(2016), 「소년원청소년과 일반청소년의 형용사 사용 비교: 의미범주를 중심으로」(2017), 「Developmental Aspects of Figurative Expression according to Discourse Types in Writing of School Aged Children」(2017) 등이 있다. 향후 연구는 학령기 담화, 집단언어치료, 연극과 언어치료의 접목 등에 대한 영역이 될 것이다.

언어발달(2판)
Language Development (2nd edition)

2016년 1월 20일 1판 1쇄 발행
2020년 3월 10일 1판 3쇄 발행
2021년 3월 30일 2판 1쇄 발행

지은이 • 배희숙
펴낸이 • 김진환
펴낸곳 • ㈜ 학지사
　　　　　04031 서울특별시 마포구 양화로 15길 20 마인드월드빌딩
대표전화 • 02-330-5114　　팩스 • 02-324-2345
등록번호 • 제313-2006-000265호

홈페이지 • http://www.hakjisa.co.kr
페이스북 • https://www.facebook.com/hakjisa

ISBN 978-89-997-2361-2 93370

정가 23,000원

출판 · 교육 · 미디어기업 **학지사**

간호보건의학출판 **학지사메디컬** www.hakjisamd.co.kr
심리검사연구소 **인싸이트** www.inpsyt.co.kr
학술논문서비스 **뉴논문** www.newnonmun.com
원격교육연수원 **카운피아** www.counpia.com